조례안 입안과 심사

박 기 영

법우사

머리말

1990년 지방자치가 실시된 이래 어느덧 30년이 넘었다. 그동안 지방자치의 시행으로 인해 우리 사회는 많은 변화를 가져왔다. 『조례안 입안과 심사』 영역의 전문성 역시 그동안의 세월만큼이나 발전을 축적해 왔다고 본다. 그런데 실제 조례 조문을 읽어보면 기대만큼은 아닌 것 같다는 생각이 들기도 한다.

최근에 지방자치단체는 조례 정비사업 또는 조례 입법평가제도를 도입하여 시행하고 있다. 소관 법령의 개정 · 폐지, 주요 정책의 변경 등 입법환경의 변화로 조례 정비가 필요하기 때문이다.

입법론(legisprudence)은 정책과 연계된 조례 내용을 중시하는 실질적 입법방법론과 조례안 작성에 초점을 둔 형식적 입법방법론으로 구분한다. 전문성은 정책 분야의 전문성과 법제업무의 전문성으로 대별할 수 있다. 이 책은 조례안을 실제적으로 입안하는데 필요한 "법제"(legislative drafting)적 기술을 갖추기 위한 형식적 입법방법론에 중점을 두고 있다.

"조례안 입안과 심사"와 관계 있는 책으로는 먼저, "법률안 입안과 심사" 책으로 국회 법제실에서 발간한 『법제 이론과 실제』, 법제처의 『법령 입안 · 심사 기준』이 있다. 다음으로 조례 관련 책으로는 법제처에서 발간한 『자치법규 입안 길라잡이』, 『조례 만들기 지원 사례집』, 『쉽게 찾아보는 자치법규 입안기준』, 『자치법규 입안 매뉴얼』, 『자치법규 판례집』 등이 있고, 행정자치부에서 발간한 『자치법규 입법실무』 등이 있다.

그리고 "조례안 입안과 심사" 내용이 포함된 연수교재로는 국회 의정연수원의 『맞춤형 지방의회 직원연수』, 『지방의회 전문위원과정』, 『지방의회 초선의원 연수과정』, 『찾아가는 지방의회 의원연수』, 『지방의회 의원과정』 등이 있다

"조례안 입안과 심사"는 지방자치가 실시된 이후 30년 이상 교육해 온 분야임에도 앞의 공공기관에서 발간한 책 외에는 조례 교육에 마땅한 표준교재가 제공되지 못했던 것으로 보인다. 공공기관에서 발간한 책도 비매품이어서 수요자에게 접근성과 그 확산이 제한적인 것 같다. 이 책을 쓰게 된 동기 중의 하나이다.

조례안을 입안하고 심사하는 데에는 나름의 입법기술이 필요하다. 실제로 조례를 보면 입법기술에 취약한 면이 있는 것 같다.

먼저, 만들기만 하면 다 조례냐? 하는 문제의 대상이 될 수 있는, 즉 조례 제정의 필요성에 의문을 갖게 하는 실효성 없는 조례가 존재하는 것으로 보인다.

둘째, 2023.7.3. 기준 국가법령정보센터에 등재된 109,507건의 조례 중 최근 제 · 개정된 조례 21,000여 건을 검색해 보았다. 11만 건에 가까운 조례 전체를 전수 조사할 수는 없어서 단정은 할 수 없지만, 다른 지방자치단체의 잘못된 조례를 벤치마킹한 조례가 상당수 있는 것으로 추정된다.

셋째, 입법자는 입법과정에서 국가 법체계의 통일성과 조화를 위해 특히, 새로운 조례를 제정할 때는 기존 법 제도와의 조화를 염두에 두어야 한다. 그런데 다른 지방자치단체와는 물론이고 같은 지방자치단체 내에서도 조례안의 용어와 표현, 양식에서 통일성이 이루어지지 않는 조례가 꽤 있다.

넷째, 상위법령의 규정은 조례에 규정하지 않아도 당연히 적용된다. 그런데도 확인적 · 안내적 차원에서인지 상위법령에 규정된 내용을 조례에 그대로 이기(移記)하고 있는 조례도 의외로 많다.

다섯째, 상위법령의 용어와 표현은 존중되어야 하고, 특별한 사정이 없으면 다른 용어로 바꾸어 사용하면 안 되는데, 독특하고 익숙하지 않은 용어와 표현을 한 조례도 발견된다.

여섯째, 조례안의 전체적인 구성체계는 조례 제명, 본칙(총칙규정, 실체규정, 보칙규정, 벌칙규정), 부칙으로 이루어지는데 본칙에서 장(章)을 잘못 구분한 조례가 많이 보인다.

이 책의 작성 방향은 다음과 같다. 첫째, 이 책은 조례안 입안과 심사의 법제업무에서 원칙, 표준, 통일성을 강조한다. 이는 행정부의 정부 제출 법률안의 주관 부처인 법제처, 입법부의 의원 발의 법률안을 지원하는 국회사무처 법제실의 입법 관행을 정리한 양 기관 발간의 법제업무 관련 책을 기준으로 했다.

둘째, 이론 부문은 기초과정과 심화과정으로 분리하였다. 셋째, 법제업무 역량의 향상을 위해 검토사항을 담은 800개 이상의 실제 "조례 입법례"를 수록하였다. 넷째, 조례의 입법과정에서 입안 원칙과 심사기준, 조례의 정비기준과 조례에 대한 입법평가기준은 "더 나은 조례", "좋은 조례"를 만드는데 있어 동전의 양면 관계에 있다는 관점에서 기술하였다.

아무튼 독자들에게 이해하기 쉬운 책이 되어 실무에 응용될 수 있고, 그 응용에 긍정적 효과가 있기를 기대한다. 11만 개에 가까운 조례를 모두 읽고서 연구하기란 쉽지 않다. 저자 역시 그러한 한계를 태생적으로 안고서 이 책을 구성했다는 점을 밝힌다. 2005년 『법제 이론과 실무』 책을 공저한 이후 여러 강의와 실무 경험을 토대로 이 책을 엮는 과정에서 조언을 준 국회 국토교통위원회 최용훈 전문위원님, 국회 법제실 행정법제과 부길환 과장님에게 감사드린다.

2023년 7월

박기영 씀

차 례

기초과정

제 1 장 자치입법권 ······ 3

1 지방자치의 의의 ······ 4
1. 지방자치의 개념 ······ 4
2. 지방자치의 구성요소 ······ 4
3. 지방자치권의 성질 ······ 4
4. 지방자치권의 내용 ······ 5
5. 지방자치권의 특성 ······ 5

2 자치입법권 ······ 6
1. 자치입법권의 의의 ······ 6
2. 자치입법의 종류 ······ 6
3. 자치입법의 기능 ······ 6
4. 자치입법 관련 법령 ······ 7

3 주민자치와 단체자치 ······ 10
1. 지방자치의 역사적 흐름 ······ 10
2. 지방자치의 3자 간의 관계 ······ 10
3. 주민자치와 단체자치의 관계 ······ 11

4 지방자치단체의 기관구성 ······ 13
1. 기관구성의 유형 ······ 13
2. 기관구성 다양화의 근거 마련 ······ 13

제 2 장 조례란 무엇인가? ······ 15

1 지방자치의 법체계 ······ 16

2 조 례 ······ 18
1. 조례의 의의 ······ 18
2. 조례의 유형 ······ 18
3. 조례의 입법 범위 ······ 18
4. 조례 제정권의 한계 ······ 19

3 규 칙 ······ 24
1. 규칙의 의의 ······ 24
2. 규칙의 유형 ······ 24
3. 규칙의 입법범위 ······ 24
4. 규칙으로 정할 수 있는 유형 ······ 25
5. 규칙 제정권의 한계 ······ 25

4 조례와 규칙의 효력 ······ 28
1. 조례와 규칙 간의 효력의 우월 ······ 28
2. 조례와 규칙의 효력 범위 ······ 28

제 3 장 조례의 입법절차 ······ 30

1 조례안 발의·제출 ······ 31
1. 발의권자 ······ 31
2. 비용추계서와 재원 조달방안 ······ 31
3. 조례·규칙심의회 ······ 32
4. 주민 조례 발안 ······ 32

2 입법 예고 ······ 33
1. 입법예고의 의의 ······ 33
2. 입법예고 관련 법령 ······ 33
3. 입법예고 의무 ······ 33
4. 입법예고 방법 ······ 33
5. 입법예고 예외사항 ······ 34
6. 재입법예고 ······ 34

3 지방의회의 심의 · 의결 ················ 36

4 지방자치단체의 장에게 이송 및 보고 ················ 38

1. 이송 ················ 38
2. 보고 ················ 38
3. 사전 보고제도의 취지 ················ 38

5 재의결 요구 ················ 39

1. 재의요구권자 및 재의요구 이유 ················ 39
2. 재의요구안 제출 ················ 39
3. 지방의회의 처리 ················ 39
4. 조례안에 대한 대법원 제소 ················ 40

6 공 포 ················ 41

1. 공포권자 ················ 41
2. 공포 방법 ················ 41
3. 효력 발생시기 ················ 41

제 4 장 조례안의 입안원칙 ················ 42

1 조례와 정책·예산의 관계 ················ 43

1. "조례 따로, 정책 따로, 예산 따로" 인식 ················ 43
2. 예산상의 조치를 수반하는 조례안 제출 - 비용추계서 첨부 ················ 43
3. 조례 ················ 44
4. 정책 ················ 45
5. 예산 ················ 46

2 조례안 입안 ················ 47

1. 의의 ················ 47
2. 조례안 입안의 계기 ················ 47
3. 조례안 입안의 기본원칙 ················ 47
4. 조례안 입안 시 유의사항 ················ 47

3 입법의 필요성과 가능성 ················ 49

1. 정책 실현을 위해 조례가 필요한가? ················ 49
2. 입법이 필요한 사항을 어떤 기준으로 판단할 것인가? ················ 49
3. 입법의 필요성 판단 ················ 49
4. 입법의 가능성 판단 ················ 50
5. 입법내용의 정당성과 조화성 ················ 50

4 소관 사무의 원칙 ················ 52

1. 국가와 지방자치단체 간의 사무 배분 ················ 52
2. 지방자치단체의 사무 구분 ················ 56
3. 광역자치단체와 기초자치단체 간의 사무 배분 ················ 60
4. 교육감의 사무 ················ 63

5 법령 우위의 원칙 ················ 68

1. 의의 ················ 68
2. 행정규칙의 문제 ················ 68
3. 법령 상호간 위계 체계 ················ 68
4. '법령의 범위'의 의미 ················ 69
5. 상위법령의 규정 내용을 조례에 그대로 규정하는 문제 ················ 70

6 법률유보의 원칙 ················ 79

1. 법률 유보의 원칙 ················ 79
2. 주민의 권리 제한, 의무 부과, 벌칙 ················ 79
3. 법률의 위임범위 확인 ················ 79
4. 「행정기본법」 ················ 79
5. 죄형법정주의와 법률유보 ················ 80
6. 조례와 과태료 ················ 80

차 례

7 헌법과 법의 일반원칙 ··· 84

1. 비례의 원칙 (과잉금지 원칙) ··· 86
2. 평등의 원칙 ··· 88
3. 신뢰보호의 원칙(소급입법금지의 원칙) ··· 91
4. 적법절차의 원칙 ··· 93
5. 체계 정당성의 원칙 ··· 94
6. 포괄위임금지의 원칙 ··· 95
7. 명확성의 원칙 ··· 99

8 집행기관과 의결기관 간 견제와 균형의 원리 ··· 100

1. 상호 견제와 균형 ··· 100
2. 집행기관과 의결기관 간 견제와 균형의 원리에 관한 대법원 판례 ··· 100
3. 지방자치단체의 장의 인사권 ··· 101
4. 지방자치단체의 장의 예산편성·집행권 ··· 104
5. 지방공무원의 보수 ··· 104
6. 지방자치단체의 장의 행정기구 설치에 관한 권한 ··· 104
7. 지방의회 소속 공무원의 인사권 ··· 104

제 5 장 조례안의 구성형식 ··· 115

1 표지부 ··· 116

2 본문부 ··· 117

1. 본문부의 구성 ··· 117
2. 본문부의 구성양식 ··· 118

3 조례 제명 ··· 120

1. 조례 제명의 결정원칙 ··· 120
2. 조례 제명의 표현방식 ··· 120
3. 형식과 내용에 따른 제명 구분 ··· 120

4 본 칙 ··· 125

❶ 총칙(總則)규정 ··· 126
1. 의의 ··· 126
2. 총칙규정 포함 요소 ··· 126
3. 조문 순서 ··· 126

❷ 실체규정 ··· 127
1. 의의 ··· 127
2. 실체규정 포함 요소 ··· 127

❸ 보칙규정 ··· 128
1. 의의 ··· 128
2. 보칙규정 포함 요소 ··· 128
3. 유의사항 ··· 128

❹ 벌칙규정 ··· 129
1. 의의 ··· 129
2. 벌칙의 명령에의 위임 ··· 129
3. 벌칙규정 포함 요소 ··· 129
4. 벌칙의 규정방식 ··· 129
5. 유의사항 ··· 129

5 부 칙 ··· 130

1. 의의 ··· 130
2. 조 번호 사용 ··· 130
3. 부칙 포함 요소 및 조문 순서 ··· 130

6 신·구 조문대비표 ··· 131

제 6 장 조례의 조문형식 ··· 133

1 조문 형식의 의의 ··· 134

2 장 · 절의 구분 ··· 135
1. 장·절의 구분 ··· 135
2. 총칙과 통칙 ··· 136

3 조·항·호·목 ··· 147
1. 조(條) ··· 147
2. 항(項) ··· 147
3. 호(號) ··· 148
4. 목(目) ··· 148

4 단서와 후단 ··· 152
1. 본문과 단서 ··· 152
2. 전단과 후단 ··· 152

5 가지번호 ··· 154
1. 의의 ··· 154
2. 유의사항 ··· 154

6 별표와 별지 서식 ··· 158
1. 의의 ··· 158
2. 유의사항 ··· 158

제 7 장 조례문 작성 ··· 159

1 조례문 작성원칙 ··· 160
1. 명료성 ··· 160
2. 단순성 ··· 160
3. 정확성 ··· 160

2 법령 용어와 표현 ··· 163
1. 법령 용어 순화의 원칙 ··· 163
2. 법령 용어 표현 ··· 163

3 조항의 인용 ··· 167
1. 같은 조례 안에서 인용 ··· 167
2. 다른 법령 또는 조례의 인용 ··· 167
3. 당해 조례와 다른 법령을 동시에 인용 ··· 167
4. 부칙에서 조문 인용 ··· 167
5. 상위법령의 근거 조항을 조례에서 인용할 경우 ··· 167
6. 조항에 나열된 각 호 중 일부를 인용하는 경우 ··· 167

4 약 칭 ··· 169
1. 의의 ··· 169
2. 약칭의 위치 ··· 169
3. 상위법령에서 약칭을 사용한 경우의 조례 약칭 ··· 169
4. 약칭 사용의 제한 ··· 169
5. 약칭 사용방법 ··· 169

5 준 용 ··· 173
1. 의의 ··· 173
2. 표현방식 ··· 173
3. 적용방식 ··· 173
4. 유의사항 ··· 173

제 8 장 개정문 작성 ··· 184

1 개정지시문 ··· 185
1. 개정지시문의 의의 ··· 185
2. 개정부분의 인용 ··· 185
3. 개정문의 작성기준 ··· 187

차 례

2 제명, 조 제목의 개정 ······ 190

1. 제명의 개정 ······ 190
2. 조(條) 제목의 개정 ······ 190

3 조·항·호 등의 일부개정 ······ 191

4 조·항·호의 복합적 개정 ······ 192

5 조·항·호 등의 전부개정 ······ 194

6 조·항·호 등의 신설 ······ 195

7 기존 조·항·호 사이에 새로운 조·항·호 신설 ······ 196

8 조·항·호 등의 삭제 ······ 197

9 장·절이 관련된 개정 ······ 198

10 부칙 개정 ······ 199

11 표와 서식의 개정 ······ 200

1. 표와 서식의 개정방식 ······ 200
2. 유의사항 ······ 200

제 9 장 입법형식 선택 ······ 204

1 법령의 형식과 규정 내용 ······ 205

2 「지방자치법」상 입법형식 ······ 206

1. 입법형식의 선택 ······ 206
2. 조례로 정할 사항 ······ 206
3. 규칙으로 정할 사항 ······ 206

제 10 장 원칙과 효력범위에 따른 조례 유형 ······ 209

1 조례의 통폐합과 분법 ······ 210

1. 조례의 통폐합 ······ 210
2. 조례의 분법 ······ 210

2 기본조례와 개별조례 ······ 211

3 일반조례와 특별조례 ······ 214

제 11 장 조례의 변경 ······ 217

1 조례의 제정·개정방식 ······ 218

1. 개정방식의 유형 ······ 218
2. 전부개정 방식의 선택기준 ······ 218
3. 제정 방식 ······ 218
4. 폐지 방식 ······ 218

2 제정조례안의 입안형식 ······ 219

1. 법규 형식 및 공포번호 ······ 219
2. 제정문 ······ 219
3. 제명 ······ 219
4. 제안이유, 주요 내용, 참고사항 (표지부) ······ 219

3 전부개정조례안의 입안형식 ······ 223

1. 법규 형식 및 공포번호 ······ 223
2. 제명 ······ 223
3. 개정지시문 ······ 223
4. 제안이유, 주요 내용, 참고사항 (표지부) ······ 223

5. 본칙 ···· 223
6. 부칙 ···· 223

4 일부개정조례안의 입안형식 ····· 226

1. 법규 형식 및 공포번호 ···· 226
2. 제명 ···· 226
3. 개정지시문 ···· 226
4. 제안이유, 주요 내용, 참고사항. ···· 226
5. 본칙 ···· 226

5 폐지조례안의 입안형식 ········· 230

1. 법규 형식 및 공포번호 ···· 230
2. 제명 ···· 230
3. 제안이유, 주요 내용, 참고사항 (표지부) ···· 230
4. 폐지 지시문 ···· 230
5. 부칙 ···· 230
6. 폐지방식의 유형에 따른 규정방식 ···· 230

제 12 장 관련 있는 조례의 개정 ········ 241

1. 관련 있는 조례 개정의 필요성 ···· 242
2. 개정의 방식 ···· 242
3. 개정문의 표현방법 ···· 243
4. 개정의 한계 ···· 244

제 13 장 조례안 심사 시 고려사항 ···· 245

1 조례안 입안 체크리스트 ········· 246

1. 입법의 필요성 ···· 246
2. 헌법 적합성 ···· 246
3. 상위법령의 위임 ···· 246
4. 소관사무의 원칙 ···· 246
5. 법률유보의 원칙 ···· 247
6. 집행기관과 의결기관 간 견제와 균형의 원리 ···· 247
7. 부칙 규정 사항 ···· 247
8. 작성원칙 준수 ···· 248

2 조례안 심사기준 ························ 253

1. 조례안 입안준칙과 심사기준 ···· 253
2. 조례안 입안준칙 ···· 253
3. 조례의 위헌성 판단기준 ···· 254

3 부실 입법과 조례 정비 ············· 256

1. 입법 홍수와 조례 품질의 개선 ···· 256
2. 나쁜 조례의 유형 ···· 256
3. 조례 정비사업 ···· 257

4 조례에 대한 입법평가 ··············· 258

1. 입법평가의 의의 ···· 258
2. 입법평가의 유형 ···· 258
3. 입법평가의 기준과 평가방법 ···· 259
4. 조례 입법평가제도 도입의 필요성 ···· 260
5. 조례 입법평가제도 도입 현황과 실태 ···· 261
6. 조례 입법평가제도의 문제점과 과제 ···· 262

제 14 장 심사과정에서 조례안 수정과 제안 ···· 268

1 수정안 ···· 269

1. 수정안의 의의 ···· 269
2. 수정안의 범위 ···· 269
3. 수정안의 종류 ···· 269

차 례

4. 수정안의 구성 ······ 269

2 대 안 ······ 270

1. 대안의 의의 ······ 270
2. 대안의 범위 ······ 270
3. 대안의 종류 ······ 270
4. 대안의 작성 ······ 270

3 위원회안 ······ 272

1. 위원회안의 의의 ······ 272
2. 위원회안의 범위 ······ 272
3. 위원회안의 구성 ······ 272

심화과정 조례 본문부의 구성체계

제 1 장 조례 제명 ······ 275

1 제명의 의의 ······ 276

1. 조례 제명의 의의 ······ 276
2. 기본조례와 특별조례 ······ 276

2 조례 제명의 간소화 ······ 277

1. 간소화의 의의 ······ 277
2. 간소화 방안 ······ 277

3 조례 제명 띄어쓰기와 낫표(「 」) 사용 ······ 278

1. 종전의 붙여쓰기 ······ 278
2. 띄어쓰기 기준 마련 ······ 278
3. 제명 인용 시 낫표(「 」) 사용 ······ 278

4 조례 제명의 약칭 ······ 279

1. 제명의 약칭 필요성 ······ 279
2. 제명 약칭 시 고려사항 ······ 279
3. 제명 약칭 법제화 방안 ······ 279

제 2 장 총칙규정(본칙 ①) ······ 286

1 총칙규정 개관 ······ 287

1. 총칙(總則) 규정 ······ 287
2. 총칙규정의 포함 요소 ······ 287
3. 조문 순서 ······ 287

2 목 적 ······ 288

1. 의의 ······ 288
2. 위치 ······ 288
3. 조례의 목적규정 ······ 288
4. 유의사항 ······ 288
5. 표현방식 ······ 288

3 기본이념 ······ 294

1. 의의 ······ 294
2. 위치 ······ 294
3. 조 제목 ······ 294
4. 기본조례 ······ 294
5. 유의사항 ······ 294
6. 표현방식 ······ 294

4 정 의 ······ 299

1. 의의 ······ 299
2. 조 제목 ······ 299

3. 위치 ····· 299
4. 조례에서 상위법령의 정의와 동일한 내용의 정의를 두는 경우 ····· 299
5. 정의 규정과 약칭 ····· 300
6. 표현방식 ····· 301
7. 유의사항 ····· 301

5 해 석 ····· 314

1. 의의 ····· 314
2. 위치 ····· 314
3. 조 제목과 표현방식 ····· 314
4. 유의사항 ····· 314

6 지방자치단체의 장 등의 책무 ··· 317

1. 의의 ····· 317
2. 위치 ····· 317
3. 조 제목 ····· 317
4. 시장 등의 예산확보 의무 부과 ····· 317
5. 사업자와 주민의 의무 부과 ····· 317

7 적용범위 ····· 326

1. 의의 ····· 326
2. 위치 ····· 326
3. 조 제목 ····· 326
4. 표현방식 ····· 326
5. 유의사항 ····· 326

8 다른 조례와의 관계 ····· 336

1. 의의 ····· 336
2. 적용범위 규정과 다른 조례와의 관계 규정 · 336
3. 위치 ····· 336
4. 조 제목 ····· 336
5. 표현방식 ····· 337
6. 유의사항 ····· 337

제 3 장 실체규정(본칙 ②) ····· 346

1 실체규정 개관 ····· 347

1. 의의 ····· 347
2. 실체규정의 포함 요소 ····· 347

2 기본계획과 시행계획 ····· 349

1. 의의 ····· 349
2. 위치 및 조문 순서 ····· 349
3. 기본 규정방식 ····· 350
4. 의무주체 ····· 350
5. 장(章)의 구분 ····· 350
6. 유의사항 ····· 350

3 위원회 ····· 365

1. 위원회의 의의 ····· 365
2. 위원회 유형 ····· 365
3. 위원회의 설치 ····· 366
4. 규정 방식 ····· 366
5. 유의사항 ····· 373

4 특별회계 ····· 445

1. 특별회계의 필요성 ····· 445
2. 특별회계의 입법형식 ····· 445
3. 특별회계의 규정방식 ····· 445
4. 유의사항 ····· 448

5 기 금 ····· 457

1. 기금의 의의 ····· 457
2. 기금조례의 입법형식 ····· 457
3. 유의사항 ····· 461

차 례

6 보조금 ······ 473

1. 보조금의 의의 ······ 473
2. 보조금의 유형 ······ 473
3. 보조금의 법적 근거 ······ 474
4. 지방보조금의 근거 ······ 474
5. 지방보조금의 규정방식 ······ 474
6. 지방자치단체 보조금의 지급 주체 ······ 475
7. 지방보조금의 상대방과 대상사업 ······ 475
8. 지방보조금 지급의 제한 ······ 475
9. 지방보조금의 환수 ······ 478
10. 유의사항 ······ 478

7 출자·출연기관 ······ 483

1. 의의 ······ 483
2. 법적 근거 ······ 484
3. 적용대상 ······ 485
4. 설립 및 운영 ······ 486
5. 출자 이후의 관리 ······ 487
6. 조례 위임사항 ······ 487
7. 유의사항 ······ 487

8 공기업 ······ 495

1. 지방공기업의 의의 ······ 495
2. 지방공기업의 필요성 ······ 495
3. 지방공기업의 설립과 운영형태 ······ 495
4. 지방공기업의 사업 ······ 496
5. 대표자 등 임원 규정 ······ 497
6. 임원추천위원회 ······ 498
7. 조례로 정할 수 있는 지방공기업 사업 ······ 498

9 공유재산 ······ 506

1. 의의 ······ 506
2. 관계 법령 ······ 506
3. 일반적 유의사항 ······ 507
4. 개별적 유의사항 ······ 508

10 과징금 ······ 513

1. 의의 ······ 513
2. 과징금의 유형 ······ 513
3. 영업정지 대체 과징금 ······ 514
4. 과징금 제도 도입 시 유의사항 ······ 515

11 부담금 ······ 518

1. 의의 ······ 518
2. 부담금의 유형 ······ 519
3. 부담금 부과원칙과 허용심사 ······ 519
4. 부담금에 대한 위헌 논쟁 ······ 520
5. 부담금의 헌법적 정당화 요소 ······ 520
6. 부담금의 규정방식 ······ 521
7. 유의사항 ······ 522

12 연체금과 가산금 ······ 527

1. 의의 ······ 527
2. 연체금과 가산금의 구분 ······ 527
3. 연체금에 관한 일반규정 ······ 528
4. 연체금과 가산금의 규정 방식 ······ 528

제 4 장 보칙규정(본칙 ③) ······ 532

1 보칙규정 개관 ······ 533

1. 의의 ······ 533
2. 규정 시 유의사항 ······ 533
3. 일반적인 규정 순서 ······ 533

2 사용료·수수료 ······ 538

1. 의의 ······ 538
2. 「지방자치법」의 규정 ······ 538
3. 사용료·수수료의 부과·징수 ······ 538
4. 규정 방식 ······ 540

3 청문 ······ 549

1. 의의 ······ 549
2. 청문 규정을 두는 기준 ······ 549
3. 규정방식 ······ 550
4. 청문 규정을 두어야 하는 경우 ······ 550
5. 행정처분의 위임 시 청문 권한의 위임 ······ 550

4 권한의 위임·위탁 ······ 553

1. 의의 ······ 553
2. 「지방자치법」의 규정 ······ 553
3. 권한 위임의 법적 근거 ······ 553
4. 규정방식 ······ 554
5. 유의사항 ······ 555

제 5 장 벌칙규정(본칙 ④) ······ 566

1 벌칙 규정 개관 ······ 567

1. 벌칙의 의의 ······ 567
2. 벌칙의 규정방식 ······ 567
3. 양벌규정 ······ 567
4. 중복제재 금지 ······ 568

2 과태료 ······ 572

1. 의의 ······ 572
2. 관련 법령 ······ 572
3. 과태료에 관한 조례 제정 ······ 573
4. 입법방식 ······ 573
5. 처분 대상 위반행위 ······ 574
6. 과태료 부과기준의 규정 ······ 574
7. 위반 회수별 과태료 가중처분 ······ 574
8. 1천만 원 이하의 과태료 ······ 575
9. 과태료의 부과·징수 절차규정 ······ 575

제 6 장 부 칙 ······ 585

1 부칙 개관 ······ 586

1. 부칙의 의의 ······ 586
2. 규정방법 ······ 586
3. 개정된 본칙 조문의 인용 ······ 586
4. 규정순서 ······ 586
5. 조례 부칙의 개정 ······ 587
6. 조례 부칙에서 규칙의 개정 가능 여부 ······ 587

2 시행일 ······ 592

1. 의의 ······ 592
2. 시행일의 규정방식 ······ 592
3. 유의사항 ······ 594

3 유효기간 ······ 599

1. 의의 ······ 599
2. 유효기간의 규정방식 ······ 599
3. 유효기간 종료 후 남은 문제 처리를 위한 경과규정 ······ 600

4 다른 조례의 폐지 ······ 606

1. 의의 ······ 606
2. 규정방식 ······ 606
3. 조례의 폐지에 따른 사전 준비행위와 경과조치 ······ 606

차 례

5 준비행위 ········· 612

1. 의의 ········· 612
2. 사전 준비행위 규정의 필요성 ········· 612
3. 조 제목 ········· 612
4. 규정방식 ········· 612
5. 사전 준비행위의 유형 ········· 613
6. 지금까지 없던 특수법인을 신설하는 경우에 기본적인 문제 ········· 613

6 적용례 ········· 618

1. 의의 ········· 618
2. 적용례와 경과조치의 구별 ········· 618
3. 규정방식 ········· 619
4. 유의사항 ········· 619

7 특 례 ········· 622

1. 의의 ········· 622
2. 특례와 적용례·경과조치의 구별 ········· 622
3. 유의사항 ········· 623

8 경과조치 ········· 626

1. 의의 ········· 626
2. 일반적인 규정방식 ········· 626
3. 내용에 따른 규정방식 ········· 626
3. 규정 순서 ········· 628

9 다른 조례의 개정 ········· 633

1. 의의 ········· 633
2. 규정방식 ········· 633
3. 유의사항 ········· 634

10 다른 조례와의 관계 ········· 640

1. 의의 ········· 640
2. 규정방식 ········· 640

참고 문헌 ········· 645

【판례 소개】

판례 1 자치조례와 위임조례의 규율 대상 …… 22
판례 2 추가조례의 허용성 …… 22
판례 3 (구) 「지방자치법」 제15조의 "법령의 범위 안에서"의 의미 …… 23
판례 4 공유수면에 대한 지방자치단체의 관할구역과 자치권한 인정 …… 29
판례 5 지방자치단체의 장의 의견 …… 37
판례 6 옴부즈만 조례안 무효 확인 …… 37
판례 7 조례의 제정범위 …… 64
판례 8 법률 규정형식이 자치사무임에도 기관위임사무인 경우 …… 64
판례 9 지방자치단체의 장이 처리하도록 규정하고 있는 사무가 자치사무 또는 기관위임 사무에 해당하는지 여부의 판단 기준 …… 65
판례 10 기관위임사무에 관하여 법령의 위임 없이 정한 조례안 …… 65
판례 11 국가사무에 관하여 법령의 위임 없이 정한 조례안 …… 66
판례 12 공립·사립학교의 장이 행하는 학교생활기록부 작성에 관한 사무는 국가 기관위임사무 …… 66
판례 13 교육감이 국가사무에 관하여 법령의 위임 없이 정한 조례안 …… 67
판례 14 교육감이 자치사무로 보아 사무를 집행하였는데 사후에 기관위임사무임이 밝혀진 경우, 기존에 행한 사무의 구체적인 집행행위가 징계사유에 해당하는지 여부 …… 67
판례 15 법령의 범위에 행정규칙까지 포함하는지 여부 …… 71
판례 16 조례로 법령 기준과 다른 기준을 정한 경우 …… 71
판례 17 법령의 위임범위를 벗어난 경우 …… 72
판례 18 상위법령에 위배되는지 여부 …… 73
판례 19 조약에 위반되는 사항을 정한 조례안 …… 73
판례 20 법령에서 조례에 포괄적 위임이 가능한지에 대한 헌법재판소의 판단 …… 81
판례 21 법률의 위임 없이 의무규정을 신설한 경우 …… 81
판례 22 지방자치단체가 법률의 위임 없이 주민의 권리 제한 또는 의무 부과에 관한 사항을 정한 조례의 효력 …… 82
판례 23 법률의 위임 없이 영업활동을 제한한 입법례 …… 82
판례 24 구립 보육시설 종사자의 정년 등 연령제한 규정은 법률의 위임 필요 …… 83
판례 25 과잉금지원칙에 위반되지 않는 조례안 …… 87
판례 26 평등원칙에 위반된 조례안 …… 89
판례 27 특정 지역의 주민 대상 고속도로 통행료 감면조례 …… 90
판례 28 시장의 집행권을 본질적으로 침해한 입법례 …… 106

차 례

판례 29 지방자치단체의 장의 권한인 자체평가 업무에 대한 지방의회의 사전 관여 ······106
판례 30 주민투표 회부권 행사에 대한 지방의회의 사전 관여 ······107
판례 31 상위법령의 근거 없이 지방자치단체장의 인사권을 제약한 조례안 ······108
판례 32 상위법령의 근거 없이 지방자치단체장의 인사권을 제약한 조례안 ······108
판례 33 지방의회에 의한 공무원 문책 · 징계 요구의 신설 ······109
판례 34 소속 공무원 파견 시 지방의회의 동의를 거치도록 한 사례 ······109
판례 35 지방자치단체장의 예산안 편성시 의회의 사전의결을 규정한 사례 ······110
판례 36 지방의회와 집행기관의 권한 분리·배분의 원리 위반 ······111
판례 37 지방의회가 발의 · 의결한 행정기관 설치에 관한 조례안 ······111
판례 38 지방의회의원에 대하여 유급 보좌관을 두는 예산안 의결의 효력 유무 ······112
판례 39 지방의원이 단체장이 제안한 행정기구를 다른 행정기구로 전환한 사례 ······113
판례 40 지방자치단체의 장의 행정기구 설치에 관한 권한 ······113
판례 41 지방의원 개인과의 사전협의를 규정한 사례 ······114
판례 42 개별 상위법령의 규정 위반 ······479
판례 43 행정권한의 위임과 내부위임의 차이점 ······558
판례 44 동장의 민간위탁에 대한 권한 ······558
판례 45 지방자치단체 사무의 민간위탁에 관하여 지방의회의 사전 동의를 받도록 한 조례가 지방자치단체의 집행권한을 본질적으로 침해하는지 여부 ······559
판례 46 법률의 위임 없이 벌칙을 정한 조례 ······569

【 Case Study 】

CASE Study 1. 법률과 법령의 개념 구분 17
CASE Study 2. 시행규칙 규정의 실익 26
CASE Study 3. 같은 지위의 입법형식 개정 26
CASE Study 4. 조(條)의 제목과 위치 27
CASE Study 5. 재입법예고 35
CASE Study 6. 입법의 필요성 51
CASE Study 7. 상위법령의 재인용 문제 75
CASE Study 8. 포괄적 위임 ① 97
CASE Study 9. 포괄적 위임 ② 98
CASE Study 10. 조례 제명, 용어 121
CASE Study 11. 자율방범대, 제명 122
CASE Study 12. 신고 포상, 제명 124
CASE Study 13. 장(章) 구분 ① 137
CASE Study 14. 장(章) 구분 ② 138
CASE Study 15. 장(章) 구분 ③ 139
CASE Study 16. 장(章) 구분 ④ 140
CASE Study 17. 장(章) 구분 ⑤ 141
CASE Study 18. 장(章) 구분 ⑥ 142
CASE Study 19. 장(章) 구분 ⑦ 143
CASE Study 20. 장(章) 구분 ⑧ 144
CASE Study 21. 장(章) 구분 ⑨ 146
CASE Study 22. 특별회계, 조 제목 누락 149
CASE Study 23. 준수사항 표현 150
CASE Study 24. “호”의 표현방식 151
CASE Study 25. 후단과 단서 표현 153
CASE Study 26. 단서 표현 153
CASE Study 27. 가지번호 표현 155
CASE Study 28. 기존 조문을 이동하는 방식 ① 156
CASE Study 29. 기존 조문을 이동하는 방식 ② 157
CASE Study 30. 조 제목과 본문 내용의 불일치 161
CASE Study 31. 조 제목의 중복 표현 162

차 례

CASE Study 32. 법령 용어의 통일 ① ······ 164
CASE Study 33. 법령 용어의 통일 ② ······ 165
CASE Study 34. 법령 용어의 순화 ······ 165
CASE Study 35. 용어 사용의 혼재 ······ 166
CASE Study 36. 약칭 ① ······ 170
CASE Study 37. 약칭 ② ······ 171
CASE Study 38. 약칭 ③ ······ 172
CASE Study 39. 준용 ······ 175
CASE Study 40. 준용과 적용의 구분 ① ······ 176
CASE Study 41. 준용과 적용의 구분 ② ······ 177
CASE Study 42. 조 제목, 준용 ······ 178
CASE Study 43. 조 제목, 적용 ······ 179
CASE Study 44. 법률의 준용 문제 ······ 180
CASE Study 45. 준용의 포괄성 ······ 181
CASE Study 46. 준용·적용의 조 제목 ······ 182
CASE Study 47. 준용의 포괄적 범위 ······ 183
CASE Study 48. 불명확한 준용 규정 ······ 183
CASE Study 49. 개정지시문 ······ 189
CASE Study 50. 기본조례 ······ 213
CASE Study 51. 특별조례 ······ 215
CASE Study 52. 조례안 표지부 양식 ① ······ 221
CASE Study 53. 조례안 표지부 양식 ② ······ 233
CASE Study 54. 조례안 표지부 양식 ③ ······ 234
CASE Study 55. 조례안 표지부 양식 ④ ······ 235
CASE Study 56. 조례안 표지부 양식 ⑤ ······ 236
CASE Study 57. 조례안 표지부 양식 ⑥ ······ 238
CASE Study 58. 법률안 표지부 양식 - 국회의원 발의안 ······ 239
CASE Study 59. 법률안 표지부 양식 - 정부안 ······ 240
CASE Study 60. 조례에 대한 입법평가 제명 ······ 265
CASE Study 61. 입법평가의 대상 ······ 266
CASE Study 62. 입법평가대상과 조례 제명의 불일치 ······ 267
CASE Study 63. 조례 제명 간소화 ······ 280
CASE Study 64. 조례 제명 인용 시 낫표(「 」) 사용 ······ 281

CASE Study 65. 조례 제명, 외국어 ① ……… 282
CASE Study 66. 조례 제명, 외국어 ② ……… 283
CASE Study 67. 조례 제명, 외국어 ③ ……… 284
CASE Study 68. 목적 규정 입안 ……… 290
CASE Study 69. 목적 조항 2개 ……… 291
CASE Study 70. 목적규정 표현방식 ……… 292
CASE Study 71. 목적 규정 약칭 ……… 293
CASE Study 72. 목적+기본이념+기본원칙 ……… 295
CASE Study 73. 기본원칙 및 이념 ……… 296
CASE Study 74. 목적+기본이념+기본방향+기본원칙 ……… 297
CASE Study 75. 정의규정 표현 ……… 302
CASE Study 76. 정의규정의 조 제목 ……… 303
CASE Study 77. 위임조례의 정의규정 표현 ……… 304
CASE Study 78. 상위법령 규정 ① ……… 305
CASE Study 79. 상위법령 규정 ② ……… 306
CASE Study 80. 정의규정의 조 제목 ……… 306
CASE Study 81. 정의 규정의 정확한 표현 ① ……… 307
CASE Study 82. 정의 규정의 정확한 표현 ② ……… 308
CASE Study 83. 정의 규정의 표현형식 ……… 309
CASE Study 84. 표현양식과 불필요한 정의 ……… 310
CASE Study 85. 정의 규정의 약칭 ……… 311
CASE Study 86. 정의 규정의 위치 ……… 312
CASE Study 87. 정의 규정과 적용범위 ……… 313
CASE Study 88. 해석 규정과 준용 ……… 315
CASE Study 89. 책임과 책무 ……… 319
CASE Study 90. 책무의 행위 주체 ……… 320
CASE Study 91. 책무의 행위 주체와 순서 ……… 321
CASE Study 92. 책무의 행위주체의 누락 ……… 322
CASE Study 93. 책무규정과 장(章)의 구분 ……… 323
CASE Study 94. 책무규정의 조 제목 ……… 324
CASE Study 95. 책무규정의 행위 주체별 조(條) 분리 ……… 325
CASE Study 96. 적용범위의 조 제목 ① ……… 327
CASE Study 97. 적용범위의 조 제목 ② ……… 328

차 례

CASE Study 98. 적용범위의 조 제목 ③ 329
CASE Study 99. 적용범위의 조 제목 ④ 330
CASE Study 100. 적용범위의 조 제목 ⑤ 331
CASE Study 101. 적용범위의 조 제목 ⑥ 332
CASE Study 102. 적용범위 규정과 다른 조례와의 관계 규정 ① 333
CASE Study 103. 적용범위 규정과 다른 조례와의 관계 규정 ② 334
CASE Study 104. 목적조항+적용범위 335
CASE Study 105. 다른 조례와의 관계, 조(條) 제목 338
CASE Study 106. 다른 조례와의 관계, 조문 순서 339
CASE Study 107. 다른 조례와의 관계, 조(條) 제목+조문순서 340
CASE Study 108. 다른 조례와의 관계와 적용범위 341
CASE Study 109. 본문과 조 제목의 불일치 342
CASE Study 110. 조 제목의 용어, 법규 343
CASE Study 111. 조 제목의 용어, 법률 344
CASE Study 112. 조 제목의 정확한 표현 345
CASE Study 113. 기본계획과 시행계획의 법체계 351
CASE Study 114. 5년 계획의 명칭 – 기본계획 352
CASE Study 115. 5년 계획의 명칭 353
CASE Study 116. 연차별 계획의 명칭 통일 - 시행계획 355
CASE Study 117. 시행계획 관련 용어의 혼용 356
CASE Study 118. 계획수립 주기, 계획 명칭 357
CASE Study 119. 계획수립 주기, 4년 359
CASE Study 120. 계획수립 주기, 3년 360
CASE Study 121. 같은 명칭의 종합계획, 계획수립 주기 361
CASE Study 122. 시행계획 누락 362
CASE Study 123. 기본계획과 시행계획 363
CASE Study 124. 장(章)의 구분 364
CASE Study 125. 위원회, 조문 순서 379
CASE Study 126. 위원회 위원 수 ① 380
CASE Study 127. 위원회 위원 수 ② 381
CASE Study 128. 위원회 위원 수 ③ 383
CASE Study 129. 위원회 위원 수 ④ 384
CASE Study 130. 위원회 위원 수 ⑤ 385

CASE Study 131. 위원회, 성별 비율 ······ 386
CASE Study 132. 성별 비율 표현 ① ······ 387
CASE Study 133. 성별 비율 표현 ② ······ 389
CASE Study 134. 성별 비율 표현, 같은 조례안 ······ 391
CASE Study 135. 전문위원회, 구성원, 의결 ① ······ 392
CASE Study 136. 전문위원회, 구성원, 의결 ② ······ 393
CASE Study 137. 전문위원회, 구성원, 의결 ③ ······ 394
CASE Study 138. 위원장 직무 ······ 395
CASE Study 139. 간사, 조 제목 ······ 396
CASE Study 140. 간사, 비공식적 직위 ······ 397
CASE Study 141. 간사, 공식적 직위 ······ 398
CASE Study 142. 간사장 ······ 399
CASE Study 143. 가부 동수, 결정권 ······ 400
CASE Study 144. 가부 동수, 부결 ······ 401
CASE Study 145. 표결권과 가부동수 부결 ······ 402
CASE Study 146. 표결권과 결정권 ① ······ 403
CASE Study 147. 표결권과 결정권 ② ······ 404
CASE Study 148. 위원회, 수당 ······ 405
CASE Study 149. 수당, 조문 체계 ······ 406
CASE Study 150. 보궐위원 임기 ① ······ 407
CASE Study 151. 보궐위원 임기 ② ······ 408
CASE Study 152. 보궐위원의 표현 ······ 409
CASE Study 153. 연임과 중임 ······ 410
CASE Study 154. 비상임위원 ······ 410
CASE Study 155. 회의, 개회 ······ 411
CASE Study 156. 회의, 개최 ······ 412
CASE Study 157. 회의, 시작 ······ 413
CASE Study 158. 출석위원 or 참석위원 ······ 414
CASE Study 159. 의사정족수와 의결정족수 ① ······ 415
CASE Study 160. 의사정족수와 의결정족수 ② ······ 416
CASE Study 161. 의사정족수와 의결정족수 ③ ······ 417
CASE Study 162. 의사정족수와 의결정족수 ④ ······ 417
CASE Study 163. 의사정족수와 의결정족수 ⑤ ······ 418

차 례

CASE Study 164. 의사정족수와 의결정족수 ⑥ ······ 419
CASE Study 165. 의사정족수와 의결정족수 ⑦ ······ 420
CASE Study 166. 의사정족수와 의결정족수 ⑧ ······ 421
CASE Study 167. 의사정족수와 의결정족수 ⑨ ······ 422
CASE Study 168. 같은 제명을 가진 조례의 의사정족수와 의결정족수 ······ 423
CASE Study 169. 의사정족수와 의결정족수의 표현 ① ······ 424
CASE Study 170. 의사정족수와 의결정족수의 표현 ② ······ 425
CASE Study 171. 회의록 작성·보존 주체, 지방자치단체의 장 ① ······ 426
CASE Study 172. 회의록 작성·보존 주체, 지방자치단체의 장 ② ······ 427
CASE Study 173. 회의록 작성·보존 주체, 위원회 ······ 428
CASE Study 174. 회의록 작성·보존 주체, 위원장 ······ 429
CASE Study 175. 회의록 작성·보존 주체, 간사 ······ 430
CASE Study 176. 회의록 작성·보존 주체, 불분명 ① ······ 431
CASE Study 177. 회의록 작성·보존 주체, 불분명 ② ······ 432
CASE Study 178. 위원회 존속기한 ① ······ 433
CASE Study 179. 위원회 존속기한 ② ······ 434
CASE Study 180. 위원회 구성과 운영, 구성체계 ······ 435
CASE Study 181. 의사정족수 및 의결정족수 누락 ① ······ 436
CASE Study 182. 의사정족수 및 의결정족수 누락 ② ······ 437
CASE Study 183. 의사정족수 및 의결정족수 누락 ③ ······ 438
CASE Study 184. 조문 분리 ······ 439
CASE Study 185. 입법 필요성 ······ 440
CASE Study 186. 조문 순서, 전체 ① ······ 441
CASE Study 187. 조문 순서, 전체 ② ······ 442
CASE Study 188. 조문 순서, 조문 간 ······ 443
CASE Study 189. 조문 순서, 조문 내 ······ 443
CASE Study 190. 보칙 장(章) 구분 ······ 444
CASE Study 191. 특별회계, 조례 제명, 외국어 ······ 450
CASE Study 192. 특별회계, 목적 조항 누락 ······ 451
CASE Study 193. 목적조항 ······ 452
CASE Study 194. 회계직원의 책임 규정 ······ 453
CASE Study 195. 특별회계의 존속기한 ① ······ 454
CASE Study 196. 특별회계의 존속기한 ② ······ 455

CASE Study 197. 장(章)의 구분 456
CASE Study 198. 기금, 장 구분, 중복 규정 462
CASE Study 199. 기금의 구성체계 ① 464
CASE Study 200. 기금의 구성체계 ② 465
CASE Study 201. 기금의 구성체계 ③ 466
CASE Study 202. 기금의 구성체계 ④ 467
CASE Study 203. 장(章)의 구분 468
CASE Study 204. 기금의 존속기한 위치 ① 469
CASE Study 205. 기금의 존속기한 위치 ② 470
CASE Study 206. 기금의 존속기한 위치 ③ 471
CASE Study 207. 기금의 존속기한 472
CASE Study 208. 장(章) 구분 ① 480
CASE Study 209. 준용 481
CASE Study 210. 장(章) 구분 ② 482
CASE Study 211. 정의 규정 489
CASE Study 212. 임원 임명방식 491
CASE Study 213. 상위법령 재인용 493
CASE Study 214. 용어, 사업 499
CASE Study 215. 상위법령 재인용 ① 500
CASE Study 216. 상위법령 재인용 ② 501
CASE Study 217. 임원 추천 502
CASE Study 218. 법인격과 사무소 규정 누락 503
CASE Study 219. 약칭, 조문 순서 504
CASE Study 220. 조문 순서 505
CASE Study 221. 공유재산, 조문 위치, 소관사무 511
CASE Study 222. 공유재산, 대부료의 요율 512
CASE Study 223. 장(章) 구분 516
CASE Study 224. 부담금 용어, 훼손자부담금 523
CASE Study 225. 부담금 용어, 손괴자부담금 524
CASE Study 226. 부담금 용어, 손궤자부담금 525
CASE Study 227. 가산금 530
CASE Study 228. 연체금, 가산금 531
CASE Study 229. 보칙 장(章)의 구분 ① 534

차 례

CASE Study 230. 보칙 장(章)의 구분 ② 535
CASE Study 231. 보칙 및 벌칙 536
CASE Study 232. 조례 제명, 사용료 544
CASE Study 233. 점용료등 약칭 545
CASE Study 234. 목적조항 누락 546
CASE Study 235. 본문 내용에 부합되지 않는 조 제목 546
CASE Study 236. 납부·징수 주체 547
CASE Study 237. 체납 징수의 준용 기준 548
CASE Study 238. 청문 551
CASE Study 239. 청문 대상 552
CASE Study 240. 조 제목 표현, 권한의 위임 560
CASE Study 241. 조 제목, 부적절 561
CASE Study 242. 조 제목, 적절한 표현 562
CASE Study 243. 조 제목, 부적절 563
CASE Study 244. 민간위탁 대상사무의 기준 564
CASE Study 245. 장(章)의 구분과 순서 570
CASE Study 246. 과태료 부과·징수 규정 ① 577
CASE Study 247. 과태료 부과·징수 규정 ② 578
CASE Study 248. 정확한 표현 580
CASE Study 249. 과태료 상한액 위반 581
CASE Study 250. 장(章) 구분 ① 582
CASE Study 251. 장(章) 구분 ② 583
CASE Study 252. 장(章) 구분 ③ 584
CASE Study 253. 부칙 조(條) 번호 연혁 589
CASE Study 254. 부칙 조문 순서 ① 590
CASE Study 255. 부칙 조문 순서 ② 591
CASE Study 256. 부칙도 항이 아닌 조(條)로 시작 595
CASE Study 257. 시행일 제목 596
CASE Study 258. 시행일 단서 조항 596
CASE Study 259. 부칙, 시행일 규정 ① 597
CASE Study 260. 부칙, 시행일 규정 ② 598
CASE Study 261. 유효기간 602
CASE Study 262. 조 제목, 유효기간 ① 603

CASE Study 263. 조 제목, 유효기간 ② ······ 604
CASE Study 264. 조 제목, 다른 조례의 폐지 ······ 608
CASE Study 265. 조 제목, 폐지조례 ······ 609
CASE Study 266. 다른 조례의 폐지 ······ 610
CASE Study 267. 다른 조례의 폐지 및 개정 ······ 611
CASE Study 268. 준비행위 ① ······ 614
CASE Study 269. 준비행위 ② ······ 615
CASE Study 270. 준비행위 ③ ······ 616
CASE Study 271. 적용례 ······ 621
CASE Study 272. 특례 ······ 624
CASE Study 273. 적용특례 ······ 625
CASE Study 274. 경과조치 ······ 629
CASE Study 275. 경과조치, 조문 순서 ······ 630
CASE Study 276. 조문 분리 ······ 631
CASE Study 277. 본문과 부칙 ······ 632
CASE Study 278. 다른 조례의 개정 ① ······ 635
CASE Study 279. 다른 조례의 개정 ② ······ 636
CASE Study 280. 다른 법률의 개정 ······ 637
CASE Study 281. 다른 조례의 개정 ③ ······ 638
CASE Study 282. 다른 조례의 개정 ④ ······ 639
CASE Study 283. 다른 조례와의 관계 ① ······ 641
CASE Study 284. 다른 조례와의 관계 ② ······ 642
CASE Study 285. 다른 규칙과의 관계 ······ 643

기초과정

조례안 입안과 심사

제 1장 자치입법권

제 2장 조례란 무엇인가?

제 3장 조례의 입법절차

제 4장 조례안의 입안원칙

제 5장 조례안의 구성형식

제 6장 조례의 조문형식

제 7장 조례문 작성

제 8장 개정문 작성

제 9장 입법형식의 선택

제10장 원칙과 효력 범위에 따른 조례 유형

제11장 조례의 변경

제12장 관련 있는 조례 개정

제13장 조례안 심사 시 고려사항

제14장 심사과정에서 조례안 수정과 제안

제 1 장

자치입법권

1. 지방자치의 의의
2. 자치입법권
3. 주민자치와 단체자치
4. 지방자치단체의 기관구성

1 지방자치의 의의

1. 지방자치의 개념

- 지방자치는 일정한 지역을 기초로 하는 지방자치단체가 그 지역 내의 사무를 자주 재원을 가지고 지역주민의 의사와 책임하에 독자적으로 처리하는 과정으로서 주민의 자율적 지배의 제도적 표현을 의미한다.
- 지방자치는 중앙과 지방 간의 수직적 권력분립을 의미하기도 한다.

2. 지방자치의 구성요소

(1) 인적 요소 – 주민

(2) 장소적 요소 – 구역

(3) 정치적 요소 – 자치권 (자치입법권, 자치행정권, 자치조직권, 자치재정권)

(4) 기능적 요소 – 자치사무

3. 지방자치권의 성질

(1) 고유권설

지역사회는 국가가 성립되기 이전부터 존재하였으므로 그 결사체인 지방정부는 고유한 자치권을 가진다. (지역사회의 역사적 존재성)

(2) 전래권설

지방정부는 국가가 실정법을 통해 설립한 창조물이고, 자치권은 국가로부터 수여된 전래적 권능이다.

(3) 신(新)고유권설

개인이 자연권인 기본권을 누리는 것과 같이 지방정부도 기본권 유사의 권리를 갖는다.[1]

---

1) 김철용, 「특별행정법」, 박영사, 2022, pp.98~99.

4. 지방자치권의 내용

• 자치권 중 자치사법권을 인정하느냐 여부에 대해 미국을 제외한 대부분 나라는 인정하지 않는다.	
① 자치입법권	• 자치권에 기초하여 지방자치단체의 소관 사무에 대하여 자치법규(조례 · 규칙)를 정립할 수 있는 권능 • 국가의 입법권에 대비하여 자치입법권
② 자치조직권	• 지방자치단체가 행정기구 · 정원 · 보수 · 사무분장 등을 자신의 조례 · 규칙을 통해 자주적으로 정하는 권능
③ 자치행정권	• 지방자치단체가 자기의 자치사무를 중앙정부 간섭 없이 자주적으로 처리할 수 있는 권능
④ 자치재정권	• 지방자치단체가 자기 사무를 수행하는데 필요한 경비 충당을 자주적으로 조달 · 지출하는 권능

5. 지방자치권의 특성

- (국가 주권 아래의 자치권) 자치권은 국가의 정치적 통일을 전제로 한 국가 주권 아래의 권리로 국가의 주권적 통제에서 완전히 벗어날 수는 없다.
- (수여된 권리로서의 자치권) 지방자치단체는 국가의 창조물이고 자치권은 주권을 가진 국가로부터 수여된 권리인 까닭에 자치권과 자치사무의 범위는 국법에 의해 한계 지어지며, 그것은 국가와 지방자치단체 간의 사무배분 문제로 귀착된다.
- (독자적 권리로서의 자치권) 자치권은 국가로부터 수여된 것이어서 국가의 주권적 통제에서 완전히 벗어날 수 없지만, 일정한 범위 내의 자주성을 본질로 하는 독자적 권리이다.[2)]

2) 최창호·강형기, 「지방자치학」, 삼영사, 2016, pp.56~58.

2 자치입법권

1. 자치입법권의 의의

- 지방자치단체가 지방자치에 필요한 법규를 스스로 정립하는 권능을 "자치입법권"이라 한다.
- 자치입법권의 근거인 「헌법」 제117조제1항의 규정에 따라 「지방자치법」 제3장(조례와 규칙)에서 조례와 규칙에 관한 입법 근거, 입법 한계, 그리고 제정 절차 등에 관하여 구체적인 사항을 규정하고 있다.
- 국법 체계와의 조화를 도모하기 위하여 「지방자치법」 제9장(국가와 지방자치단체 간의 관계)에서 지방의회 의결의 재의와 제소 등 자치법규에 대한 규범 통제수단에 대해서도 규정하고 있다.

2. 자치입법의 종류

- 「헌법」은 자치입법의 종류를 명시하지 않고 다만, "법령의 범위 안에서 자치에 관한 규정을 제정할 수 있다"고 규정하고 있다.
- 「지방자치법」 제28조제1항은 "지방자치단체는 법령의 범위에서 그 사무에 관하여 조례를 제정할 수 있다."고 규정하고 있다.
- 같은 법 제29조는 "지방자치단체의 장은 법령 또는 조례의 범위에서 그 권한에 속하는 사무에 관하여 규칙을 제정할 수 있다."고 규정하고 있다.
- 「지방교육자치에 관한 법률」 제25조제1항은 "교육감은 법령 또는 조례의 범위 안에서 그 권한에 속하는 사무에 관하여 교육규칙을 제정할 수 있다."고 규정하고 있다.
- 그 밖에 지방의회가 의회의 내부 운영에 관하여 정하는 의회규칙(「지방자치법」 제52조)과 지방의회의 회의 운영에 관하여 정하는 회의규칙(「지방자치법」 제83조)이 있다.

3. 자치입법의 기능

(1) 주민과의 관계

① 주민 의사의 수렴 기능

② 주민의 권리 · 의무의 명시 기능

③ 주민의 계발 · 선도기능

(2) 지방자치단체 내부관계

① 지방자치단체의 지역진흥 및 정책수단 기능
② 자치행정의 근거 · 지침 제시 및 체계화 기능
③ 자치행정을 구속하는 기능
④ 행정의 지속성 · 계속성 유지 기능

(3) 지방자치단체 외부관계

- 국가와의 관계: ① 국가 법제의 지방단위에서의 종합화 기능, ② 국가 법제의 보완기능, ③ 국가 법제의 선도기능, ④ 국가시책에의 호소 기능
- 국가 이외의 외부관계: ① 다른 지방자치단체의 정책 유도 기능, ② 지역 외에 대한 파급기능[3)]

4. 자치입법 관련 법령

(1) 헌법

- 「헌법」 제117조 및 제118조에서 지방자치단체는 주민의 복리에 관한 사무를 처리하고 재산을 관리하며, 법령의 범위 안에서 자치에 관한 규정을 제정할 수 있다고 하여 지방자치단체에서 주민의 복리와 재산관리를 위하여 필요한 규정을 정할 수 있도록 하고 있다.
- 지방자치단체의 종류 · 조직 · 운영, 지방자치단체에 두는 지방의회의 조직 · 권한에 관한 사항 등은 법률로 정하도록 하고 있다.
- 헌법에 의하여 체결 · 공포된 조약과 일반적으로 승인된 국제법규도 국내법과 같은 효력을 가지므로, 국내법과 같은 효력을 가지는 조약 등도 자치법규와 관련된 법령이다.

(2) 「지방자치법」

- 「지방자치법」은 지방자치에 관한 기본적인 사항을 정하고 있는 법률로서 지방자치단체의 관할구역(제1장 제2절), 지방자치단체의 기능과 사무(제1장 제3절), 주민(제2장), 조례와 규칙(제3장), 지방의회(제5장), 집행기관(제6장), 재무(제7장), 지방자치단체 상호 간의 관계(제8장), 국가와 지방자치단체 간의 관계(제9장) 및 특별지방자치단체(제12장) 등에 관한 사항을 정하고 있다.
- 조례와 규칙의 규율 범위 및 입법 한계, 자치법규의 제정 절차, 사전 보고, 공포 절차, 조례안 재의 및 제소, 주민의 조례 제정 · 개폐 청구 등에 대해서도 규정하고 있다.

---

3) 행정자치부, 「2016 자치법규 입법실무」, 2016, p.21.

(3) 「지방교육자치에 관한 법률」

- 지방자치단체의 교육 · 학예에 관한 사무를 관장하는 기관의 설치와 그 조직 및 운영 등에 관한 사항을 정하고 있다.
- 집행기관으로서 교육감을 두도록 하고 있고, 교육감은 법령 또는 조례의 범위에서 그 권한에 속하는 사무에 관하여 "교육규칙"을 제정할 수 있도록 하고 있다.

(4) 「행정기본법」

- 2021년 제정된 「행정기본법」은 지방자치단체가 국회를 통과한 법률이나 그 하위법령에서 조례 등 자치법규로 정하도록 하거나, 법령의 범위에서 필요한 사항을 자치법규로 정하는 입법활동에 관한 원칙과 기준을 제시하고 있다.
- 행정의 입법활동은 헌법과 상위법령을 위반해서는 안 되며 헌법과 법령 등에서 정한 절차를 준수해야 한다.

(5) 「행정규제기본법」

「행정규제기본법」 제4조에서 규제는 법률에 직접 규정하되 규제의 세부적인 내용은 법률 또는 상위법령에서 구체적으로 범위를 정하여 위임한 바에 따라 대통령령 · 총리령 · 부령 또는 조례 · 규칙으로 정할 수 있다고 규정하고 있어, 규제를 담는 그릇으로 자치법규를 포함하고 있다.

(6) 「행정절차법」과 「법제업무운영규정」

- 「행정절차법」 제41조부터 제45조까지는 주민의 자치입법에의 직접 참여를 활성화하고 자치입법에 대한 민주성을 제고하기 위하여 입법예고 제도의 시행 등에 관하여 규정하고 있다.
- 「법제업무운영규정」(대통령령) 제20조는 자치법규 안의 입법예고 대상, 입법예고에 대한 제출 의견의 처리, 그 밖에 입법예고에 관하여 필요한 사항은 각 지방자치단체의 조례로 정하도록 하고 있다.

(7) 그 밖의 법령

- 자치입법과 직접 관련된 법은 아니나 지방자치단체에 적용되는 「지방공무원법」, 「지방공기업법」, 「지방재정법」, 「지방자치단체 보조금 관리에 관한 법률」, 「지방회계법」, 「지방세기본법」, 「지방세법」, 「지방세징수법」, 「지방교부세법」, 「지방자치단체를 당사자로 하는 계약에 관한 법률」, 「지방자치단체 기금관리기본법」, 「지방자치단체 출자 · 출연기관의 운영에 관한 법률」, 「공유재산 및 물품 관리법」 등이 있다.
- 지방자치단체와 관련되는 개별 법령으로 「서울특별시 행정특례에 관한 법률」, 「제주특별자치도 설치 및 국제자유도시 조성을 위한 특별법」, 「세종특별자치시

설치 등에 관한 특별법」, 「강원특별자치도 설치 등에 관한 법률」 등이 있다.

(8) 자치입법 관련 자치법규

- 자치입법 관련 세부적인 기준, 절차 등을 규정하고 있는 각 지방자치단체의 「자치법규 입법에 관한 조례」, 「의안의 비용추계에 관한 조례」, 「법제사무 처리규칙」, 「조례규칙 심의회규칙」 등이 있다.
- 지방의회의 회의 진행과 내부규율 등에 관하여 필요한 사항을 규정하고 있는 의회규칙, 지방의회 위원회 조례 등이 있다.[4)]

4) 행정자치부, 「2016 자치법규 입법실무」, 2016, pp.29~30; 법제처, 「2022 자치법규 입안 길라잡이」, 2022, pp.5~8.

3 주민자치와 단체자치

1. 지방자치의 역사적 흐름

- 지방자치는 연혁적으로 2가지 대립적인 계보로 발전해 왔다.
- 영국을 중심으로 지방분권 사상에 입각한 주민자치와
- 독일 · 프랑스를 중심으로 대륙적인 중앙집권 사상에 입각한 단체자치이다.

(1) 주민자치

주민의 일상생활에 관련된 지방행정사무를 국가의 행정기관에 의하지 않고 지역주민의 의사와 책임하에 스스로 또는 주민이 선출한 대표자를 통하여 사무를 처리한다.

(2) 단체자치

- 국가와 별개의 법인격(法人格)을 가진 지방자치단체가 국가로부터 상대적으로 독립한 지위와 권한을 부여받아 일정한 범위 내에서 중앙의 간섭을 받지 않고 독자적으로 행정을 처리한다.
- 그러나 법인의 지위를 얻지 못하면 단체자치의 주체가 되지 못한다.
- 행정구(인구 50만 명 이상의 대도시 내의 구)나 행정시(제주특별자치도 내의 제주시, 서귀포시)는 자치구(自治區)나 자치시(自治市)와 유사한 행정기능을 수행하지만 공법인은 아니다. 따라서 행정구나 행정시는 법인격 없는 행정기관으로서의 지위를 가진다.

2. 지방자치의 3자 간의 관계

지방자치는 중앙정부, 지방자치단체, 주민 간의 관계 속에서 존재한다.

① 지방자치단체와 주민과의 관계에서 이해 - 주민자치

② 지방자치단체와 중앙정부와의 관계에서 파악 - 단체자치

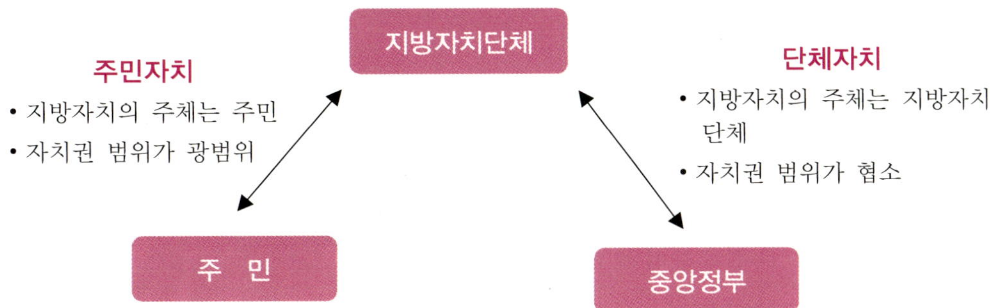

3. 주민자치와 단체자치의 관계

- 지방자치의 본질적 요소이자 민주주의의 요체를 중심내용으로 하는 대내적 참여의 주민자치와 중앙에 대한 지방의 독자성 보장을 중심내용으로 하는 대외적 독립의 단체자치는, 결국 양 요소가 상호 보완 · 접근하면서 통합과 조화를 요구한다.
- 결론적으로 주민들 스스로 할 수 있는 일에는 한계가 있으므로 지방자치단체를 구성하는 것이고, 지방자치단체는 주민들을 위해 존재하는 것이다.[5]

【 현행법상 주민참여권 】

- 지방 선거권·피선거권 (「지방자치법」 제17조제3항, 「공직선거법」 제16조제3항)
- 주민투표권 (「지방자치법」 제18조, 「주민투표법」)
- 조례의 제정과 개·폐청구권 (「지방자치법」 제19조제2항, 「주민 조례 발안에 관한 법률」)
- 규칙의 제정과 개정·폐지 의견 제출권 (「지방자치법」 제20조)
- 주민감사청구권 (「지방자치법」 제21조)
- 주민소송권 (「지방자치법」 제22조)
- 주민소환권 (「지방자치법」 제25조, 「주민소환에 관한 법률」)
- 주민참여예산제도 (「지방재정법」 제39조)
- 청원권 (「지방자치법」 제5장 제8절, 「청원법」)

5) 강용기, 「현대 지방자치론」, 대영문화사, 2021, p.43.

【 주민자치와 단체자치 】

구 분	주민자치	단체자치
• 발 달	영국, 미국 등 영미계 국가	독일, 프랑스 등 대륙계 국가 (한국)
• 이념적 원리	– 민주주의 이념 구현 – 정치적 의미의 자치	– 지방분권 이념 구현 – 법률적 의미의 자치
• 자치권의 성질	자연권으로서의 주민의 권리	실정권으로서의 지방자치단체의 권리
• 자치의 중점	지방자치단체와 주민과의 관계 (주민의 권리 보호)	지방자치단체와 국가와의 관계 (국가로부터의 독립)
• 지방정부 형태	기관통합형	기관대립(분리)형
• 지방정부 성격	자치단체 (단일적 성격)	자치단체인 동시에 국가의 하급기관 (이중적 성격)
• 중앙 · 지방 간 관계	기능적 협력관계	권력적 감독관계
• 중앙통제 방식	입법적·사법적 통제 중심	행정적 통제 중심

4 지방자치단체의 기관구성

1. 기관구성의 유형

- 지방자치단체의 기관은 의결기관과 집행기관의 권력관계를 어떻게 설정하는가에 따라 기관통합형과 기관대립형으로 구분된다.
  ① 기관대립형 – 의결기능과 집행기능의 분리로 상호 견제와 균형에 의해 자치행정 수행 (대통령 중심제 유사)
  ② 기관통합형 – 의회가 의결기능과 집행기능을 함께 수행 (의원내각제 유사)
  ③ 절충형
- 지방자치단체장과 지방의회 중 누가 주도적인 권한을 행사하는가에 따라 기관구성 형태를 구분한다.
  ① 지방자치단체장 우위형
  ② 의회 우위형

2. 기관구성 다양화의 근거 마련

- 지금까지는 지방자치기관이 의회와 단체장의 기관대립형으로 통일되어 존재해 왔다.
- 그러나 「지방자치법」 개정(2021)으로 주민투표를 거쳐 주민이 지방자치단체의 구조를 변경 선택할 수 있게 되어 기관구성의 다양화가 가능하게 되었다.
- (소멸해 가는 지역공동체와 직접민주주의 가능성) 예를 들면, 인구 3만명 미만의 군(郡)의 경우, 인구 유출과 감소에 따른 지방소멸 등에 대비하기 위해 지방의회가 집행부를 구성하는 기관통합형(의회 중심형)의 기관구성 모델의 검토가 가능하다.[6]

「제주특별자치도 설치 및 국제자유도시 조성을 위한 특별법」

제8조(지방의회 및 집행기관 구성의 특례) ① 「지방자치법」의 지방의회와 집행기관에 관한 규정에도 불구하고 따로 법률로 정하는 바에 따라 제주자치도의 지방의회와 집행기관의 구성을 달리할 수 있다.

6) 강용기, 「현대 지방자치론」, 대영문화사, 2021, p.308; 임재현, 「지방행정론」, 대영문화사, 2017, p.140.

「지방자치법」

제4조(지방자치단체의 기관구성 형태의 특례) ① 지방자치단체의 의회(이하 “지방의회”라 한다)와 집행기관에 관한 이 법의 규정에도 불구하고 따로 법률로 정하는 바에 따라 지방자치단체의 장의 선임방법을 포함한 지방자치단체의 기관구성 형태를 달리 할 수 있다.

② 제1항에 따라 지방의회와 집행기관의 구성을 달리하려는 경우에는 「주민투표법」에 따른 주민투표를 거쳐야 한다.

제 2 장

조례란 무엇인가?

1. 지방자치의 법체계
2. 조례
3. 규칙
4. 조례와 규칙의 효력

1 지방자치의 법체계

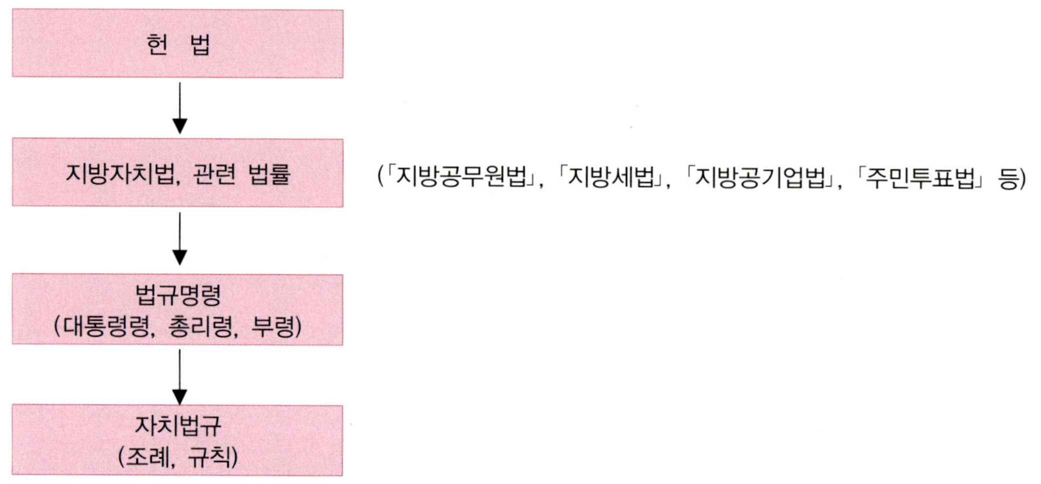

- 법령은 법률(法律)과 명령(命令)으로 구성한다.
- 명령은 법률에서 위임한 내용 등에 따라 행정부에서 제정하는 "행정입법"이다.
- 명령에는 시행령(대통령령)과 시행규칙(총리령, 부령)이 있다.
  - 조직 내부에 적용되는 행정규칙은 훈령, 예규, 고시, 일일명령 등이 있다.
- 법률이나 상위법령의 위임에 따라 제정되는 조례는 상위법령의 내용을 보완하여 전체적인 국법 체계를 완성시키는 역할을 수행한다.
- (유의사항) 조례안 입안 때 조례에 "특별한 규정이 없으면 …… 법령이 적용된다."고 규정하면 안 된다. 그렇게 되면 조례가 우선 적용되고 법령이 보충적으로 적용된다는 뜻이 되어 상위법령에 위반될 소지가 있다.

CASE Study 1 법률과 법령의 개념 구분

> **OO시 이스포츠(전자스포츠) 진흥에 관한 조례**
>
> (제정) 2023.03.15 조례 제1849호
>
> **제3조(다른 법률 및 조례와의 관계)** OO시(이하 "시"라 한다) 이스포츠의 진흥에 관하여 다른 **법령**이나 조례에 특별한 규정이 있는 경우를 제외하고는 이 조례에서 정하는 바를 따른다.

[검토사항: **법률, 법령**]

- 총칙에서 규정하는 "다른 조례와의 관계" 규정은 그 조례에서 규정하지 않은 사항에 대해 다른 조례를 따르도록 하거나, 그 조례에서 규정한 사항에 대해서는 다른 조례보다 그 조례를 우선 적용하도록 하는 규정을 말한다.
- "다른 조례와의 관계" 규정은 다른 조례와의 상충을 피하고 조례 상호 간의 조화를 도모하기 위해 두는 규정이다. 일반조례와 특별조례, 기본조례와 개별 조례 등 조례 간 "적용의 우선순위를 정하는 규정"으로 해석·집행상의 모순이나 저촉을 방지하는 역할을 한다.
- 법률과 법령의 개념을 구분한다. 법령은 법률(法律)과 명령(命令)으로 구성된다.
- 법령은 조례보다 상위법규여서 당연히 적용되므로, 위의 조례 본문에서 "법령"이라는 표현은 적절해 보이지 않는다.
- (조 제목) "다른 법률 및 조례와의 관계", "다른 법령 및 조례와의 관계", "다른 법령과의 관계", "다른 조례의 적용", "다른 조례의 준용", "다른 조례의 적용배제" 등 다양하게 표현되고 있으나, "다른 조례와의 관계"로 통일한다.

2 조 례

1. 조례의 의의

(1) 조례의 개념

- 조례는 지방자치단체가 법령의 범위에서 그 권한에 속하는 사무에 관하여 지방의회의 의결로서 정립하는 자치규범이다.
- 조례라는 말은 일본에서 비롯한 용어로서 우리 고유의 낱말이 아니며, 구미(歐美)에서는 지방법(local law)으로 표현한다.

(2) 조례의 성질

- 조례는 외부적 효력을 갖는 일반적 · 추상적 규율로서 보통 주민의 권리 · 의무에 관한 사항을 규정하는 법규의 성질을 가지지만, 지방자치단체의 내부조직 · 운영에 관한 사항을 규정하는 "행정규칙"의 성질을 가지는 것도 있다.
- 조례는 주민에 대한 구속력(대외적 효력)을 가지는 것이 원칙이나, 조례 중에는 지방자치단체의 조직 내부에서만 구속력을 가지는 것도 있다.

2. 조례의 유형

(1) 효력 기준 – 주민의 권리 · 의무에 관한 조례와 지방자치단체의 내부조직 · 운영에 관한 조례

(2) 제정근거 기준 - 위임조례(조례 제정의 근거가 법령의 위임에 있는 것)와 자치조례
주민의 권리 제한 또는 의무 부과 및 벌칙을 정하는 조례, 기관위임사무에 관한 조례는 법률의 위임이 있어야 한다.

(3) 제정의무 기준 – 필수조례(지방자치단체가 반드시 제정하여야 하는 조례)와 임의조례

3. 조례의 입법 범위

(1) 지방자치단체의 소관 사무

- 지방자치단체의 조례 제정은 해당 지방자치단체의 소관 사무에 한정(「지방자치법」 제13조)된다.
- 그러나 지방자치단체의 소관 사무이지만 개별 법률에 다른 규정이 있으면 조례로 정할 수 없으며(「지방자치법」 제13조제2항 단서), 국가사무 또는 다른 지방자치단체의 소관에 속하는 사무이지만 개별 법령에 특별한 규정이 있으면 "조례"로 제정할 수 있다. (대법원 2006추52 판결)

(2) 자치사무와 단체위임사무

- 조례 제정은 지방자치단체의 권한에 속하는 자치사무(고유사무)와 단체위임사무는 조례의 규정사항이 되나,
- 지방자치단체의 장 등의 집행기관이 국가의 지방행정기관의 지위에서 국가사무를 위임받아 집행하는 "기관위임사무"에 관하여는 조례를 제정할 수 없다.

(3) 법령의 범위 안에서

- 「헌법」 제117조제1항 및 「지방자치법」 제28조에 따라 조례는 '법령의 범위(안)에서' 그 사무에 관하여 규정할 수 있다.
- 여기서 '법령'은 헌법 · 법률 · 법규명령 및 법규명령으로 기능하는 "행정규칙"까지 포함한다. 그리고 국내법과 같은 효력을 가지는 「헌법」 제6조제1항에 따른 "조약" 및 일반적으로 승인된 국제법규도 포함한다.

(4) 조례의 제정범위를 제한하는 하위 법령의 금지

- 2021년 「지방자치법」 전부개정법률에서 제28조(조례)제2항을 신설하여 "법령에서 조례로 정하도록 위임한 사항은 그 법령의 하위법령에서 그 위임의 내용과 범위를 제한하거나 직접 규정할 수 없다."고 규정하였다.
- 이것은 그동안 법령이 조례에 위임한 사항에 대하여도 그 법령의 하위법령에서 조례로 위임된 내용과 범위를 제한하거나 직접 규정하는 경우가 적지 않아 조례의 입법 여지를 실질적으로 제약하여 온 입법 관행을 개선하기 위한 조치이다.
- 이와 같이 조례의 제정범위를 제한하는 하위법령의 입법금지 규정을 통하여 적어도 위임조례의 경우에는 법령에 의한 입법적 제약 없이 조례입법의 여지를 보장받게 되었다.[1)]

4. 조례 제정권의 한계

조례 관련 법령과 그간의 판례를 통하여 정립된 조례의 한계로는 ① 법령의 범위 안에서(법령 우위의 원칙), ② 사무의 제한(지방자치단체의 고유사무와 단체위임사무에 한정), ③ 주민의 권리 제한 또는 의무 부과에 관한 사항이나 벌칙 규정에 대한 법률유보의 원칙, ④ 광역지방자치단체 조례의 효력 우위 원칙 등이 있다.

(1) 법령 우위의 원칙

- 법령은 법률과 그것을 구체화한 명령 등 형식적 의미의 법규명령을 의미하는데, 조례는 이와 같은 의미의 법령에 저촉되면 무효가 된다.

---

1) 김철용, 「특별행정법」, 박영사, 2022, p.112.

- 헌법 제117조는 지방자치단체는 “법령의 범위 안에서 자치에 관한 규정을 제정할 수 있다”고 규정하고 있다.
- 「지방자치법」 제28조제1항은 “법령의 범위에서 그 사무에 관하여 조례를 제정할 수 있다”고 규정하고 있다.
- 헌법 제117조제1항과 「지방자치법」 제28조제1항에 근거한 “법령의 범위 안에서”의 의미는 조례의 독자성과 자치성의 성격을 제한적으로 인정하는 조례 제정권의 한계로 작용하고 있다.
- 헌법과 「지방자치법」은 조례에 대하여 법령 우위의 원칙을 명확히 하고 있다.

(2) 법률유보의 원칙

- 「지방자치법」 제28조제1항 단서는 조례로써 “주민의 권리 제한 또는 의무 부과에 관한 사항이나 벌칙을 정할 때에는 법률의 위임이 있어야 한다.”라고 하여 침해행정에 대한 법률유보의 원칙을 규정하고 있다.
- 한편, 법률의 위임을 받아 조례로써 벌칙을 정하는 것이 죄형법정주의에 위배되지 않느냐 하는 문제 제기가 있을 수 있다.
- 헌법은 제12조제1항에서 “누구든지 법률에 의하지 아니하고는 ...... 처벌을 받지 아니한다”고 규정하여 죄형법정주의를 채택함과 아울러, 법률에서 구체적인 범위를 정하여 위임받은 사항에 관하여 범규명령을 제정할 수 있게 하고 있다. (헌법 제75조)
- 따라서 주민 대표로서 구성된 지방의회에 의하여 제정되는 조례에서 법률의 위임을 받아 벌칙을 정하는 것은 죄형법정주의 원칙을 저해하는 것은 아니다.

※ 1994년 3월 이전의 「지방자치법」은 제20조(벌칙의 위임)에서 “시 · 도는 당해 자치단체의 조례로써 3월 이하의 징역 또는 금고, 10만원 이하의 벌금, 구류, 과료 또는 50만원 이하의 과태료의 벌칙을 정할 수 있다”고 규정하였다. 광역자치단체에 한하기는 하였지만 지방의회에 벌칙을 제정할 수 있는 권한을 “포괄적으로 위임”하고 있었다.

그러나 이 조항에 대해 당시 범죄구성요건의 범위를 정하지 않고 처벌 상한만을 정하여 형벌권을 포괄적으로 위임하는 것은 위헌 소지가 있고 죄형법정주의에 위배된다는 논란이 지속적으로 제기되었다. 이에 1994년 3월 법 개정 시 여 · 야 합의로 위 형벌조항을 삭제하여 광역의회에 한해 부여하던 형벌 제정권을 “삭제”하는 대신 광역의회와 기초의회 모두 1천만원 이하의 “과태료”만 부과할 수 있도록 하여 “형사처벌”을 할 수 없게 되었다.

(3) 광역지방자치단체 조례 우위의 원칙

- 시 · 군 · 자치구의 조례는 시 · 도의 조례나 규칙에 위반하여서는 안 된다. (「지방자치법」 제30조)
- 2개 이상의 기초자치단체를 관할구역 안에 포함하는 광역지방자치단체의 조례가 법체계상 기초자치단체의 조례보다 상위 규범임에는 이의가 없으나, 이는 기초자치단체의 "모든 사무"에 적용되는 것이 아니라 ① 시 · 도로부터 위임받은 사무, ② 시 · 도와 시 · 군 · 구의 공동 수행사무, ③ 법령에서 시 · 도 조례로 정하도록 규정한 사무 등과 관련된 경우로 한정 해석하여야 한다.
- 왜냐하면 시 · 군 · 자치구의 "고유사무"에 관하여는 시 · 도가 그 조례나 규칙으로써 규제할 수 없기 때문이다.

【 조약 관련 조례 입안 시 유의사항 - FTA를 중심으로】 2)

□ 자유무역협정(FTA)

FTA(Free Trade Agreement)는 회원국 간 상품, 서비스, 투자, 지적 재산권, 정부조달 등에 대한 관세, 비관세 장벽을 완화함으로써 상호 간 교역 증진을 도모하는 특혜 무역협정을 의미한다. 특히, 관세 철폐에 주요 초점이 맞춰져 있으며 지역무역협정(RTA: Regional Trade Agreement)의 주류를 이루고 있다.

□ 조약(FTA 협정)과 지방자치단체 조례와의 관계

- 「헌법」 제6조제1항에 따라 국제조약은 국내법과 동일한 효력을 가지며, 따라서 국회의 동의를 얻어 공표 · 시행되는 FTA 협정은 국내법과 동일한 효력을 가진다.
- 「지방자치법」 제28조에 따라 지방자치단체는 법령의 범위 안에서 조례를 제정하여야 하는 바, 조례는 국내법과 동일한 효력을 가지는 FTA 협정에도 합치되어야 한다.

□ 유의사항

- 조례안 입안 시 FTA 협정상의 주요 기본의무를 숙지해야 한다.
  - 규정하려는 내용이 FTA와 관련되는지?
  - FTA 협정상 의무와 관련된 사항이 포함되어 있는지?
  - 관련 투자 · 서비스 공급과 관련하여 주민과 외국인을 달리 취급하고 있는지? (내국인대우 의무 위반)
  - 경제적 수요심사 등을 통해 시장접근을 제한하고 있는지? (시장접근 위반)

- 국내 재료 사용 등 이행요건을 부과하고 있는지? (이행요건 부과 금지 의무 위반)
- 서비스 공급의 조건으로 국내 거주 등을 요구하는지? (현지 주재 요구금지 의무 위반)

• FTA 협정문에 합치되지 않는 조례를 신설하거나, 기존 조례를 합치되지 않게 개정하는 것은 허용되지 않는다.

판례 1 자치조례와 위임조례의 규율 대상

• (구) 「지방자치법」 제15조(조례), 제9조(지방자치단체의 사무범위)에 의하면, 지방자치단체가 자치조례를 제정할 수 있는 사항은 지방자치단체의 고유사무인 "자치사무"와 개별 법령에 의하여 지방자치단체에게 위임된 "단체위임사무"에 한하는 것이고,

• 국가사무가 지방자치단체의 장에게 위임된 "기관위임사무"는 원칙적으로 자치조례의 제정범위에 속하지 않는다 할 것이고, 다만 기관위임사무에 있어서도 그에 관한 개별 법령에서 일정한 사항을 조례로 정하도록 위임하고 있는 경우에는 위임받은 사항에 관하여 개별 법령의 취지에 부합하는 범위 내에서 이른바 "위임조례"를 정할 수 있다. (대법원 99추85, 판결)

[참고] **추가조례와 초과조례**

① 추가조례 - 조례와 국가법령이 그 입법목적은 동일하지만 "법령에서 규정하지 아니한 사항"을 조례로 정하는 경우 이를 추가조례라 한다.

② 초과조례 - 조례와 국가법령이 그 입법목적도 동일하고 입법사항도 동일하지만, 국가법령에서는 일정한 요건이나 기준을 정하고, 조례는 이를 보다 강화하는 경우 이러한 조례를 초과조례라 한다.

판례 2 추가조례의 허용성 3)

(구) 「지방자치법」 제15조에서 말하는 "법령의 범위 안"이라는 의미는 '법령에 위반되지 아니하는 범위 안'이라는 의미로 풀이되는 것으로서, 특정 사항에 관하여 국가법령이 이미 존재할 경우에도 그 규정의 취지가 반드시 전국에 걸쳐 일률적인 규율을 하려는 것이 아니라 각 지방자치단체가 그 지방의 실정에 맞게 별도로 규율하는 것을 용인하고 있다고 해석될 때에는 조례가 국가법령에서 정하지 아니하는 사항을 규정하고 있다고 하더라도 이를 들어 법령에 위반되는 것이라고 할 수 없다. (대법원 2000추29 판결)

---

2) 행정자치부, 「2016 자치법규 입법실무」, 2016, p.35.

3) 김남철, 「행정법 강론」, 박영사, 2022, p.1097.

판례 3 **(구)「지방자치법」 제15조의 "법령의 범위 안에서"의 의미** [4)]

- (구)「지방자치법」 제15조(조례) 본문은 "지방자치단체는 법령의 범위 안에서 그 사무에 관하여 조례를 제정할 수 있다"고 규정하는 바, "법령의 범위 안"은 그 상위법령에 위반되지 않는 범위 내에서를 의미한다. (대법원 2002추23 판결)
- 헌법의 "법령의 범위 안에서"와 현행「지방자치법」 제22조(조례)의 "법령의 범위에서"의 의미와 관련하여 학설과 판례는 "법률 우위의 원칙"을 선언한 것으로 이해하면서, 조례는 상위법인 국가의 법령에 위반되지 않는 범위에서 용인될 수 있는 것으로서 법령의 목적 · 입법취지나 내용에 모순 · 저촉되어서는 안 된다는 의미로 해석한다.
- '법령의 범위 안에서'의 의미는 반드시 법령의 위임이 있어야 한다는 의미는 아니며, 법령의 구체적인 위임이 없더라도 전체 국법 체계의 범위 안에서 조례를 제정할 수 있다는 의미이다. 다만,「지방자치법」 제22조 단서 조항에 규정되어 있는 대로 주민의 권리 · 의무나 벌칙에 관한 사항은 헌법상의 "법률유보원칙"과 죄형법정주의에 비추어 반드시 법률의 위임이 있어야 한다.

---

4) 김철용,「특별행정법」, 박영사, 2022, p.111.

3 규 칙

1. 규칙의 의의

- "규칙"은 지방자치단체의 장이 법령 또는 조례가 위임한 범위 내에서 그 권한에 속하는 사무에 관하여 제정하는 자치법규를 말한다. (「지방자치법」 제29조)
- "교육규칙"은 시 · 도의 경우 해당 지방자치단체의 교육감이 법령 또는 조례의 범위 안에서 그 권한에 속하는 사무에 관하여 제정하는 자치법규를 말한다. (「지방교육자치에 관한 법률」 제25조)
- 같은 지방자치단체의 자치법규이지만 조례가 지방의회에 속하는 권한인 데 반해, 규칙은 지방자치단체의 장에게 속하는 권한이다.

2. 규칙의 유형

(1) 효력 기준

법규적 성질을 갖는 것(조례 위임에 따라 제정된 지방세·수수료 등의 징수에 관한 규칙)과 내부조직과 관련되어 행정규칙적 성질을 갖는 것(지방공무원 정원에 관한 규칙 등)이 있다.

(2) 제정근거 기준

- 법령 또는 조례의 위임에 의해 제정되는 위임규칙과 법령에 위반되지 아니하는 범위 내에서 제정되는 직권규칙이 있다.
- 법령의 위임에 따라 제정되는 '법령위임규칙'과 조례의 위임에 따라 제정되는 '조례위임규칙'이 있다.

(3) 제정의무 기준

규칙 제정을 필수적으로 하는 필수규칙과 제정을 임의적으로 하는 임의규칙이 있다.

3. 규칙의 입법범위

- 「지방자치법」 제115조(국가사무의 위임)의 규정에 의해 지방자치단체의 장에게 위임된 "기관위임사무"는 지방자치단체의 장의 전속적 권한에 속하는 사항이므로 이에 대하여는 조례로서 규정할 수 없고 "규칙"으로 규정해야 한다.
- 자치단체의 사무(자치사무와 단체위임사무)로서 법령에 의해 조례 규정 대상으로 지정된 사항, 의회의 권한에 속하는 사항 및 주민의 권리 · 의무, 벌칙에 관한 사항을 제외한 기타의 사항은 "규칙"으로 제정 가능하다.
- 조례가 규칙에 "위임"한 사항 또는 조례의 위임이 없더라도 조례를 "집행"하기 위

해 필요한 사항에 관하여는 규칙(조례집행규칙)으로 규정할 수 있다.

- 유의사항은 조례에 "이 조례의 시행에 필요한 사항은 규칙으로 정한다"라는 규정을 두지 않더라도 규칙을 제정할 수 있으므로 이같은 내용을 조례에 규정할 필요가 없는데, 실제는 많은 조례에서 보통 조 제목을 "시행규칙"으로 하여 규정하고 있다.
- 이 "시행규칙" 규정은 규칙으로 새로운 내용을 정할 수 있도록 위임하는 규정이 아니라 "집행명령"에 해당하는 규칙을 제정할 수 있도록 한 것이므로, 보충적 · 절차적 사항 등 조례를 현실적으로 집행하는 데 필요한 세부적인 사항만을 규정할 수 있을 뿐이고, 개인의 권리 · 의무 등에 관한 내용을 변경 · 보충할 수 없다.[5)]
- 그리고 법령에서 어떤 사항을 조례로 위임한 경우 규칙으로 정하거나, 규칙으로 위임한 경우 조례로 정하면 법령에서 정한 권한 분배를 하위법령에서 변경하는 결과가 되므로 법령에 위반될 수 있다. 조례는 지방의회가 정하고, 규칙은 지방자치단체장이 제정하는 것이기 때문이다.
- 따라서 법령에서 조례로 위임하면 조례로, 규칙으로 위임하면 규칙으로 정해야 한다. 다만, 법령에서 조례로 위임한 경우 조례에서 중요사항을 정하고 구체적으로 범위를 정하여 규칙으로 재위임할 수는 있다.

4. 규칙으로 정할 수 있는 유형

- 법령에 의해 규칙으로 제정할 수 있도록 규정된 사항 (법령위임규칙)
- 기관위임사무에 관한 사항 (기관위임규칙)
- 조례의 위임 또는 시행에 관하여 필요한 사항 (조례위임규칙, 조례집행규칙)
- 지방자치단체의 사무 중 지방자치단체의 장의 전속적 권한에 속하는 사무에 관한 사항
- 그 밖에 지방의회나 다른 집행기관의 권한에 속하지 않은 지방자치단체의 사무에 관한 사항 등이 있다.

5. 규칙 제정권의 한계

- 규칙은 법령 및 그 제정을 위임한 조례에 위반하여서는 안 된다.
- 시장 · 군수 · 자치구의 구청장이 제정하는 규칙은 시 · 도의 조례나 시 · 도지사가 제정하는 규칙에 위반해서는 안 된다.
- 규칙은 법령의 개별적인 위임이 없는 한 주민의 권리 제한 또는 의무 부과, 벌칙을 규정할 수 없다.[6)]

---

5) 법제처, 「2022 자치법규 입안 길라잡이」, 2022, p.16.

6) 행정자치부, 「2016 자치법규 입법실무」, 2016, pp.24~25, p.72.

CASE Study 2 시행규칙 규정의 실익

[입법례] **OOOO시 OOO구 환경오염행위 신고 포상 조례**

(일부개정) 2022.12.29 조례 제1526호

제7조(시행규칙) 이 조례의 시행에 필요한 사항은 규칙으로 정한다.

OO광역시 지역경제협의회 조례

(일부개정) 2022-12-29 조례 제2662호

제14조(시행규칙) 이 조례 시행에 관하여 필요한 사항은 규칙으로 정한다.

OO시 곤충생태관 관리 및 운영 조례

(일부개정) 2022.12.29 조례 제2079호

제13조(시행규칙) 이 조례 시행에 필요한 사항은 규칙으로 정한다.

[검토사항: **시행규칙**]

- 위임규정이 없더라도 법령·조례의 집행에 필요한 사항은 규칙으로 정할 수 있으므로, 위의 3건 조례의 "시행규칙" 규정은 실익이 없으므로 삭제해도 무방하다.

CASE Study 3 같은 지위의 입법형식 개정

OO시 향토산업육성 조례

(일부개정) 2022.09.20 조례 제1854호

제5장 보 칙

제33조(다른 조례 및 규칙의 개정) ③ OO시 하수도 사용 조례시행규칙 중 다음과 같이 개정한다. 제28조제1항제6호를 다음과 같이 신설한다.

6. OO시 향토산업 육성 조례 규정에 의하여 OO시 향토 음식업소로 지정된 업소에 대하여 3년간 하수도 사용료의 50%를 감면한다. 다만, 감면 업소가 1개의 계량기로 2 이상의 업종이 함께 사용할 경우 감면 대상에서 제외한다

[검토사항: **다른 규칙의 개정**]

- 위의 조례는 조례로 "규칙"을 개정하고 있는데, 이는 적절하지 않다. 둘 이상의 자치법규를 하나의 개정 자치법규 안에 포함하여 개정하는 것은 "같은 종류"의 자치법규끼리만 가능하고, "다른 종류의 자치법규를 개정할 수는 없다." 따라서 개정조례는 같은 지위의 입법형식인 조례만을 개정할 수 있고, 다른 입법형식인 규칙을 개정할 수 없다.
- 지방자치단체의 자치법규에서 조례는 지방의회에 속하는 권한인 데 반해, 규칙은 지방자치단체의 장에게 속하는 권한이다.

CASE Study 4 **조(條)의 제목과 위치**

[입법례]

OO군 농업·농촌 공익가치 증진을 위한 농민지원 조례

(일부개정) 2022.08.12 조례 제2620호

제5장 보칙

제15조(시행에 필요한 사항) 이 조례의 시행에 관하여 필요한 사항은 군수가 따로 정한다.

OO시 제증명등 수수료 징수 조례

(일부개정) 2022.08.16 조례 제2322호

제8조(규칙) 이 조례 시행에 필요한 사항은 규칙으로 정한다.

OO군 군정발전자문위원회 설치 및 운영에 관한 조례

(일부개정) 2022.08.22 조례 제2133호

제12조(운영규칙) 이 조례의 시행에 관하여 필요한 사항은 규칙으로 정한다.

OO군 100원 행복택시 운행 및 이용주민 지원에 관한 조례

(일부개정) 2022.08.29 조례 제2565호

제10조(기타) 이 조례 시행에 필요한 사항은 규칙으로 정한다.

OOOO시 고향사랑 기부금 모금 및 운용에 관한 조례

(제정) 2022.12.30 조례 제8531호

제16조(그 밖의 사항) 그 밖에 이 조례의 시행에 필요한 사항은 규칙으로 정한다.

OO도 에너지 기본조례

(일부개정) 2023-01-02 조례 제7526호

부칙 <2015.3.3.>

제4조(시행규칙) 이 조례의 시행에 필요한 사항은 규칙으로 정한다.

[검토사항: **시행규칙**]

- 위임규정이 없더라도 조례의 집행에 필요한 사항은 규칙으로 정할 수 있으므로, 위의 조례의 "집행" 관련 규정들은 실익이 없으므로 삭제해도 무방하다.
- 굳이 확인적·안내적 차원에서 명시하겠다면 위 조례의 조 제목이 "시행에 필요한 사항", "규칙", "운영규칙", "기타", "그 밖의 사항" 등으로 다양한데, 이를 "시행규칙"으로 통일하는 것이 적절하다고 본다.
- 위의 여섯 번째 조례는 시행규칙을 본칙이 아닌 "부칙"에서 규정하고 있는데, 잘못된 구성체계로 본다.

4 조례와 규칙의 효력

1. 조례와 규칙 간의 효력의 우월

- 조례와 규칙 등 자치법규 상호 간에는 조례가 규칙의 상위 규범으로서 그 효력이 규칙에 우선한다.
- 「지방자치법」도 "지방자치단체의 장은 법령이나 조례가 위임한 범위에서 그 권한에 속하는 사무에 관하여 규칙을 제정할 수 있다."고 하여 조례가 규칙의 상위 규범임을 전제로 하고 있고, 판례도 조례가 규칙의 상위 규범이라고 해석한다.
- 「지방자치법」은 "시 · 군 및 자치구의 조례나 규칙은 시 · 도의 조례나 규칙을 위반하여서는 아니 된다."고 하여 기초지방자치단체의 자치법규가 광역지방자치단체의 자치법규를 위반할 수 없음을 규정하고 있다.
- 이 규정은 구역과 주민을 같이 하는 기초 및 광역지방자치단체 간에 법규 간 모순 · 저촉을 방지하여 행정과 법질서의 통일성을 확보하고 주민 생활의 혼란을 피하기 위한 취지에서 규정된 것이다.[7)]

2. 조례와 규칙의 효력 범위

(1) 시간적 범위

- 조례와 규칙은 일반법령과 마찬가지로 공포 · 시행되어서 폐지될 때까지 효력을 가지며 원칙적으로 소급효는 인정되지 않는다.
- 다만, 예외적으로 주민에게 이익을 주는 것은 소급효가 인정될 수 있지만 주민의 권리 제한, 의무 부과 또는 벌칙을 정하는 자치법규는 소급효가 인정되지 않는다는 것이 통설이다.

(2) 대인적 범위

- 조례와 규칙은 원칙적으로 해당 지방자치단체의 관할구역과 주민에게만 한정하여 그 효력이 미치는 속지법적 성격과 속인법적 성격을 가지고 있다.
- 따라서 다른 지방자치단체의 주민에 대한 사항에 대해서는 지방자치단체의 조례로 규율할 수 없는 것이 원칙이다.
- 예외적으로 해당 지방자치단체의 구역에 있는 다른 지방자치단체의 주민이나 해당 지방자치단체와 특별한 관계를 가진 자(자매결연이 체결된 다른 지방자치단체 주민의 공공시설의 이용자 등)에게 효력을 미치는 조례를, 다른 지방자치단체의 권

---

7) 김철용, 「특별행정법」, 박영사, 2022, pp.106~107.

한을 침해하지 않는 범위에서 제정하는 것은 가능하다.

(3) 공간적 범위

- 조례와 규칙은 해당 지방자치단체의 구역에 한정하여 효력이 있는 것이 원칙이다.
- 다만, 공공시설을 관계 지방자치단체의 동의를 받아 그 지방자치단체의 구역 밖에 설치하는 경우 등의 사유가 있으면, 예외적으로 조례와 규칙이 그 지방자치단체의 구역 밖에서도 효력을 가질 수 있다. (「지방자치법」 제161조제3항)
- 자치법규가 구역 밖에서도 효력을 가지는 경우의 예
  - 공공시설을 관계 지방자치단체의 동의를 얻어 그 지방자치단체의 구역 밖에 설치한 경우
  - 소관 사무의 일부를 다른 지방자치단체 또는 그 장에게 위탁하여 처리하게 하는 경우
  - 지방자치단체의 장이 그 권한에 속하는 사무의 일부를 다른 지방자치단체의 구역에 있는 법인 또는 단체에 위탁하는 경우

판례 4 **공유수면에 대한 지방자치단체의 관할구역과 자치권한 인정** [8)]

- 자치권이 미치는 관할구역의 범위에는 육지는 물론 바다도 포함되므로 "공유수면"에 대해서도 지방자치단체의 자치권한이 미친다.
- 공유수면에 대한 지방자치단체의 관할구역 경계획정은 이에 관한 명시적인 법령상의 규정이 존재한다면 그에 따르고, 명시적인 법령상의 규정이 존재하지 않는다면 "불문법"상 해상경계에 따라야 한다.
- 불문법마저 존재하지 않는다면 주민, 구역과 자치권을 구성요소로 하는 지방자치단체의 본질에 비추어 지방자치단체의 관할구역에 경계가 없는 부분이 있다는 것은 상정할 수 없으므로,
- 권한쟁의심판권을 가지고 있는 헌법재판소가 지리상의 자연적 조건, 관련 법령의 현황, 연혁적인 상황, 행정권한 행사 내용, 사무처리의 실상, 주민의 사회·경제적 편익 등을 종합하여 형평의 원칙에 따라 합리적이고 공평하게 해상경계선을 획정할 수밖에 없다. (헌법재판소 2015헌라7 결정)

---

8) 홍정선, 「행정법 원론(하)」, 박영사, 2022, p.123.

제 3 장

조례의 입법절차

1. 조례안 발의 · 제출
2. 입법예고
3. 지방의회의 심의 · 의결
4. 지방자치단체의 장에 이송 및 보고
5. 재의결 요구
6. 공포

1 조례안 발의 · 제출

지방의회의 조례 입법과정도 법률안의 준비, 발의(제출), 심의 · 의결, 이송, 공포의 단계를 거치는 국회의 법률 입법과정과 유사하게 진행된다. 조례도 입법 내용의 합헌성과 정당성을 담보하기 위해서는 공정한 입법과정의 절차와 입법원칙의 준수가 필요하다.

그동안 중앙정부 사무의 지방 이전에 따른 자치사무의 증가는 자치입법인 조례의 양적 증가로 이어져 왔다. 이때 지방의회가 제 기능과 역할을 수행하지 못하거나 지방자치단체의 장이 포퓰리즘적 정책을 펴는 경우 자치 입법의 부실로 이어질 수 있다. 그리고 아직 전문화된 인력에 의해 입법 지원을 받지 못해 완결성이 높지 않은 의원발의 조례안이 있는 것으로 보인다.[1] 적절한 제정 과정을 거치지 아니한 조례의 제정은 한정된 행정자원의 낭비로 귀결될 가능성이 높다.[2]

최근에 주장되고 있는「지방의회법」제정 논의는「국회법」과 유사하게 지방의회의 독립성과 자율성 보장을 위한 법적 기반의 확립을 위한 요청으로 보인다. 이러한 법안은 자치입법권의 강화, 정책지원 전문인력의 확보, 인사권 독립, 인사청문회 도입, 지방의회 경비 예산편성의 자율성 확보 등을 주요 내용으로 한다.

1. 발의권자

- 「지방자치법」 제76조(의안의 발의)제1항에서 지방의회에서 의결할 의안은 지방자치단체의 장이나 조례로 정하는 수 이상의 지방의회 의원의 찬성으로 발의한다고 규정하고 있다.
- 위원회도 그 직무에 속하는 사항에 관하여 의안을 제출할 수 있다.(같은 조 제2항)

2. 비용추계서와 재원 조달방안

"지방자치단체의 장"이 예산상 또는 기금 상의 조치가 필요한 의안을 제출할 경우에는 그 의안의 시행에 필요할 것으로 예상되는 비용에 대한 추계서와 그에 따른 재원 조달방안에 관한 자료를 의안에 첨부하도록 하고, 비용에 대한 추계 및 재원 조달방안에 관한 자료의 작성 및 제출 절차 등에 관해 필요한 사항은 해당 지방자치단체 조례로 정하도록 하고 있다. (「지방자치법」 제78조)

1) 고인석, "자치입법평가제도의 체계와 기준에 관한 연구", 「입법평가연구」 제15호, 한국법제연구원, 2019. p.23.
2) 차현숙, "조례 입법평가제도의 현황과 전망", 「입법 & 정책」, 서울특별시의회, 2015. p.38.

3. 조례 · 규칙심의회

「지방자치법 시행령」 제28조(조례·규칙심의회)에서는 조례 · 규칙의 제정 · 개정 · 폐지 및 공포 등에 관한 사항을 심의 · 의결하기 위해 조례 · 규칙심의회를 두고, 지방자치단체의 장이 지방의회에 제출하는 조례안 등을 심의 · 의결하도록 하고 있다.

4. 주민 조례 발안

- 주민 조례 발안은「지방자치법」 제19조의 조례의 제정과 개정 · 폐지 청구는 주민이 일정한 주민 수 이상의 연서(連書)로 해당 지방자치단체의 장에게 조례를 제정하거나 개정 또는 폐지할 것을 청구할 수 있는 제도이다.
- 이와 관련하여「주민 조례 발안에 관한 법률」에서 조례의 제정 · 개정 또는 폐지 청구의 청구권자 · 청구대상 · 청구요건 및 절차 등에 관한 사항을 규정하고 있다.
- 「주민 조례 발안에 관한 법률」 제4조에서는 주민 조례 청구 제외대상으로 법령을 위반하는 사항, 지방세 · 사용료 · 수수료 · 부담금의 부과 · 징수 또는 감면에 관한 사항, 행정기구의 설치 · 변경에 관한 사항, 공공시설의 설치를 반대하는 사항을 규정하고 있다.
- 지방자치단체의 장은 청구를 수리한 날부터 60일 이내에 주민청구 조례안을 지방의회에 부의하여야 하며, 그 결과를 청구인의 대표자에게 알려야 한다.
- 「주민 조례 발안에 관한 법률」 제12조제3항은 지방의회의 의장은「지방자치법」 제76조제1항에도 불구하고 이 조 제1항에 따라 주민 조례 청구를 수리한 날부터 30일 이내에 지방의회의 의장 명의로 주민청구 조례안을 발의해야 하며, 지방의회는 주민청구 조례안이 수리된 날부터 1년 이내에 주민청구 조례안을 의결해야 한다.
- 조례의 제정과 개폐에 관하여 주민 청구가 인정되지만, 의안의 제출방식은 지방자치단체의 장을 통하여 이루어진다는 점에서 주민이 직접 조례를 발의하는 방식과는 차이가 있다.[3)]

---

3) 강현철, "지방의회 자치입법권 확립을 위한 조례 입법평가에 관한 연구“, 「유럽헌법연구」 통권 제36호, 유럽헌법학회, 2021. p.473.

2 입법 예고

1. 입법예고의 의의

입법예고는 주민의 일상생활과 직접 관련되는 조례안에 대한 주민의 알권리를 충족시키고, 주민의 입법참여 기회를 확대하여 입법의 민주화를 확보하는 동시에 조례의 실효성을 높이기 위한 것으로 해당 지방자치단체의 입법예고에 관한 조례 등에 따라 실시한다.

2. 입법예고 관련 법령

- 「행정절차법」은 법령 또는 자치법규를 제정 · 개정 또는 폐지하려는 경우에는 해당 입법안을 예고하도록 규정하고 있다.
- 같은 법 시행령 제23조는 "행정상 입법예고에 관하여는 「법제업무 운영규정」이 정하는 바에 따른다."고 하고 있다.
- 「법제업무 운영규정」(대통령령) 제20조제4항에 따르면 같은 조 제1항부터 제3항까지에서 규정한 사항 외에 자치법규안의 입법예고에 관하여는 지방자치단체의 "조례"로 정한다고 규정하고 있다. 따라서 지방자치단체에서는 조례로 입법예고에 대한 구체적인 기준과 절차를 규정해야 한다.

3. 입법예고 의무

- 「행정절차법」 상 입법예고 의무는 "지방자치단체의 장"이 조례를 제출하는 경우에만 적용되고, 지방의회 의원이 조례안을 발의하는 경우에는 입법예고 의무가 없다.
- 그러나 지방의회 의원의 조례안 발의가 증가하고 있고 그 중요성도 계속해서 증대됨에 따라 지방의회 의원 발의 조례안에 대한 입법예고를 통해 주민들의 의견을 듣는 절차가 필요하여 「지방자치법」 제77조제1항에서는 지방의회가 지방의회 의원 발의 조례안에 대하여 5일 이상의 기간을 정하여 입법예고를 할 수 있도록 규정하고 있으나, 입법예고는 지방의회의 재량 사항이어서 입법예고 의무를 부여하고 있는 것은 아니다.

4. 입법예고 방법

- 「법제업무 운영규정」 제20조에서는 지방자치단체의 장은 조례안에 대하여 입법예고를 하는 경우 공보 외에도 신문, 인터넷, 방송, 이해관계가 있는 단체 또는 기관의 간행물 등을 활용하여 입법할 내용을 널리 알리기 위하여 필요한 조치를 마련

하도록 하고 조례안의 주요 내용, 제출의견 접수기관, 의견제출 기간, 인터넷 홈페이지 주소 등을 명시하고, 인터넷 홈페이지에는 예고할 내용의 전문(신·구 조문대비표 포함)을 게재하도록 하며, 그 밖의 사항에 대해서는 지방자치단체의 조례로 정하도록 위임하고 있다.

- 「지방자치법」 제77조에서는 지방의회는 심사대상인 조례안에 대하여 5일 이상의 기간을 정하여 그 취지, 주요 내용, 전문을 공보나 인터넷 홈페이지 등에 게재하는 방법으로 예고할 수 있고, 조례안 예고의 방법, 절차, 그 밖에 필요한 사항은 "회의규칙"으로 정하도록 하고 있다.

5. 입법예고 예외사항

「행정절차법」 제41조제1항 단서에서 ① 신속한 국민의 권리 보호 또는 예측 곤란한 특별한 사정의 발생 등으로 입법이 긴급을 요하는 경우, ② 상위법령 등의 단순한 집행을 위한 경우, ③ 입법내용이 국민의 권리 · 의무 또는 일상생활과 관련이 없는 경우, ④ 단순한 표현 · 자구를 변경하는 경우 등 입법내용의 성질상 예고의 필요가 없거나 곤란하다고 판단되는 경우, ⑤ 예고함이 공공의 안전 또는 복리를 현저히 해칠 우려가 있는 경우에는 예외적으로 입법예고를 생략할 수 있다.

6. 재입법예고

- 「행정절차법」 제41조제4항에서는 "입법예고 후 예고내용에 국민생활과 직접 관련된 내용이 추가되는 등 대통령령으로 정하는 중요한 변경이 발생한 경우에는 해당 부분에 대한 입법예고를 다시 하여야 한다"고 규정하고 있다.
- 「법제업무 운영규정」 제14조제3항은 그 사유를 ① 국민의 권리 · 의무 또는 국민생활과 직접 관련되는 내용이 추가되는 경우, ② 그 밖에 법령안의 취지 또는 주요 내용 등이 변경되어 다시 의견을 수렴할 필요가 있는 경우"로 규정하고 있으며, 제20조에서는 자치법규안의 입법예고에 관하여는 지방자치단체의 조례로 정하도록 규정하고 있다.
- 조례로 재입법예고 사유에 대해 정한 경우에는 그에 해당하는 경우 재입법예고하고, 정하고 있지 않은 경우에는 위의 「법제업무 운영규정」을 참고하여 재입법예고 여부를 정하면 된다.

CASE Study 5 재입법예고

[입법례]

OO시 입법예고에 관한 조례

(일부개정) 2017.10.11 조례 제1221호

제1조(목적) 이 조례는 OO시 자치법규를 제정 · 개정 또는 폐지하는 경우에 시민의 입법참여 기회를 확대하고 입법과정의 투명성을 높이기 위하여 입법예고에 관한 필요한 사항을 규정함을 목적으로 한다.

제2조(정의) 이 조례에서 사용하는 용어의 뜻은 다음과 같다.

1.~3.(생략)

제3조(적용범위) 자치법규의 입법예고에 관하여는 법령이나 다른 조례에 특별한 규정이 있는 경우를 제외하고는 이 조례에서 정하는 바에 따른다.

제4조(입법예고) ① OO시장(이하 "시장"이라 한다)은 자치법규를 입법하려면 그 입법안을 예고하여야 한다. 다만, 다음 각 호의 어느 하나에 해당하는 경우에는 예고를 하지 아니할 수 있다.

1. 신속한 시민의 권리 보호 또는 예측 곤란한 특별한 사정의 발생 등으로 입법이 긴급을 요하는 경우
2. 상위 법령 등의 단순한 집행을 위한 경우
3. 입법 내용이 시민의 권리 · 의무 또는 일상생활과 관련이 없는 경우
4. 단순한 표현 · 자구를 변경하는 경우 등 입법 내용의 성질상 예고의 필요가 없거나 곤란하다고 판단되는 경우
5. 예고함이 공공의 안전 또는 복리를 현저히 해칠 우려가 있는 경우
6. 행정기구나 정원의 조정을 내용으로 하는 입법안으로 추가적인 경비가 들지 아니하거나 행정기구 · 정원의 감축 또는 하위직으로의 직급 조정을 내용으로 하는 경우. 다만, 추가적인 경비가 들지 아니하지만 상위직으로의 직급 조정을 내용으로 하는 경우는 입법예고를 하여야 한다.

② 입법예고 후 예고 내용 중 중요한 사항이 변경되거나 시민생활과 직접 관련되는 내용이 추가되는 경우에는 해당 부분에 대한 입법예고를 다시 하여야 한다.

[검토사항: **재입법예고**]

- 「법제업무 운영규정」(대통령령) 제20조에서는 자치법규안의 입법예고에 관하여는 지방자치단체의 조례로 정하도록 규정하고 있다. 위의 조례는 제4조제2항에서 재입법예고 사유를 규정하고 있다.

3 지방의회의 심의 · 의결

- 지방의회 의장은 조례안이 발의되거나 제출되면 이를 의원에게 배부하고, 본회의에 보고한 후 소관 상임위원회에 회부하여 심사하게 한다.
- 위원회가 심사를 마치거나 제안한 조례안이 본회의에서 의제가 되면 위원장 또는 위원회 소속 위원 중 위원장이 지명하는 위원이 그 조례안에 관한 사항에 관하여 본회의에 보고한다. 본회의에서는 심사보고 또는 제안설명을 들은 후 조례안에 대하여 질의 · 토론을 거쳐 표결하며, 의결된 조례안은 의장이 지방자치단체의 장에게 이송한다.
- 지방의회의 법적 지위로서 주요 기능과 권한은 다음과 같다.

【 지방의회의 주요 기능과 권한 】4)

기능	주요 내용
주민대표 기능	• 주민의 대표자로서 지역내 각종 분쟁 조정, 민원 해결 등의 기능 수행 • 지역사회의 주요 쟁점과 문제의 정책 의제화 기능 수행 • (권한) 민원 처리, 청원 수리 및 처리권
의결기능	• 지방자치단체의 의사와 정책 결정 • (권한) 조례 제정 · 개정 · 폐지권, 예산 심의 · 확정권, 결산 승인권 등
통제기능	• 정책 결정과 집행에 대한 비판과 감시기능을 통해 바람직한 정책 도모 • (권한) 행정사무 감사 · 조사권, 서류제출 요구권, 출석 요구권, 행정사무 처리상황 보고 요구권 등

- 「지방자치법」 제148조(재정부담이 따르는 조례 제정 등)는 "지방의회는 새로운 재정부담이 따르는 조례나 안건을 의결하려면 미리 지방자치단체의 장의 의견을 들어야 한다"고 규정하고 있다.

4) 한국지방자치학회(2019)

판례 5 **지방자치단체의 장의 의견**

- 대법원 판례에 따르면 「지방자치법」이 지방자치단체의 장의 의견을 들어야 한다고 규정한 취지는, 지방재정의 계획적이고 건전한 운영을 확보하기 위한 것으로 지방의회가 지방자치단체의 장의 의견에 반드시 따라야 한다는 것이 아니라고 판시하고 있다. (대법원 2002추16 판결)

- 「지방자치단체의 행정기구와 정원기준 등에 관한 규정」(대통령령) 제36조(기구와 정원 조례의 제안과 의결) 제2항은 "지방의회는 지방자치단체의 장이 제안한 기구와 정원에 관한 조례안을 의결할 때 지방행정조직의 합리적 운용과 건전한 재정운영을 위하여 기구를 축소하거나 기구를 하나로 묶어서 합치거나 폐지하여 합치는 것, 정원을 삭축하는 것을 의결할 수 있다. 이 경우 미리 지방자치단체의 장의 의견을 들어야 한다."고 규정하고 있다. 그리고 같은 조 제3항은 "지방의회는 제1항에 따라 제안된 기구와 정원에 관한 조례안에 대하여는 행정조직의 안정적 운용과 행정의 원활한 수행을 위하여 될 수 있는 대로 빠른 시일 내에 처리하도록 노력하여야 한다."고 규정하고 있다.

- **지방의회 권한의 제한**

판례 6 **옴부즈만 조례안 무효 확인**[5)]

- 지방자치단체의 집행기관의 사무집행에 관한 감시·통제기능은 지방의회의 고유권한이므로, 이러한 지방의회의 권한을 제한·박탈하거나 제3의 기관 또는 집행기관 소속의 어느 특정 행정기관에 일임하는 내용의 조례를 제정한다면,
- 이는 지방의회의 권한을 본질적으로 침해하거나 그 권한을 스스로 저버리는 내용의 것으로서 지방자치 법령에 위반되어 무효이다. (대법원 96추138 판결)

- **일사부재의(一事不再議)의 원칙**

  「지방자치법」 제80조(일사부재의의 원칙)는 지방의회에서 부결된 의안은 "같은 회기 중"에 다시 발의하거나 제출할 수 없도록 하고 있다. 이 규정의 취지는 지방의회에서 부결된 의안을 같은 회기 중 다시 발의·제출할 경우 같은 이유로 재차 부결될 것이 예상되므로 같은 회기 내에는 해당 안건을 발의·제출할 수 없도록 하여 지방의회가 원활히 운영될 수 있도록 한 것이다. 따라서 같은 회기가 아닌 다음 회기에서 부결된 의안을 수정하여 발의 또는 제출하는 것은 「지방자치법」 제80조에 위반되지 않는다.

---

5) 박균성, 「행정법론(하), 박영사, 2022, pp.147~148.

4 지방자치단체의 장에게 이송 및 보고

1. 이송

「지방자치법」 제32조제1항은 "조례안이 지방의회에서 의결되면 의장은 의결된 날부터 5일 이내에 그 지방자치단체의 장에게 이송하여야 한다"고 규정하고 있다.

2. 보고

조례나 규칙을 제정 · 개정 · 폐지할 경우 조례는 지방의회에서 이송된 날부터 5일 이내에, 규칙은 공포 예정 15일 전에 시 · 도지사는 행정안전부장관에게, 시장 · 군수 및 자치구의 구청장은 시 · 도지사에게 그 전문을 첨부하여 각각 보고해야 한다. (「지방자치법」 제35조)

3. 사전 보고제도의 취지

- 사전 보고제도는 주무부장관 또는 시 · 도지사에게 자치법규안이 법령에 위반되거나 공익을 현저히 해치는지 여부를 판단하도록 하여, 조례는 「지방자치법」 제192조에 따라 재의요구 등이 필요하면 그 기회를 보장하기 위한 것이며, 규칙은 「지방자치법」 제188조(위법·부당한 명령이나 처분의 시정) 등에 따라 시정명령 등의 조치를 할 수 있도록 하는 자치법규에 대한 규범 통제수단이다.
- 해당 보고를 받은 행정안전부장관은 이를 관계 중앙행정기관의 장에게 통보해야 한다.

5 재의결 요구

1. 재의요구권자 및 재의요구 이유

- 지방자치단체의 장은 이송받은 조례안에 대해 이의가 있으면 20일 이내에 이유를 붙여 지방의회로 환부(還付)하고 재의(再議)를 요구할 수 있다. 이 경우 지방자치단체의 장은 조례안의 "일부"에 대하여 또는 조례안을 "수정"하여 재의를 요구할 수 없다. (「지방자치법」 제32조제3항)
- 지방자치단체의 장은 지방의회의 의결이 월권 · 법령위반 또는 공익을 현저히 해한다고 인정되는 경우, 예산상 집행할 수 없는 경비가 포함되어 있다고 인정되는 경우 등에는 그 의결사항을 이송받은 날부터 20일 이내에 이유를 붙여 재의를 요구할 수 있으므로, 조례안의 내용이 그러한 사항을 포함하고 있을 경우에는 역시 재의요구를 할 수 있다. (「지방자치법」 제120조, 제121조)
- 한편, 「지방자치법」 제192조제1항에 따라 지방의회에서 의결된 조례안이 법령에 위반되거나 공익을 현저히 해친다고 판단되면 시 · 도에 대하여는 행정안전부장관이, 시 · 군 및 자치구에 대하여는 시 · 도지사가 재의를 요구하게 할 수 있는데, 재의요구를 받은 지방자치단체의 장은 의결사항을 이송받은 날부터 20일 이내에 지방의회에 이유를 붙여 재의를 요구하여야 한다.
- 주무부 장관이나 시 · 도지사의 재의요구(법령위반 또는 공익을 현저히 해치는 경우) 및 대법원 제소(법령위반의 경우) 제도의 취지는 조례안의 법 적합성을 확보하여 국법질서의 통일성 및 법적 안정성 유지를 위한 것이다.

2. 재의요구안 제출

- 재의요구권자인 지방자치단체의 장이 조례안을 이송받은 날부터 20일 이내에 재의요구안을 지방의회에 제출한다.
- 「지방자치법」 제32조, 제120조(지방의회의 의결에 대한 재의 요구와 제소), 제121조(예산상 집행 불가능한 의결의 재의 요구)에 따른 재의요구는 지방의회가 "폐회" 중일 때에도 할 수 있다. (「지방자치법 시행령」 제69조제1항) [6]

3. 지방의회의 처리

- 재의를 요구받은 지방의회는 부득이한 사유가 없으면 재의요구서가 도착한 날부터 10일 이내에 재의에 부쳐야 한다. 이 경우 폐회 중 또는 휴회 중인 기간은 이를 산

6) 행정자치부, 「2016 자치법규 입법실무」, 2016, p.117.

입하지 않는다. (「지방자치법 시행령」 제69조제1항)

- 재의요구안은 위원회에 회부하지 않고 바로 "본회의"에 상정하여 처리한다. 지방자치단체의 장의 재의요구 이유에 대한 설명을 들은 후 질의 · 토론을 거쳐 표결한다. (지방자치단체 의회 회의규칙).
- 재의 요구된 조례안을 재의에 붙여 재적의원 과반수의 출석과 출석의원 3분의 2 이상의 찬성으로 전과 같은 의결을 하면 그 조례안은 조례로서 확정된다. (「지방자치법」 제32조 등)
- 지방자치단체의 장이 이송받은 조례안을 이송받은 날부터 20일 이내에 공포하지 않거나, 재의요구를 하지 않은 경우에도 해당 조례안은 조례로서 확정된다. (「지방자치법」 제32조제5항)

4. 조례안에 대한 대법원 제소

- 지방자치단체의 장은 재의결된 조례안이 법령에 위반된다고 판단되면 재의결된 날부터 20일 이내에 대법원에 소를 제기할 수 있다. 이 경우 필요하다고 인정되면 그 의결의 집행을 정지하게 하는 집행정지 결정을 신청할 수 있다 (「지방자치법」 제120조)
- 「지방자치법」 제192조에 따라 주무부 장관이나 시 · 도지사는 재의결된 사항이 법령에 위반된다고 판단됨에도 불구하고 해당 지방자치단체의 장이 소(訴)를 제기하지 아니하면 그 지방자치단체의 장에게 제소를 지시할 수 있는데, 해당 지방자치단체의 장은 제소 지시를 받은 날부터 7일 이내에 제소하여야 한다.
- 지방자치단체의 장에게 제소 지시를 하였음에도 지방자치단체의 장이 제소 지시를 받은 날부터 7일 이내에 제소를 하지 않은 경우에는 그 기간이 지난 날부터 7일 이내에 직접 제소할 수 있다.

6 공 포

1. 공포권자

지방자치단체의 장은 조례안을 이송받으면 20일 이내에 공포하여야 한다. 조례가 확정된 후 또는 확정 조례가 지방자치단체의 장에게 이송된 후 5일 이내에 지방자치단체의 장이 공포하지 아니하면 지방의회 의장이 공포한다고 규정하고 있다. (「지방자치법」 제32조)

2. 공포 방법

조례의 공포는 해당 지방자치단체의 공보에 게재하는 방법으로 한다. 다만, 「지방자치법」 제32조에 따라 지방의회의 의장이 공포하는 경우에는 공보나 일간신문에 게재하거나 게시판에 게시한다.

3. 효력 발생시기

조례는 일반적으로 부칙에서 시행일을 정하고 그 시행일로부터 효력이 발생하되, 특별한 규정이 없으면 공포한 날부터 20일이 지나면 효력이 발생한다.

제 4 장

조례안의 입안원칙

1. 조례와 정책 · 예산의 관계
2. 조례안 입안
3. 입법의 필요성과 가능성
4. 소관 사무의 원칙
5. 법령 우위의 원칙
6. 법률유보의 원칙
7. 헌법과 법의 일반원칙
8. 집행기관과 의결기관 간 견제와 균형의 원리

1 조례와 정책 · 예산의 관계

1. "조례 따로, 정책 따로, 예산 따로" 인식

- 조례는 당면한 사회문제 해결을 위해 '정책'을 담은 그릇이고, 정책의 목적달성을 위해서는 '예산'이 수반된다.
- 조례는 정책이 법조문으로 내재화된 정책의 조문화이고, 예산은 정책의 계량화이다.
- 정책과 예산과의 관계는 "선(先) 정책, 후(後) 예산의 관계"가 성립된다.
- 사회 발전에 따라 정책의 법제화도 확대되고 있다.

2. 예산상의 조치를 수반하는 조례안 제출 – 비용추계서 첨부

- 「지방자치법」 제78조(의안에 대한 비용추계 자료 등의 제출) 제1항은 "지방자치단체의 장이 예산상 또는 기금상의 조치가 필요한 의안을 제출할 경우에는 그 의안의 시행에 필요할 것으로 예상되는 비용에 대한 추계서와 그에 따른 재원조달방안에 관한 자료를 의안에 첨부하여야 한다."고 규정하고 있다.
- 비용추계서 첨부로 조례안 입안단계부터 지방정부가 부담해야 할 재정 소요를 분석할 수 있다.

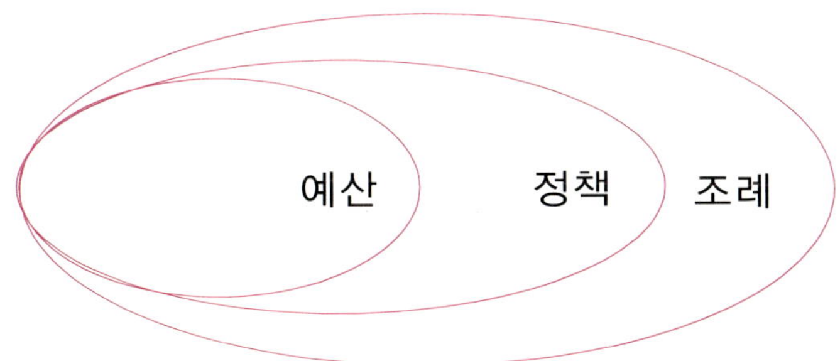

- 조례는 정책을 담은 그릇
  - 조례: 정책의 조문화
  - 예산: 정책의 계량화
- 조례안 발의 · 제출
  - 비용추계서 (지방자치단체의 장 제출)
  - 재원 조달방안 (지방자치단체의 장 제출)
  - (조세특례평가서: 「국회법」 제79조의3)

3. 조례

• 사회적 수요 대응

- 조례는 사회적 수요에 지속적으로 대응해야 하고, 사회적 수요에는 정책이 포함된다.
- 주민들의 사회적 수요와 요구를 반영한 정책의제(agenda)의 형성이 필요하다.
- 이해관계자들의 의견수렴 절차는 적절했나?
- 사회문제 해결을 위해 정책을 담은 그릇으로서 조례는 지방정책을 관철시키는 주요 수단 중의 하나이다.
- 문제해결을 위한 정책수단이 효과가 있는가?
- 정책 의도가 제대로 법제화 되었는가?

• 구속력 있는 규범

- 정책의 목표와 계획은 입법절차라는 과정을 거침으로써 모든 주체에게 구속력 있는 규범으로 바뀐다.
- 조례는 개정 전까지는 항구적 제도로서의 기능을 갖기 때문에 정책의 계속집행을 가능하게 하고, 법적 안정성과 예측 가능성을 제고한다.
- 적절한 실효성 확보 수단을 갖고 있는가?
- 정책수단의 강도는 문제해결에 적절한 수준인가?

4. 정책

• 당면한 사회문제 해결

- 지방정책은 지역의 공공문제를 해결하려는 지방정부의 노력이다.
- 사회문제 해결을 위한 정책문제가 무엇인지 정의를 내린 후, 이를 가장 효과적으로 해결할 수 있는 목적에 맞는 적절한 수단을 선택해야 한다.
- 정책은 계획수립의 민주성, 집행의 효율성, 정책영향의 형평성을 확보해야 한다.
- 기술적으로 정책이 가능하고, 행정적으로 정책을 집행하는 데 문제는 없는지?

• 정책의 정당성

- 정책은 절차적 정당성, 내용적 정당성, 정치적 실현 가능성으로서 정당성을 갖추어야 한다.

• 정책행위자의 행동규범: 합리성

- 문제상황을 어떻게 이해하고 행동할 것인가에 대한 지침 역할이 필요하다.
- 합리성에 따른 문제해결보다 포퓰리즘적 관점에서 결정되는 정치적 요구가 거세지면 문제가 악화된다.
- 정책의 합리성은 주민의 생존에 도움을 주느냐 여부로 판단될 수 있다.

5. 예산

• 정부의 정책과 철학을 숫자로 표시

- 예산은 그 지방자치단체의 제1의 정책문서로서 정책 수행을 위한 재원을 배정한다.
- 예산은 '사업'에 대한 결정과 '금액'에 대한 결정이 서로 연계되어 있다.
- 정책의 효과가 비용보다 큰가?

• 예산상의 조치를 수반하는 조례안

- (비용추계서) 지방자치단체의 장이 제출하는 조례안에 첨부한다.
- (조세특례평가서) 국회의원이 조세특례를 신규 도입하는 법률안을 발의하는 경우, 국회예산정책처 등 전문 조사 · 연구기관에서 조세특례의 필요성, 적시성, 기대효과, 예상되는 문제점 등을 평가한 자료를 제출해야 한다. (「국회법」 제79조의3)

2 조례안 입안

1. 의의

- 입법활동은 지방자치단체의 정책에 대한 근거 마련과 정책의 실현에 필요한 수단을 확보하는 과정이다.
- 조례안 입안은 자치입법권에 근거해서 특정 정책의 내용을 조례안의 형식으로 구체화하는 작업을 말한다.
- 일정한 정책 목적을 달성하기 위해 법규범의 정립을 추진하는 과정에서 정책 목적과 수단을 조례 형식으로 구체화하는 과정이다.

2. 조례안 입안의 계기

지방자치단체에서 조례를 제정·개정하게 되는 계기는 ① 상위법령이 제정·개정된 경우와 ② 지방자치단체에서 어떤 정책을 결정하고 그 정책의 시행을 위한 경우로 구분된다.

3. 조례안 입안의 기본원칙

조례안 입안의 기본원칙으로는 소관 사무의 원칙, 법령 우위의 원칙, 법률유보의 원칙, 헌법과 법의 일반원칙, 집행기관과 의결기관 간 견제와 균형의 원리 등이 제시된다.

4. 조례안 입안 시 유의사항

- 조례를 제정하려는 경우 그 조례에서 규율하려는 내용에 관한 법령이 있는지 여부를 우선 확인한다.
- 조례에서 규율하려는 내용의 법령이 있는 경우 법령과 조례 각각의 규정 취지, 규정 목적과 내용, 효과 등을 비교하여 양자 사이에 모순 · 저촉이 있는지 여부를 검토한다.
- 조례에서 규율하려는 내용에 관한 법령이 없는 경우는 소관 사무에 관해 조례의 기본원칙에 따라 입안한다.

(1) 제정조례안 입안

- 조례안의 제정 목적을 검토하여 기존 조례로 그 목적을 달성할 수 있거나, 기존 조례의 개정을 통해 제정 목적을 달성할 수 있는 것은 아닌지 검토한다.
- 조례의 제정이 필요한 경우 입법목적이나 의도 · 내용 등을 검토한 후 가장 유사

한 입법례(외국 입법례 포함)를 찾아본다.

- 유사한 입법례를 찾은 경우 구체적으로 제정하고자 하는 내용을 담아 입안기준에 따른 조문화 작업을 해 본다.
- 조문화를 거친 조례안 초안을 기존 유사 조례의 전체 체계나 내용과 비교하면서 총괄적으로 검토한다. 특히, 제정조례안 "부칙"에는 다른 조례의 폐지, 준비행위, 적용례, 경과조치 등에 관한 사항을 명확히 규정한다.

(2) 개정조례안 입안

- 기존 조례의 내용을 숙지하고 개정하고자 하는 이유와 개정 방법을 검토한다.
- 구체적으로 조문화 작업을 하는 경우에도 우선 유사 입법례를 찾아 가급적 같은 체계와 용어를 사용하도록 하며, 그 조문의 내용이나 위치에 따라 각종 입안 기준이 적용될 수 있도록 한다. (개정내용을 본칙에 둘 것인지 부칙에 둘 것인지, 각호로 처리할 것인지, 본문·단서 관계로 할 것인지 등)
- 조문화 작업 후에 개정되지 아니한 다른 조문 또는 조례와의 관계, 조문화 작업 후에 추가적으로 바꾸어야 할 내용이 없는지 등을 살펴본다.
- 전부개정방식을 선택할 경우 기존의 부칙이 모두 실효된다는 점에 유의하고, 기존 조례에서 보호하고 있는 법익을 빠짐없이 경과조치 등에서 규정하도록 한다.[1)]

---

1) 국회 법제실, 「법제 이론과 실제」, 2019, p.126.

3 입법의 필요성과 가능성

□ 검토사항
- 입법의 동기가 법령의 제정 · 개정에 의한 것인가, 자체의 필요에 의한 것인가?
- 입법의 규율 · 규제 필요성이 있는가?
- 어떤 규정의 제정이 정말로 불가피한가?
- 다른 조례, 규칙을 바꾸는 것이 맞지 않은가?
- 조례 제정이 필요한 사항임에도 제정되지 않은 입법사항은 없는가?
- 함께 바꾸어야 할 조항은 없는가?

1. 정책 실현을 위해 조례가 필요한가?

- 그동안 조례 제정의 양적 증가에도 불구하고 여전히 지방정책은 효율적 지방정책의 실현으로 나타나지 않았으며, 중앙정부에 대한 정책적 의존성이 강하게 남아 있다.
- 현실 여건상 정책이 조례로 입안되어야 할 필요성과 그에 대한 사회적 공감 유무를 분석한다.
- 정책목표의 달성 가능성, 공익과 사익의 조화 여부, 관계 법익의 균형성, 법적 안정성과 예측 가능성 등도 점검한다.
- 어느 시점에 입법하는 것이 가장 큰 효과를 거둘 수 있을지 시기적 필요성도 고려한다.

2. 입법이 필요한 사항을 어떤 기준으로 판단할 것인가?

- 법치행정의 원칙 중 법률유보원칙과 관련하여 조례로 정할 사항이 무엇인지에 대해 검토한다.
- 유력한 견해인 중요사항유보설에 따르면 행정의 중요 사항(본질적 사항)은 조례에 근거를 둘 필요가 있다. (예: 주민의 권리·의무에 관한 사항, 주민 복리에 관한 사항 등)

3. 입법의 필요성 판단

- 법령이 제정 · 개정됨에 따라 조례를 그에 맞게 정립하려는 경우 상위법령에서 조례로 정하도록 하고 있는지를 확인한다.
- 정책을 변경하거나 새로운 정책을 도입할 때 그 정책을 시행하기 위한 경우에는 기존의 조례가 있다면 개정, 기존의 조례가 없다면 제정 가능성을 검토한다.

4. 입법의 가능성 판단

- 소관 사무(자치사무, 단체위임사무)인지, 권리 제한 또는 의무 부과에 관한 사항이어서 법률의 위임이 있는지를 확인한다.
- 국가사무(기관위임사무)에 관한 사항을 규정한 조례는 원칙적으로 위법 · 무효가 된다.
  - 개별법에서 권한 주체가 국가, 장관인 사무
  - 지방자치단체의 장이 위임받은 기관위임사무
  - 「지방자치법」 제11조 각호에 따른 사무

5. 입법내용의 정당성과 조화성

- (정당성) 입법내용의 정당성은 수범자인 주민이 조례를 신뢰하고 따르는 전제가 된다.
  - 절차적 정당성, 내용적 정당성, 정치적 실현 가능성으로서 정당성 등이 필요하다.
  - 주민의 의견 수렴 절차를 거치지 않는 조례, 부당하게 세금 등을 감면해 주는 조례, 재원 조달 문제를 도외시하는 조례 등은 바람직하지 못한 조례이다.
- (조화성) 새로 입법하는 조례가 기존의 법질서를 형성하고 있는 헌법 · 법률 등의 취지와 내용에 모순 · 저촉되지 않아야 한다.[2]

---

2) 법제처, 「법령 입안·심사 기준」, 2017, pp.8~9; 법제처, 「2018년 자치법규 입안 길라잡이」, pp.9~10.

CASE Study 6 입법의 필요성

OO군 역사박물관 설치 및 운영·관리 조례

(일부개정) 2022.08.16 조례 제2624호

제5조(당직) 군수는 박물관의 유물 및 대여받은 유물의 안전한 관리를 위하여 관련 공무원 등에게 규칙으로 정하는 세부지침에 따라 당직명령을 할 수 있다.

OO군 공무원 일·숙직 수당 지급 조례

(일부개정) 2022.12.21 조례 제2642호

제3조(일직·숙직) 일직 및 숙직의 구분은 「OO군 공무원 당직 및 비상근무 규칙」에 의한 당직의 구분에 의한다.

제4조(수당의 지급) ① 일·숙직수당은 일·숙직당 6만원으로 한다. 다만, 3시간 이상 당직근무하고 재택 당직하는 경우에는 3만원으로 한다.

② 수당은 일·숙직근무일에 지급한다. 다만, 공휴일의 일·숙직 근무수당은 공휴일 개시 전일에 지급한다.

③ 삭제 <2010. 12. 31 조례 제2019호>

[검토사항: **입법기준**]

- 위의 2건 조례의 제정 필요성이 불가피한지를 점검해 본다.
- 조례에 근거를 두는 규정은 일반적으로 행정의 중요사항(본질적 사항), 주민에게 중요한 의미를 가지거나 제도의 핵심이 되는 사항이다.
- 당직, 일직·숙직, 수당의 지급 규정이 그에 해당하는지 검토해 본다.

4 소관 사무의 원칙

□ **검토사항**
- 조례로 입안해야 할 내용이 국가사무인지 자치사무인지를 점검한다.
- 근거 법령이 없는 경우 자치사무로 인정될 수 있는지?
- 당해 지방자치단체의 사무가 아닌 사항을 규정하고 있지는 않은지?

지방자치단체의 소관에 속하지 아니한 국가사무, 기관위임사무, 다른 지방자치단체의 소관에 속하는 사무에 대해서는 개별 법령에 특별한 규정이 없는 한 조례를 제정할 수 없다.

1. 국가와 지방자치단체 간의 사무 배분

1. 사무 배분의 의의

- 사무 배분은
  ① 사무의 처리 권한이 어디에 있는가 하는 '처리 권한'의 주체를 규명하고,
  ② 누가 비용을 지불할 것인가 하는 '경비 부담'의 주체를 규명하고,
  ③ 누가 책임질 것인가 하는 '행정 책임'의 소재를 규명하는 데 의의가 있다.
- 사무 배분은 자치권의 확보 수준과 재원 배분의 준거 기준을 제공한다.
- 사무 배분은 국회 국정감사와 지방의회의 행정사무감사 · 조사의 대상 구분의 기준이 된다.

2. 국가와 지방자치단체 간의 사무 배분원칙

(1) 국가사무 처리 제한의 원칙

국가사무 여부를 판단함에 있어서 「지방자치법」 제15조(국가사무의 처리 제한)를 고려할 수 있다.

(2) 상호 중복금지의 원칙

국가는 지방자치단체가 행정을 종합적 · 자율적으로 수행할 수 있도록 국가와 지방자치단체 간 또는 지방자치단체 상호 간의 사무를 주민의 편익 증진, 집행의 효과 등을 고려하여 서로 중복되지 아니하도록 배분하여야 한다. (「지방자치법」 제15조제1항, 「지방자치분권 및 지방행정체제 개편에 관한 특별법」 제9조제1항)

(3) 지방자치단체 우선의 원칙 (보충성의 원칙)

국가는 사무를 배분하는 경우 지역주민 생활과 밀접한 관련이 있는 사무는 원칙적으로 시·군·구의 사무로, 시·군·구가 처리하기 어려운 사무는 시·도의 사무로, 시·도가 처리하기 어려운 사무는 국가의 사무로 각각 배분하여야 한다. (「지방자치법」 제11조제2항, 「지방자치분권 및 지방행정체제 개편에 관한 특별법」 제9조제2항)

(4) 포괄적 배분의 원칙

국가가 지방자치단체의 사무를 배분하거나 지방자치단체가 사무를 다른 지방자치단체에 재배분하는 때에는 사무를 배분 또는 재배분받는 지방자치단체가 그 사무를 자기의 책임하에 종합적으로 처리할 수 있도록 관련 사무를 포괄적으로 배분한다. (「지방자치법」 제11조제3항, 「지방자치분권 및 지방행정체제 개편에 관한 특별법」 제9조제3항) [3]

【 지방자치법 】

제15조(국가사무의 처리 제한) 지방자치단체는 다음 각 호의 국가사무를 처리할 수 없다. 다만, 법률에 이와 다른 규정이 있는 경우에는 국가사무를 처리할 수 있다.

1. 외교, 국방, 사법(司法), 국세 등 국가의 존립에 필요한 사무
2. 물가정책, 금융정책, 수출입정책 등 전국적으로 통일적 처리를 할 필요가 있는 사무
3. 농산물·임산물·축산물·수산물 및 양곡의 수급 조절과 수출입 등 전국적 규모의 사무
4. 국가종합경제개발계획, 국가하천, 국유림, 국토종합개발계획, 지정항만, 고속국도·일반국도, 국립공원 등 전국적 규모나 이와 비슷한 규모의 사무
5. 근로기준, 측량단위 등 전국적으로 기준을 통일하고 조정하여야 할 필요가 있는 사무
6. 우편, 철도 등 전국적 규모나 이와 비슷한 규모의 사무
7. 고도의 기술이 필요한 검사·시험·연구, 항공관리, 기상행정, 원자력 개발 등 지방자치단체의 기술과 재정 능력으로 감당하기 어려운 사무

---

3) 임재현, 「지방행정론」, 대영문화사, 2017, pp.248~249.

3. 국가사무의 판단 기준

(1) 국가사무와 자치사무의 구분

- 개별 법령에서 국가 또는 중앙행정기관의 장을 권한 주체로 정하고 있는 경우에는 국가사무로, 지방자치단체 또는 지방자치단체의 장을 권한 주체로 정하고 있는 경우에는 자치사무로 본다.
- 다만, 개별 법령에서 지방자치단체의 장을 권한 주체로 정하고 있는 경우에도 법령의 규정 형식과 취지, 사무의 성질, 경비부담과 최종적인 책임 귀속의 주체 등을 고려하여 국가사무를 지방자치단체의 장에게 위임한 "기관위임사무"로 보아야 하는 경우도 있다.

① 법령에 지방자치단체의 장의 권한으로 규정

- 법령에 특정 사무를 지방자치단체의 장이 처리하도록 규정하는 경우에는 원칙적으로 그 사무를 자치사무로 볼 여지가 크므로 조례 제정의 대상이 될 수 있다. 이 경우 해당 사무가 자치사무인지 여부를 가리는 기준으로는 「지방자치법」 제13조제2항 각 호의 사무가 기준이 될 수 있다.
- 반면에, 지방자치단체의 장이 사무를 처리하도록 규정되어 있는 경우에도 사무의 성질이 전국적으로 통일적 처리를 요구하는 성격의 사무여서 해당 사무를 국가사무(기관위임사무)로 보아야 하는 경우도 있다.

② 법령에 중앙행정기관의 장의 권한으로 규정

- 법령에서 특정 사무를 중앙행정기관의 장이 처리하도록 규정하고 있는 경우 원칙적으로 그 사무는 국가사무이므로 조례 제정의 대상이 되지 아니한다. 국가사무에 대해서는 조례를 규정할 수 없으므로 국가사무를 규정한 조례는 위법 · 무효가 된다.
- 법령에서 일정한 사항을 '조례로 정한다'거나 '조례로 정할 수 있다'는 규정을 두고 있는 경우에는 그 사무가 국가사무나 자치사무의 어느 것에 해당되는지에 관계 없이 조례를 제정할 수 있다.

③ 법령에 국가와 지방자치단체의 사무로 병렬 규정

- 법령에 국가와 지방자치단체를 사무 수행의 주체로 "병렬적으로 규정"하고 있는 경우에는 국가사무와 자치사무의 두 성질을 모두 가진다고 볼 수 있다. 이러한 경우 지방자치단체의 사무에 대해서는 조례로 규율할 수 있다.
- 법령에서 동일한 성질의 사무를 업종별 · 규모별로 일부는 중앙행정기관의 장이, 일부는 지방자치단체의 장이 처리하도록 하고 있는 경우에는 특별한 사정이 없는 한 각각 국가사무와 자치사무로 보아야 한다.

(2) 자치사무와 기관위임사무의 구별

① 법령의 규정 형식과 취지에 대한 판단

해당 사무의 근거가 되는 법령에서 지방자치단체 또는 지방자치단체의 장을 권한 주체로 정하면서 해당 사무가 「지방자치법」 제13조제2항 각호와 같은 법 시행령 별표1에 따른 지방자치단체의 종류별 사무에 예시되어 있는 경우에는 그 사무는 자치사무로 볼 수 있다.

② 사무의 성질이 전국적으로 통일적 처리가 요구되는 사무인지 여부

- 해당 사무가 국민 전체의 이익을 위해 전국적 기준에 의한 통일적이고 효율적인 처리가 필요하고 지방적 이해가 미미한 사무이면 기관위임사무(국가사무)에 해당하고, 지역적 특색에 따라 자율적으로 처리하는 것이 바람직하거나 지방자치의 본질적 요소에 관련된 사무이면 자치사무에 해당한다.
- 지방자치단체의 장이 그 사무를 독립적으로 처리하는 것이 아니라 관할 시·도지사 또는 국가기관의 지휘 감독에 따라 수행하도록 하거나, 해당 사무의 수행에 있어 세부 기준을 법령에서 자세히 규정하고 있어 그에 대한 지방자치단체의 장의 재량이 허용될 여지가 없는 경우에는 기관위임사무로 보며, 필요시 조례가 아닌 "규칙"으로 보다 세부 사항을 규정할 수 있다.
- 국가 또는 중앙행정기관의 장이 각 지방자치단체의 장에게 해당 사무 관련 운영계획을 통보받은 후 이를 전국적으로 총괄 조정하여 다시 각 지방자치단체의 장에게 통보하도록 규정하고 있는 경우 등은 기관위임사무에 해당된다.

③ 경비부담 및 최종적인 책임 귀속의 주체 등에 대한 판단

지방자치단체의 장이 처리하는 사무가 전국적으로 통일적인 처리가 요구되는 성질의 것으로 사무 관련 비용을 중앙행정기관 등의 국가기관 또는 국가기관 소관 기금 등에서 부담하는 경우에는 기관위임사무로 보며, 지역적 특색에 따라 자율적으로 처리하는 것이 바람직한 성질의 것으로서 사무처리 비용의 부담 주체를 지방자치단체로 규정하거나 사무관련 "수수료"에 관한 사항을 지방자치단체의 조례로 규정하도록 하면서 이를 지방자치단체에 귀속시키도록 하는 경우에는 자치사무에 해당한다고 본다.[4)]

---

4) 김남철, 「행정법 강론」, 박영사, 2022, p.1132; 김대현, "조례안 사례연구", 「2022년도 지방의회 초선의원 연수과정, 국회사무처, 2022, p.160; 법제처, 「2022년 자치법규 입안 길라잡이」, 2022, pp.23~34.

2. 지방자치단체의 사무 구분

【 공공사무 분류체계 】

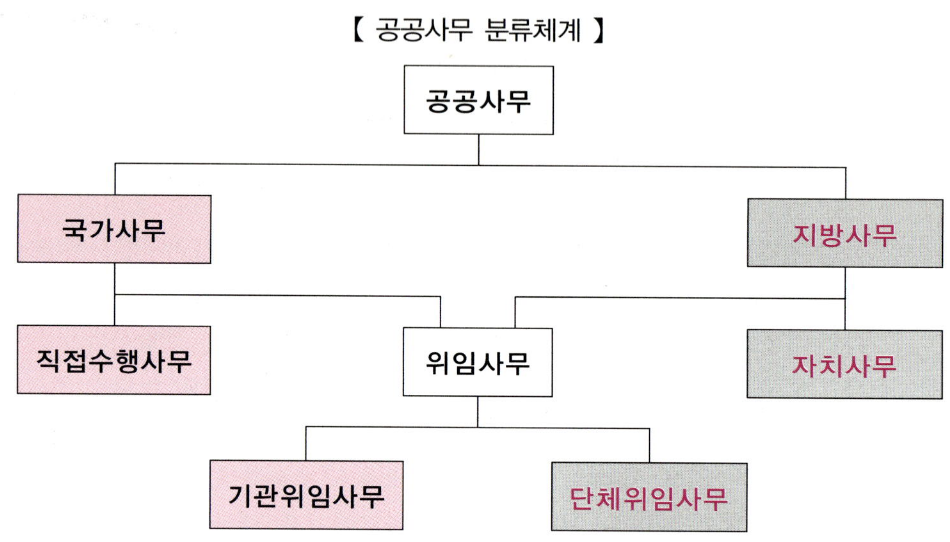

1. 자치사무(고유사무)

- 자치사무는 지방자치단체의 존립 목적이 되는 본래적 사무로서 주민의 복리에 관한 사무를 포괄적으로 처리하는 기능을 가진 사무이다.
- 지방자치단체가 자신의 의사와 책임 및 부담 하에 자주적으로 처리한다는 의미에서 자치사무라 한다.

【 법령상 규정 형식 】

- "시 · 도(또는 시·군·구)는 OO를 시행한다"라고 표현되어 있는 경우
- "시 · 도지사(또는 시장·군수·구청장)가 OO를 시행한다"라고 표현된 사무 중 당해 지방자치단체에만 직접 이해관계가 있는 경우

2. 위임사무

(1) 단체위임사무

- 지방자치단체의 본래 사무가 아니고 법령의 규정에 의해 국가 또는 상급자치단체로부터 위임받아 처리하는 사무이다.
- 사무가 지방자치단체에 위임될 경우 자치사무와 같이 자치단체 사무로 취급된다.

【 법령상 규정형식 】

- 법령상 중앙행정기관의 장과 시 · 도지사(또는 시장·군수·구청장)의 권한을 동시에 규정하고 있는 사무
- "시 · 도지사(또는 시장·군수·구청장)가 OO를 시행한다"라고 표현된 사무 중 국가적 이해관계와 지방적 이해관계가 공존하나 주민편의 등의 이유에서 지방자치단체에 맡기는 것이 적절한 사무

(2) 기관위임사무

- 「지방자치법」 제115조는 "시 · 도와 시 · 군 및 자치구에서 시행하는 국가사무는 시 · 도지사와 시장 · 군수 및 자치구의 구청장에게 위임하여 수행하는 것을 원칙으로 한다. 다만, 법령에 다른 규정이 있는 경우에는 그러하지 아니하다."고 규정하고 있다.
- 법령에 의해 국가 또는 상급자치단체로부터 지방자치단체의 장에게 위임된 사무이다.
- 전국적인 이해관계가 있는 사무 또는 원래 국가기관에서 처리하여야 할 사무를 사무처리의 편의성과 능률성 또는 국민의 편리 등의 이유에서 지방자치단체의 장에게 위임하여 처리하는 사무이다.
- 집행기관이 기관위임사무를 처리할 때는 국가의 하급 기관과 동일한 지위에서 국가의 직무감독을 받는다.

【 법령상 규정형식 】

- "국가(또는 중앙행정기관)는 OO를 시행한다", "OO장관은 OO를 시행한다"라고 표현되어 있는 사무
- "OO장관이 OO를 시행한다"라고 표현되어 있는 사무 중 시 · 도지사, 시장 · 군수 · 구청장에게 위임된 사무
- 개별 법률에 위임할 수 있다는 근거 조항을 두고 대통령령에서 지방자치단체장에게 위임된 사무
- 「행정권한의 위임 및 위탁에 관한 규정」(대통령령)에 의해 지방자치단체의 장에게 위임된 사무
- 개별 법률에 "시 · 도지사 또는 시장 · 군수 · 구청장이 OO를 시행한다"라고 표현된 사무 중 전국적 통일이 필요하고 전국적 이해관계가 지방적 이해관계보다 우선하는 사무 [5]

【 지방사무의 구분 】

구분	자치사무 (고유사무)	위임사무	
		단체위임사무	기관위임사무
		• 자치단체의 고유사무가 아니라 본질적으로 국가/상급 자치단체의 사무 • 위임에 개별적 법적 근거 필요	
법적 근거	「지방자치법」 제13조 ① "지방자치단체는 관할 구역의 자치사무 … 에 속하는 사무를 처리한다"	「지방자치법」 제13조 ① "지방자치단체는 … 법령에 따라 지방자치단체에 속하는 사무를 처리한다"	「지방자치법」 제115조 "시 · 도와 시 · 군 및 자치구에서 시행하는 국가사무는 시 · 도지사와 시장 · 군수 및 자치구의 구청장에게 위임하여 수행하는 것을 원칙으로 한다"
사무 성질	지방적 이해관계	지방적 이해관계+전국적 이해관계가 있는 사무	전국적 이해관계가 있는 사무
위임 방식	「지방자치법」이나 다른 법령에 정한 사무	법령의 개별적 규정에 의해 국가 또는 상급자치단체로부터 지방자치단체 자체에 위임된 사무	법령에 의해 국가 또는 상급자치단체로부터 지방자치단체의 장에게 위임된 사무

3. 지방자치단체의 소관 사무

(1) 지방자치단체의 사무범위

- 지방자치단체는「지방자치법」에 의해 허용된 독자적 기능과 중앙정부가 위임해 준 위임기능을 동시에 수행하고 있다.
- 「지방자치법」 제13조제1항은 "지방자치단체는 관할구역의 자치사무와 법령에 따라 지방자치단체에 속하는 사무를 처리한다."고 규정하고 있다.
  - 자치사무: 헌법 제117조제1항에 규정된 주민의 복리에 관한 사무의 처리와 재산의 관리 사무
  - 법령에 따라 지방자치단체에 속하는 사무: 단체위임사무
- 「지방자치법」 제13조제2항은 "제1항에 따른 지방자치단체의 사무를 예시하면 다음 각 호와 같다. 다만, 법률에 이와 다른 규정이 있으면 그러하지 아니하다."고 규정하고 있다.

---

5) 임승빈, 「지방자치론」, 법문사, 2021, pp.120~122.

- (유의사항) 「지방자치법」 제13조제2항 각 호의 업무는 어디까지나 자치사무의 "예시"에 불과하므로 법률에 이와 다른 규정이 있으면 그에 따르게 된다. 따라서 여기에 포함된 사무도 법령에 따라 지방자치단체에 속하는 사무에서 "제외"될 수 있다.

(2) 조례 제정권의 범위

- 지방자치단체는 그 사무에 관하여 조례를 제정할 수 있기 때문에 원칙적으로 지방자치단체의 소관 사무 범위를 넘을 수 없다.
- 조례를 제정할 수 있는 사무란 "자치사무"와 법령에 따라 지방자치단체에 위임된 "단체위임사무"를 말하고, 지방자치단체의 장에 위임된 "기관위임사무"는 포함되지 않는다.
- 자치사무(고유사무)와 단체위임사무가 조례의 규정사항이 될 수 있다.
- 기관위임사무는 지방자치단체의 사무가 아니고 국가나 다른 지방자치단체의 사무인 만큼 이는 조례로 제정할 수 없고 "규칙"으로 제정해야 한다.
- 다만, 법령의 수권이 있으면 기관위임사무에 대하여도 "조례"가 제정될 수 있는데, 이러한 기관위임사무에 관한 조례는 위임조례가 된다.[6)]

---

6) 박균성, 「행정법론 (하), 박영사, 2022, p.187.

3. 광역자치단체와 기초자치단체 간의 사무 배분

1. 지방자치 계층

(1) 의의

- 지방자치 계층이란 같은 자치구역 내에 보통지방자치단체 상호 간의 수직적 구조를 의미한다.
- 단층제와 중층제
  ① **단층제**(single-tier system): 하나의 자치구역 내에 하나의 보통지방자치단체가 모든 지방사무를 맡아서 처리하는 경우
  ② **중층제**(multi-tier system): 하나의 자치구역 내에 둘 이상의 보통지방자치단체가 지방사무를 분담하여 처리하는 경우

(2) 한국의 지방자치 계층

- 우리나라는 중층제인 자치 2층제와 단층제를 혼합하고 있다.
- 단층제 - 제주특별자치도, 세종특별자치시
- 2층제 - 나머지 특별시, 광역시, 도
- 우리나라 지방자치단체는 광역지방자치단체와 기초지방자치단체로 구분된다.

2. 지방자치단체의 종류별 사무배분 기준

- 「지방자치법」 제14조는 지방자치단체의 종류별 사무 배분 기준을 정하면서 시·도와 시·군 및 자치구는 사무를 처리할 때 서로 겹치지 않도록 하되, 사무가 서로 겹치면 시·군 및 자치구에서 먼저 처리하도록 하고 있다.
- 각 지방자치단체는 자기 소관 사무에 관하여만 조례를 정할 수 있으므로 기초지방자치단체는 광역지방자치단체의 사무에 관하여, 광역지방자치단체는 기초지방자치단체의 사무에 관하여 조례를 제정할 수 없다.
- 판례에 따르면 「지방자치법 시행령」 별표 1에는 시·군의 사무로 되어 있으나, 다른 법률에서 도의 사무로 되어 있는 경우 「지방자치법」 제13조제2항 단서에 따른 "법률에 이와 다른 규정이 있으면 그러하지 아니하다"는 규정에 따라 이는 "도의 사무"에 해당한다고 본다.

(1) 광역자치단체의 사무(「지방자치법」 제14조제1항제1호)

(2) 기초자치단체의 사무(「지방자치법」 제14조제1항제2호)

- 시·군·구는 기초자치단체로서 풀뿌리 민주주의의 실현을 이념으로 하는 지방

자치단체이다.

- 지방적 사무에 관하여 특별한 제한조치가 없는 한 시 · 군 · 구는 주민들의 일상생활 및 복지 증진과 관련된 모든 사무를 처리하여야 하며, 따라서 광범하고 포괄적인 권한이 부여된다.7)

「지방자치법」

제14조(지방자치단체의 종류별 사무 배분기준) ① 제13조에 따른 지방자치단체의 사무를 지방자치단체의 종류별로 배분하는 기준은 다음 각 호와 같다. 다만, 제13조제2항제1호의 사무는 각 지방자치단체에 공통된 사무로 한다.

1. 시 · 도
   가. 행정처리 결과가 2개 이상의 시 · 군 및 자치구에 미치는 광역적 사무
   나. 시 · 도 단위로 동일한 기준에 따라 처리되어야 할 성질의 사무
   다. 지역적 특성을 살리면서 시 · 도 단위로 통일성을 유지할 필요가 있는 사무
   라. 국가와 시 · 군 및 자치구 사이의 연락 · 조정 등의 사무
   마. 시 · 군 및 자치구가 독자적으로 처리하기 어려운 사무
   바. 2개 이상의 시 · 군 및 자치구가 공동으로 설치하는 것이 적당하다고 인정되는 규모의 시설을 설치하고 관리하는 사무
2. 시 · 군 및 자치구
   제1호에서 시 · 도가 처리하는 것으로 되어 있는 사무를 제외한 사무. 다만, 인구 50만 이상의 시에 대해서는 도가 처리하는 사무의 일부를 직접 처리하게 할 수 있다.

② (생략)

③ 시 · 도와 시 · 군 및 자치구는 사무를 처리할 때 서로 겹치지 아니하도록 하여야 하며, 사무가 서로 겹치면 시 · 군 및 자치구에서 먼저 처리한다.

7) 최창호·강형기, 「지방자치학」, 삼영사, 2016, pp.162~175.

【 기초자치단체와 광역자치단체 】

구분	기초자치단체	광역자치단체
개념	• 다층제에서 주민들과 직접 접촉하는 가장 소구역을 기초로 하는 지방자치단체 (1차적 자치단체) • 광범위한 자치권 부여	• 중앙정부와 기초자치단체의 중간에 위치하는 넓은 구역의 자치단체 (2차적 자치단체, 상급자치단체) • 제한된 자치권 부여
지위	• 주민의 일상생활과 직결되어 있는 공동사회적 단체로서, 규모는 공동사회의 지역적 범위를 의미하며 지방자치에서 가장 본래적인 단체	• 중앙정부가 전 국토를 구분해 통치하던 역사적 유산, 행정업무의 분업 처리 요청, 기초자치단체의 보호 · 연락 및 조정의 필요에 의해 설치 • 광역자치단체에게 기초자치단체에 대한 지도적 기능과 조정적 기능을 부여함으로써 우월적 지위 인정 • 상급자치단체의 필요성에 대해 각국에서 논란이 많음
기능	• 풀뿌리민주주의(grass-roots democracy) 실현을 이념으로 하는 지방자치에서 기초자치단체는 가장 본래적인 자치단체 • 주민의 일상생활 및 생산활동과 관련된 직접적 서비스를 제공하는 것이 기본기능	• 2개 이상의 시 · 군 · 구 구역에 걸치는 기초자치단체 구역을 넘은 광범한 사무에 대처하는 광역행정기능 • 시 · 군 · 구의 능력으로는 처리할 수 없거나 처리하기 곤란한 사무 또는 시 · 군이 처리하는 것이 비경제적 · 비능률적이거나 행정의 질을 저하시킬 우려가 있는 사무를 처리하는 기초자치단체의 행정을 보완 · 대행하는 기능 • 중앙정부와 시 · 군 · 구 사이에서 양자 간의 의사소통을 원활히 하고 시 · 군 · 구 간의 정책의 상충을 해소하며, 행 · 재정의 불균형을 시정하는 연락 · 조정기능 • 국가사무를 처리하는 한도 내에서 지도 · 감독기능을 수행

4. 교육감의 사무

□ 교육·학예에 관한 사무

- 「지방교육자치에 관한 법률」 제2조(교육·학예사무의 관장)는 지방자치단체의 교육 · 학예에 관한 사무를 광역지방자치단체의 사무로 규정하고 있다.
- 교육행정사무에 관한 의결기관은 지방의회(교육위원회)이고, 집행기관은 교육감이다.
- 기초지방자치단체에서 조례로 교육 · 학예에 관한 사무 그 자체를 규율하는 것은 위법이다. 다만, 기초지방자치단체에서 교육 · 학예에 관한 사무 그 자체가 아닌 주민이나 학생의 복지차원의 시책을 규정하는 것은 가능하다. 이는 주민복지 및 청소년 보호에 관한 사항으로서 각 지방자치단체의 사무로 볼 수 있기 때문이다.
- 「지방자치법」 제135조(교육·과학 및 체육에 관한 기관)는 지방자치단체의 교육 · 과학 및 체육에 관한 사무를 분장하기 위하여 별도의 기관을 둔다고 규정하고 있다.
- 「지방교육자치에 관한 법률」 제18조(교육감)에서는 시 · 도의 교육 · 학예에 관한 사무의 집행기관으로 시 · 도에 교육감을 둔다고 규정하고 있다. 같은 법 제25조(교육규칙의 제정)제1항에서는 "교육감은 법령 또는 조례의 범위 안에서 그 권한에 속하는 사무에 관하여 교육규칙을 제정할 수 있다"고 규정하고 있다. 따라서 지방자치단체의 장은 교육감의 소관 사무인 교육 · 학예분야에 속하는 사항에 대해 규칙을 발령할 수 없다.

판례 7 조례의 제정범위

- 헌법 제117조제1항과 현행 「지방자치법」 제28조에 의하여 지방자치단체는 법령의 범위에서 그 사무에 관하여 자치조례를 제정할 수 있으나, 이 때 사무란 「지방자치법」 제13조제1항에서 말하는 지방자치단체의 자치사무와 법령에 의하여 지방자치단체에 속하게 된 단체위임사무를 가리키므로,
- 지방자치단체가 자치조례를 제정할 수 있는 것은 원칙적으로 이러한 "자치사무와 단체위임사무"에 한하므로 국가사무가 지방자치단체의 장에게 위임된 기관위임사무와 같이 지방자치단체의 장이 국가기관의 지위에서 수행하는 사무일 뿐 지방자치단체의 사무라고 할 수 없는 것은 원칙적으로 자치조례의 제정범위에 속하지 않는다. (대법원 2001추47 판결)

판례 8 법률 규정형식이 자치사무임에도 기관위임사무인 경우 [8)]

□ **OO군 하천골재 채취 군직영사업 운영관리 특별회계 설치 조례안**

- 「골재채취법」 제14조(등록)제1항은 "골재채취업을 영위하고자 하는 자는 주된 사무소의 소재지를 관할하는 시장 · 군수 또는 구청장에게 등록하여야 한다.
- 법 제22조(골재채취의 허가)제1항은 "골재를 채취하고자 하는 자는 대통령령이 정하는 바에 의하여 관할 시장 · 군수 또는 구청장의 허가를 받아야 한다"라고 규정하여 골재채취업 등록 및 골재채취 허가사무를 시장 · 군수 · 구청장의 사무로 하고 있다.
- 그런데 「골재채취법」의 목적이 골재자원의 효율적인 이용인 점, 건설교통부장관이 전국 골재자원에 관한 조사 결과를 종합하여 5년마다 골재수급기본계획을 수립 · 시행하는 점, 건설교통부장관이 시 · 도지사로부터 통보받은 다음 해 골재수급계획과 중앙행정기관의 장으로부터 통보 받은 골재가 필요한 사업계획서를 총괄 · 조정하여 다음 해 골재수급계획을 수립하고 이를 다시 시 · 도지사 등에게 통보하는 점, 건설교통부장관을 골재수급 안정을 위해 조치할 수 있는 주체로 규정하고 있는 점을 고려하여
- 골재채취업 등록 및 골재채취 허가사무는 전국적으로 통일적 처리가 요구되는 중앙행정기관인 건설교통부장관의 고유업무인 국가사무로서 지방자치단체의 장에게 위임된 기관위임사무에 해당한다. (대법원 2004추34 판결)

---

8) 김대현, "조례안 사례연구", 「2022년도 지방의회 초선의원 연수과정, 국회사무처, 2022, p.161.

판례 9 **지방자치단체의 장이 처리하도록 규정하고 있는 사무가 자치사무 또는 기관위임사무에 해당하는지 여부의 판단 기준**

- 현행 「지방자치법」 제28조, 제13조에 의하면 지방자치단체가 조례를 제정할 수 있는 사항은 …… 자치사무와 …… 단체위임사무에 한하고, …… 기관위임사무에 관한 사항은 원칙적으로 조례의 제정범위에 속하지 않는다.
- 그리고 법령상 지방자치단체의 장이 처리하도록 규정하고 있는 사무가 자치사무인지 국가사무(기관위임사무)인지 여부를 판단함에 있어서는 그에 관한 법령의 규정 형식과 취지를 우선 고려하여야 할 것이지만, 그 외에도 그 사무의 성질이 전국적으로 통일적인 처리를 요구하는 사무인지 여부나 그에 관한 경비 부담과 최종적인 책임 귀속의 주체 등도 아울러 고려하여 판단하여야 한다. (대법원 2019두58650 판결)

판례 10 **기관위임사무에 관하여 법령의 위임 없이 정한 조례안**[9]

□ **「OO군 묘지 등 설치 허가 시 주민의견 청취에 관한 조례안」**

[조례안 내용]

군수는 묘지 등의 설치 허가 민원을 처리함에 있어 의견 청취 대상의 3분의 2 이상의 찬성 없이는 허가할 수 없도록 하고, 사설 묘지 등의 관내 유치를 억제하고 불법 묘지 발생 방지와 화장을 제고하기 위하여 OO군 주민이 사용할 수 있는 공설 화장장과 납골당을 설치하도록 규정하고 있다.

[판결 요지]

- OO도지사로부터 묘지 등 허가사무를 위임받은 주체는 지방자치단체인 OO군이 아니라 도의 하위행정기관인 "OO군수"이고, 「매장 및 묘지 등에 관한 법률」이나 「OO도 사무위임 조례」에 특별히 위임받은 기관인 시장 · 군수가 소속된 시 · 군의 조례로 사무처리에 관한 규정을 정할 수 있다는 위임근거 규정도 없기 때문에 OO군의회가 그 사무를 규율하는 조례를 제정할 수 없으므로,
- OO군의회에서 의결된 「묘지 등 설치 허가시 주민의견 청취에 관한 조례안」 제3조는 구 「지방자치법」 제15조 본문에 "위반"된다. (대법원 95추32 판결)

---

9) 박균성, 「행정법론(하), 박영사, 2022, p.202.

판례 11 **국가사무에 관하여 법령의 위임 없이 정한 조례안**

□ 「OO광역시 민간투자사업 추진에 관한 조례안」

[조례안 내용]

「산업입지 및 개발에 관한 법률」에 따른 산업단지개발사업과 경제자유구역 내에서 시행되는 각 개발사업을 "지역개발사업"으로 정의하고, OO광역시장이 추진하는 지역개발사업에 대한 민간투자사업의 사업자 선정, 추진 절차 및 시행 등에 관한 사항을 규정하고 있다.

[판결 요지]

- 「산업입지 및 개발에 관한 법률」에 의한 국가산업단지개발과 경제자유구역 내에서 시행되는 각 개발사업의 추진절차 및 사업자 선정은 해당 법률에서 중앙행정기관의 장이 처리하도록 하고 있어 해당 사무는 "국가사무"에 해당하고, 이와 관련한 시 · 도지사의 사무는 국가행정기관의 지위에서 하는 "기관위임사무"라고 보아야 한다.
- 조례안의 해당 규정들은 국가사무에 대하여 법령의 위임 없이 조례로 정한 것에 해당하여 조례 제정권의 한계를 일탈하여 "위법"하다. (대법원 2007추141 판결)

판례 12 **공립 · 사립학교의 장이 행하는 학교생활기록부 작성에 관한 사무는 국가 기관위임 사무** 10)

- 학교생활기록에 관한 초 · 중등교육법, 고등교육법 및 각 시행령의 규정 내용에 의하면, 어느 학생이 시 · 도를 달리하여 또는 국립학교와 공립 · 사립학교를 달리하여 전출하는 경우에 학교생활 기록의 체계적 · 통일적인 관리가 필요하고, 중학생이 다른 시 · 도 지역에 소재한 고등학교에 진학하는 경우에도 학교생활 기록은 고등학교의 입학전형에 반영되며, 고등학생의 학교생활 기록은 교육부장관의 지도 · 감독을 받는 대학교의 입학전형 자료로 활용되므로 학교의 장이 행하는 학교생활 기록의 작성에 관한 사무는 국민 전체의 이익을 위하여 통일적으로 처리되어야 할 성격의 사무이다.
- 따라서 전국적으로 통일적 처리를 요하는 학교생활 기록의 작성에 관한 사무에 대한 감독관청의 지도 · 감독 사무도 국민 전체의 이익을 위하여 통일적으로 처리되어야 할 성격의 사무라고 보아야 하므로, 공립 · 사립학교의 장이 행하는 학교생활기록부 작성에 관한 교육감의 지도 · 감독 사무는 "국가사무"로서 교육감에 위임된 사무이다. (대법원 2012추183 판결)

---

10) 정하중·김광수, 「행정법 개론」, 법문사, 2021, p.937.

판례 13 **교육감이 국가사무에 관하여 법령의 위임 없이 정한 조례안** [11)]

□ 「OOO도 학교자치 조례안」 (2015.12.14. 재의결)

[조례안 내용]

학교에 교원인사자문위원회를 두어 교원의 전입 요청 및 전보 유예의 기준 설정과 대상자 선정 등 교원인사에 대하여 학교의 장을 자문하도록 하고, 학교의 장은 특별한 이유가 없는 한 이를 수용하도록 규정하고 있다.

[판결 요지]

- "교원의 지위"에 관한 사항은 법률로 정하여 전국적으로 통일적인 규율이 필요한 것이고, 국가가 이를 위하여 상당한 경비를 부담하고 있으므로 이에 관한 사무는 "국가사무"로 보아야 한다.
- 전입 요청 및 전보 유예의 기준 설정과 대상자 선정에 관한 사항은 교원인사에 관한 것으로서 교원의 지위와 관련되는데, 조례안은 국가사무인 교원의 지위에 관하여 법령의 위임 없이 정하여 "위법"하다. (대법원 2016추5018 판결)

판례 14 **교육감이 자치사무로 보아 사무를 집행하였는데 사후에 기관위임사무임이 밝혀진 경우, 기존에 행한 사무의 구체적인 집행행위가 징계사유에 해당하는지 여부** [12)]

- 교육감의 학교생활 기록부의 작성에 관한 사무에 대한 지도 · 감독 사무는 기관위임 국가사무에 해당하지만, 「지방자치법」 제169조(위법 · 부당한 명령 · 처분의 시정)에 규정된 취소처분에 대한 이의소송의 입법 취지 등을 고려할 때,
- 교육감이 위와 같은 지도 · 감독 사무의 성격에 관한 선례나 학설, 판례 등이 확립되지 않은 상황에서 이를 자치사무라고 보아 사무를 집행하였는데, 사후에 사법절차에서 그 사무가 기관위임 국가사무임이 밝혀졌다는 이유만으로는 곧바로 기존에 행한 사무의 구체적인 집행행위가 위법하다고 보아 징계사유에 해당한다고 볼 수는 없다. (대법원 2012추213 판결)

11) 이성호, 「2019 지방의회 전문위원과정(2차)」, 국회의정연수원, 2019, p.139.

12) 김남철, 「행정법 강론」, 박영사, 2022, p.1213.

5 법령 우위의 원칙

□ **검토사항**

- 제정 · 개정하려는 조례와 관계된 상위법령이 있는지?
- 상위법령에서 규정한 내용에 위배되지는 않는가?
- 조약 등 국제규범에 위배되지는 않는가?
- 상위법령에서 위임한 범위를 일탈하지 않는가?
- 법령에서 위임한 내용을 충분히 반영하였는가?
- 상위법령의 제 · 개정 사항을 반영하고 있는가?

1. 의의

- 지방자치단체는 그 사무에 대하여 조례를 제정하는 경우에는 법령의 범위에서 제정해야 한다.
- "법령"은 헌법, 법률, 대통령령, 총리령 · 부령뿐만 아니라 헌법에 의하여 체결 · 공포된 조약과 일반적으로 승인된 국제법규도 포함된다.
- 조례에서 한 · 미 FTA와 같은 조약을 위반하는 내용을 규정할 수 없다.

2. 행정규칙의 문제

- 중앙행정기관이 정립하는 훈령 · 예규 등 소위 행정규칙의 법규성 여부 및 법령에 포함 여부에 관하여 판례는 행정규칙의 법규성을 원칙적으로 부정하나, 법령의 위임에 따라 발령되는 '법령 보충적 행정규칙'에 대해서는 법규성을 인정한다.
- 「지방자치법」 제28조 본문의 법령에는 이러한 '법령 보충적 행정규칙'도 포함되는 것으로 본다. 따라서 중앙행정기관의 장이 발령하는 행정규칙 중 법령의 위임을 받아 발령되는 행정규칙에 위반되는 조례를 제정할 수 없다.

3. 법령 상호간 위계 체계

- 헌법 〉 법률 〉 대통령령 〉 총리령 · 부령〉 조례 〉 규칙
- 자치법규

  ① 조례 – "법령의 범위에서" 제정, 대통령령·총리령·부령보다 하위

  ② 규칙 – "법령이나 조례가 위임한 범위에서" 제정, 조례보다 하위
- 먼거리에서 작동하는 법령과는 달리 생활과 가까운 거리에 자리한 조례와 규칙들

은 법전 속의 법(Law in text)에 그치지 않고 현실 속의 법(Law in action)으로 그 효과가 매우 즉각적으로 드러나기에 제 기능을 잘 수행할 수 있도록 해야 한다.[13]

【 법령 체계 】

4. '법령의 범위'의 의미

"법령의 범위"란 '그 상위법령에 위반되지 않는 범위'를 의미하며, 조례가 법령에 위반되는지 여부는 법령과 조례의 각각의 규정 취지, 규정의 목적과 내용, 효과 등을 비교하여 양자 사이에 모순·저촉이 있는지 여부에 따라서 개별적·구체적으로 결정해야 한다.

(1) 조례에서 규율하려는 내용에 관한 법령이 없는 경우

- 조례에서 규율하려는 내용과 관련되는 법령이 없는 경우에는 우선 해당 사무가 지방자치단체의 자치사무나 단체위임사무인지를 확인해 보아야 한다.
- 조례로 규율할 수 있는 사무라면 「지방자치법」과 같은 법령에 위반되지는 않는지 평등의 원칙, 비례의 원칙, 명확성의 원칙 등과 같은 법의 일반원칙에 위반되지는 않는지를 검토한다.
- 조례에서 규율하려는 내용이 자치사무에 관한 것이라고 하더라도 침익적 행정분야와 급부행정분야를 구분해서 판단해야 한다. 침익적 행정의 경우 법률에서

13) 한상희, "자치입법 영향 평가의 당대적 의미와 지향점", 「자치의정」 통권 제124호, 2019, pp.8-18.

별도의 위임규정이 없다면 조례로 규율할 수 없을 것이나, 급부행정의 경우 상위법령에서 별다른 규정이 없더라도 자치사무라면 이에 관한 규정을 둘 수 있다.

(2) 조례에서 규율하려는 내용에 관한 법령이 있는 경우

- 먼저, 조례에서 규율하려는 내용에 관한 법령이 있는 경우라도 법령과 조례의 "목적"이 다를 수 있으므로 조례와 법령의 목적이 다르고, 조례의 내용이 법령의 입법목적을 저해하지 않은 경우라면 조례에서 법령과 다른 별도의 규정을 두더라도 법령에 위반하는 것으로 볼 수는 없을 것이다.
- 다음으로, 조례의 목적과 취지가 법령의 목적과 취지와 같은 경우에도 법령 규정의 취지가 반드시 전국에 걸쳐 일률적인 규율을 하려는 것이 아니라 각 지방자치단체가 그 지방의 실정에 맞게 별도로 규율하는 것을 용인하고 있다고 해석될 때에는, 조례에서 대상자 선정의 기준 · 방법, 지원의 내용 등을 국가 법령에서 정하고 있는 사항과 다르게 규정하고 있다고 하더라도 법령에서 명시적으로 금지하고 있는 사항이 아니라면 이러한 조례 규정이 법령에 위반되는 것이라고 할 수는 없다.[14)]

5. 상위법령의 규정 내용을 조례에 그대로 규정하는 문제

- 실제 조례를 보면 상위법령의 규정 내용을 조례에 그대로 규정하고 있는 사례가 많다. "법령"에 규정된 내용은 법령 상호 간의 위계 체계상 조례에 규정하지 않아도 당연히 적용된다. 따라서 법령 내용을 조례에 반복하여 규정하거나 재(再)기재한 경우 그 재기재한 법령의 내용이 개정되면, 그때마다 불필요하게 조례도 개정해야 하고, 조례 내용이 함께 정비되지 아니하면 조례의 효력에 대한 다툼이 생길 수 있다.
- 그리고 상위법령의 내용을 조례에 중복해서 규정하는 것은 입법 경제적으로도 바람직하지 않고, 조례의 해석 · 집행에 혼란도 초래할 수 있으므로 상위법령의 규정을 조례에 그대로 규정하는 것은 피하도록 한다.

14) 행정자치부, 「2016 자치법규 입법실무」, 2016, p.34.; 법제처, 「2022년 자치법규 입안 길라잡이」, 2022, pp.44-46.

판례 15 **법령의 범위에 행정규칙까지 포함하는지 여부**

□ OO구청과 대통령 간의 권한쟁의

- 「헌법」 제117조제1항에서 규정하고 있는 '법령'에 법률 이외에 「헌법」 제75조 및 제95조 등에 의거한 대통령령, 총리령 및 부령과 같은 법규명령이 포함되는 것은 물론이지만, 헌법재판소의 "법령의 직접적인 위임에 따라 수임행정기관이 그 법령을 시행하는데 필요한 구체적 사항을 정한 것이면 그 제정형식은 비록 법규명령이 아닌 고시, 훈령, 예규 등과 같은 행정규칙이더라도 그것이 상위법령의 위임한계를 벗어나지 아니하는 한 상위법령과 결합하여 대외적인 구속력을 갖는 법규명령으로서 기능하게 된다고 보아야 한다"고 판시한 바에 따라, 「헌법」 제117조제1항에서 규정하는 '법령'에는 법규명령으로서 기능하는 행정규칙이 포함된다.
- 문제조항(「지방공무원 수당 등에 관한 규정」 제15조제4항)에서 말하는 '행정자치부장관이 정하는 범위'라는 것은 '법규명령으로 기능하는 행정규칙에 의해 정하여지는 범위'를 가리키는 것이고, 법규명령이 아닌 단순한 행정규칙에 의하여 정하여지는 것은 이에 포함되지 않는다고 해석되므로 문제조항은 헌법 제117조제1항에 위반되는 것이 아니다. (헌법재판소 2001헌라1)

판례 16 **조례로 법령 기준과 다른 기준을 정한 경우**

□ OO시 건축 조례안

[조례안 내용]

개정 조례안은 종전 조례의 제26조의1제2호 "2종 일반주거지역에 건축할 수 있는 건축물" 중 나목 "공동주택(다만, 아파트는 10층 이하로 할 수 있다)"을 "공동주택(다만, 아파트는 15층 이하로 할 수 있다)"로 개정하는 내용이다.

[판결 요지]

- 일반주거지역 내의 건축물의 건축 금지 및 제한에 관하여 조례를 제정함에 있어서는 일반주거지역을 1종 · 2종 및 3종으로 나누어 지정할 수 있게 한 법령의 취지를 따라야 한다.
- 2종 일반주거지역에도 15층 아파트의 건축이 가능하도록 제한의 범위를 넓힘으로써 2종 일반주거지역이 고층아파트 중심의 주거환경이 될 수도 있는 결과를 가져오도록 하고 있어, 주거환경을 보호하기 위하여 건축물의 규모를 제한한 「도시계획법 시행령」 제15조제2항제1호에 저촉되어 법령에 위반되어 무효이다. (대법원 99추23 판결)

판례 17 **법령의 위임범위를 벗어난 경우** [15)]

□ OOOO시 도시공원 조례안

【조례안 내용】

제23조제3항 "위원회의 부의안건은 OOOO시의회의 의견을 들어야 한다.", 제4항 "위원회의 회의 관련 자료 및 회의록은 공개하여야 한다."고 규정하고 있다.

【판결 요지】

- **(제23조제3항의 법령위반 여부)** 도시공원 조성계획의 결정 및 변경 결정은 도시계획법 시행령 제7조의3 제3호 (가)목에서 규정하는 '도시계획법 제2조제1항제2호 (나)목의 시설에 대한 세부시설의 결정 및 변경 결정'에 해당하는 것으로서 도시계획법 제12조제1항 단서에서 규정하는 '경미한 도시계획의 변경'에 해당한다고 할 것이므로, 지방자치단체의 장이 조성계획을 결정하거나 변경 결정함에 있어서는 도시계획법 제12조제1항 단서에 의하여 지방의회의 의견을 듣는 것을 요하지 않는다. (도시계획법 규정에 위반된다)
- **(제23조제4항의 법령위반 여부)** 지방자치단체의 도시공원에 관한 조례에서 규정된 도시공원위원회의 심의사항에 관하여 위 위원회의 심의를 거친 후 시장이나 구청장이 위 사항들에 대한 결정을 대외적으로 공표하기 전에 위 위원회의 회의 관련 자료 및 회의록이 공개된다면 업무의 공정한 수행에 현저한 지장을 초래한다고 할 것이므로, 위 위원회의 심의 후 그 심의사항들에 대한 시장 등의 결정의 대외적 공표행위가 있기 전까지는 위 위원회의 회의 관련 자료 및 회의록은 「공공기관의 정보공개에 관한 법률」 제7조제1항제5호에서 규정하는 비공개 대상 정보에 해당한다고 할 것이고, 다만 시장 등의 결정의 대외적 공표행위가 있은 후에는 이를 의사결정과정이나 내부 검토과정에 있는 사항이라고 할 수 없고 위 위원회의 회의 관련 자료 및 회의록을 공개하더라도 업무의 공정한 수행에 지장을 초래할 염려가 없으므로, 시장 등의 결정의 대외적 공표행위가 있은 후에는 위 위원회의 회의 관련자료 및 회의록은 같은 법 제7조제2항에 의하여 공개대상이 된다고 할 것인 바, 지방자치단체의 도시공원에 관한 조례안에서 공개시기 등에 관한 아무런 제한 규정 없이 위 위원회의 회의 관련자료 및 회의록은 공개하여야 한다고 규정하였다면 이는 같은 법 제7조제1항제5호에 위반된다고 할 것이다. (위원회 회의자료 등의 공개를 강화하는 내용의 조례가 「공공기관의 정보공개에 관한 법률」의 범위를 벗어난다는 판결, 대법원 99추85 판결)

15) 행정자치부, 「2016 자치법규 입법실무」, 2016, p.40.

판례 18 **상위법령에 위배되는지 여부** [16)]

□ 「OO군 대중교통 소외지역 주민 교통복지 증진에 관한 조례안」

[조례안 내용]

지방자치단체 내 대중교통 소외지역에 거주하는 주민들의 사전 요청에 따른 택시 운행과 해당 주민에 대한 운행요금의 보조 등에 관한 사항을 규정하고 있다.

[판결 요지]

- 위 조례안의 보조금 지급사무는 「지방자치법」 제9조(지방자치단체의 사무범위)제2항 제2호 (가)목에서 정한 '주민복지에 관한 사업'에 속하는 것으로 지방자치단체가 법령의 위임 없이도 조례로 규율할 수 있는 자치사무에 해당하고,
- 위 조례안은 합승을 허용하거나 권장한다고 볼 만한 규정을 두고 있지 않고 택시 운송사업자의 합승 금지를 전제로 한 것이므로 여객자동차 운수사업법상 합승 금지 조항에 위배되지 않으며, 마을택시란 '운행계통을 정하지 않고' 운행되는 것임을 명문으로 규정하고 있는 점 등을 종합하면, 위 조례안이 마을택시를 '운행계통을 정하여' 운행하도록 규정하였다고 볼 수 없으므로 여객자동차 운수사업법 시행령상 구역 여객자동차 운송사업의 사업 형태에 관한 규정에도 위배되지 않는다. (대법원 2014추545 판결)

판례 19 **조약에 위반되는 사항을 정한 조례안**

□ 「OOO도 학교급식 조례안」

[조례안 내용]

교육감은 안전하고 질 높은 학교급식을 위해 우선적으로 우수농산물을 사용하도록 하고, 도지사와 교육감은 학교급식에 우수농산물을 사용하는 지원 대상자에게 식재료의 일부를 현물로 지급하거나 식재료 구입비의 일부를 지원하도록 하며, 지원금을 교부받은 지원 대상자는 지원금을 지원 교부결정 내용에 따라 우수농산물 구입에 사용하도록 규정하고 있다.

[판결 요지]

- **(국내 차별대우 금지원칙과의 관계)** 「관세 및 무역에 관한 일반협정(GATT)」 규정에 의하면, 수입 산품의 국내 판매에 불리한 영향을 주는 법률, 규칙 및 요건 등이

16) 김남진·김연태, 「행정법 Ⅱ」, 법문사, 2021, p.112.

국내 생산을 보호하기 위해 수입 산품 또는 국내 산품에 적용되어서는 아니되고 수입국이 법률, 규칙 및 요건에 의하여 수입 산품에 대해 국내의 동종물품에 비해 경쟁 관계에 불리한 영향을 미칠 수 있는 차별적인 대우를 하여서는 안 된다고 해석된다.

- 결국 「OOO도 학교급식 조례안」은 국내 산품의 생산 보호를 위하여 수입 산품을 국내 산품보다 불리한 대우를 하는 것으로서 내국민대우원칙을 규정한 GATT 제3조제1항, 제4항에 위반된다. (대법원 2004추10 판결)

CASE Study 7 **상위법령의 재인용 문제**

OO광역시 사회복지시설 감사 조례 [17]

제정 2019.12.15.

제1조(목적) 이 조례는 「**사회복지사업법**」 제51조제2항 및 「**사회복지법인 및 사회복지시설 재무·회계 규칙**」 제42조의2에 따라 사회복지시설 감사의 실시에 관한 사항을 규정하여 사회복지시설 감사의 명확성·공정성·투명성을 기함으로써 사회복지시설의 합리적인 운영에 기여함을 목적으로 한다.

제2조(정의) 이 조례에서 사용하는 용어의 뜻은 다음과 같다.

1. "사회복지시설"이란 「사회복지사업법」(이하 "법"이라 한다) 제2조제1호에 따른 사업을 행할 목적으로 국가 또는 지방자치단체, 사회복지법인 또는 비영리법인, 개인 등이 설치한 시설을 말한다.
2. "감사"란 법 제51조제2항에 따라 사회복지시설의 다음 각 목의 사항에 대하여 조사·점검·확인·분석·검증하고 그 결과를 처리하는 것을 말한다.
   가. 보조금, 후원금, 수익사업 등 회계 관련 사항
   나. 공사 및 구매 등과 관련된 계약에 관한 사항
   다. 부동산, 장비 등 자산관리에 관한 사항
   라. 사회복지시설 정보시스템 및 별도 전산시스템의 회계, 후원 등의 보고 사항

제3조(감사 대상) 이 조례에 따른 감사 대상은 법에 따른 사회복지사업을 수행하며 OO광역시장(이하 "시장"이라 한다)의 지도·감독을 받는 사회복지시설로 한다.

제4조(감사 제외대상) 다음 각 호의 어느 하나에 해당하는 경우에는 감사 대상에서 제외할 수 있다.

1. 수사나 재판이 진행 중인 경우
2. 다른 기관에서 감사·조사를 하였거나 감사·조사 중인 경우
3. 그 밖에 사회복지시설 감사를 실시하기에 부적절하다고 시장이 인정하는 경우

~~**제5조(감사의 실시요건)** ① 시장은 다음 각 호의 어느 하나에 해당하는 경우 사회복지시설에 대하여 「사회복지법인 및 사회복지시설 재무·회계 규칙」 제42조의2에 따라 감사를 실시할 수 있다.~~

~~1. 법 제40조제1항제4호에 따른 회계부정이나 불법행위 또는 그 밖의 부당행위 등이 발견된 경우~~
~~2. 법 제42조제3항제1호에 따라 거짓이나 그 밖의 부정한 방법으로 보조금을 받은 경우~~
~~3. 법 제42조제3항제2호에 따라 사업 목적 외의 용도에 보조금을 사용한 경우~~
~~4. 법 또는 법에 따른 명령을 위반한 경우~~

~~5. 「사회복지법인 및 사회복지시설 재무 · 회계 규칙」 제42조제4항에 따라 감사가 자치구청장에게 보고한 경우~~

(「사회복지법인 및 사회복지시설 재무 · 회계 규칙」 제42조의2 재인용)

② 시장은 사회복지시설 종사자의 명백한 불법 · 탈법 또는 위법 · 부당한 행위에 대해 감독부서의 감사 요청이 있는 경우 감사를 실시할 수 있다.

「사회복지법인 및 사회복지시설 재무 · 회계 규칙」 (보건복지부령)

제42조의2(회계감사) ① 시 · 도지사 또는 시장 · 군수 · 구청장은 법인 및 시설이 다음 각 호의 어느 하나에 해당하는 경우 회계감사를 실시할 수 있다.

1. 「사회복지사업법」 제40조제1항제4호에 따른 회계부정이나 불법행위 또는 그 밖의 부당행위 등이 발견된 경우
2. 「사회복지사업법」 제42조제3항제1호에 따라 거짓이나 그 밖의 부정한 방법으로 보조금을 받은 경우
3. 「사회복지사업법」 제42조제3항제2호에 따라 사업 목적 외의 용도에 보조금을 사용한 경우
4. 「사회복지사업법」 또는 「사회복지사업법」에 따른 명령을 위반한 경우
5. 제42조제4항에 따라 감사가 시장 · 군수 · 구청장에게 보고한 경우

제6조(감사의 실시) ~~① 시장은 사회복지시설 감사를 실시하려는 때에는 특별한 사정이 없으면 감사예정일 7일 전까지 감사개요를 감사대상 사회복지시설의 장에게 통보하여야 한다.~~

~~② 감사반원은 감사와 관련된 사항의 증거를 보강하기 위하여 필요한 경우 감사 사항과 관련이 있다고 인정되는 사람으로부터 사실관계 등을 기재한 확인서를 받을 수 있다.~~

~~③ 감사반원은 감사 종료 후 결과보고서를 작성하여 감사반장에게 제출하여야 한다.~~

④ 시장은 감사 실시 사실을 사전에 공개하여 대상시설 이해관계인 등의 의견을 수렴하고 감사 자료로 활용할 수 있다. (자체감사규칙 제7조, 제19조)

제7조(감사 계획의 수립) ~~① 시장은 사회복지시설 감사를 체계적이고 효과적으로 수행하기 위하여 다음 각 호의 사항을 포함한 감사계획을 수립하여야 한다.~~

~~1. 감사 대상~~

~~2. 감사 기간~~

~~3. 감사 범위~~

~~4. 감사반 구성 및 사무의 분장에 관한 사항~~

~~5. 감사에 필요한 예산~~

~~6. 그 밖에 시장이 필요하다고 인정하는 사항~~ (자체감사규칙 제7조)

② 시장은 제1항에 따라 수립된 사회복지시설 감사 계획과 관련된 정보를 OO광역시 홈페이지에 게시하여야 한다.

제8조(감사반 구성) ~~① 시장은 사회복지시설 감사를 실시할 때마다 사회복지시설 감사반을 편성하고 개인별 사무분장을 하여야 한다.~~ (자체감사규칙 제13조)

② 사회복지시설 감사반을 편성할 때에는 감사 반장과 감사 담당자를 두며, 사회복지시설 감사의 전문성과 효율성을 높이기 위하여 OO광역시의회의 추천을 받아 공인회계사 또는 감사인을 선임하여 감사에 참여시키거나 협조 또는 자문에 응하게 할 수 있다.

제9조(사전조사의 실시) ~~시장은 사회복지시설 감사를 실시하기 전에 필요한 경우 다음 각 호에 대하여 사전조사를 실시할 수 있다.~~

~~1. 현황 파악 및 구체적인 감사방향 결정~~

~~2. 감사 분야 전반에 대한 업무 처리 현황 자료 수집 및 분석~~

~~3. 중점 감사 분야에 대한 심층 검토 및 현장 동향파악~~ (자체감사규칙 제12조)

제10조(과다 감사 방지) 시장은 사회복지시설에 대한 감사를 실시할 경우 사회복지시설의 안정적 운영을 위하여 사전조사 기간 20일, 직접 감사기간 20일 이내 감사를 마무리하며, 최대 10일을 연장할 수 있다.

제11조(감사 결과 보고) ~~감사반장은 감사 종료 후 다음 각 호의 사항을 기재한 감사결과보고서를 시장에게 보고하여야 한다.~~

~~1. 감사 대상 및 감사 기간~~

~~2. 감사반의 편성~~

~~3. 감사 총평~~

~~4. 중점 감사 사항~~

~~5. 지적 사항 또는 처분을 필요한 사항~~

~~6. 현지 조치 사항~~

~~7. 그 밖에 특이 사항~~ (자체감사규칙 제24조)

제12조(감사 결과 처리) ~~① 시장은 법 제40조에 따른 행정처분 등을 한 경우 처분 대상인 사회복지시설의 명칭, 처분 사유, 처분 내용 등 처분과 관련된 정보를 OO광역시 홈페이지에 게시할 수 있다.~~

~~② 행정처분 외 지적 사항 및 현지 조치 사항, 그 밖의 특이 사항 등 감사결과 보고사항은 관계 법령의 범위에서 OO광역시 홈페이지에 게시할 수 있다.~~

(자체감사규칙 제25조)

제13조(전담조직의 설치 · 운영) ① 시장은 사회복지시설 감사를 체계적이고 종합적으로 추진하기 위하여 전담조직을 설치하여 운영할 수 있다.
② 전담조직은 다음 각 호의 기능을 수행한다.
1. 사회복지시설 감사의 계획 수립 · 추진에 관한 사항
2. 사회복지시설 감사반 편성 및 개인별 사무분장에 관한 사항
3. 사회복지시설 감사 실시, 결과 보고 및 처리에 관한 사항
4. 그 밖에 사회복지시설 감사와 관련하여 시장이 필요하다고 인정하는 사항

제14조(관계 부서의 협조) 사회복지시설 감사 전담 부서의 장은 감사계획 수립과 시행을 위해 OO광역시 관계 부서의 협조를 요청할 수 있으며, 관계 부서는 특별한 사유가 없는 경우 적극적으로 협조하여야 한다.

~~**제15조(수당 등)** 시장은 사회복지시설 감사 등의 자문에 참여한 사람에 대하여 수당과 여비 등을 예산의 범위에서 지급할 수 있다.~~ **(자체감사규칙 제13조)**

제16조(준용) 이 조례에 규정된 것 외에 사회복지시설 감사에 필요한 사항은 「OO광역시 자체감사 규칙」을 준용한다.

제17조(시행규칙) 이 조례의 시행에 필요한 사항은 규칙으로 정한다.

부 칙

이 조례는 공포한 날부터 시행한다.

[검토사항: **상위법령의 재인용**]

- 위의 조례는 보건복지부령인 「사회복지법인 및 사회복지시설 재무 · 회계 규칙」과 자체감사규칙을 많이 인용하였다.
- 법령은 명시적인 규정이 없는 한 당연히 지방자치단체에 적용되므로 법령의 내용을 조례에 단순히 재기재(再記載)하는 것은 적정하지 않다.
- 조례에 법령 내용을 재기재하게 되면, 법령이 개정될 때마다 불필요하게 조례도 개정해야 하고, 조례의 내용이 함께 정비되지 아니하면 조례의 효력에 대한 다툼이 있을 수 있다.
- 확인적•안내적 차원에서 한번 더 명시해 주는 것이라고 말할 수 있지만, 입법경제적으로 바람직하지 않다.
- 특정 사안에 대한 법령의 규정이 있다면 그 법령이 당연히 적용되는 것이므로 법령과의 관계를 다시 조례에 규정할 필요는 없다.

---

17) 김대현, "조례안 사례연구", 「2022년도 지방의회 초선의원 연수과정」, 국회사무처, 2022, pp.180~183.

6 법률유보의 원칙

□ **검토사항**

- 주민의 권리 제한, 의무 부과, 벌칙 부과 사항에 관한 조례 규정에서 법률의 위임이 있는가?
- 벌칙 규정은 과도하지 않게 법률의 위임범위 내에 있는가?

1. 법률 유보의 원칙

헌법에서 직접 법률로 정하도록 규정하고 있거나 국민의 기본권 제한, 국민의 권리와 의무의 형성, 국가의 통치조직과 작용에 관한 사항 중 중요한 사항은 반드시 국민의 대의기관인 국회에서 제정하는 법률로 정해야 한다는 원칙이다.

2. 주민의 권리 제한, 의무 부과, 벌칙

- 지방자치단체가 자치사무에 관하여 조례를 제정하는 경우에도 주민의 권리 제한 또는 의무 부과에 관한 사항이나 벌칙을 정할 때에는 법률의 위임이 있어야 한다. (「지방자치법」 제28조제1항 단서)
- 따라서 조례로 주민의 권리 제한 또는 의무 부과에 관한 사항이나 벌칙을 정할 정할 때에는 법률의 위임이 있는지를 살펴보고, 법률의 위임이 없는 경우에는 필요성이 있다고 하더라도 조례로 인·허가 등을 신설하거나 의무사항 신설 등과 같은 주민의 권리 제한 및 의무 부과에 관한 사항을 규정해서는 안 된다.
- 다만, 조례에 대한 법률의 위임은 법규명령에 대한 위임과는 달리 “포괄적인 위임”도 허용된다. (헌법재판소 92헌마264 결정)

3. 법률의 위임범위 확인

법률에서 주민의 권리를 제한하거나 의무를 부과하는 규정을 조례로 정할 수 있도록 위임하는 경우에는 권리·의무 관련 사항을 규율할 수 있으나, 이 경우에도 법률의 위임범위를 넘어서는 아니되므로 법률과의 관계를 신중히 검토한다.

4. 「행정기본법」

제8조(법치행정의 원칙)는 “행정작용은 법률에 위반되어서는 아니 되며, 국민의 권리를 제한하거나 의무를 부과하는 경우와 그 밖에 국민생활에 중요한 영향을 미치는 경우에는 법률에 근거하여야 한다.”고 규정하고 있다.

5. 죄형법정주의와 법률유보

조례로서 벌칙을 정할 때에도 법률의 위임이 있어야 한다(죄형법정주의). 「헌법」 제12조제1항은 "누구든지 …… 법률과 적법한 절차에 의하지 아니하고는 처벌, 보안처분 또는 강제노역을 받지 아니한다."고 규정하고 있으며, 「지방자치법」 제22조 단서는 "조례로 …… 벌칙을 정할 때에는 법률의 위임이 있어야 한다."고 규정하고 있다.

6. 조례와 과태료

- 「지방자치법」 제34조(조례 위반에 대한 과태료)제1항은 "지방자치단체는 조례로써 조례위반행위에 대하여 1천만원 이하의 과태료를 정할 수 있다"고 규정하고 있다. 여기서 「지방자치법」 제28조 단서와 이 조항과의 관계를 살펴본다.
- 왜냐하면 제34조제1항을 개별 법령의 위임이 없더라도 조례위반사항에 대하여 과태료를 부과할 수 있다고 해석하는 경우에는 법률유보원칙을 확인하고 있는 제28조 단서규정과 상충되기 때문이다.
- 현행법상 조례는 행정질서벌인 과태료만을 부과할 수 있고, 조례로서 과태료를 부과하도록 규정하는 경우에도 과태료 부과의 전제가 되는 과태료 부과 대상행위를 규정하는 것은 주민의 권리 제한이나 의무 부과에 해당되므로 「지방자치법」 제28조 단서 규정에 의하여 반드시 법률의 위임이 필요하며, 또한 의무 부과에 대하여 법률의 위임이 있더라도 조례로는 1천만원 이하의 과태료만을 정할 수 있다는 것이 취지이다.
- 따라서 「지방자치법」 제34조제1항에 따른 과태료 규정이 가능한 경우는 개별법에서 과태료 위임이 있는 경우 또는 개별법에서 조례에 의무 부과를 위임하면서도 과태료를 정하지 않은 경우가 해당될 것이다.[18)]

18) 이성호, "조례안 심사 사례연구", 「2019년도 지방의회 전문위원과정(2차)」, 국회사무처, p.56.

판례 20 **법령에서 조례에 포괄적 위임이 가능한지에 대한 헌법재판소의 판단**

□ 「OO시 담배자동판매기 설치금지 조례」 제4조 등 위헌 확인

조례의 제정권자인 지방의회는 선거를 통해서 그 지역적인 민주적 정당성을 지니고 있는 주민의 대표기관이고 헌법이 지방자치단체에 포괄적인 자치권을 보장하고 있는 취지로 볼 때, 조례에 대한 법률의 위임은 법규명령에 대한 법률의 위임과 같이 반드시 구체적으로 범위를 정하여 할 필요가 없으며 포괄적인 것으로 족하다. (헌법재판소 92헌마264 결정)

판례 21 **법률의 위임 없이 의무규정을 신설한 경우** [19)]

□ OO도 도시계획위원회 조례 중 개정조례안

[조례안 내용]

도시계획위원장은 회의 소집이 결정된 즉시 심의할 안건을 도지사와 의회에 보고해야 하고, 또한 위원장은 회의를 개최하였을 때는 그 결과를 즉시 도지사와 의회에 보고해야 한다는 내용이다.

[판결 요지]

- 「도시계획법」 제75조제1항, 같은 법 시행령 제60조의 규정에 비추어 지방도시계획위원회의 사무 중 중앙도시계획위원회로부터 위임받은 사항을 심의하는 것은 지방자치단체의 자치사무나 단체위임사무에 해당한다고 할 수 없으므로, 지방의회는 위와 같이 위임된 사항에 관하여 지방도시계획위원회가 그 심의안건과 회의결과를 "도의회에 보고"하도록 하는 내용의 조례를 제정할 수 없으며, 또한 도지사의 자문기관으로서의 사무는 지방도시계획위원회가 도지사의 자문에 응하여 또는 자발적으로 도지사의 의사결정에 참고가 될 의견을 제공하는 것에 불과하고 도지사는 그 의견에 기속 되는 것도 아니므로,
- 지방의회가 도지사의 자문에 관한 사항에 관하여 그 심의안건을 보고하도록 하는 내용의 조례를 제정할 수 없으므로 「OO도 도시계획위원회 조례 중 개정조례안」에서 지방도시계획위원회 위원장이 도의회에 심의할 안건과 그 회의 결과를 사전·사후에 보고하도록 규정한 것은 조례로 제정할 수 없는 "의무규정을 신설"한 것으로서 「지방자치법」 제15조 및 도시계획법령의 규정에 위반되어 위법하다. (대법원 93추144 판결)

---

19) 행정자치부, 「2016 자치법규 입법실무」, 2016, p.53.

판례 22 **지방자치단체가 법률의 위임 없이 주민의 권리 제한 또는 의무 부과에 관한 사항을 정한 조례의 효력** [20)]

□ 「OOO도 출연기관 등의 장에 대한 인사검증 조례안」

- (구) 「지방자치법」 제22조 단서, 「행정규제기본법」 제4조(규제 법정주의)제3항에 따르면, 지방자치단체가 조례를 제정할 때 내용이 주민의 권리 제한 또는 의무 부과에 관한 사항이거나 벌칙인 경우에는 법률의 위임이 있어야 하므로 법률의 위임 없이 주민의 권리 제한 또는 의무 부과에 관한 사항을 정한 조례는 효력이 없다. (대법원 2014추644 판결)
- 이 판례는 OOO도지사가 도지사 임명 출연기관장 등에 대한 도의회의 인사 검증을 내용으로 하는 「OOO도 출연기관 등의 장에 대한 인사검증 조례안」에 대하여 상위 법령에 반하여 자신의 "인사권한 행사를 침해"한다는 이유를 들어 재의결을 요구하였으나 OOO도의회가 원안대로 재의결한 사안에서,
  ① 위 조례안 중 도의회의 인사 검증에 관한 규정은 상위법령의 위임 없이 지방자치단체의 장의 인사권을 침해한 것으로 위법하고,
  ② 자료 제출에 관한 규정은 별도 법률의 위임 없이 주민의 권리를 제한하는 것으로서 법률유보의 원칙(특별수권의 원칙)에 반하여 위법하며,
  ③ 개인정보 제출에 관한 조례 규정은 「개인정보 보호법」 제15조(개인정보의 수집·이용)제1항제3호, 「지방자치법」 제40조(서류제출 요구)제1항 및 제41조제4항의 허용범위를 벗어난 것으로 위법(법령 우위의 원칙 위반)하여 조례안에 대한 재의결은 전부의 효력이 부정된다.

판례 23 **법률의 위임 없이 영업활동을 제한한 입법례** [21)]

□ OOOOOO도 여객자동차 운수사업에 관한 조례안

[조례안 내용]

OOOOOO도 이외의 곳에 등록된 자동차 대여 사업자 및 대여 사업용 자동차에 대하여 OOOOOO도 내에서의 영업을 금지하고 있다. (제37조제4항)

[판결 요지]

- 지방자치단체는 고유사무인 자치사무와 개별 법령에 의해 지방자치단체에 위임된 단체위임사무에 관해 자치조례를 제정할 수 있지만, 그 경우라도 주민의 권리 제한 또는 의무 부과에 관한 사항이나 벌칙은 법률의 위임이 있어야 하며, 기관위임

20) 김남철, 「행정법 강론」, 박영사, 2022, p.1106.

사무에 관하여 제정되는 위임조례는 개별 법령에서 일정한 사항을 조례로 정하도록 위임하고 있는 경우에 한하여 제정할 수 있으므로 주민의 권리 제한, 의무 부과에 관한 사항이나 벌칙에 해당하는 조례를 제정할 경우에는 그 조례의 성질을 묻지 아니하고 법률 위임이 있어야 하고 그러한 위임 없이 제정된 조례는 효력이 없다.

- OOOOOO도에서 자동차대여사업을 하고자 하는 사람의 영업활동을 제한하는 내용의 「OOOOOO도 여객자동차 운수사업에 관한 조례안」 제37조제3항과 제4항은 그 수권규정인 「OOOOOO도 설치 및 국제자유도시 조성을 위한 특별법」 제324조제2항이 조례로 정할 수 있도록 한 사항에 해당하지 아니하여 법률의 위임 없이 국민의 권리 제한 또는 의무 부과에 관한 사항을 규정한 것으로 무효이다. (대법원 2006추52 판결)

판례 24 구립 보육시설 종사자의 정년 등 연령제한 규정은 법률의 위임 필요[22]

□ **「OOOO시 O구 영유아 보육조례 일부개정조례안」**

[조례안 내용]

보육시설 종사자 중 시설장은 62세, 보육교사는 57세로 정년을 규정하고 있다.

[판결 요지]

- 법률의 위임 없이 보육시설 종사자의 정년을 규정한 「OOOO시 O구 영유아 보육조례 일부개정조례안」에 대한 재의결의 무효확인을 구한 사건에서,
- 「영유아보육법」이 보육시설 종사자의 정년에 관한 규정을 두거나, 이를 지방자치단체의 조례에 위임한다는 규정을 두고 있지 않음에도 보육시설 종사자의 정년을 규정한 「OOOO시 O구 영유아 보육조례 일부개정조례안」 제17조제3항은 법률의 위임 없이 헌법이 보장하는 직업을 선택하여 수행할 권리의 제한에 관한 사항을 정한 것이어서 그 효력을 인정할 수 없으므로, 위 조례안에 대한 재의결은 무효이다. (대법원 2007추134 판결)

21) 김남진·김연태, 「행정법 Ⅱ」, 법문사, 2021, p.138.
22) 홍정선, 「행정법 원론(하)」, 박영사, 2022, p.167.

7 헌법과 법의 일반원칙

□ **검토사항**
- 헌법이 기본으로 하는 원리 또는 제도 등에 위배되지 않은가?
- 주민의 기본권을 제한하는 내용은 아닌가? 기본권을 제한하는 목적이 정당한가?

법률의 기본적 입안원칙은 법률이 합헌성의 원리, 목적의 정당성, 체계적 정당성, 절차적 정당성(입법의 민주적 정당성), 규제의 적정성, 입법내용의 효과성 및 효율성, 명확성의 원칙 등 입법원칙의 준수를 의미한다. 조례의 경우에도 기본적으로 법률의 입안원칙의 준수가 필요하다.[23)]

1. 헌법은 법제의 최고 기준

- 법규범 상호 간의 모순과 갈등은 헌법상의 원칙에 따라 조정 · 정립되기 때문에 헌법상의 원칙이나 기준은 법제에 있어서 최고 기준이 된다.
- 헌법은 최고규범으로서 모든 입법의 정당성의 근거이자 한계가 된다.

2. 헌법의 기본원리

- 헌법의 기본원리는 헌법의 이념적 기초인 동시에 헌법을 지배하는 지도원리로서 입법이나 정책결정의 방향을 제시하고 공무원을 비롯한 모든 국민 · 국가기관이 헌법을 존중하고 수호하도록 하는 지침이 되며. 기본권의 해석 및 기본권 제한 입법의 합헌성 심사에 있어 해석기준의 하나로 작용한다.
- 조례를 입안할 때 헌법이나 법의 일반원칙을 준수하여야 한다. 법의 일반원칙에 위반되는 조례는 위헌 또는 위법한 조례로서 무효가 될 수 있다.

3. 위헌성 판단 기준

- 헌법이 전제하고 있거나 명시적으로 채택하고 있는 헌법의 기본원리와 기본제도 등에 위반되는지를 기준으로 판단한다.
- 헌법상 기본원리: 민주주의, 권력분립, 사회국가의 원리 등
- 헌법상 기본제도: 지방자치제도, 선거제도, 복수정당제도 등

23) 고인석, "자치입법평가제도의 체계와 기준에 관한 연구", 「입법평가연구」 제15호, 한국법제연구원, 2019, p.26.

4. 조례안 입안 · 심사 시 위헌성 판단 기준

신뢰보호 원칙 (소급입법금지 원칙) / 과잉금지 원칙(비례의 원칙) / 평등원칙 / 명확성 원칙 / 포괄위임금지 원칙 / 적법절차 원칙 / 죄형법정주의 / 조세법률주의 등의 원칙을 고려하여 위헌 가능성을 축소시켜야 한다.[24)]

24) 국회 법제실, 「법률안 입안·검토 시 위헌성 판단 기준」, 2018, pp.1~4.

1. 비례의 원칙 (과잉금지 원칙)

□ **검토사항**

- 입법목적을 달성할 수 있는 가능한 수단 중 기본권의 제한 정도가 가장 작은 방법인가?
- 기본권을 제한하는 목적과 기본권의 제한 정도가 적정한 비례관계에 있는가?
- 이해관계자 간의 형평성을 해치지 않는가?
- 특정 집단, 지역에 특혜나 피해가 가지는 않는가?

1. 비례원칙의 의의

- 기본권을 제한함으로써 얻을 수 있는 이익과 기본권의 제한 정도가 비례관계에 있는지 여부에 대한 검토로서 목적의 정당성, 방법의 적절성, 피해의 최소성 및 법익의 균형성 등을 내용으로 한다.
- 비례원칙은 법령의 위임을 받아 주민의 권리 의무에 관한 사항을 규율하는 조례를 제정할 때 특히 고려해야 할 원칙이다.

2. 비례원칙의 내용

① (목적의 정당성) 기본권을 제한하는 목적이 정당해야 하고

② (방법의 적절성) 기본권을 제한하는 방법이 그 목적달성에 효과적이고 적절해야 하며

③ (피해의 최소성) 기본권의 제한 정도가 필요 최소한의 것이 되도록 하고

④ (법익의 균형성) 기본권을 제한하는 목적과 기본권 제한 정도가 적정한 비례관계에 있어야 한다.

3. 피해의 최소성 원칙의 판단 기준

피해의 최소성 원칙은 세 가지 기준을 중심으로 판단한다.

① 기본권 행사의 '방법'을 제한함으로써 입법목적을 달성할 수 있음에도 불구하고 기본권 행사 '여부'를 제한하지는 않았는가? 입법목적 달성을 위해 기본권 제한 방법을 선택할 때에도 제한의 정도가 적은 대안부터 탐색한다. (예) 기본권 행사 자체를 제한하기보다는 기본권 행사 방법을 제한한다.

② 임의적 규정으로도 입법목적을 달성할 수 있음에도 불구하고 필요적 규정을 두지는 않았는가?

③ 주민에게 의무를 부과하지 않고도 그 목적을 실현할 수 있음에도 의무를 부과하지는 않았는가? 25)

4. 「행정기본법」

- 제10조(비례의 원칙) 행정작용은 다음 각 호의 원칙에 따라야 한다.
  1. 행정 목적을 달성하는 데 유효하고 적절할 것
  2. 행정 목적을 달성하는 데 필요한 최소한도에 그칠 것
  3. 행정작용으로 인한 국민의 이익 침해가 그 행정작용이 의도하는 공익보다 크지 아니할 것

판례 25 **과잉금지원칙에 위반되지 않는 조례안**

□ 「OO시 담배자판기 설치 제한 조례」

[결정 요지]

자판기를 통한 담배판매는 구입자가 누구인지를 분별하는 것이 매우 곤란하게 하기 때문에 청소년의 담배구입을 막기 어려워 위 미성년자보호법 규정의 취지를 몰각시키고 있을 뿐만 아니라, 그 특성상 판매자와 대면하지 않는 익명성, 비노출성으로 인하여 청소년으로 하여금 심리적으로 담배구입을 용이하게 하고, 주야를 불문하고 언제라도 담배구입을 가능하게 하며, 청소년이 쉽게 볼 수 있는 장소에 설치됨으로써 청소년에 대한 흡연 유발효과도 매우 크다고 아니할 수 없다. 그렇다면 청소년의 보호를 위하여 자판기 설치의 제한은 반드시 필요하다고 할 것이고, 이로 인하여 담배소매인의 직업수행의 자유가 다소 제한되더라도 법익 형량의 원리상 감수되어야 할 것이다. ………… 기본권 제한 입법에 있어서 반드시 지켜져야 할 과잉금지의 원칙에 위배하여 헌법 제15조에 의하여 보장된 청구인들의 직업선택의 자유를 침해하였다고 볼 수 없다. (헌법재판소 92헌마264 결정)

25) 국회 법제실, 「법률안 입안·검토 시 위헌성 판단 기준」, 2018, pp.9~14; 국회 법제실, 「법제 이론과 실제」, 2019, pp.63~65.

2. 평등의 원칙

□ **검토사항**

- 합리적인 이유 없이 자의적으로 차별 취급을 하는 내용이 포함되어 있는가?
- 헌법에서 특별히 평등을 요구하는 영역이나 기본권에 중대한 제한을 초래하는 경우 차별의 목적과 수단 간에 엄격한 비례관계가 있는가?

1. 평등의 원칙

- 모든 국민은 법 앞에 평등하고 누구든지 생활의 모든 영역에서 성별 · 종교 또는 사회적 신분에 의하여 차별을 받지 아니한다는 원칙이다.
- 평등의 원칙은 헌법 제11조제1항에 근거, "법 적용"과 "법 내용"에 있어서 합리적인 이유가 없는 자의적인 차별을 하여서는 아니된다는 원칙이다.

2. "합리적"의 의미

'합리적'이란 차별의 목적이 헌법에 합치하는 정당한 것이어야 하고, 차별의 기준이 목적의 실현을 위해 실실석인 관계에 있어야 하며, 차별의 정도 또한 적정한 것이어야 함을 뜻한다. (헌법재판소 93헌바57 결정)

3. 평등원칙의 위반 여부에 대한 판단

- 본질적으로 동일한 것을 달리 취급하고 있는가 혹은 본질적으로 다른 것을 동등하게 취급하는가 하는 차별 취급의 확인이다.
- 이러한 차별 취급이 자의적인가 하는 차별 취급의 "자의성" 확인의 2단계로 이루어진다.
- (유의사항) "특정한 지원 단체"나 개별 상품명 등을 조례에 명시하는 것은 일반적 · 추상적인 규율이라고 하는 법규로서의 성격에도 맞지 않고 평등의 원칙에 위배될 소지가 있으므로 바람직하지 않다.[26)]

4. 「지방자치법」

주민의 균등한 행정의 혜택을 받을 권리(제17조제2항) 및 사용료 · 수수료 또는 분담금의 공평한 부과 · 징수(제157조제1항)를 규정하고 있다.

---

26) 국회 법제실, 「법률안 입안·검토 시 위헌성 판단 기준」, 2018, pp.15~19.

5. 「행정기본법」

- 제9조(평등의 원칙) 행정청은 합리적 이유 없이 국민을 차별하여서는 아니 된다.

판례 26 **평등원칙에 위반된 조례안** 27)

□ **「OO광역시 O구의회 행정사무감사 및 조사에 관한 조례 중 개정조례안」**

[조례안 내용]

지방의회의 감사 · 조사를 위하여 출석요구를 받은 구청장 또는 관계 공무원 및 그 사무에 관계되는 자가 정당한 이유 없이 출석하지 아니하거나 증언 또는 진술을 거부한 때에 구청장이 부과할 수 있는 과태료의 범위를 구분하여, 관계 공무원 중 간부급 공무원(5급 이상)에 대하여는 450만원 이상 500만원 이하, 계장 및 실무담당자에 대하여는 350만원 이상 400만원 이하로 각각 규정하고 있다.

[판결 요지]

- 과태료의 액수는 그 조사 · 감사 활동에 있어서 그 증인이 차지하는 비중 및 관련의 정도, 불출석과 증언 거부가 지방의회의 조사 및 감사활동에 지장을 초래한 정도, 그 불출석의 횟수나 증언 거부의 정도 등에 의해 구체적으로 양정되어야 할 것이다.
- 이 사건 조례안은 증인이 5급 이상 공무원인지 여부, 기관(법인)의 대표나 임원인지 여부 등 증인의 "사회적 신분"에 따라 미리부터 과태료의 액수에 차등을 두고 있는바, 위와 같은 차별은 증인의 불출석이나 증언 거부에 대하여 과태료를 부과하는 목적에 비추어 볼 때 그 합리성을 인정할 수 없고 지위의 높고 낮음 만을 기준으로 한 부당한 차별대우라고 할 것이어서 헌법에 규정된 평등의 원칙에 위배된다. (대법원 96추213 판결)

27) 이성호, "조례안 심사 사례연구", 「2019년도 지방의회 전문위원과정(2차), 국회사무처, pp.261~263.

판례 27 **특정 지역의 주민 대상 고속도로 통행료 감면조례** [28)]

□ **OO광역시 공항고속도로 통행료 지원 조례안**

[조례안 내용]

OO · OO 지역 등 주민이 OO국제공항 고속도로의 OOOIC (OOO영업소)를 통과하여 OO(OO 포함)을 왕래하는 때에 납부하는 통행요금을 지원하되 예산의 범위 안에서 1가구에 차량 2대 이내로 지원하고, 감면 횟수는 감면대상 차량 1대당 1일 왕복 1회로 하며, 감면 횟수를 초과한 차량은 정상 요금을 납부하도록 되어 있다.

[판결 요지]

- OO국제공항 고속도로를 이용하는 지역주민에게 통행료를 지원하는 것을 주요 내용으로 하고 있는바, 위와 같이 지역주민에게 통행료를 지원하는 내용의 이 사건 사무는 「지방자치법」 제9조제2항제2호(가)목에 정한 주민복지에 관한 사업에 해당하여 지방자치단체의 고유의 자치사무라고 할 것이다.
- 이 사건 조례안 제정의 목적, 수혜자의 상황, 예산 등 여러 상황을 고려할 때 이 사건 조례안의 시행으로 인하여 다른 지역에 거주하는 주민과의 사이에 다소 규율의 차이가 발생하기는 하나, 이 사건 조례안은 그에 정한 일정한 조건에 해당하는 경우에는 아무런 차별 없이 지원하겠다는 것으로서, 위와 같이 통행요금 지원대상의 조건으로 정한 내용이 현저하게 합리성이 결여되어 자의적인 기준을 설정한 것이라고 볼 수 없으므로 이 사건 조례안이 평등원칙에 위배된다고 할 수 없다. (대법원 2007추42 판결)

28) 행정자치부, 「2016 자치법규 입법실무」, 2016, p.47.

3. 신뢰보호의 원칙 (소급입법금지의 원칙)

□ **검토사항**

- 기존 법질서에 대한 당사자의 신뢰가 합리적이고 정당한가?
- 조례의 제 · 개정으로 인한 당사자의 손해가 극심하고 입법목적으로도 이를 정당화하기 어려운가?
- 진정소급입법의 예외적 허용 사유가 있는가?
- 경과조치를 두어 신뢰를 보호할 필요는 없는가?

1. 신뢰보호의 원칙

행정법에서 '신뢰보호원칙'이란 행정기관의 일정한 명시적 · 묵시적 언동(言動)의 정당성 또는 존속성에 대한 개인의 보호가치 있는 신뢰는 보호해 주어야 한다는 원칙이다.

2. 조례안 입안과 관련한 위헌 심사기준으로서 신뢰보호원칙

- 조례의 제 · 개정과 관련하여 구(舊) 조례 질서의 존속을 신뢰한 주민에 대한 보호 문제로서 소급효를 인정할 것인가의 문제이다. 이는 소급입법의 내용이 침해적인지 수익적(授益的)인지에 따라 다르다.
- 침해적 성격의 소급입법은 법적 안정성과 예측 가능성을 이념으로 하는 법치국가 원리에 위배되는 것이므로 원칙적으로 금지된다. 그러나 침해적이라는 이유로 소급입법이 무조건 금지된다면 사회환경의 변화에 대응하기 위한 입법을 할 수 없으므로 일정한 경우 이를 허용해야 하는 경우도 있는데, 그 허용 여부는 '진정소급입법'과 '부진정소급입법'으로 구분하여 볼 수 있다.

3. 진정소급입법과 부진정소급입법

- 진정소급입법은 과거에 이미 완성된 법률관계에 대하여 제정 · 개정된 조례를 소급하여 적용하는 입법을 의미하는데, 법치국가 원리에서 도출되는 신뢰보호원칙과 법적 안정성을 위하여 원칙적으로 인정될 수 없다.
- 부진정 소급입법은 과거에 시작되었으나 현재 종결되지 않고 진행 중인 법률관계에 적용하는 입법을 의미하는데, 이는 입법자의 입법형성권을 존중하여 원칙적으로 허용될 수 있다
- 적용 대상자의 법적 권리를 보호하기 위해 조례의 부칙에서 "경과조치" 규정을 둘 필요성을 검토한다.[29]

4. 신뢰보호원칙의 판단 기준

- 신(新) 조례가 과거에 발생한 사실관계까지 함께 규율해야 할 필요성이 있는가?
- 구(舊) 조례의 존속에 대한 수범자의 신뢰가 헌법적으로 보호할 만한 것인가?

5. 「행정기본법」

제12조(신뢰보호의 원칙) ① 행정청은 공익 또는 제3자의 이익을 현저히 해칠 우려가 있는 경우를 제외하고는 행정에 대한 국민의 정당하고 합리적인 신뢰를 보호하여야 한다.

② 행정청은 권한 행사의 기회가 있음에도 불구하고 장기간 권한을 행사하지 아니하여 국민이 그 권한이 행사되지 아니할 것으로 믿을 만한 정당한 사유가 있는 경우에는 그 권한을 행사해서는 아니 된다. 다만, 공익 또는 제3자의 이익을 현저히 해칠 우려가 있는 경우는 예외로 한다.

6. 형벌 불소급의 원칙

- 헌법 제13조제1항: "모든 국민은 행위 시의 법률에 의하여 범죄를 구성하지 아니하는 행위로 소추되지 아니하며"라고 규정하고 있다.
- 「형법」 제1조제1항: "범죄의 성립과 처벌은 행위 시의 법률에 의한다."라고 규정하고 있다.

7. 소급 과세

- 헌법 제13조제2항은 소급입법에 의한 재산권 박탈을 금지하고 있다.
- 새로운 입법으로 납세의무가 없었던 과거에 소급하여 과세하는 입법을 해서는 아니된다.

29) 법제처, 「2018 자치법규 입안 길라잡이」, 2018, pp.66~68.

4. 적법절차의 원칙

□ 검토사항
- 절차적 정당성은 갖추었는가?
- 관련 기관, 단체 등과의 협의가 필요한 경우는 없는가?
- 이해관계자들의 의견 수렴 절차는 적절했나?
- 입법예고는 정상적으로 시행하였는가?

1. 적법절차 원칙의 의의

- 입법 · 행정 · 사법 등 모든 국가작용은 정당한 법률을 근거로 하고, 정당한 절차에 따라 이루어져야 한다는 원칙이다.
- 적법절차 원칙에서 도출할 수 있는 중요한 절차적 요청으로 헌법재판소는 당사자에게 “적절한 고지”를 행할 것과 “의견 및 자료제출의 기회”를 부여할 것을 들고 있다.
- 신속한 집행을 위해 절차를 간소화하는 경우가 있는데, 적법절차 원칙에 반하는 것은 아닌지 검토해 본다.
- (유의사항) 조례를 입안하는 경우 행정절차에 있어서 필요한 적법절차를 보장하고 있는지, 「지방자치법」에서 정하고 있는 조례의 개정 절차를 준수하고 있는지 등을 검토한다.[30]

2. 판례

구체적으로 어떠한 절차를, 어느 정도로 요구하는지는 규율되는 사항의 성질, 관련 당사자의 사익, 절차 이행으로 제고될 가치, 국가작용의 효율성, 절차에 소요되는 비용, 불복의 기회 등 다양한 요소들을 형량하여 개별적으로 판단해야 한다고 판시하고 있다. (헌법재판소 2006헌바91 결정)

30) 국회 법제실, 「법제 이론과 실제」, 2019, pp.53~55.

5. 체계 정당성의 원칙

□ 검토사항
- 법체계상 문제는 없는가?
- 다른 조례와 상충되지는 않는가?
- 조례안은 내적 일관성을 갖고 있는가?
- 개정 조항의 위치는 적절한가?

1. 체계 정당성 원칙의 의의

- 같은 법규범 내에서 또는 상이한 법규범 간에 그 규범의 구조 · 내용이나 근거가 되는 원리가 서로 모순 · 저촉되어서는 안 된다는 원칙이다.
- 조례 상호 간에 체계 정당성을 요구하는 이유는 입법자의 자의를 금지하여 규범의 명확성과 예측 가능성, 규범에 따른 신뢰와 법적 안정성을 확보하기 위해 헌법이 일정한 법체계를 구성하도록 한 결과에 따른 것이다.
- 체계 정당성의 원리는 법제를 할 때 규율 내용의 합리적 구조화, 다른 조례와의 균형을 고려하여야 한다는 지침으로 작용한다.

2. 유의사항

- 입법자는 입법과정에서 법체계의 통일과 조화를 위해 체계 정당성의 원칙을 준수해야 하고, 특히 새로운 조례를 제정하는 등 새로운 법제도를 창설할 때에는 당연히 기존 법제도와의 조화를 염두에 두어야 한다.
- 체계 정당성의 원리는 어떤 범죄를 어떻게 처벌할 것인지 정하는 법정형 체계에서는 유사 위반행위에 관한 법정형과의 균형 등을 의미할 수도 있다. 특히, 제재적 행정처분, 형벌, 과태료, 과징금 등을 규정할 때에는 유사 입법례를 비교 · 분석하여 비슷한 사안에서의 통상적인 제재나 금전 부담의 범위를 벗어나지 않도록 하여야 한다.
- 특별조례가 많이 양산되면 법체계가 혼란스러워져 법규범 상호 간의 충돌과 모순으로 체계 정당성을 침해할 여지가 커지므로 신중을 기할 필요가 있다.[31]

---

31) 법제처, 「2018 자치법규 입안 길라잡이」, 2022, pp.69~71.

6. 포괄위임금지의 원칙

□ 검토사항

- 법률로 정해야 할 본질적이고 중요한 사항을 대통령령 등 하위법령에 위임하거나 위임대상을 확정하지 않은 채 포괄적으로 위임하고 있지 않은지?
- 위임범위를 구체적으로 명시하여 위임하고 있는가?
- 위임과 재위임의 경우 그러한 권한에 대해 법적 근거가 명확하고 적정한가?

1. 포괄위임금지 원칙의 의의

포괄위임금지 원칙은 조례가 위임하는 사항과 범위를 구체적으로 한정하지 않고 특정 행정기관에 입법권을 일반적·포괄적으로 위임하는 것은 금지된다는 원칙으로, 하위법령에 규정될 사항을 구체적이고 명확하게 규정하여 예측 가능성을 담보해야 한다는 원칙이다.

2. 포괄위임금지 원칙의 판단 기준

(1) 하위법령으로의 위임이 허용되고 필요한가?

반드시 법률에서 직접 규정해야 하는 사항은 아닌지, 고도의 전문성이 필요하다는 사정 등이 있는지 여부이다.

(2) 예측 가능성이 확보되는가?

예측 가능성을 판단하는 구체성·명확성의 정도는 ① 국민의 기본권을 제한하는 법률의 경우 엄격하게 적용, ② 국민에게 수익적인 법률에는 그 기준을 상대적으로 완화하여 적용한다.

3. 하위법령으로 위임

위임하려는 내용에 따라 어떤 법령의 형식에 위임하는 것이 적절한지 검토한다.

(1) 일반적인 규정방식

하위법령으로 규정될 내용의 대강을 예측할 수 있게 하는 방법으로 하위법령에서 정할 수 있는 범위의 상한 또는 하한을 두거나, 법률이나 상위법령에서 일정 부분을 규정하고 하위법령에서는 그 밖에 그에 준하는 내용을 규정하도록 위임하는 방법이다.

(2) 대통령령이나 총리령 · 부령으로 정하도록 위임

(3) 고시 등 행정규칙에 위임

법령 시행에 필요한 구체적인 사항은 가급적 대통령령, 총리령 · 부령으로 정하도록 위임해야 하고, 고시 · 훈령 · 예규 등 행정규칙으로 정하도록 위임하는 것은 전문적 · 기술적 사항이나 경미한 사항으로서 수시로 개정할 필요가 있는 경우에 한한다.

(4) 조례 등 자치법규에 위임

- 지방자치단체에 조례 제정 권한을 배분하는 경우에 사무 내용에 맞게 배분하고, 위임범위가 명확하게 드러나도록 한다.
- 위임할 경우 실제 조례로 정할 사항이 있는지 검증해 본다.

(5) 정관 등 조직의 자치규정에 위임

공공기관이나 특별히 법률에 따라 설립된 특수법인의 이사회 구성, 임원 임면 등 해당 법인의 자치적 운영에 관한 사항은 법령이 아닌 해당 법인의 정관으로 정하도록 위임한다.

4. 유의사항

- 법률, 대통령령, 총리령 · 부령 등에서 위임한 사항의 위임 필요성에 대한 검토를 선행한다.
- 법령에서 조례로 정하도록 한 사항을 포괄적으로 규칙에 재위임하는 경우 실질적으로 조례로 정하도록 하는 법령의 규정을 규칙으로 정하도록 하는 규정으로 "변경"하는 것이 되어 법령 위반의 문제가 발생할 수 있다.
- 상위법령에서 조례에 위임하고 있는 사항은 조례로 정하도록 하는 법령의 취지에 비추어 주민에게 중요한 의미를 가지거나 제도의 핵심이 되는 사항은 조례에 직접 규정하고, 조례에서 규칙으로 재위임할 사항을 정할 때에는 규칙에 정할 사항에 관한 구체적인 기준이나 그 범위의 대강을 조례에서 정한 후 규칙에 위임함으로써 조례만 보아도 규칙으로 위임하려는 사항의 대강을 예측할 수 있도록 하여야 한다.
- 조례에서 규칙으로 위임할 때에 규칙에 규정될 내용의 대강을 예측할 수 있게 하는 방법으로 규칙에서 정할 수 있는 범위의 상한 또는 하한을 조례에 규정하거나, 조례에서 일정 부분을 규정하고 나서 규칙에서는 그 밖에 내용을 규정하도록 위임하거나, 규칙에서 규정할 때 지침이 되는 일정한 기준을 제시하는 방법 등을 고려할 수 있다.
- 법령에 조례로 정하도록 위임하는 사항이 있는 경우에 "부칙"에 해당 법령 또는 해당 조항의 "시행일"을 정할 때 조례 제정 · 개정(지방의회 의결과정)에 필요한 "최소한의 시간"이 확보되도록 시행일을 정한다.[32]

CASE Study 8 포괄적 위임 ①

[입법례] **OO도 지식재산 진흥에 관한 조례**

(일부개정) 2022-12-30 조례 제7494호

제16조(위원회의 구성 및 운영) ① 위원회는 위원장 1명과 부위원장 1명을 포함한 15명 이내의 위원으로 구성한다.

② 위원장은 경제부지사가 되며, 부위원장은 위원 중에서 호선(互選)한다.

③ 당연직 위원은 미래성장산업국장 · 정책기획관 · 문화체육관광국장 · 농수산생명과학국장 · 축산동물복지국장이 되며, 위촉직위원은 다음 각 호의 사람 중에서 도지사가 위촉한다.

1. OO도의회 의원
2. 대학 등에서 조교수 이상으로 재직하고 있는 사람 또는 지식재산과 관련된 직에 있거나 있었던 사람이나 지식재산을 연구한 경험이 있는 사람
3. 초 · 중 · 고 교원으로 5년 이상 재직한 사람으로서 관련분야 경험이 있는 사람
4. 지역지식재산센터 등 유관기관 및 관련 단체에 재직 중이거나 이에 상응하는 지식재산 관련 경력이 있는 사람
5. 시민단체, 지식재산 관련 단체 등의 추천을 받은 사람
6. 변호사, 변리사의 자격이 있는 사람
7. 지식재산권을 보유한 기업의 대표

④ **위원의 임기와 위원회 운영 등에 관한 사항**은 **시행규칙**으로 정한다.

[검토사항: **포괄적 위임**]

- 위의 조례안 제16조의 조 제목은 (위원회의 구성 및 운영)으로 제1항부터 제3항까지는 위원회의 "구성"에 관한 내용이고, 제4항은 "위원의 임기와 위원회 운영"에 관한 사항으로 포괄적으로 "시행규칙"으로 위임하고 있다.
- 위원회에 관한 규정은 위원회의 "설치 · 소속 · 기능"을 먼저 규정하고, 위원회의 "구성과 운영"에 관한 사항으로 순차적으로 규정한다.
- 위원회의 구성은 위원의 수 · 자격 · 선임방법 뿐만 아니라 위원의 임기, 신분보장 · 해촉, 제척 · 기피 · 회피, 결격사유, 위원장의 직무와 그 대행 등의 순으로 규정한다. "위원회의 운영"은 회의의 소집, 의사정족수 및 의결정족수, 간사 등의 순서로 규정된다.
- 위원의 임기는 연임, 보궐위원의 임기와도 관련이 있고, 위원회 운영은 특히, 의사 및 의결정족수 등에 밀접한 관련이 있어 위원회 제도의 핵심이 되는 중요한 내용이다. 따라서 제4항은 포괄적 위임금지원칙에 위배되는 규정이 아닌지 점검해 본다.

32) 국회 법제실, 「법률안 입안·검토 시 위헌성 판단 기준」, 2018, pp.26~30; 법제처, 「2022 자치법규 입안 길라잡이」, 2022, pp.79~80.

CASE Study 9 포괄적 위임 ②

[입법례] **OOO도 기후변화 대비 작물 육성 및 지원에 관한 조례**

(제정) 2022-11-11 조례 제5171호

제7조(위원회 설치 및 기능) ① 도지사는 기후변화 대비 작물의 육성을 위하여 OOO도 기후변화 대비 작물 육성 위원회(이하 "위원회"라 한다)를 설치·운영할 수 있다.

② 위원회는 다음 각 호의 사항을 심의·자문한다.

1. 제4조에 따른 기본계획의 수립 및 변경에 관한 사항
2. 제6조에 따른 육성사업에 관한 사항
3. 그 밖에 기후변화 대비 작물의 육성을 위하여 도지사가 필요하다고 인정하는 사항

③ **위원회의 구성 및 운영 등 세부적인 사항**은 **도지사**가 따로 정한다.

OO군 기후변화 대비 작물 육성 및 지원에 관한 조례

(제정) 2023.02.28 조례 제2942호

제9조(위원회 설치 및 기능) ① 군수는 기후변화 대비 작물의 육성을 위하여 OO군 기후변화 대비 작물 육성 위원회(이하 "위원회"라 한다)를 설치·운영할 수 있다.

② 위원회는 다음 각 호의 사항을 심의·자문한다.

1. 제4조에 따른 기본계획의 수립 및 변경에 관한 사항
2. 제6조에 따른 육성사업에 관한 사항
3. 그 밖에 기후변화 대비 작물의 육성을 위하여 군수가 필요하다고 인정하는 사항

③ **위원회의 구성 및 운영 등 세부적인 사항**은 **군수**가 따로 정한다.

[검토사항: **포괄적 위임**]

- 위의 2건 조례는 어느 한 조례가 다른 조례를 벤치마킹한 것으로 보여진다.
- 앞의 CASE Study보다 더 위원회의 구성 및 운영 사항에 대해 도지사·군수가 정하도록 포괄적 위임을 하고 있다.
- 위의 첫 번째, 두 번째 조례의 제7조제3항과 제9조제3항의 규정이 각각 포괄적 위임에 해당되는 규정이 아닌지 검토해 본다.

7. 명확성의 원칙

ㅁ 검토사항

- 조례안 내용의 의미가 명확하게 이해될 수 있고, 입법 의도가 정확히 표현되어 있는가?
- 침익적 행정처분 또는 부담적 성격을 가지는 근거 조항과 관련하여 가능한 한 명확한 용어와 문장을 사용하고 있는가?
- 전문적이고 특수한 용어나 외래어를 사용하는 경우 그 의미가 정확히 표현되고 있는가?

1. 명확성 원칙의 의의

- 명확성 원칙은 실정법이 규율하고자 하는 내용은 명확한 용어로 규정하여 다의적으로 해석 · 적용되어서는 안 된다는 원칙으로, 자의적인 법 집행을 배제하고 주민의 예측 가능성을 담보해야 한다는 것이다.
- 수범자로 하여금 무엇이 금지되는 행위이고 허용되는 행위인지 미리 알 수 있도록 하고, 법 집행자로 하여금 객관적 판단지침이 무엇인지 알 수 있도록 함으로써 자의적인 법 집행을 예방하고, 법적 안정성과 예측 가능성을 확보하기 위한 것이다.
- 부담적 성격을 가지는 조례 등은 명확성의 원칙이 엄격하게 요구되며, 특히 죄형법정주의, 조세법률주의가 지배하는 영역에서는 높은 명확성이 요구된다.
- 법규범의 문언뿐 아니라 입법목적, 취지, 연혁, 법규범의 체계적 구조 등을 종합적으로 고려할 때 합리적 해석기준을 마련할 수 없다면 명확성 원칙에 위반된다.
- 미국 판례법에서 확립된 "막연하기 때문에 무효(void for vagueness)"의 원칙과 관련이 있다.

2. 명확성 원칙의 판단 기준

- 법규범이 수범자에게 예측 가능성을 주는가?
- 자의적인 법 해석이나 법 집행의 배제가 확보되는가?[33)]

33) 국회 법제실, 「법률안 입안·검토 시 위헌성 판단 기준」, 2018, pp.20~25; 「법제 이론과 실제」, 2019, pp.51~52.

8 집행기관과 의결기관 간 견제와 균형의 원리

□ **검토사항**

- 집행기관의 권한 행사에 의회가 관여하거나 제약하는지?
- 지방의회 의장이나 지방의회 의원이 개인 자격으로 개입하는 것인지?

1. 상호 견제와 균형

- 현행 「지방자치법」은 지방자치단체의 기관구성 원리로 "기관대립형"을 채택하여 지방의회와 지방자치단체장 간의 권한을 분리·배분하고 있다.
- 지방자치단체 조례에서 지방의회와 지방자치단체의 장의 어느 한쪽이 다른 쪽의 권한을 침해하는 내용을 규정해서는 안 된다.
- 지방의회와 지방자치단체의 장은 「지방자치법」에 따라 지방자치단체의 의결기관과 집행기관으로서 독자적 권한이 부여되고 있다.
- 지방의회는 행정사무감사와 조사권 등으로 지방자치단체의 장의 사무 집행을 감시·통제하고, 지방자치단체의 장은 재의요구권과 제소권 등으로 지방의회의 의결권 행사에 제동을 가하여 상호 견제와 균형을 유지하고 있다.
- 지방의회가 조례로써 법률에 근거 없는 새로운 견제 장치를 만들거나, 상호 견제에 관한 기존의 권한에 변경을 가져오게 하는 것은 지방자치단체의 장의 고유권한을 침해하는 것으로 위법이다.

2. 집행기관과 의결기관 간 견제와 균형의 원리에 관한 대법원 판례

※ 판례는 상대방의 고유권한 침해 여부를 위법성 심사의 기준으로 제시하고 있다.

- 지방의회와 지방자치단체의 장은 각각 상대방이 침해할 수 없는 고유권한을 가짐
- 상대방의 고유권한에 대해서는 상호 견제의 범위 내에서만 관여할 수 있음
- 소극적·사후적 개입은 허용되지만 적극적·사전적 개입은 허용되지 않음
- 법령에 규정이 없는 새로운 견제 장치를 만드는 것은 허용되지 않음 (대법원 2009추53 판결) [34]

34) 최창호·강형기, 「지방자치학」, 삼영사, 2016, pp.377~384.

【 지방자치단체의 구성형태: 기관대립형 】

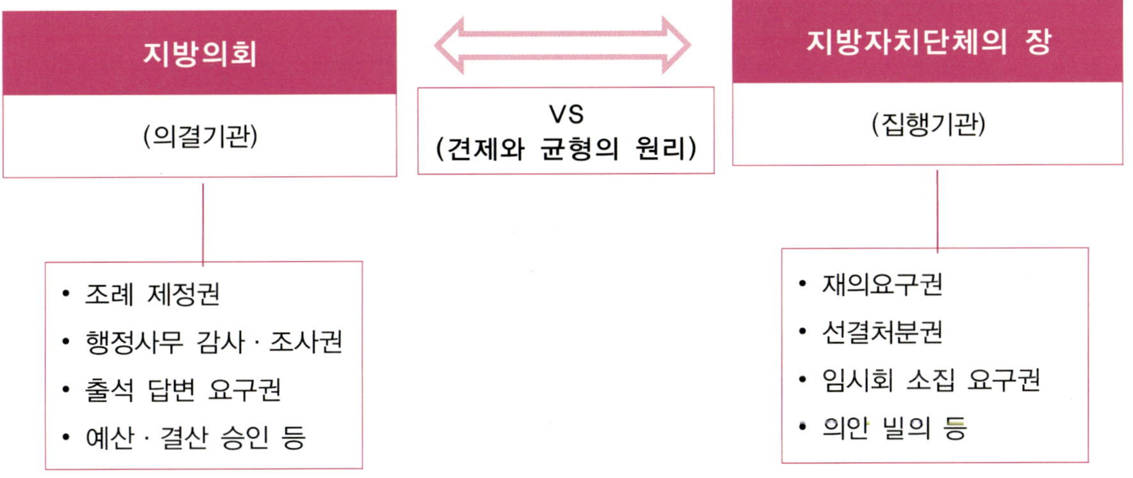

3. **지방자치단체의 장의 인사권**

(1) 지방자치단체의 장의 임용권

- 지방자치단체의 장은 지방공무원의 임용, 복무, 징계 등에 대해 전속적 권한을 가진다. 지방자치단체의 장의 임용권을 사전에 제한하는 사항을 조례로 규정할 수 없다.
- 임면 · 위촉 · 해임처럼 공무원의 신분이나 직위 자체의 발생 · 소멸에 관한 권한은 당연히 지방자치단체의 장의 인사권에 포함된다.
- 신분 · 직위의 변경에 관한 권한, 예컨대 파견이나 징계에 관한 권한도 인사권의 범위에 포함된다.
- 인사권(임면, 위촉·해임, 파견 및 징계권)은 지방자치단체의 장의 대표적인 고유권한이다.

(2) 임면 · 위촉 권한

※ 고유권한 침해 여부의 판단 요소 (대법원)

- 지방의회 의장이나 의원이 개인 자격에서 관여하는지
- 상위법령에서 부여한 전속적인 권한을 제약하는지
- 사전적 · 적극적으로 개입하는지

① 개인 자격

- 지방의회의 의장 또는 의원이 개인 자격에서 집행기관의 인사권에 관여하는 것은 허용되지 않는다.
- 판례는 조례에 의해 설치된 행정조직이고 일정한 독립성을 갖는다고 하더라도 조직구성원의 인사권은 지방자치단체의 장에게 속한다고 판단한다. 왜냐하면 그 구성원은 집행기관 소속으로 볼 수밖에 없고 그 활동에 대한 책임도 집행기관의 장이 질 수밖에 없기 때문이다. 따라서 조례에 의해 비로소 창설된 임명 · 위촉 권한에 대해서도 지방의회 의원 개인 자격에서 관여하는 것은 허용되지 않는다.

② 지방의회의원 중에서 위원 위촉

- 자문위원회 등의 위원을 지방의회 의원 중에서 위촉하도록 하는 조례는 지방의회의 의장 또는 의원이 개인 자격에서 인사권한에 개입하는 것과는 구별된다.
- 지방자치단체의 장이 지방의회 의원 중에서 자문위원회 위원을 위촉하도록 하여 그 결과 지방자치단체의 장이 위촉한 지방의회 의원이 위원회에 참여하는 것은 개인 자격에서 지방자치단체의 장의 고유권한 행사에 관여하는 것이 아니다.
- 따라서 지방자치단체의 장이 위원으로 위촉할 수 있는 여러 대상의 하나로서 지방의회 의원을 조례에 규정하는 것은 지방의회 의원 개인 자격에서 지방자치단체의 장의 인사권 행사에 개입하는 것이 아니라면 가능하다.

③ 지방의회의 위원 추천

- 자문위원회 위원 일부를 지방의회가 추천한 사람 중에서 위촉할 수 있도록 하는 것은 지방자치단체의 장의 자문위원회 위원 위촉에 관한 고유권한을 침해하는 것이 아니므로 가능하다.
- 지방의회 의장이 지방의회의 의사를 대표하는 것은 아니므로 지방의회 의장이 아니라 "지방의회"에서 자문위원회 위원이 될 의원을 추천하는 것이 적절하다.

④ 전속적 권한에 대한 제한

- 상위법령에 의해 지방자치단체의 장에게 전속적으로 임명 · 위촉 권한이 부여되었다면, 이를 제약하는 조례는 제정할 수 없다.
- 판례에 따르면 상위법령에서

2 본문부

1. 본문부의 구성

- 조례안의 구성체계에 관해 명문상 기준은 없다.
- 조례안 본문부는 제명, 본칙, 부칙으로 구성되는데, 조례안 입안의 핵심내용이 된다.
- 본칙에서 규정하는 사항이 문장으로 표시하기 곤란하거나, 규정 내용이 기술적·전문적이고 길고 복잡한 경우에는 별표, 별지 서식으로 하여 "부칙 다음"에 규정할 수 있다.

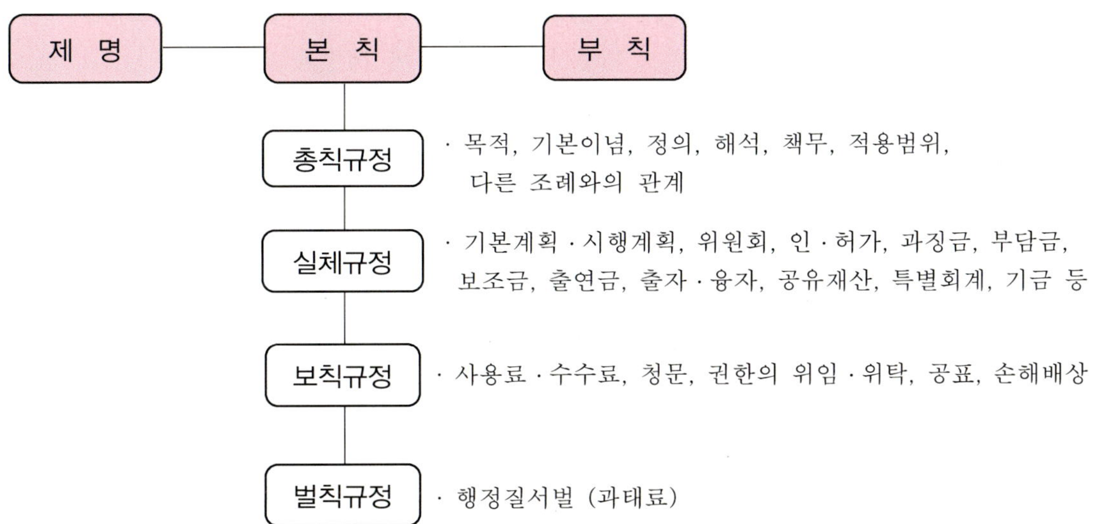

2. 본문부의 구성양식

(1) 법규 형식 및 공포번호

- 법규 형식 및 공포번호는 당해 법규의 법규 형식별로 붙이는 누년 일련번호를 말하며, 조례안의 첫머리에 위치한다.
- 법규문서에는 연도 구분과 관계없이 누적되어 연속되는 일련번호(누년 일련번호)를 부여한다.
- 공포번호란 조례를 공포할 때 붙이는 번호로서 해당 조례를 특정하기 위한 수단이다. (「행정 효율과 협업 촉진에 관한 규정 시행규칙」 제8조)
- 제명만으로 조례를 공포하는 경우 제명이 같은 조례 간에 혼동이 발생할 수 있기 때문이다.

(2) 조례안 제명

- 제명은 당해 조례를 다른 조례와 구별하기 위하여 붙이는 조례의 고유한 이름을 말하며, 조례의 공포번호 다음에 줄을 바꾸어 제명을 위치시킨다.
- 조례를 제정 · 개정 또는 폐지하기 위한 조례안의 명칭
  - 제정 : ○○○조례안
  - 일부개정 : ○○○조례 일부개정조례안
  - 전부개정 : ○○○조례 전부개정조례안
  - 폐지 : ○○○조례 폐지조례안

(3) 본칙

본칙은 조례의 본체적 사항을 규정하는 부분을 말하지만, 조례 안에는 "본칙"이라는표시는 하지 않는다.

(4) 부칙

- 조례의 본체적 규정 사항에 부수되거나 본칙에 따르는 시행일, 경과조치 등을 정하는 부분이다.
- 본칙은 '본칙'이라는 표시를 하지 않으나, 부칙은 부칙의 맨 앞에 반드시 '부칙'이라고 표시한다.[1]

---

1) 국회 법제실, 「법제 이론과 실제」, 2019, pp.100~101.

(예시)

【 조례 본문부의 형식 】

법규 형식 및 공포번호	OO시·도(시·군·구) 조례 제O호
제명	OOOO 조례
본칙	제1장 총칙 제1조(목적) …………………………………………………………………. 제2조(기본이념) ………………………………………………………………. 제3조(정의) …………………………………………………………………. 제O조(OO) …………………………………………………………………. 제2장 OO 제O조(OO) ① ………………………………………………………………. ② ………………………………………………………………………. 제O조(OO) ………………………………………………………………….
부칙	부칙 제1조(시행일) …………………………………………………………………. 제2조(유효기간) ………………………………………………………………. 제O조(OO) ………………………………………………………………….

3 조례 제명

1. 조례 제명의 결정원칙

- 조례의 제명은 조례의 고유한 이름으로 조례의 규율 내용을 잘 나타내는 함축적인 내용으로 간결하게 표현하고, 조례의 성격 · 특성이 잘 나타나도록 알기 쉽게 이름을 짓는다.
- 조례 제명은 규율 내용 전체에 대한 대표성이 있어야 하며, 조례 내용이 무엇에 관한 것인지를 바로 파악할 수 있도록 정한다.

2. 조례 제명의 표현방식

- 다른 지방자치단체에서 제정한 같은 제명의 조례와 혼동되지 않도록 해당 지방자치단체 이름을 조례 제명에 포함시킨다.
- 제명이 길어지는 경우 흔히 '등'자를 제명의 주된 내용의 표시 다음에 붙이나, 주된 내용이 2개 정도인 때는 주된 내용을 모두 열거하는 방법을 택한다.

3. 형식과 내용에 따른 제명 구분

(1) 형식에 따른 구분

- 조례는 「○○조례」 또는 「○○에 관한 조례」로 제명을 붙이는데 어떤 경우에 「○○조례」로 하고, 어떤 경우에 「○○에 관한 조례」로 하는지에 대해 일반적 기준이 있는 것은 아니다.
- 조례 규율 내용이 간단하여 간결하게 표현해도 내용을 쉽게 이해할 수 있는 때는 「○○ 조례」,
- 조례 내용이 복잡하여 제명을 이해하기 쉽게 풀어서 표현할 때는 「○○에 관한 조례」로 표시한다.

(2) 내용에 따른 구분

- 어떤 사항을 규율하는 조례가 둘 이상 있는 경우 그 조례 사이의 관계에 따라 조례 제명을 「○○ 기본조례」, 「○○ 특별조례」 등으로 정해 조례의 내용과 성격을 쉽게 파악할 수 있도록 한다.
- 조례가 정하고 있는 사항에 대해 예외적(특별한) 사항을 규정하는 경우는 「OO 특별조례」,
- 여러 조례에서 규정하고 있는 사항에 대한 기본원칙, 정책 방향 등을 규정하면 「OO 기본조례」 표현을 사용한다.[2)]

CASE Study 10 조례 제명, 용어

[입법례]	○○군 야생동물에 의한 피해보상 및 구제 조례 3) → ○○군 야생동물에 의한 피해보상에 관한 조례

[검토사항: **제명 용어, 구제**]

- "구제"라는 용어가

① 자연적인 피해나 사회적인 피해를 당하여 어려운 처지에 있는 사람을 도와줌과

② 해충 따위를 몰아내어 없앰의 뜻이 있다.

①의 뜻이라면 피해보상에 구제의 의미가 포함되어 있으므로 제명을 "피해보상에 관한 조례"로 하고,

②의 뜻이라면 피해 예방이나 포획 활동 등에 대한 의미일 것이므로 "피해보상 및 예방에 관한 조례"로 하는 것이 적절하다

- 아래의 조례는 다양한 제명을 보여주고 있다.

【 관련 조례 제명 입법례 】

- 「화천군 야생동물에 의한 피해보상 및 구제 조례」(일부개정) 2021.12.29 조례 제2600호
- 「광양시 야생동물 등에 의한 피해보상 및 구제에 관한 지원조례」(일부개정) 2021.08.11 조례 제1833호
- 「음성군 야생동물에 의한 피해보상에 관한 조례」(일부개정) 2018.11.05 조례 제2461호
- 「부안군 야생동물에 의한 피해보상 등에 관한 조례」(전부개정) 2020.05.19 조례 제2521호
- 「성주군 야생동물에 의한 피해 예방 및 지원에 관한 조례」(일부개정) 2022.12.08 조례 제2461호
- 「홍성군 야생동물 피해예방시설 설치비용 지원 및 피해보상 조례」(일부개정) 2020.09.29 조례 제2731호
- 「아산시 야생동물로 인한 농작물 피해보상 및 피해예방시설 설치 지원 조례」(일부개정) 2020.12.15 조례 제2057호
- 「장수군 유해 야생동물에 의한 농작물 피해 보상에 관한 조례」(일부개정) 2020.06.24 조례 제2441호

---

2) 국회 법제실, 「법제 이론과 실제」, 2019, pp.102~105; 법제처, 「2018년 자치법규 입안 길라잡이」, 2018, p.310.

3) 법제처, 『2021년 알기 쉬운 조례 만들기 지원 사례집』. 2021, p.23.

CASE Study 11 자율방범대, 제명

[입법례]

OO군 자율방범대 설치 및 지원에 관한 조례

(제정) 2015.09.25 조례 제2226호

제1조(목적) 이 조례는 「자원봉사활동 기본법」 제4조와 제7조에 따라 **주민이 자율적으로 조직**하여 범죄 없는 편안한 생활환경과 청소년 선도활동 등 지역 방범활동을 수행하고 있는 OO군 소재 자율방범대가 보람과 긍지를 가지고 지역사회 발전에 기여할 수 있도록 필요한 사항을 규정하는 것을 목적으로 한다.

제6조(설립 및 등록) ① 방범대를 신설·운영하고자 하는 자는 별지 제2호서식의 자율방범대 설립·등록 신청서(이하 "신청서"라 한다)를 해당 읍장·면장을 거쳐 군수에게 제출하여야 한다.

OO시 자율방범대 등록 및 지원에 관한 조례

(일부개정) 2021.05.10 조례 제3607호

제1조(목적) 이 조례는 「자원봉사활동기본법」 제4조 및 제7조에 따라 범죄 없는 안전하고 편안한 생활환경 조성을 위하여 **자원봉사자를 중심**으로 지역 방범활동을 수행하고 있는 OO시 자율방범대가 보람과 긍지를 가지고 지역사회 발전에 기여할 수 있도록 등록 및 지원에 관한 사항을 정하는 것을 목적으로 한다.

OO군 자율방범대 운영 지원에 관한 조례

(일부개정) 2021.03.15 조례 제2545호

제1조(목적) 이 조례는 「자원봉사활동 기본법」 제4조 및 제7조에 따라 범죄예방 및 선도에 관한 활동 등 지역 방범활동을 통하여 범죄 없는 편안한 생활환경 조성과 OO군민의 보호를 위하여 **주민들이 자율적으로 조직**한 자율방범대의 운영 지원에 필요한 사항을 규정함을 목적으로 한다.

OO도 자율방범대 지원에 관한 조례

(제정) 2019-06-18 조례 제 6203호

제1조(목적) 이 조례는 「자원봉사활동 기본법」 제7조에 따라 범죄예방 및 선도에 관한 활동 등 지역사회의 안녕과 질서 유지·보전에 기여하고 있는 **자율방범단체를 지원**하는 데 필요한 사항을 정하는 것을 목적으로 한다.

[검토사항: **제명**]

- 위의 조례들은 지방자치단체의 장이 직접 자율방범대를 “설치”한다는 내용은 없다.
- 주민이 자율적으로 조직하여 지방자치단체의 장에게 등록한 경우 그 자율방범대의 지원과 관련된 내용에 대해서만 규정하고 있으므로 제명을 수정할 필요가 있다.
- 위의 4건의 조례에서 다양한 제명을 사용하고 있는데, 네 번째 조례 제명이 적절한 것으로 보인다.

CASE Study 12 신고 포상, 제명

[입법례] **OOOO시 소방시설 등에 대한 불법행위 신고 포상 조례**

(일부개정) 2023.05.22 조례 제8721호

제1조(목적) 이 조례는 「소방시설 설치 및 관리에 관한 법률」 제55조에 따라 위반행위의 신고에 따른 **신고포상금** 및 포상물품을 지급하는데 필요한 사항을 규정함을 목적으로 한다. <개정 2023.5.22>

제2조(포상금 등 지급 대상) ① 신고 포상금 또는 포상물품(이하 "포상금 등"이라 한다)을 지급할 수 있는 신고 대상 시설은 「소방시설 설치 및 관리에 관한 법률 시행령」 별표 2에 따른 특정소방대상물 중 다음 각 호의 시설로 한다.

OO도 포상 조례

(일부개정) 2022－04－21 조례 제7390호

제1조(목적) 이 조례는 OO도에서 행하는 포상의 기준과 절차를 규정함을 목적으로 한다.

제4조(포상의 종류) 이 조례에 따른 포상은 **표창장, 감사장, 상장** 및 **OO공무원대상**으로 구분하여 시행한다.

OO광역시의회 포상조례

(일부개정) 2022－12－30 조례 제5960호

제1조(목적) 이 조례는 OO광역시의회에서 행하는 포상의 기준과 절차를 규정함을 목적으로 한다.

제4조(포상의 종류) 이 조례에 의한 포상은 **표창장, 감사장, 상장** 등으로 구분하여 시행한다.

[검토사항: **제명, 포상금**]

- "포상"의 의미는 상을 준다는 의미로 그 내용이 광범위(표창장, 감사장, 상장 등)하다.
- 위의 첫 번째 조례는 제1조(목적)의 본문 내용과 제2조 조 제목(포상금 등 지급대상) 등을 볼 때, 포상이 아니라 포상금에 관한 내용으로 보여 조례 제명을 수정하는 방안을 고려해 본다.
- 「OOOO시 소방시설 등에 대한 불법행위 신고 포상 조례」 → 「OOOO시 소방시설 등에 대한 불법행위 신고 포상금 조례」

4 본 칙

- 본칙은 조례가 본래 규율하려는 주된 내용을 정하는 부분으로서 조례의 본체에 해당한다.
- 일반적으로 적용되어야 할 규율 내용은 본칙에 두어야 한다.
- 본칙은 총칙규정, 실체규정, 보칙규정, 벌칙규정으로 구성된다.

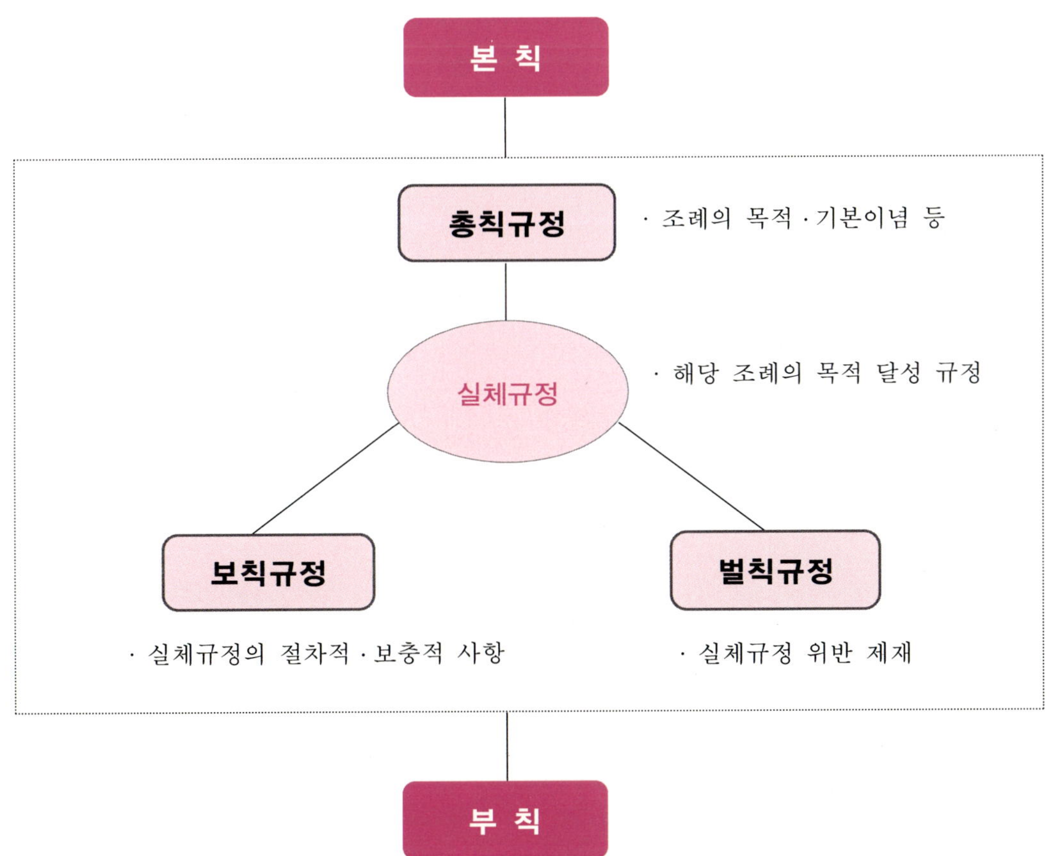

❶ 총칙(總則)규정

1. 의의

조례 전반에 공통적으로 적용되는 사항, 조례 전체의 원칙적 · 기본적 · 총괄적인 사항을 내용으로 한다.

2. 총칙규정 포함 요소

- 조례의 목적 · 취지를 정한 "목적 규정"
- 기본이념 규정
- 조례에서 사용되는 용어의 뜻을 규정한 "정의 규정"
- 조례 해석의 지침을 규정한 "해석 규정"
- 지방자치단체의 장의 책무 · 정책수립 의무 규정
- 조례가 적용되는 대상 · 범위에 관한 "적용범위 규정"
- 그 조례와 "다른 조례와의 관계"에 관한 규정 등은 총칙 규정에 둔다.

3. 조문 순서

① 목적

② 기본이념

③ 정의

④ 해석

⑤ 지방자치단체의 장 등의 책무 · 책임

⑥ 적용범위

⑦ 다른 조례와의 관계에 관한 규정 순서로 배열된다.[4)]

4) 국회 법제실, 「법제 이론과 실제」, 2019, pp.253~254

❷ 실체규정

1. 의의

- 해당 조례의 목적을 달성하기 위한 규정이다.
- 총칙에서 제시된 조례의 목적 · 기본이념 등과 유기적 관계를 이루고, 실체규정의 내용 실현을 위한 보칙규정, 실체규정을 위반하였을 때 제재를 위한 벌칙규정과 논리적으로 연결시킨다.

2. 실체규정 포함 요소

- 정책의 추진체계 관련 규정으로 "기본계획과 시행계획"에 관한 규정
- 기본계획 등 정책 방향을 결정 · 제시하는 주체로서 "위원회"에 관한 규정
- 권리 · 의무 부여 관련 규정으로 각종 인허가 근거 규정, 인허가 사항의 변경 · 취소, 특허, 등록, 신고, 결격사유, 영업허가를 받은 자의 지위 승계, 인허가 의제 등에 관한 규정
- 의무 이행 확보를 위한 행정적 수단(검사제도, 행정지도, 행정 강제, 명단 공표 등)과 재정적 수단(과징금, 부담금, 가산금, 연체금 등)에 관한 규정
- 특정한 상태를 지원 · 조성하기 위한 수단(보조금, 출연금, 출자·융자, 국·공유재산 특례, 조세 특례 등)에 관한 규정
- 예산 · 회계 관련 규정으로 특별회계, 기금, 공공기관의 예산 · 회계 등에 관한 규정
- 행위 주체 규정으로 특수법인, 외국인의 지위, 겸직과 영리업무 금지, 자격 부여 등에 관한 규정이 있다.[5)]

---

5) 국회 법제실, 「법제 이론과 실제」, 2019, pp.277~281.

❸ 보칙규정

1. 의의

- 총칙규정과 실체규정에 규정하기에 적합하지 않은 절차적 · 기술적 · 보충적 사항에 대한 규정이다.
- 조례를 장(章)으로 구분하여 규정하는 경우, 실체규정과 벌칙규정 사이에 보칙 장(章)을 만들어 규정한다.

2. 보칙규정 포함 요소

① 사용료 · 수수료, ② 출입검사와 질문, ③ 보고의무, ④ 청문 · 공청회, ⑤ 권한의 위임 · 위탁, ⑥ 직무대리, ⑦ 행정업무 대행, ⑧ 공표, ⑨ 손실보상, ⑩ 손해배상, ⑪ 유사 명칭 사용금지, ⑫ 벌칙 적용시의 공무원 의제 등이 있다.

3. 유의사항

- 어떤 사항이 보칙에 규정되려면 실체규정에 대해 절차적 · 보충적 사항의 성격을 띠어야 한다.
- 그 자체가 정책의 핵심 수단의 하나가 되는 경우는 보칙규정보다는 "실체규정"에 두어야 한다.
- 조문 순서는 내용의 중요도, 실체규정의 순서 등을 고려한다.
- 청문, 권한의 위임 · 위탁, 벌칙 적용 시의 공무원 의제 규정은 보칙 끝에 앞의 순서대로 두는 것이 일반적이다.[6)]
- 조례의 장(章)의 구분에서 보칙 장(章)에 포함되어서는 안 되는 규정들이 보칙 장에 포함된 조례가 실제 상당수 발견되고 있다.

---

6) 국회 법제실, 「법제 이론과 실제」, 2019, p.545; 법제처, 「법령 입안·심사 기준」, 2018, pp.428～429.

❹ 벌칙규정

1. 의의

- 벌칙은 조례의 실효성을 담보하기 위한 목적으로 보충적 · 최종적으로 사용되어야 할 수단이다.
- 처벌내용을 기준으로 행정형벌과 행정질서벌(과태료)로 구별한다.
- 벌칙을 정할 때에 「형법」 규정을 기준으로 하고, 이를 최대한 존중한다.

2. 벌칙의 명령에의 위임

벌칙규정은 죄형법정주의 원칙상 가능하면 하위법령에 위임하지 않는다.

3. 벌칙규정 포함 요소

① 구성요건, ② 법정형, ③ 과실범, 미수범, 공범, 형의 감면, 친고죄 등, ④ 형법의 적용 제한, ⑤ 양벌규정, ⑥ 행정질서벌 (과태료) 등이 있다.

4. 벌칙의 규정방식

- 조례가 장(章)으로 구분되어 있으면 특별한 사유가 없으면 "조례의 끝"에 벌칙 장(章)을 배치한다.
- 벌칙 규정 상호 간에는 법정형이 무거운 것부터 차례로 배열한다.
- 행정벌 간의 규정 순서는 형벌 규정 > 양벌규정 > 과태료 규정의 순서로 배열한다.[7)]

5. 유의사항

- 1994년 3월 이전의 「지방자치법」은 제20조(벌칙의 위임)에서 "시 · 도는 당해 자치단체의 조례로써 3월 이하의 징역 또는 금고, 10만원 이하의 벌금, 구류, 과료 또는 50만원 이하의 과태료의 벌칙을 정할 수 있다"고 규정하였다.
- 그러나 1994년 3월 법 개정 시 위 형벌조항을 삭제하여 광역의회에 한해 부여하던 형벌 제정권을 "삭제"하는 대신 광역의회와 기초의회 모두 1천만원 이하의 "과태료"만 부과할 수 있도록 하여 "형사처벌"을 할 수 없게 되었다.

---

7) 국회 법제실, 「법제 이론과 실제」, 2019, pp.647~651; 법제처, 「법령 입안·심사 기준」, 2018, pp.509~514.

5 부 칙

1. 의의

- 조례의 시행일, 기존의 조례와 새로운 조례의 조례관계 간의 연결이나 조정 관계, 새로운 조례와 모순되거나 저촉되는 기존 조례의 개폐 등을 정하는 부대적(附帶的)인 사항은 부칙에서 정한다.
- 부칙은 본칙에서 규정하는 사항이 변동되는 시점을 분명히 하는 "시행일"과 종전의 조례 관계에서 새로운 조례 관계로 전환하는 과정이 순조롭게 되도록 하는 "경과조치" 같은 것을 규정한다.
- 부칙의 상당 부분은 경과조치가 차지하고 있는데 입법 기술상으로 어려운 부분의 하나이다.
- 부칙에서 "개정된 본칙의 조문을 인용"할 때는 "제○조의 개정규정"으로 표현한다.

2. 조 번호 사용

- 부칙도 본칙처럼 조(條)로 구분하고, 조에 제목을 붙이며, 조 번호는 제1조부터 새로 시작한다.
- 어떤 책은 부칙 설명 편에서 그 내용을 '항"으로 구분하는 것을 원칙으로 하되, 항의 수가 5개를 넘거나 "항"으로 구분하는 것이 적절하지 아니한 때에는 "조"로 구분할 수 있다고 설명하고 있는데, 부칙도 "항"이 아닌 "조"로 그 내용을 구분한다.
- 다만, 부칙에서 "시행일" 하나만을 규정하는 경우에는 조 번호와 제목을 표시하지 아니한다.

3. 부칙 포함 요소 및 조문 순서

① 시행일, ② 유효기간, ③ 다른 조례의 폐지, ④ 준비행위, ⑤ 적용례, ⑥ 특례, ⑦ 경과조치, ⑧ 다른 조례의 개정, ⑨ 다른 조례와의 관계 순으로 배열된다.[8)]

---

8) 국회 법제실, 「법제 이론과 실제」, 2019, pp.699~704.

6 신 · 구 조문대비표

- 일부개정조례안은 현행 내용과 개정 내용을 대비시켜 설명하는 표를 작성하는데, 이를 "신 · 구 조문대비표"라 한다.
- 신 · 구 조문대비표는 조례안 심사 때 개정 내용을 쉽게 이해할 수 있도록 하여 심사 편리를 제공한다.
- 제정조례안과 전부개정조례안은 신 · 구 조문대비표가 필요 없다.
- 조문을 개정할 때 현행란에는 개정대상이 되는 현행 조문을 기재하고, 개정안란에는 개정하고자 하는 개정조문을 기재하되 현행 조문과 "같은 조문"은 같은 내용을 중복해서 기재할 필요가 없으므로 "……"으로 표시한다.
- 조문 전체 중에서 개정대상 항, 호, 목이 아닌 항, 호, 목의 경우에는 현행란에는 "(생략)"으로 표시하고, 개정안란에는 "(현행과 같음)"으로 표시한다.
- 조 · 항 · 호 · 목 등을 신설할 때에는 현행란에는 "<신설>"로 표시하고, 개정안란에는 신설 조 · 항 · 호 · 목 등을 기재하고 그 기재내용에 "밑줄"을 친다.
- 조 · 항 · 호 · 목 등을 삭제할 때에는 현행란에 삭제 대상 조 · 항 · 호 · 목 등의 내용을 기재하고 밑줄을 치며, 개정안란에는 "<삭제>"로 표시하고 밑줄을 친다.
- 현행란의 개정대상 현행 조문, 개정안란의 개정 조문, <신설> · <삭제>는 "밑줄"을 쳐서 "변동사항"을 쉽게 확인할 수 있도록 한다.
- 현행란 및 개정안란의 개정부분과 삭제 · 신설 등의 부문은 서로 대칭되는 "위치"와 수평선 상에 놓이도록 기재하여 시각적으로 변동현황을 쉽게 확인할 수 있도록 해야 한다.
- 조 번호와 조 제목은 중복이 되더라도 현행란과 개정안란에 모두 기재한다.[9]

---

9) 국회 법제실, 「법제 이론과 실제」, 2019, pp.115~120.

신 · 구조문대비표

현 행	개 정 안
제2조(정의) 이 조례에서 사용하는 용어의 뜻은 다음과 같다. 1. "감염병"이란 「감염병의 예방 및 관리에 관한 법률」(이하 "법"이라 한다) 제2조제1호에 따른 감염병을 말한다.	제2조(정의) 이 조례에서 사용하는 용어의 뜻은 「감염병의 예방 및 관리에 관한 법률」(이하 "법" 이라 한다)에 따른다. <삭 제>
제3조(시장의 책무) ① (생 략) ② 시장은 감염병 예방 및 관리를 위하여 다음 각 호의 사업을 수행하여야 한다. 1.~8. (생 략) <신 설>	제3조(시장의 책무) ① (현행과 같음) ②…………………………………………………………………………. 1.~8. (현행과 같음) 9. 감염병 예방을 위한 전문인력의 양성

제 6 장

조례의 조문형식

1. 조문 형식의 의의
2. 장 · 절의 구분
3. 조 · 항 · 호 · 목
4. 단서와 후단
5. 가지번호
6. 별표와 별지 서식

1 조문 형식의 의의

- 조례를 입안하기 위해 작성하는 문서는 「행정 효율과 협업 촉진에 관한 규정」(대통령령) 제4조(공문서의 종류)제1호에서 법규문서로 분류되고 있으며, 법규문서는 "조문형식"으로 작성하기 때문에 조례안의 본칙 또한 일반 법령과 같이 조문형식에 의하여 작성하여야 한다.
- 조문 형식이란 규정 내용을 우선 "조(條)"로 나누어 작성하되, 조의 내용을 보다 세분할 필요가 있는 때에는 조를 항(項)으로, 항의 내용을 보다 세분할 필요가 있는 때에는 항을 호(號)로, 호의 내용을 보다 세분할 필요가 있는 때에는 호를 목(目)으로 세분하여 작성하는 형식을 말한다.
- 조는 "제1조, 제2조, 제3조" 등으로 표현하고, 인용할 때에도 "제1조, 제2조, 제3조" 등으로 인용한다.
- 항은 "①, ②, ③" 등으로 표기하되, 인용할 때에는 "제1항, 제2항, 제3항" 등으로 인용한다.
- 호는 "1., 2., 3." 등으로 표기하되, 인용할 때에는 "제1호, 제2호, 제3호" 등으로 인용한다.
- 목은 "가., 나., 다." 등으로 표기하되, 인용할 때에는 "가목, 나목, 다목" 등으로 인용한다.

(예시) **【 조문 형식 】 (조 · 항 · 호 · 목)**

제13조(분과위원회) ① 영 제113조 각 호의 사항을 심의 또는 자문하기 위하여 위원회에 다음 각 호와 같이 분과위원회를 둔다.
  1. 제1분과위원회
    가. 법 제59조의 규정에 의한 개발행위에 대한 심의 또는 자문

2 장 · 절의 구분

1. 장 · 절의 구분

- 장 · 절 등의 구분은 “본칙” 규정에만 하고, 부칙에서는 사용하지 않는다.
- 총칙 · 보칙 · 벌칙은 각각 그 용어를 장(章)의 이름으로 사용하기도 한다.
- 조문이 수백 개에 이르면 편(編)을 두고, 편 아래에 장(章)을 두며, 장 아래에 절(節)을 둔다.
- 조례 본칙의 조문 수가 많거나(통상 30개 이상), 이해의 편의를 위해 특별히 필요한 때에는 규정 내용의 성질에 따라 몇 개의 조문을 각각 묶어서 장(章)으로 구분하여 작성한다. 장의 조문 수가 많으면 다시 질 · 관의 순서로 세분한다.
- 규정 내용의 성질을 구분할 필요가 있으면 비록 조문 수가 적더라도 독립된 장 · 절 등을 두어 조례 전체의 체계를 쉽게 파악할 수 있도록 한다.
- 실제 조례안 입안에서 제1장과 제2장을 어떻게 구분할 지 막연할 수 있는데, 제1장 총칙에 포함되는 요소로는 목적, 기본이념, 정의, 지방자치단체의 장의 책무, 적용범위, 다른 조례와의 관계 등을 참고하고, 제2장은 실체규정(기본계획과 시행계획, 위원회 등)으로 시작하는 것을 고려하여 정할 수 있을 것이다.
- 상위법령이 있는 조례는 조문 순서를 상위법령의 조문 순서를 따라 배열하는 것이 국법 체계의 통일성 확보와 전체 규율체계를 이해하는 데 도움이 된다.

【 법령의 본칙 구조 】

규정명	총칙	실체	보칙	벌칙
장(章) 이름	“총칙” 사용 가능	• 해당 조례의 목적 달성을 위한 규정들 • 여러 개의 장으로 구분 가능	“보칙” 사용 가능	“벌칙” 사용 가능

- (유의사항) 조례안의 내용을 파악하기 쉽게 제명, 장, 절, 조, 항, 호, 목 등으로 구성되었는지를 확인한다.

2. 총칙과 통칙

- 총칙은 조례 전체에 걸쳐 공통적으로 적용되는 규정을 모은 부분의 표제이다.
- 통칙은 조례가 장 · 절로 구분된 경우 해당 장 · 절에만 공통적으로 적용되는 규정을 모은 것의 표제이다. 1)

【 본칙의 구성체계 】

본칙	규정 포함 요소
총칙 규정	① 목적규정, ② 기본이념규정, ③ 정의규정, ④ 해석규정, ⑤ 지방자치단체의 장 등의 책무·책임·정책수립 의무 등에 관한 규정, ⑥ 적용범위규정, ⑦ 다른 조례와의 관계
실체 규정	① 기본계획 및 시행계획, ② 위원회, ③ 허가, ④ 특허, ⑤ 인가, ⑥ 등록, ⑦ 신고, ⑧ 지정, ⑨ 인증, ⑩ 부관, ⑪ 결격사유, ⑫ 영업허가를 받은 자의 지위 승계, ⑬ 인허가 등의 의제, ⑭ 검사제도, ⑮ 행정지도, ⑯ 행정강제, ⑰ 공표, ⑱ 과징금, ⑲ 부담금, ⑳ 연체금과 가산금, ㉑ 보조금, ㉒ 출연금, ㉓ 출자·융자 등, ㉔ 국 공유재산 특례, ㉕ 조세 특례, ㉖ 특별회계, ㉗ 기금, ㉘ 공공기관 등 예산·회계, ㉙ 특수법인, ㉚ 외국인의 지위, ㉛ 겸직과 영리업무 금지, ㉜ 자격 부여 등
보칙 규정	① 사용료·수수료, ② 출입검사와 질문, ③ 보고의무, ④ 청문·공청회, ⑤ 권한의 위임·위탁, ⑥ 직무대리, ⑦ 행정업무 대행, ⑧ 공표, ⑨ 손실보상, ⑩ 손해배상, ⑪ 동일 또는 유사 명칭 사용금지, ⑫ 벌칙 적용시의 공무원 의제
벌칙 규정	① 구성요건, ② 법정형, ③ 과실범, 미수범, 공범, 형의 감면, 친고죄 등, ④ 형법의 적용 제한, ⑤ 양벌규정, ⑥ 행정질서벌 (과태료)

1) 국회 법제실, 「법제 이론과 실제」, 2019, pp.129~132.

CASE Study 13 장(章) 구분 ①

[입법례] **OO시 관광 진흥에 관한 조례**

(일부개정) 2022.08.05 조례 제2069호

제1장 총칙

제1조(목적) 이 조례는 「관광진흥법」 및 같은 법 시행령에서 위임된 사항과 그 시행에 필요한 사항을 규정함을 목적으로 한다.

제1조의2(정의) 이 조례에서 사용하는 용어의 뜻은 다음과 같다.

제2조(다른 조례와의 관계) 관광진흥에 관하여 다른 조례에 특별한 규정이 없으면 이 조례가 정하는 바에 따른다.

제2장 관광진흥 지원

제2조의2(시장의 책무) OO시장(이하 "시장"이라 한다)은 관광진흥에 관한 장기적이고 종합적인 시책을 마련하는 등 OO시(이하 "시"라 한다)의 지속가능한 관광산업 육성을 위해 노력해야 한다.

제3조(관광진흥에 관한 사업계획의 수립 · 시행) 시장은 관광 여건을 조성하고 관광사업을 육성 · 지원하기 위하여 필요한 경우 다음 각 호의 사업계획을 수립 · 시행할 수 있다.

[검토사항: **장의 구분**]

- 장의 구분 기준에 대해 명문의 규정은 없다. 조례안 본문부의 구성체계는 조례의 제명, 본칙, 부칙으로 이루어진다. 본칙은 다시 총칙규정, 실체규정, 보칙규정, 벌칙규정으로 구성된다.
- ① 총칙규정에는 목적, 기본이념, 정의, 해석, 지방자치단체의 장의 책무, 적용범위, 다른 조례와의 관계 등이 포함되고, ② 실체규정은 기본계획과 시행계획, 위원회 등을 포함하고 있다.
- 위의 조례에서 제1조(목적), 제1조의2(정의), 제2조의2(시장의 책무), 제2조(다른 조례와의 관계), 제3조(관광진흥에 관한 사업계획의 수립 · 시행)은 모두 제1장 총칙규정에 해당한다고 볼 수 있다.

CASE Study 14 장(章) 구분 ②

[입법례] **OO광역시 자전거 이용 활성화에 관한 조례**

(일부개정) 2022-12-14 조례 제6011호

제4장 자전거 이용의 활성화 시책

제12조(자전거보관소 · 정비소 등의 설치) ① 시장은 자전거의 이용이 많거나 많을 것으로 예상되는 장소임에도 불구하고 자전거 주차장이 설치되어 있지 않거나 설치되어 있더라도 규모가 부족한 경우에는 자전거보관소를 설치하여 자전거의 이용을 활성화하여야 한다.

제22조(위원회의 설치) ① 시장은 자전거이용 활성화 및 이용여건 개선에 관한 사항을 심의하기 위하여 "OO광역시 자전거이용활성화위원회"(이하 "위원회"라 한다)를 둔다.

제23조(기능) ① **위원회**는 다음 각 호의 사항을 심의한다.

제24조(구성) ① **위원회**는 위원장과 부위원장 각 1명을 포함하여 15명 이내의 위원으로 구성한다.

제5장 위원회의 설치 등

제25조(위원의 해촉) ① 시장은 다음 각 호의 어느 하나에 해당하는 사유가 발생한 때에는 해촉(解囑)할 수 있다.

제26조(위원장 등의 직무) ① 위원장은 위원회를 대표하며, 위원회의 회의를 주관한다.

제27조(회의) ① 위원회의 회의는 위원장이 필요하다고 인정하는 경우와 위원 3분의 1 이상의 소집 요구가 있을 경우에 개최한다.

제6장 보칙

[검토사항: **장의 구분**]

- 제5장 "위원회의 설치 등"의 위치는 규율 내용의 합리적 구조화 측면에서 볼 때, 제22조(위원회의 설치) 앞에 두는 것이 타당하다고 본다.
- 위원회 규정은 "목적 · 설치 · 기능" 그리고 "구성과 운영"에 관한 사항 순서로 규정한다.

CASE Study 15 장(章) 구분 ③

[입법례] **OO광역시 과학기술진흥 조례**

(일부개정) 2022-09-30 조례 제5886호

제1장 총칙

제1조(목적) 이 조례는 과학기술진흥을 위한 OO광역시의 기본시책 및 종합계획의 수립과 그 시행을 위한 지원체제 구축으로 과학의 대중화와 과학기술의 경쟁력 강화, OO연구개발특구 지원을 통한 도시발전, 벤처기업의 육성·지원으로 지역경제 발전과 시민의 삶의 질 향상 등에 관한 사항을 규정함을 목적으로 한다.

제2조(시장의 책무) OO광역시장(이하 "시장"이라 한다)은 지역의 독창적인 과학기술진흥을 도모하고 인재 육성과 과학기술정보 네트워크 구축, 과학기술 기반 강화 등에 대한 시책과 자체적인 연구 개발, 공동연구 개발 및 신기술의 보급·지원 등 과학기술진흥사업을 적극적으로 추진하여야 한다.

제3조(종합계획 수립·시행) ① 시장은 5년마다 과학기술진흥종합계획(이하 "종합계획"이라 한다)을 수립하고, 매년 다음 연도의 시행계획을 수립·시행하여야 한다.

② 제1항의 시행계획은 「과학기술기본법」 제7조제4항에 따른 연도별 시행계획으로 본다.

③ 시장은 종합계획을 수립·시행하기 위하여 관계기관 등에 자료의 제공을 요청할 수 있다.

④ 자료의 제공을 요청받은 관계기관 등은 특별한 사유가 없는 한 이에 적극 협조하여야 한다.

제2장 위원회

제4조(과학기술위원회) OO광역시(이하 "시"라 한다)의 종합계획과 시행계획의 수립·시행에 관련되는 사항을 심의하기 위하여 OO광역시 과학기술위원회(이하 "위원회"라 한다)를 둔다.

[검토사항: **장의 구분**]

- 제1조(목적)와 제2조(시장의 책무)는 총칙에 포함되는 요소이므로 제1장 총칙에 묶는다.
- 실체규정은 여러 개의 장(章)으로 구분할 수 있다.
- 제3조(종합계획 수립·시행)는 "기본계획 및 시행계획"에 관한 규정으로서 실체규정에 포함되므로 제2장(가칭 "과학기술진흥 종합계획")으로 묶는다.
- 기본계획 등의 정책방향을 결정·제시해 주는 주체로서 "위원회"에 관한 내용은 제4조(과학기술위원회)에서 시작된다. 여기서 장 번호를 바꿔 "제3장 위원회"로 하는 것에 대해 검토해 본다.

CASE Study 16 장(章) 구분 ④

[입법례] **OO광역시 지역재투자활성화 기본 조례**

(일부개정) 2022-08-05 조례 제6733호

제1장 총칙

제1조(목적) 이 조례는 OO광역시, 공공기관등, 금융기관 및 기업의 지역재투자활성화를 위하여 필요한 사항을 규정함으로써 지역에서 창출되는 부의 역외 유출을 방지하고 지역 경제의 선순환 체계 구축을 통해 지역경제를 활성화하는 것을 목적으로 한다.

제2조(정의) 이 조례에서 사용하는 용어의 뜻은 다음과 같다.

제3조(다른 조례와의 관계) 지역재투자활성화에 관하여 다른 조례에 특별한 규정이 있는 경우를 제외하고는 이 조례에서 정하는 바에 따른다.

제4조(책무) OO광역시장(이하 "시장"이라 한다)은 지역재투자를 촉진하기 위한 종합적인 시책을 수립·시행하고, 공공기관등, 금융기관, 기업의 지역 재투자 참여 촉진을 위해 노력하여야 한다.

제5조(지역재투자기본계획의 수립 등) ① 시장은 지역재투자를 활성화하기 위한 기본계획(이하 "기본계획"이라 한다)을 5년마다 수립·시행하여야 한다. 다만, 다음 각 호의 경우 별도의 조례에 따른다.

② 기본계획에는 다음 각 호의 사항이 포함되어야 한다.

③ 시장은 기본계획에 따라 지역재투자활성화 시행계획(이하 "시행계획"이라 한다)을 해마다 수립·시행하여야 한다.

제6조(의견수렴 및 평가) ①~② (생략)

제2장 지역재투자위원회

제7조(지역재투자위원회 설치) 시장은 지역재투자 및 지역금융 활성화를 위한 다음 각 호의 사항을 심의·자문하기 위하여 OO광역시 지역재투자위원회(이하 "위원회"라 한다)를 둔다.

[검토사항: **장의 구분**]

- 총칙에 포함되는 요소인 제1조(목적), 제2조(정의), 제4조(책무), 제3조(다른 조례와의 관계)는 총칙규정으로 묶어 제1장으로 한다.
- 제5조(지역재투자기본계획의 수립 등)와 제7조(지역재투자위원회 설치)는 "실체규정"에 해당한다. 실체규정은 여러 개의 장으로 구분할 수 있으므로 제5조 앞에서 제2장을 시작하고, 제2장 지역재투자위원회는 장 번호를 바꿔 제3장으로 하는 것을 검토해 본다.

CASE Study 17 **장(章) 구분 ⑤**

[입법례]

OO군 공동주택관리 조례

(일부개정) 2022.07.13 조례 제3020호

제1장 총　칙

제1조(목적) 이 조례는 「공동주택관리법」 및 「공동주택관리법 시행령」에서 지방자치단체의 조례로 정하도록 위임된 사항과 그 시행에 필요한 사항을 규정함으로써 쾌적한 주거환경 조성에 이바지함을 목적으로 한다.

제2장 공동주택의 보조금 지원

제2조(정의) 이 조례에서 사용하는 용어의 뜻은 다음과 같다.

제3조(종합계획의 수립) ① OO군수(이하 "군수"라 한다)는 공동주택의 효율적인 관리와 지원 및 안전관리(안전관리계획 및 안전점검을 포함한다)를 위하여 필요한 사항을 종합적으로 계획·수립할 수 있다.

제4조(보조금 지원) ① 군수는 「공동주택관리법」(이하 "법"이라 한다) 제85조제1항에 따라 공동주택의 관리업무에 필요한 비용(이하 "보조금"이라 한다)의 일부를 예산의 범위에서 지원할 수 있다.

제5조(소규모 공동주택의 안전관리) ① 군수는 법 제34조에 따라 의무관리대상 공동주택에 해당하지 아니하는 소규모 공동주택의 관리와 안전사고의 예방 등을 위하여 예산의 범위에서 다음 각 호의 업무를 할 수 있다.

제6조(보조금의 신청 및 지급결정) ① 제4조제2항 각 호의 어느 하나에 해당하는 사업의 지원을 받으려는 관리주체는 입주자 대표 회의를 거쳐 매년 3월말 이전까지 별지 제1호서식의 공동주택 시설물관리 보조금 지원 신청서를 군수에게 제출하여야 한다.

[검토사항: **장의 구분**]

- 위의 조례에서 제1조(목적), 제2조(정의)는 총칙규정으로 묶어 제1장으로 한다.
- 제3조(종합계획 수립)는 "기본계획 및 시행계획"에 관련된 규정으로 실체규정에 해당하므로 제2장(가칭 "공동주택관리 종합계획")으로 시작하는 것이다.
- 제2장 "공동주택의 보조금 지원"은 제3장으로 장 번호를 바꿔 제4조(보조금 지원) 앞에서 시작되도록 하는 방안을 검토해 본다.

CASE Study 18 장(章) 구분 ⑥

[입법례] **OO시 빗물관리에 관한 조례**

(일부개정) 2023.01.02 조례 제1760호

제1장 총칙

제1조(목적) 이 조례는 OO시의 빗물관리정책을 종합적 · 체계적으로 추진하기 위하여 필요한 사항을 규정함으로써 빗물의 효율적인 이용을 도모하고, 도시침수 예방 및 지속가능한 생태도시 조성에 기여함을 목적으로 한다.

제2조(정의) 이 조례에서 "빗물관리시설"이란 다음 각 호의 시설을 말한다.

제3조(빗물관리기본계획의 수립 등) ① OO시장(이하 "시장"이라 한다)은 OO시의 빗물관리정책을 종합적 · 체계적으로 시행하기 위하여 OO시 빗물관리기본계획(이하 "기본계획"이라 한다)을 수립하여야 한다.

제4조(관계기관의 협조) 시장은 빗물관리정책의 원활한 추진을 위하여 OO시 관내 공공기관, 법인 및 단체 등에 대하여 필요한 협조를 요청 할 수 있다.

제5조(빗물활용 시책추진) ① 시장은 우기에 빗물의 흐름을 최대한 억제하여 침수예방, 공공수역의 수질개선 및 건기에 하천의 적정유량이 유지될 수 있도록 필요한 시책을 추진 할 수 있다.

제2장 빗물이용시설

제6조(빗물이용시설의 설치 · 관리 권고) 시장은 법 제8조에 따른 빗물이용시설 설치대상 시설물 외의 시설물을 신축(증축 · 개축 또는 재축하는 경우를 포함한다)하려는 자에게 빗물이용시설을 설치 · 운영할 것을 권고할 수 있다.

제7조(빗물이용시설의 설치신고) 빗물이용시설의 설치 신고 및 설치확인서 발급은 「물의 재이용 촉진 및 지원에 관한 법률 시행규칙」 제3조에 따른다.

제8조~제9조 (생략)

제3장 빗물침투시설 및 빗물저류시설

제10조(빗물침투시설 및 빗물저류시설의 설치 권고) ① 시장은 다음 각 호의 어느 하나에 해당하는 개발사업자, 시설물 또는 건축물의 설치자 및 관리자에게 빗물침투시설 및 빗물저류시설의 설치를 권고할 수 있다.

[검토사항: **장 구분**]

- 총칙에 포함되는 요소인 제1조(목적), 제2조(정의)는 총칙규정으로 묶어 제1장으로 한다.
- 제3조(빗물관리기본계획의 수립 등)는 실체규정에 해당하므로 그 앞에서 제2장(가칭 "빗물관리기본계획")을 시작하는 것이다.
- 이어서 제2장 "빗물이용시설"은 제3장으로, 제3장 "빗물침투시설 및 빗물저류시설"은 제4장으로 수정하는 것을 점검해 본다.

CASE Study 19 장(章) 구분 ⑦

[입법례] **OOO도 문화예술진흥 조례**

(일부개정) 2022-08-10 조례 제5256호

제1장 총칙

제1조(목적) 이 조례는 「문화예술진흥법」 및 같은 법 시행령의 위임 사항과 OOO도 문화예술 진흥 도모 및 문화예술 활동 지원에 필요한 사항을 규정함을 목적으로 한다.

제2장 OOO도 문화예술진흥위원회

제2조(정의) 이 조례에서 사용하는 용어의 뜻은 다음 각 호와 같다.

제3조(설치 및 구성) ① OOO도지사(이하 "도지사"라 한다)는 OOO도 문화예술 진흥의 중요한 시책 및 사업을 심의 · 지원하기 위하여 OOO도 문화예술진흥위원회(이하 "위원회"라 한다)를 둔다.

② 위원회는 위원장 1인을 포함하여 13인 이내의 위원으로 성별 균형을 고려하여 구성한다.

③ 위원장은 행정부지사로 하고, 부위원장은 위원 중에서 선출한다.

④ (생략)

⑤ 임명직 공무원의 임기는 재임기간으로 하고, 위촉직 위원의 임기는 2년으로 하되 한차례 연임할 수 있다. 다만, 보궐위원의 임기는 전임위원 임기의 남은 기간으로 한다.

⑥ 위원회의 존속기간은 5년으로 하되, 존속기간의 연장 여부는 「OOO도 각종 위원회 설치 및 운영 조례」에 따른다.

제4조(기능) 위원회는 다음 각 호의 사항을 심의한다.

제5조(위원장의 직무) ① 위원장은 위원회의 직무를 총괄하고, 위원회를 대표한다.

② 부위원장은 위원장을 보좌하고 위원장이 부득이한 사유로 직무를 수행할 수 없을 때 그 직무를 대행한다.

③ 위원장과 부위원장이 직무를 수행할 수 없을 때에는 위원장이 지명한 위원이 그 직무를 대행한다.

제6조(회의) ① 위원장은 위원회의 회의를 소집하고 그 의장이 된다.

[검토사항: **장 구분**]

- 총칙에 포함되는 요소인 제1조(목적), 제2조(정의)는 총칙규정으로 묶어 제1장으로 한다.
- 위원회에 관한 규정은 위원회의 "설치 · 기능", "구성과 운영"에 관한 사항의 순서로 규정한다. 제3조(설치 및 구성) 앞에서 "제2장 OOO도 문화예술위원회"로 시작하는 방안을 검토해 본다.

CASE Study 20 **장(章) 구분 ⑧**

[입법례] **OOO도 중소기업육성기금 설치 및 운용 조례**

(일부개정) 2022-08-10 조례 제5256호

제1장 총칙

제1조(목적) 이 조례는 「지방자치법」 제159조와 「중소기업진흥에 관한 법률」 제62조의17의 규정에 따라 도내 중소기업의 건전한 육성을 위하여 중소기업육성기금을 설치하고, 효율적으로 관리 · 운용하는데 필요한 사항을 규정함을 목적으로 한다.

제2조(정의) 이 조례에서 사용하는 용어의 정의는 다음과 같다.

제3조(기금의 설치) ① 중소기업의 육성에 필요한 자금을 확보 · 지원하기 위하여 OOO도 중소기업 육성기금을 설치한다.

제4조(기금의 조성) ① 기금은 다음 각 호의 재원으로 조성한다.

제4조의2(기금의 용도) 기금은 다음 각 호의 용도에 사용할 수 있다.

제5조(기금의 관리 · 운용 등) ① 기금은 「OOO도 통합재정안정화기금설치 및 운용 조례」 제8조의 규정에 따라 예탁 관리한다.

제6조(기금의 출연) ① OOO도 중소기업육성기금 중 중소기업의 원활한 자금지원을 위하여 OO신용보증재단에 출연할 수 있다.

제7조(기금의 지원대상자) (생략)

제8조(자금의 차입 등) (생략)

제9조(중소벤처기업창업 및 진흥기금의 출연금 및 융자금) (생략)

제10조(기금의 사용 등) ① 기금 중 중소기업 창업 지원 자금, 경쟁력 강화 지원자금은 다음 각 호의 사업을 위하여 사용할 수 있다.

제2장 중소기업육성기금의 운용 · 관리

제11조(융자계획의 수립 등) 도지사는 매년 기금의 융자 실시 이전에 융자규모, 융자대상사업, 자금별 지원한도액, 융자금리, 융자기간 등에 관한 융자계획을 제15조에 따른 OOO도 중소기업육성 기금운용심의위원회의 심의를 거쳐 수립하고 이를 공고하여야 한다.

제12조(융자신청) ① 기금의 융자를 받고자 하는 자는 도지사 또는 도지사가 지정하는 기관에 융자신청을 하여야 한다.

제13조(융자대상자의 추천) ① 도지사는 제12조에 따른 지원신청서를 접수 하였을 때에는 지원 대상 적격 여부를 검토하고 융자대상업체 및 융자추천금액을 결정한다. 다만, 다음 각 호의 어느 하나에 해당하는 경우에는 현지실사를 거치도록 한다

제14조 삭제 <2021. 9. 30.>

제3장 기금운용심의위원회

[검토사항: **장 구분**]

- 총칙에 포함되는 요소인 제1조(목적), 제2조(정의)는 총칙규정으로 묶어 제1장으로 한다.
- 기금 규정은 설치, 기금의 재원과 용도, 기금의 관리와 운용 등의 순서로 규정한다. 따라서 제3조(기금의 설치) 앞에서 제2장(중소기업육성기금의 운용·관리)을 시작한다.
- 제2장 "중소기업육성기금의 운용·관리"의 제11조부터 제13조까지의 조문 내용은 모두 융자에 관한 내용으로서 장의 제목과 부합되는 것으로 보이지는 않는다.

CASE Study 21 장(章) 구분 ⑨

[입법례]

OO군 공동주택관리 조례

(일부개정) 2022.07.13 조례 제3020호

제4장 보칙

제36조(위원의 제척 · 기피 · 회피) ① 심의위원회 및 분쟁조정위원회(이하 "위원회 등"이라 한다)의 위원이 다음 각 호의 어느 하나에 해당하는 경우에는 심의 · 의결에서 제척(除斥)된다.

제37조(위원의 해촉) 군수는 다음 각 호의 어느 하나에 해당하는 사유가 발생한 때에는 위원을 해촉할수 있다.

OO시 해양레저산업 육성조례

(일부개정) 2022.12.26 조례 제1757호

제7장 보칙

제26조(보조금 등의 지원) 시장은 다음 각 호에 따른 사업에 대하여 예산의 범위에서 보조금 등을 지원할 수 있다.

OO광역시 OO구 폐기물 관리에 관한 조례

(일부개정) 2022.08.08 조례 제1791호

제4장 보칙

제22조(과태료 부과 · 징수 등) ① 구청장은 법 제68조제1항부터 제3항까지의 규정에 따른 과태료는 법 시행령 제38조의4의 과태료 부과기준에 따르고, 부과 · 징수 절차는 「질서위반행위규제법」을 따른다.

② 수납되는 과태료는 구의 수입으로 한다.

[검토사항: **장 구분**]

- 실제 조례를 보면, 조례 후반부에서 규정되고 있는 보칙 장(章)에 포함되는 규정이 바르지 못한 사례가 많이 보이는 것 같다. 본칙 중에서 실체규정을 제외한 총칙 · 보칙 · 벌칙은 그 용어를 장(章)의 이름으로 사용하기도 한다.
- 위의 첫 번째 조례에서 제36조(위원의 제척 · 기피 · 회피)와 제37조(위원의 해촉)는 "실체규정"인 위원회에 관한 내용이다. 두 번째 조례의 제26조(보조금 등의 지원)도 실체규정의 내용이다. 세 번째 조례의 제22조(과태료 부과 · 징수 등)는 "벌칙규정"에 해당하는 내용이다. 위의 3건 조례의 보칙 장 이름은 잘못된 것으로 보여진다.
- 보칙규정은 총칙규정과 실체규정에 규정하기에 적합하지 않은 절차적 · 기술적 · 보충적 사항에 대한 규정이다. 그리고 보칙 장(章)은 실체규정과 벌칙규정 사이에 위치시킨다.

3 조 · 항 · 호 · 목

1. 조(條)

• 법령은 조(條)를 기본단위로 하고, 조는 다시 항(項)이나 단서 · 후단 등으로 나뉜다.
 – 예외적으로 폐지 조례와 같이 조례 내용이 매우 간단하여 '조'로 구분할 필요가 없으면 '조'로 구분하지 않고 내용만 표시한다.
• 개별 조와 항은 한 가지 주제로 구성되는 것이 원칙이다.
• 하나의 조문에 여러 가지 내용을 규정하거나 세분하여 규정할 필요가 있으면 '항' 이나 '호'로 구분한다.
• 조문은 조(제O조) – 항(①) – 호(1) – 목(가) 등으로 구성된다.
• 표시는 제1조, 제2조, 제3조 등으로 표현한다.

(1) 조의 구성

① 한 조가 한 문장으로 된 경우
② 항을 구분(행위 주체, 세부 주제, 절차 등)하여 규정하는 경우
③ 단서를 규정하는 경우
④ 후단을 두는 경우

(2) 조의 제목

• 조문이 무엇에 관해 규정하는가를 쉽게 알 수 있게 하기 위해 내용을 간결하게 요약하여 '제O조' 다음에 괄호( )를 만들어 '제목'을 표시한다.
• 한 조문에서 여러 가지 사항을 규정하는 경우에는 그 중 핵심적 내용을 쉽게 파악할 수 있도록 대표성 있는 단어나 어절을 이용하여 제목을 정한다.
• 그 여러 가지 내용을 모두 포함하여 정하기 곤란하면 "(…… 등)"이라고 표시하여 그 제목이 그 밖의 다른 내용까지 함축하고 있음을 알 수 있게 한다.

2. 항(項)

• 행위 주체나 세부 주제별로 나누거나, 일련의 절차에 따라 각각의 항으로 규정한다.
 – 행위 주체에 따라 권한이나 의무를 달리할 때는 "주체"를 기준으로 항을 나눠 서술한다.
 – 업무수행에 필요한 절차를 정할 때는 "시간의 흐름"이나 "업무 순서"에 따라 항을 나눠 규정한다.

• 한 조문에 규정하는 항의 개수는 가능한 한 5개를 넘지 않도록 한다.
• 항은 반드시 완성된 형식의 문장으로 한다.
• 표시는 ①, ② 등과 같이 동그라미 안에 아라비아 숫자를 넣어 표현한다.

3. 호(號)

• '호'는 조나 항 중에서 규율하려는 내용을 열거하여 규정할 필요가 있을 때 주로 사용한다.
• (표현) 호는 단어, 어절의 형식으로 하거나 "……할 것" 등과 같이 표현한다. "……한다"와 같은 표현은 원칙적으로 사용하지 않는다. 다만, 호에 "단서나 후단"을 규정하는 경우에는 "…… 한다"와 같은 표현을 사용하기도 한다.
• 정의 규정에서는 '호'로 구분함에도 "○○"란 ……… 을 말한다."와 같은 방식으로 규정한다.
• 표시는 1., 2., 3. 등으로 표현한다.
• 조례에서 준수사항을 각 호나 각 목으로 열거할 때에는 "…… 할 것"과 "……… 한다" 중 "…… 할 것"으로 표현한다.

4. 목(目)

• 호를 다시 세분하거나 내용을 열거할 필요가 있으면 '목'으로 나누어 규정한다.
• (표현) 목은 호처럼 단어, 어절의 형식으로 하거나 "…할 것" 등과 같이 표현한다.
• 표시는 가., 나., 다. 등으로 표현한다.
• 목을 세분하여 정하거나 열거할 필요가 있으면 1), 2), 3) ……을 사용한다.
• 1), 2), 3) …… 을 다시 세분할 필요가 있는 경우에는 가), 나), 다) …… 를 사용한다.[2)]
• (유의사항) 조례의 개별 내용이 조, 항, 호, 목 등으로 잘 세분화 되었는지 확인한다.

2) 법제처, 「법령 입안·심사 기준」, 2017, pp.660~662.

CASE Study 22 **특별회계, 조 제목 누락**

OO군 수도특별회계 설치 조례

(일부개정) 2009.04.10 조례 제2091호

제1조 OO군 수도비의 회계는 특별회계로 한다.

제2조 이 회계는 수도사용료 기타 수도비에 속하는 수입과 보조금으로서 세출에 충당한다.

제3조 이 회계 사무는 이 조례에 규정한 것을 제외하고는 일반회계의 예에 따른다.

부 칙

이 조례는 공포한 날로부터 시행한다.

부 칙 (2009.04.10 조2091)

이 조례는 공포한 날로부터 시행한다.

[검토사항: **조 제목**]

- 법령은 조(條)를 기본단위로 하고, 조는 다시 항(項)이나 단서·후단 등으로 나뉜다.
- 조문이 무엇에 관해 규정하는가를 쉽게 알 수 있게 하기 위해 내용을 간결하게 요약하여 '제O조' 다음에 괄호( )를 만들어 '제목'을 표시한다.
- 위의 조례는 조 번호(제1조 …) 다음에 조 제목이 없다.

CASE Study 23 준수사항 표현

[입법례]

OO시 옥외행사의 안전관리에 관한 조례

(일부개정) 2023.01.09 조례 제2020호

제11조(주최자의 준수사항 권고) ① 시장은 참가자 및 관람객의 안전과 질서유지를 보장할 수 없는 경우 그 옥외행사의 중단을 주최자에게 권고할 수 있다.

② 시장은 주최자에게 행사의 질서유지를 위하여 필요한 다음 각 호의 사항을 준수하도록 권고할 수 있다.

1. 안전관리요원으로 18세 이상의 사람을 **임명할 것**
2. 안전관리요원임을 쉽게 알아 볼 수 있도록 안전관리요원에게 완장, 모자, 어깨띠, 상의 등을 **착용하게 할 것**
3. 안전관리계획에 따른 안전관리요원의 배치장소, 임무 등의 범위를 벗어나는 행위를 하지 못하게 할 것

OO 오감통운영 관리 조례

(일부개정) 2022.12.22 조례 제2651호

제19조(사용자 준수사항) 사용자는 다음 각 호의 사항을 준수하여야 한다.

1. 시설의 사용기간 중 관리자로서의 주의 의무를 **다할 것**
2. 그 권리를 타인에게 양도하거나 전매하지 **아니할 것**
3. 사용기간 중 특별한 설비를 하고자 할 때에는 사전에 군수의 승인을 **받을 것**
4. 사용기간 만료 또는 사용 중단 시에는 제3호에 따른 설비를 즉시 철거하여 원상복구할 것. 다만, 다음 사업대상자와 사전 협의된 경우에는 그러지 아니 한다.

[검토사항: **준수사항**]

- 조례에서 준수사항을 각 호나 각 목으로 열거할 때 "…… 할 것"과 "…… 한다" 중 "…… 할 것"으로 표현하는 점을 고려할 때, 위의 2건 조례는 적절한 입법례로 본다.

CASE Study 24 "호"의 표현방식

[입법례] **OOO도 소비자 기본 조례**

(일부개정) 2022-06-30 조례 제4767호

제3조(소비자의 권리와 책무) ① 소비자는 다음 각 호의 기본적 권리를 가진다.

② 소비자는 **다음 각 호의 책무**를 진다.

1. 소비자는 사업자 등과 더불어 자유시장경제를 구성하는 주체임을 인식하여 물품 등을 올바르게 선택하고, 제3조제1항에 따른 소비자의 기본적 권리를 정당하게 행사하여야 **한다.**
2. 소비자는 스스로의 권익을 증진하기 위하여 필요한 지식과 정보를 습득하도록 노력하여야 **한다.**
3. 소비자는 자주적이고 합리적인 행동과 자원 절약적이고 환경친화적인 소비생활을 함으로써 소비생활의 향상과 국민경제의 발전에 적극적인 역할을 다하여야 한다.

제4조(도지사의 책무) OOO도지사(이하 "도지사"라 한다)는 소비자의 기본적 권리가 실현되도록 **다음 각 호의 책무**를 진다.

1. 소비자의 권익증진을 위한 시책의 수립 및 **추진**
2. 소비자의 권익증진에 필요한 행정조직의 정비 및 **운영개선**
3. 소비자의 건전하고 자주적인 조직 활동의 지원 · 육성
4. 소비자의 능력 향상을 위해 필요한 소비생활 정보제공 및 교육 실시
5. 그 밖에 소비자의 권익증진에 필요한 사항

[검토사항: **호의 표현**]

- 호와 목은 단어, 어절의 형식으로 하거나 "…… 할 것" 등과 같이 표현하고, "…… 한다"와 같은 표현은 원칙적으로 사용하지 않는다. 정의 조항은 예외로 한다.
- 위의 조례는 같은 조례 내에서 제3조제2항과 제4조의 "호"의 표현이 제3조제2항은 "…… 한다"로, 제4조는 "단어"로 끝나 서로 상이한 표현형식을 취하고 있다. 제3조제2항의 내용을 단어나 어절의 형식 또는 "…… 할 것" 등으로 표현하는 방안을 검토해 본다.

4 단서와 후단

1. 본문과 단서

- 조(條)나 항의 주된 내용에 대한 "예외"를 인정하거나, 규율 대상 중 "일부"에 대해 달리 정할 필요가 있을 때에는 접속사 '다만'을 사용하여 단서로 규정한다.
- 단서의 앞 문장은 본문이라 하며, 단서는 ① 본문의 행위 주체 중 일부를 제외하거나 특정 행위 주체에만 행위 · 절차 등을 달리 정하는 경우, ② 일정한 상황에서 의무나 요건을 강화하거나 완화하는 경우, ③ 적용대상을 일부 배제하는 경우 등을 규정한다.
- 어떤 책은 단서 규정의 표현에 대해 "다만" 이외에 "그러나"로도 표현할 수 있는 것처럼 되어 있는데, 단서 신설 시 문장 시작은 '다만"으로 해 온 것이 입법 관행이다.

2. 전단과 후단

- 후단은 전단 내용에 대한 부수적 사항, 요건 등을 추가 · 보완하여 설명할 때 규정한다.
- 후단은 '이 경우'로 시작하며, 그 앞 문장은 '전단'이라고 한다.
- 전단에서 규정한 절차에 대응하는 조치나 의무 등을 규정하는 경우가 많다.

CASE Study 25 후단과 단서 표현

[입법례] OO군 야생동물로 인한 피해보상 등에 관한 조례

(일부개정) 2022.10.31 조례 제2638호

제3조(피해보상 및 피해예방시설 지원 등) ① OO군수(이하 "군수"라 한다)는 관할구역 안에서 야생동물에 의하여 직접 경작하는 농작물에 피해를 입은 농업인에게 예산의 범위에서 그 피해를 보상할 수 있다. **이 경우** 토지대장 등 공부상 피해농업인의 경작지임이 확인 가능해야 한다. **다만,** 대리경작일 경우 농지임대차계약서 등에 따라 사실관계를 입증할 수 있어야 한다.

[검토사항: **후단과 단서**]

- 위의 조례는 한 "항"의 조문에서 "이 경우(후단)"과 "다만(단서)"가 함께 표현되어 있다. 적절한 조문 표현형식인지 검토해 본다.

CASE Study 26 단서 표현

[입법례] OO광역시 화장시설 주변지역 주민지원기금 설치 및 운용 조례

(일부개정) 2022-12-14 조례 제6003호

부칙 <2017.12.15>

이 조례는 2018년 1월 1일부터 시행한다. **단**, 제9조에 따른 사업 시행은 2019년 1월 1일부터 시행한다.

[검토사항: **단서 표현**]

- 단서 규정의 표현에서 "단,"이라고 표현한 조례가 흔히 발견되는데, 단서 신설 시 문장표현은 "다만"으로 시작한다.

5 가지번호

1. 의의

- 가지번호 방식은 기존의 조나 호 사이에 "새로운 조 · 호를 신설"하는 경우, 그 뒤의 기존의 조나 호가 하나씩 순서가 뒤로 밀리면서 번호가 바뀌는 번거로움을 피하기 위해 앞의 기존 조나 호 번호에 "…의2" 등으로 표시하는 가지번호를 붙여 신설되는 조나 호 다음에 있는 조나 호의 번호를 바꾸지 않아도 되는 개정방식이다.
- "기존 조문을 이동하는 방식"에 따라 일부개정으로 인해 조 · 항 번호가 달라지면 일부개정조례의 조항을 인용하고 있는 다른 조례의 해당 부분을 이를 일일이 찾아 모두 바뀌는 조문으로 개정해야 하므로, 개정 부분이 많아지고 복잡하게 되며 이 과정에서 이를 빠뜨릴 우려도 있는 등 입법경제적으로 바람직하지 않다.

2. 유의사항

- 가지 조나 호는 "제O조의1"로 쓰지 않고 "제O조의2"부터 시작됨에 유의한다.
- "항"은 "①의2"식의 가지번호를 쓰지 못한다.[3)]
- 기존 조항을 삭제하는 경우에도 개정 연혁을 나타낼 필요성 및 입법경제성 등을 고려하여 그 연혁이 드러나도록 삭제된 조항을 삭제 형태로 "남겨두는 것"이 원칙이다.
- 즉, 기존 조례의 일부조항을 삭제하는 경우 삭제된 조항을 "삭제" 형태로 남겨둔다. 삭제된 조항을 없애고 삭제된 조항의 자리에 삭제되지 않는 기존 조항을 이동시키지 않는다. [4)]

3) 국회 법제실, 「법제 이론과 실제」, 2019, pp.132~154.
4) 법제처, 「2021 쉽게 찾아보는 자치법규 입안기준」, 2021, p.95.

CASE Study 27 가지번호 표현

OO광역시 체육시설 관리 · 운영 조례

(일부개정) 2023－04－10 조례 제5931호

제1조(목적) 이 조례는 OO광역시가 설치한 체육시설의 관리 · 운영 및 사용료에 관하여 필요한 사항을 규정함을 목적으로 한다.

제1조의2(정의) 이 조례에서 사용하는 용어의 뜻은 다음과 같다.

1. "전용사용자"란 경기장 전체 또는 일부를 일정 기간 전용으로 사용하는 자를 말하며, "전용사용료"란 전용사용자가 납부하는 요금을 말한다.
2. "이용자"란 전용사용자 외에 개인연습, 경기연습, 체력단련 등을 목적으로 경기장을 이용하는 자를 말하며, "이용료"란 이용자가 납부하는 요금을 말한다.

OO 예술의전당 관리 · 운영 조례

(일부개정) 2023－04－21 조례 제6019호

제3조(대관심의위원회) ① 전당의 관리 · 운영 자문 및 공연장(아트홀, 앙상블홀) 등 대관 허가에 관한 사항을 심의하기 위하여 OO예술의전당 대관심의위원회(이하 "심의위원회"라 한다)를 둔다. <개정 2023.4.21.>

제3조의2(위원의 제척 · 기피 · 회피) ① 위원이 다음 각 호의 어느 하나에 해당하는 경우에는 심의위원회의 심의 · 의결에서 제척된다. <2023.4.21.>

제3조의3(해촉) 관장은 위원이 다음 각 호의 어느 하나에 해당하는 경우에는 해당 위원을 해촉하여야 한다.

[검토사항: **가지번호**]

- 가지번호 "조"는 "제O조의1"로 쓰지 않고 "제O조의2"부터 시작됨을 유의한다.
- 위의 2건 조례는 가지번호를 올바르게 표현하고 있다.

CASE Study 28 기존 조문을 이동하는 방식 ①

OO시 사회복지시설 민간위탁 운영 조례

(일부개정) 2023.04.18 조례 제1860호

제1조(목적) 이 조례는 「사회복지사업법」 제34조제5항에 따라 OO시가 설치한 사회복지시설의 민간위탁 운영에 관한 사항을 세부적으로 규정함으로써 공정하고 투명한 절차에 의해 위탁기관을 선정하고, 사회복지를 필요로 하는 시민의 삶의 질을 향상시키는 것을 목적으로 한다.

제2조(정의) 이 조례에서 사용하는 용어의 정의는 다음 각 호와 같다.

1. "사회복지시설"이란 「사회복지사업법」 제2조에 의한 사회복지사업을 행할 목적으로 OO시가 설치 · 운영하는 사회복지관, 여성 · 아동 · 청소년 · 장애인 · 노인 관련 복지시설 등을 말한다.
2. "위탁"이란 OO시가 설치 · 운영하는 사회복지시설의 관리 · 운영에 관한 사무를 사회복지법인이나 비영리법인에 맡겨 운영하게 하는 것을 말한다.
3. ~ 4. (생략)

제3조(적용범위) 사회복지시설(이하 "시설"이라 한다)의 민간위탁 운영에 관하여 다른 법령이나 조례에서 특별히 규정하는 경우를 제외하고는 이 조례가 정하는 바에 따른다.<개정 2020.1.7.> **[종전의 제2조에서 이동 2020.1.7.]**

제4조(수탁자의 공개모집 등) ① (생략)

② 법 제34조제4항에 따라 지방자치단체가 설치한 사회복지시설(이하 "시설"이라 한다)을 위탁받아 운영하고자 하는 자(이하 "위탁신청자"라 한다)는 규칙 제21조제1항에 따른 공개모집에 서면으로 지원하여야 한다. **[종전의 제3조에서 이동 2020.1.7.]**

제5조(수탁자선정심의위원회) ① (생략)

② 규칙 제21조제3항에 따른 선정위원회의 심의에 필요한 서류는 별표 1과 같다. 다만, 시장이 필요하다고 인정하는 때에는 별표 1에 규정된 것 외의 서류를 추가할 수 있다.

③ 선정위원회의 심의기준과 배점은 별표 2와 같다. **[종전의 제4조에서 이동 2020.1.7.]**

[검토사항: **기존 조문의 이동**]

- 위의 조례와 같이 "기존 조문을 이동하는 방식"은 다른 조례에서 그 이동 조문을 인용하고 있으면 이를 일일이 찾아 바뀌는 조문으로 개정해야 하므로, 개정 부분이 많아지고 복잡하게 되어 바람직하지 않다.

CASE Study 29 기존 조문을 이동하는 방식 ②

[입법례] **OO도 주거 기본 조례**

(일부개정) 2023-01-02 조례 제7518호

제10조(구성) ① 위원회는 위원장과 부위원장 각 1명을 포함하여 15명 이내의 위원으로 구성한다. 이 경우 제2항제3호의 위촉직위원은 한쪽의 성이 100분의 60을 넘지 아니하도록 노력하여야 한다.

② 위원장은 도지사가 되고 부위원장은 행정(1)부지사가 되며, 위원장은 위원을 다음 각 호에 해당하는 사람 중에서 임명 또는 위촉한다.

1. 도시주택실장과 도 소속 3급 이상 공무원 2명 이내
2. OO도의회에서 추천한 도의원 2명 [신설 2023.1.2.]
3. OO주택도시공사 주거복지 관련 본부장 [제2호에서 이동 <2023.1.2.>]
4. 주거복지 등 주거정책에 관한 학식과 경험이 풍부한 사람 [제3호에서 이동 <2023.1.2.>]

[검토사항 : 가지번호]

- 조와 호는 가지번호를 사용할 수 있다.
- 위의 조례는 제10조제2항제2호 신설 때 "가지번호"를 사용하지 않았다.
- 번호가 하나씩 뒤로 밀리면서 이를 인용한 제10조제1항 후단의 "이 경우 제2항제3호의 위촉직위원"이라는 표현이 당연직위원(주거복지 관련 본부장)을 가리키게 됨으로써 같은 조(條) 안에서 모순이 발생하고 있다.
- 후단의 본래의 의도는 제10조제2항제4호를 지칭하는 것으로 해야 올바른 의미가 된다.

6 별표와 별지 서식

1. 의의

- 조례의 내용은 원칙적으로 서술적인 문장으로 표시한다. 그러나 조례의 내용을 간명하고 알기 쉽게 규정하기 위해 산식, 표 또는 그림으로 표시할 수도 있고, 규정사항의 종류 · 성질 · 분량 등을 고려하여 해당 조항에서 바로 규정하기가 곤란한 경우 또는 규정 내용이 기술적 · 전문적이거나, 길고 복잡한 경우에는 부칙 다음에 별표, 별지 서식을 만들어 규정한다.
- 별표 또는 별지 서식의 제목은 "[별표]", "[별지 서식]"과 같이 대괄호 "[ ]"를 붙여 표시한다.
- (제목 표현) 별표의 제목에는 밑줄을 긋고(법제처), 연이어 괄호( ) 안에 본칙의 관련 조항을 표시한다.
- (가지번호) 별표와 별지 서식에 가지번호를 붙일 수 있다.

2. 유의사항

- 조례 문장에서 별표와 별지 서식을 인용할 때는 대괄호 "[ ]"를 쓰지 않고 "별표", "별지 서식"과 같이 인용한다.
- 별표를 신설하거나 전부개정할 때는 향후 일부개정 시 해당 부분이 특정될 수 있도록 가급적 "호, 목" 등을 붙인다.[5]

[별표1]	<u>OOO 시험과목</u>(제O조 관련)

5) 국회 법제실, 「법제 이론과 실제」, 2019, pp.106~114; 법제처, 「법령 입안·심사 기준」, 2017, p.666.

제 7 장

조례문 작성

1. 조례문 작성원칙
2. 법령 용어와 표현
3. 조항의 인용
4. 약칭
5. 준용

1 조례문 작성원칙

조례문은 가능한 한 구체적이고 명확하고 간결하게 작성한다.

1. 명료성

- 일반상식을 가진 주민이라면 누구라도 수월하게 그 의미를 이해할 수 있도록 명료하게 작성한다.
- 길고 복잡하거나 서로 관련 없는 사항이 한 문장에 섞여 있는 때는 조나 항, 호로 나눠 서술한다.
- 복잡하고 장문의 조례문 구조는 피한다.

2. 단순성

- 조례는 수범자인 주민의 입장에서 의미를 이해하기 위해 특별한 지식이 필요할 만큼 지나치게 전문적이거나 현학적인 용어 사용은 삼가한다.
- 가능하면 능동문으로, 이중부정문은 이해하기 쉬운 긍정문으로 쓴다.

3. 정확성

- 조례의 취지가 정확히 표현되지 않으면 입법목적을 달성하기 어렵다.
- 조례문에서 주어는 행정권한의 주체, 일정한 행위 또는 의무를 이행해야 하는 자를 정하므로 중요하다.
- 호 · 목에 명사로 끝나는 말 다음에 두는 단서에서 '그러하지 아니하다' 등으로 서술하면 의미가 불분명하거나 해석상 논란의 소지가 있으므로 그 내용을 정확하게 쓸 필요가 있다.[1)]

---

1) 국회 법제실, 「법제 이론과 실제」, 2019, pp.864~885; 법제처, 「법령 입안·심사 기준」, 2017, pp.737~771.

CASE Study 30 조 제목과 본문 내용의 불일치

[입법례] **OOOOOO시 대한적십자사 활동지원 조례**

(일부개정) 2022.08.10 조례 제1970호

제4조(국유재산 및 공유재산의 무상대부) ① 시장은 제3조의 지원사업을 위하여 필요한 경우에는 시설물을 그 용도에 지장을 주지 아니하는 범위 내에서 무상 대부 및 사용허가 할 수 있다.

② 무상으로 대부하거나 사용·수익하게 하는 경우 그 내용 조건 및 절차 등은 「공유재산 및 물품 관리법」과 「OOOOOO시 공유재산 관리 조례」가 정하는 바에 따른다.

OO광역시 공동주택 관리 조례

(일부개정) 2022-08-01 조례 제5956호

제6조(심사위원회 설치 등) ① 시장은 입주자 보호와 공동주택 관리 비용의 지원에 대한 기준 및 대상 선정 등을 위하여 OO광역시 공동주택 심사위원회(이하 "위원회"라 한다)를 설치·운영할 수 있다.

②~④ (생략)

⑤ 위원의 임기는 2년으로 하며 한 차례만 연임할 수 있으며, 위원 중 공무원이 아닌 위원의 사임 등으로 인하여 새로 위촉된 위원의 임기는 전임 위원 임기의 남은 기간으로 한다.

제8조(위원의 임기 등) ① 위원장은 위원회를 대표하며 위원회의 업무를 총괄한다.

② 부위원장은 위원장을 보좌하며, 위원장이 부득이한 사유로 직무를 수행할 수 없는 때에는 그 직무를 대행한다.

③ 위원장과 부위원장이 모두 부득이한 사유로 직무를 수행할 수 없는 때에는 위원회에서 호선한 위원이 그 직무를 대행한다.

④ 위원회의 회의는 시장 또는 해당 위원회의 위원장이 필요하다고 인정할 때에 소집하고, 위원장이 그 의장이 된다.

⑤ 위원회의 회의는 재적위원 과반수의 출석으로 개의(開議)하고, 출석위원 과반수의 찬성으로 의결한다

⑥ ~ ⑦ (생략)

[검토사항: **정확한 표현, 조 제목과 본문 내용의 불일치**]

- 위의 첫 번째 조례는 조 제목 (국유재산)과 관련된 내용이 본문에는 없다.
- 두 번째 조례는 "임기"에 관한 조 제목이 제8조(위원의 임기 등)에 있으나 본문에는 그 내용이 없고, 제6조(심사위원회 설치 등)제5항에 규정되어 있다.
- 조 제목과 본문 내용이 부합하지 않고 있다. 조례문 작성의 정확성이 요구된다.

CASE Study 31 조 제목의 중복 표현

[입법례]

OO도시개발공사 설치 및 운영에 관한 조례

(일부개정) 2022-07-29 조례 제5799호

제21조(기금 및 보조금 등) ① 공사에 기금을 설치 운영할 수 있다.
② 시는 제1항에 따른 기금의 조성과 공사의 기본시설 설비 등을 위하여 출연금을 교부할 수 있다.

OO군 노인 여가복지시설 지원 조례

(일부개정) 2022.12.28 조례 제2585호

제5조(자문위원회의 설치 및 기능) ① 군수는 노인 여가복지시설의 효율적인 운영을 위하여 노인 여가복지시설 운영자문위원회(이하 "위원회"라 한다)를 둘 수 있다.
② 위원회는 위원장 1인을 포함하여 9인 이내의 위원으로 구성한다.
③ 위원회에는 위원장과 부위원장 각 1인을 두되, 위원장은 부군수로 하고 부위원장은 당연직이 아닌 위원 중에서 호선한다.
④ 위원회의 위원은 다음 각 호의 어느 하나에 해당하는 자 중에서 군수가 위촉하되 사회복지과장은 당연직위원으로 한다.
⑤ 위원회의 사무를 처리하기 위하여 간사 1인을 두되, 간사는 노인장애인팀장이 된다.

제6조(위원회의 기능) 위원회는 다음 각 호의 사항에 대한 자문기능을 수행한다.
1. 노인 여가복지시설 및 운영 지원에 관한 사항
2. 노인 여가복지시설 활성화를 위한 공청회 및 세미나 개최
3. 기타 군수가 노인 여가복지시설 운영에 필요하다고 인정하여 자문을 요구하는 사항

[검토사항: **정확한 표현**]

- 위의 첫 번째 조례는 조 제목 “보조금”에 관한 내용이 본문에는 없고 출연금만 나와 있다.
- 두 번째 조례는 제5조 조 제목(자문위원회의 설치 및 기능)에 “기능”이 있으나 본문에는 그 내용이 없고, 그 기능은 제6조에서 조 제목(위원회의 기능)으로 하고 본문에서 그 내용을 설명하고 있다.
- 두 번째 조례는 조 제목에 “기능”이라는 용어가 제5조와 제6조에서 중복되어 있다.

2 법령 용어와 표현

1. 법령 용어 순화의 원칙

- 우리나라 법령에는 중국 · 일본 등에서 유입된 어려운 한자어나 일본식 표현 등이 남아 있고, 최근에는 정보통신 · 금융 · 환경 등 특정 분야에서 사용되는 전문용어가 증가하고, 외국어 · 외래어 · 신조어 등이 사용되면서 법령 내용을 이해하는 것이 어려워졌다.
- 모든 법령문은 한글로 표기하되 일상생활에서 많이 쓰이는 용어를 사용한다.
- 어려운 한자어, 일본식 한자어, 어려운 전문용어 등은 '정확하고 알기 쉬운 우리말'로 정비한다.
- 「행정 효율과 협업 촉진에 관한 규정」 제4조제1호에서는 조례를 공문서의 한 종류인 법규문서에 포함시키고 있고, 같은 규정 제7조에서는 문서는 「국어기본법」 제3조제3호에 따른 어문규범에 맞게 한글로 작성하되, 뜻을 정확하게 전달하기 위하여 필요한 경우에는 한자나 그 밖의 외국어를 함께 적을 수 있다고 규정하고 있다.
- 이러한 규정에 따라 지방자치단체는 조례를 "어문규범"에 맞게 작성하여야 하는 의무가 있다. 따라서 외래어 · 외국어는 쓰지 않는 것을 원칙으로 하고, 바꾸어 쓸 우리말이 없거나 이미 관행적으로 굳어진 외래어인 경우에는 예외적으로 사용 가능하다.[2)]

2. 법령 용어 표현

(1) 한자 같이 쓰기

- 한자어를 한글로 하더라도 한글로만 표현해서는 이해하기 어려운 용어나, '보전(保全, 補塡)' 등과 같은 동음이의어 등 그 뜻이 불분명한 용어는 괄호( ) 안에 한자를 함께 쓴다.
- 한자 병기는 그 용어가 조례에서 맨 처음 나오는 곳에 한 번만 하는 것을 원칙으로 한다.
- 그러나 한글은 같으나 한자가 다른 용어는 그 용어가 나올 때마다 병기할 수 있다.

---

2) 법제처, 「2022년 자치법규 입안 길라잡이」, 2022, p.406; 법제처, 「2021 쉽게 찾아보는 자치법규 입안기준」, 2021, p.81.

(2) 전문용어

- 전문용어에는 외국어 등이 많은데 단순히 관련 종사자들에게 익숙하다는 이유만으로 거르는 노력 없이 그대로 조례에 규정하는 것은 바람직하지 않다.
- 「국어기본법」 제17조는 국가는 국민이 각 분야의 전문용어를 쉽고 편리하게 사용할 수 있도록 해야 한다고 규정하고 있다.
- 전문용어는 관련된 조례에서 동시에 규정하고 있거나 그 용어에 특별한 의미가 부여된 경우가 있으므로 유의해야 한다.

(3) 용어의 통일성

하위법령은 상위법령에서의 사용 용어를 특별한 사정이 없으면 다른 용어로 바꾸어 사용하면 안 된다.

CASE Study 32 **법령 용어의 통일 ①**

[입법례] **OO군 출산장려 및 양육비 지원에 관한 조례** 3)

(일부개정) 2020.10.08 조례 제2487호

현 행	법제처 정비안
제1조(목적) 이 조례는 **출산율 저하**로 인한 OO군의 인구감소 현상과 인구 **노령화** 등의 사회문제에 적극 대처하여 출산장려의 분위기를 조성하고 출산 부모 등을 대상으로 출산 및 양육비 지원에 필요한 사항을 규정함을 목적으로 한다.	제1조(목적) 이 조례는 **저출산**에 따른 OO군의 인구 감소와 **고령화** 등의 사회문제에 적극 대처하고, 출산 장려 분위기를 조성하기 위하여 출산 장려 및 양육 지원에 필요한 사항을 규정함을 목적으로 한다.

[검토사항: **법령 용어 통일**]

- 용어의 통일 문제로서, 하위법령은 상위법령에서 사용하는 용어를 특별한 사정이 없으면 다른 용어로 바꾸어 사용하면 안 된다.
- 상위법령인 「저출산·고령화사회기본법」에서 사용하는 용어로 통일한다.
- 출산율 저하 → 저출산, 노령화 → 고령화

3) 법제처, 『2021년 알기 쉬운 조례 만들기 지원 사례집』. 2021, p.205.

CASE Study 33 법령 용어의 통일 ②

[입법례] **OO시 인구정책 기본조례**

(일부개정) 2023.03.01 조례 제1203호

제2조(정의) 이 조례에서 "인구정책"이란 인구 유출입등 인구변화에 대응하여 OO시(이하 "시"라 한다)가 수립 · 시행하는 다음 각 호의 어느 하나에 해당하는 정책을 말한다.

1. **저출생** · 고령화 등에 따른 인구구조 불균형에 대응하기 위한 정책
2. 일자리 · 문화 · 복지 · 주택 · 교통 등 정주여건 개선을 위한 정책
3. 그 밖에 인구감소에 대응하고 인구증가를 장려하기 위한 정책

제5조(시행계획) ① 시장은 「**저출산 · 고령사회기본법**」(이하 "법"이라 한다) 제21조에 따라 연도별 시행계획(이하 "시행계획"이라 한다)을 수립 · 시행하여야 한다.

[검토사항: **용어 통일**]

- 위의 조례 제2조제1호에서 "저출생"이라는 용어를 사용하였는데, 상위법령인 「저출산·고령화사회기본법」에서 사용하는 용어인 "저출산"으로 통일한다.

CASE Study 34 법령 용어의 순화

[입법례] **OO군 장기 미집행 도시계획시설 대지보상 임시특별회계 설치 및 운영 조례**

(일부개정) 2022.08.22 조례 제2133호

제7조(준용) 대지보상특별회계의 예산편성 및 집행 등에 관한 사항은 「지방재정법」과 **동법** 시행령 및 「OO군 재무회계 규칙」에서 정하는 바에 따른다.

[검토사항: **법령 용어 순화**]

- 과거에는 "동법"이라는 용어를 많이 사용하였으나, 요즘은 법령 용어 순화에 따라 "같은 법"으로 쓰임새가 바뀌었다.

CASE Study 35 용어 사용의 혼재

[입법례] **OOOO시 OO구 장애인복지 증진에 관한 조례** (일부개정) 2022.09.22 조례 제1701호 **제33조(다른 법률 또는 조례와의 관계)** 구청장은 장애인복지 증진에 관하여 다른 법령과 조례에 특별히 규정된 것을 제외하고는 이 조례가 정하는 바에 따른다.
OOOO시 OO구 문화예술진흥에 관한 조례 (일부개정) 2022.09.22 조례 제1701호 **제3조(다른 법규와의 관계)** 문화예술 진흥에 관하여 다른 법령이나 조례에서 특별히 정하는 경우를 제외하고는 이 조례가 정하는 바에 따른다.
OO군 사회복지사 등의 처우 및 지위 향상에 관한 조례 (일부개정) 2022.08.11 조례 제2616호 **제4조(다른 법령과의 관계)** 사회복지사 등의 처우 및 지위 향상에 관하여 다른 조례에 특별한 규정이 있는 경우를 제외하고는 이 조례에서 정하는 바에 따른다.

[검토사항: **용어 사용의 남용, 법률 · 법규 · 법령**]

- 첫 번째 조례의 조 제목 중 "법률"과 관련되는 본문의 내용으로는 법령이 있다. 법령은 법률(法律)과 명령(命令)으로 구성되고, 명령에는 시행령(대통령령)과 시행규칙(총리령, 부령)이 있다.
- 두 번째 조례의 조 제목 중에 "법규"라는 용어가 있는데, 본문 내용에는 법령이 나온다.
- 세 번째 조례는 조 제목 중에 "법령"이라는 용어가 나오는데, 본문에는 이와 관련된 내용이 없다.
- 위의 3건 조례의 조 제목은 (다른 조례와의 관계)로 하는 것이 적절하다고 본다.

3 조항의 인용

1. 같은 조례 안에서 인용

같은 조례 안에서 다른 조항을 인용할 경우 "이 조례" 등의 표시를 생략하고 곧바로 "제○조제○항", "제○조제○항부터 제○항까지" 등과 같이 인용되는 조항만을 표시한다.

2. 다른 법령 또는 조례의 인용

- 조례에서 다른 법령 또는 다른 조례의 조항을 인용할 경우 다른 법령, 다른 조례의 제명과 해당 조항을 함께 표기한다.
- 둘 이상의 조항을 연이어 인용할 때는 "「○○ 조례」 제○조·제○조 및 제○조"와 같이 다른 조례의 제명은 처음 나올 때에만 표기한다.
- 다른 조례의 제명과 조항이 같은 항에서 다시 나오는 경우 "같은 조례 제○조"라고 표현한다.

3. 당해 조례와 다른 법령을 동시에 인용

혼동을 일으키지 않도록 「○○법」 제○조·제○조 및 제○조와 "이 조례 제○조"라고 표기한다.

4. 부칙에서 조문 인용

- 부칙에서 조례의 본칙 규정을 인용할 때, "본칙 제○조"라 표기하지 않고 본칙의 "조문만" 표시한다.
- 부칙 안의 다른 조항을 인용할 때는 "부칙 제○조"와 같이 부칙임을 표시한다.

5. 상위법령의 근거 조항을 조례에서 인용할 경우

상위법령에서 조례에 규율 내용을 위임한 경우 그 조례에서 상위법령의 근거 조항을 인용할 때에는 가능한 한 구체적으로 조·항·호를 명시한다.

6. 조항에 나열된 각 호 중 일부를 인용하는 경우

조례의 조항에 각 호가 열거되어 있고 각 호 외의 부분에서 내용상 각 호의 일부(예컨대, 제○호부터 제○호까지)를 모두 지칭하거나 또는 그 중 어느 하나의 호만을 지칭하려는 경우의 표현이다.

[예시]

ㅁ 그 인용 대상 전부를 지칭하는 경우:

"다음 각 호의 요건에 모두 해당하는 경우"로 표현한다.

ㅁ 그 인용 대상의 하나를 지칭하는 경우:

- "제○호, 제○호 및 제○호의 어느 하나에 해당하는 경우" 또는
- "제○호부터 제○호까지의 어느 하나에 해당하는 경우"로 표현한다.

4 약 칭

1. 의의

- ‘약칭’은 조례에서 반복하여 사용되는 문구나 단어군을 맨 처음 나오는 조항에서 그 문구나 단어군을 대표하는 문구나 단어로 줄여 간단하게 표시하는 방법이다. 이는 조항의 복잡한 내용을 간결하게 표현한다는 의미가 있다.
- 주민에게는 조례 내용을 제대로 이해하기 어렵게 하는 문제점이 있다.
- 약칭은 ‘정의 규정’과 구분하기 어려운 경우도 있다.

2. 약칭의 위치

약칭은 최초로 나오는 용어에서 사용하되 “목적조항”에서는 약칭을 사용하지 않는다.

3. 상위법령에서 약칭을 사용한 경우의 조례 약칭

- 약칭은 약칭이 사용된 해당 법령에서 사용하기 위한 것이므로, 상위법령에서 약칭한 용어를 조례에서 사용하려면 조례에서 다시 약칭해야 한다. 따라서 조례에서 상위법령에서 약칭한 용어를 사용하려면 조례에서 약칭하는 규정을 두어야 한다.[4)]
- 정의 규정은 조례 중에 쓰이는 용어의 뜻을 명확하게 하는 규정이고, 약칭은 조례에서 반복하여 사용되는 긴 표현을 간결하게 표현하는 규정이다.

4. 약칭 사용의 제한

- 정의한 용어를 다시 약칭하는 것은 적절하지 않으나, 부득이하면 용어를 정의한 후 최초로 나오는 조항에서 약칭한다.
- 예외적으로 용어를 정의하는 조항 안에서 다시 약칭하는 경우도 있으나, 이러한 방식은 피하도록 한다.

5. 약칭 사용방법

- 약칭은 글자 수를 줄이는 것이므로 약칭으로 이해가 어려워지지 않는 범위에서 최대한 약칭한다.
- “A, B, C ∼”를 약칭할 때 “A”로 약칭하는 것은 피하고, “A, B, C ∼” 등의 공통요소를 모아 새로운 용어로 약칭한다. 부득이하면 “A등”으로 약칭하고 “등”은 붙여 쓴다.

---

4) 법제처, 「2022년 자치법규 입안 길라잡이」, 2022, pp.413∼416.; 법제처, 「2021 쉽게 찾아보는 자치법규 입안기준」, 2021, p.35.

- 법령의 제명은 약칭하지 않는 것이 바람직하나 최근 법령명이 길어지는 추세여서 법령 제명도 약칭할 수 있다.
- 약칭은 그 자체만을 보고도 생략된 문구나 단어군의 의미가 쉽게 파악되도록 하고, 생략된 문구나 단어군의 의미와 다르게 오인될 수 있는 약칭은 피한다.
- 두 단어 이상으로 약칭할 때는 가능하면 수식어 사용은 피하고 명사구로 하여 붙여 쓰되, 부득이 수식어를 사용할 때는 띄어 쓰도록 한다.

CASE Study 36 약칭 ①

[입법례] **OO경제자유구역 금융산업 육성 및 지원에 관한 조례**

(일부개정) 2022-12-30 조례 제6920호

제1조(목적) 이 조례는 「금융중심지의 조성과 발전에 관한 법률」 등의 규정에 따라 OO경제자유구역(이하 "IFEZ"라 한다)의 금융산업을 육성하고 행정 · 재정지원에 관한 사항을 규정함으로써 금융기업 유치와 금융산업의 발전을 촉진하고 나아가 국가경쟁력 강화와 경제 활성화를 도모함을 목적으로 한다.

[검토사항: **목적 규정, 약칭(X)**]

- 약칭은 약칭을 해야 할 용어가 처음 나오는 부분에서 사용하되, 목적조항에서는 약칭을 사용하지 않는다.
- 위의 조례 제1조(목적)에서 약칭을 해서는 안 된다.
- 약칭이 "IFEZ"란 외국어인데, 만약 목적 이외의 조항에서 약칭을 하게 된다면 원문(Incheon Free Economic Zone)을 함께 표시해 주는 것이 적절하다고 본다.

CASE Study 37 약칭 ②

[입법례] 「OO도 농가 소규모 식품가공사업 육성 및 지원 조례」 5)

(일부개정) 2022－12－30 조례 제7494호

현행	법제처 정비안
제2조(정의) 이 조례에서 사용하는 용어의 뜻은 다음 각 호와 같다 1. (생략) 2. "**소규모 식품가공사업**(이하 "**식품가공사업**"이라 한다)"이란 농업인 등이 생산한 자원과 용역을 이용하여 다음 각 목의 요건을 모두 갖춘 식품가공사업을 영위하는 경우를 말한다.	**제2조(정의)** 이 조례에서 사용하는 용어의 뜻은 다음과 같다. 1. (생략) 2. "소규모 식품가공사업"이란 농업인 등이 경영하는 식품가공사업으로서 다음 각 목의 요건을 모두 갖춘 것을 말한다.

[검토사항: **정의 조항의 약칭**]

- 정의한 용어(소규모 식품가공사업)를 다시 약칭(식품가공사업)하는 것은 바람직하지 않다.
- 정의 규정에서 정의된 용어에 대해서는 원칙적으로 다시 약칭하지 않도록 한다.

5) 법제처, 『2021년 알기 쉬운 조례 만들기 지원 사례집』. 2021, p.54.

CASE Study 38 약칭 ③

[입법례] **OO군 지방재정공시심의위원회 운영 조례**

(일부개정) 2022.10.21 조례 제2823호

제1조(목적) 이 조례는 「지방재정법」 제60조제3항의 규정에 의한 OO군 **지방재정공시심의위원회(이하 "위원회"라 한다)의** 구성 · 운영 등에 관하여 필요한 사항을 규정함을 목적으로 한다.

제2조(위원회 구성) ① OO군 **지방재정공시심의위원회(이하 "위원회"라 한다)의** 구성에 관하여는 「OO군 지방보조금 관리 조례」 제6조제2항부터 제6항까지를 준용한다. 이 경우 "지방보조금심의위원회"는 "**지방재정공시심의위원회**"로 본다.

② 제1항의 위원회는 「OO군 지방보조금심의위원회」가 대행할 수 있다.

[검토사항: **약칭의 중복**]

- (제1조 약칭 삭제) 목적조항에서는 "약칭"(이하 "위원회"라 한다)을 사용하지 않는다.
- 위의 조례는 같은 약칭을 제1조와 제2조에서 중복하여 사용하고 있다.
- 약칭은 목적조항 이외에서 약칭을 해야 할 용어가 처음 나오는 부분에서 사용하는 것이 원칙이므로 현행 제2조제1항의 약칭은 맞다고 할 수 있으나, 그 다음 단계에서의 약칭 적용이 부자연스럽다.
- 현행 제2조제1항에서 OO군 지방재정공시심의위원회(이하 "위원회"라 한다)를 약칭하여 규정대로라면 "지방보조금심의위원회는 위원회로 본다"로 조문이 성립하게 되는데, 이렇게 되면 내용이 혼란스럽다.
- 약칭에 관해서는 "제2조(위원회 구성) ① ··.
  이 경우 "지방보조금심의위원회"는 "지방재정공시심의위원회(이하 "위원회"라 한다)"로 본다."고 규정하는 것이 주민들의 조문 이해에 더 적절하다고 보여진다.

5 준 용

1. 의의

- "준용"은 특정 조문을 그와 성질이 유사한 규율 대상에 대해 그 성질에 따라 다소 수정하여 규정할 때 사용된다.
- 준용방식은 같은 규정의 반복을 피함으로써 입법경제를 도모할 수 있어 그 규율 대상이 유사하고 입법의 간결성을 기하려는 경우에 사용된다.
- 준용방식을 사용할 때는 입법경제의 실익과 수범자의 조례 이해의 난점을 비교 형량하여 그 사용 여부를 결정한다.
- 준용방식의 사용 여부를 결정할 때는 준용 대상 조문의 내용과 준용 조문의 내용이 유사한지를 면밀히 검토한다.

2. 표현방식

- (표현) "○○에 관하여는 제○조를 준용한다."
- 후단에서 다른 규정을 준용할 때는 "이 경우 제○조를 준용한다."로 표현한다.

3. 적용방식

- "적용"은 어떤 사항을 규율하는 조문을 조금도 수정하지 않고 그와 성질이 같은 다른 규율 대상에게 규정할 때 사용된다.
- "예에 따른다"는 어떤 법령 규정을 포괄적으로 다른 규율 대상에 준용하려고 할 경우에 사용한다. "예에 따른다"는 표현은 포괄적으로 준용한다는 점에서 준용 범위에 관해 오해의 소지가 있을 수 있으므로 부득이한 경우를 제외하고는 사용하지 않는다.

4. 유의사항

- 준용은 원칙적으로 "같은 지위"에 있는 법규 간에만 할 수 있다.
- 상위법령에서 하위법령을 준용하면 "하위법령 개정"에 따라 상위법령 내용이 변경되게 되므로 상위법령에서 하위법령을 준용해서는 안 된다. 따라서 상위법령에서는 "조례"를 준용하지 않는다.
- 하위법령에서 상위법령을 준용하면 상위법령을 수정해서 적용할 수 있다고 오해할 소지가 있으므로 원칙적으로 하위법령에서 상위법령을 준용할 수는 없다. 따라서 조례에서 "상위법령"을 준용할 수는 없다.

- 다만, 상위법령에서 위임 받은 하위법령(위임조례)은 위임받은 범위에서 상위법령을 보충하게 되고 위임한 상위법령은 같은 지위에 있는 상위법령을 준용할 수 있으므로, 위임한 상위법령과 같은 지위를 가지는 상위법령을 준용하는 규정을 두는 경우가 있다.[6]
- 준용대상은 개정이 빈번한 규정보다는 개정이 잘 이루어지지 않는 규정을 대상으로 하는 것이 바람직하다.
- 어떤 규정을 준용할 것인지에 대해 조문을 구체적으로 특정하지 않고 조례 전체를 준용대상으로 하는 포괄적 준용방식은 준용범위에 관해 해석상 논란이 있을 수 있으므로 포괄적 준용규정보다는 대상 조문을 "특정"하여 준용하도록 한다.
- "OO에 관하여는 OO를 준용한다."와 같이 포괄적으로 준용하는 것은 준용되는 규정이 명확하지 않아 적절하지 않다.
- 준용이 가지는 성격상 준용된 규정을 다시 준용하게 되는 경우 법문의 이해를 어렵게 하고, 준용되는 조문의 범위 등에 대해 해석상 논란을 일으킬 수 있으므로, 준용된 규정을 "다시 준용"하지 않도록 한다.[7]

---

6) 법제처, 「2021 쉽게 찾아보는 자치법규 입안기준」, 2021, pp.83~84.
7) 국회 법제실, 「법제 이론과 실제」, 2019, pp.847-863; 법제처, 「알기 쉬운 법령 핵심 요약서」, 2019.

CASE Study 39 준용

<table>
<tr><td>

OOOO시 주택임대차분쟁조정위원회 구성 및 운영 조례

(일부개정) 2022.12.30 조례 제8530호

제17조(다른 법률의 준용) 위원회의 운영 및 조정절차에 관하여 이 조례에서 규정하지 아니한 사항에 대하여는 「민사조정법」을 준용한다.

</td></tr>
<tr><td>

OOOO시 상가임차인 보호를 위한 조례

(일부개정) 2022.12.30 조례 제8530호

제23조(다른 법률의 준용) 조정위원회의 운영 및 조정절차에 관하여 이 조례에서 규정하지 아니한 사항에 대하여는 「민사조정법」을 준용한다.

</td></tr>
</table>

[검토사항: **준용**]

- 위의 조례는 "상위법령"인 「민사조정법」을 포괄적으로 준용하고 있는데, "OO에 관하여는 OO를 준용한다"와 같이 포괄적으로 준용하는 것은 준용되는 규정이 명확하지 않아 적절하지 않다.
- 어떤 규정을 준용할 것인지에 대해 조문을 구체적으로 특정하지 않고 법률(조례) 전체를 준용대상으로 하는 포괄적 준용방식은 준용 범위에 관해 해석상 논란이 있을 수 있으므로 바람직하지 않다.
- 하위법령에서 상위법령을 준용하면 상위법령을 수정해서 적용할 수 있다고 오해할 소지가 있으므로, 원칙적으로 하위법령에서 상위법령을 준용할 수 없다.
- 준용은 원칙적으로 "같은 지위"에 있는 법규 간에만 할 수 있다.

CASE Study 40 준용과 적용의 구분 ①

[입법례]

OO군의회 위원회 조례

(일부개정) 2022.07.18 조례 제2626호

제13조(적용 및 준용규정) ② 이 조례에 규정한 사항 외의 위원회의 회의의 운영, 의사 등에 관하여 필요한 사항은 「OO군의회 회의 규칙」을 준용한다.

OOOO시 OO구 문화예술시설 설치 및 운영 조례

(일부개정) 2022.07.14 조례 제1688호

제4장 보칙

제24조(다른 조례 등의 적용) 이 조례에 규정하지 아니한 사항에 대하여는 관계 법률 및 「OOOO시 OO구 구유재산 및 물품 관리 조례」의 규정을 준용한다.

OO군 먹거리 보장 기본조례

(제정) 2022.08.19 조례 제2844호

제7장 보칙

제29조(관계법령) 이 조례에서 정한 것 이외의 사항에 대하여는 「학교급식법」, 「지역 농산물 이용촉진 등 농산물 직거래 활성화에 관한 법률」, 「농업·농촌 및 식품산업 기본법」, 「공유재산 및 물품 관리법」, 「OOO도 지역농산물 공공급식 지원조례」, 「OOO도 친환경 학교급식 지원조례」, 「OO군 사무의 민간위탁 촉진 및 관리 조례」를 적용 또는 준용한다.

[검토사항: **준용과 적용의 구별**]

- 준용과 적용은 구별되는 용어이다.
- "준용"은 특정 조문을 그와 성질이 유사한 규율 대상에 대해 그 성질에 따라 다소 수정하여 규정할 때 사용된다.
- "적용"은 어떤 사항을 규율하는 조문을 조금도 수정하지 않고 그와 성질이 같은 다른 규율 대상에게 규정할 때 사용된다.
- 위의 첫 번째 조례는 제13조 조 제목에서 "적용과 준용"이 병기되어 있다.
- 두 번째 조례는 제24조 조 제목은 "적용", 본문 내용은 "준용"이 쓰여 용어가 혼용되고 있다.
- 세 번째 조례는 제29조 조 제목(관계 법령)이 본문 내용과는 거리가 있고, 본문에서는 "적용과 준용"이 병기되어 있다. 용어에 대한 정확한 이해가 필요한 것으로 보인다.

CASE Study 41 준용과 적용의 구분 ②

[입법례]

OO광역시 OO군 응급의료지원에 관한 조례

(전부개정) 2022.12.30 조례 제2884호

제12조(준용) 이 조례에서 규정한 것 외에 응급의료의 지원에 관하여는 법, 「**응급의료에 관한 법률 시행령**」, 「**응급의료에 관한 법률 시행규칙**」, 「**지방자치단체 보조금 관리에 관한 법률**」, 「**지방자치단체 보조금 관리에 관한 법률 시행령**」 및 「OO광역시 OO군 지방보조금 관리 조례」의 해당 규정을 준용한다.

OO시 기업유치 촉진 및 지원에 관한 조례

(일부개정) 2023.01.25 조례 제952호

제27조(다른 조례의 준용) 이 조례에 규정되지 아니한 사항은 「**OOO도 외국인 투자유치 촉진 등에 관한 조례**」, 「**OOO도 국내기업 유치 촉진 조례**」, 산업통상자원부장관이 고시한 「지방자치단체의 지방투자기업 유치에 대한 국가의 재정자금 지원기준」, 「OO시 지방보조금 관리 조례」를 준용한다.

OO광역시 자동차산업 육성 및 지원 조례

(일부개정) 2022-11-04 조례 제 5979호

제20조(다른 법령의 적용) 이 조례에서 정하지 않은 사항은 「**산업입지 및 개발에 관한 법률**」, 「**산업집적활성화 및 공장설립에 관한 법률**」, 「**국토의 계획 및 이용에 관한 법률**」, 「**공익사업을 위한 토지 등의 취득 및 보상에 관한 법률**」, 「**건축법**」, 「**조세특례제한법**」, 「**지방재정법**」 등 산업단지 조성 및 분양과 관련된 법령의 규정을 적용한다.

[검토사항: **준용**]

- 위의 첫 번째, 두 번째 조례의 조 제목에는 "준용"이, 세 번째 조례의 조 제목에는 "적용"의 용어가 쓰였다. 양 용어의 개념 적합성을 점검해 본다.
- 위의 4건 조례 모두 본문에서 상위법령인 법률, 시행령, 시행규칙, 도 조례 등을 규정하고 있다.
- 준용은 원칙적으로 "같은 지위"에 있는 법규 간에만 할 수 있다.
- "OO에 관하여는 OO를 준용한다"와 같이 포괄적으로 준용하는 것은 준용되는 규정이 명확하지 않아 적절하지 않다.
- 상위법령의 근거 조항을 인용할 때는 가능한 한 구체적으로 조·항·호를 명시한다.

CASE Study 42 **조 제목, 준용**

OOO도의회 의원외교활동 지원 조례
(제정) 2022-08-18 조례 제5581호
제9조(의원외교활동 지원에 관한 그 밖의 사항) 이 조례에서 정한 사항 외에 의원외교활동 운영 및 출장 관리 등은 「공무국외출장 조례」를 **준용**한다.
OO군 지하수 조례
(일부개정) 2022.10.14 조례 제2779호
제15조 (사무취급 예) 이 조례에 규정된 것 이외에 특별회계의 운영에 관하여 필요한 사항은 일반회계의 **예를 준용한다.**
OO광역시 O구 UN평화문화특구 운영 조례
(일부개정) 2022.10.04 조례 제1484호
제17조(기타) 이 조례에 규정하지 않은 사항은 「**규제자유특구 및 지역특화발전특구에 관한 규제 특례법**」 및 **개별법**에 따른다.

[검토사항: **조 제목, 준용**]

- 위의 3건 조례의 본문 내용이 "준용"과 관계가 있다. 그런데 조 제목이 내용에 부합되게 준용이라는 용어가 쓰이지 않고, "의원외교활동 지원에 관한 그 밖의 사항", "사무취급의 예", "기타"로 명명되어 있다. 이를 "준용"으로 통일하는 방안을 검토해 본다.
- 위의 두 번째 조례는 "…… 의 예를 준용한다"하여 포괄적 준용방식의 형태를 취하고 있다. 가급적 이러한 규정방식은 피한다.
- 세 번째 조례는 상위법령을 준용하고 있는 것도 문제이지만, "개별법에 따른다"고 하여 준용 내용이 막연하다.

CASE Study 43 **조 제목, 적용**

[입법례] **OO시 마을버스 준공영제 운영에 관한 조례**

(일부개정) 2022.09.01 조례 제1834호

제21조(다른 조례의 적용) 준공영제 운영에 관하여 이 조례에서 정하지 아니한 사항은 「OO시 노선버스 운송사업의 관리 및 지원 기본조례」, 「OO시 지방보조금 관리 조례」 및 「OO시 사무의 민간위탁에 관한 조례」의 해당 규정을 각각 적용한다.

OO군 차산업발전 및 차문화 진흥 지원 조례

(일부개정) 2022.12.29 조례 제2707호

제18조(다른 법령 등의 적용) 보조금의 신청, 지원 절차, 관리 및 정산 등에 대하여 이 조례에서 규정한 것 외에는 「OO군 지방보조금 관리 조례」에 따른다.

OOOOOO도 장애인 체육 진흥 조례

(일부개정) 2022-08-17 조례 제3209호

제12조(적용) 장애인 체육 진흥에 관하여 이 조례에서 정한 사항 외의 예산지원에 필요한 사항은 「OOOOOO도 지방보조금 관리 조례」에 따른다.

OOOO시 OO구 수수료 징수 조례

(일부개정) 2022.07.14 조례 제1688호

제2조(적용) 수수료는 다른 조례에 특별히 정한 것을 제외하고는 이 조례에 따라 징수한다.

[검토사항: **조 제목, 적용**]

- 위의 4건 조례 조 제목을 보면 "다른 조례의 적용", "다른 법령의 적용", "적용" 등으로 공통요소가 "적용"이다. 적용이라는 용어에 부합하는 내용인지 확인해 본다.
- 두 번째 조례는 조 제목 중에 "법령"이라는 용어가 나오지만, 본문에는 관련 내용이 없다.
- 특히, 두 번째, 세 번째, 네 번째 조례 조 제목이 "다른 법령 등의 적용", "적용"인데, 본문 내용은 적용의 우선순위를 규정하는 총칙 규정의 "다른 조례와의 관계" 규정이 아닌지 점검해 본다.

CASE Study 44 법률의 준용 문제

[입법례]

OO군 경로당 지원 조례

(일부개정) 2022.12.19 조례 제3019호

제11조(관계규정의 준용) 이 조례에서 규정하지 않은 사항에 대하여는 「노인복지법」, 「OO군 지방보조금 관리 조례」의 규정을 준용한다.

OO 동구래마을 창작스튜디오 운영조례

(일부개정) 2022.12.21 조례 제2642호

제25조(다른 법률의 준용) 이 조례에서 규정하지 않은 사항은 「지방자치법」, 「문화예술진흥법」, 「공유재산 및 물품관리법」 등 관계 법령의 규정을 준용한다.

OO군 노인 등 대중교통 이용 지원에 관한 조례

(일부개정) 2022.08.29 조례 제1665호

제10조(적용규정) 제5조부터 제8조까지 규정한 사항 외의 그 밖에 필요한 사항은 「여객자동차 운수사업법」 및 「지방재정법」, 「OO군 지방보조금 관리 조례」를 적용한다.

생거 OO 케어팜 설치 및 운영 조례

(제정) 2022.12.02 조례 제3008호

제12조(준용) 이 조례에 정하지 아니하는 사항은 「농업·농촌 및 식품산업 기본법」, 「치유농업 연구개발 및 육성에 관한 법률」, 「사회서비스 이용 및 이용권 관리에 관한 법률」, 「OO군 사무의 민간위탁 촉진 및 관리 조례」, 「OO군 지방보조금 관리 조례」를 준용한다.

[검토사항: **법률의 준용**]

- 준용은 원칙적으로 "같은 지위"에 있는 법규 간에만 할 수 있다.
- 법률은 조례보다 상위법령이기 때문에 조례에 규정하지 않아도 당연히 적용된다.
- 하위법령에서 상위법령을 준용하면 상위법령을 수정해서 적용할 수 있다고 오해할 소지가 있으므로 원칙적으로 하위법령에서 상위법령을 준용할 수는 없다.

CASE Study 45 **준용의 포괄성**

[입법례]

OO군 국내 · 외 도시 간 교류협력 등에 관한 조례

(일부개정) 2022.08.29 조례 제1649호

제31조(다른 법규의 준용) 공무원의 국외여행 및 장기체류와 관련하여 이 조례에서 명시되지 않은 사항은 **다른 법규가 있을 경우** 이를 준용한다.

OO시 가로수 조성 및 관리 조례

(일부개정) 2022.08.19 조례 제1427호

제22조(준용기준) 이 조례에서 정하지 않은 사항에 대해서는 **법 및 같은 법 시행령, 같은 법 시행규칙**, 산림청 고시 「가로수 조성 및 관리규정」 등 **관련 규정과 메뉴얼**을 준용한다.

OO광역시 O구 공직자윤리위원회 구성 및 운영에 관한 조례

(일부개정) 2022.08.16 조례 제1416호

제11조(다른 법령의 준용) 이 조례에 규정한 사항 이외에 법 시행을 위하여 필요한 사항은 「**공직자윤리법 시행령**」 및 「**공직자윤리법 시행규칙**」의 규정을 준용한다. 이 경우 "국가기관 및 공직유관단체의 장"은 "지방자치단체 및 공직유관단체의 장"으로 "정부공직자윤리위원회"는 "OO광역시 O구 공직자윤리위원회"로 한다.

[검토사항: **준용**]

- 위의 첫 번째 조례는 어떤 규정을 준용할 것인지에 대해 조문을 구체적으로 특정하지 않고, 막연히 "다른 법규"를 준용대상으로 하고 있다.
- 두 번째 조례는 법, 시행령, 시행규칙과 같은 법령을 준용하고 있다. 조례는 원칙적으로 "상위법령"을 준용할 수 없다.
- 준용은 원칙적으로 "같은 지위"에 있는 법규 간에만 할 수 있다는 측면에서 바람직하지 않은 규정 방식으로 보인다.

CASE Study 46 준용 · 적용의 조 제목

[입법례] OO광역시 O구 공예문화체험관 설치 및 운영 조례 (일부개정) 2022.12.12 조례 제1528호 **제11조(위탁 준용)** 이 조례에서 규정하지 아니한 사항은 「OO광역시 O구 공유재산 관리 조례」와 「OO광역시 O구 사무의 민간위탁에 관한 조례」를 준용한다.
OO광역시 O구 체육시설 관리 운영에 관한 조례 (일부개정) 2022.08.16 조례 제1583호 **제23조(준용규정)** 체육시설의 관리운영 등에 관하여 이 조례에서 정하지 않은 사항은 「OO광역시 O구 사무의 민간위탁에 관한 조례」 및 「OO광역시 O구 공유재산 관리 조례」를 준용한다.
OO도 농어촌 민박지원 조례 (일부개정) 2022－07－29 조례 제4929호 **제8조(다른 조례의 준용)** 이 조례에서 규정한 사항 외의 보조금의 지원, 관리, 정산 등에 필요한 사항은 「OO도 보조금 관리 조례」를 준용한다.
OO군 관광진흥에 관한 조례 (일부개정) 2022.08.24 조례 제2730호 **제37조(관련조례의 준용)** 보조금의 관리에 있어서 이 조례가 정하지 않은 사항에 관하여는 「OO군 지방보조금 관리 조례」를 준용한다.

[검토사항: **조 제목, 준용**]

- 같은 법적 지위에 있는 조례를 준용하고 있는 위의 첫 번째, 두 번째 조례에서 조 제목이 “위탁준용“, ”준용규정“인데, 간략히 “준용”으로 통일하는 방안을 검토해 본다.
- 위의 세 번째, 네 번째 조례의 본문내용은 “적용”에 해당되지 않는지 검토해 본다.

CASE Study 47 준용의 포괄적 범위

[입법례:] OOOO시 도시숲등의 조성 및 관리에 관한 조례

(일부개정) 2022.12.30 조례 제8530호

제6장 보칙 및 벌칙

제32조(준용) **보칙 및 벌칙**에 관하여 이 조례에서 정하지 않은 사항은 법 제20조에서 제28조까지의 규정을 따른다.

[검토사항: **보칙**]

- 위의 조례에서 장(章) 이름과 본문의 내용에서 "보칙 및 벌칙"이 나오는데, 이렇게 포괄적 범위에 대해 준용 규정을 두는 것은 바람직하지 않다고 본다.
- 위의 조례에서 준용하고 있는 법규는 같은 법적 지위에 있는 조례가 아니라 법률이다. 조례는 상위법령을 준용할 수 없다.

CASE Study 48 불명확한 준용 규정

[입법례] OO시 소비자 보호 조례

(일부개정) 2023.01.02 조례 제1760호

제4장 보칙

제24조(보칙) ① 이 조례에 규정된 이외의 사항은 **관련 법령**에 따른다.
② 이 조례 시행에 관하여 필요한 사항은 **규칙으로 정한다.**

[검토사항: **준용과 시행규칙**]

- 위의 조례는 장(제4장)과 조(제24조)에서 제목을 모두 "보칙"으로 하고 있다.
- 제24조는 내용상 두 개의 조(條)로 나눌 수 있다. 제1항은 본문의 내용이 "준용"에 해당한다고 볼 수 있다. 그런데 준용의 대상이 특정되지 않고 너무나 막연한 "관련 법령"이다.
- 같은 조 제2항은 "시행규칙"에 관한 내용이다.
- 그래서 제24조를 두 개의 조문(준용과 시행규칙)으로 분리해 규정하는 것을 검토해 본다.

제 8 장

개정문 작성

1. 개정지시문
2. 제명, 조 제목의 개정
3. 조 · 항 · 호 등의 일부개정
4. 조 · 항 · 호 등의 복합적 개정
5. 조 · 항 · 호 등의 전부개정
6. 조 · 항 · 호 등의 신설
7. 기존 조 · 항 · 호 사이에 새로운 조 · 항 · 호 신설
8. 조 · 항 · 호 등의 삭제
9. 장 · 절이 관련된 개정
10. 부칙 개정
11. 표와 서식의 개정

1 개정지시문

1. 개정지시문의 의의

- 개정조례안은 해당 조례의 전부 또는 일부를 개정한다는 개정지시문을 붙여야 한다.
- 개정문은 모두(冒頭)개정문으로 시작하여 "부칙" 앞에서 끝난다.
- 일부개정조례안의 개정지시문은 제명 다음에 줄을 바꾸어, 모두개정문은 "○○조례 일부를 다음과 같이 개정한다."고 표현한다.
- '모두개정문'으로 시작된 개정문은 조문별로 '각각의 개정문', 즉
  - "제○조 중 "A"를 "B"로 한다."
  - "제○조를 신설한다."
  - "제○조를 삭제한다"와 같은 문장으로 구성한다.
- 개정대상 조문은 "제○조 중 A"와 같이 현행 조문 중 어떤 조문의 어떤 문구가 개정 목적물인가를 가리키는 일종의 주소를 의미한다.

2. 개정부분의 인용

(1) 개정 부분의 최소단위 지정

- 개정되는 자구, 추가 · 삭제되는 자구가 들어갈 "위치"가 조례 중 어느 대목인지 명확히 지정해야 한다. 즉, 조가 여러 개의 항 · 호 또는 목으로 되어 있거나 이것이 다시 전단과 후단, 본문과 단서 등으로 세분되어 있을 때에는 가능하면 최소단위까지 인용한다.
- 본문과 호로 구성된 조문의 경우, 개정 부분이 각 호가 아닌 본문에 있는 규정이면 "각 호 외의 부분"으로, 각 호 외의 부분이 본문과 단서 또는 전단과 후단으로 되어 있는 경우에는 해당 부분까지 인용한다.
- 장 · 절로 구분된 조례에서 조를 신설하거나, 기존의 조 · 항에 단서 · 후단을 추가하는 경우 "제○장에 제○조제○항을 다음과 같이 신설한다."고 하여 신설하는 조 · 항 · 호의 "위치"를 정확히 지정해야 한다.
- (인용 시의 띄어쓰기) 개정 부분을 인용할 때 조 · 항 · 호 · 목은 붙여 쓰고, 본문 · 단서, 전단 · 후단은 띄어 쓰며, "중"은 맞춤법에 맞게 띄어 쓴다.

  〈예시: 최소단위 지정〉

  제4조제2항제1호 단서 중 "△△"을 "▽▽"로 한다.

제4조제2항 각 호 외의 부분 중 "○○"을 "□□"로 한다.

제4조제2항 각 호 외의 부분 본문 중 "▷▷"을 "○○"로 한다.

〈예시: 인용 시의 띄어쓰기〉

제5조제1항∨본문∨중 "△△"을 "□□"로 한다.

제6조제1항∨중 "○○"을 "□□"로 하고, 같은∨조∨제3항∨중 "▽▽"을 "□□"로 한다.

(2) 개정될 자구 인용기준

- 개정될 자구를 인용부호(" ")로 인용할 때에는 다음의 기준에 따른다.
  - 인용대상 자구는 개정내용과 관련 있는 최소한의 "명사(복합명사 포함)" 단위로 한정한다.
  - 상위법령 인용 시 그 앞에 "법"이나 "영"의 표시가 있는 경우에는 "법"이나 "영"도 함께 인용한다.
  - 구와 절을 인용하는 경우 가능하면 앞뒤 "구와 절 전체(쉼표를 포함)"를 인용하여 그 내용을 잘 알 수 있도록 한다.

〈예시〉

- "국토해양부장관"을 "국토교통부장관"으로 한다. (○)
  "국토해양부장관은"을 "국토교통부장관은"으로 한다. (×)
- "300만원"을 "1천만원"으로 한다. (○)
  "300만원 이하의"를 "1천만원 이하의"로 한다. (×)
- "재생"을 "재활용"으로 한다. (○)
  "재생하는"을 "재활용하는"으로 한다. (×)
- "법(영) 제5조제1항"을 "법(영) 제5조제2항"으로 한다. (○)
  "제5조제1항"을 "제5조제2항"으로 한다. (×)
  "제1항"을 "제2항"으로 한다. (×)
- "영업자는 총리령으로 정하는 바에 의하여"를 "영업자 등은 환경부령으로 정하는 바에 따라"로 한다. (○)
  "영업자는 총리령"을 "영업자 등은 환경부령"으로 한다. (×)
- "서울특별시 · 광주광역시"를 "서울특별시 · 부산광역시 · 광주광역시"로 하는 경우
  "서울특별시" 다음에 " · 부산광역시"를 삽입한다. (×)
  "서울특별시"를 "서울특별시 · 부산광역시"로 한다. (○)
- "서울특별시 · 부산광역시"를 "서울특별시"로 하는 경우
  "서울특별시" 다음의 " · 부산광역시"를 삭제한다. (×)

"서울특별시 · 부산광역시"를 "서울특별시"로 한다. (○)

(3) 둘 이상의 항이 있는 조문에서 하나의 항만 남아 있는 경우의 인용

제2항이 삭제되고 제1항만 남아 있는 조문의 개정 부분을 인용하는 경우에 "제○조"로 인용하지 아니하고 "제○조제1항"으로 인용한다.

3. 개정문의 작성기준

(1) 작성순서와 표현방식

① 작성순서는 개정문은 조문 순서에 따라 작성한다.

② 개정문의 표현

- (기존 조항의 내용 변경) "제○조 중 'A'를 'B'로 한다"라고 표현한다.
- (조 · 항 · 호 등을 신설) "제○조(항, 호)를 신설한다"라고 표현한다. "삽입" 또는 "추가"한다는 표현은 쓰지 않는다.
- (조 · 항 · 호 등을 삭제) "제○조(항, 호)를 삭제한다"라고 표현한다.

③ 기존의 조 · 항 · 호의 문구 중 약간의 자구를 추가 · 삽입하는 경우에 종전에는 "제○조(제○항제○호) 중 "ㅁㅁ" 다음에 "○○"을 추가(삽입)한다."고 하는 방식을 취하기도 하였으나, 개정내용의 정확성을 높이기 위해 이러한 방식을 사용하지 않고 "제○조(제○항제○호) 중 "△△"를 "ㅁㅁ"로 한다."는 방식으로 표현한다.

(2) 개정문의 조 단위 작성원칙

- 개정문은 어느 부분이 어떻게 개정되는지 쉽게 이해할 수 있도록 작성한다.
- 개정문은 특별한 사정이 없으면 조 단위로 작성하는 것을 원칙으로 한다.

(3) 개정문의 조 단위 작성 예외

① 연속되는 다수 조문이나 인접한 여러 조문을 전부 개정하는 경우에는 각 조문마다 개정문을 둘 필요 없이 하나의 개정문으로 한다.

- 연속되는 여러 조문의 경우 (예: 제2조, 제3조, 제4조)

〈예시〉 제2조부터 제4조까지를 각각 다음과 같이 한다.

제2조(○○) ………………………………………………………………….

제3조(○○) ………………………………………………………………….

제4조(○○) ………………………………………………………………….

- 연속되지 않은 여러 조문의 경우 (예, 제2조, 제4조, 제6조)

〈예시〉 제2조, 제4조 및 제6조를 각각 다음과 같이 한다.

제2조(○○) ………………………………………………………………….

제4조(○○) ……………………………………………………………………….
제6조(○○) ……………………………………………………………………….

② 한 조문에 여러 개의 항·호가 있고 이들의 개정사항이 많거나 항·호의 부분개정과 전문개정이 동시에 필요한 것과 같이 개정문이 복잡해 이해가 어려울 경우에는, "같은 조"라도 적절히 나누어 여러 개의 개정문으로 한다. 별표의 개정문도 마찬가지이다.

(4) 개정문의 연결

- 하나의 개정문에 여러 개의 개정사항이 있는 경우에는 각 개정사항마다 "△△하고, ㅁㅁ하며, ▽▽하고, ○○하며"로 연결하고, 맨 끝은 "○○로 한다."로 하여 문장을 마친다.
- 다만, 하나의 조례 문장에 개정사항이 둘 이상 있으면 그 개정 부분은 "△△로, ㅁㅁ로"와 같이 연결한다.

〈예시: 조(條) 단위 작성원칙〉

제4조를 다음과 같이 한다.

제4조(OO) ……………………………………………………………………….

제5조제1항 중 "△△"을 "ㅁㅁ"로 하고, 같은 조 제2항 중 "○○"을 "ㅁㅁ"로 하며, 같은 조 제3항 중 "▽▽"을 "△△"로 한다.

〈예시: 개정문의 연결〉

제5조제1항 본문 중 "△△"을 "ㅁㅁ"로 하고, 같은 항 단서 중 "○○"을 "ㅁㅁ"로 하며, 같은 조 제2항 본문 중 "A"를 "B"로, "C"를 "D"로, "E"를 "F"로 하고, 같은 조 제3항 중 "△△"을 "ㅁㅁ"로 한다.

CASE Study 49 **개정지시문**

[입법례] OO군 농업기계 임대사업 운영 조례

(일부개정) 2022.11.07 조례 제2954호

부칙 (2012.10.25 조례 제2375호)

제3조(다른 조례의 개정) ① ~ · (생략)

OO군 농업기계 임대사업 운영 조례 일부를 다음과 같이 개정한다.

제13조의2제5항 중 "작물환경담당주사가"를 "농업기계담당주사가"로 한다.

[검토사항: **개정지시문**]

- 인용대상 자구는 개정내용과 관련 있는 최소한의 "명사(복합명사 포함)" 단위로 한정한다.
- "작물환경담당주사가"를 "작물환경담당주사"로, "농업기계담당주사가"를 "농업기계담당주사"로 수정한다.
- 위의 조례안 부칙 개정안을 보면, 조 제목은 (다른 조례의 개정)인데, 다른 조례가 아닌 같은 조례안(같은 「OO군 농업기계 임대사업 운영 조례」) 안에서 개정하는 개정지시문을 보여주고 있다. 이는 잘못된 개정방식인데, 이런 방식의 개정문을 작성한 조례가 실제 상당히 발견된다.
- 제3조 본문의 "OO군 농업기계 임대사업 운영 조례"는 낫표(「 」)를 사용하여 「OO군 농업기계 임대사업 운영 조례」로 표현한다.

2 제명, 조 제목의 개정

1. 제명의 개정

- 제명의 개정 부분은 개정조례안의 개정지시문 바로 다음, 즉 개정 부분의 맨 처음에 둔다.

o 제명 전부개정	제명 "OOO 조례"를 "△△△ 조례"로 한다.
o 제명 일부개정	제명 중 "OO"을 "ㅁㅁ"으로 한다.

2. 조(條) 제목의 개정

- 조 제목을 개정할 때에는 "괄호( )를 포함"해 제목 전체를 개정하는 것을 원칙으로 한다.
- 다만, 제목이 긴 경우로서 부득이한 경우에는 그 일부를 개정할 수도 있다.

o 조 제목만 전부개정	제O조의 제목 "(OO)"을 "(ㅁㅁ)"으로 한다
o 조 제목의 부분개정	제O조의 제목 중 "(OO)"을 "(ㅁㅁ)"으로 한다.
o 조 제목과 내용 동시 개정	제O조의 제목 및 본문 중 "OO"을 각각 "ㅁㅁ"으로 한다.

3 조 · 항 · 호 등의 일부개정

o 개정 부분이 하나	제○조(제○항제○호) 중 "△△"을 "ㅁㅁ"로 한다.
o 개정 부분이 둘 이상	• 같은 조 · 항 · 호에 개정할 부분이 둘 이상 있는 경우에 "△△"을 "ㅁㅁ"로, "○○"을 "ㅁㅁ"로와 같이 연결하여 개정한다. • 같은 조 · 항 · 호의 경우에도 개정 부분이 본문과 단서 또는 전단과 후단으로 구분할 수 있는 경우에는 이를 분명히 적시하여 개정한다. 〈예시〉 제○조(제○항제○호) 중 "△△"을 "ㅁㅁ"로, "○○"을 "◇◇"로 한다. 제○조 본문 중 "△△"을 "ㅁㅁ"로 하고, 같은 조 단서 중 "○○"을 "◇◇"로 한다.
o 항 · 호를 달리하여 개정	• 같은 조에서 항 또는 호가 다른 둘 이상을 개정하는 경우 〈예시〉 제○조제○항 중 "△△"을 "ㅁㅁ"로 하고, 같은 조 제○항 중 "○○"을 "◇◇"로 한다.
o 하나의 조 안에서 같은 사항을 개정	• "△△"을 각각 "ㅁㅁ"로 한다 방식으로 하며, 이때 반드시 "각각"을 표시한다. 〈예시〉 제○조제○항 및 제○항 중 "△△"을 각각 "ㅁㅁ"로 한다.
o 조(항)에 각 호가 있는 경우 각 호 외의 부분을 개정	• 개정 부분이 각 호 외의 부분이라는 것을 분명히 표시하여 개정한다. 〈예시〉 제○조(항) 각 호 외의 부분 중 "△△"을 "ㅁㅁ"로 한다.
o 각 호 외의 부분이 본문 · 단서, 전단 · 후단 등으로 구성되어 있는 경우	• 개정 부분을 분명히 표시한다. 〈예시〉 제○조 각 호 외의 부분 본문 중 "△△"을 "ㅁㅁ"로 한다. 제○조 본문 중 "△△"을 "ㅁㅁ"로 하고, 같은 조 단서 중 "○○"을 "◇◇"로 한다.

4 조 · 항 · 호의 복합적 개정

o 개정문이 복잡한 경우	• 3개 이상의 항으로 된 조의 각 항에 자구를 수정할 부분이 있고, 제1항과 제2항의 항 번호는 그대로 두되 제2항에 단서를 신설하고, 제3항을 한 항 끌어내리고 그 자리에 제3항을 추가하는 경우와 같이 개정문이 복잡할 때에는, 개정문을 적절히 끊는 방식을 사용한다.
o 어느 조를 3개 조로 나누는 경우	• 어느 조를 3개 조로 나누는 경우라 하더라도 나눈다는 표현을 하지 아니하고, 해당 조를 전문개정하고 2개의 조를 "신설"하는 형식으로 한다. 〈예시〉 제2조를 3개 조로 나누는 경우 제2조를 다음과 같이 한다. 제2조(○○) ···. 제2조의2 및 제2조의3을 각각 다음과 같이 신설한다. 제2조의2(○○) ···. 제2조의3(○○) ···.
o 조문 내용을 일부 수정한 후 조문 순서 변경	• 조문 순서를 변경한 후 변경 전의 조문을 일부 개정하는 방식이다. 〈예시〉 제4조부터 제6조까지를 각각 제5조부터 제7조까지로 하고, 제6조(종전의 제5조) 중 "△△"을 "ㅁㅁ"로 한다.
o 2개 항을 각각 일부개정하고 제2항을 한 항 끌어내리고 그 자리에 제2항 추가	제O조제1항 중 "△△"을 "ㅁㅁ"으로 하고, 같은 조 제2항 중 "OO"을 "◇◇"으로 하며, 같은 조 제2항을 제3항으로 하고, 같은 조에 제2항을 다음과 같이 신설한다. ② ···.
o 먼저 개정하고자 하는 항을 정리한 후 새로운 항 신설	"제O조제2항"을 "제O조제4항"으로 하되 같은 항을 다음과 같이 한다. ④ ···. 제O조에 제2항 및 제3항을 각각 다음과 같이 신설한다. ② ···. ③ ···.

o 2개 항으로 된 조에서 하나의 항을 삭제해 하나의 항만 남게 되는 경우	• 2개의 항으로 된 조문에서 하나의 항만을 남기고 다른 항은 삭제하는 경우, 남는 항을 특별히 같은 조의 본문으로 변경하지 않는다. • 예를 들어 "제○조제2항을 삭제하고 같은 조 제1항을 같은 조 본문으로 한다."라고 하지 않는다. 〈예시〉 제○조가 제1항과 제2항으로 구성되어 있는데 제2항을 삭제하는 경우 제○조제2항을 삭제한다

5 조 · 항 · 호 등의 전부개정

o 조를 전부개정	제○조를 다음과 같이 한다. 제○조(○○) ··.
o 전부개정되는 항 · 호의 수가 많을 경우	제○조제2항(제2호)부터 제5항(제5호)까지를 각각 다음과 같이 한다. ② ························ (호의 경우: 2. ························) ③ ························ (호의 경우: 3. ························) ④ ························ (호의 경우: 4. ························) ⑤ ························ (호의 경우: 5. ························)
o 조 · 항 중의 본문, 단서, 전단, 후단, 각 호, 각 호 외의 부분을 전부개정	제○조제○항 본문(단서·전단·후단·각호 외의 부분)을 다음과 같이 한다. ··.

6 조 · 항 · 호 등의 신설

o 조로 되어 있지 않은 조례에 조를 추가	본칙을 본칙 제1조로 하고, 같은 조의 제목을 "(○○)"으로 하며, 제2조를 다음과 같이 신설한다. 제2조(○○) ………………………………………………………….
o 현행 조문을 개정하지 않고 항을 신설	제○조 제목 외의 부분을 제1항으로 하고, 같은 조에 제2항을 다음과 같이 신설한다. ② ……………………………………………………………….
o 현행 조문의 일부분을 개정하며 제2항을 신설	제○조 제목 외의 부분을 제1항으로 하고, 같은 조 제1항(종전의 제목 외의 부분) 중 "△△"을 "ㅁㅁ"로 하며, 같은 조에 제2항을 다음과 같이 신설한다. ② ……………………………………………………………….
o 각 호가 없는 조 · 항에 각 호를 신설	제○조(항)에 각 호를 다음과 같이 신설한다. 1. …………………………………………………………………. 2. ………………………………………………………………….
o 조 · 항 · 호에 단서 또는 후단을 신설	제○조(제○항제○호)에 단서를 다음과 같이 신설한다. 다만, …………………………………………………………. 제○조(제○항제○호)에 후단을 다음과 같이 신설한다. 이 경우 ……………………………………………………….
o 기존의 조 · 항 · 호의 맨 끝에 조 · 항 · 호를 신설 (5개의 조 · 항 또는 호)	제6조를 다음과 같이 신설한다. 제6조(○○) ………………………………………………………. 제○조제○항에 제6호를 다음과 같이 신설한다. 6. ……………………………………………………………….

7 기존 조 · 항 · 호 사이에 새로운 조 · 항 · 호 신설

o 현행 조항의 이동방식	• 기존 조 · 항 · 호를 이동시키고 새로운 조 · 항 · 호를 신설하는 방식이다. • 조례의 조 · 항 · 호는 해당 조례는 물론 다른 조례에서 인용되므로, 이를 이동할 때에 신중해야 하며 인용하는 관계 조례의 정비도 필요하다. 〈예시〉 세 개 항으로 된 조에 두 개 항을 추가하는 경우 제○조제3항을 제5항으로 하고, 같은 조에 제3항 및 제4항을 각각 다음과 같이 신설한다. ③ …………………………………………………………. ④ ………………………………………………………….
o 가지번호 방식	• 가지번호를 사용하여 기존 조 또는 호를 이동시키지 않고 새로운 조 또는 호를 신설하는 방식이다. • 가지번호 방식은 새로운 조나 호가 신설되어 그 뒤의 조 · 호가 순서가 밀리면서 이를 모두 개정해야 할 경우, 신설하는 조 · 호에 가지번호를 붙여 다음에 있는 조 · 호의 번호를 바꾸지 않아도 되는 개정방식이다. • 끌어내리거나 올릴 조문의 수가 많거나, 끌어내리거나 올릴 조문을 그 조례 중의 다른 조문이나 다른 조례 중에서 많이 인용하고 있는 경우에는 '가지번호 방식'을 고려한다. 〈예시〉 기존의 제○조 다음에 두 개 조를 추가하는 경우 제○조의2 및 제○조의3을 각각 다음과 같이 신설한다. 제○조의2(○○) ………………………………………………. 제○조의3(○○) ………………………………………………. 〈예시〉 제3조 앞에 조를 추가하는 경우 제3조를 제3조의2로 하고, 제3조를 다음과 같이 신설한다. 제3조(○○) ……………………………………………….
o 추가되는 조가 장 · 절 등의 경계에 들어가는 경우	• 혼동을 피하기 위하여 반드시 들어갈 "장 · 절"을 표시한다. 〈예시〉 제○장(절)에 제10조의2를 다음과 같이 신설한다. 제10조의2(○○) ……………………………………………….

8 조 · 항 · 호 등의 삭제

o 조(항 · 호) 전부를 삭제	제○조(제○항, 제○호)를 삭제한다. (○) 제○조(제○항, 제○호)를 폐지한다. (×)
o 조(항 · 호)의 단서 · 후단을 삭제	제○조(항 · 호) 단서(후단)를 삭제한다.
o 다수의 조 · 항 · 호 삭제	제○조부터 제○조까지를 각각 삭제한다. 제○조제2항(호)부터 제5항(호)까지를 각각 삭제한다.
o 중간에 삭제된 조가 있는 경우 (제5조가 삭제되어 있는 경우)	제2조부터 제4조까지 및 제6조를 각각 삭제한다. (○) 제2조부터 제6조까지를 각각 삭제한다. (×)
o 중간에 가지번호가 있는 경우	• 가지번호가 있으면 가지번호를 반드시 명시한다. 〈예시〉 제2조부터 제5조까지, 제5조의2 및 제6조를 각각 삭제한다. (○) 제2조부터 제6조까지를 각각 삭제한다. (×)

9 장 · 절이 관련된 개정

o 장 · 절의 제목 개정	• 조문의 제목을 개정할 때와 마찬가지로 제목 전체를 전부개정하되, 제목이 길어 자구 일부만을 개정할 필요가 있을 때에는 그 일부를 개정한다. 〈예시〉 제○장(절)의 제목 "△△"을 "ㅁㅁ"로 한다. 제○장(절)의 제목 중 "○○"을 "◇◇"로 한다.
o 장 · 절을 추가	• 장이나 절을 추가할 때 해당 장 · 절에 신설되는 조항을 알 수 있도록 장 또는 절 다음에 "(제○조부터 제○조까지)"를 포함하여 개정문을 작성한다. 〈예시〉 제○장(제○조부터 제○조까지)을 다음과 같이 신설한다. 제○장 ○○○ 제○조 ···. 제○조 ···.
o 장 · 절을 전부 개정	〈예시〉 제6장(제51조부터 제55조까지)을 다음과 같이 한다. 제6장 ○○○ 제51조 ···. ⋮ 제55조 ···.
o 장 · 절을 삭제	• 장 또는 절을 삭제하는 경우, 괄호 안에 해당 장이 몇 조부터 몇 조까지 해당하는지를 병기한다. 〈예시〉 제○장(제○조부터 제○조까지)을 삭제한다.
o 기존 조문에는 변동 없이 장 · 절의 제목만을 추가하거나 삭제	• 장 · 절의 제목을 추가하는 경우 〈예시〉 제○조 다음에(앞에) 장 번호 및 제목을 다음과 같이 신설한다. 제○장 ○○○ • 장 · 절의 제목을 삭제하는 경우 〈예시〉 제○조 다음의(앞의) "제○장 ○○○"을 삭제한다.

10 부칙 개정

- 부칙을 개정하는 경우에는 부칙이 아닌 "본칙"에서 개정문을 붙여 개정하는 것이 원칙이다.
- 개정문에서는 개정대상이 되는 조항 앞에 "부칙"이라는 자구를 붙이고, 일부개정조례의 부칙에는 공포번호와 해당 개정조례의 제명을 병기한다.

o 제정, 전부개정 된 후 일부개정 된 적이 없는 경우 일부개정된 조례의 부칙 개정	부칙 제O조를 다음과 같이 한다. 부칙 제O조 중 "OO"을 "◇◇"으로 한다.
o 일부개정된 조례의 부칙 개정	OO군 조례 제O호 OO 조례 일부개정조례 부칙 제O조 중 "OO"을 "◇◇"으로 한다. ※ 부칙은 개정조례의 일부이므로 일부개정조례의 부칙을 개정하는 경우에는 항상 개정 대상 "조례의 공포번호"를 반드시 기재하여야 한다.
o 2개 조로 된 부칙 중 제2조를 삭제	〈예시〉 부칙 제2조를 삭제한다.
o 부칙과 별표(또는 별지 서식)를 동시에 개정하는 방식	• 이 경우에는 별표(또는 별지 서식), 부칙의 순서로 개정문을 쓴다. 〈예시〉 별표(또는 별지 서식) 중 "△△"을 "ㅁㅁ"로 한다. 조례 제○호 ○○조례 일부개정조례 부칙 제○조제○항 중 "△△"을 "ㅁㅁ"로 한다.
	• 별표(또는 별지 서식)를 전부개정하는 경우 개정문은 아래와 같이 한다. 〈예시〉 별표를 별지와 같이 한다.

11 표와 서식의 개정

1. 표와 서식의 개정방식

- 별표를 개정하는 개정문은 "별표 2를 별지와 같이 한다"와 같은 방식으로 하며, "[별표 2]를 별지와 같이 한다"와 같이 대괄호 [ ]를 사용하지 않고 별표의 제목을 붙이지 않도록 한다.
- 별표를 전부개정하는 경우에는 "별지와 같이 한다"로, 별표를 일부개정하는 경우는 "다음과 같이 한다"로 한다.
- "다음과 같이 한다"고 할 때에는 개정문의 "본칙 부분"에 개정 부분을 적고, "별지와 같이 한다"고 할 때에는 개정문의 부칙 부분 다음의 별장에 개정 부분을 적는다.
- 별표에 있는 호를 개정할 때에는 "별표 제○호를 다음과 같이 한다"와 같은 방식으로 하며, 별표의 난 중에 있는 호를 개정하는 경우에는 "별표의 ○○란의 제○호를 다음과 같이 한다"로 한다.

2. 유의사항

- (부칙 규정 사항의 별표 규정) 부칙 규정사항 중 그 내용을 "표 형식"으로 나타내는 것이 이해에 편리한 경우에는 해당 부칙에서 표 형식으로 규정하고, 별표 형식으로는 규정하지 않는 것이 보통이다.
- 다만, 그 내용이 지나치게 복잡하고 본칙 관련 별표에 대한 한시적인 특례 성격을 띠면 예외적으로 별표 형식으로도 규정할 수 있다. 이 경우 부칙 관련 별표의 번호를 부여할 때에는 본칙 관련 별표 다음에 가지번호 형식으로 번호를 부여한다.[1)]

---

1) 국회 법제실, 「법제 이론과 실제」, 2019, pp.267~269; 법제처, 「법령 입안·심사 기준」, 2017, pp.670~699; 법제처, 「2018년 자치법규 입안 길라잡이」, 2018, 324~357.

1. 별표 개정

1. 별표의 일부개정방식

[별표 1]

○○○○(제○조관련)

명칭	위치	관 할 구 역
서울청	서울특별시	서울특별시, 경기도, 강원도
대구청	대구광역시	부산광역시, 대구광역시, 경상북도, 경상남도
광주청	광주광역시	광주광역시, 전라남도, 전라북도, 충청북도, 충청남도, 제주도

(1) 대구청란을 전부개정하는 방식

별표 1 중 대구청란을 다음과 같이 한다.

대구청	……………	………………………

(2) 대구청란의 일부란을 전부개정하는 방식

별표 1 중 대구청의 관할구역란을 다음과 같이 한다.

………………………………………………………….

(3) 대구청란의 일부란을 일부개정하는 방식

별표 1의 대구청의 관할구역란 중 "△△"을 "ㅁㅁ"로 한다.

(4) 대구청란 다음에 부산청란을 추가하는 개정방식

별표 1의 대구청란 다음에 부산청란을 다음과 같이 신설한다.

부산청	……………	………………………………

(5) 대구청란을 삭제하는 개정방식

별표 1 중 대구청란을 삭제한다.

2. 별표의 전부개정방식

별표 1을 별지와 같이 한다.

[별표 1]

○○○(제○조 관련)

명칭	위치	관 할 구 역
OO청 OO청	…………… ……………	………………………… …………………………

3. 별표를 별표 둘로 하는 개정방식

별표를 별표 1로 하고, 같은 표를 별지와 같이 한다.

별표 2를 별지와 같이 신설한다.

4. 별표 둘을 별표 하나로 통합하는 개정방식

별표 2를 삭제하고, 별표 1을 별표로 하여 이를 별지와 같이 한다.

2. 서식 개정

- 서식을 개정할 때에는 "[별지 제2호서식]을 별지와 같이 한다"와 같이 대괄호 [ ]를 사용하지 않고, "별지 제2호서식을 별지와 같이 한다"로 한다.
- 서식을 일부개정하는 경우에는 별표와 같은 방식으로 하되, 앞쪽 또는 뒤쪽임을 "특정"해야 한다.
  (예) 별지 제1호 서식 앞쪽 처리기간란 중 "5일"을 "즉시"로 하고, 같은 쪽 "주민등록번호란"을 "생년월일란"으로 한다.
- 서식의 추가에 따라 가지번호를 부여할 경우에는 기존의 서식과 추가되는 서식의 내용이 다른 경우와 같은 경우로 구분하여 표현한다.

① 내용이 다른 사항에 대한 서식을 추가할 경우

별지 제3호의2 서식을 별지와 같이 신설한다.

② 내용이 같은 사항에 대한 서식을 추가할 경우

별지 제3호 서식(2)을 별지와 같이 신설한다.

제 9 장

입법형식 선택

1. 법령의 형식과 규정 내용
2. 「지방자치법」상 입법형식

1 법령의 형식과 규정 내용

법령은 그 종류에 따라 효력과 입법 절차에 차이가 있다. 입법자는 입법하려는 내용과 법령 체계, 각 법령의 종류별 성격 등을 고려하여 가장 적정한 법령 형식을 선택해야 한다.

법 령	소관사항 예시
법 률	• 헌법에서 법률로 정하도록 한 사항 • 국민의 권리 · 의무에 관한 사항
대통령령	• 법률에서 위임한 사항 • 법률을 집행하는 데에 필요한 사항 • 국정의 통일적 추진 · 집행을 위한 기본방침에 관한 사항 • 여러 부처에 공통되는 사항이거나 그 밖에 국무회의 논의를 거쳐 결정할 필요가 있다고 판단되는 사항 • 행정기관의 조직에 관한 사항 • 권한의 위임 · 위탁에 관한 사항
총리령/ 부령	• 법률 · 대통령령에서 위임한 사항 • 법률 · 대통령령을 집행하는 데에 필요한 사항 • 각 부처가 단독으로 업무를 수행할 수 있는 사항 • 복제 · 서식 등에 관한 사항 • 절차적 · 기술적 사항

2 「지방자치법」상 입법형식

1. 입법형식의 선택

- 입법형식을 선택할 때 먼저 사무의 성격과 「지방자치법」등 관계 법령을 검토한다.
- 상위법령의 위임에 따라 자치법규를 정립하게 되는 경우 대부분 상위법령에서 자치법규의 입법형식을 정하고 있으므로 입법형식에 대한 별도의 검토가 필요 없다.
  - 상위법령에서 조례로 정하도록 한 경우
  - 상위법령에서 규칙이나 지방자치단체의 장이 정하도록 한 경우
- 「지방자치법」은 조례로 규정할 사항과 규칙으로 규정할 사항을 정해 놓고 있다.
- 자치법규의 형식으로 조례 또는 규칙으로 정할 사항은 각각 그 형식에 맞게 규정되어야 하지만, 현실적으로 조례 또는 규칙으로 정할 사항이 명확히 구분되지 않는 경우가 있다.

2. 조례로 정할 사항

법령이 명시적으로 조례로 정하도록 한 사항, 주민의 권리 · 의무에 관한 사항, 지방자치단체의 재정부담 수반 사항, 행정조직 · 기관의 설치에 관한 사항, 기타 의회 의결을 거침으로써 주민 의사를 반영시킬 필요가 있는 사항 등이 있다.

3. 규칙으로 정할 사항

법령이 명시적으로 규칙으로 정하도록 한 사항, 기관위임사무 관련 집행사항, 집행기관의 전속적 권한에 속하는 사항, 조례의 위임 또는 시행을 위한 사항 등이 있다.[1)]

1) 김철용, 「특별행정법」, 박영사, 2022, p.108; 법제처, 「2018년 자치법규 입안 길라잡이」, 2018, pp.10~14.

【「지방자치법」 상 입법형식에 관한 규정 】

입법형식	입법 내용
조례	• 구와 읍 · 면 · 동 등의 명칭과 구역, 행정면 · 행정동 · 행정리의 설치, 행정동 · 리에 두는 하부조직 (제7조) • 구 및 읍 · 면 · 동의 사무소의 소재지 (제9조) • 규칙의 제정과 개정폐지 의견 제출과 관련된 방법 및 절차 (제20조제4항) • 조례 위반에 대한 과태료 (제34조) • 의원의 의정활동비 등의 지급기준 (제40조제2항) • 의원의 상해 · 사망등의 보상금 지급기준 (제42조제2항) • 다른 직을 가진 지방의회의원의 서면신고 방법과 절차 (제43조제3항) • 지방의회의원의 영리행위 금지범위 (제44조제5항) • 지방의회의원의 윤리강령과 윤리실천규범 (제46조제1항) • 지방의회나 그 위원회에 출석하여 답변할 수 있는 관계 공무원 (제51조제3항) • 정례회의 집회일, 그 밖에 정례회의 운영에 관하여 필요한 사항 (제53조제2항) • 연간 회의 총일수와 정례회 및 임시회의 회기 (제56조제2항) • 지방의회 위원회의 설치 등에 관한 사항 (제64조제1항, 제71조) • 의안 시행에 필요한 비용의 추계 및 재원 조달방안에 대한 자료의 작성 및 제출절차 (제78조) • 시 · 도의회의 사무처 등 설치 (제102조) • 지방의회에 두는 사무직원의 정수 (제103조) • 지방자치단체의 장의 직 인수위원회의 구성 · 운영 및 인력 · 예산지원 등에 필요한 사항 (제105조) • 사무의 위임, 위탁 (제117조) • 부단체장을 정무직과 별정직 지방공무원으로 보할 때의 자격기준 (제123조제2항) • 행정기구의 설치와 지방공무원의 정원 (제125조제2항) • 소방기관, 교육훈련기관, 보건진료기관, 시험연구기관 및 중소기업지도기관 등 직속기관의 설치 (제126조) • 사업소, 출장소, 합의제행정기관, 자문기관, 자치구가 아닌 구와

	읍 · 면 · 동의 하부 행정기구의 설치 (제127조부터 제130조까지, 제134조) • 특별회계의 설치 (제141조제2항) • 사용료 · 수수료 또는 분담금의 징수에 관한 사항 및 과태료에 관한 사항 (제156조) • 재산의 보유, 기금의 설치 · 운용 (제159조) • 공공시설의 설치와 관리 (제161조) • 지방분쟁조정위원회의 당연직 위원 (제166조제6항)
규칙	• 사무의 위임, 위탁 (제117조) • 조례 · 규칙심의회의 운영에 관한 사항 (「지방자치법 시행령」 제28조제4항)
의회규칙	• 지방의회 내부운영에 필요한 사항 (제52조)
회의규칙	• 윤리심사자문위원회의 구성 및 운영에 필요한 사항 (제66조제3항) • 조례안 예고의 방법, 절차, 그 밖에 필요한 사항 (제77조) • 지방의회 회의의 운영에 필요한 사항 (제83조) • 방청인에 대한 단속에 필요한 사항 (제97조) • 지방의원의 징계 (제101조)

※ 「주민 조례 발안에 관한 법률」 제13조(주민청구 조례안의 심사 절차) ④ 제1항부터 제3항까지에서 규정한 사항 외에 주민청구 조례안의 심사 절차에 관하여 필요한 사항은 지방의회의 회의규칙으로 정한다.

제 10 장

원칙과 효력범위에 따른 조례 유형

1. 조례의 통폐합과 분법
2. 기본조례와 개별조례
3. 일반조례와 특별조례

1 조례의 통폐합과 분법

- 조례안 변경방식의 선택 기준은 입법정책을 실현하는데 어느 쪽이 입법경제적인지, 법체계의 정합성을 유지하는 데 적합한지, 주민의 조례 이해에 도움이 되는지 등을 고려해서 결정한다.
- 조례를 정립하는 경우에도 기존의 조례를 개정할 것인지 아니면 독자적으로 새로운 조례를 제정할 것인지를 결정한다.

1. 조례의 통폐합

- 환경이 변화함에 따라 기존의 조례가 반드시 필요한 것인지에 대해 지속적인 사후관리가 필요하다.
- 조례 통폐합의 기준

  ① 유사한 분야 · 내용을 여러 조례로 나누어 규정한 경우

  ② 내용상 연관성이 높고, 통합 대상 조례의 조문 수가 적은 경우

  ③ 같거나 유사한 분야임에도 세부 내용을 별도 조례로 정한 경우

  ④ 같은 대상자에 대해 내용별로 따로 규정하고 있는 경우 등이 있다.

2. 조례의 분법

- 하나의 조례에 지나치게 방대한 규정을 두는 경우 내용이 복잡하고 이해가 어렵다.
- 유사하거나 관련이 있는 내용, 분야, 기능 등을 기준으로 분법한다. [1]

---

1) 법제처, 「법령 입안·심사 기준」, 2017, pp.12~15.

2 기본조례와 개별조례

- 현대사회 문제가 복잡해지고 다양해짐에 따라 종합적 성격의 정책이 요구되면서 각 분야에서 제명에 '기본조례'임을 명시한 입법례가 증가하는 추세이다.(예: 서울시 일자리정책 기본조례, 서울시 문화도시 기본조례 등)
- 기본조례는 정책추진을 위한 기본방향과 골격을 제시하고, 이를 개별 조례로 구체화하도록 유도한다.
- 기본조례에 구체적 내용을 직접 규정할 경우 개별 조례가 형해화될 우려가 있으므로 포괄적 · 추상적인 규정으로 구성하면서, 정책의 체계화 및 종합화를 위해 관련 개별 조례들을 연계하는 내용을 포함한다.
- 기본조례에 개별 조례와 중복 또는 상호 배치 · 모순되는 구체적 내용을 규율하는 경우 조례의 명확성, 예측 가능성 및 법적 안정성을 해하게 된다.[2)]

【 기본조례의 구성체계 (예시) 】[3)]

구 분	조별 세부내용
제명	「OOO 기본조례」
목적	• 정책의 기본이 되는 사항을 반영하여 기본조례를 통하여 달성하려는 정책목적을 함께 기술함
기본이념	• 조례 제정의 이념이나 방침을 강조하려는 경우에 규정함 • 주요 방향이나 정책 내용을 목적 조항보다는 구체적으로 표현함
정의	• 기본조례에서 사용되고 있는 주요 용어의 뜻을 명확하게 규정함
지방자치단체의 장의 책무	• 기본조례의 목적을 보다 효과적으로 달성하기 위하여 지방자치단체의 장의 책무를 규정 • 필요한 경우 사업자 또는 주민의 책무를 함께 규정함
다른 조례와의 관계	• 향후 제 · 개정되는 다른 조례가 기본조례에 부합하도록 규정함

2) 국회 법제실, 「법제 이론과 실제」, 2019, pp.7~8.

기본계획	• 소관 지방자치단체의 장은 정책의 종합적이고 계획적인 추진을 도모하기 위하여 기본계획을 수립함
시행계획	• 관계 지방자치단체의 장이 기본계획에 따라 연도별 시행계획을 수립 · 시행함
위원회	• 정책에 관한 주요 사항의 심의 등을 위해 관계 지방자치단체의 소속 공무원 및 전문가들로 구성된 위원회를 설치함
의회 보고	• 기본조례에서 추진하는 정책을 지방의회에 보고할 필요가 있는 경우 규정
정책의 주요내용	• 기본조례의 입법목적에 따라 정책의 주요 내용을 다양하게 규정함 • 조사·연구, 전문인력 양성, 정보화 촉진, 자금지원, 실태조사, 법제 · 행정 · 재정상 조치, 검사 · 검정, 인증, 지정제도, 전담조직 설치, 국제협력 등
보칙	• 구체적인 권리 · 의무사항이 없는 경우 별도의 보칙규정은 불필요 • 다만, 보고 · 검사, 청문, 권한의 위임 · 위탁, 벌칙 적용에서 공무원 의제, 유사 명칭의 사용금지, 관계기관과의 협조 등 정책의 주요 내용에 따라 필요한 보칙사항을 규정함
벌칙	• 구체적인 의무 부과가 없는 경우 별도의 벌칙 규정은 불필요 • 의무 부과와 의무 이행의 담보가 필요한 경우 벌칙 사항을 규정함
부칙	• 해당 분야에 처음 제정되는 기본조례인 경우 대체로 시행일만 규정함

3) 국회 법제실, 「법제 이론과 실제」, 2019, pp.787～788.

CASE Study 50 기본조례

[입법례]

OOO도의회 기본조례

(일부개정) 2022－12－30 조례 제5305호

제1조(목적) 이 조례는 도민의 대의기관인 의회가 민주적이고 효율성을 높이기 위하여 OOO도의회의 구성과 운영에 관한 사항을 정함을 목적으로 한다.

OO시 환경기본조례

(전부개정) 2022.12.30 조례 제2162호

제1조(목적) 이 조례는 OO시의 환경보전에 관한 기본이 되는 사항 및 「환경정책기본법」에서 위임한 사항과 그 시행에 필요한 사항을 규정함으로써 OO시민의 쾌적한 생활환경과 자연환경을 조성·보전함을 목적으로 한다.

OO시 청소년 기본조례

(전부개정) 2023.03.27 조례 제1516호

제1조(목적) 이 조례는 청소년기본법 및 청소년활동 진흥법에 따라 OO시 청소년을 보호하고 청소년의 다양한 활동을 지원하기 위한 정책을 효율적으로 추진·운영하는데 필요한 사항을 규정함을 목적으로 한다.

OO광역시 정보화 기본조례

(일부개정) 2021－10－28 조례 제2476호

제1조(목적) 이 조례는 OO광역시 정보화 정책을 효율적으로 추진하여 지역의 경쟁력과 시민의 삶의 질을 향상시키는 것을 목적으로 한다.

OO도 생활안전 기본조례

(제정) 2019－07－16 조례 제6249호

제1조(목적) 이 조례는 OO도민(이하 '도민'이라 한다)의 일상생활과 직결된 안전에 관한 기본적인 사항을 규정함으로써 도민의 생명과 재산을 보호하는 것을 목적으로 한다.

[검토사항: **기본조례**]

- 의회, 환경, 에너지, 청소년, 정보화, 생활안전, 건축, 양성평등 등 다양한 분야에서 기본조례가 제정되고 있다.
- 기본조례는 정책추진을 위한 기본방향과 골격을 제시하고, 이를 개별 조례로 구체화하도록 유도하는 기능을 한다.
- 위의 조례들이 그러한 취지에 맞는 내용들로 구성되어 있는지 확인해 본다.

3 일반조례와 특별조례

- 조례는 목적과 대상·성격에 따라 다양한 유형으로 분류된다.
- 조례의 효력 범위가 일반적·보편적 사항에 관한 것인가, 특수한 사항에 관한 것인가를 기준으로 일반조례와 특별조례로 구분된다.
- 구별 실익은 특별조례는 일반조례에 우선한다는 '특별조례 우선의 원칙'에 있다.
- 새로운 분야의 입법수요를 조례에 반영하기 위하여 기존 조례에 대한 예외적인 상황이나 내용을 규정해야 할 필요성이 있는 경우에 기존의 조례를 개정하기보다는 특별조례를 제정하는 경우가 있다.
- 그러나 특별조례가 많이 양산되면 법체계가 혼란스러워져 법규범 상호 간의 충돌과 모순으로 체계 정당성을 침해할 여지가 커진다.
- 따라서 새로운 입법수요를 위하여 특별조례가 반드시 필요한 지를 검토해 보고 특별조례의 제정 필요성, 실효성과 적합성, 기존 조례와의 조화 등을 종합적으로 판단하여 특별조례의 제정에 신중을 기하는 것이 필요하다.
- 특별조례에 따른 특례를 규정함에 있어 헌법상의 평등원칙, 과잉금지원칙 등을 위반하는 것이 아닌지에 대해 체계적인 검토가 필요하다.[4]

4) 국회 법제실, 「법제 이론과 실제」, 2019, pp.7~8.

CASE Study 51 특별조례

[입법례] **OO광역시 출자·출연 기관의 장 및 임원 임기에 관한 특별조례**

(제정) 2022－12－30 조례 제5920호

제1조(목적) 이 조례는 OO광역시 출자·출연 기관의 장 및 임원 임기를 OO광역시장의 임기와 일치시킴으로써 인사 폐해를 해소하고 불필요한 소모적 논쟁을 원천적으로 차단하여 원활한 시정 운영을 도모함을 목적으로 한다.

OOO도 정무·정책보좌공무원 및 출자·출연 기관장과 임원의 임기에 관한 특별조례

(제정) 2023－03－10 조례 제5343호

제1조(목적) 이 조례는 OOO도지사가 임명하는 정무·정책보좌공무원 및 출자·출연 기관장과 임원의 임기를 OOO도지사의 임기와 일치시킴으로써 책임 있는 도정 운영 도모를 목적으로 한다.

OOO시 축산물 브랜드타운 활성화 특별조례

(제정) 2013.06.21 조례 제1665호

제1조(목적) 이 조례는 OOO시 축산물 브랜드육타운(이하 "브랜드육타운"이라 한다) 활성화와 지역경제 상생 방안을 모색하기 위하여 브랜드육타운 활성화 위원회(이하 "위원회"이라 한다)를 설치·운영하는데 필요한 사항을 규정함을 목적으로 한다.

OO시 개발 인허가 특별조례

(제정) 2019.04.30 조례 제2067호

제1조(목적) 이 조례는 개발 인허가가 처리된 후 변경으로 인한 주변의 환경오염, 미관·경관 훼손, 주거·교육환경 피해 등의 난개발을 방지하는 것을 목적으로 한다.

OO군 도청 이전지역 이주 저소득 주민 전세자금 지원 특별조례

(일부개정) 2015.06.05 조례 제2186호

제1조(목적) 이 조례는 도청 이전 신도시 개발사업으로 인하여 생활기반을 상실하게 되는 개발예정지구 안의 주민 중 재산 및 소득수준이 일정 수준 이하인 저소득 계층에 대하여 주거 안정을 위한 융자기금특별회계(이하 "특별회계"라 한다)의 설치와 관리·운용에 관하여 필요사항을 규정함을 목적으로 한다.

[검토사항: **제명, 특별조례**]

- 법률과 달리 조례 제명에 “특별조례”라는 이름이 붙은 조례가 흔치는 않다. 위의 조례들의 내용이 특별조례 제명에 부합하는 내용인지 확인해 본다.
- 세 번째 조례의 제명 중 “브랜드타운”과 본문의 브랜드육타운“의 용어가 다르다.
- 위의 세 번째와 다섯 번째 조례의 제1조(목적) 조항에서 “브랜드육타운”, ‘위원회“, ”특별회계“ 등의 약칭을 하고 있는데, 목적조항에서는 약칭을 해서는 안 된다.

제 11 장

조례의 변경

1. 조례의 개정 · 제정방식
2. 제정조례안의 입안형식
3. 전부개정조례안의 입안형식
4. 일부개정조례안의 입안형식
5. 폐지조례안의 입안형식

1 조례의 제정 · 개정방식

1. 개정방식의 유형

- 조례를 새로 제정하는 방식과 기존의 조례를 폐지하는 방식이 있다.
- 조례의 개정방식에는 개정 대상의 범위에 따라 조례의 일부만을 개정하는 일부개정방식과 조례 전체를 개정하는 전부개정방식이 있다.
- 일부개정방식을 취할 것인가, 전부개정방식을 취할 것인가 하는 문제는 개정하는 부분의 중요도, 양, 정비의 필요성 등에 따라 결정한다.

2. 전부개정 방식의 선택기준

- 기존 조문의 2/3 이상을 개정하는 경우
- 제정된 후 장시간이 지나 조례문의 용어와 규제의 방식 등이 전체적으로 보아 현실과 맞지 않고, 여러 차례의 개정으로 삭제된 조항과 가지번호가 붙은 장 · 절 · 조 · 호가 많아 새로운 체제로 정비할 필요가 있는 경우
- 조례의 핵심 부분의 근본적 개정과 동시에 상당한 부분에 걸쳐 관련된 사항을 정비할 필요가 있는 경우 등이다.

3. 제정 방식

- 새로운 사항을 조례에 규정하려는 경우 기존 조례를 개정할 것인지 독자적으로 새로운 조례를 제정할 것인지를 결정한다.
- 전혀 새로운 분야를 규율하거나 기존의 여러 조례에서 규율하고 있는 사항을 체계적 · 종합적으로 규율할 필요성이 있으면 새로운 조례를 제정한다.
- 기존 조례와 새로운 조례 간에 제도상 동질성을 강조할 필요가 있으면 전부개정방식을, 신(新) · 구(舊) 양 조례 간에 전면적으로나 본질적으로 변경될 때에는 제정방식을 취한다.

4. 폐지 방식

조례를 폐지하는 방식에는 새로 제정하거나 개정하는 조례의 "부칙"에 폐지 규정을 두는 방식과 폐지를 위한 조례를 따로 "제정"하는 방식이 있다.

① (부칙) 새로 제정하거나 개정하는 조례의 부칙에 폐지 규정을 두는 방식이다.
조례가 제정 · 개정되는 결과로서 기존 조례를 폐지할 필요가 있을 때

② (제정) 폐지를 위한 조례를 따로 제정하는 방식이다.
다른 조례의 제정 · 개정과는 관계없이 조례를 폐지할 필요가 있을 때 취하는 방식 [1]

1) 국회 법제실, 「법제 이론과 실제」, 2019, pp.121~188.

2 제정조례안의 입안형식

1. 법규 형식 및 공포번호

- 법규 형식인 "조례"를 법규문의 첫 페이지 좌측 상단에 기재하되 다른 지방자치단체와의 구별을 위해 "OO시 · 도(시·군·구) 조례"로 해당 지방자치단체의 이름을 병기한다.
- 공포번호는 법규 형식별로 붙이는 누년 일련번호를 기재하는 것으로 "제O호" 형식으로 기재하고 번호 부분은 조례의 공포 전까지 공란으로 비워 둔다.

2. 제정문

- 제정조례안은 "○○ 조례 전부를 다음과 같이 개정한다"는 개정지시문에 대체되는 "○○ 조례를 다음과 같이 제정한다"는 제정문을 붙이지 않고, 바로 제정되는 조례 제명을 쓴 다음 제1조부터 본칙과 부칙의 조문을 차례로 쓴다.
- (제정문 작성 여부) 제정조례안에는 제정문을 작성할 필요가 없다. 본칙 및 부칙은 조문 형식 등에 따라 작성한다.

3. 제명

- 제명의 끝부분은 "OO 조례안" 또는 "OO에 관한 조례안"으로 한다.
- 조례 제명을 조례의 본칙 내에서 인용하는 경우 "문장의 다른 부분"과 구분하기 위하여 조례 제명 앞뒤에 "낫표(「 」)"를 사용한다. 이는 조례 제명의 "띄어쓰기"로 인해 하나의 고유한 조례 제명이 아닌 어떤 사항에 관한 일반적인 조례로 오해될 소지를 방지하기 위한 것이다.

4. 제안이유, 주요 내용, 참고사항 (표지부)

□ 제안이유

조례안의 제정 취지 및 배경을 간결하게 작성하며 구체적인 내용은 "주요 내용"에 기재한다.

□ 주요 내용

- 조례안의 주요 내용을 내용별로 제정 필요성, 제정 내용, 기대효과 등으로 구분하여 작성한다.
- 조문 순서대로 작성하되 관련 있는 수 개 조문의 내용은 하나의 내용으로 설명하고, 주요 내용 다음에는 근거 조항을 괄호( )안에 명기한다. (안 제O조)

□ 참고사항

- 임의적 기재사항으로 조례안과 관련되는 법령, 예산 조치, 입법 예고 등에 관한 사항을 기재한다.

【 제정조례안 표지부 양식 】

○○군 ○○ 조례안

제안이유

……………………………………………………………………………………

…………………………………………………… 하고자 이 조례를 제정함.

주요내용

가. …………………………………………………………………… 하도록 함.

(1) ……………………………………………. (안 제○조부터 제○조까지)

(2) ……………………………………………. (안 제○조부터 제○조까지)

나. …………………………………………………… 하도록 함. (안 제○조)

참고사항

가. 관계 법령: ○○법 제○조

나. 예산 조치: 별도 조치 필요 없음 (또는 ○년도 예산 ○원 반영)

다. 합의: OO와 합의되었음

라. 기타사항

(1) 입법 예고: 의견 없음

(2) 규제심사: 해당 사항 없음

(3) 비용추계서: (미첨부 사유서 붙임)

CASE Study 52 조례안 표지부 양식 ①

[검토사항: **표지부 양식(樣式)**]

- 어떤 책은 자치법규의 입안 형식은 법령의 입안 형식과 같다고 설명하면서도, 조례안 표지부 양식에 대해 별다른 설명 없이 제안이유, 주요 내용, 참고사항 앞에 1. 제안이유, 2. 주요 내용, 3. 참고사항과 같이 아라비아 숫자를 붙이고 있다.
- 지방의회에 발의·제출되는 상당수의 조례안이 숫자를 붙이고 있다. 이는 국회나 정부의 의원 발의 법률안이나 정부 제출 법률안의 전통적인 양식과는 다르다.
- 법률안의 입안 형식은 아라비아 숫자를 붙이지 않고 전통적으로 제안이유, 주요 내용, 참고사항에 각각 쌍줄(=)의 밑줄을 친다.

【 제정조례안 본문부 양식 】

○○군 조례 제O호

○○군 ○○ 조례안

제1조(목적) ··
··.

제2조(정의) ··.
1. "○○"이란 ··· 을 말한다.
2. "○○"이란 ··· 을 말한다.

제3조(○○) ① ··.
② 다음 각 호의 ···.
1. ···.
2. ···.

제4조(○○) ··.

제5조(○○) ··.

•

•

부칙

제1조(시행일) 이 조례는 ·· 시행한다.

제2조(유효기간) ···.

제3조(○○에 관한 경과조치) ···.

예시: **제정조례안**

OO시 조례 제OO호

ㅁㅁ시 범용디자인 기본조례안

제1조(목적) 이 조례는 범용디자인의 적용에 필요한 사항을 규정함으로써 모든 시민이 안전하고 편리하게 생활할 수 있는 보편적인 도시환경을 조성하는 것을 목적으로 한다.

제2조(정의) 이 조례에서 사용하는 용어의 뜻은 다음과 같다.

1. “범용디자인”이란 연령, 성별, 국적 및 장애의 유무, 문화적 배경 등에 관계 없이 모든 사람이 안전하고 편리하게 이용할 수 있는 도시공간 및 환경을 설계하는 것을 말한다.
2. “공공기관”이란 OO시(이하 “시”라 한다)가 「지방공기업법」에 따라 설립한 공사 · 공단 및 「OO시 출자 · 출연기관의 운영에 관한 조례」 제2조제1호에 해당하는 기관을 말한다.

제3조(책무) OO시장(이하 “시장”이라 한다)은 모든 시민이 안전하고 편리하게 생활할 수 있도록 범용디자인의 적용에 필요한 시책을 수립 · 시행하고, 필요한 재원의 확충을 위하여 노력하여야 한다.

제4조(기본원칙) 범용디자인은 다음 각 호의 원칙에 따라 관리되어야 한다.

1. 이용자가 공평하게 사용 가능한 디자인을 적용할 것
2. 이용자가 취향과 능력에 관계 없이 유연성이 높은 디자인을 적용할 것
3. 이용자가 손쉽고 편리하게 사용할 수 있는 디자인을 적용할 것
4. 이용자가 안전하게 사용할 수 있는 디자인을 적용할 것
5. 이용자가 필요한 정보를 정확하게 전달하고 이해하기 쉬운 디자인을 적용할 것
6. 환경친화적이고 지속가능한 디자인을 적용할 것

제5조(적용범위) 시장은 다음 각 호의 사업에 범용디자인이 적용되도록 노력하여야 한다.

3 전부개정조례안의 입안형식

기존 조례의 내용을 전체적으로 개정하는 것은 제정조례안과 유사하나 "개정지시문"을 작성해야 한다.

1. **법규 형식 및 공포번호**: 제정조례안의 내용과 같다.

2. **제명**

   개정되는 기존 조례 제명을 쓰고 이어서 '전부개정조례안'을 붙이는 형식으로 "OO조례 전부개정조례안"으로 작성한다.

3. **개정지시문**

   제명 다음에 줄을 바꾸어 "○○조례 전부를 다음과 같이 개정한다."라는 개정지시문을 붙이고, 다시 줄을 바꾸어 개정된 후의 제명을 쓰며, 그 이하는 본칙과 부칙의 조문을 차례로 쓴다.

4. **제안이유, 주요 내용, 참고사항 (표지부)**

   - 제안이유에는 조례안의 전부개정 취지·배경을 간결하게 작성한다.
   - 주요 내용에는 내용별로 개정 필요성, 개정 내용, 기대효과로 구분하여 작성한다.
   - 참고사항은 조례안과 관련 있는 법령, 예산 조치, 입법 예고 등에 관한 사항을 기재한다.

5. **본칙**

   조문 형식에 따라 작성하되 전부개정조례안은 개정지시문 다음 줄에 본칙 부분을 작성할 때에는 개정대상 조례의 "제명"부터 작성한다.

6. **부칙**

   - 부칙에는 시행일, 유효기간, 적용례, 경과조치, 다른 조례의 개정 등에 관한 사항을 규정한다.
   - 전부개정방식의 경우 특별한 규정이 없는 한 종전의 부칙 규정은 모두 실효된다.
   - 전부개정방식으로 개정할 때는 종전 조례의 부칙 사항의 효력 존속의 필요성 여부를 검토하여 계속 적용될 필요가 있는 부칙 사항은 전부개정조례안 부칙에 포함시켜야 한다.

【 전부개정조례안 표지부 양식 】

○○군 ○○ 조례 전부개정조례안

제안이유

……………………………………………………………………………………………

…………………………………………………………………… 하고자 이 조례를 개정함.

주요내용

가. ………………………………………………………………… 를 도모함. (안 제○조)

나. ………………………………………………………………… 하도록 함. (안 제○조)

참고사항

가. 관계 법령 및 현행 조례: ○○법 제○조

나. 예산 조치: 별도 조치 필요 없음 (또는 ○년도 예산 ○원 반영)

다. 합의 : OO와 합의되었음

라. 기타사항

(1) 입법 예고: 의견 없음

(2) 규제심사: 해당 사항 없음

(3) 비용추계서: (미첨부 사유서 붙임)

※ 신 · 구 조문대비표는 일부개정방식에 한함

【 전부개정조례안 본문부 양식 】

○○군 조례 제O호

○○군 ○○ 조례 전부개정조례안

○○군 ○○조례 전부를 다음과 같이 개정한다.

○○군 ○○에 관한 조례

제1조(목적) …………………………………………………………………………….

제2조(정의) …………………………………………………………………………….

1. "○○"이란 ………………………………………………………………… 을 말한다.
2. "○○"이란 ………………………………………………………………… 을 말한다.

제3조(○○) ① ……………………………………………………………………….

② 다음 각 호의 ………………………………………………………………….

1. …………………………………………………………………………………….
2. …………………………………………………………………………………….

제4조(○○) …………………………………………………………………………….

•

•

부칙

제1조(시행일) 이 조례는 ……………………………………………………… 시행한다.

제2조(유효기간) ……………………………………………………………………….

제3조(○에 관한 경과조치) ……………………………………………………….

4 일부개정조례안의 입안형식

일부개정조례안은 기존 조례의 내용을 부분적으로 개정하는 것으로, "본칙" 부분은 제정조례안과 전부개정조례안에서 설명한 조문형식이 아니라 개정사항에 대한 "개정문"을 구체적으로 작성하여야 한다.

1. **법규 형식 및 공포번호**: 제정조례안의 내용과 같다.

2. **제명**

- 개정되는 조례의 제명을 쓰고 다음에 '일부개정조례안'을 붙이는 형식으로 "OO 조례 일부개정조례안"으로 작성한다.
- (제명의 개정) 제명의 개정부분은 개정 조례안의 개정지시문 바로 다음에 즉, 개정부분의 맨 처음에 둔다.

3. **개정지시문**

- '○○ 조례 일부를 다음과 같이 개정한다'를 "개정지시문"이라 하고, '제○조제○항 중 "△△"을 "ㅁㅁ"로 한다'를 "개정문"이라 한다.
- 일부개정조례안은 해당 조례의 일부를 개정한다는 개정지시문을 붙인다.
- 일부개정조례안의 개정지시문은 제명 다음에 줄을 바꾸어 "○○ 조례 일부를 다음과 같이 개정한다."라고 표현하며, 개정지시문을 기재한 후 줄을 바꾸어 "조문별"로 개정 사항을 쓴다.

4. **제안이유, 주요 내용, 참고사항**: 전부개정조례안의 내용과 같다.

5. **본칙**

기존 조문을 개정하는 내용의 개정문을 조문 순서에 따라 순차적으로 작성한다.

【 일부개정조례안 표지부 양식 】

○○군 ○○ 조례 일부개정조례안

제안이유

··

··· 하고자 이 조례를 개정함.

주요내용

가. ···를 도모함. (안 제○조)

나. ·· 하도록 함. (안 제○조 신설)

참고사항

가. 관계 법령 및 현행 조례: ○○법 제○조

나. 예산 조치: 별도 조치 필요 없음 (또는 ○년도 예산 ○원 반영)

다. 합의: OO와 합의되었음

라. 기타사항

(1) 입법 예고: 의견 없음

(2) 규제심사: 해당 사항 없음

(3) 비용추계서: (미첨부사유서 붙임)

【 일부개정조례안 본문부 양식 】

○○군 조례 제O호

○○군 ○○ 조례 일부개정조례안

○○군 ○○조례 일부를 다음과 같이 개정한다.
제○조 중 "△△"를 "ㅁㅁ"로 한다.
제○조제○항 중 "ㅁㅁ"를 "▽▽"로 하고, 같은 조에 제○항을 다음과 같이 신설한다.
○ 다음 각 호의 …………………………………………………………………….
1. …………………………………………………………………………………….
2. …………………………………………………………………………………….
제○조를 다음과 같이 한다.
제○조(○○) ……………………………………………………………………………….
제○조제○항을 삭제한다.
별표 ○을 별지와 같이 한다.

부칙

제1조(시행일) 이 조례는 ……………………………………………………… 시행한다.
제2조(유효기간) …………………………………………………………………….
제3조(○에 관한 경과조치) ……………………………………………………….

예시: **일부개정조례안**

OOOO시 조례 제OO호

OOOO시 감염병의 예방 및 관리에 관한 조례 일부개정조례안

OOOO시 감염병의 예방 및 관리에 관한 조례 일부를 다음과 같이 개정한다.

제2조 각 호 외의 부분을 다음과 같이 한다.

제2조(정의) 이 조례에서 사용하는 용어의 뜻은 「감염병의 예방 및 관리에 관한 법률」(이하 "법"이라 한다)에 따른다.

제2조제1호 및 제2호를 각각 삭제한다.

제3조제2항제9호를 제14호로 하고, 같은 항에 제9호부터 제13호까지를 각각 다음과 같이 신설하며, 같은 조 제4항을 제5항으로 하고, 같은 조에 제4항, 제6항 및 제7항을 각각 다음과 같이 신설한다.

9. 감염병 예방을 위한 전문인력의 양성
10. 기후변화, 저출생·고령화 등 인구변동 요인에 따른 감염병 발생 조사·연구 및 예방대책 수립
11. 해외 신종감염병의 유입에 대비한 계획 준비, 교육 및 훈련
12. 해외 신종감염병에 대한 정보수집, 특성 분석, 연구 등을 통한 예방 및 대응 체계(매뉴얼을 포함한다) 마련
13. 감염병 진단, 치료 등에 필요한 의료용품의 조달, 비축을 위한 기관, 단체 등과의 협력

5 폐지조례안의 입안형식

1. 법규 형식 및 공포번호: 제정 조례안의 내용과 같다.

2. 제명

조례명 다음에 '폐지조례안'을 붙이는 형식으로 "OO조례 폐지조례안"으로 작성한다.

3. 제안이유, 주요 내용, 참고사항 (표지부)

주요 내용은 'OO조례를 폐지함' 등으로 작성한다.

4. 폐지 지시문

제명의 다음 줄에 "OO조례는 폐지한다."는 형식으로 폐지지시문을 작성한다.

5. 부칙

부칙에는 시행일을 규정하고 필요한 경우 경과조치와 다른 조례의 개정 등에 관한 사항을 작성한다.

6. 폐지방식의 유형에 따른 규정방식

- 조례를 폐지하는 방식에는 제정 · 개정하는 조례의 부칙에 폐지 규정을 두는 방식과 폐지를 위한 조례를 따로 제정하는 방식이 있다.
- "한시 조례"는 유효기간 경과와 동시에 자동 실효되므로 폐지를 위한 별도 입법은 불필요하다.

(1) 부칙에서 폐지하는 방식

- 이 방식은 어느 조례가 제정 · 개정되는 "결과"로서 기존의 조례를 폐지할 필요가 있을 때에 취한다.
- 부칙 중 "시행일"에 관한 조 다음에 조를 두어 폐지한다.
- 폐지 조례의 "호수"를 표시할 필요가 있는 경우 인용되는 조례의 호수는 폐지되는 조례의 "제정 호수"(해당 조례가 전부개정된 적이 있으면 그 전부개정된 호수)를 표시한다.

부 칙
제1조(시행일) ··.
제2조(다른 조례의 폐지) 조례 제○호 ○○조례는 폐지한다.

(2) 폐지 조례의 형식

- 이 방식은 다른 조례의 제정 · 개정과는 관계없이 어느 조례를 폐지할 필요가 있을 때에 취한다.
- "○○조례 폐지조례안"이란 명칭을 붙이고, "본칙"으로 해당 조례를 폐지한다는 폐지문을 쓰고, 부칙에 관한 사항을 쓴다.

【 폐지조례안 표지부 양식 】

○○군 ○○조례 폐지조례안

제안이유

··· 하고자 이 조례를 폐지함.

주요 내용

OO시·도(시·군·구) OO 조례를 폐지함

참고사항

가. ··.

【 폐지조례안 본문부 양식 】

○○군 조례 제O호

○○군 ○○조례 폐지조례안

○○군 ○○에 관한 조례는 폐지한다.

부칙

제1조(시행일) 이 조례는 ………………………………………………………… 시행한다.

제2조(O에 관한 경과조치) …………………………………………………………….

CASE Study 53 조례안 표지부 양식 ②

[입법례] OO군 사무의 민간위탁에 관한 조례 일부개정조례안

(OOO의원 대표발의)

의안 번호	27

발의 연월일: 2022. 8. .

발 의 자: OOO, OOO, OOO, OOO

1. 개정이유

민간위탁사무의 재위탁 또는 재계약 시 의회에 보고하는 것으로 의회 동의를 갈음하였으나, "재위탁" 또한 일종의 위탁으로서 위탁 여부에 대한 의회의 동의를 받도록 하여 민간위탁의 남용을 방지하고 그 효율성과 공정성을 담보하고자 함.

2. 주요내용

재위탁 또는 재계약 시 의회 동의를 받도록 조항 정비 (안 제4조제4항)

3. 개정조례안: 붙임

4. 신 · 구조문대비표: 붙임

5. 관계 법령 발췌서: 해당 없음

6. 그 밖의 참고사항

법제처 의견제시 사례 (의견 14-0029, 2014.2.10., OOOO시 OO구)

[검토사항: **표지부 양식**]

- 위의 일부개정조례안의 표지부 구성양식은 오랜 입법관행의 법률안 표지부 양식과는 다르다. 법률안 표지부의 내용은 제안이유, 주요 내용, 참고사항으로 구성되고, 각각에 쌍줄(=)을 밑줄로 친다.
- 위의 일부개정조례안은 1. 개정이유, 2. 주요내용, 3. 개정조례안, 4. 신·구조문대비표, 5. 관계 법령 발췌서, 6. 그 밖의 참고사항으로 구성되고, 각 항목 앞에 아라비아 숫자를 붙이고 있다.
- 실제 조례안을 보면, 조례안의 표지부 양식도 통일되어 있지 않다.
- 조례안의 표지부 양식에서 공통항목의 하나는 "개정이유"가 아니라 "제안이유"이다.

CASE Study 54 조례안 표지부 양식 ③

【 입법례: **같은 지방의회** 】 **OO군 정원문화 조성 및 진흥에 관한 조례안**

(OOO 의원 대표발의)

의안 번호	698

발의 연월일: 2022. 3. 11.

발 의 자: OOO, OOO, OOO, OOO 의원

1. 제안이유

OO군민의 쾌적한 여가생활 영위와 삶의 질 향상을 위해 정원문화의 조성 및 정원 산업의 진흥을 위해 필요한 사항을 마련하고자 함.

2. 주요 내용

가. 조례의 목적과 용어의 정의를 규정 (안 제1조 및 안 제2조)

나. 정원문화 조성과 관련 산업 진흥을 위한 군수의 책무를 규정 (안 제3조)

다.~마. (생략)

3. 제정조례안: 붙임

4. 관계 법령

「수목원 · 정원의 조성 및 진흥에 관한 법률」

5. 참고사항: 타 시 · 군 관련 조례

가. 「OO도 정원문화산업 진흥 조례」

나. 「OO시 정원문화 조성 및 진흥에 관한 조례」

다.~라. (생략)

[검토사항: **표지부 양식**]

- 위의 제정조례안이 발의된 지방자치단체와 앞의 CASE Study의 일부개정조례안이 발의된 지방자치단체는 같은 지방자치단체이다.
- 앞의 CASE Study의 조례안은 1. 개정이유, 2. 주요내용, 3. 개정조례안, 4. 신 · 구조문대비표, 5. 관계 법령 발췌서, 6. 그 밖의 참고사항으로 구성되어 있는 반면에, 위의 조례안은 1. 제안이유, 2. 주요 내용, 3. 제정조례안, 4. 관계 법령, 5. 참고사항으로 구성되어 있다.
- 표지부 양식의 통일성이 필요하다고 보여진다.

CASE Study 55 조례안 표지부 양식 ④

【 입법례: **다른 지방의회** 】 OO시 하수도 사용 조례 일부개정조례안

(OOO 의원 발의)

의안 번호	

발의 연월일: 2022. 10. 26.
발의자: OOO 의원
찬성자: OOO, OOO, OOO 의원

1. 제안이유

지하공간 개발 시 자연적으로 발생하는 유출 지하수를 바로 방류하지 않고 도로 청소, 수경시설, 냉난방 등 다양한 용도로 활용될 수 있도록 하수도 요금 감면을 통해 지원하고자 함.

2. 주요 골자

유출 지하수를 「지하수법」 시행령 제14조의2에 따른 용도로 이용 후 공공하수도로 배출하거나 분류식 하수관로 중 우수관로를 통해 하천으로 배출하는 자는 사용료의 30퍼센트를 감면

3. 개정조례안: 붙임

4. 예산수반 사항: 비용추계 첨부

5. 사전예고 결과:

- 입법예고기간: 2022.11.8. ~ 11.12. (5일 이상)

[검토사항: **표지부 양식의 구성항목**]

- 위의 일부개정조례안의 표지부에서 주요내용이 아닌 “2. 주요 골자”, 입법예고가 아닌 “5. 사전예고 결과” 등으로 구성항목을 표현하고 있다.
- 현행 조례가 11만 개에 가까운데, 입법자는 입법과정에서 법체계의 통일과 조화를 위해 가급적 체계정당성의 원칙을 준수해야 한다.

CASE Study 56 조례안 표지부 양식 ⑤

【 입법례: 같은 지방의회 】 OO시 마을회관 지원 조례 일부개정조례안

(대표 발의자 : OOO 의원)

의안 번호	7-699

발의 연월일: 2021. 12. 24.
발의자: OOO, OOO 의원
찬성자: OOO, OOO 의원

1. **개정이유**

OO시 주민의 화합과 복지향상을 위한 마을회관의 신축, 개·보수 등에 대한 보조금의 효율적인 예산운영 및 유지관리를 위한 조례이나, 마을회관의 운영 주체인 마을회의 실정과 맞지 않는 일부 규정으로 보조금을 지원받지 못하는 사례가 있어, 지원 관련 조항을 개정하는 등 조례 운영과정에서 나타난 미비점을 개선·보완하고자 함.

2. **주요내용**
   - 개축 시 안전진단 및 철거 비용을 시가 부담할 수 있도록 함 (안 제3조)
   - 보조금 지원대상 선정에 대한 기준 마련 (안 제3조제2항)
   - 관련 법 위반사항이 있는 경우 보조금을 제한하는 내용 추가(안 제4조)
   - 보조금 지원 제외 대상 중 예외 사항 추가(천재지변 등 긴급사항인 경우)(안 제5조)

3. **개정조례안:** 첨부

4. **관계 법령 발췌서:** 해당 없음

5. **예산 수반사항:** 해당 없음

6. **조례안 예고:** 2022.1.10.~ 1.16.(5일 이상)

[검토사항: **표지부 양식**]

- 앞의 CASE Study와 현재의 CASE Study는 같은 지방자치단체 소관의 일부개정조례안이다. 이의 표지부 양식의 구성항목을 비교하면 일관성 · 통일성이 없다.

앞의 CASE Study	현재의 CASE Study
1. 제안이유	1. 개정이유
2. 주요골자	2. 주요내용
3. 개정조례안	3. 개정조례안
	4. 관계법령 발췌서
4. 예산수반사항	5. 예산수반사항
5. 사전예고 결과	6. 조례안 예고

- 조례안의 표지부 양식이 다른 지방자치단체는 물론 소속이 같은 지방자치단체의 조례안 조차 구성양식이 제 각각이다.

CASE Study 57 조례안 표지부 양식 ⑥

【 입법례: **다른 지방의회** 】 **OO군 의용소방대 지원 조례안**

의안 번호	제105호

제안 연월일: 2022. 9. 29.
제안자: OO군수

1. 제안이유

「의용소방대 설치 및 운영에 관한 법률」에 따라 화재 등 재난발생시 화재 진압 및 구조·구급 업무 등의 지원 활동을 하는 의용소방대원에 대하여 지원에 필요한 사항을 지방자치단체 조례로 제정하고자 함.

2. 주요내용

가. 예산지원에 관한 규정을 마련함 (안 제3조)
나. 보조금의 지원 절차를 마련함 (안 제4조)
다.~라. (생략)

3. 참고사항

가. 관계 법령: 붙임
나. 예산 조치: 의안의 비용추계서 및 재원 조달방안 붙임
다. 합의: 해당 사항 없음
라. 그 밖의 사항
 1) 입법 예고: (생략)
 2) 규제심사: 해당 사항 없음
 3) 부패영향평가: 해당 사항 없음
 4) 성별영향평가: 해당 사항 없음

[검토사항: **표지부 양식**]

• OO군수가 제안한 위의 조례안은 표지부의 구성요소로 제안이유, 주요 내용, 참고사항 등으로 잘 정리한 것으로 보인다. 다만, 제안이유, 주요 내용, 참고사항 앞의 아라비아 숫자 표시는 빼고, 쌍줄(=)의 밑줄 표시로 전환하는 방안을 검토해 본다.

CASE Study 58 법률안 표지부 양식 – 국회의원 발의안

【 입법례: **국회** 】

환경보건법 일부개정법률안

(OOO의원 대표발의)

의안 번호	19168

발의 연월일: 2022. 12. 27.

발 의 자: OOO·OOO·OOO 외 (11인)

제안이유

환경오염 등으로 피해를 입은 국민의 권리를 구제하기 위하여 그간 「환경분쟁 조정법」에 따른 환경분쟁 조정제도, 「환경보건법」에 따른 건강영향조사 제도, 「석면피해구제법」에 따른 석면으로 인한 건강피해 구제제도, 「환경오염피해 배상책임 및 구제에 관한 법률」에 따른 환경오염피해 구제제도, 「생활화학제품 및 살생물제의 안전관리에 관한 법률」에 따른 살생물제품피해 구제제도 등이 순차 도입되어 운영되고 있음. (이하 생략)

주요내용

청원에 의한 건강영향조사 제도 기능을 중앙환경분쟁조정위원회로 이관함에 따라, 청원 관련 환경보건위원회 심의, 자료 제출, 조사 결과에 대한 조치, 벌칙 조항 등을 삭제하고 「환경분쟁 조정 및 환경피해 구제 등에 관한 법률」에 신설함 (안 제9조제2항제6호, 제10조의2제2항제3호 등).

참고사항

이 법률안은 OOO의원이 대표발의한 「환경분쟁 조정법 전부개정 법률안」(의안번호 제19162호), 「석면피해구제법 일부개정법률안」(의안번호 제19173호), 「환경오염피해 배상책임 및 구제에 관한 법률 일부개정법률안」(의안번호 제19169호) 및 「생활화학제품 및 살생물제의 안전관리에 관한 법률 일부개정법률안」(의안번호 제19171호)의 의결을 전제로 하는 것이므로 같은 법률안이 의결되지 아니하거나 수정의결 되는 경우에는 이에 맞추어 조정되어야 할 것임.

[검토사항: **국회의원 발의 법률안의 표지부 구성양식**]

- 위의 법률안 표지부 구성양식은 국회의원 발의 법률안의 표준적인 입법 양식이다.
- 제안이유와 주요 내용은 필수적 기재사항이고, 참고사항은 임의적 기재사항이다. 그리고 각각의 항목에 앞에 아라비아 숫자가 아닌 쌍줄(=)의 밑줄을 긋고 있다.

CASE Study 59 법률안 표지부 양식 - 정부안

【 입법례: 정부 】 형의 집행 및 수용자의 처우에 관한 법률 일부개정법률안

의안 번호	19222

제출 연월일: 2022. 12. 28.
제출자: 정부

제안이유 및 주요내용

소년 수용자의 건전한 사회복귀를 지원하기 위하여, 19세 미만인 수형자의 개별적 특성에 맞춘 교육·교화프로그램이 특히 필요하다고 인정되는 경우에는 적절한 인력 및 시설 등이 갖추어진 교도소에 19세 미만인 수형자를 수용할 수 있도록 하고, 미결수용자의 경우에도 19세 이상의 미결수용자와 19세 미만의 미결수용자를 분리하여 수용하도록 하려는 것임.

참고사항

이 법률안은 법령·예산 및 기금운용계획 등에 따라 이미 비용이 발생하고 있는 경우에 대한 법적 근거를 마련하는 것으로서 추가적인 재정수반 요인을 포함하고 있지 아니함(안 제12조제3항).

[검토사항: **정부 제출 법률안의 표지부 구성양식**]

- 정부 제출 법률안의 표지부 구성요소도 제안이유, 주요 내용, 참고사항으로 이루어진다.
- 다만, 위의 법률안처럼 일부개정법률안에서는 내용이 간단하면 제안이유와 주요 내용을 합쳐서 구성하는데, 최근 많이 이용되고 있는 양식이다.

제 12 장

관련 있는 조례의 개정

1. 관련 있는 조례 개정의 필요성
2. 개정의 방식
3. 개정문의 표현 방법
4. 개정의 한계

1. 관련 있는 조례 개정의 필요성

- 조례를 개정할 때는 하나의 조례를 대상으로 개정하는 것이 원칙이고, 둘 이상의 조례를 개정할 때에는 개정조례안을 따로 입안하여 개정하는 것이 원칙이다. 그러나 조례 상호 간의 연계성이 높아지면서 특정 조례의 제정 · 개정에 수반하여 다른 조례의 관련 규정을 동시에 개정해야 하는 경우가 발생한다.
- 이 경우 각각 별도의 개정조례안을 개정하면 개정의 시차가 발생할 수 있고, 이로 인해 시행상의 혼란이 초래될 뿐만 아니라 별도의 입법절차로 인한 비경제성 · 비능률성을 초래한다. 이러한 점을 방지하기 위해 필요하면 둘 이상의 개정조례안을 하나의 개정조례안에 포함해 개정하는 것이다.

2. 개정의 방식

둘 이상의 조례를 하나의 개정조례안에 포함하여 개정하는 방법으로는, 하나는 부칙으로 개정하는 방식이다. 이는 A조례를 개정하면서 A조례 일부개정조례안의 부칙에 B조례의 관련 조항을 개정하는 방식이다. 다른 하나는 본칙으로 개정하는 방식이다. 이는 A조례와 B조례를 같이 본칙에서 개정하는 방식이다.

(1) 부칙을 통한 조례 개정

부칙으로 다른 조례를 개정하는 형식은 해당 조례의 제정 · 개정 또는 폐지에 따라 "부수적"으로 다른 조례의 자구 수정이나 경미한 사항의 개정이 필요한 정비적 차원의 개정에 한정하여 활용된다.

(2) 다수의 조례 일괄 개정

- 특정 조례를 개정하면서 이와 관계된 다수의 조례를 개정하거나, 동일한 사항이 포함된 다수의 조례를 동시에 개정할 필요가 있을 때, 이러한 내용을 하나의 조례안 본칙에서 일괄적으로 개정하는 것이다.
- 여러 조례에 공통적으로 분포하고 있는 단순 용어 개정이나 체계 정비사항을 일괄적으로 개정하고자 할 때 활용될 수 있는 방식이다.
- 조례안의 제명

① A조례를 제정 · 개정하면서 B조례, C조례 등 여러 관계 조례를 동시에 개정할 필요가 있을 경우, 「A조례의 시행(제정·개정)에 따른 B조례 등의 정비에 관한 조례안」으로 쓰며,

② 조례의 제 · 개정이 아닌 "다른 공통된 원인"에 근거하여 개정될 경우 「OO에 따른 A조례 등의 정비에 관한 조례안」으로 쓰기도 한다.

- 법률의 입법례
  - 「중앙 행정권한 및 사무 등의 지방 일괄 이양을 위한 물가안정에 관한 법률 등 46개 법률 일부개정을 위한 법률안」 (약칭: 지방일괄이양법, 2020.1.)[1]

3. 개정문의 표현방법

① "부칙"에서 다른 조례를 개정하는 경우에는 "(다른 조례의 개정)"과 같은 조 제목을 붙이고, 개정되는 조례가 다수인 경우에는 조례별로 각각 항을 나누어 개정문을 작성한다.

〈예시〉 부칙에서 둘 이상의 조례를 개정한 사례

부 칙

제1조(시행일) ………………………………………………………………………….

제2조(다른 조례의 개정) ① ○○조례 일부를 다음과 같이 개정한다.
제○조 중 "△△"을 "ㅁㅁ"로 한다.
② ○○조례 일부를 다음과 같이 개정한다.
제○조 중 "○○"을 "ㅁㅁ"로 한다.

② "본칙"으로 복수의 조례를 개정하는 경우에는 각 개정 대상 조례별로 "조(條)"를 두고, 각 조마다 "(○○조례의 개정)"과 같이 조 제목을 붙이고 개정문을 작성한다.

〈예시〉 본칙으로 다른 조례를 개정한 사례: 일괄개정

○○ 조례 등 일부개정조례안

제1조(「A조례」의 개정) A조례 일부를 다음과 같이 개정한다.
제13조의2제5항 각 호 외의 부분 단서를 삭제하고, 같은 항 제2호 및 제3호를 각각 다음과 같이 하며, 같은 항 제4호를 삭제한다. (이하 생략)

제2조 (「B조례」의 개정) B조례 일부를 다음과 같이 개정한다.
제9조제3항 각 호 외의 부분 단서를 후단으로 하여 다음과 같이 하고, 같은 항 제1호라목을 삭제한다. (이하 생략)

---

1) 국회 법제실, 「법제 이론과 실제」, 2019, pp.169－175; 법제처, 「2018년 자치법규 입안 길라잡이」, 2018, pp.362－365.

4. 개정의 한계

(1) 개정 조례 간의 관련성

둘 이상의 조례의 개정을 하나의 일부개정조례안에 포함하여 개정하는 것은 개정하려는 둘 이상의 조례 간에 관련성이 있어야 한다.

① 부칙 개정방식에 의하는 경우

부칙으로 다른 조례를 개정하는 입법형식은 어느 조례의 제정 · 개정 또는 폐지에 따라 부수적으로 다른 조례를 개정할 필요가 발생한 경우에 인정되므로, 자구 수정이나 경미한 사항의 개정 등 정리하는 정도의 개정에 한정된다.

② 본칙 개정방식에 의하는 경우

복수의 조례를 하나의 개정조례안의 본칙에 포함하여 함께 개정하는 것은 예외에 속하는 일로서, 개정되는 각 조례의 시행일이 같거나 서로 가까울 것 외에 다음의 어느 하나에 해당해야 한다.

- 개정되는 각 조례가 규정하고 있는 대상이 같거나 동질적이고, 개정되는 각 조례의 개정 취지가 같아야 한다.
- 예산이나 행정제도의 개편에 따라 같거나 관련성이 깊은 정책을 일괄적으로 수행하는 데에 필요한 경우로서 관계되는 조례를 개정할 필요가 있어야 한다.

(2) 개정 조례 간의 동질성

둘 이상의 조례를 하나의 개정조례안에 포함하여 개정하는 경우 같은 종류의 조례끼리만 개정할 수 있고, 다른 종류의 자치법규를 개정할 수 없다. (예컨대, 조례를 개정하면서 규칙이나 훈령 등을 묶어서 개정할 수 없다.)[2)]

---

2) 법제처, 「2022년 자치법규 입안 길라잡이」, 2022, pp.390~393.

제 13 장

조례안 심사 시 고려사항

1. 조례안 입안 체크리스트
2. 조례안 심사기준
3. 부실 입법과 조례 정비
4. 조례에 대한 입법 평가

1 조례안 입안 체크리스트

조례안 입안 체크 사항 중 조례 입법의 필요성과 적법성은 조례가 성립하기 위한 기초적 조건이라고 할 수 있으며, 특히 적법성은 조례 제정권의 한계로서 법적 검토의 중심이 된다.[1] "좋은 입법"의 조건은 입법의 불가피성, 법질서의 통일성, 입법과정의 투명성과 합리성, 이해의 용이성, 명확성 등이 제시된다.[2]

1. 입법의 필요성

- 조례 입법의 취지와 목적을 확인하여 정책 실현을 위해 조례가 필요한지를 확인하고, 이미 관련된 정책이 존재하는지 점검한다.
- 조례 입법을 통해서만 목표를 달성할 수 있는지 아니면 다른 방법을 모색할 수 없는지를 확인한다.
- 지방정부의 역할이 확대됨에 따라 주민 생활에 대한 규제가 입법의 형태로 이루어지고 있어, 규제 설정의 타당성과 규제의 적정성은 확보하고 있는지 등 입법 필요성을 점검한다.
- 규율을 통하여 획득할 수 있는 편익, 효과에는 어떤 것이 있는지를 확인한다.

2. 헌법 적합성

- 헌법의 기본원리나 원칙에 부합하는지를 확인한다.
- 주민의 기본권 제한 입법시 비례의 원칙을 위배하지 않았는지 확인한다.

3. 상위법령의 위임

- 먼저 위임조례인지 자치조례인지 그 성격을 규명한다.
- 조례안 입안시 상위법령에서 위임된 사항이 있는지를 확인하고, 상위법령에서 위임한 범위를 일탈하지 않았는지 상위법령의 위반 여부를 확인한다.
- 상위법령의 위임이 없는 사항을 규정하고 있지 않은지 그 근거 법령의 내용을 구체적으로 확인한다.

4. 소관사무의 원칙

조례로 입안해야 할 내용이 국가사무인지 자치사무인지를 점검한다.

---

1) 신원득, "자치입법 영향 평가의 의의와 향후 과제", 「자치의정」 통권 제124호, 지방의회발전연구원, 2019, p.44.
2) 강현철, "입법평가 어떻게 할 것인가", 「법령정보 News Letter」, 2008.4, p.59.

(1) 국가사무(기관위임사무 포함)의 판단 기준

- 「지방자치법」 제15조(국가사무의 처리 제한)에 따른 사무
- 개별 법령에서 국가 또는 중앙행정기관의 장을 권한 주체로 규정하고 있는 경우
- 개별 법령에서 지방자치단체의 장의 사무로 규정하더라도 사무의 성질이 전국적으로 통일적 처리가 요구되는 사무, 경비부담, 최종적인 책임 귀속의 주체 등에 비추어 국가사무로 볼 수 있는 사무

(2) 자치사무(단체위임사무 포함) 판단 기준

- 「지방자치법」 제13조(지방자치단체의 사무범위)에 따른 사무
- 개별 법령에서 "지방자치단체" 또는 "지방자치단체의 장"을 권한 주체로 규정하고 있는 경우
  ※ 자치사무라 하더라도 법령에서 규칙으로 정하도록 규정하면 규칙으로 정해야 하고, 기관위임사무라 하더라도 법령에서 조례로 정하도록 규정하면 조례로 정해야 한다.

5. 법률유보의 원칙

- 제정 · 개정하려는 내용이 주민의 권리 의무와 관련있는 지를 확인한다.
- 주민의 권리 제한과 의무 부과에는 법률의 위임이 필요하기 때문에 법령의 위임 여부 및 위임범위 내인지를 확인한다.

6. 집행기관과 의결기관 간 견제와 균형의 원리

- 집행기관의 권한 행사에 의회가 관여하거나 제약하는지를 확인한다.
- 집행기관의 권한이 법령에 의해 전속적으로 부여된 경우는 법령에 위임규정이 없는 한 집행기관의 권한을 제약하거나 제한을 가하는 규정은 신설할 수 없다
- 집행기관의 고유권한(인사권 등)에 사전적 · 적극적으로 개입하는 경우, 사무 집행에 관한 집행권을 본질적으로 침해하는 경우, 지방의회 의장이나 지방의회의원이 개인 자격으로 개입하는 경우 등은 「지방자치법」에 위배 소지가 있다.

7. 부칙 규정 사항

- 조례의 시행을 유예할 필요가 있는지를 확인한다. (시행일)
- 기존의 제도를 변경하는 조문이 있는지를 확인한다. (적용례, 경과조치)
- 새로 신설되는 제도가 있는지를 확인한다. (적용례)
- 조례의 제정 · 개정에 따라 다른 조례를 정비할 필요가 있는지를 확인한다. (다른 조례의 개정 · 폐지)

8. 작성원칙 준수

- 법안의 형식이 올바른지 확인한다.
- 법령의 체제와 제 · 개정문 작성원칙이 준수되고 있는지를 확인한다.
- 일반적인 법령 체계상의 규정 순서, 상위법령의 규정 순서에 맞는지를 확인한다.
- 관계 법령이나 다른 조례 등의 인용 조문은 맞는지를 확인한다.
- 상위법령에서 사용하는 용어와 모순되지는 않는지, 용어의 일관성은 있는지 확인한다.
- 주민이 그 내용을 쉽고 명확하게 이해할 수 있도록 알기 쉽게 만들어졌는지, 문장과 용어가 국어 어법에 맞는지, 어려운 용어, 외래어 또는 일본식 표현이 사용되고 있지는 않은지 등을 확인한다.[3]
- 공포와 효력 발생 간의 충분한 시간적 간격이 규정되어 있는지를 확인한다.

일부 지방자치단체는 「자치법규입법에 관한 조례」 등을 제정하여 별표에 "자치법규 입안 심사기준표"를 두고 있다. 다음 예시는 실제 OO광역시의 "자치법규 입안 심사기준표"인데, 총 42개의 심사항목을 4개의 대분류(자치법규 입법의 필요성, 자치법규 내용의 정당성, 자치법규 입법절차의 정당성, 사후관리)와 16개의 중분류로 구분하고 있다.

---

3) 법제처, 「법제 교육 기본교재 개발」, 2018, pp.177~179.

예시: [별표 1] OO광역시 자치법규 입안 심사기준표

구분	심사항목
Ⅰ. 자치법규 입법의 필요성	**1. 입법의 동기 및 필요성**
	가. 자치법규 입법의 동기가 법령의 제정 또는 개정에 따르는 것인가, 아니면 자체의 필요에 의한 입법인가 나. 현재 시행중인 자치법규의 개정으로 목적을 달성할 수 있는 내용은 아닌가(제정의 경우) 다. 자치법규 입법의 필요성에 대한 방침 결정이 있었는가
	2. 종전 제도의 운영실태조사
	가. 입법 전에는 어떠한 근거에 의하여 제도가 운영되어 왔는가(훈령, 예규, 기타 상급기관의 지침, 지시 등) 나. 자치법규를 입법하지 않고 종전 제도로 운영할 경우에 예상되는 문제는 있는가
	3. 입법추진 일정의 확인
	가. 입법계획에 포함되어 있는 사항인가 나. 관련 자치법규 및 제도를 정비할 필요 기간이 충분히 주어지고 있는가
	4. 자치법규 입법효과의 사전예측
	가. 자치법규의 입법에 의한 긍정적 효과 및 문제점에 대하여 검토되었는가 나. 자치법규의 시행에 따른 조직개편과 예산 확보 등의 문제는 검토되었는가
Ⅱ. 자치법규 내용의 정당성	**1. 헌법 규정에의 적합성 여부**
	가. 참정권 등 국민의 기본권을 제한하는 내용은 아닌가 나. 시민에게 과도한 부담(의무, 세금, 손실)을 주는 것은 아닌가
	2. 상위법령에의 적합성 여부
	가. 상위법령의 위임의 근거 하에 입법되고 있는가. 그렇다면 그 근거 법령의 내용은 구체적으로 확인되고 있는가 나. 상위법령의 위임 근거가 없는 경우 시의 고유사무 또는 단체위임사

무에 해당하는 사항인가

다. 상위법령 및 지방자치법에 규정되지 아니한 사항을 새로이 자치법규로 입법하고자 하는 경우 그 타당성을 주장하는 논거는 충분히 검증되었는가

라. 상위법령의 근거 없이 새로운 규제를 추가하거나 구체적인 위임규정이 없는데도 벌칙규정을 두고 있지는 않은가

3. 입법의 통일성

가. 자치법규안의 내용이 이미 시행중인 다른 자치법규의 내용과 중복되거나 모순 저촉되는 사항은 없는가

나. 자치법규안의 내용이 과거의 자치법규보다 규제나 벌칙이 지나치게 강화되는 것은 아닌가

4. 입법의 적법성

가. 규칙으로 정할 사항을 조례로 정하거나, 조례로 정할 사항을 규칙으로 정하는 것은 아닌가

나. 고시 등으로 정할 사항을 자치법규로 정하는 것은 아닌가

다. 시민의 이해상관이 있는 제도를 도입 또는 개폐하는 경우 신·구제도 간의 원만한 교체를 위하여 경과조치 규정을 두고 있는가

라. 경과조치 규정을 두는 경우 법령이나 본문 규정과의 저촉 여부를 충분히 검토하였는가

마. 위임과 재위임의 경우 그러한 권한에 대해 법적 근거가 명확하고 적정한 것인가

바. 위원회의 설치는 법적 근거에 의하는 것인가

사. 자치법규의 공포일과 시행을 동일하게 하여 시행의 주지 기간을 부당하게 단축시키고 있지 않는가

아. 부칙으로 다른 자치법규의 내용을 개정하는 경우 개정내용이 부칙에 의한 개정의 한계를 넘은 것은 아닌가

5 입법체계의 정밀성

가. 자치법규의 명칭은 자치법규 내용을 함축적으로 표현하고 시민이 이해하기 쉬운 문장으로 구성되었는가

나. 목적규정의 표현이 입법취지와 본문의 규정범위를 적절하게 표현하고 있는가

	다. 조문이 장/절/조/항/호로 배열되어 체계적으로 정리되었는가 라. 해당 조례에서 규정해야 할 사항을 규칙 또는 자치구조례에 포괄적으로 위임하고 있는 것은 아닌가. 위임범위를 구체적으로 명시하여 위임하고 있는가
	6. 표현의 명료성 및 편의성
	가. 입법내용의 의미가 확실하게 이해될 수 있고 입법의도가 오해되지 아니하도록 정확히 표현되었는가 나. 전문적이고 특수한 용어나 외래어를 사용하는 경우 그 의미가 정확히 표현되고 있는가 다. 용어의 정의、내용이 법원의 판결과 학문 이론상의 정의와 일치 또는 근접하고 있는가
Ⅲ. 자치법규 입법절차의 정당성	**1. 관계기관 간의 협의**
	가. 중앙행정기관과의 협의가 필요한 경우 그 협의를 거쳤는가 나. 시 내부기관 간의 협의가 필요한 경우 그 협의는 거쳤는가 다. 새로운 예산이 수반되는 사항인 경우 그 필요성 및 재원확보에 관하여 충분히 검토되었는가 (예산부서와의 협의 등) 라. 새로운 조직의 설치가 요구되는 경우 그 필요성이 충분히 검토되었는가 (조직부서와의 협의 등) 마. 기타 관련기관·단체 등과의 협의가 필요한 경우는 없는가
	2. 관련위원회의 심의 (해당되는 경우)
	가. 입법내용과 관련된 사항이 위원회의 심의를 거치도록 법령 및 자치법규에 규정되어 있는 경우 그 심의 절차는 완료되었는가 나. 위원회의 심의 결과가 법령 또는 자치법규에 저촉되지 않는다는 것을 확인하였는가
	3. 공청회 (해당되는 경우)
	가. 입법을 전제로 할 경우 입법안을 완성한 후 개최한 것인가 아니면 부분적인 정책사항만을 제시하고 개최하였는가 나. 공청회의 개최 예고는 충분한 기간, 시민이 접하기 쉬운 매체로 하였는가 다. 공청회 결과는 공정하게 정리되어 반영하고 있는가

	4. 입법예고 (해당되는 경우)
	가. 입법예고를 정상적으로 시행하였는가, 생략하였다면 그 이유는 타당한 것인가 나. 입법안의 전문을 예고하였는가 아니면 정책사항 등 일부만을 예고하였는가 다. 입법에 직접적인 이해관계가 있는 기관이나 단체 또는 계층이 있는 경우 그들에게도 의견을 제출할 수 있음을 통보하였는가 라. 접수된 의견을 공정하게 분석하여 반영하고 있는가,
	5. 재의 요구
	가. 의회의결이 지방자치법의 규정에 의하여 재의요구 조건에 해당될 경우 반드시 재의요구하고 있는가 나. 재의요구에 관하여 조례 · 규칙심의위원회의 심의를 받았는가 다. 재의요구를 위하여 관련 전문가 등의 자문을 충분히 받고 있는가 (필요한 경우)
Ⅳ. 사후관리	**1. 사후관리 기준**
	가. 시행 결과를 적절히 평가 · 분석하였는가 나. 평가 결과를 자치법규 정비 및 행정에 반영할 필요성은 있는가

2 조례안 심사기준

1. 조례안 입안준칙과 심사기준

- 조례안 입안 준칙과 심사기준은 조례안을 바라보는 시각에서만 차이가 있을 뿐 본질적으로는 하나의 완전한 조례를 생성하기 위한 공통적 기준으로서 동전의 양면 관계에 있다.
- 앞에서 설명한 것처럼 일부 지방자치단체에서는 「OOOO시(군·구) 자치법규입법에 관한 조례」를 제정하여 그 안에 "입법안의 작성 및 심사"에 관한 규정을 두고 있다.

2. 조례안 입안준칙 4)

입안준칙	주요 내용
• 입법 필요성	• 정책의 시행을 위해 조례가 필요한지 판단 • 주민의 요구, 관계 법령의 제·개정, 주요 정책의 추진 등에 따라 조례의 제정·개정 및 폐지가 필요한지 여부 검토 • 실효성·타당성 없는 조항 검토
• 입법목적	• 조례안이 입법목적에 충실한가? • 조례안이 입법목적을 넘어서서 지나치게 규정하고 있지는 아니한가?
• 입법형식의 적절성	• 법령의 위임에 따라 반드시 정해야 하거나, 직권 입법의 경우 조례 형식은 적정한지 여부 • 조례는 일반성과 추상성을 특징으로 하면서 성문의 형식을 취하므로 내용·체계·형식 및 자구의 4가지 측면에서 법제의 준칙을 살펴본다. • 절차적 요건으로서 입법 예고 결과 및 반영 여부
• 조례안 구성 체계에의 적합성	• 조례안 제명이 조례안의 일반적 주제를 단순하면서도 명확하게 표현하고 있는가? • 정의 규정에서 정의된 용어가 조례안 전체에서 정의된 의미대로 사용되고 있는가? • 조례안의 실체 규정들이 논리적으로 배열되어 있는가?

4) 행정자치부, 「2016 자치법규 입법실무」, 2016, pp.7~8.; 국회 법제실, 「법제 이론과 실제」, 2019, p.95.

• 입법내용의 정당성과 법적합성	• 헌법의 기본정신인 비례의 원칙, 평등의 원칙, 신뢰보호의 원칙, 적법절차의 원칙, 법률유보의 원칙, 죄형법정주의, 조세법률주의 등에 부합하는지 여부 • 집행기관과 의결기관 간 권한 분리 및 배분의 원칙 등을 준수하였는지 여부 • 상위법령에 모순되거나 저촉되지 않는지 여부
• 입법내용의 통일성과 조화성	• 지방자치단체 정책을 입법화하는 과정에서 헌법, 법률 등 상위법령을 위반하는지와 다른 조례와의 조화를 검토하여 법체계상 모순이 발생하지 않도록 한다. • 조례안이 다른 조례에 영향을 미치는 경우, 그 해석 · 집행에 있어서 마찰이 일어나지 않도록 적절하게 구성되어 있는지를 확인한다.
• 표현의 명료성과 평이성	• 입법내용의 의미가 확실하게 이해될 수 있고, 입법 의도가 오해되지 않도록 간결하고 정확하게 표현되었는지 여부 • 누구나 알기 쉬운 용어로 어문 규범을 준수하고 전체 내용을 쉽게 파악할 수 있도록 조문을 배열하였는지 여부 • 명료성을 최대한 달성할 수 있도록 조례안에서 장과 절의 조문 배열이 적절하게 이루어졌는지 • 조례안의 인용 조문이 정확한지 점검

3. 조례의 위헌성 판단기준 5)

판단 기준	검토사항
• 과잉금지의 원칙 (비례의 원칙)	• 기본권을 제한하는 목적이 정당한가? • 기본권 제한 방법이 목적과 합리적인 관련이 있으면서 그 목적 달성에 도움이 되는가? • 입법목적을 달성할 수 있는 가능한 수단 중 기본권 제한 정도가 가장 작은 방법인가? • 입법에 의해 보호하려는 공익과 침해되는 사익을 비교 형량할 때 보호되는 공익이 더 크거나 적어도 양자 간 균형이 유지되는가?

5) 국회 법제실, 「법제 이론과 실제」, 2019, p.38

• 신뢰보호의 원칙 (소급입법금지의 원칙)	• 기존 법질서에 대한 당사자의 신뢰가 합리적이고 정당한가? • 조례의 제 · 개정으로 인한 당사자의 손해가 크고 입법목적으로도 이를 정당화하기 어려운가? • 진정소급입법의 예외적 허용 사유가 있는가?
• 법률유보의 원칙	• 기본권 제한의 요건 · 기준 · 절차, 권리 · 의무의 변동에 관한 사항 등을 법률에서 직접 규정했는가? • 조례에 처벌 대상 행위를 예측할 수 있을 정도로 구체적으로 규정하였는가?
• 평등의 원칙	• 합리적인 이유 없이 자의적으로 차별 취급을 하는 내용은 없는가? • 헌법에서 특별히 평등을 요구하는 영역이나 기본권에 중대한 제한을 초래하는 경우 차별의 목적과 수단 간 엄격한 비례관계가 있는가?
• 명확성의 원칙	• 침익적 행정처분 또는 벌칙을 부과하는 규정과 관련하여 가능한 한 명확한 용어와 문장을 사용하고 있는가?
• 적법절차의 원칙	• 행정절차에서 당사자에게 적절한 고지를 하도록 하고, 당사자에게 의견 및 자료 제출의 기회를 부여했는가?
• 포괄위임금지의 원칙	• 법률에 하위법령으로 규정될 내용 · 범위의 기본적인 사항들을 구체적이고 명확히 규정하고 있는가? • 하위법령에 위임하는 경우, 하위법령에 규정될 내용이 예측 가능한가?
• 체계정당성의 원리	• 조례의 내용, 근거가 되는 원리, 구조가 다른 조례 및 법체계와 상충되거나 모순되지 않는가?

3 부실 입법과 조례 정비

1. 입법 홍수와 조례 품질의 개선

- 질적으로 낮은 법률인 소모성 · 일회용 법률, 편승 법률 등은 나쁜 법률이라고 불린다. 에드먼트 버크(Edmund Burke)는 "나쁜 법은 폭군 중에서 가장 나쁜 폭군이다. (Bad laws are the worst sort of tyranny.)"고 말했다.
- 오늘날 너무 많은 법률로 법률의 홍수를 이루고 있는 것을 본다. 몽테스키외(Baron Montesquieu)는 "법률을 만드는 것이 부득이하지 않다면, 법률을 만들지 않는 것이 필수적이다."고 말한 것은 조례안의 입안에도 적용될 수 있다.
- 지방정부가 해야 할 일이 늘어나게 되면 그에 따라 조례의 양도 늘어난다. 법률의 경우 입법의 홍수, 부실 입법의 문제가 계속 지적되어 왔는데, 조례의 영역에서도 조급한 입법자에 의해 과잉입법이 현실로 발생하고 있다.
- 조례 입법의 양적 팽창과 불필요한 조례, 선심성 조례, 현실성 없는 조례 등 부실 조례입법은 통제되고 제어 · 관리되어야 한다.
- 폼질 높은 질적인 조례로의 개선을 위한 방안으로 조례 정비사업, 조례에 대한 입법평가제도의 도입이 논의되고 있다.

2. 나쁜 조례의 유형

- 제정할 실익이 별로 없어 보이는 명분만 유지하는 조례
- 사회현실을 반영하지 못한 입법 내용의 부실 조례
- 기존 법령이나 조례에 이미 다 반영되어 있는 중복적인 조례
- 과다한 규제로 경제활동을 저해하는 조례
- 경제성이 없어 효율성이 떨어지는 조례
- 과다한 행정의 자율성 침해로 비효율적인 행정 조례
- 포퓰리즘 정책으로 인해 지방의 재정건전성을 저해하는 조례
- 목적은 그럴듯하나 구체적인 실현 수단은 별로 없는 실현 가능성이 희박한 조례
- 특수이익을 대변하는 이기적인 조례
- 특정 지역이나 집단의 사람들만을 이롭게 하는 조례
- 부당하게 세금 등을 감면해 주는 조례
- 주민의 의견 수렴 절차를 거치지 않는 조례 등이 나쁜 조례의 유형으로 제시된다. [6)]

---

6) 김대현, "조례안 사례연구", 「2022년도 지방의회 초선의원 연수과정」, 국회사무처, 2022, p.157.

3. 조례 정비사업

- 지방자치단체의 장이 정기적으로 조례 정비계획을 수립하여 시대 변화에 뒤떨어지거나 상충·모순되는 조례를 발굴하여 불합리한 조례의 정비에 노력하도록 하는 자치법규 정비 조항을 담은 조례 등이 제정되고 있다.
- 조례의 구체적인 정비 사유로는 ① 제정·개정 후 장기간이 도과되어 현실에 맞지 않거나 유효기간이 만료되는 등 유명 무실화된 조례, ② 법령의 위임 없이 주민의 권리를 제한하거나 의무를 부과하는 등 법률유보원칙을 위반한 조례, ③ 상위법령 위반 및 위임범위 일탈, 상위법령 제·개정사항의 미반영 조례, ④ 시민에게 과도한 부담을 주거나 불합리한 절차 등으로 주민의 불편을 초래한 조례, ⑤ 지역 여건 변화에 대응하여 중요 정책을 효율적으로 수행할 필요가 있는 조례 등이 제시된다.
- 조례 정비사업과 연관되는 것으로 시행 중인 조례를 대상으로 입법평가를 하는 "입법평가제도"가 있다.

4 조례에 대한 입법평가

1. 입법평가의 의의

(1) 입법평가의 논의 배경

- 입법평가 논의는 1980년대 독일 · 스위스 등에서 활발했다. 배경은 국가 역할의 확대로 국민생활 전반에 대해 규제와 입법화가 진행되어 규범의 홍수 현상이 나타나자, 이를 사전에 예방하고 사후에 억제하는 방안의 하나로 입법평가의 기능에 주목하였다.[7)]
- 입법평가는 "좋은 법률", "더 나은 법률"을 위한 입법품질의 제고를 목적으로 입법 수용성 확보를 위해 입법의 객관적 · 과학적 근거를 마련하기 위해 규제영향평가, 성별영향평가 등 다양한 방법으로 수행된다.
- 우리나라에서는 2007년 이후 한국법제연구원에서 입법평가연구센터를 설립하여 입법평가이론을 개발하고, 입법사례에 대해 실제 사전적 · 사후적 입법평가를 실시한 데서 시작된 것으로 본다.

(2) 입법평가의 개념

- 입법평가의 개념에 대해서는 다양한 의견이 있다. 입법평가는 규제영향평가, 성별영향평가 등 각종 영향평가를 포괄하는 종합적이고 체계적인 평가로서, 관련 정책과의 연계성을 검토하여 그 적정성에 대한 객관적이고 과학적인 근거를 제시하고자 하는 것에서 출발한다.[8)]
- 입법평가제도는 "특정한 법령의 제정 · 개정 또는 폐지로 인해 국가 · 사회에 미칠 법적 · 행정적 · 사회적 · 경제적 · 예산적 영향과 그에 따른 부수적 영향을 사전과 사후에 과학적 · 체계적으로 분석 · 평가하여 입법자가 "좋은 법률(조례)"을 제정하는데, 그 입법목적을 효과적으로 달성할 수 있도록 지원하는 제도"를 말한다.[9)]

2. 입법평가의 유형

- 입법평가는 어느 시점(또는 단계)에서 평가하는지에 따라서 사전적 평가, 병행적 평가, 사후적 평가로 구분한다.

---

7) 차현숙, "입법평가의 논의의 현황과 전망", 「일감법학」 제22호, 2012.6, p.48.

8) 강현철, "한국적 입법평가 모델 정착에 관한 소고", 「일감법학」 제22호, 건국대학교 법학연구소, 2012, p.78.

9) 최윤철, "입법평가제도의 도입을 위한 전제조건－입법평가의 과제와 전망", 「한국법제연구원 2007년 국제학술회의 자료집」, p.231.

(1) 사전적 평가

- 사전적 평가는 입법하려는 법령안(조례안)에 대해 입법목적의 명확화 단계부터 입법의 필요성을 확인하고 법령안을 준비하는 단계에 이르기까지의 과정에서 이루어지는 평가를 말한다.
- 사전적 평가는 입법의 필요성이나 입법하려는 법령안이 가져올 것으로 예견되는 결과에 대한 정보를 입법자에게 제공하여 입법의 여러 가지 대안에 대한 비교 평가를 하여 최적의 대안 입법을 찾을 때에 적용할 수 있는 방안이다.[10] 그러나 지방의원이나 지방자치단체장의 입법제안권을 제한할 우려가 있다는 견해도 있다.

(2) 병행적 평가

- 병행적 평가는 지방의회 위원회, 본회의 심사과정에서 (수석)전문위원의 검토보고, 공청회, 의원들의 질의와 답변 과정에서 이루어지는 평가이다. 병행적 평가는 심사과정에서 수정안을 제안하는 데 활용할 수 있다.[11]
- 그러나 실무상으로 조례안의 준비 전 단계인 사전적 평가와 초안의 조례안을 마련하는 단계인 병행적 평가를 구분하기는 쉽지 않다.
- (수석)전문위원의 검토보고서에서 사전적 평가와 병행적 평가 수준의 평가를 하고 있기 때문에 그 실익이 없다는 의견도 있다.

(3) 사후적 평가

사후적 평가는 입법의 효과성을 평가하여 개선방안을 제시하는 평가이다. 사후적 입법평가는 법령(조례)의 개정 필요성 및 실효성, 목적 달성도 등이 평가의 주된 내용이 되므로 평가의 중립성을 확보하는 방안이 필요하다.

3. 입법평가의 기준과 평가방법

입법평가제도의 도입을 위해서는 평가기준과 평가방법 등을 설정해야 한다.

(1) 입법평가의 기준

- 입법평가의 기준은 입법의 필요성, 실효성(입법의 위헌성·위법성, 법령의 위임범위 일탈 등)과 효율성, 내용적 · 형식적 정당성, 경제성(비용추계, 비용편익분석), 주민 의견 수용성 등이 제시된다.
- 입법평가는 그 시기가 사전적인지, 병행적인지, 사후적인지를 제시해야 해당 시기에 맞는 기준을 설정할 수 있다.

---

10) 강현철, “한국적 입법평가 모델 정착에 관한 소고”, 「일감법학」 제22호, 건국대학교 법학연구소, 2012, p.76.

11) 박형규, ”자치입법 활동의 활성화와 입법평가“, 「自治議政」 통권 제147호, 지방의회발전연구원, 2022.11. pp.13－14.

(2) 입법평가의 방법

- 입법과정에서 법적 근거를 가지고 운영되고 있는 평가로는 ① 규제의 신설 · 유지 · 강화 심사와 관련한 규제영향분석, ② 정책과 입법이 양성평등에 미치는 영향에 대한 성별영향평가, ③ 법 제 · 개정시 재정소요 비용을 확인하고자 하는 법안비용추계, ④ 부패 유발요인을 분석 · 검토하고자 하는 부패영향평가, ⑤ 공공정책으로 인한 갈등요인을 분석하고자 하는 갈등영향분석 등이 있다.[12)]
- 현재 시행되고 있는 이러한 평가제도는 특정 분야에 국한된 것으로서 조례 자체에 대한 평가는 아니다. 입법평가는 다양한 방법론을 동원하므로, 각종 평가제도를 통합하여 종합적이고 체계적으로 평가할 수 있도록 제도화하는 방안이 필요하다.

4. 조례 입법평가제도 도입의 필요성

- 조례입법의 홍수와 정책 실현으로 연결되지 못하는 부실 조례의 남용은 방지되어야 한다.
- 조례에 대한 사전 · 사후 관리와 객관적 영향을 분석하여 조례의 실효성, 목적 달성 여부, 상위법령의 개정에 따른 조례의 개정 등을 통해 보다 나은 조례, 보다 품질 높은 조례로 나아가고자 하는 시도가 입법평가제도의 도입으로 나타나고 있다.

(1) 법 규범의 홍수현상 방지

입법평가제도를 도입하면 조례에 대한 객관적 · 과학적 분석을 통해 입법의 효과를 파악하고 그 결과를 입법에 환류(feedback)함으로써 즉흥적인 졸속입법이나 효과가 불확실한 입법을 사전에 방지하는 등 실질적인 법제 조정이 이루어질 수 있다.

(2) 과학적 · 합리적 분석을 통한 입법역량의 제고

법의 목적은 무엇이고, 각 규정이 그것을 효과적으로 달성할 수 있는지 등 입법의 적절성을 따져 보는 목적지향적이고 효과지향적인 입법이 중요하다. 입법평가는 조례의 형식적 · 내용적 정당성과 관련된 정보를 체계적으로 제공해주는 기능을 한다.

(3) 실효성 높은 고품질의 입법 창출

입법평가제도의 도입으로 불필요한 입법을 상당수 방지하여 입법수요를 크게 줄임으로써 입법의 효율성도 높일 수 있고, 꼭 필요한 조례만 유지시킴으로써 법규정의 실효성을 높일 수 있다.[13)]

---

12) 차현숙, "조례 입법평가 제도의 현황과 전망", 「입법 & 정책」, 서울특별시의회, 2015. p.29.

13) 강현철, "한국적 입법평가 모델 정착에 관한 소고", 「일감법학」 제22호, 건국대학교 법학연구소, 2012, p.80.

5. 조례 입법평가제도 도입 현황과 실태

(1) 도입 현황

- 2023.6. 현재 「자치법규 정보시스템」에 의하면 조례입법평가 또는 입법영향분석에 관한 조례(예: 「강원도 조례 입법평가 조례」, 「경기도 자치법규 입법영향분석 조례」)를 제정한 광역자치단체는 최초로 조례를 제정한 광주광역시(2013년)를 비롯하여 11곳, 기초자치단체는 최초로 조례를 제정한 대구시 수성구(2013년)를 비롯하여 42곳으로 나타난다.
- 입법평가는 2014년부터 지방의회 차원에서 전문연구기관이나 일부 학자들에 의해 부분적으로 시험적 차원에서 개별 법령을 대상으로 수행해 왔는데, 아직 활성화되고 있지는 않다.

(2) 입법평가 실태

① 평가 주체

조례 입법평가는 지방의회와 지방자치단체의 장이 주체가 되어 평가서를 작성하도록 하면서 평가를 위한 보고서 등 전문적인 영역은 외부의 전문기관을 활용하고 있다.

② 시행 주기

일반적으로 2~4년 주기로 입법평가를 실시하고, 그 시행 시기를 조례에서 밝히는 경우가 일반적이다.

③ 평가대상 조례

- 조례 시행 이후 일정 기간(2~4년)이 경과한 조례를 대상으로 하고 있다.
- 평가대상에서 제외되는 조례도 제시된다. 기관설치 · 조직운영 · 업무분장 · 문서관리 등과 관련된 조례는 사전 혹은 사후 입법평가의 대상에서 제외되고 있다.
- 방대한 조례를 매해 마다 분석 · 평가하는 것은 어려운 문제이다.

④ 평가기준

- 평가기준은 조례 입법평가를 보다 간편하게 수행할 수 있도록 지원한다. 조례 입법평가 조례에서는 일반적인 평가기준을 제시하고 있으며, 필요한 경우 별표 등에서 구체적인 기준을 제시하고 있다.
- 경기도의 경우 「경기도 자치법규 입법영향분석 조례」에서 사전적 기준과 사후적 기준으로 나누어 평가기준을 제시하고 있다. 대부분 지방자치단체는 사후 입법평가만을 수행하고 있다.
- 조례입법평가 또는 입법영향분석과 관련하여 조례 제명에 "사후"라는 단어가

붙은 조례(「충청남도 조례 사후 입법평가 조례」)는 2023.6. 기준으로 「자치법규 정보시스템」에 의하면, 총 53개의 입법평가 조례 중에 11개 조례가 있다.

- 광역지방자치단체의 공개된 입법평가 심사기준을 보면 (i) 조례가 입법목적 및 제·개정의 취지에 맞게 시행되고 있는지 등의 입법목적 실현성, (ii) 조례의 집행비용과 그로 인해 얻은 편익은 입법 당시 기획하였던 효과를 달성하고 있는지, 예상하지 못한 집행비용·부작용이 발생한 경우가 있는지 등의 유효성 및 효율성(과다 규제의 문제, 비효율적 행정규제), (iii) 조례에서 주민의 권리 제한, 의무 부과, 벌칙 부과, 규제 사항에 대해 법률의 위임이 있는지, 상위법령의 개정 등에 따라 조례 개정이 필요한 경우 이에 대한 적절한 조치를 취하였는지 등의 법적 적합성 등이 있다.

⑤ 평가위원회의 구성과 기능

- 입법평가위원회는 지방의회 의원, 지방자치단체 대표, 관련 전문가 등으로 구성되고, 평가 결과에 대한 검토와 심의 기능을 담당한다.
- 위원회에서 직접 입법평가를 실시하는 경우도 있지만, 외부의 전문기관 평가에 대한 분석과 의견제시 및 보완요청 등을 하는 경우도 있다.
- 평가위원회 심의를 거친 평가보고서는 입법개선 의견으로 지방의회에 제출되는 것이 일반적이지만, 그 내용의 반영 여부는 지방의회의 재량적 권한에 속하는 사항이다.

6. 조례 입법평가제도의 문제점과 과제

(1) 일반적 문제 제기(조례 입법평가의 한계)

- 입법평가제도는 방법론 자체가 너무 이론적이고 시간적·비용적으로 부담이 많아 인력과 예산 및 시간에 제약을 가지고 있다.
- 조례는 정책과 사회현상을 내용으로 하기 때문에 정량적인 평가가 어렵다.
- 입법평가가 입법적 기준과 절차를 넘어 정책적 판단까지 포괄하면 문제를 유발할 수 있다.
- 관련 전문성이 낮은 상황에서 우리나라에 입법평가제도를 도입한다면, "옥상옥"이나 이미 하고 있는 심사에 다를 바 없는 의미 없는 반복이라는 주장도 있다.
- 조례 입법평가제도를 도입하기 위해 사전 검토가 필요한 사항은 ① 누가 입법평가를 할 것인가 하는 입법평가의 주체, ② 사전평가·사후평가와 같은 평가의 시기, ③ 조례 입법평가 결과에 대한 구속적 효력 부여 여부, ④ 조례의 종류에 따라 어떠한 방식으로 평가할 것인지의 여부이다.[14)]

---

14) 차현숙, "조례 입법평가 제도의 현황과 전망", 「입법 & 정책」, 서울특별시의회, 2015. p.40.

(2) 입법평가의 주체

- 평가는 보다 중립적이고 객관적인 기관에서 수행하도록 하는 것이 자기 평가의 한계와 문제를 극복하는 중요한 출발점이 된다.
- 입법평가는 평가의 객관성과 공정성 요소를 간과할 수 없다는 점에서 조례 입법평가를 위한 제3의 전문기관을 설치하거나, 외부전문기관을 지정하여 운영하는 방식을 택해야 한다.

(3) 평가시기의 문제

- 조례 제정 전에 사전적으로 입법평가를 실시할 것인지, 아니면 조례가 제정되어 시행된 이후에 일정 기간이 지난 후 입법평가를 실시할 것인지에 따라서 입법평가의 기준이 달라진다.
- 현재의 조례 입법평가의 수준과 방법을 고려할 때, 사후적 입법평가를 주로 하고 사전적 입법평가는 예외적이고 제한적인 범위에서 수행해야 할 것이다.
- 사전 입법평가의 경우 의원발의 조례안에 대해 사전에 검토한다는 것은 입법활동을 제약할 소지가 있다는 비판이 있다.
- 의원 발의 조례의 경우 입안단계에서의 사전 검토, 예산 등의 비용추계, 조례안 형식 검토, 입법예고 절차, 상임위원회 전문위원의 검토보고가 있으므로, 반복적인 사전 입법평가가 필요한지에 대한 논란이 있다.
- 국회의원 발의 법률안의 경우 국회 법제실의 국회의원 법률안 성안 요구 지원, 국회예산정책처의 비용추계 지원, 국회입법조사처의 정책조사 지원, 상임위원회(수석)전문위원의 검토보고 지원, 상임위원회 심사 등으로 단계적·반복적 점검을 거친다.
- 사후 입법평가는 조례의 실효성, 효과성, 체계성 등 조례의 영향을 다양하게 살펴볼 수 있는 평가를 수행해야 조례를 객관적이고 종합적으로 판단할 수 있다. 사후 입법평가는 객관적·과학적인 평가지표 도구를 마련하지 못하면 평가주체의 주관적 판단에 얽매이게 되는 우려가 있다.

(4) 평가기준과 방법론

- 현재까지 조례에 대한 기본적인 입법평가기준은 조례의 목적의 정당성, 조례의 체계 적합성, 조례의 절차적 정당성, 조례의 규제의 적정성, 조례 내용의 효과성 및 효율성 등 법률에 대한 검토기준이 그대로 적용되어 국회 입법과정에서의 검토의 틀과 기준에서 큰 차이가 없다.[15]
- 입법평가는 입법의 양적 팽창과 부실 입법을 제어하고 질적인 입법으로의 개

15) 고인석, “자치입법평가제도의 체계와 기준에 관한 연구”, 「입법평가연구」 제15호, 한국법제연구원, 2019. p.22.

선을 위해서 규제영향평가, 환경영향평가, 부패영향평가, 성별영향평가, 비용편익분석 등이 큰 틀에서 입법평가의 기준으로 설정되어 왔다.

- 개별 법(조례)에 대한 입법평가에서 유형별로 어떠한 기준과 방법론적 기법이 적용되어야 하는지에 대해서도 논란이 있다.

(5) 조례 입법평가 결과의 구속력 부여 여부

- 입법평가는 조례가 더 좋은 방향으로 나아갈 수 있도록 지원하고자 하는 제도이지만, 입법평가의 결과에 대한 구속력은 인정하지 않는다.
- 구속력을 인정하게 되면 주민의 대표기관인 지방의회가 행사하는 조례의 의사결정권이 민주적 정당성이 없는 입법평가기관으로 이전되는 결과가 되어 지방의회의 입법권을 침해하게 된다.
- 따라서 조례 개선에 중요한 참고자료로 활용하는 것이 제도적 취지에 부합하는 방안이 된다.

(6) 입법평가 역량 강화 및 전문인력의 양성

- 입법과 관련된 투입과 산출을 정확하게 계량화한다는 것은 현실적으로 매우 어려운 문제다. 그래서 계량화할 수 없는 부분에 대해서는 누구나 공감할 수 있을 정도로 합리적인 정성적 평가사항을 마련하는 등 전략이 있어야 한다.
- 조례에 대한 이해를 갖춘 법제 · 정책의 전문가를 양성하는 교육도 시급하다.

CASE Study 60 **조례에 대한 입법평가 제명**

OO광역시 조례 입법평가 조례
(일부개정) 2019-01-09 조례 제5848호
제1조(목적) 이 조례는 OO광역시 조례에 대한 입법평가에 관한 사항을 규정하여 조례의 시행효과 및 목표달성 등을 평가함으로써 조례의 실효성을 확보하고 시민의 삶의 질을 높이는데 이바지함을 목적으로 한다.
OO도 조례 입법평가 조례
(제정) 2020-05-29 조례 제4570호
제1조(목적) 이 조례는 OO도 조례에 대한 입법평가에 관한 사항을 규정하여 조례의 시행효과 및 목표달성 등을 분석·평가함으로써 조례의 실효성을 확보하고 도민의 삶의 질을 높이는데 이바지함을 목적으로 한다.
OOO도 조례 사후 입법평가 조례
(일부개정) 2021-04-30 조례 제4911호
제1조(목적) 이 조례는 OOO도에서 시행 중인 조례에 관하여 입법 목적 등이 제대로 실현되고 있는지를 분석·평가함으로써 조례의 실효성을 제고하고 도민의 삶의 질을 높이는데 이바지함을 목적으로 한다.
OO광역시 조례 사후 입법평가 조례
(제정) 2013-07-01 조례 제4251호
제1조(목적) 이 조례는 OO광역시 조례의 입법 목적과 목표가 실현되고 있는지를 분석·평가하여 개선하도록 하는 사후 입법평가에 관한 기본적인 사항을 정하여 정책 실현 도구로써 조례의 실효성을 높여 시민의 삶의 질이 향상되도록 함을 목적으로 한다.

[검토사항: **입법평가 시기 또는 단계**]

- 조례에 대한 입법평가는 그 시기, 단계에 따라 사전적 평가, 병행적 평가, 사후적 평가가 있다.
- 우리나라 지방자치단체는 사전적·사후적 평가를 하는 경기도를 제외하고는 조례 입법평가를 사후적으로 하고 있다.
- 위의 첫 번째, 두 번째 조례는 조례 제명에서는 입법평가 시기를 명확히 알 수 없고, 본문 내용을 보아야만 파악할 수 있는 유형이다.
- 세 번째, 네 번째 조례는 그 평가 시기를 조례 제명에 명확하게 제시한 유형이다.
- 조례 제정시 이러한 제명의 유형에 대해 검토해 본다.

CASE Study 61 입법평가의 대상

OOO도 입법평가 조례
(제정) 2021-12-23 조례 제5459호
제1조(목적) 이 조례는 OOO도 조례에 대한 입법평가에 필요한 사항을 규정하여 입법의 실효성을 높이는 것을 목적으로 한다.
OO군 입법평가 조례
(제정) 2022.11.03 조례 제2649호
제1조(목적)이 조례는 OO군 조례에 대한 입법평가에 필요한 사항을 규정하여 입법의 실효성을 높이는 것을 목적으로 한다.
OOOOOO시의회 조례 입법평가 조례
(제정) 2021.09.24 조례 제1791호
제1조(목적) 이 조례는 OOOOOO시에서 시행 중인 조례에 관하여 입법목적 등이 제대로 실현되고 있는지를 분석 · 평가함으로써 조례의 실효성을 제고하고 시민의 삶의 질을 높이는데 이바지함을 목적으로 한다.
OOO도 조례 입법평가 조례
(제정) 2023-02-02 조례 제5329호
제1조(목적) 이 조례는 OOO도와 OOO도교육청 조례에 대한 입법평가에 필요한 사항을 규정하여 조례의 실효성을 제고하고 OOO도민의 권익증진에 이바지함을 목적으로 한다.

[검토사항: **입법평가의 대상**]

- 위의 4건 조례 중에서 조례 제명만 본다면 네 번째 조례를 제외하고는 조례의 제명이 정확하지 않은 것으로 보인다. 왜냐하면 입법평가의 대상은 조례가 되어야 하기 때문이다.
- 제명만 보면 입법평가 대상이 첫 번째는 OOO도, 두 번째는 OO군, 세 번째는 OOOOOO시의회 조례로 해석될 여지가 있기 때문이다.
- 제1조(목적)을 보면 비로소 위의 4건 조례 모두 입법평가 대상이 조례"임을 밝히고 있다.
- 조례 제명의 정확한 표현에 대해 고려해 본다.

CASE Study 62 입법평가대상과 조례 제명의 불일치

OOOOOO도 자치법규 입법평가 조례

(일부개정) 2022-03-04 조례 제3082호

제1조(목적) 이 조례는 OOOOOO도 자치법규의 시행효과와 입법목적 달성 등을 분석·평가함으로써 자치법규의 실효성 제고와 OOOOOO도민의 권익증진에 이바지함을 목적으로 한다.

제2조(정의) 이 조례에서 사용하는 용어의 뜻은 다음과 같다.

1. “자치법규”란 OOOOOO도의 **조례와 규칙**을 말한다.
2. 삭제<2018.2.28.>
3. “**입법평가**”란 제3조에 따른 평가대상 **조례**를 별표의 입법평가에 분석지표에 따라 분석·평가하는 것을 말한다.

제3조(평가대상) ① 이 조례에 따른 입법평가 대상은 현행 **조례** 중 제정 또는 전부 개정되어 시행된 지 2년이 지난 조례와 제7조에 따라 입법평가를 실시한 지 4년이 경과한 조례로 한다.

② 제1항에 따른 평가대상 조례 중 기관설치·조직운영·업무분장·문서관리 등 조직·인사 또는 기술적 내용의 조례는 입법평가 대상에서 제외한다.

[검토사항: **조례 제명의 불일치**]

- 위의 조례에서 입법평가 대상은 조례 제명으로 보면 “자치법규”이다.
- 제2조(정의)에서 “자치법규”란 “조례와 규칙”을 말한다고 정의하고 있다.
- 제2조제3호는 “입법평가”란 제3조에 따른 평가대상 조례를 별표의 입법평가의 분석지표에 따라 분석·평가하는 것을 말한다고 정의하고 있다.
- 제3조(평가대상)은 “조례”만을 입법평가 대상으로 규정하고 있다.
- 입법평가 정의와 평가대상에 “규칙”에 관한 언급이 없으므로, 조례 제명 용어를 “자치법규”보다는 “조례”로 하는 것이 더 논리적으로 보여진다.

제 14 장

심사과정에서 조례안 수정과 제안

1. 수정안
2. 대안
3. 위원회안

1 수정안

1. 수정안의 의의

- 조례안 심사과정에서 의원이 발의하거나 지방자치단체의 장이 제출한 조례안은 수정 없이 조례로 성립되기도 하지만, 위원회 심사나 본회의 심사과정에서 수정되기도 하고, 다른 조례안과 합쳐져 제안되거나 새로운 조례안으로 대체되어 제안되기도 한다.
- 위원회나 본회의 심사 단계 등에서 조례안은 원래의 내용이 변경·삭제되거나 일부 내용이 추가되기도 하는데 이를 '수정'이라 한다.
- 그 수정을 위해 일정한 형식을 갖추어 서면으로 발의하는 것을 '수정안'이라고 한다. 수정안은 원안을 전제로 성립되고 원안과 동시에 심의되는 부수적·종속적 안건이다.

2. 수정안의 범위

- 원안의 수정안은 추가·삭제·변경 등을 통해 원안에 다른 의사를 가하여 고치는 것이다. 원안과 직접 관련성이 인정되는 범위에서 원안의 기본적인 취지나 내용을 변경하지 않아야 한다.
- 원안과 같은 주제이더라도 원안의 취지나 내용과 직접 관련이 없는 새로운 내용을 추가하거나 삭제하여 원안과 전혀 다른 내용이 포함된 것은 수정안으로 성립될 수 없다.

3. 수정안의 종류

제출단계에 따라 위원회 수정안과 본회의 수정안으로 구분된다.

4. 수정안의 구성

① 표지부 – 수정안의 제명, 제안연월일, 제안자, 수정이유, 수정 주요내용
② 본문부– 수정문(원안을 기준으로 수정문 작성)
③ 수정안 조문대비표 - 현행 조례·원안과 수정안을 비교 [1)]
※ 관련 양식은 조례안의 구성형식, 조례안의 변경에 있는 양식을 참조

1) 국회 법제실, 「법제 이론과 실제」, 2019, pp.207~234.

2 대 안

1. 대안의 의의

- 대안은 위원회의 조례안 심사단계에서 소관 위원회 또는 의원이 원안을 폐기하고 이를 대신하여 제출하는 새로운 조례안을 의미한다.
- 원안의 목적 · 성격을 변경하지 아니하는 범위에서 원안에 부수하여 작성하는 수정안과는 달리, 대안은 원안의 목적 · 성격이 바뀔 정도로 원안의 체계 및 내용을 전면적으로 수정하거나 원안을 폐기하고 전혀 다른 내용으로 새로이 제출되는 것이다.

2. 대안의 범위

대안이 만들어지는 사례로는

① 동일한 조례에 대하여 둘 이상의 조례안이 위원회에 회부되어 이를 통합하여 단일안으로 하는 경우

② 여러 건의 동일 제명 조례안을 합하여 한 건의 조례안으로 하는 경우

③ 제명이 다른 조례안을 합하여 한 건의 조례안으로 하는 경우

④ 개정조례안과 제정조례안을 합하여 제정조례안을 만드는 경우 등이 있다.

3. 대안의 종류

위원회 대안과 의원발의 대안으로 구분된다.

① 위원회 대안

위원회가 소관사항에 관해 조례안 심사과정에서 원안에 대해 목적 · 성격이 바뀌는 사유로 그 원안을 본회의에 부의하지 아니하기로 결정하고 원안에 대신하여 제안하는 조례안을 "위원회 대안"이라고 한다.

② 의원발의 대안

의원발의 대안을 별도로 인정한 취지는 원안의 소관 위원회에 "소속되지 않은 의원"에게도 그 위원회가 심사 중일 때 관여할 수 있는 근거를 부여하고, 대안 제안의원의 취지를 소관 위원회에서 그 원안과 함께 심사하도록 하려는 것으로 볼 수 있다.

4. 대안의 작성

- 대안의 작성방식은 대안의 제명, 대안의 제안경위, 대안의 제안이유 및 주요내용

등으로 구성된다.

- 대안은 원안을 폐기하고 위원회에서 새로운 조례안을 제안하는 것이므로 그 취지가 잘 나타날 수 있도록 심사의 편의를 위해 대안의 표지부에는 그 제명을 'OOO 조례안(대안)' 식으로 대안임을 표시한다.[2]

2) 국회 법제실, 「법제 이론과 실제」, 2019, pp.235~242.

3 위원회안

1. 위원회안의 의의

- 위원회는 그 소관에 속하는 사항에 관하여 조례안을 독자적으로 입안하여 제출할 수 있는데, 이를 "위원회안"이라 한다.
- 「지방자치법」 제76조(의안의 발의) ② 위원회는 그 직무에 속하는 사항에 관하여 의안을 제출할 수 있다.

2. 위원회안의 범위

- 위원회안은 소관 조례안의 심사권을 갖고 있는 위원회가 소관 사항에 대해 독립적으로 제안하는 것이므로, 위원회안의 범위에는 원칙적으로 제한이 없다.
- 다만, 입법 실무상 주로 ① 기존 조례의 미비점을 신속하게 보완할 필요가 있는 경우나, ② 위원회에 계류된 조례안에 대한 심사과정에서 논의의 여지가 많은 사항은 제외하고 시급하게 개정할 필요가 있어 합의된 일부 사항만을 우선 통과시키기로 하는 경우에 활용되고 있다.

3. 위원회안의 구성

① 표지부 - 위원회안의 제명, 제안연월일, 제안자, 제안경위, 제안이유, 주요내용
② 본문부 – 조례안
③ 신 · 구조문대비표

위원회안의 제안경위와 관련하여 기존에 논의되던 안건 중 일부 합의된 사항을 반영한 경우 기존 논의 안건의 심사 경과를 함께 작성함으로써 기존 조례안의 일부 내용이 반영되었다는 점을 명시해 줄 필요가 있다.[3]

3) 국회 법제실, 「법제 이론과 실제」, 2019, pp.243~247.

심화과정

조례 본문부의 구성체계

제 1장 조례 제명
제 2장 총칙규정 (본칙 ①)
제 3장 실체규정 (본칙 ②)
제 4장 보칙규정 (본칙 ③)
제 5장 벌칙규정 (본칙 ④)
제 6장 부 칙

제 1 장

조례 제명

1. 조례 제명의 의의
2. 조례 제명의 간소화
3. 조례 제명 띄어쓰기와 낫표(「 」) 사용
4. 조례 제명의 약칭

1 조례 제명의 의의

1. 제명의 의의

- 조례의 제명은 조례의 고유한 이름이므로 그 조례의 규율 내용을 가장 잘 나타내는 함축적인 내용으로 간결하게 표현하여야 하며, 조례의 성격이나 특성이 잘 드러나도록 알기 쉽게 정해야 한다.
- 조례 제명은 규율 내용 전체에 대한 대표성이 있어야 하며, 그 조례의 내용이 무엇에 관한 것인가를 바로 파악할 수 있도록 정하는 것이 바람직하다.
- 현재 조례들은 해당 조례의 내용, 성격 등을 제명에 모두 표현하려 함에 따라 제명이 길고 복잡하여 일반 주민들이 그 내용을 예측하거나 이해하기가 힘들고, "…… 을 위한", "…… 에 대한", "…… 에 관한"과 같은 표현은 조례 명칭을 길게 하므로 이해를 위해 필요한 경우가 아닌 한 사용을 자제한다.

2. 기본조례와 특별조례

- 일반적으로 어떤 조례가 정하고 있는 사항에 대하여 예외적(특별한) 사항을 규정하고자 하는 경우에는 「○○ 특별조례」로, 여러 조례에서 규정하고 있는 사항에 대한 기본원칙이나 정책 방향 등을 규정하는 경우에는 「○○ 기본조례」라는 표현을 사용한다.
- 이와 같이 특별조례는 일반조례에 대한 예외적(특별한) 사항을 규정하는 경우에 사용하는 것으로, 그에 상응하는 일반조례가 없는 경우에는 제명에 특별조례라는 표현을 사용하여서는 안 된다.[1)]

1) 법령정보관리원, 『법률 제명 결정기준 및 약칭에 관한 연구 최종보고서』. 2013, p.8.

2 조례 제명의 간소화

1. 간소화의 의의

조례 제명 간소화 작업은 조례명에 여러 단어가 나오는 경우 대표 단어로 간략하게 표현하거나 조례 내용이 조례명에 열거된 경우에는 주된 것만 간결하게 표시하는 등 불필요한 단어나 설명식의 단어 등을 가급적 제외하여 쉽고 간결한 조례명으로 개선하고자 하는 것이다.

2. 간소화 방안

- 해당 조례의 특징과 내용을 잘 나타내는 대표적인 단어 위주로 명칭을 규정하되, 지나치게 길거나 복잡한 조례의 제명은 일반 주민이 이해하기 쉽도록 간결화한다.
- 조례가 규정하는 내용을 조례 명칭에 열거한 경우에는 이를 포괄하는 하나의 단어로 대체하거나 주된 것만 간결하게 표시하거나 혹은 중복되거나 비슷한 사항이나 단어들을 열거하지 말고 대표적인 단어를 선택해서 간결하게 표시한다.
- 상황을 설명하는 단어는 가급적 조례 명칭에서 생략하고, 불필요한 단어를 제외하고 가능한 한 "명사형"으로 규정한다.
- "…… 중", "…… 의"를 생략해도 이해에 지장이 없으면 생략하고, 생략해서 조례 내용을 이해하는 데 문제가 없는 단어는 최대한 생략한다.
- 조사나 부호의 사용을 최소화한다. 조사, 문장 부호(쉼표, 가운뎃점), 연결어 등과 같이 고유 의미가 없는 단어는 조례 명칭을 정확하게 인용하거나 기억할 때 헷갈리기 쉬운 요소가 되므로 가급적 사용을 억제한다.
- "…… 을 위한", "…… 에 대한", "…… 에 관한"과 같은 표현은 조례 명칭을 길게 하므로 꼭 필요한 경우가 아니면 가급적 사용을 자제한다.[2)]

2) 법령정보관리원, 『법률 제명 결정기준 및 약칭에 관한 연구 최종보고서』, 2021, p.8, p.20.

3 조례 제명 띄어쓰기와 낫표(「 」) 사용

1. 종전의 붙여쓰기

- 종전에 조례 제명은 띄어쓰기를 하지 않고 모두 붙여 썼다.
- 이는 어문 규범에 어긋나고 가독성이 떨어져 국민 불편을 초래하였다.

2. 띄어쓰기 기준 마련

- 국회 법제실, 법제처는 2005.1. 이후 개정 · 제정되는 법령부터 제명 띄어쓰기를 시행하였다.
- 제명은 "단어별"로 띄어 쓴다.
  - 「OO도v국어v바르게v쓰기v조례」 (조례)
- 명사만으로 된 제명은 최대한 8음절까지 붙여 쓰는 것을 원칙으로 한다.
  - (예시) 「독서문화진흥법」 (법률)
- 복합명사로 이루어진 단체 등의 명칭은 붙여서 사용한다.
  - (예시) 「대한민국재향군인회법」 (법률)

3. 제명 인용 시 낫표(「 」) 사용

- 이는 법령(조례) 제명의 띄어쓰기로 인하여 하나의 고유한 법령 제명이 아닌 어떤 사항에 관한 일반적인 법령으로 오해할 소지를 방지하기 위한 것이다.
- 본문 중에서 다른 법령(조례)의 제명을 인용할 때
  - 그 법령(조례) 제명 앞뒤에 낫표(「 」)를 사용한다.
  - 이는 법령(조례) 조문의 다른 문장 내용과 구분하기 위함이다.
  - 이는 법령의 고유명사로서의 특성을 표시한다.[3)]

---

3) 법령정보관리원, 『법률 제명 결정기준 및 약칭에 관한 연구 최종보고서』, 2021, p.8, p.20.

4 조례 제명의 약칭

1. 제명의 약칭 필요성

- 현행 조례의 제명이 지나치게 길거나 길지 않더라도 각종 문서에서 조례 제명을 반복적으로 인용해야 하는 경우에는 전체 조례 제명을 기재하는 번거로움을 해소하기 위하여 약칭을 사용하는 경우가 있다.
- 조례에서 "약칭"에 관한 규정이 없고, 약칭 사용에 대한 어떠한 기준도 없어 약칭을 사용하는 사람에 따라 각기 다른 형태로 조례 제명의 약칭이 사용되고 있다.
- 최근 조례 제명이 길어지고 다른 조례에서 이를 인용하는 경우가 늘어나는 상황에서, 법률의 경우 언론 등에서는 최진실법(「민법」 제909조의2), 김영란법(「부정청탁 금지 및 공직자 이해충돌 방지법」), 조두순법(「성폭력 범죄의 처벌 및 피해자 보호 등에 관한 법률」) 등의 사람 이름을 딴 법률명을 사용하고 있다.

2. 제명 약칭 시 고려사항

- 조례 제명의 약칭을 정함에 있어서도 조례 제명을 정할 때와 마찬가지로 해당 조례의 중요 내용을 대변할 수 있는 용어가 들어가 일반 주민이 해당 조례의 내용을 예측하고 이해하기 쉽도록 해야 한다.
- 조례 제명의 약칭은 대표적인 단어 위주로 정하되, 다른 조례와 혼동되지 않고 명확하게 구별되는 단어로 정한다.

3. 제명 약칭 법제화 방안

- 현재 공인된 조례 제명 약칭에 대한 기준이 없어 사용자에 따라 약칭이 달라지고, 각기 다른 약칭이 사용됨에 따라 주민들이 조례 인식에 혼란을 겪을 가능성이 있으므로, 조례 제명 인용의 정확성과 통일성을 제고하기 위해 조례 제명 약칭의 기본원칙을 마련할 필요가 있을 것이다.
- 조례의 총칙규정에 별도로 "(조례 제명의 약칭)"이라는 제목의 조를 두는 방안도 있다.[4]

---

4) 법령정보관리원, 『법률 제명 결정기준 및 약칭에 관한 연구 최종보고서』. 2021, p.20.

CASE Study 63 조례 제명 간소화

OO군 기부심사위원회 운영 및 기부자 예우에 관한 조례

(일부개정) 2023.04.17 조례 제2880호

제1조(목적) 이 조례는 「기부금품의 모집 및 사용에 관한 법률」 제5조제5항에 따라 OO군 기부심사위원회의 구성 및 운영에 필요한 사항을 규정하고, OO군의 발전을 위해 기부금품을 기탁하는 기부자에 대한 예우와 건전한 기부문화의 활성화를 목적으로 한다.

OO시 기부심사위원회 구성·운영 및 기부자 예우에 관한 조례

(제정) 2023.04.14 조례 제2075호

제1조(목적) 이 조례는 「기부금품의 모집 및 사용에 관한 법률」 제5조에 따라 OO시 기부심사위원회의 구성 및 운영에 관한 사항을 규정하고, OO시 발전을 위해 기부금품을 기탁하는 기부자의 예우에 관한 사항을 정함으로써 건전한 기부문화를 활성화함을 목적으로 한다.

OO시 기부심사위원회 운영 및 기부자 예우에 관한 조례

(일부개정) 2023.04.12 조례 제1888호

제1조(목적) 이 조례는 「기부금품의 모집 및 사용에 관한 법률」 제5조에 따라 OO시 기부심사위원회의 구성 및 운영에 관한 사항을 규정하고, OO시 발전을 위해 기부금품을 기탁하는 기부자의 예우에 관한 사항을 정하여서 건전한 기부문화를 활성화함을 목적으로 한다.

[검토사항: **조례 제명 간소화**]

- 기부자 예우를 위해서는 먼저 기부자 예우 대상자를 결정해야 한다. 대상자를 결정하기 위해서는 절차적으로 대상자 선정을 객관적이고 공정하게 수행할 심사위원회의 기능이 필요하다.
- 법률의 경우 「부패방지 및 국민권익위원회의 설치와 운영에 관한 법률」은 합의제행정기관인 국민권익위원회의 명칭을 법률 제명에 병기하였다.
- 이와 같은 합의제행정기관 등의 구성이 아니고, 업무 절차상 당연히 구성되어야 하는 위원회의 경우라면 가능한 한 조례 제명에 병기하지 않고 조례 제명을 간소화하는 것이 낫지 않은지 검토해 본다.
- 위의 조례 제명을 「OO군 기부자 예우에 관한 조례」로 해도 무방하지 않은지 고려해 본다.

CASE Study 64 **조례 제명 인용 시 낫표(「 」) 사용**

OO군 관광진흥 조례

(일부개정) 2023.04.21 조례 제2756호

제2조(정의) 이 조례에서 사용하는 용어의 정의는 다음과 같다.

1. "단체관광객"이란 내·외국인으로서 OO군수(이하 "군수"라 한다)가 정한 일정 인원 이상의 관광객을 말한다.
2. "수학여행"이란 「**초·중등교육법**」 제2조에 따른 초·중·고등학교에서 교육을 목적으로 교사의 인솔하에 실시하는 여행을 말한다.
3. "여행사"란 「**관광진흥법**」(이하 "법"이라 한다) 제3조제1항에 따른 여행업을 등록하여 경영하는 자를 말한다.
4. "숙박시설"이란 법에 따른 관광숙박업, 관광편의시설업 중 관광펜션업, 한옥체험업과 「**공중위생관리법**」에 의한 숙박업소, 「**도시와 농어촌 간의 교류촉진에 관한 법률**」에 따라 지정된 농어촌체험·휴양마을 또는 「**농어촌정비법**」에 따른 농어촌 민박사업을 영위하는 시설을 말한다.
5. "음식점"이란 「**식품위생법**」에 따라 영업 신고를 하고 일반음식점 영업을 하는 업소를 말한다.
6. "관광사업자"**(이하 "사업자"라 한다)**란 법 제2조에 따른 관광사업자를 말한다.
7. "관광사업자단체"**(이하 "사업자단체"라 한다)**란 법 제45조 및 같은 법 시행령 제41조에 따라 설립 허가를 받은 지역별·업종별 관광협회를 말한다.
8. "문화관광해설사"란 「**OOO도 문화관광해설사 운영 및 지원 조례**」 제5조에 따라 선발된 사람을 말한다.
9. "휴양 콘도미니엄업"이란 법 제3조제1항제2호나목을 말한다.

[검토사항: **조례 제명 띄어쓰기와 낫표(「 」) 사용**]

- 법령(조례) 제명의 띄어쓰기로 인해 하나의 고유한 법령 제명이 아닌 어떤 사항에 관한 일반적인 법령으로 오해할 소지 등을 방지하기 위해 본문 중에서 다른 법령(조례)의 제명을 인용할 때는 그 법령(조례) 제명의 앞뒤에 낫표(「 」)를 사용한다.
- 위의 조례 제2조제6호(관광사업자)와 제7호(관광사업자단체)는 정의규정을 다시 약칭(사업자, 사업자단체)하고 있다. 정의규정은 원칙적으로 다시 약칭하지 않는다.

CASE Study 65 **조례 제명, 외국어 ①**

[입법례]

생거 OO 케어팜 설치 및 운영 조례

(제정) 2022.12.02 조례 제3008호

제1조(목적) 이 조례는 농업의 기능을 활용하여 지역의 사회적 취약계층에 대한 돌봄, 교육, 고용, 재활 등 다양한 서비스를 제공하기 위하여 생거 OO **케어팜**을 설치하고, 그 운영에 필요한 사항을 규정함을 목적으로 한다.

제3조(정의) 이 조례에서 사용하는 용어의 뜻은 다음과 같다.

1. "사회적 농업"이란 농업 활동을 통하여 취약계층에게 돌봄, 교육, 고용, 재활 등을 제공하여 참여자의 건강 증진을 추구하고 사회적 역할 수행을 돕는 활동 및 실천을 말한다.
2. (생략)
3. "**케어팜**"이란 사회적 농업 활동을 주로 수행하는 농업 공간을 말한다.

OO군 굿뜨래 웰빙마을 설치 및 운영 조례

(일부개정) 2022.11.21 조례 제2849호

제1조(목적) 이 조례는 OO군 소도읍육성사업의 하나로 농어촌 관광 휴양단지개발 사업계획에 따라 조성한 **굿뜨래 웰빙마을**의 설치 및 운영에 필요한 사항을 규정함으로써 효율적인 관리·운영으로 지역경제의 활성화와 지역발전에 기여함을 목적으로 한다.

제2조(명칭 및 위치) ① 명칭은 **굿뜨래 웰빙마을**(이하 "웰빙마을"이라 한다)이라 한다.
② 웰빙마을은 OO군 OO읍 OO로 75 일원에 둔다.

제3조(정의) 이 조례에서 사용하는 용어의 뜻은 다음과 같다

1. "**웰빙마을**"이란 제1조의 목적에 따라 조성된 복합건물(전시·홍보·판매시설 등)과 그 밖의 부대시설을 말한다.

[검토사항: **조례 제명, 외국어**]

- 위의 첫 번째 조례 제명 「생거 OO 케어팜 설치 및 운영 조례」에서 "케어팜", 두 번째 조례 제명 「OO군 굿뜨래 웰빙마을 설치 및 운영 조례」에서 "굿뜨래"란 말은 선뜻 이해하기 어렵다. "굿뜨래"는 용어 정의도 없다.
- 사전에 나오는 "굿뜨래"는 2005년부터 쓰이는 OO군 공동브랜드다. OO강 나룻터 구드래 지명과 비슷한 발음인 굿뜨래는 Good과 자연을 상징하는 Tree(나무)의 합성어로 좋은(Good) 뜰에서 생산된 최고의 제품을 표현"한 것이라고 한다.
- 조례의 수범자 입장에서 의미를 이해하기 위해 특별한 지식이 필요할 만큼 지나치게 전문적이거나 현학적인 용어 사용은 삼간다.
- 외래어와 외국어는 "쓰지 않는 것을 원칙"으로 하되, 바꾸어 쓸 우리말이 없거나 이미 관행적으로 굳어진 외래어인 경우에는 예외적으로 사용 가능하다.

CASE Study 66 조례 제명, 외국어 ②

[입법례]

OO군 정크트릭아트 전시관 설치 및 운영 조례

(일부개정) 2022.10.31 조례 제2251호

제1조(목적) 이 조례는 OO군 **정크트릭아트** 전시관의 설치 및 효율적인 관리 · 운영을 위하여 필요한 사항을 규정함을 목적으로 한다.

제3조(정의) 이 조례에서 사용하는 용어의 뜻은 다음과 같다.

1. "시설물"이라 함은 전시관 내 전시실, 체험실을 말한다.
2. "전시물"이라 함은 전시실에 설치된 예술작품을 말한다.
3. “관리자”란 OO군수(이하 “군수”라 한다)의 명을 받아 시설 안내, 시설물 관리, 사용료 징수 등 시설의 관리 · 운영에 종사하는 자(위탁운영자가 고용한 임직원을 포함)를 말한다.
4. ~ 5. (생략)

OO광역시 OO군 OO PMZ 평화예술센터 운영 · 관리에 관한 조례

(일부개정) 2022.10.28 조례 제2849호

제1조(목적) 이 조례는 OO군 OO PMZ 평화예술센터의 운영 및 관리에 관한 사항을 규정함으로써 지역자산을 활용한 체험형 복합문화공간으로 조성하여 지역경제 활성화에 이바지함을 목적으로 한다.

제3조(정의) 이 조례에서 사용하는 용어의 뜻은 다음과 같다.

1. “수탁자”란 제19조제1항에 따라 센터의 관리 · 운영을 위탁받은 법인 · 단체 또는 개인을 말한다.
2. “체험료”란 이용자가 센터 시설의 이용대가 또는 수강료 등으로 납부하는 요금을 말한다.
3. “관리운영자”란 제4조에 따라 센터를 관리 · 운영하는 OO광역시 OO군수(이하 “군수”라 한다) 또는 수탁자를 말한다.
4. ~ 5. (생략)

[검토사항: **조례 제명, 외국어 사용**]

- 위의 2건 조례는 제명에서 각각 “정크트릭아트”와 “PMZ”라는 외국어를 사용하고 있다.
- 이 용어의 뜻에 대해 (정의) 규정이나 본문에서 별도의 설명이 없어 제명의 내용을 이해하기 어렵다. 특히, PMZ는 원문이 무엇인지도 밝히지 않았다.

CASE Study 67 조례 제명, 외국어 ③

[입법례]

OO군 퍼플 아일랜드 관리 및 운영 조례

(일부개정) 2023.03.02 조례 제2587호

제1조(목적) 이 조례는 OO군 퍼플 아일랜드의 입장료 징수와 그 밖에 관리 및 운영에 필요한 사항의 규정함을 목적으로 한다.

제2조(정의) 이 조례에서 사용하는 용어의 뜻은 다음과 같다.

1. "**퍼플 아일랜드**"란 보라색 꽃섬으로 조성된 OO군 OO면 OO도와 OO도를 말한다.

OO군 슬로시티농업대학 설립 및 운영 조례

(일부개정) 2023.03.02 조례 제2588호

제1조(목적) 이 조례는 농촌진흥법 제2조제3항에 따라 농업 농촌분야에서 지역 리더와 전문 농업경영인 및 일반 지역민이 현장 중심의 기술 및 경영능력을 연마함으로써 지역 활성화를 이끌 수 있도록 교육훈련기관 설치에 관한 사항을 규정함을 목적으로 한다.

제2조(설치) 교육훈련기관의 명칭은 OO군 **슬로시티**농업대학(이하 "대학"이라 한다)이라고 하며 농업기술센터에 둔다.

OO군 OO 어메니티복지마을 운영 조례

(일부개정) 2022.07.08 조례 제2787호

제1조(목적) 이 조례는 건강한 노인부터 불편한 노인과 장애인에 이르기까지 인간답고 편안한 생활을 영위할 수 있도록 하기 위하여 「노인복지법」 제35조 및 같은 법 제37조와 제39조, 「의료법」 제33조, 「장애인복지법」 제59조에 따라 OO **어메니티**복지마을에 설치한 시설의 운영에 필요한 사항을 규정함을 목적으로 한다

제2조(명칭 및 위치) OO **어메니티**복지마을(이하 "복지마을"이라 한다) 내 시설에 대한 명칭 및 위치는 다음 각 호와 같다.

제4조(정의) 복지마을에서 사용하는 용어의 뜻은 다음과 같다

1. "사용"이란 제3조 시설에 설치된 각종 유료시설 사용을 말한다.
2. "이용"이란 제3조 시설에서 실시하는 프로그램 이용을 말한다.
3. "사용료"란 유료시설 사용 요금 및 프로그램 이용 요금을 말한다.
4. "장애인"이란 「장애인복지법」 제2조에서 규정하는 장애인을 말한다.

[검토사항: **조례 제명, 외국어**]

- 위의 3건 조례는 제명에서 각각 "퍼플 아일랜드, "슬로시티", "어메니티"라는 외국어를 사용하고 있다.
- 위의 첫 번째 조례는 외국어 "퍼플 아일랜드"보다 우리말 "보라색 꽃섬"으로 제명하는 것이 더 예쁘고 적절하지 않은지 고려해 본다.
- 위의 두 번째, 세 번째 조례에서 제명으로 사용된 "슬로시티"나 "어메니티" 용어는 뜻에 대한 설명이 없어 이해하기 어렵다. 이해를 어렵게 하는 외래어 남용은 피한다.

제 2 장

총칙규정 (본칙 ①)

1. 총칙규정 개관
2. 목적
3. 기본이념
4. 정의
5. 해석
6. 지방자치단체의 장 등의 책무 · 책임
7. 적용범위
8. 다른 조례와의 관계

1 총칙규정 개관

1. 총칙(總則) 규정

- 해당 조례 전반에 공통적으로 적용되는 사항을 규정한 것으로서, 조례 전체의 원칙적 · 기본적 · 총괄적 사항을 내용으로 한다.
- 총칙규정에 해당하는 부분은 제1장으로 하여 그 조례의 맨 앞에 둔다.
- 조례를 장(章)으로 구분하고 있지 않으면 어느 조항까지가 총칙에 해당하는지 명확하지 않다.

2. 총칙규정의 포함 요소

- 총칙에는 보통 조례의 목적 · 취지를 정한 "목적 규정",
- 조례의 제정이념이나 정신을 표현한 "기본이념 규정",
- 조례에서 사용되는 용어의 뜻을 규정한 "정의 규정"
- 조례 해석의 지침을 규정한 "해석 규정"
- 지방자치단체의 장의 책무 · 정책 수립 의무 등에 관한 규정
- 조례가 적용되는 대상 · 범위에 관한 "적용범위 규정"
- 그 조례와 다른 조례와의 관계에 관한 규정 등을 둔다.

3. 조문 순서

① 목적, ② 기본이념, ③ 정의(定義), ④ 해석 규정, ⑤ 지방자치단체의 장 등의 책무 · 책임 · 정책 수립 의무 등에 관한 규정, ⑥ 적용범위, ⑦ 다른 조례와의 관계에 관한 규정 순서이다.[1)]

※ 조문 순서는 조례안 입안 시 실무적으로 반드시 인지해야 하는 사항이다. 실제 조례에서는 이 순서가 지켜지지 않는 입법례를 많이 본다. 총칙규정에서 이런 순서로 해야 한다는 법규상의 명문 규정은 없다. 그러나 이는 오랜 세월 법률안을 입안해 오면서 논리적으로나 체계적으로 보았을 때 가장 합리적이라고 판단해 온 입법 관행이다. "부칙" 규정의 순서도 이런 관행에 따른 순서이다.

1) 국회 법제실, 「법제 이론과 실제」, 2019, pp.253~254; 법제처, 「2022년 자치법규 입안 길라잡이」, 2022, p.84.

2 목 적

1. 의의

- 목적규정은 해당 조례를 통해 달성하고자 하는 입법목적을 간결하고 명확하게 요약한 문장이다.
- 목적규정은 조례가 달성하려는 목적 등을 밝혀 주민이 입법목적이나 입법취지를 쉽게 이해할 수 있도록 하기 위한 것이다.

2. 위치

제1조에 위치하고, 목적규정의 조(條) 제목은 간명하게“(목적)”으로 표현한다.

3. 조례의 목적규정

모든 법령에는 그 제정 목적이 있다. 특히, 상위법령인 법률의 목적규정과는 달리 위임조례의 목적규정은 상위법령인 법률과는 독립된 별도의 자체 목적을 정한 조항이기보다는 모법을 원활하게 시행하기 위해 필요한 사항을 규정하기 위한 것이라는 취지를 명확히 하는 규정이다.

4. 유의사항

- (1개 조) 목적규정은 하나의 조문으로 규정하며, “2개 이상”의 조문으로 나누어 표현하지 않는다.
- (항·호·목) 목적규정은 “항 · 호 · 목”으로 나누어 표현하지 않는다.
- (약칭) 약칭을 해야 할 용어가 처음 나오는 부분에서 사용하되, 목적조항에서는 약칭을 사용하지 않는다.

5. 표현방식

- 상위법령과 관계없이 조례를 제정하는 경우(자치조례)와 상위법령의 위임에 따라 조례를 제정(위임조례)하는 경우로 구분한다.

<table>
<tr><td rowspan="2">① 위임조례
(상위법령에서 위임한 사항이나 그 시행을 위하여 조례를 제정하는 경우)</td><td>o 상위법령에서 위임한 사항을 전부 정하는 위임조례</td><td>• 상위법령의 위임을 받아 정하는 조례라면 “위임조례”임을 목적규정에서 명확하게 표시
• 목적규정에서 상위법령의 시행에 관한 사항을 정하는 표현: “이 조례는 「○○법」과 같은 법 시행령에서 위임된 사항과 그 시행에 필요한 사항을 규정함을 목적으로 한다.”</td></tr>
<tr><td>o 상위법령에서 위임한 사항을 일부 정하는 위임조례</td><td>• “이 조례는 「ㅁㅁ법」 제○조·제○조 및 같은 법 시행령 제○조에서 위임된 사항과 그 시행에 필요한 사항을 규정함을 목적으로 한다.”</td></tr>
<tr><td colspan="2">② 자치조례</td><td>• 상위법령과 관계없이 조례를 제정하는 경우
• 입법목적을 밝히거나 목적 달성에 필요한 수단을 함께 기술하는 게 일반적이다.
• ……을 규정함을 목적으로 한다. (목적만 규정)
• ……하기 위해 ……을 규정함을 목적으로 한다. (목적+수단 규정)
• 이 조례는 ……을 규정함으로써 ……함을 목적으로 한다. (수단+목적 규정)</td></tr>
<tr><td colspan="2">③ 위임조례+자치조례</td><td>• 이 조례는 「○○법」에서 위임된 사항과 그 시행에 필요한 사항을 규정하고, ……을 규정함으로써 ……함을 목적으로 한다.</td></tr>
</table>

CASE Study 68 목적 규정 입안

[입안 사례]

OO시 마을공동체 활성화 지원 조례

(일부개정) 2022.11.25 조례 제1979호

제1조(목적) 이 조례는 주민자치의 실현과 민주주의 발전에 기여하기 위하여 주민이 주도하는 마을공동체 활성화를 지원하는데 필요한 사항을 규정함을 목적으로 한다.

OOO시 건축물관리 조례

(일부개정) 2022.11.08 조례 제2304호

제1조(목적) 이 조례는 「**건축물관리법**」과 「**건축물관리법** 시행령」, 「**건축물관리법** 시행규칙」에서 **조례로 정하도록** …………………………… 사항을 규정함을 목적으로 한다.

[검토사항: **목적규정 표현**]

- 목적 규정은 " ……을 규정함으로써 ……" 혹은 "……을 규정함을 목적으로 한다"로 표현한다.
- 위의 첫 번째 조례는 자치조례 유형의 목적 규정이다.
- 두 번째 조례는 위임조례 유형의 목적 규정이다.
- 위임조례는 상위법령과의 관계를 명확히 하기 위해 '…… 에서 위임된 사항과 그 시행에 필요한'으로 표현한다.
- 제1조 본문의 "「건축물관리법」과 「건축물관리법 시행령」, 「건축물관리법 시행규칙」"의 표현은 "「건축물관리법」과 같은 법 시행령, 같은 법 시행규칙"으로 수정한다.
- 두 번째 조례 제1조(목적) 본문에서 "조례로 정하도록"하는 부분은 불필요하므로 삭제한다.

CASE Study 69 목적 조항 2개

[입법례] **OO군 생극 제2산업단지 주식회사 출자 등에 관한 조례**

(제정) 2022.12.05 조례 제2854호

제1조(목적) 이 조례는 「지방자치단체 출자 · 출연 기관의 운영에 관한 법률」 제4조제3항에 따라 OO군이 생극 제2산업단지 조성을 위해 설립한 출자법인의 주요업무와 사업 등을 규정함을 목적으로 한다.

제2조(출자법인 설립목적) 생극 제2산업단지 조성을 통하여 지역주민의 소득을 증대시키고, 지역경제를 활성화하고 촉진하는데 이바지함을 목적으로 한다.

[검토사항: **목적 규정**]

- 위의 조례는 제1조(목적), 제2조(출자법인 설립목적)에서 각각 목적 조항을 규정하여 목적 조항이 2개다.
- 일반적으로 목적규정은 1개 조 내에서 하나의 조문으로 규정하며, "2개 이상"의 조문으로 나누어 표현하지 않는다.
- 제1조와 제2조를 통합하여 한 개의 목적조항으로 규정하는 방안을 검토해 본다.

CASE Study 70 목적규정 표현방식

[입법례] **OOOO시 OO구 옥외행사 안전관리에 관한 조례**

(일부개정) 2023.01.10 조례 제1300호

제1조(목적) ① 이 조례는 다음 각 호의 옥외행사에 적용한다.

1. 500명 이상 1,000명 미만의 관람이 예상되는 공연장 외의 장소에서 행해지는 공연
2. 순간 최대 관람객이 500명 이상 1,000명 미만으로 예상되는 축제, 체육 등의 옥외행사

② 제1항 각 호에서 1,000명 이상의 경우에는 「공연법」 또는 「재난 및 안전관리 기본법」 등 관련 법에 따른다.

③ 옥외행사의 안전관리에 관하여는 다른 조례에 특별한 규정이 있는 경우를 제외하고는 이 조례에 따른다.

[검토사항: **목적 규정**]

- 목적규정은 해당 조례를 통해 달성하고자 하는 입법목적을 간결하고 명확하게 요약한 문장이다.
- 목적규정은 하나의 조문으로 규정하며, 목적규정은 "항·호·목"으로 나누어 표현하지 않는다. 위의 조례에서 목적규정은 하나의 조문이 아니라 3개의 항으로 구성되어 있어 적절한 입법방식이 아니다.
- 위의 조례 제1조의 내용을 보면 제1항과 제2항은 조 제목 "(적용범위)"에 관한 내용이고, 제3항은 조 제목 "(다른 조례와의 관계)"를 나타내고 있다.
- 따라서 위의 조례는 조 제목만 (목적)이지 목적과 직접 관련되는 내용은 없는 것으로 보인다.

CASE Study 71 **목적 규정 약칭**

【 같은 지방자치단체 】 **OO군의회 행정사무감사 및 조사에 관한 조례** (일부개정) 2021.12.31 조례 제2659호 **제1조(목적)** 이 조례는 「지방자치법」(**이하 "법"이라 한다**) 제49조 및 같은 법 시행령 제53조에 따라 OO군의회(**이하 "의회"라 한다**)가 행하는 행정사무감사(**이하 "감사"라 한다**)와 행정사무조사(**이하 "조사"라 한다**)에 관한 절차 기타 필요한 사항을 규정함을 목적으로 한다.
OO군 홍보대사 운영 조례 (일부개정) 2019.06.28 조례 제2453호 **제1조(목적)** 이 조례는 효율적인 홍보를 통하여 OO군(**이하 "군"이라 한다**)의 위상을 높이고 지역경제 활성화를 도모하기 위한 OO군 홍보대사(**이하 "홍보대사"라 한다**)의 위촉 및 운영에 관하여 필요한 사항을 규정함을 목적으로 한다.
OO군 사무의 민간위탁 관리 조례 (일부개정) 2022.10.19 조례 제2690호 **제1조(목적)** 이 조례는 「지방자치법」 제117조제3항에 의하여 OO군수(**다음부터 "군수"라 한다**)의 권한에 속하는 사무 중 일부를 군 산하기관이 아닌 법인·단체 또는 그 기관이나 개인에게 위탁할 사무를 정하여 민간의 자율적인 행정참여 기회를 확대하고 사무의 간소화로 인한 행정능률 향상 도모를 목적으로 한다.
OO시 각종 위원회 실비변상 조례 (일부개정) 2023.03.15 조례 제1619호 **제1조(목적)** 이 조례는 OO시 각종 위원회 위원에게 지급하는 수당 및 여비(**이하 "실비변상"이라 한다**)에 관하여 필요한 사항을 규정함을 목적으로 한다.

[검토사항: **목적 규정, 약칭**]

- 약칭은 약칭을 해야 할 용어가 처음 나오는 부분에서 사용하되, 목적조항에서는 약칭을 사용하지 않는다.
- 제1조 목적 규정에서 첫 번째 조례는 "법", "의회", "감사", "조사"의 약칭을, 두 번째 조례는 "군"과 "홍보대사"의 약칭을, 세 번째 조례는 "군수"의 약칭을, 네 번째 조례는 "실비변상"의 약칭을 사용하고 있다.
- 특히, 세 번째 조례에서 "이하"가 아니라 "다음부터"라는 표현이 사용되었는데, 하위법령은 상위법령에서의 사용 용어를 특별한 사정이 없으면 다른 용어로 바꾸어 사용하면 안 된다.
- 위의 조례는 모두 같은 지방자치단체 소관의 조례인데, "이하"와 "다음부터"가 혼용되고 있어 통일성이 없다.

3 기본이념

1. 의의

기본이념은 조례의 제정이념이나 정신을 표현한 것으로, 해당 조례를 통해 구현하고자 하는 이념에 관한 선언적 규정이다.

2. 위치

기본이념은 조례의 입법목적을 보다 구체적으로 보충하여 조례의 정책방향을 제시하는 규정이므로, 이와 밀접한 관계가 있는 목적규정 다음 제2조에 위치한다.

3. 조 제목

조(條) 제목은 기본원칙, 기본방향, 기본방침, 교육이념 등으로 표현되고 있으나 "기본이념"으로 통일한다.

4. 기본조례

제도의 이념, 정책의 기본방향을 제시하기 위해 제정하는 기본조례의 성격을 가진 각종 조례에서 목적규정과는 별도로 기본이념 규정을 두는 경우가 많다.

5. 유의사항

- 목적규정에서 조례의 제정 목적을 명확히 하면 기본이념 규정을 둘 필요성이 크지 않으므로, 기본이념 규정을 목적규정과 별개로 규정할 필요성이 있는지를 검토한다.
- 기본이념 규정은 목적규정에서 표현하지 못한 제도의 이념이나 기본방향을 구체적으로 기술하여 강조하기 위해 두는 것이므로, 목적규정 내용과 중복되지 않게 규정한다.

6. 표현방식

- 기본이념 규정은 가능한 한 주요 방향과 정책 내용 등을 구체적으로 알 수 있도록 한다. 그래야만 목적규정과는 별도로 기본이념 규정을 두는 의의가 있기 때문이다.[2)]
- (표현) "이 조례는 ………………………… 하는 것을 기본이념으로 한다."
- 기본이념의 내용에 열거적 사항이 있다면 "항"으로 하기보다 "호"를 사용하여 표현하는 것이 더 적절하다.

---

2) 국회 법제실, 「법제 이론과 실제」, 2019, pp.258~259; 법제처, 「2018년 자치법규 입안 길라잡이」, 2018, pp.81~82.

CASE Study 72 목적+기본이념+기본원칙

[입법례] **OOOO시 OO구 에너지 기본조례**

(일부개정) 2022.11.04 조례 제1740호

제1조(목적) 이 조례는 「에너지법」 제4조의 규정에 따라 에너지 절약과 신에너지 및 재생에너지의 개발 · 이용 · 보급 촉진으로 온실가스 배출을 저감하는 등 에너지 관련 시책을 체계적 · 종합적으로 마련하여 추진함으로써 OOOO시 OO구의 지속가능한 발전과 구민의 삶의 질 향상에 이바지함을 목적으로 한다.

제2조(기본이념) ① OOOO시 OO구(이하 "구"라 한다)는 지속가능한 에너지 체계를 구축할 수 있는 에너지 시책을 추진하여야 한다.

② 구는 에너지 시책을 추진할 때 산업체 및 구민 · 구민단체와 최대한 협의하여야 한다.

③ 구는 에너지를 효율적으로 사용하고 해당 지역의 자연 에너지를 적극적으로 활용할 수 있는 시책을 추진하여야 한다.

제3조(기본원칙) 구는 다음 각 호의 내용을 기본원칙으로 하여 에너지 관련 시책을 추진하여야 한다.

1. 에너지 저소비형 경제 · 사회 구조로의 전환 원칙
2. 환경 친화적인 에너지 생산 및 이용 촉진의 원칙
3. 국가 및 국내외 다른 지방자치단체와의 협력의 원칙
4. 에너지 관련 정보 공개와 구민 참여의 원칙

[검토사항: **기본이념**]

- 기본이념은 조례의 제정이념이나 정신을 표현한 것으로, 해당 조례를 통해 구현하고자 하는 이념에 관한 선언적 규정이다. 기본이념은 "기본조례"의 성격을 가진 조례에서 목적규정과는 따로 두는 경우가 많다.
- 위치는 조례의 입법목적을 보다 구체적으로 보충하여 조례의 정책방향을 제시하는 규정이므로, 이와 밀접한 관계가 있는 목적규정 다음 제2조에 위치한다.
- 조(條) 제목은 기본원칙, 기본방향, 기본방침, 교육이념 등으로 표현되고 있으나 "기본이념"으로 통일한다.
- 기본이념의 내용에 열거적 사항이 있다면 "항"으로 하기보다 "호"를 사용하여 표현하는 것이 더 적절하다.
- 위의 조례는 제2조와 제3조의 조 제목에서 기본이념과 기본원칙을 각각 병기하였는데, 그 구별의 타당성을 검토해 본다.
- 제2조는 조문 내용상 조 제목을 (구의 책무)로 규정하는 것이 더 적절하지 않은지 검토해 본다.

CASE Study 73 기본원칙 및 이념

[입법례] **OO도 평화통일교육 활성화 조례**

(일부개정) 2022-07-19 조례 제7466호

제3조(기본원칙 및 이념) ① 평화통일교육은 OO도민(이하 "도민"이라 한다)의 평화통일에 대한 자율적 · 주체적 · 민주적 인식을 확산하고 남북한 화해와 평화공존에 기여하는 방향으로 실시되어야 한다.

② 평화통일교육은 다음 각 호의 이념에 따라 운용 및 지원되어야 한다.

1. 자유 · 평화 · 민주적 가치의 실현
2. 민족의 평화적 통일 지향
3. 7 · 4 남북공동성명, 남북기본합의서, 6 · 15 남북공동선언 및 4 · 27 판문점선언의 실현
4. 개인적 · 당파적 · 특정조직의 영리적 이해의 배제
5. 사회통합 기여와 지역사회 통일환경 기반 구축

[검토사항: **조 제목, 기본이념**]

- 실제 조례에서 조(條) 제목이 기본원칙, 기본방향, 기본방침 등으로 다양하게 표현되고 있는데, 위의 조례에서는 "기본원칙 및 이념"으로 되어 있다.
- 제1항 본문의 "방향"과 제2항 각호 외의 부분의 "이념"을 참고한다면 "기본이념"으로 수정하는 방안을 고려해 본다.
- 위의 조례 제3조제2항은 기본이념의 내용에 열거적 사항이 있어 "항"이 아닌 "호"를 사용하여 표현하고 있다.

CASE Study 74 목적+기본이념+기본방향+기본원칙

[입법례]

OOOOOO도 환경기본조례

(일부개정) 2022-11-23 조례 제3239호

제1조(목적) 이 조례는 「환경정책기본법」 제54조 및 「OOOOOO도 설치 및 국제자유도시 조성을 위한 특별법」 제291조제2항의 규정에 의하여 환경이 자원으로서의 유한성을 인식하고, 그 적정한 보전 및 활용을 기함은 물론 OOOOOO도의 환경보전에 관한 기본이념과 OOOOOO도, 사업자 및 도민의 책무를 정하고 환경보전시책의 기본이 되는 사항을 정함으로써 환경보전시책을 종합적이고 계획적으로 추진하며, 도민이 쾌적한 자연환경에서 여유 있고 건강한 생활을 할 수 있도록 함을 목적으로 한다.

제2조(기본이념) ① OOOOOO도(이하 "도"라 한다)의 환경보전 시책은 모든 도민이 건강하고 안전하며 쾌적한 생활을 영위함에 필요한 환경을 확보하고 이것을 미래세대에게 계승될 수 있도록 추진되어야 한다.

② 도의 환경보전 시책은 인간과 자연이 조화롭게 공존하며 환경적으로 지속가능한 개발을 추구하여 생태적으로 바람직한 지역을 만들어 갈 수 있도록 추진되어야 한다.

③ 도의 환경보전 시책은 도민의 일상생활 및 사업활동에서 환경용량의 수용과 증진에 노력하고 지구환경 보전을 위한 시책이 추진되도록 하여야 한다.

④ 도의 모든 시책은 제1항 내지 제3항의 기본이념을 최대한 반영하여야 한다.

제3조(자연환경 보전 · 관리의 기본방향) OOOOOO도는 정책 · 계획을 수립 · 시행함에 있어서 환경적으로 건전하고 지속가능한 발전이 이루어지도록 하며, 자연환경의 혜택은 주민이 함께 공유할 수 있도록 함과 동시에 장래의 세대가 동등한 기회를 가지고 자연을 이용할 수 있도록 보전 · 관리하여야 한다.

제4조(기본원칙) 도는 다음 각 호의 내용을 기본원칙으로 하여 환경보전시책을 추진하여야 한다.

1. 통합적 환경관리의 원칙
2. 환경의 보전 · 관리를 위한 사전 배려의 원칙
3. 국가 및 국내외 다른 지방자치단체와의 협력의 원칙
4. 오염원인자 부담의 원칙
5. 환경정보제공과 도민참여의 원칙

[검토사항: **기본이념**]

- (조문의 간결성) "환경보전시책"의 용어는 제1조에서 두 번 언급되고 있다.
- "OOOOOO도, 사업자 및 도민의 책무" 표현은 총칙규정의 "지방자치단체의 장의 책무" 규정에 두어 제1조 목적규정을 간결하게 표현하는 방법을 고려한다.
- (조 제목) 제2조(기본이념), 제3조(자연환경 보전·관리의 기본방향), 제4조(기본원칙)으로 각각 표현하여 체계가 복잡해 보이는데. 그 구별의 타당성 및 통합방안 등을 점검해 본다.
- 제2조(기본이념)에서 기본이념의 내용에 열거적 사항이 있다면 "항"으로 하기보다 "호"를 사용하여 표현하는 것이 더 적절하다.
- (용어 통일) 제2조제1항은 "미래 세대", 제3조는 "장래 세대"로 표현하고 있다.
- (약칭) 제2조제1항에서 OOOOOO도(이하 "도"라 한다)를 약칭하였는데, 제3조 본문에서는 약칭이 아직 사용되고 있지 않다.

4 정 의

1. 의의

- 정의 규정은 해당 조례에서 개념상 중요한 용어이거나 일반적으로 쓰는 용어의 의미와 다른 의미로 사용되는 용어에 대해 그 의미를 명확하게 할 목적으로 둔다.
- 정의 규정은 용어 뜻을 명확히 하여 조례의 해석과 적용상의 혼란 및 분쟁을 방지하고, 조례에서 자주 사용되는 용어를 미리 하나의 조문에서 설명해 둠으로써 조문을 간결하게 표현한다.

2. 조 제목

실제 조례에서는 "용어의 정의"로 표현하고 있는 입법례가 상당히 많다. 조 제목을 "(정의)"로 통일한다.

3. 위치

- 정의 규정은 "총칙"에 두는 것이 일반적이고, 총칙 내에서는 목적 규정 다음 제2조에 위치한다.
- 만약 조례에 "기본이념" 규정을 두는 경우에는 목적 〉 기본이념 〉 정의 규정 순으로 제3조에 위치한다.
- 정의되는 용어가 조례에서 모두 적용되는가, 아니면 일정한 부분에서만 적용되는가에 따라 위치가 달라진다.

  ① 총칙의 정의규정이 아닌 별도의 장(章)에 정의규정을 둔 경우

  정의규정은 일반적으로 총칙에 둔다. 그러나 조례 내용이 각 장(章)별로 구분되어 있고, 각 장별로 필요한 곳에서 정의할 필요가 있는 경우에는 총칙의 장이 아닌 해당 장의 조항에서 정의규정을 둔다.

  ② 특정 용어를 괄호를 사용하여 정의한 경우

  정의규정은 별도의 조문으로 하지만, 비교적 간단한 용어는 해당 조문에서 괄호 (　)로 표시하여 정의한다.

4. 조례에서 상위법령의 정의와 동일한 내용의 정의를 두는 경우

① "위임조례"의 경우에는 상위법령의 용어 정의가 당연히 그대로 적용되므로 해당 조례에서 다시 용어 정의를 하지 않지만,

② "자치조례"의 경우에는 유사한 법령에 있는 용어 정의를 가져와 동일하게 정의하

는 경우에는 법령의 용어 정의규정을 그대로 다시 기재하는 것이 아니라 "이 조례에서 사용하는 용어의 뜻은 「○○법」 제○조에 따른다."고 표현한다.

5. 정의 규정과 약칭

- "정의 규정"은 조례에서 쓰고 있는 중요한 용어 등에 대해 그 의미를 명확하게 함으로써 조례의 해석과 적용상의 의문점을 없애기 위해 두는 것이고, "약칭"은 조례에서 반복 사용되는 일정한 "긴 표현"을 간결하게 표현함으로써 조문의 간소화라는 입법경제적 목적을 위해 사용하는 입법기술적 표현 방법이다.
- 정의 규정에서 정의된 용어에 대해서는 다시 "약칭"하여 사용하지 않도록 한다. 용어 정의를 하는 것은 그 용어를 그 조례에서 특정한 의미로 계속 사용하겠다는 취지로 하는 것인데, 정의된 용어를 다시 약칭하여 사용하는 것은 용어 정의를 한 원래의 취지에 맞지 않기 때문이다.
- 한편, "A란 ㅁㅁ로서 제O조에 따라 허가를 받은 △를 말한다"(예: "사업자"란 제9조에 따라 사업의 허가를 받은 자를 말한다)는 형식의 정의 규정은 엄밀한 의미에서 용어 정의라고 보기는 어렵고, "약칭"에 가까우므로 해당 실체조항에서 약칭하는 방법으로 간결하게 규정한다.[3)]

【 정의 규정과 약칭의 차이 】

구분	정의 규정	약칭
의의	조례에서 쓰이는 용어의 뜻을 명확하게 정하는 규정	조례에서 반복 사용되는 긴 표현을 간결하게 표현
목적	조례에서 쓰이는 용어의 의미 명확화, 해석상 혼란 방지	조례의 간결성, 입법경제
위치	• 통상적으로 목적규정 다음에 위치 • 기본이념 규정이 있는 경우에는 목적규정 〉 기본이념 규정 다음에 위치 ※ 해당 장ㆍ절 또는 조문에서 정의하기도 함	목적규정을 제외하고, 약칭이 필요한 용어ㆍ문장이 처음 나오는 조문에서 규정
적용 범위	• 법령에 둔 정의규정은 법령의 위임에 따라 만든 조례에 모두 적용 • 조례에서 특정 용어에 대해 정의규정을 둔 경우 하위 규칙에서는 별도의 규정을 둘 필요가 없음	• 약칭을 한 해당 조례 안에서만 적용 • 하위 규칙에서 필요하면 다시 약칭하여야 함

3) 국회 법제실, 「법제 이론과 실제」, 2019, pp.260~264.; 법제처, 「2022년 자치법규 입안 길라잡이」,2022. p.96.

6. 표현방식

- 정의하는 용어는 따옴표(" ")를 사용하여 표시한다. 용어 정의를 하면서 그 내용에서 "등", "그 밖에", "……와 같은" 불확정적 단어는 가급적 사용하지 않는다.
- 용어 정의는 종전에는 "항"으로 나열하여 여러 개의 용어를 정의하였으나, 이제는 "항"으로 구분하지 않고 바로 "호"(1., 2., …)로 구분하여 규정한다.
- 각 호의 규정 순서는 용어의 중요도, 등장하는 조문 순서 등을 고려하여 배치한다.

• 정의하는 용어가 하나	• 제2조(정의) 이 조례에서 "OO"란 …… 을 말한다.
• 정의하는 용어가 둘 이상	• 제2조(정의) 이 조례에서 사용하는 용어의 뜻은 다음과 같다. 1. "정보"란 ……… 을 말한다. 2. "공개"란 ……… 등을 말한다.
• 용어들이 체계상 구분이 필요한 경우 "호와 목" 등을 결합하여 규정	• 제2조(정의) 이 조례에서 사용하는 용어의 뜻은 다음과 같다. 1. "내국법인"이란 ……………… 을 말한다. 2. "비영리 내국법인"이란 ………… 다음 각 목의 ……을 말한다. 가. 「민법」 제32조에 따라 설립된 법인 나. (생략)

7. 유의사항

- 조례에서 어떤 용어를 정의할 필요성에 대해 그 용어가 지니는 의미의 다양성과 조례에서 차지하는 법적 효력의 중요성 등에 따라 합리적으로 판단한다.
- 사회 통념상 확립된 의미를 무시하는 용어 정의는 조례 해석과 적용상의 혼란을 초래할 수 있으므로 피한다.
- 정의하려는 용어가 한 번도 사용되지 않거나, 조례 해석에 혼동의 여지가 없는 경우에는 정의규정을 두지 않는다.
- 법률에서 용어 정의가 된 동일 용어에 대해 하위법령에서 다시 용어 정의를 하지 않는다.
- 정의규정에서는 헌법이나 「민법」·「형법」 등 기본법이나 상위법령에서 사용하는 용어와 표현을 존중하여 가능하면 같은 용어는 정의가 같도록 표현한다.
- 상위법령에서 위임한 사항을 정하거나 그 시행을 위한 조례(위임조례)는, 상위법령의 용어 정의가 조례에도 그대로 적용되므로 법령에서 용어 정의가 된 같은 용어

에 대해 조례에서 다시 용어 정의를 하지 않도록 한다. 이 경우 상위법령의 정의 규정을 따른다는 규정도 불필요하다. [4)]

CASE Study 75 **정의규정 표현**

[입안 사례] **OO시 공공심야약국 운영 및 지원 조례**

(제정) 2022.11.22 조례 제2907호

제2조(정의) 이 조례에서 "**공공심야약국**"이란 「약사법」 제20조에 따라 개설 등록된 OO 시내 약국으로서 OO시민(이하 "시민"이라 한다)에게 심야시간대에 의약품 구매 편의를 제공하기 위하여 OO시장(이하 "시장"이라 한다)이 지정한 약국을 말한다.

OO시 아동급식지원에 관한 조례

(일부개정) 2022.11.08 조례 제2624호

제2조(정의) 이 조례에서 사용하는 .... 같다.

1. "**지역아동센터**"란 「아동복지법」 제52조제1항제8호에 따른 시설을 말한다.
2. "**사회복지관**"이란 「사회복지사업법」 제2조제5호에 따른 시설을 말한다.

[검토사항: **올바른 표현, 정의규정**]

- 위의 첫 번째 조례는 정의하는 용어가 하나인 경우로서, '이 조례에서 "OO"란 .... 을 말한다.'라고 표현한다.
- 두 번째 조례는 정의하는 용어가 둘 이상인 경우로서, 각호 외의 본문을 "이 조례에서 사용하는 용어의 뜻은 다음과 같다."라고 표현한다.

4) 국회 법제실, 「법제 이론과 실제」, 2019, pp.260~264; 법제처, 「2022년 자치법규 입안 길라잡이」, 2022, p.91.

CASE Study 76 정의규정의 조 제목

[입법례]

OO시 OO만 국가정원 운영 조례

(일부개정) 2022.10.14 조례 제2469호

제2조(용어의 뜻) 이 조례에서 사용하는 용어의 뜻은 다음과 같다.

OO군 로컬푸드 공공급식 지원에 관한 조례

(일부개정) 2022.12.22 조례 제3051호

제3조(용어의 뜻) 이 조례에서 사용하는 용어의 뜻은 다음과 같다.

OOO도립미술관 운영 조례

(일부개정) 2022-10-18 조례 제5271호

제2조(용어의 뜻) 이 조례에서 사용되는 용어의 뜻은 다음과 같다.

[검토사항: **조 제목, 용어의 뜻**]

- 위의 3건 조례의 조 제목은 모두 "(용어의 뜻)"이다. 모두 각각 "(정의)"로 통일한다.
- 실제 조례에서는 조 제목 (용어의 뜻) 보다는 (용어의 정의)로 표현한 입법례가 상당히 많다.

CASE Study 77 위임조례의 정의규정 표현

[입법례] **OO광역시 환경교육 활성화 및 지원 조례**

(일부개정) 2022-12-30 조례 제5895호

제1조(목적) 이 조례는 「환경교육의 활성화 및 지원에 관한 법률」에서 환경교육의 활성화 및 지원과 관련하여 **위임한 사항과 그 시행에 필요한** 사항을 정함을 목적으로 한다.

제2조(정의) 이 조례에서 사용하는 용어의 뜻은 다음과 같다.

1. "환경교육"이란 「**환경교육의 활성화 및 지원에 관한 법률**」(이하 "법"이라 한다) 제2조제1호에 따른 환경교육을 말한다.
2. "학교환경교육"이란 법 제2조제2호에 따른 환경교육을 말한다.
3. "사회환경교육"이란 법 제2조제3호에 따른 환경교육을 말한다.

[검토사항: **정의 규정, 위임조례**]

- 위의 조례는 "위임조례"에 해당한다.
- 조례에서 법령의 정의와 동일한 뜻의 정의를 두는 경우의 표현
  ① "위임조례"는 상위법령의 용어 정의가 당연히 그대로 적용되므로 해당 조례에서 다시 용어 정의를 하지 않는다.
  ② "자치조례"는 상위법령의 용어 정의를 가져와 "같게 정의"하는 경우에는 상위법령의 용어 정의규정을 그대로 다시 기재하는 것이 아니라 "이 조례에서 사용하는 용어의 뜻은 「○○법」 제○조에 따른다."고 표현한다.
- 따라서 위의 조례는 「환경교육의 활성화 및 지원에 관한 법률」의 위임을 받아 제정하는 위임조례로서, 상위법령의 용어 정의가 당연히 그대로 적용되므로 해당 조례에서 다시 용어 정의를 하지 않는다.
- 만약 자치조례라면, 위와 같이 각호로 규정하는 것이 아니라 "제2조(정의) 이 조례에서 사용하는 용어의 뜻은 「환경교육의 활성화 및 지원에 관한 법률」(이하 "법"이라 한다) 제2조에 따른다."로 표현한다.

CASE Study 78 상위법령 규정 ①

[입법례]

OO도 여성농어업인 육성 및 지원 조례

(일부개정) 2023-01-02 조례 제7546호

제2조(정의) 이 조례에서 사용하는 용어의 뜻은 다음과 같다.

1. "**여성농어업인**"이란 「**여성농어업인 육성법**」(이하 "법"이라 한다) 제2조제3호에 따른 농어업에 종사하는 여성으로서 OO도 주민을 말한다.
2. "**여성농어업인단체**"란 법 제2조제4호에 따른 단체를 말한다.
3. "**여성농어업인 관련 시설**"이란 법 제2조제5호에 따른 시설을 말한다.
4. "**양성평등**"이란 법 제2조제6호에 따른 것을 말한다.

여성농어업인 육성법

[법률 제18533호, 2021.11.30., 일부개정]

제2조(정의) 이 법에서 사용하는 용어의 뜻은 다음과 같다.

1. "여성농업인"이란 「농업 · 농촌 및 식품산업 기본법」 제3조제2호에 따른 여성농업인을 말한다.
2. "여성어업인"이란 「수산업 · 어촌 발전 기본법」 제3조제3호에 따른 여성어업인을 말한다.
3. "**여성농어업인**"이란 여성농업인과 여성어업인을 말한다.
4. "**여성농어업인단체**"란 여성농업인과 여성어업인에 의하여 농업 및 어업 생산력의 제고와 여성농어업인의 권익 보호, 지위 향상 및 복지 증진 등을 주된 목적으로 설립된 법인이나 대통령령으로 정하는 단체를 말한다.
5. "**여성농어업인 관련시설**"이란 여성농업어인의 권익 보호 및 복지 증진을 주된 목적으로 설립된 시설로서 대통령령으로 정하는 시설을 말한다.
6. "**양성평등**"이란 성별에 따른 차별, 편견 비하 및 폭력 없이 인권을 동등하게 보장받고 모든 영역에 동등하게 참여하고 대우받는 것을 말한다.

[검토사항: **정의규정, 상위법령 규정**]

- 조례에서 법령의 정의와 동일한 뜻의 정의를 두는 경우의 표현
  ① "위임조례"는 상위법령의 용어 정의가 당연히 그대로 적용되므로 해당 조례에서 다시 용어 정의를 하지 않는다.
  ② "자치조례"는 상위법령의 용어 정의를 가져와 같게 정의하는 경우에 법령의 용어 정의 규정을 그대로 다시 기재(재기재)하는 것이 아니라 "이 조례에서 사용하는 용어의 뜻은 「○○법」 제○조에 따른다."고 표현한다.
- 「OO도 여성농어업인 육성 및 지원 조례」는 위임조례가 아닌 "자치조례"의 성격을 가진 것으로 보인다. 용의 정의는 위의 조례와 같이 각 호로 표현할 것이 아니라 "제2조(정의) 이 조례에서 사용하는 용어의 뜻은 「여성농어업인육성법」 제2조에 따른다."고 표현하는 방안을 확인해 본다.

CASE Study 79 상위법령 규정 ②

[입법례] **OOO도 고령친화산업 육성 및 지원에 관한 조례**

(제정) 2023-03-03 조례 제5220호

제2조(정의) 이 조례에서 사용하는 용어의 뜻은 다음과 같다.

1. "고령친화제품등"이란 「고령친화산업 진흥법」(이하 "법"이라 한다) 제2조제1호 각 목의 어느 하나에 해당하는 것을 말한다.
2. "고령친화산업"이란 법 제2조제2호에 따른 고령친화제품등을 연구·개발·제조·건축·제공·유통 또는 판매하는 업을 말한다.
3. "고령친화사업자"란 법 제2조제3호에 따른 고령친화산업을 영위하는 사업자를 말한다.

[검토사항: **정의 규정**]

- 위의 조례는 위임조례가 아닌 자치조례의 성격을 가진 것으로 본다
- 따라서 상위법령에 있는 용어 정의를 가져와 같게 정의하려는 경우에 법령의 용어 정의 규정을 그대로 다시 규정할 것이 아니라 "제2조(정의) 이 조례에서 사용하는 용어의 뜻은 「고령친화산업 진흥법」 제2조에 따른다"고 표현하는 방안을 확인한다.

CASE Study 80 정의규정의 조 제목

[입법례] **OO군 농공단지조성사업 특별회계 설치 및 운영 조례**

(일부개정) 2022.09.06 조례 제2530호

제2조(사업의 정의) 이 조례에서 「산업입지 및 개발에 관한 법률」에 따른 산업단지(이하 "농공단지"라 한다) 조성사업이라 함은 농공단지를 조성하기 위한 단지 내 편입용지의 매입, 기반조성, 진입도로개설, 전기통신시설 등을 말한다.

[검토사항: **조 제목, 정의 규정**]

- 조 제목 "(사업의 정의)"를 "(정의)"로 수정한다.
- 실제 조례에서는 "용어의 정의"로 표현하고 있는 입법례가 상당히 많다. 조 제목을 "(정의)"로 통일한다.

CASE Study 81 정의 규정의 정확한 표현 ①

【 입법례: 다른 지방자치단체 】 OOOO시 청년 기본조례 (일부개정) 2022.10.17 조례 제8513호 **제3조(용어의 정의)** 이 조례에서 사용하는 용어의 **정의는** 다음과 같다. 1. **이 조례에서** "청년"이란 만 19세 이상 39세 이하의 사람을 말한다. 다만, 그 밖의 관계 법령 및 조례에서 따로 규정하고 있는 경우 그 규정에 따른다. 2.~7. (생략)
OO군 기업 및 투자유치 촉진 조례 (일부개정) 2022.11.09 조례 제2636호 **제2조(용어의 뜻)** 이 조례에서 사용하는 용어의 **정의는** 다유 **각 호와 같다**. 1.~14. (생략)
OOOO시 OO구 에너지 기본조례 (일부개정) 2022.11.04 조례 제1740호 **제4조(정의)** 이 조례에서 사용하는 용어의 **개념을** 다음과 **같이 정의한다**. 1.~14. (생략)

[검토사항: **정의규정의 정확한 표현**]

- 정의하는 용어가 둘 이상인 경우
  제2조(정의) 이 조례에서 사용하는 용어의 뜻은 다음과 같다.
  1. "정보"란 …………… 을 말한다.
  2. "공개"란 …………… 등을 말한다.
- (조 제목) 위의 3건 조례에서 조 제목 "(용어의 정의)", "(용어의 뜻)"은 "(정의)"로 통일한다.
- 본문 내용의 "정의"와 "개념"은 "뜻"으로 수정한다.
- 본문 내용의 "다음 각 호와 같다"와 "다음과 같이 정의한다"는 "다음과 같다"로 통일한다.
- 위의 첫 번째 조례 제3조제1호의 본문 중 "이 조례에서"는 불필요한 표현이므로 삭제한다.

CASE Study 82 정의 규정의 정확한 표현 ②

[입법례: 같은 지방자치단체] **OOO시 학교급식 지원에 관한 조례** (일부개정) 2022.09.14 조례 제3210호 **제2조(용어의 정의)** 이 조례에서 사용되는 용어의 정의는 다음 각 호와 같다. 1.~3. (생략)
OOO시 수도 급수 조례 (일부개정) 2022.11.15 조례 제3237호 **제2조(정의)** 이 조례에서 사용하는 용어의 정의는 다음 각 호와 같다. 1.~8. (생략)
OOO시 의사상자 예우 및 지원에 관한 조례 (일부개정) 2022.11.15 조례 제3242호 **제2조(정의)** 이 조례에서 사용하는 용어의 정의는 다음과 같다. 1.~6. (생략)
OOO시 경관 조례 (일부개정) 2022.02.09 조례 제3183호 **제2조(정의)** 이 조례에서 사용하는 용어의 뜻은 다음과 같다. 1.~6. (생략)

[검토사항: **정의규정 표현**]

- (입법모델) 제O조(정의) 이 조례에서 사용하는 용어의 뜻은 다음과 같다.
- 위의 네 번째 조례가 입법모델에 해당한다.
- 첫 번째 조례 조 제목(용어의 정의)는 (정의)로 수정한다.
- 위의 첫 번째와 두 번째 조례의 본문 중 "정의는 다음 각 호와 같다"를 "뜻은 다음과 같다"로 수정한다.
- 세 번째 조례의 본문 중 "정의"는 "뜻"으로 수정한다.

※ 위의 4건 조례는 모두 같은 지방자치단체 소관의 조례임에도 통일성이 없다.

CASE Study 83 정의 규정의 표현형식

[입법례] **OO광역시 O구 공무원 후생복지에 관한 조례**

(일부개정) 2022.11.16 조례 제1679호

제2조(정의) 이 규정에서 사용하는 용어의 정의는 다음과 같다.

① "소속 공무원"이란 OO광역시 O구의 본청 · 직속기관 · 하부행정기관 및 의회사무국에 소속된 공무원을 말한다.

② "후생복지제도"란 소속 공무원의 보건 · 휴양 · 안전 · 후생 등에 관한 시설 운영 등 공무원의 복지에 관한 제반 사업을 말한다.

③~⑥ (생략)

OO군 주민 공동이용시설 운영 및 지원에 관한 조례

(일부개정) 2022.11.11 조례 제2766호

제2조(정의) ① 이 조례에서 사용하는 용어의 정의는 다음 각 호와 같다.

1. "마을회관"이란 주민이 마을 발전에 기여할 수 있도록 주민총회 등을 할 수 있는 마을 단위의 시설을 말한다.

2.~5. (생략)

② 이 조례에서 "주민공동이용시설"이란 제1항의 각 호를 말한다.

[검토사항: **정의규정 표현**]

- 정의하는 용어가 둘 이상인 경우의 용어 정의는 '항'(①, ②)으로 구분하지 않고, 바로 '호'(1., 2., …)로 구분하여 규정한다.
- 정의하는 용어가 둘 이상인 첫 번째와 두 번째 조례는 "호"로 구분하지 않고 "항"으로 구분하고 있어 적절하지 못하다.
- 위의 첫 번째 조례 본문 중 "규정"은 "조례"로, "정의"는 "뜻"으로 수정한다.
- 위의 두 번째 조례 본문 중 "정의는 다음 각호와 같다"를 "뜻은 다음과 같다"로 수정한다.
- 위의 두 번째 조례 제2조(정의)는 제1항과 제2항의 체계가 부자연스럽다. 제2항의 "주민공동이용시설"의 용어 정의를 제1항 각호에 포함시키는 방안을 고려해 본다.

CASE Study 84 표현양식과 불필요한 정의

[입법례]

OOOO시 OO구 문화도시 기본조례

(일부개정) 2022.11.04 조례 제1740호

제3조(정의) ① "문화도시"란 다음 각 호의 실현을 바탕으로 하여 일상 속에서 문화정체성을 느낄 수 있는 도시를 말한다.

1. 삶이 곧 문화가 되는 일상과 밀접한 문화예술의 구현
2. 인간중심의 쾌적한 문화공간의 조성
3. 기본적인 문화 향유가 보장되는 문화복지의 실현
4. 지식과 창의를 바탕으로 하는 문화산업의 진흥
5. 더불어 함께 사는 지역문화의 정착

② "문화예술축제"란 OOOO시 OO구(이하 "구"라 한다)가 구민 화합이나 관광 진흥 등을 목적으로 대상이나 분야를 선별하여 정해진 날이나 기간을 정하여 문화적·예술적 또는 민속적 프로그램으로 구성된 행사를 말한다.

③ 그 밖에 이 조례에서 사용하는 **용어**는 **문화분야에 관한 법령**에서 정하는 바에 따른다.

OO군 주민참여예산제 운영 조례

(일부개정) 2022.10.19 조례 제2690호

제2조(정의) 이 조례에서 "**주민**"이란 「지방자치법」 제16조에 따른 OO군 주민을 말한다.

[검토사항: **정의 규정 표현**]

- 정의하는 용어가 둘 이상인 경우에 용어 정의는 '항'으로 구분하지 않고 '호'로 구분하여 규정한다.
- 용어들이 체계상 구분이 필요한 경우에는 "호와 목" 등을 결합하여 규정한다.
- 위의 첫 번째 조례 제3조제1항의 "호"는 "목"(가., 나.,…)으로 규정하는 방안을 검토해 본다.
- (제3조제3항)의 본문 "문화분야에 관한 법령"은 너무 포괄적이고 막연한 표현으로 준용되는 규정이 명확하지 않아 적절하지 않다.
- 조례 해석에 혼동의 여지가 없는 경우에는 정의규정을 두지 않는다. 위의 두 번째 조례 제2조(정의)에서 "주민"에 대한 정의가 필요한지 검토해 본다.

CASE Study 85 정의 규정의 약칭

[입법례] **OO광역시 O구 자율방범대 지원에 관한 조례**

(일부개정) 2022.11.16 조례 제1600호

제1조(목적) 이 조례는 「자원봉사활동 기본법」 제4조에 따라 주민이 자율적으로 조직하여 범죄예방 및 선도에 관한 활동 등 자율방범활동을 전개하는 OO광역시 O구(**이하 "구"라 한다**) 소재 자율방범대가 보람과 긍지를 가지고 지역사회의 치안 유지에 기여할 수 있도록 지원에 관한 사항을 **정하는 것을 목적으로 한다.**

제2조(정의) 이 조례에 사용하는 용어의 **정의는** 다음과 같다.

1. "자율방범대"(이하 "**방범대**"라 한다)란 봉사정신과 방범의식이 투철한 지역주민으로 자율적으로 구성되어 지역사회에서 범죄예방과 치안유지 등의 방범활동을 하고 있는 조직을 말한다.
2. "자율방범대연합회"란 각 동의 방범대 대장을 위원으로 연합하여 구성한 단체를 말한다.
3. (생략)

[검토사항: **정의규정의 약칭**]

- (약칭) 목적조항에서는 약칭을 하지 않는다.
- (목적규정 표현) [입법모델] "…… 을 규정함을 목적으로 한다."
- 제2조(정의) 각호 외의 본문 중 "정의"는 "뜻"으로 수정한다.
- (약칭) 정의된 용어(자율방범대)는 다시 약칭(방범대)하여 사용하지 않는다.
- 용어 정의를 하는 것은 그 용어를 그 조례에서 특정한 의미로 계속 사용하겠다는 취지로 하는 것인데, 정의된 용어를 다시 약칭하여 사용하는 것은 용어 정의를 한 원래의 취지에 맞지 않는다.

CASE Study 86 정의 규정의 위치

[입법례]

OO시 시세 감면 조례

(일부개정) 2022.07.19 조례 제1944호

제5조(지역특산품 생산단지에 대한 감면) 다음 각 호의 어느 하나에 해당하는 자가 「농업·농촌 및 식품산업 기본법」 제50조제1항에 따른 지역특산품 생산단지에서 2023년 12월 31일까지 취득하고 과세기준일 현재 해당 사업에 직접 사용하는 부동산(「수도권정비계획법」 제6조에 따른 과밀억제권역에 소재하는 부동산을 취득하는 경우와 이미 해당사업용으로 사용하던 부동산을 승계하여 취득한 경우 및 과세기준일 현재 60일 이상 휴업하고 있는 경우는 제외한다)에 대해서는 해당 납세의무가 최초로 성립하는 날부터 5년간 재산세의 100분의 50을 경감한다.

제3장 보칙

제12조(직접 사용의 의미) 이 조례에서 토지에 대한 재산세의 감면 규정을 적용할 때 직접 사용의 범위에는 해당 감면대상 업무에 사용할 건축물 및 주택을 건축 중인 경우를 포함한다.

[검토사항: **정의 규정의 위치**]

- 정의되는 용어가 조례 전체에서 적용되는가, 아니면 일정한 부분에서만 적용되는가에 따라 위치가 달라진다.
  ① 총칙의 정의규정이 아닌 별도의 장(章)에 정의규정을 두는 경우
  정의규정은 일반적으로 총칙에 둔다. 그러나 조례 내용이 각 장(章)별로 구분되어 있고, 각 장별로 필요한 곳에서 정의할 필요가 있는 경우에는 총칙의 장이 아닌 해당 장의 조항에서 정의규정을 둔다.
  ② 특정 용어를 괄호를 사용하여 정의하는 경우
  정의규정은 보통 별도의 조문으로 하지만, 비교적 간단한 용어는 해당 조문에서 괄호로 표시하여 정의한다.
- 위의 조례 제12조(직접 사용의 의미)를 해당 관련 조문인 제5조의 본문 "직접 사용" 바로 다음에 괄호( )로 표시하여 정의하는 방안을 검토해 본다. 정의 내용이 관련된 내용과 너무 멀리 떨어져 있다.(제5조와 제12조)
- 관련 있는 내용들은 가능한 한 가까운 위치에 두는 것이 원칙이다.

CASE Study 87 정의 규정과 적용범위

OO광역시 민간투자사업에 관한 조례

(일부개정) 2022-08-10 조례 제6737호

제1조(목적) 이 조례는 「사회기반시설에 대한 민간투자법」 및 같은 법 시행령에 따라 추진하는 민간투자사업과 **그 밖에 OO광역시의 재정부담을 유발하는 민간투자사업**의 추진 절차와 적정한 관리를 위해 필요한 사항을 규정하여 지역경제 발전에 이바지함을 목적으로 한다.

제1조의2(대상범위) 제1조의 '그 밖에 OO광역시(이하 "시"라 한다)의 재정부담을 유발하는 **민간투자사업'이란 다음 각 호의 어느 하나에 해당하는 사업을 말한다**.

1. 시설의 설립 및 운영과정에서 보조금 교부, 장기대부 등 재정부담이 발생하는 사업
2. 사업실시 협약을 해지하는 경우, 해지 시 지급금이 발생하는 사업
3. 그 밖에 법령과 조례에 규정된 것을 제외한 예산 외의 의무부담이 발생하는 사업

[검토사항: **정의 규정**]

- 제1조의2(대상범위)는 본문 내용으로 보면 "대상범위"라기보다는 "(정의) 규정"에 해당되는 것으로 보인다. 따라서 제1조의2 조 제목을 "대상범위"에서 "정의"로 수정하는 방안을 고려한다.
- 제1조의2 조 제목(대상범위)과 관련하여 가장 밀접한 용어는 "적용범위"이다. 조 제목으로 적용대상, 적용배제, 적용제외, 적용의 범위, 적용의 특례 등의 표현이 쓰이나 "적용범위"로 통일한다.

5. 해 석

1. 의의

- 조례 해석에 대한 지침 · 태도를 규정하여 특정한 내용이나 사항에 대한 조례 해석과 적용상의 논란을 입법적으로 해소하고, 법원이나 행정기관의 조례 해석을 직접 구속하는 기능을 한다.
- 모든 조례에 해석규정을 두는 것은 아니며, 조례를 적용 · 집행할 때 주민의 자유나 권리를 침해할 우려가 있어 그 한계를 조례에 미리 명백히 하고자 하는 경우에 규정한다.

2. 위치

- 해석규정은 해당 조례 전반에 걸쳐 해석지침으로 적용되는 경우에는 총칙에 둔다.
- 조례의 일부 조문이나 특정 조항에 대한 해석지침으로 적용하는 경우에는 관련 장(章) 또는 조항에 위치한다.
- 총칙에 해석규정을 두는 경우 그 위치는 목적 > 기본이념 > 정의 > 해석 규정의 순서이다.

3. 조 제목과 표현방식

- 조 제목은 해석규정의 구체적 내용에 따라 그 내용에 맞은 제목을 붙이면 된다. '조례 해석의 기준' 또는 '해석 · 적용상의 주의' 등으로 표현된다.
- 해석규정의 "조 제목"이 특별히 정형화된 것이 없는 것처럼 해석규정의 표현방식도 특별히 정형화된 것이 없다.

4. 유의사항

- 해석규정은 조례의 개별 조항을 해석 · 적용할 때 보다 명확한 지침을 주기 위한 것이므로, 해석규정 그 자체가 또 다른 해석상의 논란을 일으키지 않도록 유의한다.
- 상위법령의 내용을 조례에서 해석하는 규정을 두는 경우가 있으나, 상위법령 규정은 상위법령의 해석으로 구체화하는 것이 바람직하다.[5)]

---

5) 국회 법제실, 「법제 이론과 실제」, 2019, pp.265~266; 법제처, 「2022년 자치법규 입안 길라잡이」, 2022, p.99.

CASE Study 88 해석 규정과 준용

[입법례] **OO도 자유무역협정(FTA) 이행에 따른 산업지원 조례**

(일부개정) 2022－07－19 조례 제7466호

제3조(해석 · 적용상의 주의) 이 조례는 「세계무역기구 설립을 위한 마라케쉬협정」에 규정한 내용을 수정 또는 제한하는 것으로 해석되지 아니한다.

OOO도 비상구 폐쇄 등 불법행위 신고포상제 운영 조례

(일부개정) 2021－08－06 조례 제4615호

제2조(해석 · 적용상의 주의) 이 조례를 해석 · 적용함에 있어서는 주민의 권리가 부당하게 침해되는 일이 없도록 하여야 한다.

OO군 고추종합유통센터 운영 조례

(일부개정) 2022.08.12 조례 제2620호

제17조(조례의 해석) 이 조례에 명문 되지 않은 사항에 대하여는 「공유재산 및 물품관리법」, 「OO군 공유재산관리 조례」 등 관계 법령에 따른다.

OO군 농촌관광을 위한 경관지구 조성에 관한 조례

(일부개정) 2022.08.12 조례 제2620호

제15조(조례의 해석) 이 조례에서 명문화되지 아니한 사항에 대하여는 「지방재정법」 · 「농어업 · 농어촌 및 식품산업 기본법」 등 관계 법령에 따른다.

OO군 농산물종합유통센터 운영 조례

(일부개정) 2022.08.12 조례 제2620호

제27조(조례의 해석) 이 조례에 명문되지 아니한 사항에 대하여는 「농어업 · 농어촌 및 식품산업 기본법」, 「농수산물 유통 및 가격안정에 관한 법률」 및 「공유재산 및 물품관리법」, 「OO군 공유재산관리 조례」 등 관계 법령에 따른다.

OO시 농산물수출물류센터 설치 및 운영 조례

(일부개정) 2022.08.18 조례 제1925호

제28조(조례의 해석) 이 조례에 명문되지 아니한 사항에 대하여는 법 등 관계 법령에 의한다.

[검토사항: **해석규정, 준용**]

- 실제 조례에서 해석규정을 담고 있는 입법례는 드물다.
- 위의 첫 번째, 두 번째 조례의 제3조와 제2조의 조 제목 (해석·적용상의 주의)는 적절하다고 본다.
- 위의 세 번째에서 여섯 번째까지의 조례는 본문의 내용이 "조례의 해석"이라기보다는 "준용"에 해당되는 것으로 보인다. 따라서 조 제목을 수정하는 방안을 고려해 본다.
- 위의 여섯 번째 조례의 본문 내용 중 "법 등 관계 법령"은 너무 포괄적이고 막연해서 규정의 실익을 찾기가 어려워 보인다.

6 지방자치단체의 장 등의 책무

1. 의의

- 지방자치단체의 장 등의 책무 · 책임, 정책수립 의무 등에 관한 규정은 조례의 목적 달성을 위해 시장 등이 수행해야 할 기본적인 책무를 정한 규정이다.
- 조례가 달성하려는 정책의 수립과 집행 의무를 명시적으로 부여함으로써 조례의 목적 달성을 강제하는 효과를 거두고, 지역발전과 주민복지 향상을 위해 시장 등의 적극적인 조례 집행을 유도하기 위해 사용된다.
- 시장 등의 책무규정은 정책 분야별 "기본조례"나 각종 지원조례 · 촉진조례 등을 제정하는 경우에 해당 분야에 대한 시장 등의 정책적 책무를 규정한 입법례가 많다.

2. 위치

- 시장 등의 책무규정은 원칙적으로 총칙에 둔다.
- 위치는 목적 > 기본이념 > 정의 > 해석규정 다음에 두며, "다른 조례와의 관계" 규정보다는 앞에 둔다.

3. 조 제목

- 정형화된 것은 없고 조례 내용에 비추어 가장 적합한 표현을 사용한다.
- 시장의 책무, 시장의 책임 등 다양한 표현을 사용하고 있다.
- 정책 · 시책에 관한 규정의 제목은 (시책의 수립 · 시행), (기본시책의 수립) 등의 표현이 사용되고 있다.

4. 시장 등의 예산확보 의무 부과

시장 등의 책무·정책수립 의무 등과 관련하여 지방자치단체의 장에게 정책 추진에 필요한 예산을 확보하도록 의무를 지우는 형식의 조례 규정은, 지방의회가 견제의 범위를 넘어 「지방자치법」에서 지방자치단체의 장에게 부여한 예산편성권을 침해할 우려가 있으므로 바람직하지 않다.

5. 사업자와 주민의 의무 부과

- 지방자치단체 등의 책무규정을 두면서 사업자나 주민의 의무도 함께 규정하여 조례의 실효성을 확보하려고 한다.

- 조례의 경우 사업자나 주민의 의무 부과에 관한 사항을 규정하기 위해서는 「지방자치법」 제28조제1항 단서에 따라 법률의 위임이 있어야 한다. 법률의 위임이 없다면 사업자나 주민의 의무 부과에 관한 사항은 둘 수 없다.
- 조례의 실효성 확보를 위해 사업자나 주민의 의무 부과에 관한 사항을 규정할 필요가 있을 때는 의무 부과가 아니라 "…… 노력하여야 한다"는 식의 "선언적 내용"으로는 규정할 수 있다.[6)]

6) 국회 법제실, 「법제 이론과 실제」, 2019, pp.270~272; 법제처, 「2018년 자치법규 입안 길라잡이」, 2018, pp.91~94.

CASE Study 89 책임과 책무

[입법례]

OO광역시 서구 보육 조례

(일부개정) 2022.12.22 조례 제1957호

제2조(책임) OO광역시 O구청장(이하 "구청장"이라 한다)은 보호자와 더불어 영유아 및 아동을 건전하게 보육하여야 한다.

OO시 장애인복지 증진에 관한 조례

(일부개정) 2022.12.22 조례 제2071호

제3조(책임) OO시장(이하 "시장"이라 한다)은 장애인 권익보호 및 복지 증진을 위하여 종합계획을 수립 · 시행한다.

OOO시 민간투자사업에 관한 조례

(일부개정) 2022.12.22 조례 제2004호

제3조(책무) OOO시장(이하 "시장"이라 한다)은 민간자본을 유치하여 사회기반시설을 확충 · 운영할 경우 재정의 건전성과 효율성 확보를 위하여 적극 노력하여야 한다.

OO시 청소년 기본 조례

(제정) 2022.12.22 조례 제2188호

제3조(책무) OO시장(이하 "시장"이라 한다)은 청소년활동의 지원과 청소년의 복지증진에 필요한 정책을 추진하고, 「청소년 기본법」(이하 "법"이라 한다) 및 「청소년활동 진흥법」(이하 "진흥법"이라 한다)과 그 밖의 청소년 관계법령에서 규정하고 있는 책무를 준수해야 한다.

[검토사항: **책무 · 책임**]

- (조 제목) 용어로 "책임"과 "책무" 등이 쓰이고 있다. 사전적 의미로 "책무"는 당연히 맡아서 해야 할 책임이나 의무를 말한다. "책임"은 맡아서 행해야 할 의무나 임무를 말한다.
- 지방자치단체의 장의 책무규정을 두면서 사업자나 주민의 책무 규정도 함께 규정하기도 한다. 조 제목으로는 책무라는 용어가 더 많이 사용되고 있는 것으로 보인다.

CASE Study 90 책무의 행위 주체

> **OOOO시 보행안전 및 편의증진에 관한 조례**
>
> (일부개정) 2022.12.30 조례 제8564호
>
> **제3조(기본책무)** OOOO시장(이하 "시장"이라 한다)은 법 제4조에 따라 모든 보행자들이 걷고 싶어 하고, 걷기 편한 도시로 만들기 위하여 다음 각 호에서 규정하고 있는 기본책무를 수행하여야 한다.
>
> **제4조(시민의 권리와 의무)** ① OOOO시민(이하 "시민"이라 한다)은 법 제3조에 따라 쾌적한 보행환경에서 안전하고 편리하게 보행할 권리를 가진다.
>
> ② 시민은 보행환경개선사업에 적극 참여하고 협력하여야 한다.
>
> ③ 시민은 보행 중 안전사고 예방을 위해 스마트폰 등의 전자기기 사용에 주의를 기울여야 한다.

[검토사항: **총칙규정, 책무, 행위주체, 시장**]

- 지방자치단체의 장의 책무에 관한 규정은 조례의 목적 달성을 위해 시장 등이 수행해야 할 기본적인 책무를 정한 규정이다.
- 지방자치단체의 장의 책무규정을 두면서 사업자나 주민의 책무도 함께 규정함으로써 조례의 실효성을 확보하려고 한다.
- 위의 조례에서 제3조의 조 제목과 제4조의 조 제목은 본문 내용상 행위주체에 맞춰 정하면, 제3조는 (시장의 책무), 제4조는 (시민의 책무)가 된다.
- 따라서 제3조의 조 제목 “기본책무“를 ”시장의 책무“로 하는 방안을 고려해 본다.

CASE Study 91 책무의 행위 주체와 순서

OO도 환경교육의 활성화 및 지원에 관한 조례

(일부개정) 2022-07-29 조례 제4930호

제3조(도지사의 책무) ① OO도지사(이하 "도지사"라 한다)는 환경교육의 활성화를 위하여 다음 각 호의 사항에 관한 시책을 수립하고 시행하여야 한다.

1. 「OO도 환경 기본 조례」 제15조 및 「OO도 자연환경 보전 조례」 제33조에 따른 환경교육 및 환경보전교육에 관한 사항
2. 학교 환경교육의 지원인력 양성과 교육에 관한 사항
3. 사회 환경교육의 인력 양성과 교육에 관한 사항
4. 환경교육을 위한 도민의 참여와 협력강화에 관한 사항
5. 그 밖에 환경교육에 관한 주요 사항

② 도지사는 환경교육 시책을 추진하는 시장·군수와 민간의 활동을 촉진하고 지원하여야 한다.

③ 도지사는 OO도교육감(이하 "교육감"이라 한다)과 협의하여 학교환경교육 활성화를 위하여 노력하여야 한다.

제4조(시·군의 책무) 시·군은 환경교육을 위하여 OO도(이하 "도"라 한다)의 환경교육 시책에 따라 시·군의 실정에 맞는 환경교육에 대한 시책을 수립·시행하여야 한다

제5조(사업자의 책무) ① 사업자는 환경교육 진흥을 위한 도의 시책에 적극 협력하고 사업장에서 환경보전 의식 향상을 위한 환경교육을 시행하여야 한다.

② 사업자는 도민의 환경교육에 적극 협조하고, 환경교육이 지역사회로 확산될 수 있도록 노력하여야 한다

제6조(도민의 책무) 모든 도민은 환경보전과 지속가능한 발전을 위하여 도 또는 시·군이 시행하는 환경교육 시책에 적극 참여하고 협력하여야 한다.

[검토사항: **책무**]

- 행위주체별 책무의 조문 나열 순서: 도지사 〉 시·군(시장·군수) 〉 사업자 〉 도민은 적절한 것으로 보인다.
- 다만, 조례 체계상 행위주체를 통일시킨다는 점에서 보면, 제3조(도지사), 제5조(사업자), 제6조(도민)은 사람인데, 제4조는 예외적으로 사람이 아닌 공법인인 "시·군"이 행위주체이다.
- 제4조 조 제목의 "시·군"을 "시장·군수"로 수정하는 방안을 고려해 본다.

CASE Study 92 책무의 행위주체의 누락

[입법례: 시장 등의 책무]

OO군 자연환경보전 조례

(일부개정) 2022.11.07 조례 제2636호

제2조(정의) (생략)

제3조(주민의 권리 · 책무) ① 주민은 자연휴식지등 자연자산을 이용하거나 항상 아름다운 자연경관과 접하여 생활할 수 있는 권리를 가진다.

② 주민은 군이 시행하는 시책에 적극 협력하고, 사업활동 등을 함에 있어 자연환경 훼손이 최소화 되도록 노력하고, 자연휴식지가 생태적으로 건전하고 지속적인 이용이 가능하도록 노력하여야 한다.

제4조(사업자의 책무) 사업자는 사업활동과 관련하여 자연경관 및 자연휴식지등 자연자산이 훼손되지 않도록 하여야 하며, 군의 시책에 적극 협력하여야 한다.

OO군 환경 기본조례

(일부개정) 2022.10.12 조례 제3037호

제6조(군의 책무) 군은 환경보전을 위하여 다음 각호의 사항에 대하여 환경보전을 위한 지역의 자연적, 사회적 여건을 고려한 종합적이고 계획적인 시책을 수립하고 시행할 책무를 진다.

제7조(사업자의 책무) 사업자는 사업활동을 함에 있어 환경보전의 기본이념을 충실히 이행하기 위해 다음 각호에 해당되는 사항의 책무를 진다.

제8조(군민의 책무) ① 군민은 일상생활에서 자발적인 환경보전을 위해 에너지 및 자원의 절약, 쓰레기 감량화 등 환경친화적인 생활양식의 정착을 위해 노력하여야 한다.

[검토사항: 군(군수)의 책무]

- 지방자치단체의 장의 책무규정을 둘 때, 사업자나 주민의 책무도 함께 규정함으로써 조례의 실효성을 확보하려고 노력한다. 위의 첫 번째 조례에서는 사업자와 주민의 책무규정은 있는데, 핵심 행위주체인 "지방자치단체(군 또는 군수)"의 책무규정은 없다.
- "군수의 책무" 규정을 신설하는 방안을 고려해 본다.
- 제3조제2항의 본문 내용인 "사업활동 등을 함에 있어" 부분은 조문 내용상 제4조(사업자의 책무)에 규정되어야 하지 않는지, 불필요한 표현은 아닌지 점검해 본다.
- 두 번째 조례에서 제6조의 행위주체가 공법인인 "군"인데, 제7조(사업자), 제8조(군민)는 사람이다. 조례 구조체계상 이를 "군수"로 수정하는 방안을 고려해 본다.

CASE Study 93 책무규정과 장(章)의 구분

[입법례] **OO광역시 보건의료산업 육성 및 지원에 관한 조례**

(일부개정) 2022.10.31. 조례 제5866호

제1장 총칙

제1조(목적)～제2조(정의) (생략)

제2장 보건의료산업 육성 및 지원

제3조(시장의 책무) OO광역시장(이하 "시장"이라 한다)은 메디시티 OO의 성공적인 추진을 위해 지역 보건의료산업의 고도화 및 경쟁력 강화에 필요한 시책을 수립하고 이를 추진하여야 한다.

제4조(보건의료산업 육성 종합계획) (생략)

OOOO시 OO구 에너지 기본조례

(일부개정) 2022.11.04 조례 제1740호

제1장 총칙

제1조(목적)～제4조(정의) (생략)

제2장 에너지 이용 주체별 권리·책무 등

제5조(구의 책무) ① 구는 에너지의 합리적이고 효율적인 이용에 관한 종합적인 계획 및 시책을 수립하여야 한다.

제6조(사업자의 책무) (생략)

제7조(구민의 책무) (생략)

[검토사항: **책무 규정과 장(章) 구분**]

- 조문을 장(章)으로 구분할 경우 지방자치단체의 장의 책무규정 위치는 제1장 총칙에 둔다.
- 총칙규정에 포함되는 요소 및 조문 순서는 ① 목적, ② 기본이념, ③ 정의, ④ 해석 규정, ⑤ 지방자치단체의 장 등의 책무, ⑥ 적용범위, ⑦ 다른 조례와의 관계에 관한 규정이다.
- 위의 첫 번째 조례에서 제2장의 제3조(시장의 책무)는 제1장 총칙규정에 포함되어야 할 사항으로 제1장(章)으로 이동시킨다.
- 제4조(보건의료산업 육성 종합계획)은 실체규정(기본계획, 위원회 등)이므로 그 앞에서 제2장이 시작되는 것이 적절한 체계라고 본다.
- 위의 두 번째 조례에서 제5조 구, 제6조 사업자, 제7조 구민의 책무조항은 제1장의 총칙규정에 두어야 하는 것이 원칙이다. 그러나 실제 조례에서는 위의 조례와 같은 방식을 택한 입법례가 흔히 발견된다.
- 두 번째 조례 제5조(구의 책무)에서 행위주체를 검토해 본다.

CASE Study 94 책무규정의 조 제목

OO시 지역건설산업 활성화 지원 조례

(일부개정) 2022.09.13 조례 제1609호

제3조(시의 맡은 일) ① OO시장(이하 "시장"이라 한다)은 지역건설산업 발전을 위하여 건설산업 관련 제도개선, 건설 신기술 정보제공 등 매년 지역건설산업 활성화 추진계획서를 작성하여 시행하고 이를 점검 및 평가하여야 한다.

② 시장은 각종 개발사업의 적극적인 추진으로 지역건설산업체의 수주량을 증대하는 노력한다.

③ 시장은 「건설산업기본법」 제81조 및 제82조에 따른 시정명령, 영업정지 등을 받은 부실 지역건설산업체의 지속적인 정비로 지역건설산업의 경쟁력 강화를 도모한다.

④ 시장은 OO시에 소재지를 두고 있지 않은 건설업체가 지역건설사업에 참여하는 경우 지역건설산업체와의 공동도급 비율과 하도급 비율을 높이도록 권장할 수 있다.

⑤ 시장은 지역의 민간사업 인·허가시 지역건설업체의 참여 및 지역업체에서 생산한 건설자재를 구매사용 하도록 권장할 수 있다.

⑥ 시장은 OO시가 시행하는 건설공사의 예정가격 산정시 지방 중소업체 보호를 위하여 실적공사비 적용기준을 제1항의 지역건설산업 활성화 추진계획에 반영토록 한다.

제4조(지역건설산업체의 책무) 지역건설산업체는 각종 건설 부조리 근절과 부실 설계 및 부실시공 방지 등 건전한 지역건설산업 정착을 위하여 노력하여야 한다.

[검토사항: **책무**]

- (조 제목) 위의 조례 제3조 본문 내용은 지역건설산업의 발전을 위한 시장의 책무에 관한 내용이다.
- 제3조 본문 내용은 각 항의 주어가 모두 시장에서 시작한다. 그럼에도 조 제목은 "시장"이 아닌 "시"로 되어 있다.
- 법제업무는 국법 체계 또는 질서를 위해 통일적 기준을 적용한다. 상위법령에서 사용하는 용어와 표현은 존중하여 가급적 같은 체계와 용어를 사용한다.
- 따라서 제3조 조 제목 "(시의 맡은 일)"보다는 제4조의 조 제목 (지역건설사업체의 "책무")와 조화되게, 그리고 행위 주체가 시장임을 고려하여 조 제목을 "(시장의 책무)"로 하는 방안을 고려해 본다.

CASE Study 95 책무규정의 행위 주체별 조(條) 분리

OO군 여성농업인 육성 지원 조례
(일부개정) 2022.07.08 조례 제2787호 **제3조(군수와 여성농업인의 책무)** ① OO군수(이하 "군수"라 한다)는 여성농업인 육성을 위한 종합적인 시책을 수립하여 시행하여야 하며, 이에 필요한 재원을 지원할 수 있다. ② 여성농업인은 농업 · 농촌의 발전 주체로서 고품질 안전한 농산물을 안정적으로 생산 · 공급함으로써 농업 · 농촌 발전에 이바지하는 데 노력한다.
OO시 환경 기본조례
(일부개정) 2022.09.15 조례 제2448호 **제4조(시의 책무)** OO시장(이하 "시장"이라 한다)은 환경보전과 새로운 도시환경의 창조를 위하여 다음 각 호의 사항에 관한 기본적이며 종합적인 시책을 수립하고 시행할 책무를 진다. **제15조(시민의 권리와 책무)** ① 모든 시민은 건강하고 쾌적한 환경에서 생활할 권리를 가진다. ② 모든 시민은 일상생활에서 환경친화적인 생활양식의 정착을 위해 스스로 노력하여야 하며 시가 시행하는 환경보전시책에 협력할 책무를 진다. **제16조(사업자의 책무)** ① 사업자는 사업활동에 수반하여 발생되는 각종 환경오염물질을 적정하게 처리하고 자연환경을 보전하기 위해 노력하여야 하며 시의 환경보전시책에 협력할 책무를 진다.

[검토사항: **책무**]

- (군수와 여성농업인의 책무 조 분리) 위의 첫 번째 조례 제3조 조(條) 제목은 "(군수와 여성농업인의 책무)"를 병기하고 있다. 법제적으로 행위 주체를 달리하면 "항"으로 나눠 표현할 수 있다.
- 이 조례의 핵심은 여성농업인의 육성이라고 볼 때, 그 중요성을 감안하여 "여성농업인의 책무"를 "군수의 책무"와 분리하여 독립된 조로 작성하는 방안을 고려해 본다.
- (책무의 연계) 두 번째 조례는 제4조 시와 제15조 시민, 제16조 사업자의 책무를 규정하고 있는데, 제15조와 제16조는 조문 위치가 제4조와 멀리 떨어져 규정되어 있다.
- 관련 있는 내용들은 가까운 위치에 두므로, 이들 조문을 제4조, 제5조, 제6조로 연계하여 배열하는 방안을 검토해 본다.
- 위의 두 번째 조례 제4조의 본문 내용의 행위주체는 시장이다. 따라서 조 제목과 본문 내용을 맞추기 위해 조 제목을 (시의 책무)가 아니라 "(시장의 책무)"로 규정하는 방안을 고려해 본다.

7 적용범위

1. 의의

적용범위는 해당 조례의 적용대상을 명백히 하기 위해 조례 전체 또는 일부 조항을 어떤 범위에 한정하여 적용하거나, 일정한 대상을 조례의 적용에서 제외하기 위해 두는 규정이다.

2. 위치

- 조례의 전부, 여러 조항과 관련되는 경우에는 총칙에 두고, 순서는 "다른 조례와의 관계" 규정보다 앞에 둔다.
- 특정 조항이나 일부 조항에 적용범위를 한정하는 경우에는 그 조항 "바로 다음"에 둔다.

3. 조 제목

조 제목은 적용대상, 적용배제, 적용제외, 적용의 범위, 적용의 특례 등의 표현을 쓰나 "적용범위"로 통일한다.

4. 표현방식

- 적용범위의 표현방식은 조례의 적용대상을 "적극적"으로 규정하는 방식
- 조례의 적용 제외 대상을 "소극적"으로 규정하는 방식
- 적용대상과 적용 제외대상을 함께 규정하는 방식
- 적용범위의 구체적 내용을 하위 규칙에 위임하는 방식 등이 있다.

5. 유의사항

적용범위는 대상이 되는 주민의 권리 · 의무와 밀접한 연관이 있으므로, 이를 하위 법규에 포괄적으로 위임하는 것은 바람직하지 않다. 따라서 불가피한 경우가 아니면 조례의 적용범위를 하위 법규에 위임하지 않도록 한다.[7]

---

7) 국회 법제실, 「법제 이론과 실제」, 2019, pp.267~269; 법제처, 「2018년 자치법규 입안 길라잡이」, 2018, p.96.

CASE Study 96 **적용범위의 조 제목 ①**

OO광역시 OO구의회에 출석·답변할 수 있는 관계 공무원의 범위에 관한 조례

(일부개정) 2022.12.16. 조례 제1626호

제1조(목적) 이 조례는 「지방자치법」 제51조에 따라 OO광역시 OO구의회 또는 위원회에 출석하여 답변할 수 있는 관계 공무원의 범위를 정함을 목적으로 한다.

제2조(범위) OO광역시 OO구의회 또는 위원회에 출석·답변할 수 있는 관계 공무원의 범위는 다음 각 호와 같다.

1. OO광역시 OO구 부구청장
2. OO광역시 OO구청장의 보조기관 중 국장, 실장·과장급
3. 「지방자치법」 제126조부터 제129조까지의 소속 행정기관장
4. OO광역시 OO구 직속기관 및 동의 소속 공무원 중 5급 이상인 공무원. 다만, 직무대리를 포함한다.

OO도 화재피해주민 지원에 관한 조례

(제정) 2022.10.14 조례 제4947호

제4조(적용범위) ① 이 조례는 화재 피해 주민에 대하여 적용한다.

② 다음 각 호의 어느 하나에 해당하는 경우에는 이 조례를 적용하지 아니한다.

1. 법령이나 다른 조례에 따라 동일하거나 유사한 지원을 받는 경우

[검토사항: **적용범위**]

- 조 제목으로 적용대상, 적용배제, 적용제외, 적용의 범위, 적용의 특례 등의 표현이 쓰이나 "적용범위"로 통일한다.
- 위의 첫 번째 조례 "제2조(범위)"의 조 제목은 "제2조(적용범위)"로 수정한다.
- 위의 두 번째 조례는 적용대상과 적용 제외대상을 함께 규정하는 방식이다. 한 조문에서 항으로 나눠 제1항 "적용대상"과 제2항 "적용 제외대상"을 함께 규정하고 있다.

CASE Study 97 적용범위의 조 제목 ②

[입법례] **OO시 사회적경제제품 구매촉진 및 판로지원에 관한 조례**

(제정) 2022.12.26 조례 제1265호

제3조(적용대상 공공기관) 이 조례의 적용을 받는 공공기관(이하 "공공기관"이라 한다)은 다음 각 호와 같다.

1. 「OO시 행정기구 및 정원 조례」에 따른 시 본청, 직속기관, 사업소, 읍·면·동
2. 시의회 사무과
3. 「지방공기업법」 제49조에 따라 시에서 설립한 공사

OO시 생활임금 조례

(일부개정) 2022.02.25 조례 제2029호

제3조(적용대상) ① 생활임금 적용대상은 다음과 같다.

1. 시 소속 근로자 및 시 출자·출연기관 소속 근로자

② 제1항에도 불구하고 다음 각 호의 어느 하나에 해당하는 경우에는 적용을 제외한다.

1. 국비 또는 도비 지원사업으로 일시적으로 채용된 근로자

[검토사항: 적용범위]

- 위의 첫 번째 조례의 제3조 조 제목(적용대상 공공기관)은 간략히 "(적용범위)"로 수정한다.
- 두 번째 조례의 제3조 조 제목(적용대상)을 제3조(적용범위)로 수정하는 방안을 고려해 본다. 한 조문에서 항을 나눠 적용대상과 적용 제외대상을 함께 규정하고 있다.

CASE Study 98 적용범위의 조 제목 ③

[입법례] **OO광역시 스마트도시 조성 및 운영 조례**

(일부개정) 2022.10.14 조례 제5899호

제1조(목적) 이 조례는 스마트도시의 효율적인 조성과 운영을 위하여 「스마트도시 조성 및 산업진흥 등에 관한 법률」에서 **위임된 사항과 그 밖에 필요한 사항**을 규정함을 목적으로 한다.

제2조(정의 및 적용대상) ① 이 조례에서 사용하는 용어의 뜻은 「스마트도시 조성 및 산업진흥 등에 관한 법률」(이하 "법"이라 한다) 제2조를 따른다.

② 이 조례의 적용대상은 법 제3조와 OO광역시 및 출자 · 출연기관, 자치구에서 추진하는 스마트도시사업으로 한다.

OO군 자녀출산장려금 지원 조례

(일부개정) 2022.09.08 조례 제2611호

제3조(지원대상의 범위) ① OO군수는 「가족관계의 등록 등에 관한 법률」 제44조에 따른 출생신고를 하고 자녀의 출생일 또는 입양일(이하 "출생일"이라 한다)을 기준으로 OO군(이하 "군"이라 한다)에 1년 이상 주민등록을 두고 거주하고 있는 가정에 출산장려금을 지급할 수 있다.

② 부모가 자녀의 출생일을 기준으로 군에 거주한 기간이 1년 미만인 경우에는 1년이 경과한 날부터 지원대상이 된다.

[검토사항: **적용범위**]

- 위의 첫 번째 조례의 제1조 본문에서 "위임된 사항과 그 밖에 필요한 사항"은 "위임된 사항과 그 시행에 필요한 사항"으로 수정한다. (위임조례)
- (조 분리) 첫 번째 조례 제2조(정의 및 적용대상)는 성질이 별개인 사항은 분리하여 독립된 조문 즉, 제2조(정의)와 제3조는 조 제목을 "적용대상"에서 "적용범위"로 수정하여 작성하는 방안을 고려해 본다.
- 위의 두 번째 조례 제3조의 조 제목 "(지원대상의 범위)"도 "(적용범위)"로 수정하는 방안을 검토해 본다.

CASE Study 99 적용범위의 조 제목 ④

[입법례]

OO군 제안제도 운영 조례

(전부개정) 2022.08.10 조례 제2512호

제3조(제안으로 볼 수 없는 것) 다음 각 호의 어느 하나에 해당하는 의견이나 고안은 제안으로 보지 아니한다.

1. 다른 사람이 취득한 특허권 · 실용신안권 · 디자인권 · 저작권에 속하는 것 또는 「OO군 지방공무원 직무발명 보상 조례」에 따라 보상이 확정된 것
2. 군이 이미 채택했던 제안이거나 그 기본구상이 이와 유사한 것

3.~7. (생략)

OO시 지역건설산업 활성화 지원 조례

(일부개정) 2022.08.02 조례 제2881호

제7조(적용배제) 시장은 자랑스러운 건설인이 다음 각 호의 어느 하나에 해당하는 경우에는 지원을 중단한다.

1. 산업재해 및 직업병 발생 등 사회적 물의를 일으킨 경우

2.~4. (생략)

OO시 소상공인 특례보증 지원 조례

(일부개정) 2022.08.18 조례 제1467호

제5조(지원대상) ① 제3조에 따른 특례보증 지원대상자는 사업장 주소가 관내에 있는 자로 다음 각 호의 요건을 모두 갖춘 소상공인을 말한다.

② 전통상업 보존구역에 위치한 소상공인은 신용등급에 관계 없이 지원할 수 있다.

③ 시장은 특례보증에 관한 조건 및 절차를 따로 정할 수 있다.

제6조(제외대상) ① 다음 각 호의 어느 하나에 해당하는 경우에는 제5조의 지원대상에서 제외된다.

1. 금융 · 보험업 및 사치 향락적 소비나 투기를 조장하는 업종 등 신용보증기관의 보증제한 업종
2. 휴 · 폐업 신고를 하였거나 시장이 사실상 휴 · 폐업 중이라고 인정하는 업체

[검토사항: **적용범위**]

- 위의 첫 번째, 두 번째 조례는 조례의 적용 제외대상을 "소극적"으로 규정하는 표현방식이다. 조 제목 "(제안으로 볼 수 없는 것)"과 "(적용배제)"를 "(적용범위)"로 수정하는 방안을 검토해 본다.
- 세 번째 조례는 조로 나눠 제5조는 (지원대상)으로, 제6조는 (제외대상)으로 구분하고 있는데, 이를 하나의 조 내에서 항을 달리하여 제1항은 "적용대상"을, 제2항은 "적용 제외대상"을 함께 규정할 수 있는지 고려해 본다.

CASE Study 100 적용범위의 조 제목 ⑤

[입법례]

OOO도 사회적 가치 증대를 위한 공공조달에 관한 조례

(일부개정) 2022－07－14 조례 제5236호

제4조(적용대상 및 범위) ① 이 조례의 적용을 받는 기관은 다음과 같다.

1. 도 본청
2. 직속기관, 사업소 등 소속 행정기관

② 도로부터 보조금 등을 지급받는 기관이나 단체는 물품, 공사, 용역 등을 공공조달하는 경우 이 조례를 준용할 수 있다.

OO군 사회복지사 등의 처우 및 지위 향상에 관한 조례

(일부개정) 2022.07.28 조례 제2966호

제2조(적용대상) 이 조례의 적용대상은 사회복지법인 또는 사회복지시설 및 기관 · 단체 등(이하 "사회복지기관"이라 한다)에서 사회복지사업에 종사하는 사회복지사 등으로 한다.

OO군 공공체육시설 관리 및 운영 조례

(일부개정) 2022.09.08 조례 제2762호

제3조(적용시설) 이 조례에 의하여 관리 · 운영하는 OO군 공공체육시설(이하 "체육시설"이라 한다)은 별표 1과 같다.

OO도 녹색제품 구매 촉진 조례

(일부개정) 2022－07－19 조례 제7461호

제3조(적용범위) 녹색제품 구매촉진에 관하여는 법 및 같은 법 시행령 또는 다른 조례에서 정한 것을 제외하고 이 조례에서 정하는 바에 따른다.

[검토사항: **적용범위**]

- 위의 첫 번째, 두 번째, 세 번째 조례의 조 제목 제4조(적용대상 및 범위), 제2조(적용대상), 제3조(적용시설)은 각각 "적용범위"로 수정하는 방안을 고려해 본다.
- 네 번째 조례 제3조(적용범위)의 본문 내용은 조례 적용의 우선순위를 정하는 "(다른 조례와의 관계)"에 관한 내용이 아닌지 검토해 본다.

CASE Study 101 적용범위의 조 제목 ⑥

[입법례] **OOOO시 장애인 탈시설 및 지역사회 정착지원에 관한 조례**

(제정) 2022.07.11 조례 제8438호

제3조(대상자) OO시 관할 거주시설에서 생활하고 있거나 거주시설에서 퇴소한 장애인에게 적용한다.

OO시 환경기본 조례

(일부개정) 2022.07.11 조례 제1949호

제10조의4(적용제외) 다음 각 호의 경우 제10조의2, 제10조의3 적용을 제외한다.
1. 「환경 · 교통 · 재해 등에 관한 영향평가법」 규정에 의한 환경영향평가 대상사업
2. 환경영향평가법에 따른 소규모 환경영향평가 대상사업
3. 재해복구 등 그 밖에 긴급하게 실시할 필요가 있다고 시장이 인정한 공공사업

OOO도 행정정보 공개 조례

(일부개정) 2022-07-11 조례 제4713호

제14조(다른 제도와의 관계) ① 이 조례는 법령 또는 다른 조례에 의하여 열람 · 공고 · 고시 · 예고 또는 등본 · 초본 그 밖의 사본 교부대상이 되는 행정정보에 대해서는 적용하지 아니한다.
② 공개대상기관의 자료실, 도서실 등에서 일반에게 열람 또는 대출되는 도서, 간행물 등은 이 조례의 적용대상에서 제외한다.

OOO도 정보공개 조례

(일부개정) 2022-08-10 조례 제5256호

제3조(적용제외) ① 이 조례는 다른 법령 또는 조례에 따라 열람, 공고, 고시, 예고 또는 등본 · 초본 그 밖의 사본의 교부대상이 되는 정보에 대하여는 적용하지 아니한다.
② 공개대상기관의 자료실, 도서관 등에서 일반에 열람 또는 대출되는 도서 · 간행물 등은 이 조례의 적용대상에서 제외한다.

[검토사항: **적용범위**]

- 위의 첫 번째, 두 번째 조례의 제3조(대상자), 제10조의4(적용 제외)의 조 제목을 각각 "적용범위"로 수정하는 방안을 고려해 본다.
- 세 번째와 네 번째 조례는 본문 내용이 거의 유사함에도 조 제목이 제14조(다른 제도와의 관계)와 제3조(적용 제외)로 나눠지고 있다.
- 세 번째와 네 번째 조례의 내용은 조례의 적용 제외대상을 "소극적"으로 규정하는 표현방식이다. 이들 조 제목을 "(적용범위)"로 통일시키는 방안을 검토해 본다.

CASE Study 102 적용범위 규정과 다른 조례와의 관계 규정 ①

[입법례] OOOO시 OO구 아동복지 증진에 관한 조례 (일부개정) 2022.11.18 조례 제1500호 **제3조(적용범위)** OOOO시 OO구(이하 "구"라 한다) 아동복지 증진에 관하여 법령 또는 다른 조례에 특별히 다르게 규정한 사항 외에는 이 조례에 따른다.
OO시 교통약자 이동편의 증진에 관한 조례 (일부개정) 2022.11.18 조례 제1878호 **제3조(적용범위)** 교통약자의 이동편의 증진에 관하여 관계 법령에서 규정한 것 외에는 이 조례가 정하는 바에 따른다.
OO도 중소기업 활성화 지원 조례 (일부개정) 2022-12-23 조례 제4983호 **제3조(적용범위)** 도내 중소기업 활성화 지원에 관하여 다른 법령이나 조례에 특별한 규정이 있는 것을 제외하고는 이 조례에서 정하는 바에 따른다.
OO도 탄소중립·녹색성장 기본조례 (일부개정) 2023-01-02 조례 제7527호 **제5조(다른 조례와의 관계)** 탄소중립 사회로의 이행과 녹색성장의 추진에 관하여 다른 조례에 특별한 규정이 있는 경우를 제외하고는 이 조례에서 정하는 바에 따른다.

[검토사항: **적용범위**]

- 위의 첫 번째부터 세 번째까지의 조례에서 조 제목을 "(적용범위)"로 하고 있으나, 본문의 실제 내용은 적용의 우선순위를 정하는 "(다른 조례와의 관계)"에 대해 규정하고 있는 것으로 보인다.

〈적용범위 규정과 다른 조례와의 관계 규정〉

① (적용범위) 해당 조례에서 규율하려는 대상에 대해 해당 조례가 적용되는 범위를 명확하게 하려고 두는 것이다.

② (다른 조례와의 관계) 해당 조례와 다른 조례 간의 관계에서 어느 조례가 우선 적용되는지 등에 관해 적용의 우선순위를 정하기 위하여 두는 것이다.

- 따라서 첫 번째부터 세 번째까지 조례의 조 제목은 "(적용범위)"에서 "(다른 조례와의 관계)"로 각각 수정하는 방안을 고려해 본다.
- 조 제목은 "(적용범위)"로 하고, 실제 내용은 "(다른 조례와의 관계)"에 관해 규정해서는 안 된다.
- 네 번째 조례는 조 제목(다른 조례와의 관계)과 본문 내용이 합치되는 것으로 본다.

CASE Study 103 적용범위 규정과 다른 조례와의 관계 규정 ②

[입법례] **OO광역시 의로운 시민 등에 대한 예우 및 지원에 관한 조례**

(일부개정) 2022-07-22 조례 제5794호

제3조(적용대상과 범위) ① 이 조례의 적용대상은 의로운 시민과 그 가족 또는 유족으로 한다.

② 제1항의 규정에 의한 의로운 시민의 가족 또는 유족(이하 "가족등"이라 한다)의 범위는 배우자, 자녀, 부모, 조부모, 형제자매로 한다.

OO시 관급공사의 건설노동자 체불임금 방지 및 고용안정 보호에 관한 조례

(일부개정) 2023.01.06 조례 제1900호

제3조(적용 대상 범위) 이 조례의 적용을 받는 관급공사의 대상 범위는 다음 각 호와 같다.

OO시 건축 조례

(일부개정) 2022.08.01 조례 제2369호

제2조(적용의 범위) 이 조례는 OO시(이하 "시"라 한다) 행정구역 안의 건축물 및 그 대지에 대하여 적용한다.

OO시 어항 관리 조례

(일부개정) 2022.12.30 조례 제2676호

제3조(적용의 범위) 이 조례는 법 제35조에 따라 OO시가 관리청이 되는 어항에 관하여 적용한다.

OO광역시 주요시설물 안전 및 유지관리에 관한 조례

(일부개정) 2022-07-22 조례 제5794호

제2조(적용대상) 다음 각 호의 OO광역시 주요시설물(이하 "시설물"이라 한다)을 관리하기 위하여 법령 또는 다른 조례에 특별히 다르게 규정된 사항 외에는 이 조례를 적용한다.

1. 도로 및 도로의 부속물

2.~6. (생략)

[검토사항: **적용범위**]

- 위의 첫 번째부터 네 번째까지 조례의 조 제목 "적용대상과 범위", "적용대상범위", "적용의 범위"를 각각 "적용범위"로 통일하는 방안을 고려해 본다.
- 위의 다섯 번째 조례의 제2조 본문 내용은 조례간 적용의 우선순위를 정하는 조 제목 "(다른 조례와의 관계)"에 관한 내용이 아닌지 검토해 본다.

CASE Study 104 목적조항+적용범위

[입법례] **OOOO시 OO구 금연환경 조성 및 간접흡연 피해방지 조례**

(일부개정) 2023.03.16 조례 제1495호

제1조(목적) 이 조례는 흡연자의 금연실천을 돕고 간접흡연 피해로부터 구민을 보호하여 건강하고 쾌적한 환경을 조성함으로써 구민의 건강증진과 삶의 질 향상을 도모하는 데 목적이 있다.

제2조(정의) 이 조례에서 사용하는 용어의 정의는 다음과 같다.

4. "금연지도원"이란 「국민건강증진법」(이하 "법"이라 한다) 제9조의5에 따라 OOOO시 OO구청장(이하 "구청장"이라 한다)이 위촉한 자를 말한다.

제3조(조례의 범위) 이 조례는 법, 같은 법 시행령(이하 "영"이라 한다) 및 시행규칙에서 위임된 사항과 그 시행에 필요한 사항을 정하고 OOOO시 OO구(이하 "구"라 한다) 내 금연환경 조성 및 금연구역의 지정·운영 등에 관한 사항에 적용한다.

[검토사항: 적용범위]

- 위의 조례 제3조 조 제목(조례의 범위)는 본문의 내용과 체계적이지 않은 것으로 보인다.
- 제3조 본문의 "위임된 사항과 그 시행에 필요한 사항"은 위임조례에서 목적조항을 규정할 때 사용하는 표현이다.
- 따라서 제1조(목적)과 제3조(조례의 범위)를 통합하여 위임조례의 목적규정을 작성하는 방안을 고려해 본다. 적용범위는 별도 조문으로 작성한다.
- "목적규정"에서 상위법령의 시행에 관한 사항을 정하는 표현:
  "이 조례는 「○○법」과 같은 법 시행령에서 위임된 사항과 그 시행에 필요한 사항을 규정함을 목적으로 한다."
- 제2조(정의) 각호 외의 본문 중 "정의"는 "뜻"으로 수정한다.

8 다른 조례와의 관계

1. 의의

- "다른 조례와의 관계" 규정은 다른 조례와의 상충을 피하고 조례 상호간의 조화를 도모하기 위해 두는 규정이다. 일반조례와 특별조례, 기본조례와 관련 개별 조례 등 조례 간 적용의 우선순위를 정하는 규정으로, 해석 · 집행상의 모순이나 저촉을 방지하는 역할을 한다.
- 총칙에서 규정하는 "다른 조례와의 관계" 규정은 일반적으로 그 조례에서 규정하지 않은 사항에 대해 다른 조례를 따르도록 하거나, 그 조례에서 규정한 사항에 대해서는 다른 조례보다 그 조례를 우선 적용하도록 하고 있다.

2. 적용범위 규정과 다른 조례와의 관계 규정

- (적용범위) 해당 조례에서 규율하려는 대상에 대해 해당 조례가 적용되는 범위를 명확하게 하려고 두는 규정이다.
- (다른 조례와의 관계) 해당 조례와 다른 조례 간의 관계에서 어느 조례가 우선 적용되는지 등에 관해 적용의 우선순위를 정하기 위하여 두는 규정이다.

3. 위치

다른 조례와의 관계 규정은 총칙규정, 실체규정, 부칙에서 사용되나 사용목적은 각각 다르다.

① **총칙규정** – 조례와 다른 조례 간의 적용의 "우선순위"에 관한 사항을 정하기 위해 사용된다. 일반적으로 총칙규정의 마지막에 위치한다.

② **실체규정** – 개별 규정의 해석 · 적용과 연결하여 쉽고 명확하게 파악할 수 있도록 해당 실체규정에 둔다.

③ **부칙** – "조례의 개정" 등에 따라 다른 조례의 관련 조문을 정리하기 위해 사용된다.

4. 조 제목

"다른 법령과의 관계", "다른 법령 및 조례와의 관계", "다른 조례의 적용", "다른 조례의 준용", "다른 조례의 적용배제" 등으로 표현되고 있으나, "다른 조례와의 관계"로 통일한다.

5. 표현방식

(1) "다른 조례"를 우선 적용하고 다른 조례에 특별한 규정이 없는 경우에만 해당 조례의 규정을 적용하도록 하는 방식

조례가 기본조례 또는 일반조례의 성격을 가지고 있어 특별조례에서 규정하고 있는 사항을 우선 적용하고, 특별조례에서 정하고 있지 않는 사항에 대해 그 조례를 적용하려는 경우에 두는 방식이다.

(2) "해당 조례"를 다른 조례보다 우선 적용하도록 하는 방식

해당 조례를 다른 조례보다 우선 적용하는 것이 그 조례의 제정 목적상 필요하거나 정책목적상 또는 법 체계상 합리적인 경우에 두는 방식이다.

(3) 일정 사항에 대해서는 해당 조례를 우선 적용하고, 다른 사항에 대해서는 다른 조례를 우선 적용하도록 하는 방식이 있다.

6. 유의사항

- 하나의 조문에서 "적용범위"와 "다른 조례와의 관계"를 함께 규정하지 않는다. 적용범위 규정과 "다른 조례와의 관계 규정"은 그 규율 내용이 서로 다르므로 별도의 조문으로 구분하여 규정한다.
- 조 제목은 "(적용범위)"로 하고, 실제 내용은 "(다른 조례와의 관계)"에 관해 규정해서는 안 된다.
- 특정 사안에 대한 법령의 규정이 있다면 그 법령이 당연히 적용되는 것이므로 법령과의 관계를 다시 규정할 필요는 없다.[8]

---

8) 국회 법제실, 「법제 이론과 실제」, 2019, pp.273~275; 법제처, 「2018년 자치법규 입안 길라잡이」, 2018, p.98.

CASE Study 105 다른 조례와의 관계, 조(條) 제목

[입법례] **OOO시 착한 가격업소 지원 및 관리에 관한 조례**

(제정) 2022.09.20. 조례 제3215호

제3조(다른 법령과의 관계) 착한 가격업소에 관해 다른 **법령**이나 조례에 특별한 규정이 있는 것을 제외하고는 이 조례가 정하는 바에 따른다.

OO군 고도 보존·육성 및 주민지원에 관한 조례

(일부개정) 2022.10.11. 조례 제2843호

제4조(다른 법령 등과의 관계) 고도 지정지구의 보존 및 육성, 주민지원 등에 관하여 다른 **법령**이나 조례 등에서 특별히 규정하는 것을 제외하고는 이 조례에서 정하는 바에 따른다.

OOOO시 OO구 문화예술진흥에 관한 조례

(일부개정) 2022.09.22. 조례 제1701호

제3조(다른 법규와의 관계) 문화예술 진흥에 관하여 다른 **법령**이나 조례에서 특별히 정하는 경우를 제외하고는 이 조례가 정하는 바에 따른다.

OO시 공정무역 지원 및 육성에 관한 조례

(일부개정) 2022.09.21 조례 제1928호

제5조(다른 법령 및 조례와의 관계) 공정무역 지원 및 육성에 관한 다른 **법령** 또는 조례에 특별한 규정이 있는 경우를 제외하고는 이 조례가 정하는 바에 따른다.

[검토사항: **다른 조례와의 관계**]

- 위의 4건 조례의 (조 제목)이 다른 법령과의 관계, 다른 법령 등과의 관계, 다른 법규와의 관계, 다른 법령 및 조례와의 관계 등으로 다양하게 표현되고 있으나, “다른 조례와의 관계”로 통일한다.
- 법령은 법률(法律)과 명령(命令)으로 구성된다. 명령에는 시행령(대통령령)과 시행규칙(총리령, 부령)이 있다.
- 특정 사안에 대해 법령의 규정이 있다면 그 법령이 당연히 적용되는 것이므로 법령과의 관계를 다시 규정할 필요는 없다.
- 법령은 조례보다 상위법령이어서 당연히 우선 적용되므로, 각 조례 본문에서 “법령”이라는 용어 사용은 적절하지 않은 것으로 보인다.

CASE Study 106 다른 조례와의 관계, 조문 순서

[입법례] OO시 노인복지 증진사업 지원에 관한 조례

(일부개정) 2022.02.25.조례 제2919호

제1조(목적) 이 조례는 「노인복지법」 제4조에 따라 다양한 노인복지사업을 지원함으로써 노인들의 행복한 삶 추구에 기여함을 목적으로 한다.

제2조(다른 법령 또는 조례와의 관계) 노인복지 증진을 위하여 다른 법령 및 조례에 특별히 규정된 것을 제외하고는 이 조례로 정하는 바에 따른다.

제3조(정의) 이 조례에서 사용하는 용어의 뜻은 다음과 같다.

제4조(시장의 책무) OO시장(이하 "시장"이라 한다)은 노인의 사회참여 활동 및 노인복지 증진을 위한 사업을 지원하고, 법령에서 규정하고 있는 책무를 성실히 수행하여야 한다.

OO시 사회복지사 등의 처우 및 지위 향상에 관한 조례

(일부개정) 2022.08.12 조례 제3431호

제2조(정의) 이 조례에서 사용하는 용어의 뜻은 다음과 같다.

제3조(적용대상) 이 조례의 적용대상은 사회복지법인 또는 사회복지시설 및 기관·단체 등(이하 "사회복지기관"이라 한다)에서 사회복지사업에 종사하는 사회복지사 등으로 한다.

제4조(다른 조례 등과의 관계) 사회복지사 등의 처우 등에 관하여는 다른 법령이나 조례에서 특별한 규정이 없는 한 이 조례로 정하는 바에 따른다.

제5조(시장의 책무) ① OO시장(이하 "시장"이라 한다)은 사회복지사 등의 처우를 개선하고 복지를 증진함과 아울러 그 지위 향상을 위하여 적극적으로 노력하여야 한다.

[검토사항: **조문 순서, 다른 조례와의 관계**]

- 법령은 조례보다 상위법령으로서 적용의 우선순위를 가지고 있고, 조례는 법령에 위반할 수 없으므로, 위의 첫 번째 조례 조 제목 "다른 법령과의 관계"는 적절하지 않은 표현으로 보인다.
- "다른 조례와의 관계" 규정의 조문 위치는 총칙규정의 마지막에 위치한다.
- 첫 번째 조례의 조문 순서는 목적(제1조) 〉 정의(제3조) 〉 시장의 책무(제4조) 〉 다른 조례와의 관계(제2조) 순서로 둔다.
- 두 번째 조례의 조문 순서는 정의(제2조) 〉 시장의 책무(제5조) 〉 적용대상(제3조) 〉 다른 조례 등과의 관계(제4조) 순서로 둔다.
- 두 번째 조례 제3조의 조 제목 "적용대상"은 "적용범위"로 수정한다.

CASE Study 107 다른 조례와의 관계, 조(條) 제목+조문순서

[입법례]

OO시 도시공원 및 녹지 등에 관한 조례

(일부개정) 2022.08.12 조례 제1952호

제1장 총칙

제1조(목적) 이 조례는 「도시공원 및 녹지 등에 관한 법률」 및 같은 법 시행령에서 위임된 사항과 그 시행에 관하여 필요한 사항을 규정함을 목적으로 한다.

제2조(적용범위) 이 조례는 OO시(이하 "시"라 한다) 행정구역 안의 「도시공원 및 녹지 등에 관한 법률」(이하 "법"이라 한다) 제2조제1호의 규정에 의한 공원녹지에 대하여 적용한다.

제3조(다른 조례와의 관계) 녹지보전 및 도시녹화 추진에 관하여 다른 법령 또는 시 조례에서 특별히 규정하는 것을 제외하고 이 조례에 따른다.

제4조(용어의 정의) 이 조례에서 사용하는 용어의 정의는 다음과 같다.

OO시 시세 징수 조례

(전부개정) 2022.08.12 조례 제1048호

제2조(법령과의 관계) OO시 시세(이하 "시세"라 한다)의 징수 사무 등에 관하여 「지방세징수법」(이하 "법"이라 한다), 「지방세징수법 시행령」(이하 "영"이라 한다) 및 「지방세징수법 시행규칙」(이하 "시행규칙"이라 한다)에서 따로 정하는 것은 제외하고 이 조례에서 정하는 바에 따른다.

[검토사항: **조문 순서, 조 제목**]

- 위의 첫 번째 조례의 조문 순서는 제1조(목적) > 제4조(용어의 정의) > 제2조(적용범위) > 제3조(다른 조례와의 관계) 순서이다.
- 첫 번째 조례 제3조(다른 조례와의 관계)의 본문 중에서 "법령"은 삭제하는 방안을 검토한다.
- 첫 번째 조례 제4조의 조 제목(용어의 정의)는 (정의)로 수정한다. 그리고 본문 중의 "정의"는 "뜻"으로 수정한다.
- 두 번째 조례 제2조의 조 제목 (법령과의 관계)는 본문 내용상 (다른 조례와의 관계)로 수정한다.
- 두 번째 조례의 본문 내용 중 「지방세징수법」, 「지방세징수법 시행령」 및 「지방세징수법 시행규칙」의 표현은 첫 번째 조례의 제1조 본문처럼 "같은" 표현을 사용하여 "「지방세징수법」, 같은 법 시행령 및 같은 법 시행규칙"으로 표현하는 방안을 검토해 본다.
- 위의 상위법령은 이 조례에서 규정하지 않더라도 조례보다는 당연히 우선 적용된다.

CASE Study 108 다른 조례와의 관계와 적용범위

[입법례]

OO시 사회적 경제활동 지원 조례

(일부개정) 2022.12.30 조례 제1769호

제25조(다른 조례와의 관계) 사회적 경제 조직의 지원은 다른 조례에서 특별한 규정이 있는 경우를 제외하고는 이 조례가 정하는 바에 따른다.

OO시 장애인복지 증진에 관한 조례

(일부개정) 2022.12.22 조례 제2071호

제24조(다른 법령 또는 조례와의 관계) 장애인복지 증진을 위하여 다른 법령 및 조례에서 특별히 규정한 것을 제외하고는 이 조례에서 정하는 바에 따른다.

OOOO시 OO구 녹색제품 구매촉진에 관한 조례

(일부개정) 2022.09.22 조례 제1702호

제3조(적용대상 기관) 이 조례의 적용을 받는 기관은 다음 각 호와 같다.

1. 「OOOO시 OO구 행정기구 설치 조례」에 따른 구 본청, 보건소, 동 주민센터
2. ~4. (생략)

제4조(적용범위) 녹색제품의 구매촉진에 관하여 법령 및 그 밖에 다른 조례에서 정한 것을 제외하고는 이 조례에서 정하는 바에 따른다.

[검토사항: **위치, 적용범위**]

- "다른 조례와의 관계" 규정은 총칙규정, 실체규정, 부칙에서 사용되나, 사용목적은 각각 다르다. 총칙규정은 해당 조례와 다른 조례 간의 적용의 "우선순위"에 관한 사항을 정하기 위해 사용된다.
- (조문 위치) 첫 번째, 두 번째 조례의 제25조와 제24조의 본문 내용은 해당 조례 전체에 관련된 "다른 조례와의 관계"에 관한 내용이므로, 조례의 앞 부분인 제1장 총칙규정에 위치시켜야 맞지 않는지 검토해 본다. 현재의 조문 위치는 조례의 끝 부분에 위치하고 있다.
- 세 번째 조례의 제3조는 본문 내용상 "적용범위"에 대해 규정하고 있으므로 (조 제목)을 "적용대상 기관"에서 "(적용범위)"로 수정하는 방안을 고려해 본다.
- 세 번째 조례 제4조는 본문 내용이 조례간 적용의 우선순위에 대해 규정하고 있으므로, 조 제목을 (적용범위)에서 (다른 조례와의 관계)로 수정하는 방안을 검토해 본다.

CASE Study 109 본문과 조 제목의 불일치

[입법례]

OOOO시 OO구 수수료 징수 조례

(일부개정) 2022.07.28 조례 제1516호

제2조(적용) 수수료는 다른 법령이나 조례에 특별히 정한 것을 제외하고는 이 조례에 따라 징수한다.

OO시 공공시설 설치 · 관리 기본 조례

(일부개정) 2022.08.18 조례 제1925호

제3조(적용) 공공시설 설치에 관하여 관계 법령에서 달리 정한 것 외의 필요한 사항은 이 조례를 적용한다.

OO시 지하안전 관리 및 유지에 관한 조례

(제정) 2022.08.16 조례 제1158호

제4조(적용) 이 조례는 지하의 개발과 이용에 필요한 안전관리에 대하여 다른 조례에 우선하여 적용한다.

OO군 노인복지증진에 관한 조례

(일부개정) 2022.09.21 조례 제2746호

제3조(적용) 노인복지 증진을 위해 「노인복지법」(이하 "법"이라 한다) 및 관련 법규 또는 다른 조례에 특별히 규정된 것을 제외하고는 이 조례에서 정하는 바에 따른다.

OO군 곤충생태원 관리 및 운영 조례

(일부개정) 2022.08.01 조례 제2508호

제3조(적용의 범위) 곤충생태원의 관리 및 운영에 관하여 다른 법령이나 조례에 특별한 규정이 있는 경우를 제외하고는 이 조례가 정하는 바에 따른다.

[검토사항: **조 제목**]

- 위의 5건의 조례 조 제목은 (적용) 또는 (적용의 범위)로 규정하고 있으나, 본문의 내용은 조례간 적용의 우선순위를 정하는 "다른 조례와의 관계"에 관한 것이다.
- 따라서 이들 모두의 조 제목을 (다른 조례와의 관계)로 하는 방안을 고려해 본다.

CASE Study 110 조 제목의 용어, 법규

[입법례]

OO군 문화예술 육성 및 지원 조례

(일부개정) 2022.09.08 조례 제2769호

제3조(다른 법규와의 관계) 문화예술진흥에 관하여 다른 법령이나 조례에서 특별히 정하는 경우를 제외하고는 이 조례가 정하는 바에 따른다.

OOOO시 OO구 문화예술진흥에 관한 조례

(일부개정) 2022.09.22 조례 제1701호

제3조(다른 법규와의 관계) 문화예술 진흥에 관하여 다른 법령이나 조례에서 특별히 정하는 경우를 제외하고는 이 조례가 정하는 바에 따른다.

OO광역시 식품안전 기본조례

(일부개정) 2022-12-30 조례 제6920호

제5조(다른 법규와의 관계) 식품안전시책을 추진함에 있어 다른 법령 및 OO광역시(이하 "시"라 한다) 조례에서 특별히 정하고 있는 것을 제외하고는 이 조례가 정하는 바에 따른다.

OO광역시 중증장애인 생산품 우선구매 촉진 조례

(일부개정) 2022-12-01 조례 제2646호

제3조(다른 법규와의 관계) 중증장애인 생산품을 우선구매 함에 있어 다른 법령 또는 OO광역시 조례에서 특별히 정하고 있는 것을 제외하고는 이 조례가 정하는 바에 따른다.

OO광역시 식품안전 기본조례

(일부개정) 2022-11-04 조례 제5979호

제4조(다른 법규와의 관계) 식품안전시책을 추진함에 있어 다른 법령 및 OO광역시(이하 "시"라 한다) 조례에서 특별히 정하고 있는 것을 제외하고는 이 조례로 정하는 바에 따른다

[검토사항: **조 제목, 법규**]

- 위의 5건의 조례 조 제목은 모두 (다른 법규와의 관계)로 표현하고 있는데, 이를 각각 "(다른 조례와의 관계)"로 수정하는 방안을 고려한다.
- "법규"는 사전적 의미로 법률이나 명령, 조례, 규칙 등의 성문화된 법령을 통틀어 이르는 말로서, 적용의 우선순위를 정하는 (다른 조례와의 관계) 규정에 부합되지 않을 수 있다.

CASE Study 111 조 제목의 용어, 법률

[입법례] **OO군 해수욕장의 이용 및 관리에 관한 조례**

(일부개정) 2022.08.29 조례 제1655호

제4조(다른 법률과의 관계) ① 법 제5조에 따라 해수욕장에서의 구조·구급에 관한 사항은 「119구조·구급에 관한 법률」과 「수상에서의 수색·구조 등에 관한 법률」에서 정하는 바에 따른다.

② 해수욕장의 이용 및 관리에 관하여 다른 법령 또는 조례에 특별한 규정이 있는 경우를 제외하고는 이 조례가 정하는 바에 따른다.

OO광역시 도시농업 육성 및 지원에 관한 조례

(일부개정) 2022-07-28 조례 제 6863호

제5조(다른 법률과의 관계) 도시농업의 육성 및 지원에 관하여 다른 법령 및 조례에서 특별히 정하고 있는 경우를 제외하고는 이 조례가 정하는 바에 따른다.

OO구 도시농업의 육성 및 지원에 관한 조례

(일부개정) 2022.08.04 조례 제1895호

제5조(다른 법률과의 관계) 도시농업의 육성 및 지원에 관하여 다른 법률 및 조례에서 특별히 정하고 있는 경우를 제외하고는 이 조례가 정하는 바에 따른다.

OO OO 지역화폐 발행 및 운영 조례

(일부개정) 2023.03.16 조례 제2043호

제3조(다른 법률과의 관계) 지역화폐의 발행 및 관리·운영에 관하여 다른 법률에 특별한 규정이 있는 경우를 제외하고는 이 조례에서 정하는 바에 따른다.

[검토사항: **조 제목, 법률**]

- 앞의 입법례와 유사한 사례인데, 위의 4건 조례의 조 제목은 모두 (다른 법률과의 관계)로 표현되어 있는데, 이를 "다른 조례와의 관계"로 통일한다.
- 법률은 조례보다 상위법령이어서 당연히 우선 적용되고 조례는 법률에 위배되어서는 아니되므로, 위의 조례에서 조 제목과 본문 내용에서 "법률"이라는 용어 사용은 적절하지 않은 것으로 보인다.

CASE Study 112 조 제목의 정확한 표현

[입법례] **OO시 착한 가격업소 지원 및 관리에 관한 조례**

(제정) 2023.03.16 조례 제2042호

제3조(다른 법령과의 관계) 착한 가격업소 지원 및 관리에 관하여 다른 조례에 특별한 규정이 있는 것을 제외하고는 이 조례가 정하는 바에 따른다.

[검토사항: **정확한 표현**]

- 위의 조례 제3조 본문에서는 "법령"에 관한 내용이 전혀 없음에도 조 제목이 (다른 법령과의 관계)다. 이를 "다른 조례와의 관계"로 수정한다.
- 조 제목을 규정할 때 본문 내용과 합치되는 표현을 해야 한다.

제 3 장

실체규정 (본칙 ②)

1. 실체규정 개관
2. 기본계획과 시행계획
3. 위원회
4. 특별회계
5. 기금
6. 보조금
7. 출자 · 출연기관
8. 공기업
9. 공유재산
10. 과징금
11. 부담금
12. 연체금과 가산금

1 실체규정 개관

1. 의의

- 실체규정은 해당 조례의 목적을 달성하기 위한 규정이다.
- "총칙"에서 제시된 조례의 입법취지 · 기본이념 등과 유기적 관계를 이루고, 실체규정의 내용 실현을 위한 "보칙", 실체규정을 위반하였을 때 제재를 위한 "벌칙"과 논리적으로 연결되어야 한다.

2. 실체규정의 포함 요소

- 정책의 추진체계 관련 규정으로서 "기본계획 및 시행계획"에 관한 규정
- 기본계획 등의 정책 방향을 결정 · 제시하는 주체로서 "위원회"
- 권리 · 의무 부여 관련 규정으로 각종 "인허가 근거", 인허가 의제, 인허가 사항의 변경 · 취소, 특허, 등록, 신고, 결격사유, 영업허가를 받은 자의 지위 승계 등
- 의무 이행 확보를 위한 행정적 수단(검사제도, 행정지도, 행정 강제, 명단 공표 등)과 재정적 수단(과징금, 부담금, 연체금, 가산금 등)
- 특정한 상태를 지원 · 조성하기 위한 수단 (보조금, 출연금, 출자·융자, 국·공유재산 특례, 조세 특례 등)
- 예산 · 회계 관련 규정으로 특별회계, 기금, 공공기관 등의 예산 · 회계
- 행위 주체 규정으로 특수법인, 외국인의 지위, 겸직과 영리업무 금지, 자격 부여 등이 있다.[1)]

  ※ 이 책은 실체규정 · 보칙규정 · 벌칙규정의 내용 중에서 일부만을 발췌하여 수록하였다.

1) 국회 법제실, 「법제 이론과 실제」, 2019, pp.277~281.

【 실체규정의 구성 및 관계도 】

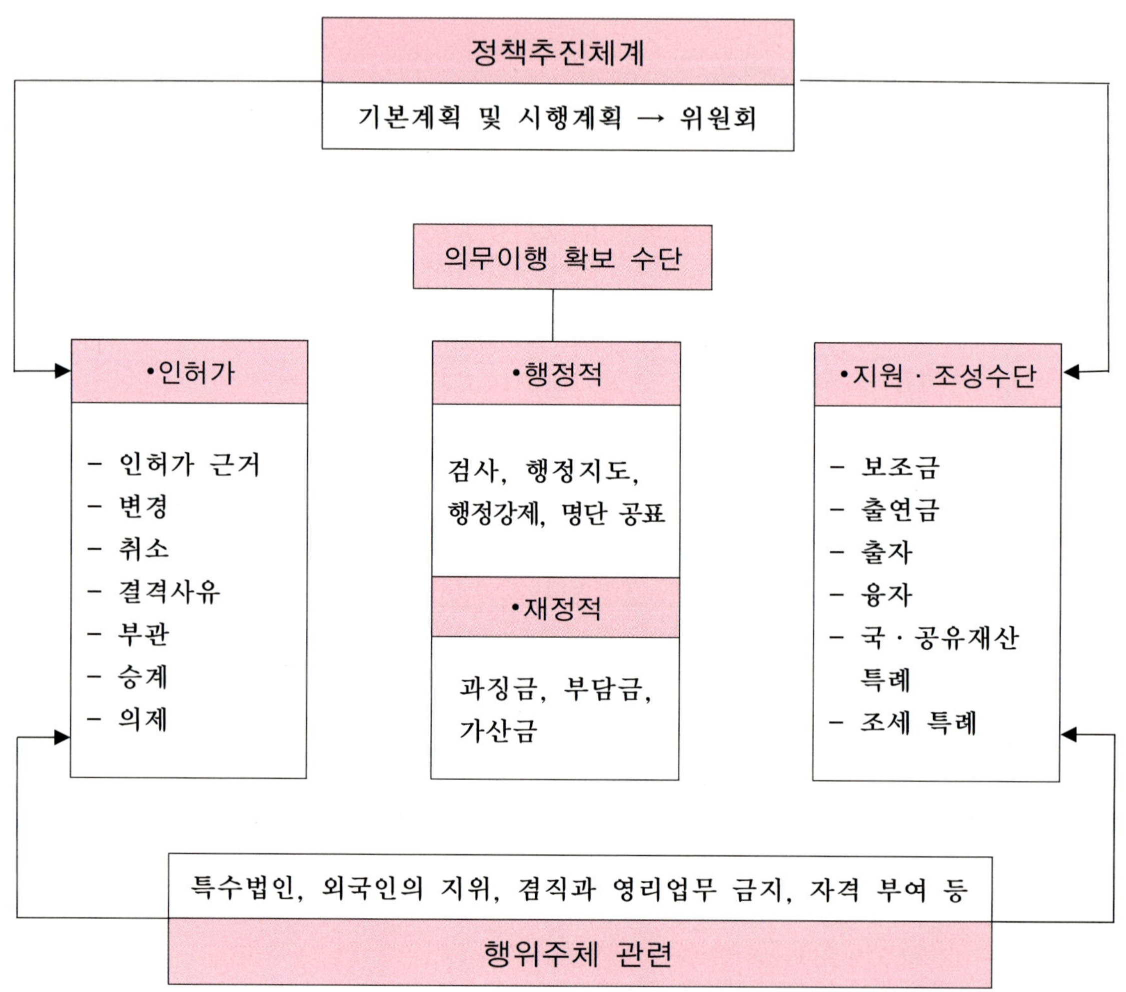

참조: 국회 법제실, 「법제 이론과 실제」, 2019, p.280.

2 기본계획과 시행계획

1. 의의

- 정책의 수립 · 집행과 관련된 기본계획 · 시행계획 규정은 기본조례나 각종 지원조례 · 촉진조례 등을 제정 · 개정하는 경우 해당 분야에 대한 지방자치단체 등의 계획을 규정한 입법례가 많다.
- “기본계획”은 근거 법령에 따른 입법목적을 달성하기 위해 행정기관이 정책을 종합하여 수립하는 중장기적 계획이고, “시행계획”은 기본계획을 구체화하기 위해 수립하는 단기적 계획이다. 기본계획과 시행계획을 규정할 때에는 수립권자, 수립사항, 수립 시기 · 주기, 수립절차 등을 규정한다.
- 기본계획은 여러 행정기관에 관련되는 경우가 많고, 시행계획은 소관 행정기관별로 수립하는 경우가 많다. 이 경우 해당 시행계획이 기본계획과 연계될 수 있도록 기본계획 수립단계에서 관계기관이 참여하는 심의를 거치게 하거나, 시행계획 수립단계에서 기본계획 수립권자와 협의하도록 하거나, 시행계획 수립 후 시행계획을 기본계획 수립권자에게 제출하도록 하기도 한다. 법률의 경우 2021년 현재 418개의 법률에서 455개의 기본계획이 있다.
- 기본계획은 많은 조례에 규정되어 있으며 중장기적 계획으로서 수립 범위가 광범위하여 다른 조례의 기본계획과 중복될 수 있다. 기본계획 수립사항이 중복되면 기본계획 수립과정에서 위원회 심의나 협의 등 불필요한 절차를 반복하게 될 우려가 있고, 집행과정에서 혼란이 발생하거나 입법목적을 달성하지 못할 우려가 있다. 따라서 조례 개정 등으로 신설하려는 기본계획이 다른 조례에 따른 기본계획과 중복될 우려가 있으면 기존 기본계획과 통합하거나 기존 기본계획에 포함될 내용을 추가하는 등의 방법을 우선적으로 고려할 필요가 있다.

2. 위치 및 조문 순서

- (위치) 기본계획 및 시행계획은 “실체규정”의 앞부분에 둔다.
- (조문 순서) 특별한 원칙은 없으나 일반적으로 기본계획, 해당 조례의 주요 내용을 심의 · 의결하는 위원회 등의 주요 행위 주체, 해당 조례의 주요 규율 대상이 되는 사업 관련 인허가 사항 등 중요하거나 다른 조문들의 전제 사항으로 기능하는 조문들을 앞쪽으로 배치하고, 선행 개념과 후행 개념이 있는 경우 조문 간 순서도 이에 맞게 논리적으로 배치하며, 관련 있는 내용들의 경우 가까운 위치에 두는 것 등을 고려한다.

3. 기본 규정방식

- 계획수립 주체, 시기, 계획에 포함되어야 하는 사항을 둔다.
- 계획수립에 대한 위원회 등의 사전 심의 또는 심의 · 의결이 필요한 경우 이를 명시한다.
- 계획수립을 위해 필요한 자료요청 권한, 지방의회 등 관계기관에 대한 계획 수립 · 변경 및 집행실적 등 시행 결과에 대한 보고 의무, 공표 등 외부에 대한 공개 의무 등을 규정하기도 한다.

4. 의무주체

행정주체인 '국가' 또는 '지방자치단체' 등으로 규정할 수 있으나, 구체적인 권한 · 책임의 귀속과 사무의 행사 주체를 명확하게 규정하기 위해 'OO부장관' 등 소관 중앙행정기관의 장이나 '시 · 도지사' 등 해당 지방자치단체의 장 등으로 규정하는 것이 원칙이다.

5. 장(章)의 구분

실체규정은 필요에 따라 여러 개의 장으로 구분할 수 있으며, 장을 구분할 때 각 장의 제목은 가급적 해당 장에 포함되는 조문들의 실질적 내용을 포괄적으로 나타낼 수 있도록 규정한다.

6. 유의사항

계획 수립은 그 동안의 정책 성과 및 집행현황을 조사하고 장기간에 걸친 정책 방향을 제시하게 되므로 "실태조사"를 수반하는 경우가 많다. 실태조사를 반드시 조례에 규정할 필요는 없지만, 실태조사의 실시와 관련 예산의 확보 근거가 된다는 점에서 조례에서 실태조사를 규정해도 무방하다.[2)]

---

2) 국회 법제실, 「법제 이론과 실제」, 2019, pp.280~289.; 법제처, 「2021 자치법규 입안 길라잡이」, 2021, pp.84~86.

CASE Study 113 기본계획과 시행계획의 법체계

[입법례] **OOO시 마을공동체 만들기 지원 등에 관한 조례**

(제정) 2022.09.20. 조례 제3229호

제7조(기본계획) ① 시장은 마을공동체 만들기 기본계획(이하 "기본계획"이라 한다)을 5년마다 수립하여야 한다.

② 기본계획에는 다음 각 호의 사항이 포함되어야 한다.

1. 마을공동체 만들기 정책 방향
2. OOO시 마을공동체위원회 등 민·관 협력체계의 구성·운영
3. OOO시 마을공동체지원센터의 설치·운영
4. OOO시 마을공동체행정협의회의 구성·운영
5. 마을공동체 만들기 사업의 효율적 추진방안 및 지원체계
6. 그 밖에 마을공동체 만들기 사업 지원에 필요한 사항

③ 시장은 기본계획을 수립할 때 주민의 의견을 적극적으로 반영하도록 노력하여야 한다.

제8조(시행계획) ① 시장은 기본계획에 따라 매년 시행계획을 수립·시행하여야 한다.

② 시행계획에는 다음 각 호의 사항이 포함되어야 한다.

1. 단계별 추진 방향과 주요 사업계획
2. 사업별 행정·재정적 지원
3. 그 밖에 마을공동체 만들기 사업 추진에 필요하다고 인정되는 사항

③ 시장은 시행계획을 수립·시행할 때에는 기본계획 및 시의 주요 정책과 연계되도록 하여야 한다.

OOO도 정보화 조례

(일부개정) 2022-11-04 조례 제5144호

제4조(정보화 기본계획의 수립) ① 도지사는 정보화를 효율적·체계적으로 추진하기 위하여 5년마다 「전자정부법」 제5조의2에 따른 기관별 계획을 포함한 OOO도 정보화 기본계획(이하 "기본계획"이라 한다)을 수립하여야 한다

제5조(정보화 시행계획의 수립·시행) ① 도지사는 기본계획에 따라 매년 OOO도 정보화 시행계획(이하 "시행계획"이라 한다)을 수립·시행하여야 한다.

[검토사항: **기본계획과 시행계획**]

- 위의 첫 번째, 두 번째 조례는 기본계획과 시행계획에 대한 법 체계가 비교적 잘 구성된 입법례로 보인다.

CASE Study 114 5년 계획의 명칭 – 기본계획

<table>
<tr><td>

OOOO시 OO구 물순환 회복에 관한 기본조례

(일부개정) 2022.09.14 조례 제1707호

제4조(빗물관리 기본계획) ① 구청장은 빗물관리정책을 종합적이고, 체계적으로 시행하기 위하여 5년마다 OOOO시 OO구 빗물관리 기본계획(이하 “기본계획”이라 한다)을 수립하여야 한다.

</td></tr>
<tr><td>

OOO도 산학융합지구 활성화 지원 조례

(제정) 2022－10－20 조례 제5600호

제5조(기본계획수립 및 시행) ① 도지사는 산학융합지구 별로 5년마다 OOO도 산학융합지구 활성화 기본계획(이하 "기본계획"이라 한다)을 수립하고 시행하여야 한다.

</td></tr>
<tr><td>

OO광역시 서비스산업 육성 조례

(일부개정) 2022－10－26 조례 제6770호

제5조(서비스산업 육성 기본계획의 수립 · 시행) ① OO광역시장(이하 “시장”이라 한다)은 지역 서비스산업의 육성 · 지원을 위하여 5년마다 제7조에 따른 OO광역시 서비스산업발전위원회의 심의를 거쳐 서비스산업육성 기본계획(이하 “기본계획”이라 한다)을 수립 · 시행하여야 한다.

</td></tr>
<tr><td>

OO광역시 뷰티산업육성 조례

(일부개정) 2022－09－30 조례 제5886호

제4조(기본계획수립 등) ① 시장은 뷰티산업육성을 위한 기본계획을 5년마다 수립 · 시행하여야 한다.

</td></tr>
<tr><td>

OO광역시 항공우주산업 육성 및 지원 조례

(제정) 2022－11－04 조례 제5986호

제4조(기본계획) ① 시장은 다음 각 호의 사항을 포함하는 OO광역시 항공우주산업 지원계획(이하 “**지원계획**”이라 한다)을 5년마다 수립 · 시행한다.

</td></tr>
</table>

[검토사항: **5년 계획의 명칭, 기본계획**]

- 5년 단위로 수립되는 계획의 이름은 “기본계획”이 가장 많고, 그 다음 종합계획, 육성계획 순으로 추정된다.
- 위의 다섯 번째 조례는 조 제목(기본계획)과 본문 내용의 “지원계획” 용어가 일치되지 않고 있다.

CASE Study 115 5년 계획의 명칭

[입법례] OO군 문화도시 조성 및 지원 조례 (일부개정) 2022.09.21 조례 제2755호 **제5조(기본계획)** ① 군수는 문화도시의 체계적 조성을 위하여 5년마다 OO군 문화도시 조성 및 지원 기본계획(이하 "기본계획"이라 한다)을 수립·시행해야 한다.
OOO도 탄소산업 육성 및 지원에 관한 조례 (일부개정) 2022-10-21 조례 제5132호 **제5조(종합계획 수립 및 시행)** ① 도지사는 탄소산업의 발전기반을 조성하고 경쟁력을 강화하기 위하여 5년마다 탄소산업 육성 및 지원에 관한 종합계획(이하 "종합계획"이라 한다)을 성별 영향을 고려하여 수립하고, 매년 다음 연도의 시행계획을 수립·시행한다.
OOO도 스마트수산업 육성 및 지원 조례 (제정) 2022-10-18 조례 제 5265호 **제4조(스마트수산업 육성계획 수립)** ① 도지사는 스마트수산업의 육성을 위하여 5년마다 스마트수산업 육성계획(이하 "육성계획"이라 한다)을 수립하고 시행하여야 한다.
OOO도 만화·웹툰산업진흥에 관한 조례 (제정) 2022-10-18 조례 제 5275호 **제3조(진흥계획의 수립·시행)** ① OOO도지사(이하 "도지사"라 한다)는 만화·웹툰산업발전의 기반을 조성하고 경쟁력을 강화하기 위하여 OOO도 만화·웹툰산업진흥계획(이하 "진흥계획"이라 한다)을 5년마다 수립·시행하여야 한다.
OO 근대역사문화공간 보전 및 활용에 관한 조례 (일부개정) 2022.10.17 조례 제3608호 **제4조(정비계획의 수립)** 시장은 OO 근대역사문화공간의 보전·관리 및 활용을 위하여 다음 각 호의 사항이 포함된 OO 근대역사문화공간 종합정비계획(이하 "정비계획"이라 한다)을 5년마다 수립·시행하여야 한다.
OOO도 지속가능발전 기본조례 (제정) 2023-01-02 조례 제4791호 **제5조(추진계획의 수립·이행)** ① 도지사는 기본전략을 추진하기 위하여 5년마다 지속가능발전 추진계획(이하 "추진계획"이라 한다)을 수립·이행해야 한다.

[검토사항: **계획수립 주기 5년과 명칭**]

- 위의 6건의 조례는 5년 단위로 수립되는 계획이다. 계획수립 주기의 적합성을 검토해 본다.
- 5년 단위로 수립되는 계획의 명칭이 "기본계획", "종합계획", "육성계획", "진흥계획", "정비계획", "추진계획"으로 다양한데, 가능한 한 일반적인 "기본계획"으로 하는 방안을 고려해 본다.

CASE Study 116 연차별 계획의 명칭 통일 – 시행계획

[입법례] **OO시 자원순환 기본조례**

(제정) 2022.10.12 조례 제1526호

제6조(집행계획수립) ① 시장은 법 제12조에 따라 **연차별** 집행계획(이하 "집행계획"이라 한다)을 수립하여 시행하여야 한다.

OOOO시 시민영양 기본조례

(일부개정) 2022.12.30 조례 제8530호

제8조(연도별 이행계획의 수립) 시장은 기본계획을 추진하기 위하여 영양정책 이행계획을 **매년 수립 · 시행**하여야 한다.

OO도 농촌진흥사업 발전 및 지원에 관한 조례

(일부개정) 2022 – 12 – 30 조례 제7494호

제4조(중장기계획 등 수립) ① 도지사는 농촌진흥사업의 체계적인 수행을 위하여 제5조에 따른 OO도 농촌진흥사업심의위원회의 심의를 거쳐 5년마다 농촌진흥사업 중장기계획(이하 "중장기계획"이라 한다)과 **매년** 실시계획(이하 "**실시계획**"이라 한다)을 수립하고 추진하여야 한다.

OO광역시 솔라시티 조례

(일부개정) 2022 – 12 – 12 조례 제5883호

제11조(솔라시티 연차별 실행계획) ① 시장은 솔라시티 기본계획에서 정한 목표를 달성하기 위하여 **구체적** 실행계획을 수립 · 시행하여야 한다.

OO시 주거복지 지원 조례

(일부개정) 2023.01.10 조례 제2631호

제5조(시행계획) ① 시장은 기본계획에 따라 **연도별** 주거복지 시행계획(이하 "시행계획"이라 한다)을 수립 · 시행한다.

[검토사항: **연차별 계획의 명칭 통일, 시행계획**]

- 연도별 또는 연차별 계획의 이름으로는 '시행계획'이 가장 많이 이용되는 것으로 보인다.
- 위의 5건의 조례에서 "집행계획", "이행계획", "실시계획", "실행계획", "시행계획"이라는 용어가 사용되었다.
- 특별한 사정이 없으면 가능한 한 "시행계획"이라는 명칭을 사용하는 방안을 고려해 본다.

CASE Study 117 시행계획 관련 용어의 혼용

[입법례]

OOO도 농어업인 육성 및 지원 조례

(일부개정) 2022－10－21 조례 제5140호

제4조(시행계획 수립 등) ① 도지사는 OOO도 농어업인 육성 및 지원에 관한 **시행계획**을 **5년**마다 수립 · 시행하여야 하며, 필요시 매년 보완하여 시행할 수 있다.

OOO도 해양쓰레기 관리 조례

(일부개정) 2022－10－21 조례 제5132호

제4조(계획 수립 등) ① 도지사는 해양쓰레기 발생 예방 및 수거 · 처리 등 깨끗한 해양 및 바닷가를 만들기 위하여 「해양환경관리법」 제24조제1항에 따라 해양수산부장관이 수립하는 해양쓰레기 관리 기본계획에 따라 다음 각 호의 사항을 포함한 해양쓰레기 관리 **연도별** 시행계획(이하 "**시행계획**"이라 한다)을 매년 수립하여야 한다.

OO광역시 자원순환 기본조례

(일부개정) 2022－11－04 조례 제5979호

제8조(자원순환 시행계획의 수립 · 시행) ① 시장은 법 제12조에 따라 자원순환사회로의 전환 촉진을 위한 투자계획을 포함한 기본계획의 시행계획(이하 "**시행계획**"이라 한다)을 **5년** 마다 수립하여 환경부장관의 승인을 받아 시행하여야 한다.

제9조(집행계획의 수립 · 시행) ① 구청장은 법 제12조제3항에 따라 시행계획의 **연차별** 집행계획(이하 "**집행계획**"이라 한다)을 수립하여 전년도 11월 30일까지 시장에게 제출하고 시행하여야 한다.

[검토사항: **시행계획 관련 용어의 혼용**]

- 일반적으로 계획은 기본계획과 시행계획으로 나누면서, 기본계획은 5년 단위로 수립되고, 연차별 계획으로서 시행계획이 수립되는 것이 보통이다.
- 위의 첫 번째 조례는 수립 주기 5년 단위 계획을, 두 번째 조례는 수립 주기 1년 단위 연도별 계획을 각각 "시행계획"으로 지칭하고, 세 번째 조례는 시행계획은 5년 단위 계획이고, 1년 단위 연차별 계획은 "집행계획"이라는 용어를 사용하여 혼란스럽다.
- 국법 체계와의 조화를 도모하기 위해 가급적 같은 체계와 용어를 사용하는 방법을 고려해 본다.

CASE Study 118 계획수립 주기, 계획 명칭

OOO도 환경기본조례

(일부개정) 2022-11-04 조례 제4822호

제11조(환경계획의 수립) ① 도는 환경보전시책의 종합적이고 계획적인 추진을 위해 「환경정책기본법」에 따라 환경계획을 20년마다 수립하여야 하며, 환경적 · 사회적 여건의 변화 등을 고려하여 5년마다 환경계획의 타당성을 재검토하고 필요한 경우 이를 정비하여야 한다.

OO시 환경기본조례

(일부개정) 2022.12.23 조례 제1882호

제9조(환경계획의 수립) ① 시장은 환경보전시책의 종합적이며 계획적인 추진을 위하여 시의 환경계획을 20년마다 수립하며, 자연적 · 사회적 여건 변동 등으로 인하여 계획을 변경할 필요가 있을 때에는 5년마다 타당성을 재검토하고 변경할 수 있다.

OO시 환경기본조례

(일부개정) 2023.01.02 조례 제1760호

제9조(환경보전계획의 수립) ① 시장은 환경보전시책의 종합적이고 계획적인 추진을 위하여 환경보전계획(이하 "보전계획"이라 한다)을 10년마다 수립하고 필요시 5년마다 변경할 수 있다.

OO시 환경기본조례

(일부개정) 2022.12.30 조례 제2045호

제9조(환경보전계획의 수립) ① OO시장(이하 "시장" 이라 한다)은 환경보전시책의 종합적이고 계획적인 추진을 위하여 OO시 환경보전계획(이하 "환경보전계획" 이라 한다)을 10년마다 수립하고 필요시 5년마다 변경할 수 있다.

OOOO시 OO구 환경기본조례

(일부개정) 2022.09.22 조례 제1701호

제10조(환경보존계획) ① OOOO시 OO구청장(이하 "구청장"이라 한다)은 환경보전시책의 종합적이며 계획적인 추진을 위하여 10년마다 OO구 환경보전계획(이하 “환경보전계획”이라 한다.)수립하여야 한다.

OOO도 환경기본조례
(일부개정) 2023-01-02 조례 제4791호
제12조(환경보전계획의 수립) ① 도지사는 환경보전시책의 종합적이고 계획적인 추진을 위하여 국가환경종합계획 및 환경보전중기종합계획에 따라 OOO도의 특성을 고려하여 OOO도 환경보전계획(이하 "**환경보전계획**"이라 한다)을 **5년**마다 수립하여야 한다.
OO시 환경기본조례
(일부개정) 2023.01.04 조례 제2014호
제9조(환경기본계획의 수립) ① 시장은 종합적이고 계획적인 환경보전시책을 추진하기 위하여 OO시 환경기본계획(이하 "**환경기본계획**"이라 한다)을 **5년**마다 수립하여야 한다.
OO시 환경기본조례
(일부개정) 2002.12.31 조례 제509호
제9조(환경기본계획의 수립) ① 시장은 환경보전시책의 종합적이고 계획적인 추진을 위하여 환경기본계획을 수립하고 매 **5년**마다 수정 · 보완하여야 한다.

[검토사항: **계획수립 주기, 계획 명칭**]

- 위의 8건의 조례는 같은 조례 제명의 "환경기본조례"임에도 계획수립 주기가 첫 번째, 두 번째 조례는 20년, 세 번째부터 다섯 번째까지의 조례는 10년, 여섯 번째, 일곱 번째 조례는 5년, 여덟 번째 조례는 수립 주기는 보이지 않고 5년마다의 수정·보완을 규정하고 있다.
- 환경에 관한 기본조례의 특성은 그 성격상 계획수립 주기가 장기적인 요인을 내포하고 있는데, 타당성 있는 계획수립 주기와 수정·보완 기간을 선택해야 할 것이다.
- 계획 명칭도 "환경계획", "환경보전계획", "환경기본계획"으로 각각 다르다.
- 다섯 번째 조례는 조 제목은 "환경보존계획"이고, 본문 내용은 "환경보전계획"으로 상이한데, 용어를 일치시킨다.

CASE Study 119 계획수립 주기, 4년

[입법례] OO광역시 도시브랜드 가치 제고에 관한 조례 (일부개정) 2022-10-11 조례 제5846호 **제4조(도시브랜드 기본계획)** ① 시장은 도시브랜드 제고를 위한 도시브랜드 기본계획(이하 "기본계획"이라 한다)을 **4년**마다 수립 · 추진하여야 한다.
OO군 맛의 예술섬 기본조례 (일부개정) 2022.10.19 조례 제2530호 **제8조(기본계획의 수립)** ① OO군수(이하 "군수"라 한다)는 맛의 예술섬 조성 기본계획(이하 "기본계획"이라 한다)을 **4년**마다 세워야 한다.
OOOOOO도 정착주민의 지역공동체 조성을 위한 조례 (일부개정) 2022-12-30 조례 제3263호 **제5조(기본계획 수립)** ① 도지사는 정착주민의 조기 정착과 지역공동체 조성을 위하여 OOOOOO도 정착주민의 지역공동체 조성을 위한 기본계획(이하 "기본계획"이라 한다)을 **4년**마다 수립하여야 한다.
OOO도 재외동포 청소년의 정체성 함양 지원 등에 관한 조례 (제정) 2023-01-02 조례 제4781호 **제5조(기본계획의 수립)** ① 도지사는 도 재외동포 청소년의 정체성 함양을 위하여 다음 각 호의 사항을 고려하여 기본계획을 **4년**마다 수립해야 한다.
OO도 교육협력 및 교육경비 보조에 관한 조례 (전부개정) 2023-01-02 조례 제7544호 **제5조(사업계획의 수립)** ① 도지사는 제4조 각 호에 따른 교육지원사업의 내용, 지원 규모와 방법 등에 대하여 **4년**마다 교육지원사업 중기계획(이하 "**중기계획**"이라 한다)과 매년 시행계획(이하 "**시행계획**"이라 한다)을 수립 · 시행하여야 한다.

[검토사항: **계획수립 주기, 4년**]

- 일반적으로 중장기계획인 기본계획의 계획수립 주기로 가장 많이 이용되는 기간은 5년이다.
- 위의 5건 조례의 계획은 4년의 계획수립 주기를 가지고 있다. 이는 지방자치단체장 등의 임기 4년에 맞춘 기간인지 모르겠지만 4년 수립 주기의 근거, 합리성을 검토해 본다.
- 다섯 번째 조례는 조 제목은 (사업계획), 본문 내용은 (중기계획), (시행계획)이 나오는데, 조 제목과 본문 내용이 부합되도록 한다.

CASE Study 120 계획수립 주기, 3년

[입법례]

OOO도 OO첨단의료복합단지 육성 및 지원 조례

(일부개정) 2022-10-07 조례 제4783호

제4조(첨복단지육성 종합계획) ① 도지사는 첨복단지를 육성하기 위해 매 3년마다 첨복단지육성종합계획을 수립하여야 한다.

OO시 소프트웨어산업 육성 및 지원에 관한 조례

(제정) 2022.12.30 조례 제1730호

제5조(기본계획의 수립) ① 시장은 소프트웨어산업 육성 및 지원을 위하여 3년마다 소프트웨어산업 육성 및 지원 기본계획(이하 "기본계획"이라 한다)을 수립해야 한다.

OO시 인공지능 산업육성 및 지원에 관한 조례

(일부개정) 2022.12.30 조례 제1729호

제4조(종합계획의 수립) ① 시장은 인공지능 혁신을 촉진하기 위하여 인공지능 종합계획(이하 "종합계획"이라 한다)을 3년마다 수립·시행하여야 한다.

OO군 사회복지사 등의 처우 및 지위향상 지원에 관한 조례

(일부개정) 2022.09.15 조례 제2778호

제8조(종합계획의 수립) ① 군수는 사회복지사 등의 처우개선과 복지 증진을 위하여 3년마다 종합계획을 수립하여야 한다.

OO광역시 시민사회 활성화와 공익활동 증진에 관한 조례

(일부개정) 2022-09-30 조례 제5886호

제5조(기본계획 수립·시행) ① 시장은 「시민사회 활성화와 공익활동 증진에 관한 규정」 제5조제1항에 따라 3년마다 OO광역시 시민사회 공익활동 증진을 위한 기본계획(이하 "기본계획"이라 한다)을 수립·시행한다.

OO광역시 협동조합 활성화에 관한 조례

(일부개정) 2022-10-31 조례 제5865호

제4조(기본계획의 수립·시행) ① 시장은 협동조합의 활성화를 위해 3년마다 기본계획을 수립하여야 한다.

[검토사항: **계획수립 주기, 3년**]

- 위의 첫 번째부터 세 번째까지의 조례 내용은 발전의 속도가 빠른 인공지능, 소프트웨어 산업, 첨단의료 등의 분야라서 계획수립 주기를 3년으로 짧게 하는데 나름 합리적 이유가 있다고 본다.
- 위의 네 번째부터 여섯 번째까지의 조례 내용은 계획수립 주기를 3년으로 하는 것에 대해 선뜻 이해되지 않는 측면이 있다. 3년 주기의 타당성 근거를 검토해 본다.

CASE Study 121 같은 명칭의 종합계획, 계획수립 주기

[입법례]

OOO도 먹거리 기본조례

(일부개정) 2022.10.21. 조례 제5132호

제8조(먹거리 종합계획 수립 · 시행) ① 도지사는 도민의 먹거리 기본권 보장을 위하여 5년마다 OOO도 먹거리 종합계획(이하 "종합계획"이라 한다)을 수립하고 시행하여야 한다.

② 종합계획에는 다음 각 호의 사항이 포함되어야 한다.

제9조(먹거리 시행계획 수립 · 시행) ① 도지사와 교육감은 종합계획에 따라 먹거리 시행계획(이하 "시행계획"이라 한다)을 매년 수립 · 시행하여야 한다.

OO도 벤처창업 육성 및 투자 활성화에 관한 조례

(제정) 2021－04－30 조례 제4695호

제5조(종합계획 수립 등) ① 도지사는 벤처창업 활성화 종합계획(이하 "종합계획"이라 한다)을 3년마다 수립 · 시행해야 한다.

③ 도지사는 벤처창업 활성화 시행계획(이하 "시행계획"이라 한다)을 매년 수립 · 시행해야 한다.

OO광역시 가구산업 육성 및 지원에 관한 조례

(제정) 2022.11.09. 조례 제6904호

제4조(종합계획의 수립) ① 시장은 매년 가구산업 육성 종합계획(이하 "종합계획"이라 한다)을 수립하여야 한다.

② 종합계획에는 다음 각 호의 사항을 포함한다.

1. 가구산업의 실태와 전망
2. 가구산업의 육성 목표와 추진방향

3.~5. (생략)

[검토사항: 같은 명칭의 종합계획, 수립 주기]

- 같은 이름의 종합계획이지만 첫 번째 조례의 먹거리 종합계획은 "5년", 두 번째 조례의 벤처창업 활성화 종합계획은 "3년", 세 번째 조례의 가구산업 육성 종합계획은 "1년" 단위의 수립 주기이다.
- 두 번째 조례의 벤처창업 분야는 변화의 속도가 빨라서 계획수립의 주기를 3년으로 할 수도 있겠지만, 세 번째 조례의 가구산업 육성 종합계획은 가구산업의 전망, 육성 목표와 추진방향 등이 포함되어 있는데, 그 내용과 매년의 종합계획수립 의무와의 연계가 잘 부합되는 것으로 보이지 않는다. 더구나 계획수립 주기가 1년으로 너무 짧다.

CASE Study 122 시행계획 누락

[입법례]

OOOO시 OO구 환경 기본조례

(일부개정) 2022.10.14 조례 제1578호

제10조(환경기본계획) ① OOOO시 OO구청장(이하 "구청장"이라 한다)은 「환경정책기본법」 제19조에 따라 환경기본시책을 종합적이고 계획적으로 추진하기 위하여 구 환경기본계획을 수립하여야 한다.

② 제1항에 따른 환경기본계획에는 다음 각 호의 사항이 포함되어야 한다.

1. 환경보전시책의 방향
2. 대기 · 수질 · 토양보전대책에 관한 사항
3. 소음 · 진동방지에 관한 사항
4. 환경보전에 대한 교육 및 홍보에 관한 사항
5. 그 밖에 환경보전에 관한 주요사항

③ 구청장은 환경기본계획을 수립 또는 변경할 때에는 제6조부터 제9조까지의 사업자 · 구민 · 학교 · 언론 · 시민단체 및 다른 지방자치단체 등의 의견이 반영될 수 있도록 노력하여야 한다.

④ 구청장은 구의 주요 계획을 수립 또는 변경할 때에는 환경을 우선적으로 고려하여 환경기본계획에 배치되지 않도록 하여야 한다.

제11조(자연환경의 보전) ① 구와 구민은 자연환경과 생태계 보전이 인간의 생존 및 생활의 기본임을 알고 자연의 질서와 균형이 유지 · 보전되도록 노력하여야 한다.

[검토사항: **시행계획 누락**]

- 기본계획은 근거 법령에 따른 입법목적을 달성하기 위해 행정기관이 정책을 종합 · 조정하여 수립하는 중장기적 계획이고, 시행계획은 기본계획을 구체화하기 위해 수립하는 단기적 계획이다.
- 위의 조례에서는 중장기적 계획인 "환경기본계획"의 내용은 있으나(그러나 수립 주기에 관한 규정은 없음), 단기적 계획인 "시행계획"에 관한 규정은 없는 것으로 보인다. 제10조(환경기본계획)에 이어서 제11조는 ('자연환경의 보전)에 관한 내용이다.
- 단기적 계획인 "시행계획"의 누락 · 보완에 대해서 점검해 본다.

CASE Study 123 기본계획과 시행계획

[입법례]

OOOO시 OO구 에너지 조례

(일부개정) 2023.03.02 조례 제1691호

제3장 에너지계획

제7조(에너지계획) ① OOOO시 OO구청장(이하 "구청장"이라 한다)은 에너지 절약 및 신·재생에너지 보급 촉진 등을 위하여 OOOO시 OO구 에너지계획(이하 "에너지계획"이라 한다)을 5년마다 수립·시행할 수 있다.

② 에너지계획에는 다음 각 호의 사항이 포함되어야 한다.

1. 에너지 수급의 추이와 전망에 관한 사항
2. 에너지의 안정적 공급을 위한 대책에 관한 사항
3. 신·재생에너지 등 환경친화적 에너지 사용을 위한 대책에 관한 사항
4. 에너지 사용의 합리화와 이를 통한 온실가스의 배출감소를 위한 대책
5. 「집단에너지사업법」 제5조제1항에 따라 집단에너지 공급대상지역으로 지정된 지역의 경우 해당지역의 집단에너지 공급을 위한 대책에 관한 사항
6. 미활용에너지원 개발·사용을 위한 대책에 관한 사항
7. 그 밖에 에너지시책 및 관련 사업을 위하여 구청장이 필요하다고 인정하는 사항

제8조(에너지이용 합리화 실시계획) ① 구청장은 에너지를 합리적으로 이용하기 위하여 매년 OOOO시 OO구 에너지 이용 합리화에 관한 실시계획(이하 "합리화계획"이라 한다)을 수립·시행하여야 한다.

② 합리화계획에는 다음 각 호의 사항이 포함되어야 한다.

1. 에너지 절약형 경제구조로의 전환을 위한 공공기관·민간부문의 연간 에너지 절약 추진 계획
2. 에너지 이용의 합리화를 위한 홍보 및 교육에 관한 사항
3. 에너지의 합리적 이용을 통한 온실가스 배출 저감에 관한 사항
4. 에너지 이용 합리화를 추진하기 위해 구청장이 필요하다고 인정하는 사항

[검토사항: **기본계획과 시행계획**]

- 위의 조례에서 5년 수립 주기 계획의 약칭은 "에너지계획"으로, 매년 수립되는 계획은 "합리화계획"으로 약칭하고 있다.
- 에너지계획과 합리화 계획은 그 용어만 보고는 기본계획 여부, 수립 주기 등에 대해 개념 구별이 쉽지 않은 것으로 보인다.
- 이를 보편적 계획 용어인 (기본계획)과 (시행계획)으로 수정하는 방안을 고려해 본다.
- 제8조의 조 제목 "합리화 실시계획"과 본문의 약칭 "합리화 계획"의 용어를 일치시키는 방향을 고려해 본다.

CASE Study 124 장(章)의 구분

[입법례] **OOOO시 OO구 사회적경제 활성화 및 지원에 관한 조례**

(일부개정) 2022.11.04. 조례 제1740호

제1장 총 칙

제1조(목적) (생략)

제2조(정의) (생략)

제3조(구청장의 책무) OOOO시 OO구청장(이하 "구청장"이라 한다)은 사회적경제 활성화와 사회적 경제조직 간 유기적인 협력과 연대가 이루어질 수 있도록 필요한 지원 및 시책을 추진하여야 한다.

제4조(사회적 경제기업 발굴 및 육성계획의 수립 등) ① 구청장은 사회서비스 확충 및 일자리 창출을 위하여 다음 각 호의 사항이 포함된 사회적 경제기업의 발굴 및 육성계획(이하 "육성계획"이라 한다)을 5년마다 수립하여야 한다.

② 구청장은 제1항의 육성계획에 따라 매년 시행계획을 수립 · 시행하여야 한다.

제2장 사회적경제위원회

제5조(사회적경제위원회의 설치 및 기능) 구청장은 사회적 경제기업의 육성 및 지원에 관한 다음 각 호의 사항을 심의하기 위하여 OOOO시 OO구 사회적경제위원회(이하 "위원회"라 한다)를 둔다.

[검토사항: **장(章)의 구분, 실체규정**]

- 제1장 총칙의 장(章)에 포함되는 요소로 목적, 기본이념, 정의, 해석규정, 지방자치단체의 장의 책무, 적용범위, 다른 조례와의 관계 규정이 있다.
- 제2장이 시작되는 실체규정에는 기본계획과 시행계획, 위원회 등이 있다.
- 실체규정은 필요에 의해 여러 개의 장(章)으로 구분할 수 있다. 장을 구분할 때 각 장의 제목은 가급적 해당 장에 포함되는 조문들의 실질적 내용을 포괄적으로 나타낼 수 있도록 규정한다.
- 위의 조례에서 제1조 목적, 제2조 정의, 제3조 구청장의 책무는 총칙에 포함되는 요소로서 제1장에 속한다.
- 위의 조례 제4조는 "실체규정"인 기본계획과 시행계획에 관련 있는 5년 단위의 육성계획과 매년의 시행계획을 담고 있다. 그래서 제4조 앞에서 제2장을 시작한다.

3 위원회

1. 위원회의 의의

- 위원회는 의사결정 과정에 여러 사람이 참여하여 표결 방법에 따라 하나의 의사를 결정하는 합의제 기관이다.
- 위원회는 행정의 민주성·공정성 확보, 전문지식 도입, 이해의 조정, 관계 행정기관 간의 의사의 협의·조정 등을 위해 설치한다.

2. 위원회 유형

위원회는 의결에 구속력이 인정되는 위원회와 행정기관의 의사결정에 도움을 주기 위해 심의·자문·조정 등의 기능을 수행할 뿐 의결에 구속력은 인정되지 않는 자문기관 성격의 위원회로 구분한다.

(1) 합의제행정기관인 위원회

- 지방자치단체의 의사를 결정하고 대외적으로 이를 표시하는 권한이 있는 위원회이다.
- 직접 정책을 결정·집행하는 점에 유의하여 그 기능을 단순히 "위원회의 기능"으로규정할 것이 아니라 위원회의 소관 사무 또는 업무로 규정한다.

(2) 의결에 구속력이 인정되는 위원회

- 행정에 관한 의사를 결정하여 외부에 표시하는 권한이 없어 행정관청의 지위를 갖지 못하지만, 그 의사 결정이 행정관청을 법적으로 기속하는 의결기관인 위원회(예: 공무원징계위원회)를 말한다.
- 합의제 행정관청 위원회와 의결의 구속력이 인정되는 위원회를 설치할 때 의결이 관계 행정기관을 구속하는 특징이 있으므로, 위원회의 공정성과 중립성 보장을 위해 위원회의 기능과 구성·운영에 관한 기본적인 사항은 반드시 조례로 규정하도록 한다.

(3) 자문기관 성격의 위원회

- 순수 자문기관 외에도 심의기관, 협의기관 등 다양한 형태가 있으므로 그 기능을 명확히 표시한다.
- 위원회의 결정이 행정기관 등에 대해 구속력을 갖지 않으므로 반드시 조례에 설치 근거를 둘 필요는 없다.

3. 위원회의 설치

- 법령에서 시 · 도지사 또는 시장 · 군수 · 구청장 소속으로 위원회를 두도록 하면서 구성 · 운영 등에 관한 사항은 조례로 위임하는 경우가 있다. 이 경우 대부분 조례는 법령에서 규정하고 있는 위원회의 설치 규정을 "재기재"하는 경우가 많다.
- 위원회가 법령에 따라 설치되는 것임에도 조례에서 위원회 설치 규정을 두는 경우, 설치 근거에 대한 법적 혼란의 소지가 있으므로 조례에서는 위원회의 설치 규정을 두지 않고, 법령에서 위임한 "구성 및 운영"에 관한 규정만 두도록 한다.

4. 규정 방식

(1) 위원회의 규정 순서

- 위원회 규정은 위원회의 "목적 · 설치 · 기능" 그리고 "구성과 운영"에 관한 사항 순서로 규정한다.
- (위원회 구성) 위원의 수 · 자격 · 선임방법, 임기, 신분보장 · 해촉, 제척 · 기피 · 회피, 결격사유, 위원장의 직무와 그 대행 등의 순으로 규정한다.
- (위원회 운영) 회의 소집, 의사정족수와 의결정족수, 간사 등의 순서로 규정한다.

(2) 위원회의 규정 방식

- (의결의 구속력이 인정되는 위원회) "……을 심의 · 의결하기 위하여 ○○소속으로 □□위원회를 둔다."라는 표현을 사용한다. 그 의결이 관계 행정기관을 구속하는 규정은 별도로 두어야 한다. 즉, 의결기관으로 인정되려면 위원회의 결정에 법적 구속력을 부여하는 별도의 규정이 있어야 한다.
- (자문기관 성격인 위원회) 순수한 자문기관의 경우는 "…….에 관한 ○○의 자문에 응하기 위하여"라는 표현을, 심의기관 · 협의기관 · 조정기관 등의 경우 "…… 에 관한 사항을 심의(조정)하기 위하여" 등의 표현을 사용한다.

(3) 위원회의 구성

① 위원회 구성의 기본원칙

- 합의제행정기관 위원회는 목적 달성에 필요한 최소한의 상임위원을 둘 수 있으나, 「지방자치단체의 행정기구와 정원기준 등에 관한 규정」에 적합해야 한다.
- 자문기관인 위원회의 위원은 비상임위원으로 한다.

② 위원회의 명칭

- 법령에서 지방자치단체에 위원회를 설치하도록 정하고 있는 경우 이러한 법령의 규정은 위원회 명칭 · 심의사항 · 구성방법 등에 대해 조례 제정권한에

"일정한 제한"을 부과하고 있다고 보아야 하므로, 해당 지방자치단체는 위원회를 법령에서 정한 명칭과 형태로 조직·운영할 "의무"가 있다.

- 따라서 법령에 규정된 위원회의 명칭을 조례에서 변경할 수 없다.

③ 위원회의 구성

- "○○○위원회는 위원장 1명(위원장 및 부위원장 각 ○명)을 포함하여 ○명 이내의 위원으로 구성한다."고 규정하여 위원장도 위원에 포함되는 것을 명확히 한다.
- 공직자와 민간위원 간, 내부인사와 외부인사 간의 비율을 조정하거나, 위원 중 민간위원의 비율을 정할 필요가 있을 때에는 "이 경우 민간위원이 과반수가 되도록 해야 한다."와 같은 규정을 둔다.
- (성별) 위원 중 특정 성별의 비율을 정할 때에는 「양성평등기본법」 제21조제2항에 따라 조례에도 적용되므로 조례에 재기재하지 않도록 한다.
- (위원 수) 표결 결과 가부 동수(可否 同數)가 되는 것을 방지하기 위해 가급적 홀수로 한다. 위원의 수를 나타내는 방법은 확정된 수로 규정하는 방법과 범위를 정하여 규정하는 방법이 있다. "○명 이내의 위원", "○명 이상 ○명 이내의 위원"처럼 상한 또는 하한을 정하는 방법과 "○명의 위원"처럼 위원 수를 확정하는 방법이 있다.
- (위원의 자격과 선임방법 표현)
  ① 민간위원으로만 구성: 위원회의 위원은 ○○이 …에 관한 학식과 경험이 풍부한 사람 중에서 위촉한다.
  ② 공무원으로만 구성: 위원회의 위원장은 ○○이 되고, 부위원장은 □□이 되며, 위원은 △△이 된다.
  ③ 민간위원과 공무원으로 구성: 위원회의 위원은 ○○이 △△직에 있는 사람과 …에 관한 학식과 경험이 풍부한 사람 중에서 임명하거나 위촉한다.
  ※ 종전에 위원이 공무원이면 모두 "임명"으로 표현했으나, 이제는 소속 공무원이면 임명으로, 소속 공무원이 아니면 상대의 동의를 전제로 하는 "위촉"으로 규정한다.
- 위원 선정이 객관적이고 공정하게 될 수 있도록 위원의 자격을 "○○업무를 수행하는 부서의 장"으로 규정하거나, 지방자치단체의 행정기구조례에 따른 직위를 규정하는 등 명확하게 규정한다.
- (민간위원의 선임권자) 위원장이 민간위원을 위촉하도록 규정하는 것은 바람직하지 않다. ① 위원회는 지방자치단체의 장 소속으로 설치되므로 위원회 구성 권한은 소속 지방자치단체의 장이 갖는다. ② 위원장은 위원회 구성 후에

자격을 얻는 자이므로 위원회 구성 전에 위원장에게 위원 구성을 위한 위촉 권한을 부여하는 것은 타당하지 않을 수 있다. ③ 위원장도 위원 중 한 명인데 같은 위원이 다른 위원을 위촉하는 것은 적절하지 않다는 점을 고려할 때, 지방자치단체의 장이 민간위원을 위촉하도록 규정하는 것이 타당하다.

(4) 위원의 임기 및 신분 규정

① 임기

- 위원의 임기 등 위원 개인에 관한 규정은 위원회 구성에 관한 규정과 따로 규정하는 것이 좋다.
- 당연직 위원을 제외한 위원의 임기 규정을 두되, 위원회 운영이 타성에 빠지지 않도록 하기 위해 공무원이 아닌 비상임위원의 임기는 3년을 넘지 않도록 한다.

② 연임

- 위원의 연임을 제한하려면 "연임할 수 없다."라고 하거나 "한 차례만 연임할 수 있다."고 규정한다. 계속하여 연임할 수 있게 하려면 연임에 관한 규정을 두지 않는다.
- 종전에 연임제한이 규정되어 있지 않던 위원에게 새로운 연임제한 규정을 두는 경우에 연임제한이 현재 임기부터 적용되는지, 종전 위원 경력이 연임제한 횟수에 산정되는지가 분명하지 않으면 논란이 되므로 적절한 경과조치나 적용례를 부칙에 규정해 줄 필요가 있다.
- 연임이란 "하나의 직위에 임기가 만료된 후 새로운 임기의 시작과 함께 연이어 취임하는 것"을 의미하고, 중임이란 "단임의 반대 의미로 하나의 직위에 임기가 만료된 후 바로 이어서 또는 일정 기간이 지난 후에 다시 취임하는 것"을 의미한다.
- 연임은 계속 위촉을 제한하는 것이므로 그 임기를 마친 위원이 일정 기간이 지난 후 다시 위촉되는 것을 금지하려는 중임 제한의 의미는 아니라고 할 것이므로, 연임 후 일정 기간이 지난 후 다시 위촉할 수 있다.
- 다만, 별도의 규정이 없더라도 위원의 임기에 비추어 지나치게 짧은 기간이 경과한 후 다시 위원으로 위촉하는 것은 연임 제한 규정을 둔 취지에 맞지 않다. 그러나 통상적인 관점에서 연임으로 볼 수 없을 만큼의 상당한 기간이 경과한 후 다시 위원으로 위촉하는 것은 관련 규정에서 연임을 제한한 취지에 부합한다.[3)]

③ 보궐위원

---

3) 법제처, 「2021 쉽게 찾아보는 자치법규 입안기준」, 2021, p.53, p.57.

- 임기를 전임자 임기의 남은 기간으로 정하는 조례가 대부분인데, 모든 위원의 임기를 통일해야 할 특별한 사유가 없으면 보궐위원의 임기를 전임자 임기의 남은 기간으로 한다는 규정은 두지 않는다.

④ 직무 계속규정

위원의 임기가 만료되었으나 후임자를 제때 위촉하지 못한 경우 위원회 운영에 공백이 발생할 수 있다. 이러한 경우 위원회 업무의 연속성을 확보하기 위해서 위원의 임기가 만료된 경우에도 후임자가 위촉될 때까지는 계속 그 직무를 수행할 수 있다는 직무 계속 규정을 두기도 한다.

⑤ 해촉

- 위원의 해촉에 관한 규정을 두지 않는 경우 해촉 여부가 불분명해질 우려가 있으므로 해촉에 관한 별도 규정이 필요하다.
- 임명권자, 위촉권자가 별도로 규정되어 있지 않고, 관련 행정기관의 장의 지명 또는 공공단체의 추천을 받은 사람이 위원이 되도록 규정된 경우에는 "해당 지명권자" 또는 "추천권자"를 위원직을 상실시킬 수 있는 권한자로 규정한다.

⑥ 제척 · 기피 · 회피

합의제 행정관청 위원회나 "의결에 구속력이 인정되는 위원회"는 그 특성에 의해 위원의 신분보장, 위원의 제척·기피·회피, 결격사유 등에 관한 규정을 둔다.

(5) 위원장의 직무

① 업무 총괄

위원장의 직무를 규정할 때에는 "위원장은 위원회를 대표하고, 위원회의 "업무를 총괄"한다."라고 표현한다. 기존 입법례에는 "… 위원회의 사무를 통할한다", "… 직무를 통할한다" 등 다양한 표현이 사용되었다.

② 공동위원장

해당 위원회의 성격을 고려하여 공동위원장이 위원회의 대표행위 등을 "각자" 해도 무방한 경우에는 "공동위원장은 각자 위원회를 대표하고, 위원회의 업무를 총괄한다."라고 표현하고, 위원회의 대표행위 등을 "공동"으로 할 필요가 있는 경우에는 "공동위원장은 공동으로 위원회를 대표하고, 위원회의 업무를 총괄한다."라고 표현한다.

③ 직무 대행

위원장이 사고 등 부득이한 사유로 직무 수행을 할 수 없는 경우에 대비해서 부위원장이나 위원장이 미리 지명한 위원이 위원장의 직무를 대행하도록 하는 규정을 둔다. "위원장이 부득이한 사유로 직무를 수행할 수 없을 때에는 (부위원장이 그 직무를 대행하고, 위원장과 부위원장이 모두 부득이한 사유로 그 직무를 수행할 수 없을 때에는) 위원장이 미리 지명한 위원이 그 직무를 대행한다."라고 규정한다.

(6) 위원회 운영

① 출석 회의의 원칙

- 다양한 의견제시 기회 부여와 토론을 통해 합의를 도출한다는 위원회 제도의 취지를 고려하여 위원회는 출석하여 회의(화상회의 포함)하는 것을 원칙으로 한다. 다만, 안건의 내용이 경미하거나 긴급한 사유로 위원이 출석하는 회의를 개최할 시간적 여유가 없는 경우 등에는 예외를 인정하여 "서면 의결" 등의 방법이 가능하다.
- 서면 의결은 회의 방식의 중요한 예외를 인정하는 것이므로 이에 관한 규정을 둔다.

② 회의 소집권자

- 위원회 회의에 관한 주요 규정은 회의 소집권자, 절차, 의사정족수와 의결정족수에 관한 규정이다.
- 위원회 회의는 위원장이 소집하는 것이 원칙이고, 행정기관장이나 일정 수 이상의 위원의 소집 요구에 위원장이 소집하도록 하는 경우도 있다. "위원장은 위원회의 회의를 소집하며, 그 의장이 된다." 또는 "위원회의 회의는 위원장이 필요하다고 인정할 때(또는 위원 ○명 이상의 요구가 있을 때) 위원장이 소집한다."고 규정한다.
- 위원장이 복수인 경우 공동위원장 중 누가 회의를 소집하고 그 의장이 되는지 불분명하므로, 해당 위원회의 성격을 고려하여 조례에 소집권자를 특정해 두거나 공동위원장이 협의 또는 공동으로 소집한다는 등의 소집방법에 관한 규정을 두고, 공동위원장 중 누가 의장이 되는지를 명확히 규정한다.

③ 정족수

일반적으로 의사정족수와 의결정족수를 함께 규정하고, "위원회의 회의는 재적위원 과반수의 출석으로 개의하고, 출석위원 과반수의 찬성으로 의결한다."고 규정한다. 의결정족수만 규정할 때는 "위원회의 회의는 재적위원 과반수의 찬성으로 의결한다."고 규정한다.

④ 가부 동수

가부 동수의 의사결정 방법은 종전에는 "가부 동수이면 가결된 것으로 하거나, 위원장에게 결정권을 부여한 조례가 있었다. 그러나 가부 동수는 과반수의 찬성이 아니므로 "부결"된 것이고, 또한 위원장에게 표결권 외에 다시 "결정권"을 주는 것은 의사결정의 민주적 방식에 부합되지 않으므로 특별한 사유가 없으면 이러한 규정은 두지 않는다.

⑤ 분과위원회 등

- 분과위원회나 소위원회의 위원은 "본 위원회의 위원"으로 구성된다. "본 위원회의 위원으로 구성하지 않는 경우"에는 실무위원회나 전문위원회 같은 별도의 명칭을 붙여야 한다.
- 분과위원회 또는 "소위원회의 의결"을 본 위원회의 의결로 간주하려면 본 위원회의 설치 근거가 되는 조례에 이를 규정해야 한다.
- 분과위원회나 소위원회와는 달리 실무위원회나 전문위원회는 "본 위원회 위원이 아닌 사람"으로 구성되고, 그 기능과 역할도 본 위원회에서 심의되는 안건에 대한 사전 조사·연구·검토 등으로 제한적이다. 따라서 실무위원회나 전문위원회는 본 위원회의 의사를 대표할 수 있는 요건을 갖추었다고 볼 수 없으며, 본 위원회와 구성원이 다른 실무위원회나 전문위원회의 심의·의결을 본 위원회의 심의·의결로 "간주"하는 규정은 두지 않는다.

⑥ 간사

- 위원회에는 위원회의 실무를 담당하는 간사를 둘 수 있다. "○○국장 또는 △△과장"으로 규정하는 경우에는 해당 국이나 과가 행정기구 설치 조례에 명시적인 근거가 있어야 한다.
- "○○팀장" 또는 "○○계장"으로 규정하는 사례가 있으나, 통상적으로 "팀" 또는 "계"는 행정기구 설치 조례에 따른 조직이 아니므로 조례에 규정하지 않도록 한다.

⑦ 수당 등

지방자치단체의 위원회 관련 조례를 두고 있지 않은 경우는 개별 위원회 조례에서 수당 지급에 관한 규정을 두어야 하나, 지방자치단체의 위원회 관련 조례에서 위원의 수당 지급에 관한 사항을 규정한 경우는 그에 따라 수당 지급이 가능하므로 개별 위원회 조례에서 수당 등에 관한 규정을 따로 두지 않는다.

⑧ 회의록 작성 · 보존

- 회의록의 작성·보존 의무는 간사, 위원장 등 개별 구성원의 의무가 아니라 "위원회 자체의 의무"로 볼 수 있다.
- 다만, 지방자치단체의 의사를 결정하고 이를 대외적으로 표시하는 권한이 있는 합의제행정기관 위원회와 달리 지방자치단체의 의사결정에 보조적 역할을 하는 위원회는 "법령상 회의록의 작성·보존 주체"로 규정하는 것은 적절하지 않고, 해당 위원회가 소속된 "지방자치단체의 장"을 주체로 규정하는 것이 바람직하다.
- 「행정기관 소속 위원회의 설치·운영에 관한 법률」 제13조제3항에서도 위원회의 회의록은 행정기관의 장이 작성하도록 규정하고 있다.
- (그 밖의 규정) 위원회의 운영에 관한 구체적인 사항은 "규칙"에 위임하거나, 보다 세부적인 사항은 위원장이 위원회의 의결을 거쳐 "운영세칙"으로 정하도록 하기도 한다.

(7) 위원회의 존속기한

- 지방자치단체는 "자문기관"을 설치할 때에 계속하여 존치시켜야 할 명백한 사유가 없는 경우에는 존속기한을 조례에 명시하도록 하되, 존속기한은 5년의 범위에서 자문기관의 목적을 달성하는 데 필요한 최소한의 기간으로 한다.
- 「행정기관 소속 위원회의 설치 · 운영에 관한 법률」 제6조(위원회의 설치절차 등) 제2항에 따르면 위원회 설치 시 다음 각 호, 즉 1. 설치목적 · 기능 및 성격, 2. 위원의 구성 및 임기, 3. 존속기한, 4. 위원의 결격사유, 제척(除斥) · 기피 · 회피, 5. 회의의 소집 및 의결정족수 등 대통령령으로 정하는 사항을 법령에 명시하도록 하고 있다. 여기서 위원회의 존속기한의 조문 순서는 대략 중간쯤에 위치하게 된다.
- 그런데 「행정기관 소속 위원회의 설치 · 운영에 관한 법률」의 전체 조문 순서를 보면, 제1조(목적), 제2조(기본원칙), 제3조(적용범위), 제4조(다른 법률과의 관계), 제5조(위원회의 설치요건), 제6조(위원회의 설치절차 등), 제7조(중복 위원회의 설치 제한 등), 제8조(위원회의 구성), 제9조(위원회의 운영), 제10조(위원회의 사무기구 등), 제11조(위원회의 존속기한), 제12조(수당), 제13조(위원회의 현황 및 활동내역 통보 등), 제14조(위원회 활동상황 점검), 제15조(위원회 운영 공개 및 국회보고 등)으로 구성되어 있다. 이 점을 고려하면 위원회의 존속기한의 위치는 조례문 뒷쪽에 놓이게 된다.

5. 유의사항

(1) 소관 사무의 원칙

- 「지방자치법」 제129조(합의제행정기관)는 지방자치단체는 그 소관사무의 일부를 독립하여 수행할 필요가 있으면 "합의제 행정기관"을 설치할 수 있다고 규정하고 있고, 같은 법 제130조(자문기관의 설치 등)는 지방자치단체는 소관 사무의 범위에서 "자문기관"을 설치할 수 있다고 규정하고 있으므로, 지방자치단체에서 조례로 설치할 수 있는 위원회는 "소관 사무"에 관한 위원회이다.
- 소관 사무는 자치사무와 단체위임사무를 말하고, "기관위임사무"는 포함되지 않는다. 기관위임사무에 관한 사항을 심의하는 위원회는 별도의 법적 근거가 없는 한 조례로 설치할 수 없다.

(2) 위원회 설치요건 준수

- 「지방자치법」 제129조 및 같은 법 시행령 제77조에서는 "합의제 행정기관"으로서 위원회를 설치하기 위해서는 ① 고도의 전문지식이나 기술이 요청되는 경우, ② 중립적이고 공정한 집행이 필요한 경우, ③ 주민 의사의 반영과 이해관계의 조정이 필요한 경우를 요건으로 하고 있다.
- 「지방자치법 시행령」 제78조에서는 "자문기관"으로서 위원회를 설치하기 위해서는 ① 업무 특성상 전문적인 지식이나 경험이 있는 사람의 의견을 들어 결정할 필요가 있을 것, ② 업무의 성질상 다양한 이해관계의 조정 등 특히 신중한 절차를 거쳐 처리할 필요가 있을 것을 요건으로 하고 있다.
- 따라서 조례로 위원회를 설치할 때에는 「지방자치법」, 같은 법 시행령에 따른 설치요건 및 「지방자치단체의 행정기구와 정원기준 등에 관한 규정」에 위배되지 않도록 주의한다.

(3) 위원회의 성격 및 상위법령

- 설치하려는 위원회가 합의제행정관청으로서의 위원회인지, 의결의 구속력이 인정되는 위원회인지, 자문기관의 위원회인지 그 법적 성격을 분명히 하고, 위원회가 "법령"에 따라 설치되는 위원회인지 "조례"에 의해 창설되는 위원회인지 등 그 법적 근거와 권한 및 책임의 한계를 명확히 규정한다.
- 특히 상위법령에서 위원회의 구성, 회의록 공개 등 운영에 관한 사항이나 심의사항 등에 관한 규정이 있는 경우에는 해당 위원회가 자치사무에 관한 위원회라고 하더라도 「지방자치법」 제12조제3항 및 제28조에 비추어 조례에서 상위법령과 상충되는 규정을 둘 수 없다.
- 「지방자치단체의 행정기구와 정원 기준 등에 관한 규정」 제5조제3항에서는 「지

방자치법 시행령」 제78조에 따라 설치되는 자문기관에는 "상설"의 사무처나 사무 국 · 과 · 담당관을 둘 수 없도록 하고 있다. 따라서 조례로 자문위원회를 설치하는 경우에는 상설의 사무국 등을 두지 않도록 해야 한다.

(4) 견제와 균형의 법리

- 위원회의 설치, 구성 · 운영에 관한 사항을 정할 때에도 지방자치단체의 집행기관과 지방의회의 견제와 균형의 법리를 고려해야 하므로, 지방의회가 집행기관의 고유권한에 속하는 위원 위촉권 등을 독자적으로 행사하거나, 동등한 지위에서 합의하여 행사하거나, 권한 행사에 관하여 소극적 · 사후적 개입의 범위를 넘어 사전에 적극적으로 개입하도록 하는 규정을 두는 경우 법령 위반으로 허용될 수 없다.
- 지방자치단체의 장의 기관구성원 임명 · 위촉 권한이 조례에 의해 비로소 부여되는 경우는 조례에 따라 지방자치단체의 장의 임명 권한에 견제나 제한을 가하는 규정을 둘 수 있으나, 지방의회 또는 지방의회 의장이 추천한 자를 위촉하도록 하는 규정을 두는 것은 지방의회가 집행기관의 인사권에 사전에 적극적으로 개입하는 것으로 "위법"하고, 집행기관이 위원장을 임명할 때 "의회의 동의"를 받도록 하는 것은 집행기관의 인사권에 사후에 소극적으로 개입하는 것으로서 지방의회의 집행기관에 대한 견제권의 범위에 드는 것으로 판례는 보았다.

(5) 위원회의 기능 중복 방지

지방자치법」 제130조제4항에 따라 지방자치단체는 해당 지방자치단체에서 설치된 다른 자문기관과 성격 · 기능이 중복되는 자문기관을 설치 · 운영하지 못하도록 하고 있다. 자문기관인 위원회를 설치하는 경우에는 현재 운영 중인 위원회와 성격 · 기능이 중복되는지 여부를 검토한다.

(6) 위원회의 통합 · 운영

- 지방자치단체는 해당 분야의 전문가가 한정되어 있어 위원 구성이 어렵거나 여러 위원회에 위원이 중복 구성되는 등 운영상 어려움이 많은 상황이어서 현실적으로 위원회를 통합하여 운영할 필요성이 크다.
- 이런 이유 때문에 법령에 따라서는 지방자치단체에 특정 위원회를 두도록 하면서, 유사한 성격의 다른 위원회와 통합해서 운영할 수 있도록 하는 경우가 있고, 「지방자치법」 제130조에서도 자문기관은 해당 지방자치단체의 조례로 정하는 바에 따라 성격과 기능이 유사한 다른 자문기관의 기능을 포함하여 운영할 수 있다고 규정하고 있다.
- 위의 규정은 조례로 설치된 자문기관에 한정하여 적용될 뿐 "법령"에 의해 설치

된 자문기관에는 적용되는 규정이 아니다. 그래서 법령에 따라 설치된 자문기관과 조례에 의해 설치된 자문기관을 통합해서 운영할 수 있는가 하는 문제이다.

- 법령에 의해 설치된 자문기관의 경우 그 설치 · 운영을 지방자치단체가 임의적으로 변경할 수 없고, 또 조례를 통해 법령에서 정하고 있는 내용을 침해할 수도 없으므로, 어떤 자문기관에 그 기능을 포함하여 운영할 수 있는 자문기관에는 법령에 따라 설치된 지방자치단체의 자문기관은 제외된다고 보아야 한다.[4] 즉, "법령에 따라 설치된 자문기관"은 그 명칭 · 심의사항 · 구성방법 등에 대해 해당 법령에서 지방자치단체의 권한에 일정한 제한을 두고 있으므로 원칙적으로 이러한 자문기관 간 통합 · 운영이 "제한"된다고 할 것이다.
- 그러나 예외적으로 법령에 따라 설치된 자문기관과의 명칭과 법령에서 규정한 심의사항 등을 유지하면서 다른 조례로 정한 자문기관의 심의사항을 추가하여 심의하도록 하는 것은 가능하다고 할 것이다.[5]

4) 국회 법제실, 「법제 이론과 실제」, 2019, pp.290~308; 법제처, 「2022년 자치법규 입안 길라잡이」, 2022, pp.204~237.

5) 법제처, 「2021 쉽게 찾아보는 자치법규 입안기준」, 2021, p.58.

【 위원회 규정방식 】 6)

• 목적	**제1조(목적)**
• 설치	**제○조(설치)** 시장은 ○○ 등을 위해 ○○시 ○○위원회를 둔다.
• 기능	**제○조(기능)** ○○위원회(이하 "위원회"라 한다)는 다음 각 호의 사항을 심의한다. 1. △△기본계획 수립에 관한 사항 2. ㅁㅁ 정책의 수립에 관한 사항
• 위원회 구성 (수, 자격, 선임방법)	**제○조(구성)** ① ○○위원회는 위원장 1명과 부위원장 1명을 포함하여 (O명 이상) O명 이내의 위원으로 구성한다. ② ○○위원회의 위원장은 ○○가 되고, 부위원장은 ○○가 된다. ③ ○○위원회의 위원은 다음 각 호에 해당하는 사람 중에서 시장이 임명하거나 위촉한다. 1. 당연직: △△과장, ○○과장 2. 위촉직 가. …… 에 관한 학식과 경험이 풍부한 사람 나. 그 밖에 시장이 …… 관련하여 필요하다고 인정하는 사람
• 위원 임기	**제○조(위원의 임기)** 위원의 임기는 O년으로 한다./ O년으로 하며, 한 차례만 연임할 수 있다.
• 위원의 신분보장	**제○조(위원의 신분보장)** 위원은 다음 각 호의 경우를 제외하고는 그 의사에 반하여 면직되거나 해촉(解囑)되지 않는다. 1. 제○조에 따른 결격사유에 해당하는 경우 2. 신체 또는 정신상 장애로 직무수행이 현저히 곤란하게 된 경우
• 위원의 해촉	**제○조(위원의 해촉)** ○○시장은 위원이 다음 각 호의 어느 하나에 해당하는 경우에는 해당 위원을 해촉할수 있다. 1. 심신장애로 직무를 수행할 수 없게 된 경우 2. 직무와 관련된 비위 사실이 있는 경우 3. 직무태만, 품위손상이나 그 밖의 사유로 위원으로 적합하지 않다고 인정되는 경우 4. 제○조제○항(제척사유를 인용하는 조항임) 각 호의 어느 하나에 해당하는데도 불구하고 회피하지 않은 경우 5. 위원 스스로 직무를 수행하기 어렵다는 의사를 밝히는 경우

6) 법제처, 「2022년 자치법규 입안 길라잡이」, 2022, pp.474~477;. 국회 법제실, 「법제 이론과 실제」, 2019, pp.793~794)

• 위원의 제척 · 기피 · 회피	**제○조(위원의 제척 · 기피 · 회피)** ① ○○위원회 위원이 다음 각 호의 어느 하나에 해당하는 경우에는 ○○위원회의 심의 · 의결에서 제척(除斥)된다. 1. 위원이나 그 배우자 또는 배우자였던 사람이 해당 안건의 당사자이거나 그 안건의 당사자와 공동권리자 또는 공동의무자인 경우 2. 위원이 해당 안건의 당사자와 친족이거나 친족이었던 경우 3. 위원이 해당 안건에 대하여 증언, 진술, 자문, 연구, 용역 또는 감정을 한 경우 4. 위원이나 위원이 속한 법인이 해당 안건의 당사자의 대리인이거나 대리인이었던 경우 ② 당사자는 제1항에 따른 제척사유가 있거나 위원에게 공정한 심의 · 의결을 기대하기 어려운 사정이 있는 경우에는 위원회에 기피(忌避) 신청을 할 수 있고, 위원회는 의결로 기피 여부를 결정한다. 이 경우 기피 신청의 대상인 위원은 그 의결에 참여하지 못한다. ③ 위원이 제1항 각 호에 따른 제척사유에 해당하는 경우에는 스스로 해당 안건의 심의·의결에서 회피(回避)해야 한다.
• 결격사유	**제○조(위원의 결격사유)** 다음 각 호의 어느 하나에 해당하는 사람은 위원이 될 수 없다. 1. 피성년후견인 2. 금고 이상의 실형을 선고받고 그 집행이 종료(집행이 종료된 것으로 보는 경우를 포함한다)되거나 그 집행이 면제된 날부터 O년이 지나지 않은 사람
• 위원장의 직무	**제○조(위원장의 직무)** ① 위원회의 위원장(이하 "위원장"이라 한다)은 위원회를 대표하고, 위원회의 업무를 총괄한다. ② 위원장이 부득이한 사유로 직무를 수행할 수 없을 때에는 부위원장이 그 직무를 대행하며, 위원장과 부위원장이 모두 부득이한 사유로 그 직무를 수행할 수 없을 때에는 위원장이 미리 지명한 위원이 그 직무를 대행한다.
• 위원회 운영 (회의 소집, 의사 및 의결 정족수)	**제○조(회의)** ① 위원장은 위원회의 회의를 소집하고, 그 의장이 된다. ② 위원회의 회의는 재적위원 과반수의 출석으로 개의(開議)하고, 출석위원 과반수의 찬성으로 의결한다. **제○조(소위원회)** ① 위원회의 업무를 효율적으로 수행하기 위해 필요하면 소위원회를 둘 수 있다.

	② 소위원회의 설치·운영에 필요한 사항은 위원회의 의결을 거쳐 위원장이 정한다.
• 위원회 운영 (간사 또는 사무기구)	**제○조(분과위원회)** ① 위원회의 업무를 효율적으로 수행하기 위해 필요하면 위원회에 O개 이내의 (분야별) 분과위원회를 둘 수 있다. ② 분과위원회의 의결은 위원회의 의결로 본다. ③ 분과위원회의 설치 및 운영에 필요한 사항은 위원회의 의결을 거쳐 위원장이 정한다. **제○조(간사)** ① 위원회에 위원회의 사무를 처리할 간사 1명을 둔다. ② 간사는 ○○ 관련 업무 담당공무원 중에서 시장이 지명한다.(○○과장이 된다.)
• 운영세칙	**제○조(운영세칙)** 이 조례에서 규정한 것 외에 위원회의 운영에 관한 사항은 위원회의 의결을 거쳐 위원장이 정한다.

CASE Study 125 위원회, 조문 순서

[입법례] OOOOOO도 곶자왈보전 및 관리 조례

(일부개정) 2022-12-30 조례 제3275호

제5조(곶자왈보전위원회 설치) 곶자왈지역의 보전 및 관리를 위한 중요 정책을 심의하기 위하여 OOOOOO도 곶자왈보전위원회(이하 "위원회"라 한다)를 둔다.

제6조(곶자왈보전위원회 구성) ① 위원회는 위원장과 부위원장 각 1명을 포함한 15인 이내로 위원을 구성한다.

제7조(곶자왈보전위원회 기능) 위원회는 다음 각 호의 기능을 수행한다.

제8조(보호지역 지정) ① 도지사는 곶자왈지역 중 자연환경 보전법, 습지보전법, 산림보호법, 야생생물 보호 및 관리에 관한 법률 등 개별법에 따라 보호지역으로 지정한 곳 외에도 별표에 해당하는 지역으로서 특별히 보전할 가치가 있는 지역을 보호지역으로 지정할 수 있다.

제9조(보호지역 지정해제 또는 변경) 도지사는 보호지역으로서의 가치를 상실하거나 보전할 필요가 없게 된 지역에 대하여는 지정을 해제하거나 그 지역을 축소·변경할 수 있다.

제10조(보호지역 지정·해제·변경 등 고시) 도지사는 보호지역 지정(변경·해제를 포함한다)하는 경우에는 지역주민의 의견을 들은 후 도의회의 동의를 거쳐 다음 각 호의 사항을 고시하여야 한다.

제11조(곶자왈 보전 기본계획 수립) ① 도지사는 곶자왈 보전을 위한 기본계획(이하 "기본계획"이라 한다)을 5년마다 수립하여야 한다.

제12조(시행계획) 도지사는 제11조에 따라 수립된 기본계획에 따른 **연도별** 시행계획(이하 "시행계획"이라 한다)을 **매년** 수립하여야 하며, 시행 결과에 대하여는 매년 도의회에 보고하여야 한다.

[검토사항: **조문 순서 - 기본계획 〉 위원회**]

- 일반적으로 "기본계획 및 시행계획"의 위치는 "실체규정"에서 앞부분에 둔다. 장으로 구분하면 보통 제2장이 시작되는 부분이다.
- "기본계획 및 시행계획"의 정책 방향을 결정·제시하는 주체로서 "위원회" 관련 규정이 그 다음 순서로 배열된다.
- 위의 조례에서 기본계획(제11조) 〉 시행계획(제12조) 〉 위원회 설치(제5조) 〉 위원회 기능(제7조) 〉 위원회 구성(제6조)의 순으로 배열하는 것이 적절할 것으로 본다.
- 조례의 조(條) 제목 중에 "곶자왈 보전"이라는 용어는 조례 제명에도 이미 나와 있으므로 간결한 조문을 만들기 위해 삭제하는 것이 입법경제상 합리적이지 않겠는지 검토해 본다.

CASE Study 126 **위원회 위원 수 ①**

[입법례] **OOO도 간행물 심의 및 판매 · 보급에 관한 조례**
(일부개정) 2022-12-29 조례 제5293호
제4조(구성) ① 위원회는 위원장과 부위원장을 포함한 7인의 위원으로 구성한다.
OO광역시 명품강소기업선정 및 지원 조례
(일부개정) 2022-11-04 조례 제5979호
제8조(선정위원회 구성) ① 위원회는 위원장 1명을 포함한 7명 이내의 위원으로 구성한다.
OO 아트센터 설치 및 운영 조례
(일부개정) 2022-12-30 조례 제3284호
제2조의2(운영위원회 설치 등) ② 위원회는 위원장 1명과 부위원장 1명을 포함하여 9명이내로 한다.
OO도 육아기본수당 지원 조례
(전부개정) 2022-12-23 조례 제4977호
제14조(성과평가위원회) ② 위원회는 위원장 1명과 부위원장 1명을 포함하여 7명 이상 9명 이하의 위원으로 구성한다.
OO시 레이저 연구개발 및 산업 육성 조례
(제정) 2023.02.24 조례 제1939호
제10조(위원회 구성) ① 위원회는 위원장을 포함하여 10인 이내의 위원으로 구성하며, 위원장은 위원 중에서 호선한다.

[검토사항: **구성원 수**]

- 위원회 구성원의 수는 매우 다양하다. 이 책에서는 29명의 사례까지 소개된다. 위원회의 업무 성격과 특성, 위원회 운영의 효율성, 가부 동수 방지 등 다양한 측면을 고려하여 적정 수를 선택해야 할 것이다.
- 위원회의 구성원 수는 가능하면 가부 동수를 방지하기 위해 "홀수"로 규정하는 것이 바람직하다.
- 위의 5건의 조례에서 첫 번째, 두 번째 조례는 7명, 세 번째, 네 번째 조례는 9명, 다섯 번째 조례는 10명이다.
- 위원회 구성원의 수가 너무 적으면 의사정족수와 의결정족수의 의미가 축소될 수 있다.

CASE Study 127 위원회 위원 수 ②

[입법례]

OOO도 토종가축보존 및 육성 조례

(제정) 2022－12－26 조례 제4757호

제8조(위원회의 구성) ① 위원회는 위원장 및 부위원장 각 1명을 포함하여 11명 이내의 위원으로 구성한다.

OOO도 중소기업 육성기금 설치 및 운용 조례

(일부개정) 2022－11－11 조례 제5166호

제16조(위원회의 설치 및 운영) ② 위원회는 위원장과 부위원장 각 1명을 포함하여 11명이내의 위원으로 구성한다.

OOOO시 OO구 물가대책위원회 설치 및 운영에 관한 조례

(일부개정) 2023.03.02 조례 제1691호

제4조(위원회 구성) ① 위원회는 위원장을 포함한 12인 이내의 위원으로 구성한다.

OO군 규제개혁위원회 설치 등에 관한 조례

(일부개정) 2023.02.17 조례 제2730호

제7조(구성) ① 위원회는 위원장 1명을 포함한 12명 이내의 위원으로 구성한다.

OO광역시 식품진흥기금 조례

(일부개정) 2022－12－28 조례 제6804호

제11조(위원회의 구성 등) ① 위원회는 위원장 및 부위원장 각 1명을 포함한 13명 이내의 위원으로 구성한다.

OOO도 정책연구용역 관리에 관한 조례

(일부개정) 2022－11－03 조례 제4737호

제9조(정책연구용역심의위원회 설치 등) ② 위원회는 위원장 1명을 포함하여 13명 이내의 위원으로 구성하되, 위촉직 위원이 전체 위원의 과반수 이상이 되도록 한다.

OOOOOO도 카지노업 관리 및 감독에 관한 조례

(일부개정) 2022－12－30 조례 제3300호

제6조(위원회의 구성) ① 위원회는 위원장 1명을 포함하여 15명 이내의 위원으로 성별 균형을 고려하여 구성한다.

OOO도 영구임대주택 입주자 삶의 질 향상 지원 조례

(일부개정) 2022-12-09 조례 제4827호

제16조(위원회 구성 등) ① 위원회는 위원장 1명과 부위원장 1명을 포함하여 **15명** 이내의 위원으로 구성한다.

[검토사항: **구성원 수**]

- 위의 8건의 조례에서 위원회 구성원의 수는 첫 번째, 두 번째 조례는 11명, 세 번째, 네 번째 조례는 12명, 다섯 번째, 여섯 번째 조례는 13명, 일곱 번째, 여덟 번째 조례는 15명이다.
- 위원회 회의 운영 등에 있어서 구성원 수의 적정성, 선택 근거 등을 확인해 본다.

CASE Study 128 위원회 위원 수 ③

[입법례] OOOOOO도 관광약자의 접근가능한 관광환경 조성 조례
(일부개정) 2022－12－30 조례 제3296호
제7조(위원회의 구성) ① 위원회는 위원장 1명, 부위원장 1명을 포함하여 17명이내의 위원으로 구성한다.
OO광역시 관광진흥위원회 구성과 운영에 관한 조례
(일부개정) 2022－12－30 조례 제6920호
제3조(구성) ① 위원회는 위원장을 포함한 20인 이내의 위원으로 구성한다.
OO광역시 협동조합 육성지원조례
(일부개정) 2022－12－30 조례 제5960호
제6조(위원회의 구성 등) ① 위원회는 위원장 1명과 부위원장 1명을 포함한 20명 이내로 구성하되, 위원장은 경제과학부시장이 되고, 부위원장은 위원 중에서 호선한다.

[검토사항: **구성원 수**]

- 위의 3건의 조례에서 위원회 구성원 수는 첫 번째 조례는 17명, 두 번째, 세 번째 조례는 20명이다.
- 위원 수는 가부 동수(可否 同數)가 되는 경우를 피하기 위해 가급적 짝수(20명)는 피한다.
- OO명의 위원 수를 선택한 사유와 그 타당성에 대해 확인해 본다.

CASE Study 129 위원회 위원 수 ④

[입법례] **OOO도 명장 선정 및 지원 조례**
(일부개정) 2022-12-29 조례 제5675호
제11조(위원회의 구성) ① 위원회는 위원장과 부위원장 각 1명을 포함하여 21명 이내의 위원으로 구성한다.
OOOOOO도 지역건설산업 활성화 촉진에 관한 조례
(일부개정) 2022-11-23 조례 제3239호
제9조 (지역건설산업발전위원회) ③ 위원회는 위원장 및 부위원장 각 1명을 포함하여 21명이내의 위원으로 구성한다.
OO광역시 물가대책위원회 설치 및 운영 조례
(일부개정) 2022-12-28 조례 제6804호
제3조(위원회의 구성) ① 위원회는 위원장 1인과 부위원장 1인을 포함한 25인 이내의 위원으로 구성한다.
OOO도 남북교류협력 조례
(일부개정) 2022-12-09 조례 제4832호
제12조(구성) ① 위원회는 위원장과 부위원장 각 1명을 포함하여 25명 이내로 성별 균형을 고려하여 구성한다.
OOOO시 도시공원 조례
(일부개정) 2022.12.30 조례 제8530호
제25조(위원회의 구성) ① 위원회는 위원장 1명 · 부위원장 1명을 포함하여 29명 이내의 위원으로 구성한다.

[검토사항: **구성원 수**]

- 위의 5건의 조례에서 위원회의 구성원 수는 첫 번째, 두 번째 조례는 21명, 세 번째, 네 번째 조례는 25명, 다섯 번째 조례는 29명이다.
- 위의 조례의 위원회 구성원 수는 많은 편이다. 많은 위원의 수가 그 위원회의 역할에 합당한 수인지, 필요 이상으로 많은 수가 아닌지, 회의 운영의 효율성 등에 영향은 없는지 확인해 본다.
- 현재 아무런 기능도 하지 않는, 심지어 회의 소집도 안 해 존재 자체가 불분명한 위원회도 있다.

CASE Study 130 위원회 위원 수 ⑤

[입법례]

OO광역시 도시 및 주거환경정비 조례

(일부개정) 2022-12-30 조례 제5942호

제48조(도시분쟁조정위원회의 구성 등) ① (생략)

1. 조정위원회는 위원장 1명을 포함하여 최소 7명 이상의 위원으로 구성한다.

OO광역시 도시공원 및 녹지 조례

(일부개정) 2022-12-30 조례 제6954호

제23조(위원회 구성) ① 위원회는 위원장과 부위원장 각 1명을 포함한 10명 이상의 위원으로 구성한다.

OO광역시 OO구 해양클러스터위원회 운영 조례

(일부개정) 2022.12.09 조례 제1546호

제3조(구성) ① 위원회는 위원장을 포함한 20명 내외의 위원으로 구성한다.

OO시 협치 활성화를 위한 시민행복위원회 구성 및 운영 조례

(일부개정) 2023.01.09 조례 제2023호

제9조(구성) ① 위원회는 공동위원장 2명과 부위원장 1명을 포함하여 100명 내외의 위원으로 구성한다.

제20조(당사자분과위원회) ① 당사자분과위원회는 70명 내외로 구성하되 의제별 당사자 10명 이내로 구성된 소위원회를 둔다.

[검토사항: **구성원 수, 불명확**]

- 위의 4건의 조례에서 위원회 구성원 수는 첫 번째 조례는 7명 이상, 두 번째 조례는 10명 이상, 세 번째 조례는 20명 내외, 네 번째 조례는 100명 내외, 70명 내외로, 모두 상한이나 상·하한이 분명하지 않다.
- (위원 수 표현) 위원의 수를 나타내는 방법에는 확정된 수로 규정하는 방식과 범위를 정하여 규정하는 방식이 있다. "○명 이내의 위원"이나 "○명 이상 ○명 이내의 위원"과 같이 상한 또는 하한을 정하는 방법과 "○명의 위원"과 같이 위원 수를 확정하는 방법이 있다.
- 위의 조례에서 사용된 "~~명 이상, ~~명 내외"와 같은 불확정적 표현은 적절하지 못하다.

CASE Study 131 위원회, 성별 비율

<table>
<tr><td>[입법례]
OO시 인구정책 기본조례
(일부개정) 2023.01.02 조례 제1760호

제8조(위원회의 구성) ① 위원회는 위원장 1명과 부위원장 1명을 포함하여 20명 이내의 위원으로 구성한다. 이 경우 위촉직 위원은 특정 성별이 위촉직 위원 수의 10분의 6을 넘지 않도록 한다.</td></tr>
<tr><td>OO시 친환경농업 육성 및 지원 조례
(일부개정) 2022.12.31 조례 제1198호

제5조(위원회의 구성) ③ 위원은 OO시의회 의원, 친환경농업인으로 농업전문경영인, 농산물유통업자, 소비자 중에서 시장이 위촉하되, 위촉직 위원의 경우에는 특정 성별이 위촉직 위원 수의 10분의 6을 초과하지 아니하도록 하여야 한다.</td></tr>
<tr><td>OO도 정보공개 조례
(일부개정) 2022－12－30 조례 제7494호

제10조(구성) ④ 도지사가 위촉직 위원을 위촉할 때에는 특정 성별이 위촉직 위원 수의 10분의 6을 초과하지 아니하도록 하여야 한다</td></tr>
<tr><td>OOOOOO시 한글사랑 지원 조례
(일부개정) 2022.07.29 조례 제1968호

제5조의3(위원회의 구성) ① 위원회는 위원장 및 부위원장 각 1명을 포함한 15명 이내의 위원으로 구성하되, 「양성평등기본법」 제21조제2항에 따라 특정 성별이 위촉직 위원 수의 10분의 6을 초과하지 않도록 하여야 한다.</td></tr>
</table>

[검토사항: **성별 비율, 10분의 6**]

□ 「양성평등기본법」

- 제21조(정책결정과정 참여) ② 국가와 지방자치단체는 위원회(위원회, 심의회, 협의회 등 명칭을 불문하고 행정기관의 소관 사무에 관하여 자문에 응하거나 조정, 협의, 심의 또는 의결 등을 하기 위한 복수의 구성원으로 이루어진 합의제 기관을 말한다. 이하 같다)를 구성할 때 위촉직 위원의 경우에는 특정 성별이 위촉직 위원 수의 10분의 6을 초과하지 아니하도록 하여야 한다. 다만, 해당 분야 특정 성별의 전문인력 부족 등 부득이한 사유가 있다고 인정되어 다음 각 호의 구분에 따른 위원회의 의결을 거친 경우에는 그러하지 아니하다.
- 위원 중 특정 성별의 비율을 정할 때에는 「양성평등기본법」 제21조제2항은 조례에도 적용되므로, 조례에 재(再)기재하지 않도록 한다. 따라서 위의 모든 조례에서 성별 비율 관련 규정은 삭제해도 무방하다.

CASE Study 132 **성별 비율 표현 ①**

[입법례]

OO시 도시재정비 촉진 조례

(일부개정) 2023.01.10 조례 제2631호

제12조(사업협의회의 구성 · 운영) ① 시장은 법 제17조에 따라 OO시 도시재정비촉진 사업 사업협의회(이하 "사업협의회"라 한다)를 구성 · 운영할 수 있다. 단, 이 경우 어느 한 성(여성 또는 남성)의 비율이 100분의 60을 초과하지 않도록 한다.

OOOO시 도시농업의 육성 및 지원에 관한 조례

(일부개정) 2022.12.30 조례 제8530호

제6조(위원회의 구성) ⑥ 시장은 위촉직 위원 중 특정한 성별이 100분의 60을 초과하지 않도록 노력하여야 한다.

OO도 김치산업 육성 및 진흥 조례

(일부개정) 2022-12-30 조례 제7494호

제5조(김치산업진흥위원회) ③ 위원회의 위원장은 행정(1)부지사가 되고, 부위원장은 위촉위원 중에서 호선하며, 위원은 다음 각 호의 사람 중에서 성별을 고려하여 도지사가 임명하거나 위촉하되, 한쪽의 성별이 60퍼센트를 넘지 않아야 한다.

OOOOOO도 정착주민의 지역공동체 조성을 위한 조례

(일부개정) 2022-12-30 조례 제3263호

제11조(위원회 구성) ⑤ 위촉직 위원은 다음 각 호의 어느 하나에 해당하는 사람 중에서 도지사가 위촉한다. 이 경우 위촉직 위원은 특정한 성별이 60퍼센트 이상 넘지 않도록 하여야 한다.

OOOO시 50플러스재단 설립 및 운영에 관한 조례

(일부개정) 2022.12.30 조례 제8530호

제8조(임원) ① 재단은 이사장 및 대표이사를 포함하여 6명 이상 10명 이내의 이사와 감사를 두되, 성비를 고려하여 특정 성이 60% 이상을 넘지 않도록 한다.

OO군 두루미 보호 조례

(일부개정) 2023.01.06 조례 제3843호

제9조(구성) ① 위원회는 당연직 위원과 위촉직 위원을 구성하되 위원장 1명과 부위원장 1명을 포함하여 10명 이내의 위원으로 구성하며, 어느 하나에 해당하는 성비율이 60%가 넘지 않도록 노력하여야 한다.

[검토사항: **성별 비율 표현, 100분의 60, 60%**]

- 실제 조례에서 위원회 구성 성별 비율의 표현은 100분의 60이 가장 많이 보이는 것 같다.
- 「양성평등기본법」에서 성별 비율 표현은 10분의 6이다.
- 위의 첫 번째, 두 번째 조례는 100분의 60, 세 번째, 네 번째 조례는 60퍼센트, 다섯 번째, 여섯 번째 조례는 "60%"로 표현되고 있다.
- 모두 적절하지 못한 표현이고, 성별 비율은 조례에서 재(再)기재하지 않아도 무방하다.

CASE Study 133 성별 비율 표현 ②

[입법례]

OO도 여성농어업인육성 및 지원 조례

(일부개정) 2023-01-02 조례 제7546호

제6조(여성농어업인육성정책심의회) ③ 심의회에는 여성농어업인이 위원 정수의 100분의 30 이상이어야 한다.

OO군 사회적기업 육성 및 지원에 관한 조례

(일부개정) 2023.01.06 조례 제3843호

제5조(구성 등) ④ 위원 중 여성위원의 비율이 30퍼센트 이상 되도록 노력하여야 한다.

OO 동구래마을 창작스튜디오 운영조례

(일부개정) 2022.12.21 조례 제2642호

제15조(운영위원회 구성 등) ① 위원회는 위원장 1명과 부위원장 1명을 포함한 7명 이내로 구성한다. 이 경우 공무원이 아닌 위원이 전체위원의 과반수 이상이 되도록 하여야 하며, 위촉직 위원의 100분의 40 이상으로 여성을 우선 위촉하도록 노력해야 한다.

OOOO시 OO구 자살예방 및 생명존중문화 조성을 위한 조례

(일부개정) 2023.03.09 조례 제1570호

제7조(위원회 설치 · 구성 등) ④ 위촉직 위원은 다음 각 호의 사람 중에서 구청장이 위촉하되 여성의 비율이 40% 이상이 되도록 한다.

OOOO시 OO구 정책실명제 운영 조례

(일부개정) 2023.03.15 조례 제1321호

제9조(위원회의 구성) ① 위원회는 위원장 1명을 포함하여 5명 이상 9명 이하로 구성하되, 위촉직 위원의 경우 성별을 고려하고 전체 위원의 50% 이상이 되어야 한다.

OO군 식품진흥기금 설치 및 운용조례

(일부개정) 2023.01.06 조례 제3843호

제6조(위원회의 설치 및 구성) ② 위원회는 위원장 및 부위원장 각 1인을 포함한 9인 이내의 위원으로 구성하되 어느 한 성이 60/100을 넘지 않도록 한다.

[검토사항: **성별 비율, 표현**]

- 상위법령인 「양성평등기본법」 제21조제2항에서 "국가와 지방자치단체는 위원회를 구성할 때 위촉직 위원의 경우에는 특정 성별이 위촉직 위원 수의 10분의 6을 초과하지 아니하도록 하여야 한다."고 규정하고 있다.
- 위의 조례에서 성별 비율이 첫 번째 조례는 100분의 30, 두 번째 조례는 30퍼센트, 세 번째 조례는 100분의 40, 네 번째 조례는 40%, 다섯 번째 조례는 50%, 여섯 번째 조례는 60/100으로 표현하고 있다.
- 위의 첫 번째부터 다섯 번째까지의 조례에서 그 성별 비율의 근거가 어디에 있는 것인지?
- 하위법령은 상위법령에서의 사용 용어를 특별한 사정이 없으면 다른 용어로 바꾸어 사용하면 안 된다.
- 이는 법 적합성을 확보하여 국법 질서의 통일성 및 법적 안정성 유지를 위한 것이다.

CASE Study 134 성별 비율 표현, 같은 조례안

[입법례] **OO시 경관 조례**

(일부개정) 2023.01.04 조례 제2014호

제11조(경관사업추진협의체의 조직) ② 경관사업추진협의체는 위원장과 부위원장 각 1명을 포함한 20명 이내의 위원으로 구성하되, 어느 한쪽 성(性)이 100분의 60을 넘지 않도록 노력하여야 한다.

제23조(공동위원회의 구성 및 운영) ③ 공동위원회 구성 시 어느 한쪽 성(性)이 100분의 60을 넘지 않도록 노력하여야 한다.

제27조(경관위원회의 구성 및 운영) ② 위원회를 구성할 때 위촉직위원의 경우에는 특정 성별이 위촉직위원 수의 10분의 6을 초과하지 아니하도록 하여야 한다.

[검토사항: **용어의 정확한 표현, 같은 조례**]

- 위의 조례 제11조와 제23조는 "어느 한쪽 성(性)이 100분의 60을 넘지 않도록 노력하여야 한다"고 규정하고, 제27조에서는 "특정 성별이 위촉직 위원 수의 10분의 6을 초과하지 아니하도록 하여야 한다"고 규정하여 "같은 조례" 내에서 표현을 달리하고 있다.
- 설사 특정 성별 비율을 조례에 기재하더라도, 상위법령에서 사용하는 용어와 표현은 국법체계의 조화를 위하여 존중되어야 한다.

CASE Study 135 전문위원회, 구성원, 의결 ①

OO시 건축 조례

(일부개정) 2022.02.21

제2장 건축위원회

제3조(설치) 「건축법」(이하 "법"이라 한다) 제4조 및 「건축법 시행령」(이하 "영"이라 한다) 제5조의5제1항에 따라 OO시 **건축위원회**(이하 "위원회"라 한다)를 둔다

제4조(구성) ① 위원회는 위원장 및 부위원장 각 1명을 포함하여 **25명 이상 40명 이하**의 위원으로 구성하고, 위원장과 부위원장은 제3항에 따라 임명 또는 위촉된 위원 중에서 시장이 임명하거나 위촉한다.

제8조(위원회의 기능) ①~⑤ (생략)

⑥ 위원회는 제12조제1항에 따라 다음 각 호의 어느 하나에 해당하는 사항을 **소위원회**에 **위임**할 수 있다.

제12조(소위원회) ① 위원회의 심의기능을 효율적으로 수행하기 위하여, 필요한 경우에는 3명 이상 5명 이하의 위원으로, OO시 건축위원회 소위원회(이하 "소위원회"라 한다)를 둘 수 있다.

②~③ (생략)

제12조의2(전문위원회) ① 법 제4조제2항 및 영 제5조의6에 따라 **건축민원전문위원회**와 건축계획 · 건축구조 · 건축설비 등 분야별 OO시 전문위원회(이하 "전문위원회"라고 한다)를 둘 수 있다.

② **전문위원회의 위원**은 **위원회의 위원 중**에서 5명 이상 9명 이내로 구성하고 전문위원회의 위원장은 위원장이 지명하거나 그 위원중에서 호선으로 선임할 수 있다.

③ 전문위원회에서 의결된 사항은 **건축위원회에서 의결**된 것으로 본다.

[검토사항: **전문위원회, 구성, 의결**]

- 분과위원회나 소위원회와는 달리 실무위원회나 전문위원회는 "본 위원회 위원이 아닌 사람"으로 구성된다.
- 기능과 역할도 본 위원회에서 심의되는 안건에 대한 사전 조사 · 연구 · 검토 등으로 제한적이다.
- 따라서 본 위원회와 구성원이 다른 전문위원회의 심의 · 의결을 본 위원회의 심의 · 의결로 "간주"하는 규정은 두지 않는다.
- 위의 제12조의2(전문위원회)를 점검해 본다.

CASE Study 136 전문위원회, 구성원, 의결 ②

> **OO군 건축 조례**
>
> (일부개정) 2023.05.26 조례 제3045호
>
> **제2장 건축위원회**
>
> **제3조(위원회의 설치)** OO군수(이하 "군수"라 한다)는 「건축법」(이하 "법"이라 한다) 제4조제1항에 따라 OO군 건축위원회(이하 "위원회"라 한다)를 둔다.
>
> **제4조(구성 및 임기)** ①~⑥ (생략)
>
> **제8조(전문위원회)** ① **위원회가 위임하는 사항을 심의**하기 위하여 위원회에 다음 각 호의 **전문위원회**를 두어 운영할 수 있다.
>
> 1. 건축민원전문위원회
> 2. 건축계획 · 건축구조 · 건축설비 등 분야별 전문위원회
>
> ② 위원회는 **책임 위원**을 두고 **소위원회**의 업무를 통할하게 할 수 있다.
>
> ③ **소위원회**는 **위원회의 위원 중**에서 호선하는 5명 이상 10명 이내의 위원으로 구성한다.
>
> ④ 소위원회에서 심의를 거쳐 의결한 사항은 **위원회에서 의결**한 것으로 본다.

[검토사항: **전문위원회, 구성, 의결**]

- 분과위원회나 소위원회와는 달리 실무위원회나 전문위원회는 "본 위원회 위원이 아닌 사람"으로 구성된다.
- 기능과 역할도 본 위원회에서 심의되는 안건에 대한 사전 조사·연구·검토 등으로 제한적이다.
- 따라서 위의 조례에서 위원회가 위임하는 사항을 "심의"하기 위해 전문위원회를 둔다는 규정은 부자연스럽다.
- 위의 조례 제8조는 성격이 다른 전문위원회와 소위원회가 함께 규정되어 있는데, 별도의 조문으로 분리 구성하는 것이 합리적이다.
- 소위원회 업무를 통할하는 사람은 소위원장이다. 그런데 위의 조례는 "책임 위원"이라는 용어를 사용하고 있다.
- 하위법령은 상위법령에서의 사용 용어를 특별한 사정이 없으면 다른 용어로 바꾸어 사용하면 안 된다.

CASE Study 137 전문위원회, 구성원, 의결 ③

OO군 건축 조례

(일부개정) 2023.05.25 조례 제2673호

제2장 OO군 건축위원회

제5조(건축위원회의 구성 등) ① 법 제4조제1항 및 영 제5조의5제1항에 따른 OO군 건축위원회(이하 "건축위원회"이라 한다)는 영 제5조의5제3항부터 제5항까지와 같이 구성한다.

②~③ (생략)

제9조(전문위원회) ① 법 제4조제2항 및 영 제5조의6에 따라 건축위원회의 심의등을 효율적으로 수행하기 위하여 건축위원회에 건축계획 · 건축구조 · 건축설비 등 **분야별 전문위원회**를 둘 수 있다.

② 전문위원회는 **건축위원회의 위원 중**에서 위원장 1명을 포함하여 10명 이하의 위원으로 구성하고, 위원장은 부군수로 한다.

③ 전문위원회에 위임된 사항 중 건축위원회의 심의로 갈음하기로 하여 **전문위원회의 심의를 거친 경우**에는 건축위원회의 심의를 거친 것으로 본다.

제10조(건축민원전문위원회 구성 등) ① 법 제4조제2항 및 제4조의4에 따른 건축민원전문위원회는 위원장 1명을 포함하여 10명 이내의 위원으로 구성하고 위원장은 부군수로 한다.

② 건축민원전문위원회의 위원은 건축이나 관계법령에 관한 학식과 경험이 풍부한 사람으로서 다음 각 호의 어느 하나에 해당하는 사람 중에서 군수가 임명 및 위촉한다.

[검토사항: **전문위원회, 구성, 의결**]

- 분과위원회나 소위원회와는 달리 실무위원회나 전문위원회는 "본 위원회 위원이 아닌 사람"으로 구성된다.
- 위의 조례의 전문위원회는 건축위원회(본 위원회)의 위원 중에서 구성된다.
- 위의 제9조는 용어와 구성과 의결의 성격 등에서 혼동이 있는 것으로 보인다.

CASE Study 138 위원장 직무

[입법례] OO군 정책자문위원회 구성 및 운영 조례
(일부개정) 2022.11.30 조례 제2795호
제6조(위원장의 직무 등) ① 위원장은 위원회를 대표하고 위원회의 직무를 통할한다.
OOOO시 O구 공직자윤리위원회 설치 및 운영 조례
(일부개정) 2022.11.23 조례 제1648호
제6조(위원장의 직무) ① 위원장은 위원회를 대표하고 위원회의 직무를 총괄한다.
OOOO시 OO구 지명위원회 조례
(일부개정) 2022.11.22 조례 제1547호
제3조(위원장 직무 등) ① 위원장은 위원회의 회무를 통할하며 위원회를 소집하고 그 의장이 된다.
OO광역시 O구 지방재정계획심의위원회 조례
(일부개정) 2022.11.16 조례 제1679호
제4조(위원장의 직무 등) ① 위원장은 위원회의 회무를 총괄하고 위원회를 대표한다.
OO도 물류정책위원회 구성·운영 등에 관한 조례
(일부개정) 2022.06.30. 조례 제4921호
제4조(위원장의 직무) ① 위원장은 위원회를 대표하며 위원회의 사무를 총괄한다.
OOOO시 OO구 교통안전정책심의위원회 구성 및 운영에 관한 조례
(일부개정) 2022.11.18 조례 제1496호
제4조(위원장의 직무 등) ① 위원장은 위원회를 대표하며 회의를 총괄한다.
OO시 청소년참여위원회 운영 조례
(일부개정) 2022.11.17 조례 제2192호
제7조(위원장의 직무) ① 위원장은 위원회를 대표하며, 위원회의 업무를 통할한다.

[검토사항: **위원장의 직무, 업무 총괄**]

- [입법모델] 제○조(위원장의 직무) ① 위원장은 위원회를 대표하고, 위원회의 업무를 총괄한다. 기존의 입법례에는 "…… 위원회의 사무를 통할한다", "…… 직무를 통할한다" 등 다양한 표현이 사용되었다.
- 위의 7건 조례의 본문 중 "직무, 회무, 사무, 회의"는 "업무"로, "통할"은 "총괄"로 각각 수정한다.

CASE Study 139 간사, 조 제목

[입법례] OO시 건축 조례 (일부개정) 2022.12.12. 조례 제1763호 **제12조(간사 및 서기)** 위원회의 사무를 처리하기 위하여 간사 및 서기 각 1명을 두며, 간사는 건축업무팀장으로 하고 서기는 건축업무담당자로 한다.
OO시 건축 조례 (일부개정) 2022.11.17. 조례 제2192호 **제13조(회의록 등의 비치)** ③ 위원회의 사무를 처리하기 위하여 간사를 두되, 간사는 건축업무 담당과장으로 한다.
OO시 에너지 기본조례 (일부개정) 2022.12.30 조례 제2045호 **제10조(구성)** ④ 위원회 사무를 처리하기 위하여 간사 1명을 두며, 간사는 수소에너지 산업과장으로 한다.
OO군 건축 조례 (일부개정) 2022.12.30 조례 제2880호 **제10조(간사 및 회의록)** ① 위원회의 원활한 수행을 위하여 간사 1명을 두되, 간사는 건축허가업무 담당주사가 된다.
OO군 귀농어 · 귀촌지원 조례 (일부개정) 2022.12.30 조례 제2849호 **제3조(위원회의 설치 및 구성)** ⑤ 위원회의 원활한 사무처리를 위해 간사 1명을 두며, 간사는 귀농지원업무 담당팀장이 된다.

[검토사항: **조 제목, 간사**]

- [입법모델] 제○조(간사) ① 위원회에 위원회의 사무를 처리할 간사 1명을 둔다.
- 위원회 간사 관련 조 제목이 (간사 및 서기), (회의록 등의 비치), (구성), (간사 및 회의록), (위원회의 설치 및 구성)으로 다양한데, 조 제목은 (간사)로 통일한다.
- 위원회마다 성격이 다를 수 있겠지만, 가능한 한 위원회 간사 관련 조문은 그 역할에 비추어 독립된 "조(條)"로 분리하여 규정하는 것이 적절하다.
- "간사"를 "위원회 구성"에서 규정하고 있는 입법례가 있으나, 다른 조문에서 규정하는 것이 바람직하다.

CASE Study 140 간사, 비공식적 직위

[입법례] OO군 에너지 기본조례
(일부개정) 2022.08.12 조례 제2620호
제12조(위원회의 구성 · 운영) ③ 위원회의 사무를 처리할 간사를 두며, 간사는 에너지 업무담당 **팀장**으로 한다.
OO시 SNS 관리 및 운영 조례
(일부개정) 2022.08.12 조례 제2148호
제13조(간사) 위원회의 사무를 처리하기 위하여 간사 1명을 두고, 간사는 소셜미디어 업무 **팀장**이 된다.
OOOO시 OO구 재활용품 판매대금관리기금 설치 및 운용 조례
(일부개정) 2022.09.22 조례 제1701호
제11조(위원회의 운영) ③ 위원회의 사무를 처리하기 위하여 간사 1명을 두며, 간사는 폐기물처리시설 건립업무담당 **팀장**이 된다.
OO시 사회복지사 등의 처우 및 지위 향상을 위한 지원 조례
(일부개정) 2023.01.31 조례 제1781호
제15조(간사) 위원회의 사무를 처리하기 위하여 간사 1명을 두되, 간사는 사회복지사 업무담당 **팀장**이 된다.
OO광역시 OO구 영유아 보육 조례
(일부개정) 2023.01.27 조례 제1578호
제6조(위원회의 운영 등) ③ 위원회의 사무를 처리하기 위하여 간사 1명을 두며, 간사는 보육업무를 담당하는 **계장**이 된다.

[검토사항: **비공식적 지위, 팀장/계장, 간사**]

- 「OO시(군) 행정기구 및 정원 운영에 관한 조례」, 「OO시(군) 행정기구 및 정원 운영에 관한 조례 시행규칙」을 보면, 위의 첫 번째부터 네 번째까지의 조례에서 나오는 "팀장", 다섯 번째 조례에서 나오는 "계장" 등의 직위는 공식적 직위로 나와 있지 않다.
- 간사 직위로 "○○팀장" 또는 "○○계장"으로 규정하는 입법례가 있으나, 통상적으로 "팀" 또는 "계"는 행정기구 설치 조례에 따른 공식조직이 아니므로 조례에서 규정하지 않도록 한다.

CASE Study 141 간사, 공식적 직위

[입법례] OO광역시 지역보건의료심의위원회 설치 및 운영 조례
(일부개정) 2023-02-03 조례 제6978호
제8조 (간사와 서기) ② 간사는 **보건정책과장**이, 서기는 보건정책업무 담당사무관이 된다.
OO광역시 대중교통개선위원회 조례
(일부개정) 2022-12-01 조례 제2646호
제8조(간사 등) ② 간사는 **대중교통업무담당과장**이 되고, 서기는 간사가 지명한다.
OO광역시 지식재산 진흥 조례
(일부개정) 2022-12-01 조례 제2646호
제16조(위원회의 구성) ④ 위원회의 사무를 처리하기 위하여 간사와 서기 각 1명을 두되, 간사는 **지식재산권 업무담당과장**이 되고, 서기는 업무담당사무관이 된다.
OOOOOO도 먹거리 기본권 보장 조례
(일부개정) 2022-11-23 조례 제3239호
제13조(위원회 구성) ⑤ 위원회의 사무를 처리하기 위하여 위원회에 간사와 서기를 두며, 간사는 **식품원예과장**, 서기는 위원회를 담당하는 팀장이 된다.
OOOO시 OO구 재난 및 안전관리 기본조례
(일부개정) 2023.01.06 조례 제1767호
제7조(안전관리위원회의 구성 · 운영) ⑤ 안전관리위원회의 사무를 처리하기 위하여 간사 1명을 두며, 간사는 **재난안전과장**이 된다.
OOOO시 OO구 자활기관 협의체 구성 및 운영에 관한 조례
(일부개정) 2023.03.02 조례 제1691호
제7조(간사 및 회의록) ② 간사는 **장애인복지과장**이 되며, 서기는 소관 업무 팀장이 된다.

[검토사항: **공식적 지위, 과장, 간사**]

- 위의 6건의 조례에서 간사의 직위는 보건정책과장, 대중교통업무 담당과장, 지식재산권업무 담당과장, 식품원예과장, 재난안전과장, 장애인복지과장이다.
- "과장" 직위는 지방자치단체에 두고 있는 행정기구조례나 규칙에서 명시적으로 나오는 공식적 직위이다. 조례에서는 공식적 직위를 규정하도록 한다.

CASE Study 142 간사장

OO군 군정조정위원회 조례

(일부개정) 2023.04.21 조례 제2756호

제6조(간사장) ① 위원회의 사무를 처리하기 위하여 **간사장** 1명 및 **간사** 1명과 서기 약간 명을 둔다.

② **간사장**은 기획팀장이 되며 위원장의 명을 받아 위원회의 서무를 처리한다.

③ 간사와 서기는 **간사장**이 추천하는 직원 중에서 위원장이 임명하며 간사장을 보좌한다.

OO군정 조정위원회 조례

(일부개정) 2023.04.19 조례 제2781호

제6조(간사장) ① 위원회에 사무를 처리하기 위하여 간사장 1인 및 간사 1인과 서기 약간 명을 둔다.

② 간사장은 기획예산실장이 되며 위원장의 명을 받아 위원회의 사무를 처리한다. <개정 2022. 12. 29.>

③ 간사와 서기는 간사장이 추천하는 직원 중에 위원장이 임명하며 간사장을 보좌한다.

[검토사항: **위원회 사무처리, 간사장**]

- 위의 2건 조례는 특이하게 군정 조정위원회 사무를 처리하기 위해 간사장을 도입하고 있다.
- 군정 조정위원회 사무를 처리하는데 공식적으로 복잡하게 간사장, 간사, 서기 구조로 둬야 할 만큼 역할과 비중이 큰지, 간사장은 왜 두어야 하는지 그 근거를 확인해 본다.
- 위원장인 군수는 소속 공무원 임면권을 가지고 있다. 간사장인 기획예산실장은 군수의 지휘감독을 받는 직원이다. 왜 간사장이 굳이 추천해야 하는지, 임명권자인 군수가 추천 없이 직원 중에서 간사와 서기를 직접 임명하면 안 되는지 점검해 본다.

CASE Study 143 가부 동수, 결정권

[입법례] OO도 여성폭력방지 및 피해자 보호·지원에 관한 조례
(일부개정) 2022-12-30 조례 제7495호
제9조(회의 및 의결) ② 위원회 의결은 재적위원 과반수 출석과 출석위원 과반수 찬성으로 하되, 가부동수인 때에는 위원장이 결정한다.
OO군 군립공원위원회 설치 조례
(일부개정) 2022.09.06 조례 제2530호
제6조(회의) 위원회는 재적위원 과반수의 출석으로 개의하고 출석위원 과반수의 찬성으로 의결한다. 가부 동수인 경우에는 위원장이 결정한다.
OO광역시 O구 구보 조례
(일부개정) 2022.07.22 조례 제1243호
제13조(회의) ② 위원회는 재적위원 과반수의 출석으로 개의하고 출석위원 과반수 이상의 찬성으로 의결한다. ③ 가부 동수일 때는 위원장이 결정권을 가진다.
OOOO시 인권 기본조례
(일부개정) 2022.12.30 조례 제8589호
제16조(운영) ③ 회의는 재적위원 과반수의 출석으로 개의하고, 출석위원 과반수의 찬성으로 의결한다. 단, 가부동수일 경우에는 위원장이 결정한다.
OOOOOO도 근로자 권리 보호 및 증진을 위한 조례
(일부개정) 2022-12-30 조례 제3301호
제19조(회의) ③ 회의는 재적위원 과반수의 출석으로 개의하고, 출석위원 과반수의 찬성으로 의결한다. 단, 가부동수일 경우에 위원장이 결정한다.

[검토사항: **위원장 가부 동수 결정권(O)**]

- 위원회에서 가부 동수인 경우의 의사결정 방법과 관련하여 종전에는 "과반수의 찬성으로 의결한다."고 규정하면서 가부 동수이면 가결된 것으로 하거나, 위원장에게 "결정권"을 행사하도록 한 입법례가 있었다.
- 그러나 가부 동수이면 과반수의 찬성이 아니므로 "부결"된 것으로 보는 것이 당연하다.
- 또한 위원장에게 표결권 외에 다시 "결정권"을 주는 것은 의사결정의 민주적 방식에 부합되지 않으므로 특별한 사유가 없으면 이러한 규정은 두지 않도록 한다.

CASE Study 144 가부 동수, 부결

[입법례]

OO시 공익신고 처리 및 신고자 보호 등에 관한 조례

(일부개정) 2022.08.02 조례 제2868호

제10조(회의) ② 위원회의 회의는 재적위원 과반수의 출석으로 회의를 시작하고, 출석위원 과반수의 찬성으로 의결한다. 다만, 가부동수일 경우에는 부결된 것으로 본다.

OO시 OO만국가정원 운영 조례

(일부개정) 2022.10.14 조례 제2469호

제26조(회의) ② 위원회 회의는 재적위원 과반수의 출석으로 개의하고, 출석위원 과반수의 찬성으로 의결되며 가부동수인 때에는 부결된 것으로 한다.

OO군 산수유 보호 및 육성 지원 조례

(일부개정) 2023.01.09 조례 제2492호

제7조(회의 및 수당) ② 위원회의 회의는 재적위원 과반수의 출석으로 개의하고 출석위원 과반수의 찬성으로 의결한다. 다만, 가부동수인 경우에는 부결된 것으로 본다.

OO군 국산밀산업 육성 조례

(일부개정) 2023.01.09 조례 제2492호

제10조(회의) ③ 위원회의 회의는 재적위원 과반수의 출석으로 개의하고, 출석위원 과반수의 찬성으로 의결한다. 다만, 가부 동수일 경우에는 부결된 것으로 본다.

[검토사항: **가부 동수, 부결**]

- 가부 동수이면 과반수가 아니므로 "부결"된 것으로 보는 것이 타당하다.

CASE Study 145 표결권과 가부동수 부결

[입법례] OO군 수돗물 수질평가위원회 설치 운영 조례
(일부개정) 2022.08.19 조례 제2072호
제6조(회의 및 의사) ④ 위원장은 **표결권**을 가지며, 가부동수인 경우에는 **부결**된 것으로 본다.
OO시 지속가능발전 기본조례
(제정) 2022.08.11 조례 제2001호
제16조(위원회의 회의) ④ 의장은 의결에서 **표결권**을 가지며, 찬성과 반대가 같으면 **부결**된 것으로 본다.
OO군 물가대책위원회 설치 및 운영에 관한 조례
(일부개정) 2022.09.06 조례 제2530호
제8조(위원회의 회의) ④ 의장은 **표결권**을 가지며, 가부동수인 경우에는 **부결**된 것으로 본다.
OO시 소비자보호 조례
(일부개정) 2022.12.09 조례 제1874호
제21조(회의) ③ 위원장은 **표결권**을 가지며 가부동수인 경우에는 **부결**된 것으로 본다.
OO시 시정조정위원회 조례
(일부개정) 2018.12.13 조례 제1262호
제4조(회의) ⑤ 위원회는 재적위원 과반수의 출석과 출석위원 과반수의 찬성으로 결정하며, 위원장은 **표결권**을 가지며, 가부동수인 경우에는 **부결**된 것으로 본다.
OO광역시 지명위원회 조례
(일부개정) 2022－07－28 조례 제6863호
제7조(회의) ③ 위원장은 **표결권**을 가지며 가부동수일 경우에는 **부결**된 것으로 본다.

[검토사항: **위원장 표결권(O), 가부 동수 부결**]

- 위의 6건 조례의 내용은 위원장이 표결권은 갖지만, 가부 동수일 경우 결정권을 갖지 않는다.
- 가부 동수는 과반수의 찬성이 아니므로 "부결"된 것으로 본다.

CASE Study 146 표결권과 결정권 ①

[입법례]

OO시 도시계획 조례

(일부개정) 2022.08.10 조례 제2152호

제42조(회의운영) ③ 위원회의 위원장은 **표결권**을 가지지 못하나, 가부 동수일 때에는 **결정권**을 가진다.

OO군 사회복지기금 설치 및 운용 조례

(일부개정) 2022.08.12 조례 제2620호

제27조(회의) ③ 위원회의 회의는 재적위원 과반수의 출석으로 개의하고 출석위원 과반수의 찬성으로 의결하며, 위원장은 **표결권**이 없으며 가부동수인 경우에는 **결정권**을 가진다.

[검토사항: **위원장 표결권(X), 가부 동수 결정권(O)**]

- 위의 2건 조례 내용은 "위원회의 위원장은 표결권을 가지지 못하나, 가부 동수일 때에는 결정권을 가진다"는 것이다.
- 종전에는 가부 동수이면 가결된 것으로 하거나, 위원장에게 "결정권"을 행사하도록 한 입법례가 있었다.
- 그러나 가부 동수이면 과반수의 찬성이 아니므로 "부결"된 것으로 보는 것이 당연하다.

CASE Study 147 표결권과 결정권 ②

[입법례] OOOO시 OO구 물가대책위원회 설치 및 운영에 관한 조례 (일부개정) 2022.12.29 조례 제1654호 **제8조(위원회의 회의)** ④ 의장은 **표결권**을 가지며, 가부동수인 경우에는 **결정권**을 가진다.
OO군 군정조정위원회 조례 (일부개정) 2022.08.12 조례 제2620호 **제4조(회의)** ⑤ 위원회는 재적위원 과반수로서 행한다. 위원장은 **표결권**을 가지며, 가 · 부동수인 경우에는 **결정권**을 가진다.
아라가야문화제위원회 설치 · 운영에 관한 조례 (일부개정) 2022.12.26 조례 제2787호 **제7조(회의)** ③ 위원장은 **표결권**을 가지며, 가부동수일 경우에는 **결정권**을 가진다.
OOOO시 아동복지심의위원회 구성 및 운영에 관한 조례 (일부개정) 2022.12.30 조례 제8530호 **제7조(회의 등)** ③ 위원회의 의장은 **표결권**을 가지며, 가부동수일 때에는 **결정권**을 갖는다.
OO군 군정조정위원회 조례 (일부개정) 2023.03.02 조례 제2588호 **제5조(의사 및 의결정족수 등)** ① 위원회는 재적위원 과반수의 출석으로 개의하고 출석위원 과반수의 찬성으로 결정하되 위원장은 **표결권**을 가지며, 가부 같은 수인 경우에는 **결정권**을 가진다.

[검토사항: **위원장 표결권(O), 가부 동수 결정권(O)**]

- 위의 5건 조례 내용은 위원장에게 표결권과 가부동수의 결정권까지 부여하고 있다.
- 위원장에게 표결권 외에 다시 "결정권"을 주는 것은 의사결정의 민주적 방식에 부합되지 않으므로 특별한 사유가 없으면 이러한 규정은 두지 않도록 한다.

CASE Study 148 위원회, 수당

[입법례]

OO시 관광진흥 조례

(일부개정) 2022.11.16 조례 제1958호

제13조(수당) 위원회에 참석한 위원에 대하여는 「OO시 각종 위원회 설치 및 운영 조례」에 따라 수당을 지급할 수 있다.

OO군 경로당 지원 조례

(일부개정) 2022.12.19 조례 제3019호

제9조(위원의 수당 등) 위원 중 군 소속 공무원이 아닌 위원에 대해서는 예산의 범위 내에서 「OO군 각종 위원회 실비변상 조례」에서 정하는 바에 따라 수당과 여비를 지급할 수 있다.

OO 동구래 마을 창작스튜디오 운영조례

(일부개정) 2022.12.21 조례 제2642호

제20조(실비보상) 위원회의 회의에 출석한 OO군 소속 공무원이 아닌 위원에게는 예산의 범위에서 「OO군 각종 위원회 설치 및 운영 조례」에 따라 수당과 여비를 지급할 수 있다.

OO시 청소년육성위원회 등의 설치 및 운영 조례

(일부개정) 2022.11.15 조례 제1935호

제9조(수당 등) ① 위원회의 회의에 참석한 위원에 대하여는 예산의 범위에서 수당을 지급할 수 있다. 다만, 공무원인 위원이 그 소관 업무와 직접 관련하여 출석하는 경우에는 그러하지 아니하다.

[검토사항: **수당**]

- 수당 규정은 위원회 등에 관한 일반조례 즉, 위의 첫 번째부터 세 번째까지의 조례 「OO시 각종 위원회 설치 및 운영 조례」, 「OO군 각종 위원회 실비변상 조례」, 「OO군 각종 위원회 설치 및 운영 조례」 등에서 위원의 수당 등에 관한 규정이 있는 경우에는 예산의 범위에서 수당 등을 지급할 수 있다.
- 개별 위원회 조례에서 따로 수당 등에 관한 규정을 두지 않는다. 재(再)기재의 실익이 없기 때문에 삭제해도 무방하다.
- 만일 OO시에 「각종 위원회 수당에 관한 일반조례」 등이 없다면, 네 번째 조례와 같이 개별위원회 조례에서 수당에 관한 규정을 둘 수 있다.

CASE Study 149 수당, 조문 체계

[입법례] **OO군 참외산업 발전에 관한 조례**

(일부개정) 2022.12.08 조례 제2461호

제15조(수당 등) 위원회에 참석한 위원에 대하여는 예산의 범위 안에서 「OO군 각종 위원회 실비변상 조례」의 규정에 따라 수당을 지급할 수 있다.

제4장 보칙

제16조(수당지급) 위원회에 참석한 위원에게 지급하는 수당은 당해연도 예산 범위 내에서 OO군 농정심의회위원에게 지급하는 수당과 동일한 수준으로 지급한다. 다만, 공무원인 위원이 소관 업무와 관련하여 출석하는 경우에는 수당을 지급하지 아니한다.

[검토사항: **조문 체계**]

- 위의 조례에서 수당 지급에 대해 규정하지 않아도 「OO군 각종 위원회 실비변상 조례」 규정에 따라 수당을 지급할 수 있으므로, 재(再)기재의 실익이 없기 때문에 수당 등에 관한 규정을 두지 않아도 된다.
- 위의 조례는 재(再)기재 실익이 없는 규정을 2개조(제15조, 제16조)에 걸쳐 중복적으로 규정하고 있다.
- 같은 수당에 관한 규정인데도, 제4장 보칙 앞뒤로 나눠 제15조(수당 등)와 제16조(수당지급)가 분리 규정되어 있다.
- 설사 수당을 이 조례에서 규정하더라도 관련 있는 내용은 가까운 위치에 두는 것이 원칙이다.

CASE Study 150 보궐위원 임기 ①

[입법례]

OO시 지속가능발전 기본조례

(제정) 2022.12.19 조례 제3821호

제14조(위원의 임기) ③ 위촉위원의 사임 등의 사유로 새로 위촉된 위원의 임기는 전임위원의 **남은 임기**로 하되, 전임위원의 남은 임기가 6개월 미만인 경우에는 위촉하지 아니한다.

OOOO시 OO구 지속가능발전 기본조례

(제정) 2022.12.08 조례 제1715호

제12조(위원의 임기) ② 위촉직 위원(제11조제2항제2호는 제외한다)의 임기는 2년으로 하되, 두 차례만 연임할 수 있다. 다만, 임기 중에 교체되는 경우 후임자의 임기는 전임자의 **남은 임기**로 하며, 전임자의 남은 임기가 6개월 미만인 경우에는 위촉하지 아니한다.

OOO도 지속가능발전 기본조례

(제정) 2023-01-02 조례 제4791호

제13조(위원의 임기) ② 위촉직 위원의 임기는 2년으로 하되 두 차례까지 연임할 수 있다. 다만, 위원의 사임 등으로 임기 중에 교체되는 경우 새로 위촉된 위원의 임기는 전임위원 임기의 **남은 기간**으로 하되, 전임위원 임기의 남은 기간이 6개월 미만인 경우에는 위촉하지 아니한다.

OO시 지속가능발전 기본조례

(일부개정) 2022.11.30 조례 제2096호

제10조(위원 임기) ③ 위촉직 위원의 사임 등으로 새로 위촉된 위원의 임기는 전임위원 임기의 **남은 기간**으로 한다.

[검토사항: **보궐위원 임기, 남은 기간**]

- 위의 4건 조례처럼 실제 조례를 조사해 보면, 보궐위원의 임기를 전임자 임기의 남은 기간으로 정하는 조례가 절대 다수로 발견된다.
- 그러나 모든 위원의 임기를 통일해야 할 특별한 사유가 없으면 보궐위원의 임기를 전임자 임기의 남은 기간으로 한다는 규정은 두지 않는 방향으로 고려한다.

CASE Study 151 보궐위원 임기 ②

[입법례]

OOOO시 OOO구 청소년 기본조례

(일부개정) 2022.11.16 조례 제1542호

제18조(위원의 임기) 위촉 위원의 임기는 2년으로 하되 한 차례만 연임할 수 있다. 다만 OOO구의회 의원 및 공무원인 위원의 임기는 해당 직의 재임기간으로 하며, 위원의 결원으로 새로 위촉된 위원의 임기는 **새로이 개시된다**.

OOOO시 인권 기본조례

(일부개정) 2022.12.30 조례 제8589호

제19조(구성) ③ 구제위원회 위원의 임기는 3년으로 하며 연임할 수 없다. 다만, 보궐위원의 임기는 **새로 시작한다**.

OOOO시 OO구 도시관리공단 설립 및 운영에 관한 조례

(일부개정) 2022.12.30 조례 제1476호

제11조(보궐임원의 임기) 임기 중에 임원의 결원이 생겼을 때, 그 후임자의 임기는 임명일부터 **새로 시작한다**.

OO광역시 예술기반시설 설치 및 운영에 관한 조례

(일부개정) 2022-12-12 조례 제5883호

제10조(위원의 임기) ② 위원 중 공무원이 아닌 위원의 사임 등으로 인하여 새로 위촉된 위원의 임기는 위촉일부터 **새로 시작한다**.

OO시의회 의원 행동강령 조례

(일부개정) 2023.03.16 조례 제2032호

제22조(위원의 임기) ② 위원이 공석이 되면 의장은 지체 없이 새로운 위원을 임명하거나 위촉하여야 한다. 이 경우 후임 위원의 임기는 **새로이 개시된다**.

[검토사항: **보궐위원 임기, 새로 개시**]

- 모든 위원의 임기를 통일해야 할 특별한 사유가 없으면 보궐위원의 임기를 전임자 임기의 남은 기간으로 한다는 규정은 두지 않는다.
- 위의 5건 조례처럼 임기가 “새로이 개시 또는 시작한다”고 규정하는 방안을 고려해 본다.

CASE Study 152 보궐위원의 표현

[입법례]

OO군 건강가정 지원센터 설치 및 운영 조례

(일부개정) 2022.07.08 조례 제2787호

제6조(위원회의 구성 및 운영 등) ③ 위원의 임기는 3년으로 하되, 2회 연임할 수 있다. 다만, **자리를 메운 위원**의 임기는 전임자의 남은 임기로 한다.

OO군 거주외국인 지원 조례

(일부개정) 2022.07.08 조례 제2787호

제8조(구성 및 임기) ④ 위촉직위원의 임기는 2년으로 하되 연임할 수 있다. 다만, **채움 위원**의 임기는 전임자의 남은 기간으로 한다.

OO시 청소년 권리 증진을 위한 조례

(제정) 2023.01.31 조례 제2030호

제20조(임기) ③ 위원장, 부위원장을 포함하여 결원이 생겼을 때 그 **빈자리를 채운 모든 위원**의 임기는 **이전 위원**의 남은 기간으로 한다.

OO도 산업입지심의회 운영 등에 관한 조례

(일부개정) 2022-12-30 조례 제7495호

제4조(임기) 위촉직위원의 임기는 2년으로 하며, 한 차례만 연임할 수 있다. 다만, 보궐위원의 임기는 **궐위된 위원**의 남은 위촉기간으로 한다.

[검토사항: **보궐위원의 표현**]

- 위의 3건의 조례에서 보궐위원을 "자리를 메운 위원", "채움 위원", "빈자리를 채운 모든 위원"으로 표현하였다.
- 전임자는 "이전 위원", "궐위된 위원"으로 표현하고 있다.
- 표현에 아름다운 면이 있기는 하지만, 상위법령에서 사용하는 용어와 표현은 존중하는 것이 국법 체계의 통일성과 안정성을 위해 필요하다.

CASE Study 153 연임과 중임

[입법례] **OO시 대중교통육성 및 이용촉진을 위한 조례**

(일부개정) 2023.01.04 조례 제2014호

제20조(자문기구의 구성 등) ③ 자문위원의 임기는 2년으로 한 차례에 한해 **연임 또는 중임**할 수 있으며, 위원으로 위촉된 자는 임기 만료 후 재위촉될 수 없다.

제29조(임기) 위원의 임기는 2년으로 한 차례에 한해 **연임 또는 중임**할 수 있으며, 위원으로 위촉된 자는 임기 만료 후 재위촉될 수 없다.

[검토사항: **용어 구별, 중임과 연임**]

- "연임"이란 "하나의 직위에 임기가 만료된 후 새로운 임기의 시작과 함께 연이어 취임하는 것"을 의미하고, "중임"이란 "단임의 반대 의미로 하나의 직위에 임기가 만료된 후 바로 이어서 또는 일정 기간이 지난 후에 다시 취임하는 것"을 의미한다.
- 위의 조례에서 "연임 또는 중임"의 표현이 있는데, 내용으로 보면 "중임"보다는 "연임"에 가까운 것으로 보인다. 용어를 구별해서 사용할 필요가 있다.

CASE Study 154 비상임위원

[입법례] **OO시 박물관 및 미술관 진흥 조례**

(일부개정) 2023.01.10 조례 제2631호

제11조(위원의 임기) ① 위원회의 위원은 **비상설위원**으로하며 위원회가 개최될 때마다 시장이 임명 또는 위촉한다.

OO시설공단 설치 조례

(일부개정) 2022－12－28 조례 제6780호

제6조(이사의 구성) 이사는 **상임**이사와 비상임이사로 구분하되, 비상임이사의 정수는 시의 3급 이상 관련 업무 담당공무원을 포함하여 정관으로 정하고, 상임이사의 정수는 이사장을 포함한 이사 정수의 100분의 50 미만으로 한다.

[검토사항: **정확한 용어 표현**]

- 위의 첫 번째 조례에서 사용된 "비상설"이라는 단어는 기구, 공연장 등에 붙여 쓰여지나, 사람에게는 쓰이지 않는 단어이다.
- 사람에게는 두 번째 조례에서 사용된 비상임이사, 비상임 고문, 비상임 감사처럼 "비상설"이 아닌 "비상임"이라는 용어가 적합하다.

CASE Study 155 회의, 개회

[입법례] **OO광역시 OO국제공항권역 공공보건의료기관 설립 지원을 위한 조례**

(일부개정) 2023-02-03 조례 제6978호

제10조(회의) ⑤ 위원회의 회의는 재적위원 과반수의 출석으로 개회하고, 출석위원 과반수의 찬성으로 의결한다.

OO군 장학사업기금 조성 및 운용 조례

(일부개정) 2022.08.16 조례 제3146호

제10조(회의) ③ 회의는 위원 과반수의 출석으로 개회하고, 출석위원 과반수의 찬성으로 의결한다.

OOO도 대학생 등 학자금 이자지원 조례

(일부개정) 2023-02-02 조례 제5330호

제10조(회의) 위원회의 회의는 재적위원 과반수의 출석으로 개회하고, 출석위원 과반수의 찬성으로 의결한다.

OO광역시 식생활 교육지원 조례

(일부개정) 2022-12-01 조례 제2646호

제8조(위원회의 운영) ④ 위원회의 회의는 재적위원 과반수의 출석으로 개회하고, 출석위원 과반수의 찬성으로 의결한다.

OO군 노인·아동 급식위원회 설치 및 운영 조례

(일부개정) 2022.08.12 조례 제2620호

제9조(회의) ② 회의는 재적위원 과반수의 출석으로 개회하고 출석위원 과반수의 찬성으로 의결한다.

OO광역시 O구 홍보물 심의 및 보급에 관한 조례

(제정) 2022.12.21 조례 제1517호

제6조(회의) ② 회의는 재적위원 과반수의 출석으로 개회하고, 출석위원 과반수의 찬성으로 의결한다.

OOOO시 OO구 공익활동 촉진에 관한 조례

(일부개정) 2023.03.02 조례 제1690호

제7조(운영) ④ 위원회 회의는 재적위원 과반수의 출석으로 개회하고 출석위원 과반수의 찬성으로 의결한다.

[검토사항: **정확한 표현, 개회(X) → 개의(O)**]

- 법제업무에서는 상위법령에서 사용하는 용어와 표현을 존중하여 같은 용어는 가능한 한 정의도 같도록 표현한다.
- 사전적 의미로 개의(開議)는 "안건에 대한 토의를 시작함"의 의미이다.
- 개회는 "회의를 절차에 따라 시작함"의 의미가 있다.
- 국회에서는 국회가 집회 되어 임시회 또는 정기회를 여는 것을 "개회"라 하고, 이와 구별하여 회기 중 실제로 당일의 본회의를 시작하는 것을 "개의"라 한다.
- 위의 7건 조례에서 본문 중 "개회"를 '개의(開議)"로 수정한다.

CASE Study 156 회의, 개최

[입법례] **OO시 농업기계 임대사업장 설치·운영 조례** (일부개정) 2023.02.01 조례 제249호 **제18조(회의 및 의결)** ② 위원회의 회의는 재적위원 과반수의 출석으로 개최하고 출석위원 과반수의 찬성으로 의결한다.
OO광역시 바이오헬스산업육성 및 지원에 관한 조례 (일부개정) 2023-02-03 조례 제6978호 **제9조(협의회 운영)** ③ 회의는 재적위원 과반수의 출석으로 개최하고, 출석위원 과반수의 찬성으로 의결한다.
OO시 시정조정위원회 조례 (일부개정) 2022.12.30 조례 제2085호 **제4조(회의)** ⑤ 위원회는 재적위원 과반수의 출석으로 회의를 개최하고 출석위원 과반수의 찬성으로 의결한다.

[검토사항: **정확한 표현, 개최(X), 개의(O)**]

- 위의 3건 조례 본문 중 "개최"를 "개의(開議)"로 수정한다. 용어를 정확히 투사할 필요가 있다.
- [입법모델]
  - "위원회의 회의는 재적위원 과반수의 출석으로 개의(開議)하고, 출석위원 과반수의 찬성으로 의결한다."
- "개최"는 "모임이나 행사 따위를 주최하여 열다"는 뜻을 가지고 있다.

CASE Study 157 회의, 시작

[입법례]

OO군 농업기계 임대사업 운영 조례

(일부개정) 2022.11.07 조례 제2954호

제13조의5(위원회의 회의) ② 회의는 전체위원 과반수 출석으로 시작하고, 출석위원 과반수 찬성으로 의결한다.

OO광역시 OO구 평생학습관건립기금 설치 및 운용에 관한 조례

(일부개정) 2022.08.01 조례 제1134호

제10조(위원회의 운영) ③ 위원회의 회의는 재적위원 과반수의 출석으로 시작하고, 출석위원 과반수의 찬성으로 의결한다.

OO군 주민참여예산제 운영 조례

(일부개정) 2022.08.12 조례 제2620호

제16조(회의 및 의결) ③ 위원회 및 분과위원회는 재적위원 과반수 출석으로 회의를 시작하고, 출석위원 과반수 찬성으로 의결한다.

OO시 신항만발전위원회 설치 운영 조례

(일부개정) 2022.10.07 조례 제1684호

제7조(회의) ④ 위원회의 회의는 재적위원 과반수의 출석으로 시작**하고 의결이 필요할 경우**, 출석위원 과반수의 찬성으로 의결한다.

OO광역시 ESG 경영 지원 조례

(일부개정) 2022-12-29 조례 제2662호

제10조(위원회의 운영) ③ 위원회의 회의는 재적위원 과반수의 출석으로 열고, 출석위원 과반수의 찬성으로 의결한다.

[검토사항: **정확한 표현, 시작 → 개의**]

- 위의 첫 번째부터 네 번째까지의 조례 본문에서는 "회의는 …… 시작하고"로, 다섯 번째 조례는 "회의는 …… 열고"로 표현하고 있다.
- [입법모델] "위원회의 회의는 재적위원 과반수의 출석으로 개의(開議)하고, 출석위원 과반수의 찬성으로 의결한다."
- (용어의 통일성) 하위법령은 상위법령에서의 사용 용어를 특별한 사정이 없으면 다른 용어로 바꾸어 사용하면 안 된다.
- 위의 조례에서 "시작하고"와 '열고"를 각각 "개의하고"로 수정한다.

CASE Study 158 출석위원 or 참석위원

[입법례]

OO군 농산물가공지원센터 설치 및 운영 조례

(일부개정) 2022.08.10 조례 제2731호

제8조(위원회 회의) ② 위원회 회의는 재적위원 과반수 참석으로 개의하고, 참석위원 과반수 찬성으로 의결한다.

OO군 지방보조금 관리 조례

(일부개정) 2022.08.12 조례 제2620호

제13조(위원회 회의) ② 위원회의 회의는 민간위원과 공무원을 포함한 재적위원 과반수의 출석으로 개의하고, 참석위원 과반수의 찬성으로 의결한다.

OO군 농축산물 가격안정기금 설치와 운용에 관한 조례

(전부개정) 2022.09.30 조례 제2340호

제11조(위원회의 회의) ② 위원회의 회의는 재적위원 과반수의 출석으로 개의하고, 참석위원 과반수의 찬성으로 의결한다.

OOOO시 OO구 교통안전정책심의위원회 구성 및 운영에 관한 조례

(일부개정) 2022.09.22 조례 제1701호

제7조(회의) ③ 위원회는 재적위원 과반수의 **참석으로 회의를 시작하고,** 참석위원 과반수의 찬성으로 의결한다.

OO군 특산물 먹거리센터 설치 및 운영 조례

(일부개정) 2022.09.02 조례 제2243호

제10조(회의 및 의결) ② 운영위원회의 회의는 재적위원 과반수 **참석**으로 개의하고 참석위원 과반수 찬성으로 의결한다.

OO광역시 물 순환 회복 기본조례

(일부개정) 2022-12-29 조례 제2662호

제16조(회의) ③ 회의는 재적위원 과반수의 **참석**으로 개의하고, 참석위원 과반수의 찬성으로 의결한다.

[검토사항: **정확한 표현, 참석위원 → 출석위원**]

- 위의 6건 조례에서 "참석위원"이라는 단어를 사용하였는데, 상위법령에서 사용하는 용어와 표현을 존중해야 한다.
- 헌법 제49조는 "국회는 헌법 또는 법률에 특별한 규정이 없는 한 재적의원 과반수의 출석과 출석의원 과반수의 찬성으로 의결한다."고 규정하고 있다.

CASE Study 159 의사정족수와 의결정족수 ①

[입법례]

OOO도 도정조정회의 조례

(일부개정) 2022-08-10 조례 제5256호

제2조(도정조정회의의 설치 및 구성) ③ 도정조정회의의 의장은 도지사가 되고 부의장은 행정부지사가 되며, 위원은 다음 각 호의 사람이 된다.

1. 정무부지사
2. 「OOO도 행정기구 및 정원 운영에 관한 조례」 제5조에 따른 실·국·본부장 및 같은 조례 시행규칙 제7조에 따른 도지사 또는 부지사 직속 보조·보좌기관의 장(이하 "실국장등"이라 한다)
3. 정책기획관
4. OO도립대학교 총장
5. OOO도 정책자문위원회위원장
6. OO연구원장
7. OOO도 여성가족연구원장

제8조(의사 및 의결정족수) ② 도정조정회의는 **전원합의**를 원칙으로 한다. 다만, 의장이 필요하다고 인정하는 경우에는 출석위원 3분의 2이상의 찬성으로 의결할 수 있다.

OO광역시립박물관 운영 조례

(일부개정) 2022-12-28 조례 제6812호

제28조(유물평가위원회) ③ 위원회의 회의는 매 회의마다 시장이 지명하는 3명 이상 5명 이하의 위원으로 구성·운영하고, 회의는 시장이 소집하며, 심의·의결은 출석위원 **전원합의**에 따른 연서로 한다.

OOOOOO시 시립박물관 운영 조례

(일부개정) 2022.12.20 조례 제2036호

제25조(감정위원회의 구성) ① 감정위원회는 필요한 경우 수시로 운영하며, 위원장 1명을 포함하여 분야별 전문가 3명 이상 5명 이내의 위원으로 구성한다.

제28조(감정위원회의 운영) ② 감정위원회의 심의는 3명 이상의 위원이 참석하여 **전원이 합의**하여 의결하고, 이 경우 감정위원회의 위원은 자료 심의 결과보고서에 각각 자필 서명해야 한다.

[검토사항: **의사정족수/의결정족수, 전원합의**]

- 위의 첫 번째 조례는 도정조정회의에서, 두 번째와 세 번째 조례는 유물평가위원회와 감정위원회에서 일반적인 의사정족수와 의결정족수가 아닌 "전원합의"를 원칙으로 요구하고 있다.
- 첫 번째 조례는 회의 구성원 수가 너무 많아 전원합의가 쉽지 않고, 두 번째, 세 번째 조례는 구성원 수가 5명 이내로 적고, 유물평가 또는 감정 업무의 특성상 전원합의가 필요한 측면이 있다고 보이는데 가능한지 확인해 본다.
- 보편적인 민주주의 의사결정 방식에 예외적인 이러한 특별 의결정족수를 요구하는 근거가 무엇인지 확인하고 가능한지를 점검해 본다.

CASE Study 160 의사정족수와 의결정족수 ②

[입법례] **OO광역시 건축 조례**

(일부개정) 2022－12－28 조례 제6804호

제10조(건축민원전문위원회) ② 건축민원전문위원회는 위원회의 위원 중에서 법률전문가를 포함하여 회의마다 해당 질의민원 관련 위원 6명 이상 10명 이하의 위원으로 성별을 고려하여 구성한다.

④ 건축민원전문위원회의 회의는 위원 **3분의 2 이상의 출석**으로 개의하고, 출석위원 **4분의 3 이상의 찬성**으로 의결한다.

[검토사항: **의사정족수/의결정족수: 재적 2/3, 출석 3/4**]

- 위원의 수가 10명 이하로 적긴 하지만, 위의 조례에서 요구하는 의사정족수와 의결정족수가 과다하지 않은지, 실현 가능성이 있는 의사결정 방식인지 점검해 본다.

CASE Study 161 의사정족수와 의결정족수 ③

[입법례] **OO시 아동 주거빈곤 해소를 위한 지원 조례**

(일부개정) 2023.01.06 조례 제1897호

제12조(회의) ④ 위원회의 회의는 **재적위원 3분의 2 이상**의 출석으로 개의하고, **출석위원 3분의 2 이상**의 찬성으로 의결한다.

OO시 이스포츠(전자스포츠) 진흥 조례

(일부개정) 2023.01.06 조례 제1897호

제11조(회의) ④ 위원회의 회의는 **재적위원 3분의 2 이상**의 출석으로 시작하고, **출석위원 3분의 2 이상**의 찬성으로 의결한다.

OO시 향토문화유산보호 조례

(일부개정) 2022.09.20 조례 제1854호

제8조(위원회 운영) ② 위원회는 재적위원 3분의 2 이상의 출석으로 개의(開議)하고 출석위원 3분의 2 이상의 찬성으로 의결한다.

OO 야송미술관 설치 및 관리 운영 조례

(일부개정) 2022.08.10 조례 제2242호

제22조(회의) ③ 수집위원회의 회의는 **재적위원 3분의 2 이상**의 출석으로 개의하고 출석위원 3분의 2 이상의 찬성으로 의결한다.

[검토사항: **의사정족수/의결정족수: 재적 2/3, 출석 2/3**]

- 위의 첫 번부터 세 번째까지의 조례는 같은 지방자치단체 소관의 조례인데, 의사정족수와 의결정족수의 비율이 모두 상당히 높은데 그 근거가 있는지 확인해 본다.

CASE Study 162 의사정족수와 의결정족수 ④

[입법례] **OO광역시 O구 도시관리공단 설립 및 운영에 관한 조례**

(일부개정) 2022.07.22 조례 제1243호

제18조(회의) ① 위원회의 회의는 **재적위원 3분의 2** 이상의 출석으로 개의하고 **재적위원 과반수**의 찬성으로 의결한다.

[검토사항: **재적 2/3, 재적 과반**]

- 위의 조례의 의사정족수와 의결정족수는 흔한 조합은 아니다. 그 근거를 찾아본다.

CASE Study 163 의사정족수와 의결정족수 ⑤

[입법례]

OO군 지역발전기금 설치 및 운용조례

(일부개정) 2022.09.02 조례 제2243호

제12조(회의) 위원회는 **재적위원 3분의 2 이상**의 출석으로 개의하고, **출석위원 과반수의 찬성**으로 의결한다.

OO군 농업발전위원회 설치 및 운영 조례

(일부개정) 2022.12.30 조례 제3145호

제6조(회의 및 운영) ④ 회의는 **재적위원 2/3 이상**의 출석으로 개의하고 출석위원 과반수의 찬성으로 의결한다.

OO광역시 물류단지 실수요검증위원회 구성 및 운영 조례

(일부개정) 2022－07－15 조례 제2632호

제4조(회의) ② 위원회의 회의는 **재적위원 3분의 2 이상**의 출석으로 개의하고, 출석위원 과반수의 찬성으로 의결한다.

OO시 시정 홍보 등에 관한 조례

(일부개정) 2022.08.02 조례 제2868호

제7조(회의 등) ② 위원회의 회의는 **재적위원 2/3 이상**의 출석으로 개의하고, 출석위원 과반수의 찬성으로 의결한다.

OO시 농촌전문인력육성기금 설치 및 관리·운용 조례

(일부개정) 2022.12.23 조례 제1326호

제10조(위원회의 회의) ③ 위원회의 회의는 **재적위원 3분의 2 이상**의 출석으로 개의(開議)하고, 출석위원 과반수의 찬성으로 의결한다.

[검토사항: **의사정족수/의결정족수: 재적 2/3, 출석 과반**]

- 위의 5건 조례는 의사정족수(재적위원 3분의 2 이상의 출석)가 일반 의사정족수는 아니다. 의사정족수 비율을 이렇게 높게 규정해야 할 이유를 찾아 본다.

CASE Study 164 의사정족수와 의결정족수 ⑥

[입법례] **OO군 의정비심의위원회 구성 및 운영에 관한 조례**

(제정) 2022.07.29 조례 제2719호

제7조(심의회의 운영 등) 심의회의 회의는 재적위원 과반수의 출석으로 개의하고, 재적위원 3분의 2 이상의 찬성으로 의결한다.

OO군 의정비심의위원회 구성 및 운영에 관한 조례

(일부개정) 2023.03.02 조례 제2588호

제5조(심의회의 운영) ② 심의회는 재적위원 과반수의 출석으로 시작하고, 재적위원 3분의 2 이상의 찬성으로 의결한다.

OO군 의정비심의위원회 구성 및 운영에 관한 조례

(일부개정) 2023.02.24 조례 제2787호

제7조(심의회의 운영) ② 심의회의 회의는 재적위원 과반수의 출석으로 개의하고, 재적위원 3분의 2 이상의 찬성으로 의결한다.

[검토사항: 의사정족수〈의결정족수: 재적 과반, 재적 2/3]

- 위의 3건 조례 내용은 의사정족수(재적 과반)보다 의결정족수(재적 2/3)가 더 높은 비율이다.
- 이게 의사결정을 가능하게 할 수 있는 조합인지 그 합리성을 점검해 본다.

CASE Study 165 의사정족수와 의결정족수 ⑦

[입법례]

OO군 북한이탈주민 정착 지원에 관한 조례

(제정) 2022.07.29 조례 제2723호

제11조(협의회의 운영 등) ② 협의회의 회의는 **재적위원 과반수의 출석**으로 회의를 시작하고, **출석위원 3분의 2 이상**의 찬성으로 의결한다.

OO광역시 지역경제협의회 조례

(일부개정) 2022-12-29 조례 제2662호

제6조(회의) ③ 회의는 재적위원 과반수의 출석으로 개의하고 **출석위원 3분의 2 이상**의 찬성으로 의결한다.

OOO도 지역경제협의회 설치 및 운영 조례

(일부개정) 2022-12-30 조례 제5311호

제7조(회의 및 의결) ④ 협의회의 회의는 재적위원 과반수 참석으로 회의를 시작하고 **출석위원 3분의 2이상의 찬성**으로 의결한다.

[검토사항: **의사정족수/의결정족수: 재적 과반, 출석 2/3**]

- 의결정족수는 특별한 사유가 없으면 과반수로 정한다.
- 출석위원 3분의 2 이상의 찬성으로 의결한다고 규정해야 할 사유를 확인해 본다.

CASE Study 166 의사정족수와 의결정족수 ⑧

[입법례] OO도 수소산업 육성 및 지원에 관한 조례

(일부개정) 2022-12-30 조례 제7494호

제13조(위원회의 구성 및 운영) ⑥ 위원회 회의는 **재적위원 과반수의 출석**으로 개최하고, **재적위원 과반수의 찬성**으로 의결한다.

OOOOOO도 전기자동차 보급 촉진 및 이용 활성화에 관한 조례

(일부개정) 2022-11-23 조례 제3239호

제9조(위원회 운영) ② 위원회의 회의는 재적위원 과반수의 출석으로 개의하고, **재적위원 과반수의 찬성**으로 의결한다.

[검토사항: **의사정족수/의결정족수: 재적 과반, 재적 과반**]

- 위의 2건의 조례에서처럼 의사정족수와 의결정족수를 각각 재적위원 과반수로 동일하게 규정한 조합은 흔치 않다. 그 근거를 확인해 본다.

CASE Study 167 의사정족수와 의결정족수 ⑨

[입법례]

OO시 의료급여심의위원회 조례

(일부개정) 2023.01.25 조례 제952호

제2조 (구성) ① 위원회는 위원장 및 부위원장 각 1인을 포함한 위원 5인 이내로 구성한다.

제6조 (회의) ③ 위원회의 회의는 재적위원 과반수의 출석으로 개의하고 출석위원 과반수의 찬성으로 의결한다.

OO광역시 OO구 시민권익위원회 설치 및 운영에 관한 조례

(일부개정) 2023.02.24 조례 제1754호

제5조(위원회 구성 등) ① 위원회는 위원장 및 부위원장 각 1명을 포함한 5명 이내의 위원으로 구성한다.

제10조(회의운영) ② 위원회의 회의는 위원장과 부위원장을 포함한 재적위원 과반수의 출석으로 개의하고, 출석위원 과반수의 찬성으로 심의 · 의결한다.

[검토사항: **의사정족수/의결정족수, 소수의 위원**]

- 위의 조례는 위원회 구성원 수(5명)가 너무 적어 의사정족수 및 의결정족수 규정의 의의가 있는지 확인해 본다.
- 의사결정의 정당성을 인정받을 수 있는 위원 수를 고려해 본다.

CASE Study 168 같은 제명을 가진 조례의 의사정족수와 의결정족수

[입법례]

OO광역시 OO군 건축조례

(일부개정) 2022.12.22 조례 제1328호

제12조(건축민원전문위원회) ④ 건축민원전문위원회의 회의는 위원 3분의 2 이상의 출석으로 개의하고, 출석위원 4분의 3 이상의 찬성으로 의결한다.

OOOO시 건축조례

(일부개정) 2022.12.30 조례 제8530호

제6조의4(건축민원전문위원회 회의운영) ③ 회의는 재적위원 과반수의 출석으로 개의하고 출석위원 과반수의 찬성으로 의결한다.

OO시 건축조례

(일부개정) 2022.08.01 조례 제2369호

제11조(건축민원전문위원회 회의운영) ③ 회의는 재적위원 과반수의 출석으로 개의하고 출석위원 과반수의 찬성으로 의결한다.

OOO도 건축조례

(일부개정) 2022-08-04 조례 제5254호

제12조의2(건축민원전문위원회) ⑥ 민원전문위원회의 회의는 재적위원 과반수의 출석으로 개의하고, 출석위원 과반수의 찬성으로 의결한다.

[검토사항: **의사정족수/의결정족수: 같은 조례명**]

- [입법모델] "위원회의 회의는 재적위원 과반수의 출석으로 개의하고, 출석위원 과반수의 찬성으로 의결한다."
- 위의 4건 조례 중 첫 번째 조례는 나머지 3건 조례와 같은 제명의 건축조례이고, 같은 건축민원전문위원회를 구성하고 있는데, 의사정족수(재적위원 2/3)와 의결정족수(출석위원 3/4)에 있어 상당히 높은 비율을 요구하고 있다.
- 그 특별한 사유가 있는 것인지, 합리적인지 점검해 본다.

CASE Study 169 의사정족수와 의결정족수의 표현 ①

[입법례]

OO도 지역경제협의회 설치 및 운영에 관한 조례

(일부개정) 2022－12－30 조례 제7495호

제6조(회의개최) ④ 협의회의 회의는 **재적위원 4분의 1 이상**의 출석으로 개의하고, 출석위원 3분의 2 이상의 찬성으로 의결한다.

OO시의회 의정자문위원회 조례

(일부개정) 2022.08.18 조례 제1943호

제5조(회의) ④ 위원회는 재적위원 **3분의 1 이상의 출석**으로 개의하고, **재적위원 과반수 출석**과 출석위원 과반수의 찬성으로 의결한다.

OOOO시 민원조정위원회 조례

(일부개정) 2022.12.30 조례 제8530호

제6조(회의의 구성) ① 위원회의 회의는 민원사항에 따라 7명의 위원으로 구성한다.
제7조(회의의 소집 등) ② 위원회의 회의는 위원 **4명 이상의 출석으로 개의**하고, 출석위원 과반수의 찬성으로 의결한다.

OO도 감정노동자의 보호 및 건전한 노동문화 조성에 관한 조례

(일부개정) 2022－12－30 조례 제7495호

제15조(위원회 회의 등) ③ 위원장이 회의를 소집하고, **과반수 출석에 과반수 찬성으로 의결**한다.

[검토사항: **부자연스런 표현**]

- [입법모델] “위원회의 회의는 재적위원 과반수의 출석으로 개의하고, 출석위원 과반수의 찬성으로 의결한다.”
- 위의 3건의 조례에서 의사정족수에 관해 “재적위원 4분의 1 이상”, “재적위원 3분의 1 이상”, “4명 이상의 출석”이라는 표현을 쓰고 있다.
- 상위법령에서 사용하는 용어와 표현을 가능한 한 존중할 필요가 있다.
- 두 번째 조례 본문은 “재적위원 3분의 1 이상의 출석”과 “재적위원 과반수 출석”으로 표현되어 의사정족수 출석인원이 중복적으로 상이하게 규정되어 있다.
- 네 번째 조례 본문에 “과반수 출석에 과반수 찬성”의 표현에서 후자의 과반수가 출석위원 과반수인지 재적위원 과반수인지 불분명하다.

CASE Study 170 의사정족수와 의결정족수의 표현 ②

[입법례]

OO광역시 통합 돌봄 지원 조례

(제정) 2022-12-14 조례 제6001호

제12조(위원회의 운영) ④ 위원회의 회의는 재적위원 과반수의 출석으로 개의하고 안건에 대한 의결이 필요한 경우에는 출석위원 과반수의 찬성으로 한다.

OO시 환경교육 활성화 및 지원 조례

(제정) 2022.08.12 조례 제1991호

제10조(회의) ③ 회의는 위원 과반수의 출석으로 개의하며, 의장이 필요하다고 인정하는 경우에는 서면으로 위원의 자문을 구할 수 있다.

[검토사항: **부자연스런 표현과 구조**]

- 위의 첫 번째 조례 본문에 "안건에 대한 의결이 필요한 경우에는" 표현은 입법경제상 굳이 하지 않아도 되는 표현은 아닌지 점검해 본다.
- 두 번째 조례 제10조제3항에서 의사정족수는 있는데, 의결정족수에 대한 내용은 없다.
- 제10조제3항의 조문 후반부 구성이 체계 구조상 표현이 부자연스럽다. 규율 내용의 합리적 구조를 점검해 본다.

CASE Study 171 회의록 작성 · 보존 주체, 지방자치단체의 장 ①

[입법례]

OO군 각종 위원회 설치 및 운영에 관한 조례

(제정) 2023.02.24 조례 제2787호

제18조(회의록의 작성 및 공개) ① 군수는 다른 법령 · 조례 등에 특별한 규정이 있는 경우를 제외하고, 회의의 개최일시, 장소, 출석위원, 심의안건, 발언내용, 회의결과 등을 포함한 위원회 회의록을 기록 · 보관해야 한다.

OOOO시 OOO구 각종 위원회 설치 및 운영 조례

(일부개정) 2023.02.22 조례 제1569호

제15조(회의록의 작성 및 공개) ① 구청장은 다른 법령이나 조례 등에 특별한 규정이 있는 경우를 제외하고, 별지 제2호 및 제3호 서식에 따라 다음 각 호의 사항을 포함한 회의록을 작성하여 보관하여야 한다.

OO시 각종 위원회 설치 및 운영에 관한 조례

(일부개정) 2023.02.20 조례 제3868호

제18조(회의록의 작성 및 공개) ① 시장은 다른 법령 · 조례 등에 특별한 규정이 있는 경우를 제외하고, 회의의 개최 일시, 장소, 출석위원, 심의 안건, 발언 내용, 회의 결과 등을 포함한 위원회 회의록을 기록 · 보관하여야 한다.

[검토사항: **회의록 작성 · 보존의 주체, 지방자치단체의 장**]

- 회의록 작성 · 보존의 주체를 해당 "위원회", 해당 위원회의 "위원장 또는 간사"로 규정한 입법례가 많다.
- 회의록의 작성 · 보존 의무는 간사, 위원장 등 개별 구성원의 의무가 아니라 "위원회 자체의 의무"로 볼 수 있다.
- 다만, 지방자치단체의 의사를 결정하고 이를 대외적으로 표시하는 권한이 있는 합의제행정기관인 위원회와 달리 지방자치단체의 의사결정에 보조적인 역할을 수행하는 위원회의 경우에는 위원회를 "법령상 회의록의 작성 · 보존 주체"로 규정하는 것은 적절하지 않고, 해당 위원회가 소속된 "지방자치단체의 장"을 회의록의 작성 · 보존 주체로 규정하는 것이 바람직하다는 것이다.
- 위의 3건 조례는 회의록 작성 · 보존의 주체로 군수, 구청장, 시장을 각각 규정하고 있다.

CASE Study 172 **회의록 작성 · 보존 주체, 지방자치단체의 장 ②**

<table>
<tr><td>[입법례]
OO군 안전관리자문단 운영 조례
(일부개정) 2022.08.10 조례 제2727호

제11조(회의록 등) ① 군수는 회의록을 작성 보관하여야 한다.</td></tr>
<tr><td>OO군 주소정보 등에 관한 조례
(일부개정) 2022.08.12 조례 제2620호

제11조(위원회의 회의록 작성) 군수는 다음 각 호의 사항을 포함한 회의록을 작성 · 비치하여야 한다.</td></tr>
<tr><td>OO광역시 O구 지방보조금 관리 조례
(일부개정) 2022.07.22 조례 제1243호

제22조(회의록의 비치) 구청장은 회의를 개최한 때에는 회의록을 작성하여 비치하여야 한다.</td></tr>
<tr><td>OO광역시 주소정보 등에 관한 조례
(일부개정) 2022-07-28 조례 제6863호

제11조(위원회의 회의록 작성) 시장은 다음 각 호의 사항을 포함한 회의록을 작성하고 관리하여야 한다.</td></tr>
<tr><td>OO광역시 건축물 미술작품 설치 및 관리 조례
(일부개정) 2022-07-28 조례 제6866호

제14조(회의록 작성) 시장은 회의록을 작성 · 보관하여야 하며 속기록 또는 녹음기록 중 어느 하나를 통하여 위원회의 회의 내용을 기록하여야 한다.</td></tr>
<tr><td>OOOO시 주소정보 등에 관한 조례
(일부개정) 2022.12.30 조례 제8530호

제11조(회의록의 작성) 시장은 다음 각 호의 사항을 포함한 회의록을 작성 · 관리하여야 한다.</td></tr>
</table>

[검토사항: **회의록 작성 · 보존의 주체, 지방자치단체의 장**]

- 회의록 작성·보존의 주체는 해당 위원회가 소속된 "지방자치단체의 장"으로 규정하는 것이 바람직하고, 그 다음이 위원회이다.
- 그런데 실제 조례에서는 뒤에서 보는 것처럼 "위원장", "간사"를 회의록 작성·보존의 주체로 규정한 조례가 많다.

CASE Study 173 회의록 작성 · 보존 주체, 위원회

[입법례]

OO광역시 건축 조례

(일부개정) 2022-04-15 조례 제5856호

제16조(회의록 등의 비치) ① 위원회는 회의록 및 심의의결서를 작성 · 비치하여야 한다.

OOOO시 OO구 물가대책위원회 설치 및 운영에 관한 조례

(일부개정) 2022.12.29 조례 제1654호

제8조(위원회의 회의) ⑤ 위원회는 회의록을 작성, 비치하여야 한다.

OO시 지방보조금 관리 조례

(전부개정) 2022.08.05 조례 제2066호

제17조(회의록의 비치) 위원회는 회의를 개최한 때에는 회의록을 작성하여 비치하여야 한다.

OO시 청소년 기본조례

(제정) 2022.12.22 조례 제2188호

제27조(회의록) 위원회는 회의 사항에 관한 회의록을 작성 · 비치해야 한다.

OOOO시 건축 조례

(일부개정) 2022.12.30 조례 제8530호

제10조(회의록 등의 비치) ① 위원회는 회의록 또는 심의의결서를 작성 · 비치하여야 한다.

OO광역시 물류정책위원회 조례

(일부개정) 2022-12-01 조례 제2646호

제6조 (회의록) 위원회는 회의록을 작성 · 비치하여야 한다.

[검토사항: **회의록 작성 · 보존의 주체, 위원회**]

- 회의록의 작성·보존 의무는 간사, 위원장 등 개별 구성원의 의무가 아니라 "위원회 자체의 의무"로 볼 수 있다.
- 다만, 지방자치단체의 의사결정에 보조적 역할을 수행하는 위원회의 경우에는 위원회를 "법령상 회의록의 작성·보존 주체"로 규정하는 것은 적절하지 않고, 해당 위원회가 소속된 "지방자치단체의 장"으로 규정하는 것이 바람직하다는 것이다.

CASE Study 174 회의록 작성 · 보존 주체, 위원장

[입법례] **OOO도 전략산업 육성 지원 조례** (일부개정) 2022-12-30 조례 제4847호 **제13조(위원회 운영)** ③ 위원장은 위원회의 회의록을 작성 · 비치하여야 한다.
OO도 산업단지 개발 지원 조례 (일부개정) 2022-10-31 조례 제7473호 **제16조(회의록)** ① 위원장은 회의를 개최한 때에는 회의 내용을 회의록으로 작성하여 보관하여야 한다.
OO광역시 용역과제심의위원회 설치 및 운영 조례 (일부개정) 2022-11-04 조례 제5979호 **제14조(회의록 등)** ① 위원장은 매 회의시 마다 회의록을 작성 비치하여야 한다.
OOOO시 OO구 세입징수포상금 지급 조례 (일부개정) 2023.03.09 조례 제1599호 **제5조(위원회 구성 등)** ⑦ 위원장은 위원회의 회의를 개최한 경우에는 회의록을 작성하여야 하며, 작성한 회의록은 10년간 보존 관리하여야 한다.
OO군 지방재정계획심의위원회 구성 및 운영 조례 (일부개정) 2023.03.02 조례 제2587호 **제9조(회의록)** 위원장은 회의록을 작성하고 갖추어야 한다.
OO군 민간투자사업심의위원회 설치 및 운영 조례 (일부개정) 2023.02.24 조례 제2787호 **제9조(회의록)** 위원장은 회의록을 작성 비치하여야 하며 그 결과를 군수에게 즉시 보고하여야 한다.

[검토사항: **회의록 작성 · 보존의 주체, 위원장**]

- 위의 6건 조례에서는 회의록 작성 · 보존의 주체를 "위원장"으로 규정하고 있다.
- 위원회 또는 지방자치단체의 장으로 규정하는 방안을 고려해 본다.

CASE Study 175 회의록 작성 · 보존 주체, 간사

[입법례] **OO군 주민자치센터 설치 및 운영 조례** (일부개정) 2022.07.08 조례 제2787호 **제22조(회의록)** 위원회의 **간사**는 회의시 마다 회의록을 작성하여 비치하여야 한다.
OO군 지명위원회 조례 (일부개정) 2022.08.12 조례 제2620호 **제8조(회의록)** **간사**는 다음 각 호의 사항을 회의록으로 작성 · 보관하여야 한다.
OO도 물류정책위원회 조례 (일부개정) 2022－12－30 조례 제7495호 **제7조(간사 등)** ③ **간사**는 회의 진행에 관하여 회의록을 작성 · 비치하여야 하며, 서기는 간사를 보좌하여 회의사무를 처리한다.
OO광역시 안전관리위원회 운영 조례 (일부개정) 2022－12－01 조례 제2646호 **제12조(회의록의 비치)** 위원회의 **간사**는 회의록을 비치하고, 회의록에 회의일시, 장소, 출석위원과 관계 안건, 경과와 결과 등을 작성하여 위원회의 위원장에게 보고한 후 보존하여야 한다.
OOOO시 OO구 녹색OO 환경위원회 설치 및 운영 조례 (일부개정) 2023.03.02 조례 제1691호 **제11조(간사)** ② **간사**는 위원회의 제반 회무 및 회의록 정리 · 보관 등을 관장한다.

[검토사항: **회의록 작성 · 보존의 주체, 간사**]

- 회의록 작성 · 보존의 주체를 위의 5건 조례는 모두 “간사”로 규정하고 있다.
- 회의록 작성 · 보존 의무는 간사, 위원장 등 개별 구성원의 의무가 아니라 “위원회 자체의 의무”로 보거나 지방자치단체의 장을 주체로 할 수 있다.

CASE Study 176 회의록 작성 · 보존 주체, 불분명 ①

[입법례]

OO시 건축 조례

(일부개정) 2023.01.04 조례 제1587호

제10조(회의록 등의 비치) ① 위원회 및 전문위원회는 회의록 또는 심의의결서를 작성 · 비치하여야 한다.

④ 간사는 회의록을 작성 · 비치하여야 하며, 심의 결과 및 사유를 신청자에게 통보하고, 회의록 공개요청이 있는 경우에는 공개하여야 한다.

OO시 건축 조례

(일부개정) 2022.09.23 조례 제1302호

제10조(회의록 등의 비치) ① 위원회 및 전문위원회(이하 "위원회등"이라 한다)는 회의록 또는 심의 의결서를 작성 · 비치하여야 한다.

③ 간사는 회의록 또는 심의 의결서를 작성 · 비치하여야 하며, 심의 결과 및 사유를 신청인에게 통보하고, 회의록 공개요청이 있는 경우에는 공개하여야 한다.

OO시 건축 조례

(일부개정) 2022.08.01 조례 제2369호

제12조(회의록 등의 비치) ① 시장은 위원회 및 제9조에 따른 전문위원회의 회의록과 심의의결서를 작성 · 비치하여야 한다.

②~③ (생략)

④ 간사는 회의록을 작성 · 비치하여야 하며, 심의결과 및 사유를 신청자에게 통보하여야 한다.

OO도 소방기술심의위원회 구성과 운영에 관한 조례

(일부개정) 2023-04-11 조례 제7602호

제7조(회의록) ① 서기는 다음 각호의 사항을 회의록으로 작성하여 비치하여야 한다.

② 제1항의 규정에 따라 작성된 회의록은 위원장이 서명날인 하여 보존하여야 한다.

[검토사항: **회의록 작성 · 보존의 주체를 중복규정**]

- 회의록 작성·보존의 주체를 첫 번째 조례는 제1항에서 "위원회 및 전문위원회", 제4항에서 "간사"를, 두 번째 조례는 제1항에서 "위원회 및 전문위원회", 제3항에서 "간사"를, 세 번째 조례는 제1항에서 "시장", 제4항에서는 "간사"를, 네 번째 조례는 제1항에서 "서기", 제2항에서 "위원장"을 규정하여 회의록 작성·보존의 주체가 중복적으로 규정된 것으로 보인다.
- 주체가 분명한 조문으로 정리하는 방안을 검토해 본다.

CASE Study 177 회의록 작성 · 보존 주체, 불분명 ②

[입법례] **OO시 지방보조금 관리 조례** (전부개정) 2022.08.19 조례 제1419호 **제19조(회의록의 비치)** 회의를 개최한 때에는 **회의록을 작성하여 비치**하여야 한다.
OO광역시 환경정책위원회 조례 (일부개정) 2022-12-01 조례 제2646호 **제7조(회의)** ④ 회의를 개최하였을 때에는 **회의록을 작성 보존**하고 회의 결과를 시장에게 보고하여야 한다.
OO광역시 O구 이스포츠(전자스포츠) 진흥에 관한 조례 (제정) 2023.03.03 조례 제1290호 **제10조(회의)** ③ 위원회의 회의를 개최하였을 때에는 **회의록을 작성하여 비치**하여야 한다.
OOOO시 OO구 디지털 미래인재 양성 지원에 관한 조례 (제정) 2023.03.17 조례 제1777호 **제10조(위원회 운영 등)** ④ 위원회 회의를 개최한 때에는 **회의록을 작성하여 비치**하여야 한다.
OOOO시 OO구 양성평등 기본조례 (일부개정) 2023.03.09 조례 제1570호 **제13조(회의)** ④ 위원회의 회의를 개최한 때에는 개회일시, 참석자, 상정 안건, 발언내용, 결정 사항 및 표결내용 등이 포함된 **회의록을 작성**해야 한다.

[검토사항: **회의록 작성 · 보존 주체가 명시되지 않아 불분명**]

- 위의 5건 조례 모두 회의록 작성·보존의 주체가 명확하지 않다. (주어가 없음)
- 조례 조문을 완성하는 데 주어 또는 행위 주체를 살펴봐야 한다.

CASE Study 178 위원회 존속기한 ①

<table>
<tr><td>[입법례] OO광역시 해양레저 육성 및 해양관광 진흥 조례
(일부개정) 2022-12-28 조례 제6815호

부칙 <2017. 11. 1>
제2조(위원회의 존속기한) 제6조에 따른 OO광역시 해양레저관광진흥위원회는 2027년 12월 31일까지 존속한다.</td></tr>
<tr><td>OO광역시 우수식품 인증 및 지원에 관한 조례
(일부개정) 2022-12-28 조례 제6804호

부칙 <2022. 10. 26.>
제2조(위원회의 존속기한) 제7조에 따른 OO광역시 우수식품심의위원회는 2027년 12월 31일까지 존속한다.</td></tr>
<tr><td>OO광역시 지역상권 상생협력 촉진 및 지원 조례
(일부개정) 2022-12-28 조례 제6819호

부칙 <2022. 12. 28.>
제2조(위원회의 존속기한) 제30조에 따른 OO광역시 지역상권위원회는 2027년 12월 31일까지 존속한다.</td></tr>
<tr><td>OO광역시 15분 도시의 조성 지원에 관한 조례
(제정) 2022-12-28 조례 제6808호

부칙 <2022-12-28>
제2조(위원회 존속기한) 제8조에 따른 15분 도시 OO자문위원회는 2027년 11월 30일까지 존속한다.</td></tr>
<tr><td>OO광역시 필수업무 지정 및 종사자 보호·지원에 관한 조례
(전부개정) 2022-12-28 조례 제6818호

부칙 <2022. 12. 28.>
제3조(위원회의 존속기한) 제7조에 따른 위원회는 2026년 12월 31일까지 존속한다.</td></tr>
</table>

[검토사항: **위원회 존속기한 위치, 부칙**]

- 위의 5건 조례는 모두 (위원회의 존속기한)의 위치를 "부칙"에 두고 있다. 유사한 의미의 부칙 규정에는 조 제목으로 (유효기간)이 있다.
- 최근에는 위원회의 남설을 방지하기 위해 존속기한을 두는데, 이를 분명히 인지시키기 위해 위원회 존속기한의 조문 위치를 부칙이 아니라 "본칙"의 중간 또는 말미에 두는 것으로 보인다.

CASE Study 179 위원회 존속기한 ②

<table>
<tr><td>[입법례]
OO시 시민동행위원회 구성 및 운영 조례
(전부개정) 2022.11.14 조례 제2658호

제7조(위원회의 설치 등) ④ 위원회의 존속기한은 2026년 6월 30일로 한다.</td></tr>
<tr><td>OO광역시 캠프마켓(OO미군기지) 반환공여구역주변지역등 시민참여위원회 운영 조례
(일부개정) 2022－12－30 조례 제6949호

제11조(존속기한) 위원회의 존속기한은 2026년 12월 31일까지로 한다.</td></tr>
<tr><td>OO광역시 물이용부담금자문위원회 설치 · 운영 조례
(일부개정) 2022－11－09 조례 제6903호

제12조(위원회의 존속기한) 위원회의 존속기한은 2027년 12월 31일까지로 한다.</td></tr>
<tr><td>OOOO시 먹거리 기본조례
(일부개정) 2022.12.30 조례 제8530호

제35조(위원회의 존속기한) 위원회의 존속기한을 2024년 9월 21일까지로 한다.</td></tr>
</table>

[검토사항: **위원회 존속기한의 조문 위치, 본칙**]

- 위의 첫 번째 조례처럼 "위원회의 존속기한'의 조문 위치가 본칙의 앞 부분에 있는 조례가 실제로 많이 발견된다.
- 「행정기관 소속 위원회의 설치 · 운영에 관한 법률」 제6조(위원회의 설치 절차 등)는 설치 목적 · 기능 및 성격, 위원의 구성 및 임기, 존속기한, 위원의 결격사유, 제척(除斥) · 기피 · 회피, 회의의 소집 및 의결정족수 등 대통령령으로 정하는 사항을 규정하고 있다.
- 같은 법의 조문 순서를 보면, 제1조(목적), 제2조(기본원칙), 제3조(적용범위), 제4조(다른 법률과의 관계), 제5조(위원회의 설치요건), 제6조(위원회의 설치절차 등), 제7조(중복 위원회의 설치 제한 등), 제8조(위원회의 구성), 제9조(위원회의 운영), 제10조(위원회의 사무기구 등), 제11조(위원회의 존속기한), 제12조(수당), 제13조(위원회의 현황 및 활동내역 통보 등), 제14조(위원회 활동상황 점검), 제15조(위원회 운영 공개 및 국회보고 등)으로 구성되어 있다.
- 이러한 조문 순서를 참고하면 위원회의 존속기한의 위치는 본칙 중간 또는 말미에 놓이게 된다. 위의 첫 번째 조례를 제외한 나머지 3건의 조례는 본칙의 끝 부분에 규정하고 있다.

CASE Study 180 위원회 구성과 운영, 구성체계

[입법례] **OO시 아동복지심의위원회 구성 및 운영 조례**

(일부개정) 2022.12.30 조례 제1987호

제1조(목적) 이 조례는 「아동복지법」 제12조제2항 및 같은 법 시행령 제13조제7항에서 위임된 사항과 그 시행에 필요한 사항을 규정함을 목적으로 한다.

제2조(위원장의 임무) 위원장은 위원회를 대표하며, 위원회의 사무를 총괄한다.

제3조(회의) ① 위원회의 회의는 정기회와 임시회로 구분한다.

② 정기회는 연 1회 개최함을 원칙으로 하고 임시회는 위원장 또는 재적위원 3분의 1 이상의 회의 소집 요구가 있을 경우에 위원장이 소집한다.

③ 위원은 자기와 직접 이해관계가 있는 안건의 심의에는 참여할 수 없다.

제4조(의견의 청취) 위원회는 필요한 경우에는 회의안건과 관계가 있는 사람, 관계 공무원 또는 관계 전문가 등의 의견을 듣거나 조사·연구를 의뢰할 수 있다.

제5조(회의공개의 제한) 회의 진행은 공개를 원칙으로 하되 위원장이 필요하다고 판단할 때에는 공개를 제한할 수 있다.

제6조(간사 및 서기) ① 위원회의 사무를 처리하기 위하여 간사와 서기 각 1인을 둔다.

② 간사는 위원회를 주관하는 아동복지업무 담당주사가 되고, 서기는 아동복지 업무 담당자가 된다.

제7조(수당 등) 위원회에 참석한 위원, 전문가 등에 대하여는 「OO시 각종 위원회 설치 및 운영 조례」가 정하는 바에 따라 일비와 여비를 지급할 수 있다. 다만, 공무원이 그 직무와 직접 관련하여 참석하는 경우에는 그렇지 않다.

[검토사항: **위원회 구성과 운영**]

- 위원회 규정은 위원회의 설치·소속, 위원회의 기능, 위원회의 구성(위원장, 부위원장, 위원, 정원, 임기, 위원의 위촉·해촉, 제척·기피·회피, 결격사유, 위원장의 직무와 직무대행), 위원회의 운영(회의 소집, 의사정족수 및 의결정족수, 분과위원회·소위원회·실무위원회·전문위원회, 간사), 그 밖의 규정(회의록, 협조 요청 등)으로 구성된다.
- 위의 조례는 위원회의 "구성과 운영" 등에서 주요 부분의 누락으로 규정체계가 미흡한 것으로 보인다. 조문 구성체계를 점검해 본다.

CASE Study 181 의사정족수 및 의결정족수 누락 ①

[입법례] **OOOOOO시 여성플라자 운영에 관한 조례**

(일부개정) 2022.12.20 조례 제2028호

제9조(위원회 설치 및 기능) 플라자의 운영에 관한 다음 각 호의 사항을 심의·자문하기 위하여 OO여성플라자 운영위원회(이하 "위원회"라 한다)를 둔다.

1. 플라자의 운영계획 수립 및 운영규정 제·개정
2. 플라자의 관리 및 운영
3. 플라자 주요 사업 및 프로그램 개발
4. 플라자 운영 예산 및 결산
5. 그 밖에 플라자의 활성화를 위하여 위원장이 필요하다고 인정하는 사항

제10조(위원회 구성 등) ① 위원회는 위원장 1명을 포함하여 10명 이내의 위원으로 구성한다.

② 위원장은 위원 중에 호선하며, 위원회의 업무를 총괄한다.

③ 당연직 위원은 여성업무 담당과장이 되고, 위촉직 위원은 양성평등분야 전문가, 여성가족 관련 기관·단체·법인 관계자 중 시장이 위촉하되, 특정 성별이 위촉직 위원 수의 10분의 6을 초과하지 아니하여야 한다.

④ 당연직 위원의 임기는 해당 직위에 재직하는 기간으로 하며, 위촉직 위원의 임기는 2년으로 하되, 한 차례만 연임할 수 있다.

제11조(위원회 운영) ① 위원회의 정기회의는 연 2회 개최하고, 임시회의는 위원장이 필요하다고 인정하는 경우 개최한다.

② 위원장이 부득이한 사정으로 회의에 참석하지 못하는 경우에는 위원장이 지명한 위원이 그 직무를 대행한다.

③ 위원회에 참석한 위원에게는 예산의 범위에서 수당과 여비를 지원할 수 있다.

[검토사항: **의사정족수와 의결정족수 누락**]

- 위원회 관련 규정이 좀 복잡하다. 그래서 의외로 위원회 회의 규정에서 의사정족수와 의결정족수가 누락된 조례를 어렵지 않게 보게 된다.
- 위의 조례에서는 예를 들면, 제11조(위원회 운영)에 "위원회의 회의는 재적위원 과반수의 출석으로 개의(開議)하고, 출석위원 과반수의 찬성으로 의결한다."는 규정을 두는 것이다.

CASE Study 182 의사정족수 및 의결정족수 누락 ②

[입법례]

OOO도 공간정보에 관한 조례

(일부개정) 2023－03－03 조례 제5224호

제8조(공간정보협의회의 설치 및 기능) ① 도지사는 국가 공간정보정책 변화 및 공간정보데이터의 첨단화에 대한 선제적이고 합리적인 정책 대응을 위해 법 제31조에 따라 OOO도 공간정보협의회(이하 "협의회"라 한다)를 구성하고 운영한다.

② 협의회는 다음 각 호의 사항을 협의·조정하고 도지사의 자문에 응한다.

1. 공간정보체계의 중장기계획 및 시행계획의 수립·변경·시행에 관한 사항
2. 공간정보체계의 구축 및 활용과 관련된 주요 시책
3. 공간정보데이터베이스의 정보 공유체계
4. 그 밖에 도지사가 필요하다고 인정하는 사항

③ 협의회는 위원장 1명과 부위원장 1명을 포함하여 20명 이내의 위원으로 구성한다.

④ 협의회 위원장은 주관부서의 국장이 되고 부위원장은 주관부서의 과장이 되며, 위원은 다음 각 호의 사람 중에서 도지사가 임명 또는 위촉한다.

1. 정부 및 산하기관의 국가공간정보체계 관련 업무를 담당하는 공무원
2. 관리기관의 공간정보체계 관련 업무를 담당하는 사람
3. 산업계, 학계, 연구기관, 유관기관 등에서 공간정보체계 관련 업무에 종사하는 사람
4. 공간정보체계에 관한 전문지식과 경험이 풍부한 사람

⑤ 위원의 임기는 2년으로 하되, 두 차례만 연임할 수 있다. 다만, 보궐위원의 임기는 전임위원 임기의 남은 기간으로 한다.

⑥ 협의회의 효율적인 운영을 위하여 필요한 경우 공간정보 사업별 담당실무자로 구성된 실무협의체를 둘 수 있다.

⑦ 그 밖에 협의회의 운영에 필요한 사항은 「OOO도 각종 위원회 구성 및 운영에 관한 조례」를 준용한다.

[검토사항: **의사정족수와 의결정족수 누락**]

- 위의 조례 제8조제7항은 "그 밖에 협의회의 운영에 필요한 사항은 「OOO도 각종 위원회 구성 및 운영에 관한 조례」를 준용한다."고 규정하고 있다.
- 위원회 회의 규정에서 중요 사항인 의사정족수와 의결정족수에 대한 내용은 위의 조례에서 명시적으로 규정하여 보완하는 것이 합리적이라고 본다.
- 주민에게 중요한 의미를 가지거나, 제도의 핵심이 되는 사항은 조례에서 직접 규정하는 것이 바람직하다.

CASE Study 183 의사정족수 및 의결정족수 누락 ③

[입법례] **OO도 벤처창업 육성 및 투자 활성화에 관한 조례**

(제정) 2021-04-30 조례 제4695호

제12조(OO도 벤처창업 활성화 위원회) ① 도지사는 벤처창업 활성화 및 투자 등 중요한 사항을 심의하기 위하여 OO도 벤처창업 활성화 위원회(이하 "위원회"라 한다)를 둔다.

② 위원회는 다음 각 호의 사항을 심의한다.

1. 벤처창업자 육성 · 지원 및 투자 활성화에 관한 사항
2. 투자조합 운용의 성과
3. 그 밖에 벤처창업 활성화 등에 관한 중요한 사항으로 위원장이 회의에 부치는 사항

제13조(위원회 구성) ① 위원회는 위원장 1명을 포함한 10명 이내의 위원으로 구성하며, 위원장은 위원 중에서 호선한다.

② 위원장은 그 회의의 의장이 된다.

③ 당연직 위원은 업무 관련 실국장이 되며, 위촉직 위원은 다음 각 호의 사람 중에서 도지사가 위촉한다.

1. OO도의회에서 추천한 OO도의원
2. 금융 또는 경제 · 경영 전문가
3. 벤처창업 투자 등에 관한 학식과 경험이 풍부한 사람

④ 위촉직 위원의 임기는 2년으로 하고 한 차례 연임할 수 있다.

⑤ 위원회에는 간사 1명을 둔다.

⑥ 간사는 업무 담당과장이 된다.

제14조(위원회 운영) ① 위원장은 다음 각 호에 해당하는 경우에 회의를 소집한다.

1. 재적위원 3분의 1 이상의 회의 소집 요구가 있는 경우
2. 그 밖에 위원장이 필요하다고 인정하는 경우

② 그 밖에 위원회의 운영에 관한 세부 사항은 위원회의 의결을 거쳐 위원장이 따로 정한다.

[검토사항: **의사정족수와 의결정족수 누락**]

- 위의 조례에도 의사정족수와 의결정족수에 대한 규정은 없다.
- 조례에 포함시켜야 할 중요 규정을 누락시키지 않기 위해서는 조문의 철저한 확인 점검이 필요한 것으로 본다.

CASE Study 184 조문 분리

[입법례] **OOOO시 OO구 평생교육 진흥 조례**

(일부개정) 2023.03.02 조례 제1326호

제6조(임기 및 위촉해제) ① 위원의 임기는 당연직 위원은 그 직위의 재직기간으로 하며 위촉직 위원의 임기는 2년으로 하되, 한 차례만 연임할 수 있다. 다만, 보궐위원의 임기는 전임자의 잔임기간으로 한다.
② 구청장은 위원이 다음 각 호의 어느 하나에 해당하는 경우에는 임기만료 전이라도 위촉 해제할 수 있다.
1. 위원 스스로 사직을 원할 경우
2. 위촉위원의 경우 위촉사유가 된 자격을 상실한 경우
3.~4. (생략)

[검토사항: **조문 분리**]

- 위의 조례 제6조는 "임기"와 "위촉 해제"를 함께 규정하고 있다.
- 서로 관련이 없는 사항, 규율 내용이 서로 다른 사항은 별도의 조문으로 구분하여 규정하는 것이 바람직하다.

CASE Study 185 입법 필요성

[입법례] OO군 사전재해 영향성검토위원회 운영에 관한 조례
(일부개정) 2022.08.10 조례 제2515호
제3조(위촉장의 교부) 위원장은 제2조에 따라 위원으로 위촉한 사람에게 위촉장을 교부한다.
OO군 사전재해영향성검토위원회 구성 및 운영에 관한 조례
(일부개정) 2023.01.09 조례 제2492호
제3조(위촉장의 교부) 군수는 제2조의 규정에 의하여 위원으로 위촉한 자에 대하여 위촉장을 교부한다.
OO군 사전재해영향성검토위원회 운영 조례
(일부개정) 2022.09.06 조례 제2530호
제3조(위촉장의 발급) 위원장은 제2조에 따라 위원으로 위촉한 자에 대하여 위촉장을 발급한다.

[검토사항: **입법 필요성, 위촉장 교부**]

- 위의 3건 조례에서 제3조 (위촉장의 교부)는 그 내용이 조례에 담아야 할 정도로 입법 필요성이 있는지, 이러한 규정의 제정이 정말로 불가피한지 검토해 본다.

CASE Study 186 조문 순서, 전체 ①

[입법례] **OO시 지역건설산업 활성화 지원 조례**

(일부개정) 2022.08.01 조례 제2368호

제5조(지역건설산업활성화협의회) 지역건설산업 활성화 지원을 위하여 OO시 지역건설산업 활성화 협의회(이하 "협의회"라 한다)를 둔다.

제6조(구성) ① 협의회는 위원장 및 부위원장 각 1명을 포함한 20명 이내의 위원으로 구성한다.

제7조(기능) 협의회는 다음 각 호의 사항을 심의한다.

제8조(위원의 임기) 위원의 임기는 2년으로 하되, 한 차례만 연임할 수 있다

제9조(위원장의 직무) ① 위원장은 협의회를 대표하고, 협의회의 직무를 총괄한다.

제10조(우수 건설인 선정) ① 시장은 건실한 지역건설문화 조성과 지역건설산업의 활성화에 기여한 개인이나 건설업체를 우수 건설인으로 선정하고 포상할 수 있다.

제10조의2(우수 건설인 지원 등) ① 시장은 제10조에 따라 우수 건설인으로 선정된 개인에 대하여 포상할 수 있다.

② (생략)

제10조의3(우수 건설인 선정의 취소) 시장은 제10조에 따라 우수 건설인으로 선정된 건설업체가 다음 각 호의 어느 하나에 해당하는 경우에는 선정을 취소할 수 있다.

제11조(회의) ① 협의회의 회의는 정기회의와 임시회의로 구분하며, 정기회의는 연 1회 소집하고 임시회의는 위원장이 필요하다고 인정하는 때에 이를 소집한다.

② 위원장이 회의를 소집하고자 하는 때에는 회의 개최 5일 전까지 회의와 관련한 사항을 각 위원에게 통지하여야 한다. 다만, 긴급한 경우에는 그러하지 아니하다.

③ 협의회의 회의는 재적위원 과반수의 출석으로 시작하고, 출석위원 과반수의 찬성으로 의결한다.

④~⑤ (생략)

[검토: 위원회, 조문 순서]

- 위의 조례에서 조문 순서가 적절한지 검토해 본다.
- 위원회 규정은 위원회의 설치·소속, 기능, 위원회의 구성(위원장, 부위원장, 위원, 정원, 임기, 위원의 위촉·해촉, 제척·기피·회피, 위원장의 직무와 직무대행), 위원회의 운영(회의 소집, 의사정족수 및 의결정족수, 분과위원회·소위원회·실무위원회·전문위원회, 간사), 그 밖의 규정(회의록 등), 부칙으로 구성된다.
- 제10조(우수 건설인 선정), 제10조의2(우수 건설인 지원 등), 제10조의3(우수 건설인 선정의 취소) 규정은 행위 주체가 모두 "시장"이고, 위원회 규정과는 직접적인 관련성이 적다고 보여지는데, 이를 고려한 조문 순서를 검토해 본다.

CASE Study 187 조문 순서, 전체 ②

[입법례] **OO광역시 OO군 교육문화복지센터 관리 및 운영 조례**

(제정) 2023.02.28 조례 제2893호

제3장 통합운영위원회

제9조(위원회 설치) 효율적이고 합리적인 시설 운영, 전용부분 사용자 사이의 공용부분에 대한 사용 협의 및 사용자 각자 운영 프로그램들 간의 상호 연계 등을 위하여 시설 내에 OO군 교육문화복지센터 통합운영위원회(이하 '위원회'라 한다)를 둔다.

제10조(위원회 기능) 위원회는 다음 각 호의 사항을 심의 · 의결한다.

제11조(위원회 회의) ① 위원회의 위원장은 제10조 각 호에 따른 사항의 심의 · 의결이 필요하다고 인정하는 경우 위원회 회의를 소집할 수 있다.

② 위원회의 회의는 재적위원 과반수 출석으로 개의하고, 출석위원 과반수 찬성으로 의결하며, 가 · 부 동수인 경우 위원장이 결정한다.

제12조(위원회 구성 등) ① 위원회는 위원장, 부위원장 각 1명을 포함한 12명 이내의 위원으로 구성한다.

② 위원회의 위원은 다음 각 호에 해당하는 사람이 되며, 위원 구성에 있어 특별한 사유가 없는 한 특정 성별에 치우치지 않도록 하여야 한다.

③ (생략)

④ 위원장은 제2항제1호에 따른 위원 중에서 호선하며, 부위원장은 제2항제2호 및 제3호에 따른 위원 중에서 위원장이 임명한다.

⑤ 위원장은 위원회를 대표하고 그 업무를 총괄하며, 위원장이 부득이한 사유로 직무를 수행할 수 없을 경우 부위원장이 위원장의 직무를 대행한다.

제13조(위원의 임기) 제12조제2항제1호에 따른 위원의 임기는 전용부분 사용자의 지위를 보유하는 기간으로 하고, 그 밖의 위원의 임기는 2년으로 하되 한 차례만 연임할 수 있다.

제14조(실비지급) 군수는 제12조제2항제2호 및 제3호의 위원 중 군 공무원이 아닌 위원이 위원회 회의에 출석한 경우 예산의 범위에서 교통비, 식비 등 실비를 지급할 수 있다.

제15조(위원의 해촉) 위원회의 위원장(위원장에게 해촉사유가 있는 경우 부위원장)은 다음 각 호 어느 하나에 해당하는 사유가 발생했을 경우 해당 위원을 해촉할 수 있다.

[검토: 위원회, 조문 순서]

- 앞의 입법례와 마찬가지로 위의 조례에 대해 조문 순서가 적절한지 점검해 본다.
- 위원회 관련 규정에서 논리적으로 체계적이지 못한 조문 순서를 가진 조례가 실제로 상당수 발견된다.

CASE Study 188 조문 순서, 조문 간

[입법례] **OOOO시 OO구 사회적경제 기본조례**

(일부개정) 2023.03.02 조례 제1691호

제20조(위원의 제척 · 기피 · 회피) ① 위원 중 자문과 관련한 안건에 이해관계가 있는 위원은 해당 안건의 심의에 대하여는 위원의 자격이 없는 것으로 본다.

② 위원장은 위원에게 해당 안건의 공정한 자문과 조정을 기대하기 어려운 사정이 있을 때에는 해당 위원을 해당 안건의 자문 등에서 배제하여야 한다.

제21조(위원의 해촉) 구청장은 위촉직위원이 다음 각 호의 어느 하나에 해당하는 사유가 발생한 경우에는 임기만료 전이라도 해당 위원을 해촉할수 있다.

1. 6개월 이상 장기치료를 요하는 질병 또는 해외여행 등으로 위원의 직무를 수행할 수 없거나 그 밖의 사유로 직무를 수행하기 어려울 때
2. 위원이 품위손상, 장기불참 등의 사유로 위원의 직무를 수행하는데 부적당하다고 판단될 때

[검토사항: 조문순서, 해촉/ 제척 · 기피 · 회피]

- 위의 조례는 제21조 해촉과 제20조 제척 · 기피 · 회피의 조문 순서를 바꾸는 것이 낫다고 본다.

CASE Study 189 조문 순서, 조문 내

[입법례] **OO시 소상공인 지원 및 골목상권 활성화 조례**

(일부개정) 2023.03.13 조례 제1280호

제21조(위원회 운영) ① 위원장은 위원회를 대표하고, 위원회의 직무를 총괄한다.

② 부위원장은 위원장을 보좌하며, 위원장이 부득이한 사유로 직무를 수행할 수 없을 때에는 그 직무를 대행한다.

③ 위원장과 부위원장이 부득이한 사유로 직무를 수행할 수 없을 때에는 위원장이 미리 지명한 위원이 그 직무를 대행한다.

④ 위원회 회의는 재적위원 과반수의 출석으로 개의하고 출석위원 과반수의 찬성으로 의결한다.

⑤ 위원회 회의는 시장이 요청하거나 위원장이 필요하다고 인정하는 경우와 위원 3분의 1 이상의 요구가 있는 경우에 위원장이 소집할 수 있다.

[검토: 조문 순서, 위원회 운영]

- 위의 조례는 조문 내에서 절차상 조문 순서가 적절한지 검토해 본다.
- 제21조④과 ⑤은 순서가 바뀌는 것이 논리상 합리적이지 않은 지 점검해 본다.

CASE Study 190 보칙 장(章) 구분

[입법례] OO군 공동주택관리 조례

(일부개정) 2022.07.13 조례 제3020호

제4장 보칙

제36조(위원의 제척 · 기피 · 회피) ① 심의위원회 및 분쟁조정위원회(이하 "위원회 등"이라한다)의 위원이 다음 각 호의 어느 하나에 해당하는 경우에는 심의 · 의결에서 제척(除斥)된다.

②~③ (생략)

제37조(위원의 해촉) 군수는 다음 각 호의 어느 하나에 해당하는 사유가 발생한 때에는 위원을 해촉할수 있다.

1. 임기가 만료되었을 때

2.~6. (생략)

[검토사항 : 보칙 장(章) 구분]

- 위의 조례에서 위원의 제척 · 기피 · 회피나 해촉의 사항은 "실체규정"인 위원회와 관련된 사항이다. 따라서 장(章)을 구분할 때 제4장 보칙 규정에 포함되는 요소가 아니다.
- 실제 조례를 보면 장(章) 구분이 잘못된 입법례들이 많다.

4 특별회계

1. 특별회계의 필요성

- 일반행정과 성질이 다른 기업적 성격의 사업은 그 책임 소재를 명확히 하고 예산 집행의 탄력성을 높이기 위해 일반회계와는 별도로 특별회계를 운영할 필요성이 제기된다.
- 이는 국가(지방자치단체)의 모든 수입은 하나의 공통 재원으로 관리되고, 이 재원에서 모든 지출이 이루어져야 한다는 예산단일성의 원칙에 대한 예외에 해당된다.[7)]

2. 특별회계의 입법형식

- 국가의 특별회계는 「국가재정법」 별표 1에서 규정한 법률에 의해서만 설치가 허용되고, 지방자치단체의 특별회계는 법률이나 조례로 설치가 허용된다.
- 「지방재정법」 제9조제1항에서는 지방자치단체의 회계는 일반회계와 특별회계로 구분한다고 규정하고 있다.
- 특별회계를 설치하기 위한 조례는 특별회계만을 규정하는 조례와 행정작용을 규정하는 조례 가운데 그 행정작용을 뒷받침하는 특별회계를 설치하는 경우가 있다.
- 개별 특별회계 조례에서는 일반적으로 총칙 규정(특별회계의 목적·설치규정, 관리주체, 계정의 구분), 세입 · 세출규정(일반회계 등 다른 회계로부터의 전입금, 차입금, 준비금의 설치, 세출의 대상), 결산 관련 규정(예산의 이월 및 이용·전용 등, 잉여금 처리), 사무위탁과 감독 등의 순서로 배열된다.
- 지방자치단체의 특별회계는 ① 「지방공기업법」에 따른 지방직영기업을 운영할 때, ② 그 밖의 특정 사업을 운영할 때, ③ 특정 자금이나 특정 세입 · 세출로서 일반세입 · 세출과 구분하여 회계 처리할 필요가 있을 때에만 법률이나 조례로 설치할 수 있다. (「지방재정법」 제9조제2항)

3. 특별회계의 규정방식

(1) 총칙규정

① 목적 · 설치 규정

특별회계 조례도 다른 조례와 같이 제1조에 해당 조례의 입법목적을 규정하는 목적규정을 둔다. 목적이 특별회계를 "설치"하는 데에 있으므로 특별회계를 설

7) 윤영진, 「새 재무행정학」, 대영문화사, 2010, p.24.

치하는 내용을 포함하여 규정한다.

※ 조례에 따라서는 목적 규정에서 특별회계를 설치하고, “특정 세입으로 특정 세출에 충당”하게 함을 목적으로 한다는 내용으로 표현하는데, 이는 특별회계의 성질상 당연한 것이므로 이런 규정은 두지 않는다.

[입법모델]

(자치조례)

제1조(목적) 이 조례는 ○○를 위한 자금을 효율적으로 운용 · 관리하기 위해 OO도 ○○특별회계를 설치함을 목적으로 한다.

(위임조례)

제1조(목적) 이 조례는 「○○법」 제△조에 따라 ○○특별회계를 설치하고 그 운용 · 관리에 관하여 필요한 사항을 정함을 목적으로 한다.

② 회계의 운용 · 관리

- 회계의 운용 · 관리 주체를 명시한다.

[입법모델]

제O조(회계의 운용 및 관리) OO도 OO특별회계(이하 “회계”라 한다)는 OO도지사가 운용 · 관리한다.

(2) 세입 · 세출 규정

- 법령의 위임에 따라 설치된 특별회계 재원은 개별 법령에서 정한 재원 외에 다른 재원을 조례로 규정할 수는 없다.
- 일반회계 등으로부터의 전입 규정을 둘 때는 특별회계의 세입 재원을 열거한 규정에서 “일반회계로부터의 전입”으로 규정하면 된다.
- 특별회계의 세입 부족을 메울 필요가 있으면 외부에서 자금을 일시적 또는 장기적으로 차입할 수 있는 규정을 둔다.

[입법모델]

제○조(세입) 회계의 세입은 다음 각 호와 같다.

제○조(세출) 회계의 세출은 다음 각 호와 같다.

제○조(일반회계로부터의 전입) ① ㅁㅁ도는 매 회계연도마다 다음 각 호의 금액에 해당하는 세입예산액을 일반회계로부터 이 회계에 전입하여야 한다.

제○조(장기차입) 회계에 속하는 경비를 지급하기 위해 필요하면 회계의 부담으로 장기차입을 할 수 있다.

(3) 사무위탁과 감독

- 특별회계의 관리 · 운용의 주체는 지방자치단체의 장이나 일반행정기관에서 하는 것보다는 전문기관 · 단체에 위탁하여 업무를 수행할 필요성이 있다면 관리 · 운용 업무의 일부를 "위탁"하여 처리하도록 한다.
- 업무를 위탁하는 경우 감독 업무의 효율화를 위해 감독 규정을 두는 것이 바람직하다. 특별회계의 규모가 증가하는 상황에서 재정운영의 투명성과 효율성을 제고시키기 위한 분석 · 감독 등이 필요하다.
- 위탁하려는 경우 위탁 근거와 함께 수탁기관의 회계기관 임명 근거를 두어야 한다.
- 개별 조례에서 수탁기관의 회계직원의 책임에 관해서 「회계관계직원 등의 책임에 관한 법률」을 "준용"한다는 규정을 두나, 이는 「회계관계직원 등의 책임에 관한 법률」이 직접 적용되어 책임을 물을 수 있기 때문에 불필요한 규정이다.

「회계관계직원 등의 책임에 관한 법률」

제2조(정의) 이 법에서 "회계관계직원"이란 다음 각 호의 어느 하나에 해당하는 사람을 말한다.

1. 「국가재정법」, 「국가회계법」, 「국고금관리법」 등 국가의 예산 및 회계에 관계되는 사항을 정한 법령에 따라 국가의 회계사무를 집행하는 사람으로서 다음 각 목의 어느 하나에 해당하는 사람
2. 「지방재정법」 및 「지방회계법」 등 지방자치단체의 예산 및 회계에 관계되는 사항을 정한 법령에 따라 지방자치단체의 회계사무를 집행하는 사람으로서 다음 각 목의 어느 하나에 해당하는 사람
3. 「감사원법」에 따라 감사원의 감사를 받는 단체 등의 회계사무를 집행하는 사람으로서 다음 각 목의 어느 하나에 해당하는 사람
4. 제1호부터 제3호까지에 규정된 사람의 보조자로서 그 회계사무의 일부를 처리하는 사람

(4) 손익금의 처리

- 회계연도마다 회계의 세입세출의 결산상의 잉여금이 생기면 이월손실금을 보전하고, 손실이 생기면 적립금으로 보전하고, 나머지는 적립한다.
- 일반적으로 특별회계의 결산상 잉여금은 다음 회계연도의 세입에 이입하도록 규정하고 있다.

(5) 존속기한

- 「지방재정법」 제9조제3항은 지방자치단체가 특별회계를 설치하려면 5년 이내의

범위에서 특별회계의 존속기한을 해당 조례에 명시하도록 하되, 법률에 따라 의무적으로 설치·운영되는 특별회계는 예외로 하고 있다.

- 따라서 특별회계를 설치하는 경우 존속기한을 두어야 하는지 검토하고, 존속기한을 두는 경우 그 만료로 해당 규정이 실효되는 경우를 대비하여 해당 특별회계 소속 재산 및 채권·채무의 승계 등 그 처리에 관한 경과규정을 두는 것이 조례 관계의 안정과 명확화를 위해 필요하다.
- 「지방재정법」 제9조제4항에서는 지방자치단체의 장이 특별회계를 신설하거나 그 존속기한을 연장하려면 해당 조례안을 입법 예고하기 전에 지방재정계획심의위원회의 심의를 거치도록 하고 있다.[8)]
- 일부 특별회계는 한시적 특별회계임에도 불구하고, 조례 개정을 통해 시한을 계속 연장시키면 재정체계를 왜곡시킬 수 있다.

4. 유의사항

- 특별회계를 신설할 때 일반회계와 특별회계 및 기금 간의 역할 분담이 제대로 이루어져야 한다.
- 특별회계는 특정세입을 특정세출에 국한하여 사용하는 칸막이식 재정운용으로 재정운용의 경직성을 심화시킬 수 있다는 점을 고려해야 한다.
- 기능·성질이 유사한 특별회계는 통합해야 할 것이다.
- 일반회계로부터의 전입에 크게 의존하고 있는 특별회계, 특정자금 및 특정사업의 운용과 관계없는 특별회계 그리고 그 규모가 작거나 특별회계로서 존치할 가치가 적은 특별회계는 폐지해야 할 것이다.[9)]

---

8) 국회 법제실, 「법제 이론과 실제」, 2019, pp.488~494.
9) 박기영, 「한국재정」, 법우사, 2018, pp.168－172.

【 일반회계, 특별회계, 기금의 비교 】[10]

구분	예산		기금
	일반회계	특별회계	
설치사유	지방자치단체 고유의 일반적 재정활동	• 특정 사업 운영 • 특정 자금 운용 • 특정 세입을 특정 세출에 충당	특정 목적을 위해 특정 자금을 운용
운용형태	공권력에 의한 조세수입과 무상급부 원칙	세입 측면에서 각종 목적세 및 부담금 등으로 구성	출연금·부담금 등 다양한 재원으로 다양한 목적사업 수행
수입과 지출연계	특정 세입과 세출의 연계 배제	특정 세입과 세출의 연계	특정 수입과 지출의 연계
확정절차	부서의 예산요구 → 지방자치단체의 장의 예산안 편성→ 의회의 심의 · 의결		기금관리주체의 기금운용계획안 수립→ 지방자치단체의 장과 관리주체 간의 협의 · 조정→ 의회의 심의 · 의결
계획변경	• 추가경정예산 편성 • 이용 · 전용 · 이체		정책사업 지출금액의 10분의 2 초과 변경 시 의회 의결 필요
결산	의회의 결산 심의 · 의결		

10) 국회 법제실, 「법제 이론과 실제」, 2019, p.474.

CASE Study 191 특별회계, 조례 제명, 외국어

OO군 드림빌특별회계 설치 조례

(일부개정) 2020.12.24 조례 제2436호

제1조(목적) 이 조례는 「농업 · 농촌 및 식품산업기본법」 및 「농어촌 정비법」에 따라 조성되는 농어촌 뉴타운 사업을 효율적으로 수행하기 위해 OO군 드림빌특별회계 설치에 필요한 사항을 규정함을 목적으로 한다.

제2조(세입 · 세출) ① OO군 드림빌특별회계(이하 "특별회계"라 한다)의 세입은 다음 각 호와 같다.

1.~4. (생략)

② 이 특별회계의 세출은 다음 각 호와 같다.

1.~6. (생략)

제3조(회계관계공무원의 지정) 회계관계공무원 지정은 「**OO군 예산 및 기금의 회계관리에 관한 규칙**」에 따른다.

제4조(존속기한) 특별회계의 존속기한은 2023년 12월 31일까지로 한다. 다만, 존속기한이 경과한 이후에도 존치 필요성이 있는 경우에는 이 조례를 개정하여 5년 이내의 범위에서 존속기한을 연장할 수 있다.

제5조(준용) 이 조례에서 규정되지 아니한 사항은 일반회계의 예에 따른다.

제6조(시행규칙) 이 조례 시행에 필요한 사항은 규칙으로 정할 수 있다.

[검토사항: **정의, 규칙**]

- 조례 제명에 “드림빌”이라는 용어를 사용하였는데, 그 뜻에 대한 정의가 없다.
- 외래어와 외국어는 “쓰지 않는 것을 원칙”으로 하되, 바꾸어 쓸 우리말이 없거나 이미 관행적으로 굳어진 외래어인 경우에는 예외적으로 사용 가능하다.
- 조례에서 규칙의 내용을 인용(「OO군 예산 및 기금의 회계관리에 관한 규칙」)할 수 없다. 현재 규칙에서 정하고 있는 내용을 조례로 상향 조정하는 방안을 고려해 본다.

CASE Study 192 **특별회계, 목적 조항 누락**

[입법례] **OO군 수도특별회계 설치 조례** (일부개정) 2018.11.05 조례 제2258호 **제1조(특별회계 설치)** 군 수도비의 회계는 특별회계로 한다.
OO군 수도특별회계 설치 조례 (일부개정) 2019.09.25 조례 제2386호 **제1조(특별회계 설치)** OO군 수도비의 회계는 특별회계로 한다.
OO군 수도특별회계 설치 조례 (일부개정) 2018.12.31 조례 제2389호 **제1조(목적)** 이 조례는 OO군 수도사업을 효율적으로 수행하기 위하여 특별회계를 설치하고 그 자금의 운용에 관한 사항을 규정함을 목적으로 한다.
OO군 상수도 특별회계 설치 조례 (일부개정) 2018.12.28 조례 제2366호 **제1조(설치)** 상수도 사업을 운영 관리하기 위하여 OO군 상수도 특별회계를 설치한다.
OO군 상수도 특별회계 설치 조례 (일부개정) 2022.03.14 조례 제2609호 **제1조(설치)** OO군은 상수도 사업을 효율적으로 관리 운용하기 위하여 「지방자치법」 제141조에 따라 상수도특별회계 (이하 “특별회계”라 한다.)를 설치한다.
OO군 상수도 특별회계 설치조례 (일부개정) 2003.01.10 조례 제1609호 **제1조(목적)** 상수도 사업을 효율적으로 운영 관리하기 위하여 OO군 상수도 특별회계 (이하 "특별회계"라 한다)를 설치한다

[검토사항: **목적조항 누락**]

- (목적 규정) 모든 법령에는 그 제정 목적이 있다.
- 위의 첫 번째, 두 번째와 네 번째, 다섯 번째 조례에는 목적조항이 없다.
- 특별회계 조례도 다른 조례와 마찬가지로 해당 조례의 입법목적을 규정하는 목적규정을 둔다. 목적이 특별회계 “설치”에 있으므로 특별회계를 설치하는 내용을 포함하여 규정한다.

CASE Study 193 목적조항

[입법례] **OO광역시 산업단지특별회계 설치 조례**

(전부개정) 2022.07.08 조례 제5944호

제1조(설치) OO광역시는 산업단지를 조성, 관리하기 위하여 OO광역시 산업단지특별회계를 둔다.

제2조(정의) 이 조례에서 사용하는 용어의 뜻은 다음 각 호와 같다.

제3조(세입) 산업단지특별회계의 세입은 다음 각 호의 재원으로 한다.

제4조(세출) 산업단지특별회계의 세출은 다음 각 호의 용도에 사용한다.

제5조(잉여금의 처리) 산업단지특별회계의 결산상 잉여금은 다음 연도의 세입으로 한다.

제6조(예비비) 산업단지특별회계는 예측할 수 없는 예산 외의 지출 또는 예산초과 지출에 충당하기 위하여 「지방재정법」 제43조에서 정한 범위에서 예비비를 세출예산에 계상할 수 있다.

제7조(준용규정) 이 조례에 규정된 것을 제외하고는 일반회계의 예에 따른다.

부칙

제2조(존속기한) 특별회계의 존속기한은 2023년 12월 31일까지로 한다.

[검토사항: **설치+목적조항**]

- (목적 규정) 모든 조례에는 목적 조항을 두는데, 위의 조례에는 제1조 목적조항이 없다. 특별회계 조례도 다른 조례와 마찬가지로 제1조에 해당 조례의 입법목적을 규정하는 목적규정을 둔다. 목적이 특별회계 "설치"에 있으므로 특별회계를 설치하는 내용을 포함하여 규정한다.
- (정의) "다음 각 호와 같다."는 "다음과 같다."로 수정한다.
- 특별회계의 운용·관리 주체가 없다. 이를 명시하는 방안을 고려해 본다.
- 예를 들면, 제3조(회계의 운용 및 관리) OO도 OO특별회계는 OO도지사가 운용•관리한다.
- (존속기한) 특별회계의 존속기한은 과거와 달리 부칙이 아니라 "본칙"에서 규정하고 있다.
- 개별 특별회계 조례는 총칙규정(특별회계의 목적·설치, 관리주체, 계정의 구분), 세입·세출규정(일반회계 등 다른 회계로부터의 전입금, 차입금, 준비금의 설치, 세출의 대상), 결산 관련 규정(예산의 이월 및 이용·전용 등, 잉여금 처리), 사무위탁과 감독 등의 체제와 순서로 되는 것이 일반적이다.

CASE Study 194 회계직원의 책임 규정

[입법례] **OO시 수질개선특별회계 설치 및 운용조례** (일부개정) 2022.12.15 조례 제1911호 **제6조(회계관계공무원의 책임)** 제5조에 따른 회계관계공무원의 책임은 「지방회계법」 제49조의 규정을 준용한다.
OOO시 농공단지 조성사업 자금관리 특별회계 설치 및 운영 조례 (일부개정) 2022.11.11 조례 제2130호 **제7조(회계관계공무원의 책임)** 제6조의 규정에 의한 회계관계 공무원에게는 「지방회계법」 제49조의 규정을 준용한다.
OO군 신에너지 및 재생에너지 발전사업 특별회계 설치 및 운영 조례 (일부개정) 2022.12.02 조례 제3016호 **제8조(회계공무원의 책임)** 회계관계공무원의 책임은 「회계관계직원 등의 책임에 관한 법률」을 준용한다.
OO군 의료급여기금 특별회계 설치 및 운용 조례 (일부개정) 2022.11.29 조례 제2746호 **제4조(기금관계 공무원의 책임)** 회계공무원의 책임에 관하여는 「회계관계직원 등의 책임에 관한 법률」을 따른다.

[검토사항: **회계관계직원의 책임 규정**]

- 개별 조례에서 회계직원의 책임에 관해서 「회계관계직원 등의 책임에 관한 법률」을 준용한다는 규정을 두는 사례가 있으나, 이는 「회계관계직원 등의 책임에 관한 법률」이 "직접 적용"되어 책임을 물을 수 있기 때문에 불필요한 규정이다.
- 「지방회계법」 제49조(회계관계공무원의 책임)는 "회계관계공무원의 책임에 관하여는 「회계관계직원 등의 책임에 관한 법률」에서 정하는 바에 따른다."고 규정하고 있다.
- 「지방회계법」 제49조와 「회계관계직원 등의 책임에 관한 법률」은 같은 내용으로 볼 수 있다.

CASE Study 195 특별회계의 존속기한 ①

[입법례]

OO군 의료급여기금 특별회계 설치 및 운용 조례

(일부개정) 2022.12.16 조례 제2866호

제2조(설치 및 존속기한) ② 특별회계의 존속기한은 2023년 12월 31일까지로 한다.

OOOO시 OO구 OO 에너지제로주택사업 특별회계 설치 및 운영 조례

(일부개정) 2022.10.27 조례 제1671호

제3조(특별회계설치 및 존속기한) ② 특별회계의 존속기한은 2027년 10월 31일로 한다. 다만, 존속기한이 경과된 이후에도 특별회계 운영이 필요한 경우 그 기한을 연장할 수 있다.

OOO도 지역균형발전 지원 조례

(일부개정) 2022－12－30 조례 제5311호

제6조(특별회계의 설치) ② 특별회계의 존속기한은 2025년 12월 31일까지로 한다.

OO광역시 도시철도사업 특별회계 설치 조례

(일부개정) 2022－11－09 조례 제6908호

제6조의2(존속기한) 이 조례는 2026년 12월 31일까지 효력을 가진다.

OO광역시 산업단지특별회계 설치 조례

(전부개정) 2022.07.08 조례 제5944호

부칙

제2조(존속기한) 특별회계의 존속기한은 2023년 12월 31일까지로 한다.

[검토사항 :특별회계의 존속기한 위치]

- 「지방재정법」 제9조제3항은 지방자치단체가 특별회계를 설치하려면 5년 이내의 범위에서 특별회계의 존속기한을 해당 조례에 명시하도록 하되, 법률에 따라 의무적으로 설치·운영되는 특별회계는 예외로 하고 있다.
- 특별회계의 존속기한은 위의 다섯 번째 조례에서 보는 것처럼 과거에는 “부칙”에서 규정되었다. 최근에는 부칙이 아니라 “본칙”에서 규정하고 있다.
- 위의 첫 번째부터 네 번째까지의 조례는 존속기한의 위치가 본칙 앞 부분에 위치해 있다.

CASE Study 196 특별회계의 존속기한 ②

[입법례]

OO광역시 교통사업 특별회계 설치 조례

(일부개정) 2022-12-30 조례 제6941호

제8조의2(존속기한) 이 조례는 2027년 12월 31일까지 효력을 가진다.

OO광역시 수도권매립지 주변지역 환경개선 특별회계 설치 및 운용 조례

(일부개정) 2022-12-30 조례 제6939호

제9조의2(존속기한) 이 조례는 2026년 6월 30일까지 효력을 가진다.

OO군 수질개선 특별회계 설치 및 운용 조례

(일부개정) 2023.02.28 조례 제3068호

제9조(존속기한) 특별회계의 존속기한은 2028년 2월 28일까지로 한다.

OO광역시 지하도상가 특별회계 설치와 운용 조례

(일부개정) 2022-12-30 조례 제6930호

제10조(존속기한) 이 조례는 2027년 12월 31일까지 효력을 가진다.

OO시 도시재정비 촉진 조례

(일부개정) 2023.01.10 조례 제2631호

제28조의2(특별회계 존속기한) 특별회계의 존속기한은 2023년 12월 31일까지로 한다.

OO광역시 도시균형발전 지원에 관한 조례

(일부개정) 2022-12-28 조례 제6804호

제34조(존속기한) 특별회계 존속기한은 2026년 12월 31일로 한다.

[검토사항: **특별회계, 존속기한의 위치**]

- 위의 6건 조례는 (특별회계 존속기한)의 위치를 본칙 말미에 규정하고 있다.
- 위원회, 특별회계, 기금의 존속기한의 위치에 대해 통일적인 기준 마련이 필요한 것으로 보인다.

CASE Study 197 장(章)의 구분

[입법례]

제6장 보칙

제41조(지도 · 감독) ① 군수는 산업단지 입주업체의 공장건축, 공장등록, 입주계약 이행여부 등에 대하여 필요한 지도와 감독을 할 수 있다.

② 군수는 관리권자로부터 업무를 위임 받은 범위 내에서 관리공단 및 입주기업체 협의회에 대하여도 산업단지 관리에 필요한 지도와 감독을 할 수 있다.

③ 군수는 지도 · 감독을 위하여 필요한 경우 입주업체, 관리기관, 지원기관에 자료 제출을 요구하거나 지도 · 점검 등을 할 수 있다.

제42조(다른 법령의 적용) 산업단지 조성, 분양 및 보상 등에 관한 사항은 「국토의 계획 및 이용에 관한 법률」, 「건축법」, 「조세특례제한법」, 「지방재정법」, 「공익사업을 위한 토지 등의 취득 및 보상에 관한 법률」 등 관련 규정을 따른다.

제43조(특별회계의 설치) 군수는 산업단지 조성사업의 합리적인 추진을 위하여 사업의 수입과 지출은 일반회계와 구분 회계처리 하도록 산업단지 특별회계를 설치할 수 있다.

[검토사항: **특별회계, 보칙(X)**]

- 특별회계는 보칙규정이 아니라 "실체규정"에 포함되는 요소이다.
- 특별회계는 위의 조례 제6장 보칙에서 규정할 요소가 아니다.

5 기 금

1. 기금의 의의

(1) 의의

- 정부의 재정활동은 일반회계와 특별회계로 구성되는 예산에 의해 이루어지는 것이 원칙이다. 그러나 급변하는 경제 · 사회적 환경에 대응하고 점증하는 국민(주민)의 다양한 욕구를 충족하기 위해서 특정사업에 대하여 지속적이고 안정적인 자금 지원과 사업추진에 탄력적인 집행이 요구되는 경우 예산과는 별도의 재원을 마련하여 운용하기도 하는데, 이것이 '기금'이다.
- 「지방자치단체 기금관리기본법」 제2조에서 "기금"이란 "지방자치단체가 특정한 행정 목적을 달성하기 위하여 「지방자치법」 제159조 또는 다른 법률에 따라 설치 · 운용하는 자금을 말한다"고 규정하고 있다.
- 「지방자치법」 제159조에서는 지방자치단체의 행정 목적의 달성을 위한 경우나 공익상 필요한 경우 특정한 자금을 운용하기 위한 기금을 설치할 수 있다고 규정하고, 이 기금의 설치 · 운용에 필요한 사항은 조례로 정하도록 하고 있다.
- 지방자치단체는 특정한 자금을 운영할 필요가 있는 경우에 조례로서 세입 · 세출예산에 의하지 않고 기금을 운용할 수 있다.
- 기금은 지방자치단체가 연구 · 개발사업이나 특정 정책사업 부문의 육성과 개발을 촉진하기 위해 원활한 자금 지원을 하려고 하거나 지방자치단체가 직접 수행하는 사업에 수반되는 자금의 효율적인 운용과 관리를 위해 설치된다.

(2) 법적 근거

- 제헌헌법 이래 현행 헌법까지 기금의 근거 조항은 두고 있지 않다.
- 기금이 방만하게 운용되는 경향이 있어 기금의 운용과 재정운용과의 연계성을 높이고 공공성과 효율성을 조화시키기 위해 「지방자치단체 기금관리기본법」은 기금제도 전반에 관한 기본원칙과 기준을 제시하고 있다.

2. 기금조례의 입법형식

(1) 기금 법제의 입법형식과 내용

- 개별 기금 조례는 일반적으로 총칙 규정(기금의 목적 · 정의와 기금 설치 규정), 기금의 재원과 용도(외부차입, 목적 외 사용금지), 기금의 관리와 운용(기금관리주체, 운용계획, 기금운용심의위원회, 자금운용, 기금사무의 위탁), 회계 및 결산(회계처리방식, 회계기

관, 결산 결과의 처리, 결산보고)의 순서로 규정한다.

(2) 기금의 목적 · 설치 규정

- 「지방자치법」 제159조제2항은 재산의 보유, 기금의 설치 · 운용에 필요한 사항은 조례로 정하도록 하고 있다.
- 기금의 설치 기준으로는 ① 부담금 등 기금의 재원이 목적사업과 긴밀하게 연계되어 있을 것, ② 사업 특성으로 인해 신축적인 사업추진이 필요할 것, ③ 중장기적으로 안정적인 재원 조달과 사업추진이 가능할 것, ④ 일반회계나 기존의 특별회계·기금보다 새로운 기금으로 사업을 수행하는 것이 더 효과적일 것 등의 기준에 적합한 지 여부를 심사한다.[11]
- 「공유재산 및 물품관리법」 제18조의2(공유재산관리기금)에서는 지방자치단체의 장이 공유재산관리기금을 설치할 수 있는 근거 규정을 두고, 기금 재원의 조성, 기금의 용도 등을 규정하고 있어, 이와 다른 내용을 조례에 규정할 수 없다.
- (목적) 기금을 설치하여 달성하려는 정책 목적을 반영하며, 기금 설치의 근거를 규정한다.

  일반적으로 기금의 관리 · 운용에 관해 조례에서 정하는 사항은 기금운용심의회의 설치 · 운영, 기금운용계획의 수립, 여유자금의 운용 방법에 관한 사항 등이다.

[입법모델]

제1조(목적) 이 조례는 OO시 ……를 지원하기 위해 OO시 △△기금을 설치하고 그 관리 및 운용에 필요한 사항을 규정함을 목적으로 한다.

(3) 기금의 관리 · 운용

- 기금관리 주체를 지방자치단체의 장으로 명시한다.
- 필요한 경우 공사 · 공단 등 타인에 대한 위탁 근거를 규정한다.

[입법모델]

제4조(기금의 운용 · 관리) OO도 OO기금(이하 "기금"이라 한다)는 OO도지사가 운용 · 관리한다.

(4) 기금의 조성과 용도

① 기금의 조성

개별 기금별로 그 목적 수행에 필요한 자금을 조달하기 위하여 개별 기금 조례

---

11) 박기영, 「한국재정」, 법우사, 2018, p.190.

에 기금의 재원 조성방법을 규정하고 있다. 기금의 재원은 지방자치단체의 출연금, 기금의 운용 수익금, 다른 회계로부터의 전입금 등으로 구성된다.

> [입법모델]
> **제○조(기금의 조성)** ① OO시 ○○기금은 다음 각 호의 재원으로 조성한다.
> 1. OO시(이하 "시"라 한다)의 출연금
> 2. 기금의 운용수익금
> 3. 그 밖의 수입금
>
> ② OO시장(이하 "시장"이라 한다)은 제1항제1호의 출연금을 회계연도마다 세출예산에 반영하여 출연해야 한다.

② 기금의 용도

- 기금은 특정사업에 필요한 자금을 지원 · 보조하거나, 특정사업에 투자 · 융자하거나, 그 기금의 관리 · 운용에 필요한 경비 지출을 위해 사용한다.
- 「지방자치단체 기금관리기본법」 제12조에서는 기금 지출에 대해서 이월이 제한되어 있으므로, 이와 다른 내용의 규정을 조례에 둘 수 없다.

> [입법모델]
> **제○조(기금의 용도)** 기금은 다음 각 호의 사업을 지원하는 용도에 한정하여 사용한다.
> 1. ………………….
> 2. ………………….

(5) 기금의 운용계획

「지방자치단체 기금관리기본법」에서 기금운용계획 수립을 의무화하고 있어 별도로 규정하지 않아도 되나, 관련 내용을 구체화하기 위해 규정하는 경우도 존재한다.

> [입법모델]
> **제○조(기금의 운용계획)** ① 시장은 해당 회계연도 개시 전까지 기금운용계획을 수립해야 한다.
>
> ② 제1항에 따른 기금운용계획에는 다음 각 호의 사항이 포함되어야 한다.
> 1. 기금의 수입 및 지출에 관한 사항
> 2. ……………………
>
> ③ 제1항에 따라 수립된 기금운용계획안은 매 회계연도 개시 00일 전까지 ㅁㅁ시의회에 제출해야 한다.

(6) 기금운용심의위원회의 설치

- 「지방자치단체 기금관리기본법」 제13조(기금운용심의위원회)제1항에서 "지방자치단체는 기금의 관리 · 운용에 관한 중요한 사항을 심의하기 위해 기금별로 기금운용심의위원회를 설치 · 운용하여야 한다. 다만, 기금을 효율적으로 운용하기 위하여 필요한 경우 기금운용심의위원회를 통합하여 설치 · 운용할 수 있다"고 규정하고 있다.
- 같은 조 제3항에서 "기금운용심의위원회의 구성과 운영에 필요한 사항은 대통령령으로 정하는 바에 따라 지방자치단체의 조례로 정한다"고 규정하고 있다.
- 따라서 원칙적으로 기금별로 기금운용심의회를 조례로 설치 · 운용해야 하고, 예외적으로 조례에 따라 설치된 "통합관리기금운용심의위원회"가 심의하도록 할 수 있다.
- 「지방자치단체 기금관리기본법」에서 기금운용심의회 설치를 의무화하고 있어 개별 조례에 별도 규정은 불필요하다. 다만, 심의회 구성이나 심의사항을 구체적으로 두려는 경우 별도로 규정한다.

[입법모델]

제○조(기금운용심의위원회의 설치) 기금의 관리 · 운용에 관한 다음 각 호의 사항을 심의하기 위해 시장 소속으로 □□시 ○○기금운용심의위원회(이하 "위원회"라 한다)를 둔다.

1. 기금운용계획에 관한 사항
2. 기금 결산에 관한 사항
3. 기금운용의 성과분석에 관한 사항
4. 기금의 관리 · 운용에 중요한 사항으로 시장이 위원회의 회의에 부치는 사항

(7) 이익과 결손의 처리

- 기금은 기금재정의 건전한 운영을 위해 매년 기금의 결산 결과 이익이나 손실이 발생한 경우 그 처리방법을 규정할 필요가 있다.
- 결산상 이익이 발생하는 경우 전액 적립하도록 하고, 손실이 발생하면 그 적립금에서 손실을 보전하도록 규정한다.[12)]

(8) 기금의 존속기한

- 「지방자치단체 기금관리기본법」 제3조제3항에서는 「지방자치법」 제159조에 따

12) 국회 법제실, 「법제 이론과 실제」, 2019, pp.481~487; 법제처, 「법령 입안·심사 기준」, 2018, pp.304~318; 법제처, 「2022년 자치법규 입안 길라잡이」, 2022, pp.178~184.

른 기금은 일반회계 또는 특별회계로 사업을 하는 것이 곤란한 경우에만 설치할 수 있도록 하고, 같은 법 제4조(기금의 존속기한)에서는 조례로 기금을 설치하는 경우 5년의 범위에서 “존속기한”을 정하도록 하여 기금의 남설을 억제하고 있다.

- 「지방재정법」 제9조에 따르면 법률에 따라 의무적으로 설치 · 운영되는 경우가 아니라면 특별회계나 기금을 설치할 때 5년 범위에서 존속기한을 조례에 명시해야 하고, 연장하려면 존속기한이 경과하기 전에 지방재정계획심의회 심의를 거쳐 조례를 개정해야 한다.

3. 유의사항

- 기금은 지방재정의 예외로서 인정되는 제도이므로 필요한 경우에만 엄격한 심사과정을 거쳐서 설치·운용되어야 한다.
- 기금은 한 번 설치되면 폐지하기 곤란하고, 같은 사업에 대해 기금과 예산 간 또는 기금과 기금 간의 지원이 중복되거나, 예산사업과 차별성이 없는 기금이 계속 존치될 수 있는 문제점이 있다.
- 기금의 존속기한 또는 일몰 조건의 명시 등의 방안을 통해 새로운 기금의 설치에 대한 책임 의식을 강화해야 한다.
- 자체 재원이 없이 일반회계 출연금에 전적으로 의존하면서 예산사업과 차별성이 없는 경상적 사업을 수행하는 기금은 존치될 필요성이 없다.
- 기금제도가 가지는 탄력적 운용 및 재량적 성격으로 인해 의회의 재정통제라는 관점에서 재정민주주의가 제한될 수 있다.
- 기금은 예산에 비해 상대적으로 탄력적인 운용이 가능하여 재정낭비의 위험이 예산보다 많다.[13]

13) 박기영, 「한국재정」, 법우사, 2018, pp.186~210.

CASE Study 198 기금, 장 구분, 중복 규정

OOO도 지역개발기금 설치조례

(일부개정) 2023-05-25 조례 제 4823호

제1장 총칙

제1조(목적) 이 조례는 OOO도의 주민복리증진과 지방공기업 및 지역개발사업을 지원하기 위해 OOO도 지역개발기금을 설치하고 이를 효율적으로 관리·운영하는데 필요한 사항을 규정함을 목적으로 한다.

제2조(기금의 설치) OOO도지사(이하 "도지사"라 한다)는 이 조례의 목적을 달성하기 위한 자금을 확보하기 위하여 OOO도 지역개발기금(이하 "기금"이라 한다)을 설치한다.

제2장 기금의 조성

제3조(기금의 조성) ① 기금은 다음 각호의 재원으로 조성한다.

1. 기존 상·하수도 지원금고 자금
2. 정부지원금 및 융자금
3. 도 출연금(일반회계 및 특별회계를 포함한다)
4. 지역개발채권(이하 "채권"이라 한다) 발행수입

5.~7. (생략)

제4조(채권의 발행) (생략)

제5조(채권의 매출대상 등) (생략)

제6조(채권의 상환 및 이율) (생략)

제7조(채권 업무의 위탁) (생략)

제3장 기금의 운영

제8조(융자대상) ① 기금자금의 융자대상은 다음 각호와 같다.

제8조의2(융자대상 기관) (생략)

제9조(융자순위) (생략)

제10조(융자조건) (생략)

제10조의2(융자약정 및 융자절차) (생략)

제10조의3(융자금의 원리금상환) (생략)

제11조(기금자금의 관리) (생략)

제12조(기금의 수입 및 지출) ① 기금의 수입은 제3조 규정에 의해 조성되는 자금으로 본다.

② 기금의 지출은 다음과 같이 한다.

1. 제6조의 규정에 의한 채권 상환원리금

2. 제8조의 규정에 의한 융자금
3. 기타 기금 운영에 따른 경비

제13조(기금운용계획 및 결산) ① 도지사는 회계연도마다 기금운용계획을 수립하여야 하고, 출납폐쇄 후 80일 이내에 기금의 결산보고서를 작성하여야 한다.

제13조의2(기금관리 공무원의 지정) (생략)

제13조의3(업무상황의 공표 등) (생략)

제4장 OOO도지역개발기금운용심의위원회

제14조(지역개발기금운용심의위원회의 설치) 도지사는 기금의 관리·운용에 관한 중요한 사항을 심의하기 위하여 OOO도지역개발기금운용심의위원회(이하 "위원회"라 한다)를 설치·운영한다.

제15조(위원장 및 위원) (생략)

제16조(기능) 위원회는 다음 각 호의 사항을 심의한다.

제5장 보칙

제17조(시행규칙) 이 조례의 시행에 관하여 필요한 사항은 규칙으로 정한다.

[검토사항: **장 구분, 중복규정**]

- 조례 본칙의 조문 수가 많으면(통상 조문 수가 30개조 이상인 경우) 조례를 쉽게 이해할 수 있도록 '장'으로 구분한다.
- 위의 조례안은 조문 수도 적고, 내용상 '장'을 구분할 실익이 크지 않아 장 구분을 삭제하는 방안을 고려해 본다.
- 굳이 장으로 구분한다면 제1조(목적)은 총칙규정, 제2조(기금의 설치)는 실체규정에 해당하므로 제2장은 제2조 앞에서 시작되는 것이 적절하다고 본다. 전체적으로 조문 체계 점검이 필요하다고 본다.
- 관련 있는 내용은 가까운 위치에 두는 것이 원칙이다. 제3조(기금의 조성)과 제12조(기금의 수입 및 지출)은 바로 연결되도록 배열한다.
- 제3조와 제12조제1항은 유사한 내용(기금의 조성, 기금의 수입)이 중복 규정되어 있다.

CASE Study 199 기금의 구성체계 ①

[입법례] **OOO도 청소년육성기금 설치 및 운용조례**

(일부개정) 2022-10-07 조례 제4783호

제1조(목적) 이 조례는 청소년 기본법 제56조에 따라 청소년의 건전한 육성과 장학사업의 지원에 필요한 재원을 확보하기 위하여 OOO도 청소년육성기금의 설치 · 운용에 관한 사항을 규정함을 목적으로 한다.

제2조(기금조성) OOO도 청소년육성기금(이하 "기금"이라 한다)은 다음 각 호의 재원으로 조성한다.

제3조(기금운용심의위원회 설치 등) ① 기금의 운용 · 관리에 관한 사항을 심의하기 위하여 OOO도 청소년육성기금운용심의위원회(이하 "위원회"라 한다)를 둔다.

제3조의2(위원회 구성) ① 위원회는 위원장과 부위원장 각 1명을 포함한 9명 이내의 위원으로 구성한다.

②~④ (생략)

제3조의3(위원의 임기) ① 위촉 위원의 임기는 2년으로 하되 한 차례만 연임할 수 있다.

제3조의4(위원장의 직무 등) ① 위원장은 위원회를 대표하고 위원회의 업무를 총괄한다.

제4조(기금관리 · 운용) ① 기금은 도금고에 예치하여 관리하되, 여유자금은 「OOO도 통합재정안정화기금 설치 및 운용 조례」 제7조에 따라 통합기금에 예탁하여야 한다.

제5조(기금의 용도) ① 기금은 다음 각호의 사업에 사용한다.

제6조(지급정지 및 회수 등) 기금을 받았거나 기금지원 대상자로 결정된 자가 품행불량이나 지원목적외 사용 등 사유가 발생하여 지원이 부당하다고 인정될 때에는 지급된 기금을 회수하거나 지급 결정을 정지할 수 있다.

제7조(기금의 존속기한) 기금의 존속기한은 2025년 12월 31일까지로 한다.

[검토사항: **기금 체계, 조문 순서**]

- 위의 조례의 조문 체계를 점검해 본다.
- 일반적인 기금 규정방식은 목적 →기금의 설치 →기금의 조성 →기금의 용도 →기금의 관리 · 운용 →기금의 운용계획 →기금운용심의위원회의 설치 →위원회 구성 →위원의 임기 →위원회 회의 →회계공무원 →결산 보고 등으로 구성된다.
- 제2조(기금 조성)과 제5조(기금의 용도)는 조문이 바로 연결되도록 배열한다. 관련 있는 내용은 가까운 위치에 두는 것이 원칙이다.

CASE Study 200 기금의 구성체계 ②

[입법례] **OO시 노인복지기금 설치 및 운용 조례**

(일부개정) 2022.10.07 조례 제1684호

제1조(목적) 이 조례는 OO시 노인의 복지증진을 위하여 필요한 기금을 조성하고 효율적인 운용 · 관리에 필요한 사항을 규정함을 목적으로 한다.

제2조(기금의 설치) OO시장(이하 "시장"이라 한다)은 노인복지 증진사업을 추진하고 지역사회 발전을 위한 사회활동의 지원을 위해 OO시 노인복지기금(이하 "기금"이라 한다)을 설치한다.

제3조(기금의 존속기한) 기금의 존속기한은 2026년 12월 31일까지로 한다.

제4조(재원의 조성) 기금은 다음 각 호의 재원으로 조성한다.

제5조(기금의 용도) 기금으로 지원하는 사업은 다음 각 호와 같다.

제6조(기금의 운용 · 관리) ① 기금은 시장이 노인복지기금계좌로 별도 운용 · 관리한다.

제7조(기금의 운용계획 및 결산보고) ① 시장은 매 회계연도 개시 전에 기금운용계획을 수립해야 하며, 출납 폐쇄 후 80일 이내에 기금의 결산보고서를 작성해야 한다. ·

제8조(회계관계 공무원) ① 기금의 효율적인 운용 · 관리를 위하여 다음 각 호의 회계관계 공무원을 지정한다.

제9조(기금운용심의위원회) ① 기금의 운용 · 관리에 관한 다음 각 호의 사항을 심의하기 위하여 OO시 노인복지기금운용심의위원회(이하 "위원회"라 한다)를 둔다.

제10조(위원의 제척 등) ① 위원은 심의의 공정을 기하기 위해 자기와 직접 이해관계가 있는 안건의 심의에는 참여할 수 없다.

제11조(관계 규정의 준용) 이 조례에서 정하지 않은 사항은 「지방자치단체 기금관리법」 등 관계 법령을 따른다.

[검토사항: 기금 체계, 조문 순서]

- 위의 조례의 조 제목 및 구성체계를 검토해 본다.
- 기금은 총칙 규정(기금의 목적 · 정의와 기금 설치), 기금의 재원과 용도, 기금의 관리와 운용(기금관리 주체, 운용계획, 기금운용심의위원회, 자금 운용, 기금사무의 위탁), 회계 및 결산(결산보고)의 체제와 순서로 하는 것이 일반적이다.
- 특정 사안에 대한 법령의 규정이 있다면, 그 법령이 상위법령으로서 당연히 적용되는 것이므로 법령과의 관계를 다시 조례에서 규정할 필요는 없다.

CASE Study 201 기금의 구성체계 ③

[입법례] **OO군 기업 및 투자유치 등에 관한 조례**

(일부개정) 2022.08.05 조례 제2528호

제3장 투자유치진흥기금

제9조(투자유치진흥기금) 군수는 「OOO도 기업 및 투자유치 등에 관한 조례」에 따라 투자유치진흥기금의 조성에 필요한 재원을 매 회계연도마다 세출예산에 계상하여 도 투자유치진흥기금으로 출연할 수 있다. 이 경우 군이 부담해야 할 출연금은 OOO도지사(이하 "도지사"라 한다)와 군수가 협의하여 따로 정하는 바에 따른다.

제9조의2(투자유치진흥기금 설치 · 조성) ① 군수는 「지방자치법」 제142조에 따라 국내외 투자기업 지원의 재원확보를 위한 OO군 투자유치진흥기금을 설치 · 운용할 수 있다.

② 기금은 다음 각 호의 재원으로 조성한다.

③ 기금의 융자대상, 융자기준 등 세부적인 사항은 규칙으로 정한다.

④ 기금의 존속기한은 2025. 9. 30.까지로 한다.

제9조의3(투자유치진흥기금 운용심의위원회) ① 다음 각 호의 사항을 심의하기 위하여 투자유치진흥기금 운용심의위원회(이하 "기금위원회"라 한다)를 둔다.

② 기금위원회의 구성과 기능은 OO군 투자유치위원회가 겸한다.

제9조의4(기금의 용도) ① 기금은 다음 각 호의 사업을 위한 용도로 사용한다.

② 제1항제3호에 따른 "그 밖에 군수가 투자유치를 위하여 필요하다고 인정하는 경우"의 범위는 투자유치위원회의 심의를 거쳐 정한다.

제9조의5(기금의 관리 · 운용) ① 군수는 기금의 수입과 지출을 명확히 하기 위하여 기금계좌를 별도로 설치 · 관리하여야 한다.

제9조의6(기금운용계획 수립 및 결산) ① 군수는 회계연도마다 기금운용계획을 수립하여야 하며, 출납 폐쇄 후 80일 이내에 기금결산보고서를 작성하여야 한다.

② 군수는 제1항에 따른 기금운용계획서와 기금결산보고서를 회계연도마다 각각 세입세출예산과 함께 군의회에 제출하여야 한다.

[검토사항: 기금, 조문 순서]

- 기금 규정방식은 목적 →기금의 설치 →기금의 조성 →기금의 용도 →기금의 관리 · 운용 →기금의 운용계획 →기금운용심의위원회 설치 →위원회 구성 →위원의 임기 →위원회 회의 →회계공무원 →결산 보고 등으로 구성된다.
- 실제 조례를 보면 기금의 조문 순서가 적절하지 않은 입법례가 상당수 발견된다. 위의 조례의 조문 순서를 확인해 본다.

CASE Study 202 기금의 구성체계 ④

[입법례] **OOOOOO도 환경보전기금 설치 및 운용 조례**

(일부개정) 2022-12-30 조례 제3275호

제1조(목적) (생략)

제2조(기금의 설치) OOOOOO도지사(이하 "도지사"라 한다)는 환경보전기본계획의 시행에 필요한 재원조성과 환경개선사업에 필요한 자금을 확보 · 지원하기 위하여 OOOOOO도환경보전기금(이하 "기금"이라 한다)을 설치한다.

제2조의2(기금의 존속기한) 기금의 존속기한은 2026년 12월 31일까지로 한다.

제3조(기금의 용도) 기금은 다음 각 호의 사업을 위하여 사용한다.

제4조(기금의 운용관리) ① 기금은 기금운용계획에 따라 운용하여야 한다.

제5조(위원회 설치) 기금의 운용 · 관리에 관한 사항을 심의하기 위하여 도지사 소속으로 OOOOOO도환경보전기금운용위원회(이하 "위원회"라 한다)를 둔다.

제5조의2(위원회 기능) 위원회의 심의사항은 다음 각 호와 같다.

제5조의3(위원회 구성) ① 위원회의 위원은 성별 균형을 고려하여 위원장 1명과 부위원장 1명을 포함한 10명 이내의 위원으로 구성한다.

제5조의4(위촉위원의 임기) 위촉위원의 임기는 2년으로 하되, 한 차례 연임할 수 있다. 다만, 보궐위원의 임기는 전임자의 남은 임기로 한다.

제5조의5(위원장의 직무) ① 위원장은 위원회를 대표하고 위원회의 업무를 총괄한다.

제5조의6(위원회 회의) ① 위원회의 회의는 위원장이 소집하며, 그 의장이 된다.

제5조의7(위원회 위원수당) 도지사는 위원회에 출석한 위원에 대하여는 예산의 범위에서 수당을 지급할 수 있다

제5조의8(운영세칙) 이 조례에서 정한 것 외에 위원회의 운영 등에 필요한 사항은 위원회의 의결을 거쳐 위원장이 정한다.

제6조(기금운용계획) ① 도지사는 회계연도마다 기금운용계획을 수립하여야 한다.

제7조(기금결산) ① 도지사는 회계연도 출납폐쇄 후 80일 이내에 기금결산 보고서를 작성하여야 한다.

[검토사항: **조문 순서**]

- 얼핏 보아도 조문의 구성체계가 좀 부자연스럽다.
- 제5조의8(운영세칙)은 현 조문에서는 가장 마지막에 위치하는 것이 적절하다.
- 제6조(기금운용계획)은 위원회 구성보다는 앞서 위치해야 한다고 본다. 조문의 체계를 점검해 본다.

CASE Study 203 장(章)의 구분

[입법례] **OO광역시 도시 및 주거환경정비 조례**

(일부개정) 2022-07-15 조례 제2632호

제6장 보칙

제49조(OO광역시 도시 · 주거환경정비기금의 설치 등) ① 시장은 법 제126조제1항에 따라 OO광역시 도시 · 주거환경정비기금(이하 "정비기금"이라 한다)을 설치한다.

제50조(정비기금의 관리 · 운용) ① 시장은 정비기금의 수입 · 지출을 효율적으로 운용하기 위하여 다음 각 호와 같이 기금관리공무원을 둔다.

제51조(OO광역시 도시 · 주거환경 정비기금운용 심의위원회) ① 정비기금의 운용 · 관리에 관한 다음 각 호의 사항을 심의하기 위하여 OO광역시 도시 · 주거환경 정비기금운용 심의위원회(이하 "기금위원회"라 한다)를 둔다.

제52조(기금위원회 위원의 제척 · 기피 · 회피) ① 기금위원회의 위원이 다음 각 호의 어느 하나에 해당하는 경우에는 기금위원회의 심의 · 의결에서 제척된다.

[검토사항: **기금, 보칙규정(X)**]

- 본칙의 총칙규정, 실체규정, 보칙규정, 벌칙규정 중에서 기금은 "실체규정"에 포함되는 사항이다. 위의 조례에서 "제6장 보칙" 아래에 규정될 사항이 아니다.
- (조 제목) 위의 조례에서 조 제목이 전체적으로 길다. 간략히 하는 방안을 고려해 본다.

CASE Study 204 기금의 존속기한 위치 ①

[입법례]

OO도 농어촌진흥기금 설치 및 운용 조례

(일부개정) 2022-12-23 조례 제4973호

제3조(기금의 재원 및 존속기한) ② 기금의 존속기한은 2027년 12월 31일까지로 하며, 존속기한을 넘어서까지 기금을 존치할 필요가 있을 때에는 조례를 개정하여 5년의 범위에서 기금의 존속기한을 연장할 수 있다.

부칙 <제4265호, 2018.4.13.>

제5조(기금의 존속기한) 이 조례에 의한 기금의 존속기한은 2022년 12월 31일까지로 한다. 다만, 존속기한을 넘어서까지 기금을 존치할 필요가 있을 때에는 조례를 개정하여 5년의 범위에서 기금의 존속기한을 연장할 수 있다..

OO시 중소기업육성기금 설치 및 운용 조례

(일부개정) 2022.07.12 조례 제2606호

제3조의2(기금의 존속기한) 기금의 존속기한은 2026년 12월 31일까지로 한다.

부칙 <2012. 3.30 조례 제1403호>

제2조(기금의 존속기한) 이 기금의 존속기한은 2021년 12월 31일까지로 한다.

OO도 환경보전기금 설치 및 운용 조례

(일부개정) 2022-12-30 조례 제7494호

제14조(기금 존속기한) 이 기금의 존속기한은 2024년 12월 31일까지로 한다.

부칙 <2010.7.14.>

제2조(기금의 존속기한) 이 기금의 존속기한은 2019년 12월 31일까지로 한다.

[검토사항: **기금 존속기한의 위치 변천**]

- 기금의 존속기한은 위의 3건 조례의 변천처럼 이전에는 "부칙"(제5조/제2조)에 규정되었으나, 최근에는 "본칙"(제3조/제3조의2/제14조)에 규정되고 있다.
- 그런데 본칙에서 기금 존속기한의 위치가 앞부분인지 뒷부분인지가 문제이다.

CASE Study 205 기금의 존속기한 위치 ②

[입법례]

OOO도 관광진흥기금 설치 및 운용 조례

(일부개정) 2022-11-10 조례 제5619호

제2조의2(기금의 존속기한) 「지방자치단체 기금관리기본법」 제4조에 따라 기금의 존속기한은 2026년 12월 31일까지로 하되, 존속기한을 넘어서까지 기금을 존치할 필요가 있을 때에는 조례를 개정하여 존속기한을 연장할 수 있다.

OOOOOO도 환경보전기금 설치 및 운용 조례

(일부개정) 2022-12-30 조례 제3275호

제2조의2(기금의 존속기한) 기금의 존속기한은 2026년 12월 31일까지로 한다.

OO광역시 박물관 및 미술관 기금 조례

(일부개정) 2022-12-22 조례 제2651호

제3조(기금의 조성) ② 기금의 존속기한은 2027년 12월 31일까지로 한다. 다만, 존속기한을 넘어서까지 기금을 존치할 필요가 있을 때에는 「지방자치단체 기금관리기본법」(이하 "법"이라 한다) 제4조제3항에 따른다.

OO시 일자리기금 설치 및 운용 조례

(일부개정) 2023.01.10 조례 제2631호

제3조(기금의 존속기한) 기금의 존속기한은 2023년 12월 31일까지로 한다. 다만, 존속기한이 지난 후에도 기금의 존치가 필요한 경우에는 조례를 개정하여 존속기한을 연장할 수 있다.

OOOO시 남북교류협력에 관한 조례

(일부개정) 2022.12.30 조례 제8530호

제3조의2(기금의 존속기한) 「지방자치단체 기금관리기본법」 제4조에 따라 OO시 남북교류협력기금의 존속기한은 2027년 12월 31일까지로 한다. 다만, 존속기한이 경과된 이후에도 기금의 존치 필요성이 있는 경우에는 조례를 개정하여 기금의 존속기한을 연장할 수 있다.

[검토사항: **기금의 존속기한 조문 위치**]

- 위의 5건 조례는 기금 존속기한의 조문 위치가 모두 본칙 앞 부분에 있다.

CASE Study 206 기금의 존속기한 위치 ③

<table>
<tr><td>[입법례]
OO군 통합재정안정화기금 설치 및 운용 조례
(일부개정) 2023.01.09 조례 제2492호

제13조(존속기한) 기금의 존속기한은 2025년 12월 31일까지로 한다.</td></tr>
<tr><td>OOOO시 박물관 · 미술관 소장품 구입 기금의 설치 및 운용에 관한 조례
(제정) 2022.12.30 조례 제8537호

제15조(기금의 존속기한) 기금의 존속기한은 2027년 12월 31일까지로 한다. 다만, 존속기한이 경과된 이후에도 기금의 존치 필요성이 있는 경우에는 조례를 개정하여 존속기한을 연장할 수 있다.</td></tr>
<tr><td>OOO도 농림수산 발전기금 운용 조례
(일부개정) 2022－12－09 조례 제5190호

제16조(기금의 존속기한) 이 기금의 존속기한은 2027년 12월 31일까지로 한다.</td></tr>
<tr><td>OO도 개발이익 도민환원기금 설치 및 운용 조례
(일부개정) 2022－12－30 조례 제7494호

제17조(기금의 존속기한) 이 기금의 존속기한은 2026년 6월 30일까지로 한다.</td></tr>
<tr><td>OOOOOO시 중소기업육성기금 운용 조례
(일부개정) 2022.07.29 조례 제1968호

제19조(기금의 존속기한) 기금의 존속기한은 2027년 6월 30일까지로 한다.</td></tr>
</table>

[검토사항: **기금의 존속기한 위치**]

- 위의 5건 조례는 기금 존속기한의 조문 위치가 모두 본칙 끝, 말미에 있다.
- 조문의 위치에 대해 통일된 기준이 없다면 일반적으로 관련 있는 상위법령의 조문 순서를 참고한다.
- 「지방자치단체 기금관리기본법」의 조문체계가 좀 체계적이지 못한 부분이 있지만 순서를 보면, 제1조(목적), 제2조(정의), 제3조(기금의 설치 제한), 제4조(기금의 존속기한), 제5조(기금의 관리 및 운용원칙), 제6조(기금의 관리 및 운용), 제7조(회계연도 및 출납폐쇄 등), 제8조(기금운용계획 및 결산), 제8조의2(성인지 기금운용계획서의 작성), 제8조의3(성인지 기금결산서의 작성), 제9조(기금운용계획안의 내용), 제9조의2(기금운용계획 수립의 기준), 제10조(기금운용계획 불성립 시의 기금운용계획 집행), 제11조(기금운용계획의 변경), 제12조(지출사업의 이월), 제13조(기금운용심의위원회), 제14조(기금 운용의 성과 분석), 제15조(기금의 통합 · 폐지)의 순서로 구성되어 있다. 여기서 존속기한의 순서는 앞부분에 있다.

CASE Study 207 기금의 존속기한

[입법례] **OOOOOO도 어업인 육성기금 설치 및 운용에 관한 조례**

(일부개정) 2022-11-23 조례 제3239호

제7조(기금의 존속기한) ① 기금의 존속기한은 10년으로 한다.

[검토사항: **기금 존속기한, 5년**]

- 「지방재정법」 제9조에 따르면, 법률에 따라 의무적으로 설치·운영되는 경우가 아니라면 특별회계나 기금을 설치할 때 5년 범위에서 존속기한을 조례에 명시해야 하고, 연장하려면 존속기한이 경과하기 전에 지방재정계획심의회 심의를 거쳐 조례를 개정해야 한다.
- 「지방재정법」 제9조에 따르면 기금의 존속기한은 5년 범위 내이다.
- 따라서 위의 조례 10년 규정은 상위법령 위반이 아닌지 확인해 본다.

6 보조금

1. 보조금의 의의

- 보조금은 국가 또는 지방자치단체가 공익적 사업을 지원하기 위해 반대급부 없이 교부하는 금전 급부로, 법적 성격은 무상 증여에 해당한다.
- 「지방자치단체 보조금 관리에 관한 법률」 제2조는 "지방보조금"을 지방자치단체가 법령 또는 조례에 따라 다른 지방자치단체, 법인 · 단체 또는 개인 등이 수행하는 사무 또는 사업 등을 조성하거나 이를 지원하기 위해 교부하는 보조금으로 정의한다.
- 1980년대 초부터 국제기구가 그들 회원국의 보조금 운용에 관심을 갖기 시작했는데, 그 이유는 무역 관세 장벽의 점진적 철폐와 관련 산업분야에 대한 정부지원 관계를 조사하기 위함이었다.

2. 보조금의 유형

「지방재정법」 제21조는 부담금형태의 보조금과 교부금형태의 보조금을 규정하고 있고, 제23조는 협의의 보조금을 규정하고 있다.

(1) 협의의 보조금

국가가 시책상 필요하다고 인정될 때(장려적 보조금) 또는 지방자치단체의 재정사정상 필요하다고 인정될 때(지방재정보조금) 예산의 범위 안에서 지방자치단체에 교부하는 경비이다.

(2) 부담금 형태의 보조금

지방자치단체 또는 그 기관이 법령에 의해 처리해야 할 사무로서 국가와 지방자치단체 상호 간에 이해관계가 있는 경우에 그 원활한 사무처리를 위하여 국가에서 부담하지 않으면 안 될 경비를 국가가 그 전부 또는 일부를 부담하는 것이다.

(3) 교부금 형태의 보조금

국가가 스스로 행할 사무를 지방자치단체나 그 기관에 위임하여 수행하는 경우 이를 위한 소요경비 전부를 국가가 교부하는 경비이다. 국민투표, 대통령 또는 국회의원 선거, 징병 사무, 여권 업무, 외국인 등록 등 주로 기관위임사무에 집행되는 경비를 말한다.

3. 보조금의 법적 근거

(1) 헌법적 근거와 한계

국가가 보조금이라는 수단으로 경제활동에 영향을 행사할 때 염두에 두어야 할 헌법적 가치로는 행정의 적법성 원칙, 경쟁의 자유, 기회균등의 보장, 자의적 행위와 차별행위의 금지, 직업선택의 자유 보장 등이다.[14] 보조금을 통한 국가의 정책은 꼭 필요한 정도를 넘어서서는 안 된다는 과잉금지원칙의 적용도 받는다.

(2) 보조금의 법률유보

보조금의 법적 근거와 관련하여 보조금 교부 때 행정의 법률적합성원칙 중의 하나인 '법률유보' 원칙이 적용되어야 하는지 즉, 특정사업에 대한 보조금을 지급하기 위해 개별 법률상 근거가 필요한지에 대한 문제가 제기될 수 있다. 과거 일부 견해는 보조금 교부가 수익적 행정임을 전제하면서 법적 근거를 필요로 하지 않는다고 주장하였으나, 오늘날은 보조금 교부에 법적 근거를 요한다는 견해가 지배적이다. 그러나 ① 국제협약, 정부 약속 등에 의해 지원이 불가피한 경우, ② 국가정책상 지원이 불가피하게 요구되는 사업 등은 예외가 인정된다.[15]

4. 지방보조금의 근거

- 보조금의 방만한 집행을 방지하기 위해 「지방재정법」 제17조(기부 또는 보조의 제한)에서 지방자치단체는 법률에 규정이 있는 경우 등 일정한 경우에 한정하여 개인 또는 법인·단체에 보조할 수 있도록 하고 있다.
- 2021년 제정된 「지방자치단체 보조금 관리에 관한 법률」 제3조제1항에서는 보조금 예산의 편성, 교부신청, 교부결정, 사용 등에 관한 기본적 사항을 규정하면서 지방보조금의 예산의 편성·집행 등 그 관리에 관하여는 다른 법률에 특별한 규정이 있는 것을 제외하고는 이 법에서 정하는 바에 따르도록 규정하고 있다.

5. 지방보조금의 규정방식

- (지급근거의 규정 형식) 일반적으로 "OOO는 …… 에 대하여 …… 에 필요한 비용을 보조할 수 있다" 또는 "OOO는 …… 에 대하여 …… 에 보조금을 지급할 수 있다."로 표현한다.
- 지방보조금의 지급근거 규정은 "보조해야 한다", "보조한다"와 같이 "의무 부과형식"으로 하지 않고 "지원할 수 있다"와 같이 "권한 부여 형식"을 취하는 것이 일반

---

14) 장선희, "보조금의 법적 근거와 유형 및 반환에 관한 연구", 「공법학연구」 제11권, 한국비교공법학회, 2010, p.93.
15) 박기영, 「한국재정」, 법우사, 2018, p.762.

적이다.

- 이유는 의무 부과형식으로 하면 보조금 지급에 관한 재량의 여지가 없어져 재정의 탄력적 운영이 어려워지고, 소요 예산의 편성 및 집행권은 지방자치단체의 장의 고유한 권한임에도 불구하고 조례에서 "강행규정 방식"으로 규정하게 되면 지방자치단체의 장의 권한을 침해할 우려가 있기 때문이다.
- "예산의 범위에서 ……" 표현은 방만한 보조금 지출을 방지하고 합리적이고 탄력적인 예산 운용이 가능하도록 하기 위한 것이다.

6. 지방자치단체 보조금의 지급 주체

- 지방보조금은 예산에 반영되어야 하고 예산 반영은 지방자치단체의 장이 단독으로 할 수 있는 것이 아니라 지방의회의 의결이 필요한 사항이므로, 상위법령에서는 지방자치단체 보조금의 지급 주체를 "지방자치단체"로 규정하는 것이 일반적이다.
- 다만, "조례 · 규칙"에서는 보조금을 지방자치단체의 장이 지급하는 것이 분명하므로 보조금의 지급 주체를 "○○시장", "○○군수" 등으로 규정하는 것이 바람직하다.

7. 지방보조금의 상대방과 대상사업

- 지방보조금의 지급 근거를 조례에서 규정할 때 그 상대방과 대상 사업을 적시하는 것이 일반적이다.
- 지방보조금은 일정한 조건을 충족한 주민 일반을 대상으로 일정한 지원을 하겠다는 방식으로 규정한다.
- 지방보조금의 상대방을 특정 개인이나 단체로 적시하는 것은 일반적으로 적용되어야 할 법규범을 특정한 대상 위주로 적용하게 되는 것처럼 보일 수 있어 평등원칙에 위배될 소지가 있고, 일반적 · 추상적 규율이라고 하는 법규로서의 성격에도 맞지 않는다.

8. 지방보조금 지급의 제한

(1) 「지방재정법」 및 「지방자치단체 보조금 관리에 관한 법률」에 따른 보조금 지급의 제한

- 「지방자치단체 보조금 관리에 관한 법률」 제6조제2항은 지방보조금은 법령에 명시적 근거가 있는 경우 외에는 "운영비"로 교부할 수 없도록 규정하고 있다. 운영비 교부 제한의 경우 "법령에 명시적인 근거가 있는 경우"를 어느 범위까지 인정하느냐가 문제다.
- 「지방재정법」 제17조제1항 각 호의 재정지출 인정 사유 중 조례 입안시 주로 문

제가 되는 것은 제1호의 "법률에 규정이 있는 경우"와 제4호의 "보조금을 지출하지 아니하면 사업을 수행할 수 없는 경우로서 지방자치단체가 권장하는 사업을 위하여 필요하다고 인정되는 경우"를 어느 범위까지 인정하느냐에 대한 것이다.

- 넓게 인정하면 「지방재정법」 제17조에서 엄격하게 민간에 대한 보조를 제한하고 있는 취지에 어긋나게 되고, 좁게 인정하면 지방자치단체의 재정자율권을 침해한다는 문제점이 있다.

(2) 「지방재정법」 제17조제1항제1호에 따른 지원

- 지방자치단체의 재정에 관한 기본원칙을 정하고 있는 「지방재정법」 제17조제1항제1호에서는 지방자치단체가 그 소관에 속하는 사무와 관련하여 법률에 규정이 있는 경우 개인 또는 법인 · 단체에 기부 · 보조, 그 밖의 공금 지출을 할 수 있다고 규정하고 있다.
- '법률에 규정이 있는 경우'와 관련하여 「지방자치법」 제13조에서 열거하고 있는 사항을 '법률에 규정'이 있는 경우로 볼 수 있는지, 「지방자치법」 제13조의 근거만으로는 부족하고 지방자치단체의 재정적 지원에 대해 규정한 다른 법률이 필요한지, 만약 다른 법률의 근거가 필요하다면 어느 정도까지 명시적으로 재정지원에 관한 내용을 규정한 것이 필요한지 등이 문제 된다.
- 판례는 「지방재정법」 제17조제1항제1호의 '법률에 규정'의 의미를 「지방자치법」 제13조에 따른 자치사무에 해당될 뿐만 아니라 더 나아가 "다른 법률상 근거가 필요"한 것으로 본다. 다른 법률에 개인 또는 단체에 대한 공금 지출의 근거가 어느 정도까지 명시적이어야 하는지에 대해서는 일반적인 지원 시책 마련 의무 규정을 두는 정도로는 부족하고, 구체적으로 해당 개인 또는 단체에 대한 경비지원 또는 보조가 가능하다는 정도의 규정이 있는 경우로 본다.
- 즉, 「지방자치법」 상 자치사무에 해당되더라도 그것만으로는 법률에 규정이 있는 경우에 해당하는 것으로 보기는 어렵다는 것으로 명시적인 개별 법률상 근거가 있어야 「지방재정법」 제17조제1항제1호에 해당한다고 인정한다.

(3) 「지방재정법」 제17조제1항제4호에 따른 지원

- 「지방재정법」 제17조제1항제4호에 따르면, 지방자치단체의 소관 사무와 관련하여 "보조금을 지출하지 아니하면 사업을 수행할 수 없는 경우로서 지방자치단체가 권장하는 사업을 위하여 필요하다고 인정되는 경우"로서 해당 사업에의 지출 근거가 조례에 직접 규정되어 있는 경우에는 재정적 지원이 가능하다.
- 「지방재정법 시행령」 제29조(기부·보조의 제한)제3항에서는 "지방자치단체가 권장하는 사업을 위하여 필요하다고 인정되는 경우"란 해당 지방자치단체의 소관

사무 수행과 관련하여 그 지방자치단체가 권장하는 사업으로서 보조금을 지출하지 아니하면 그 사업을 수행할 수 없는 경우를 말한다고 하고 있다.

• "지방자치단체가 권장하는 사업을 위하여 필요하다고 인정되는 경우"에 해당되는 지에 대해, 판례는 주민들이 일상생활을 영위하는 데 있어 필수불가결한 시설에 관한 사업(급수시설, 버스환승사업)에 대하여 재정적 지원이 가능한 것으로 인정한다.

• 결국 제4호에 해당되는지 여부는 해당 사업의 공익성과 필요성, 다른 법령과 충돌 또는 저촉이 있는지 여부, 해당 사업의 정책적 필요성, 사업비의 규모, 해당 사업으로 인해 주민들이 누리는 혜택의 정도와 범위, 사업비 지원이 없을 경우 그 사업의 수행 가능성 및 효율성의 정도, 해당 지방자치단체의 재정 상황 등을 종합적으로 고려해야 할 것이다.

• "보조금을 지출하지 않으면 사업을 수행할 수 없는 경우"의 요건은 사업수행이 절대적으로 불가능한 경우 뿐만 아니라, 재정적 지원이 이루어지지 않으면 그 경제적 부담 등이 과중하여 사업의 원활한 수행을 기대하기 어려운 경우도 포함된다.

• 「지방재정법」 제17조제1항제4호에 따라 지급되는 보조금의 경우 교부신청, 교부결정 및 사용 등에 관하여 필요한 사항은 조례에서 규정하는 것이 원칙이나 다만, 보조금의 지급과 관련된 세부적 사항이 전문적이고 기술적이거나 수시로 변경할 수밖에 없는 성질의 것인 경우에는 기본적 사항을 조례에 규정하면서 그 외 세부적 지출방법 · 절차 등에 대해서는 조례를 보면 규칙으로 위임하려는 사항의 대강을 예측할 수 있도록 하는 등의 일반적인 위임입법의 원리를 준수하면서 규칙으로 위임하는 것은 가능하다.[16]

(4) 운영비에 대한 지방보조금 지급 제한

• 운영비는 어떤 단체나 법인의 기본적인 업무 수행에 필요한 인건비, 장비 구입비, 시설운영비 등이 해당된다.

• 지방재정의 건전성을 강화하기 위해 「지방자치단체 보조금 관리에 관한 법률」 제6조제2항은 법령에 명시적 근거가 있는 경우 외에는 지방보조금을 운영비로 교부할 수 없도록 규정하고 있다.

• 운영비로 사용할 수 있는 경비의 종목을 대통령령으로 정하도록 위임하고 있고, 같은 법 시행령 제3조에서는 운영비로 사용할 수 있는 경비의 종목에 대해 인건비, 사무관리비, 임차료, 그 밖에 지방자치단체의 장이 다른 지방자치단체, 법인 · 단체 또는 개인 등이 수행하는 사무 또는 사업 등의 기본적인 운영을 위해

16) 법제처, 「2021 쉽게 찾아보는 자치법규 입안기준」, 2021, p.15, pp.40~41.

특별히 필요하다고 인정하는 경비로 규정한다.

- "법령에 명시적 근거가 있는 경우"란 법령에서 지방보조금을 운영비로 교부할 수 있도록 명시하고 있거나, 적어도 그에 상응하는 명문의 규정이 있어야 한다.

9. 지방보조금의 환수

- 「지방자치단체 보조금 관리에 관한 법률」 제11조, 제12조에 따르면 지방보조금의 교부 결정을 한 후에 발생한 천재지변이나 그 밖의 사정 변경으로 인한 경우와 지방보조사업자가 법령 위반 등을 한 경우에는 지방보조금 교부 결정의 전부 또는 일부를 취소할 수 있다.
- 지방자치단체의 장이 지방보조금의 교부 결정을 취소한 경우, 그 취소된 부분의 지방보조사업에 대하여 이미 보조금이 교부되었을 때에는 기한을 정하여 그 취소된 부분에 해당하는 지방보조금과 이로 인해 발생한 이자의 반환을 명하도록 규정하고 있다.
- 지방자치단체의 장 및 지방보조사업자는 지방보조금 수령자가 거짓이나 그 밖의 부정한 방법으로 지방보조금을 지급받은 경우 등에는 지급한 지방보조금의 전부 또는 일부를 기한을 정하여 반환을 명하도록 규정하고 있다.[17]

10. 유의사항

- 보조금 사업은 신설할 때부터 신중해야 한다. 한번 만들어진 사업은 없애기 쉽지 않기 때문이다.
- 사업이 없어지면 해당 사업을 담당했던 부서도 없어져 담당 공무원의 반발이 거셀 수 있다.
- 그리고 보조금을 받아 온 민간단체의 저항도 심할 수 있기 때문이다.
- 보조사업을 재검토하여 보조금을 폐지·통합·축소하는 방안을 고려해 본다. ① 그간의 지원에도 불구하고 당초 지원 효과가 불투명한 사업, ② 여건 변화 등으로 지원 필요성이 감소한 사업, ③ 다른 재정사업과의 중복 등으로 세출 구조조정이 필요한 사업, ④ 부정수급이 발생하는 등 전달체계가 비효율적인 사업, ⑤ 연례적 집행 부진 등 외부 지적이 있는 사업 등에 대해 구조조정을 추진하는 것이다.[18]

---

17) 국회 법제실, 「법제 이론과 실제」, 2019, pp.448～452: 법제처, 「법령 입안·심사 기준」, 2018, pp.230～238; 법제처, 「2022년 자치법규 입안 길라잡이」, 2022, pp.114～134.

18) 기획재정부, 「2018년도 예산안 편성 및 기금운용계획안 작성지침」, 2017.3, p.39.

판례 42 **개별 상위법령의 규정 위반** [19]

□ OOOO시 시우회 등 육성 및 지원 조례

[조례안 내용]

OO시 의정회(전직의원 단체)와 시우회(퇴직공무원 단체)에 대한 "보조금 지원 근거"를 마련하는 것이다.

[재의요구 이유]

「지방재정법」에서 지방자치단체는 개인 또는 단체에 대한 기부·보조·출연 및 그 밖의 공금을 지출할 수 없고 일부 예외만을 규정하고 있는데, 시우회는 그 예외에 적용되지 않고 시우회 등의 성격은 전직 공무원·의원들의 친목 모임 성격의 단체이므로 설령 그 설립과 목적이 그 자치단체의 조례로 정하여져있다 하더라도 보조금을 지급할 수 있는 "공공기관"에 해당하지 않는다.

[판결 요지]

시우회 등이 추진하는 사업은 지방자치단체가 "권장하는 사업"에 해당하지 않아 보조금을 지출할 수 없다. (대법원 2012추176 판결)

19) 행정자치부, 「2016 자치법규 입법실무」, 2016, p.128.

CASE Study 208 장(章) 구분 ①

[입법례]

OO광역시 O구 주차장 조례

(일부개정) 2022.08.01 조례 제1394호

제4장 보 조

제22조(보조의 대상) 법 제21조의2제6항에 따라 다음 각 호의 어느 하나에 해당하는 자에게는 주차장특별회계에서 주차장 설치비용의 일부를 보조할 수 있다.

제23조(보조의 방법) ① 보조금을 신청하고자 하는 자는 구청장이 따로 정하는 서류를 구청장에게 제출하여야 한다.

제5장 보 칙

제24조(보조금의 반환) ① 보조금을 지급받은 자가 다음 각 호의 어느 하나에 해당되는 경우에는 보조금을 즉시 반환하여야 한다.

[검토사항: **보칙 장(章) 구분**]

- 제4장 보조에서 제22조(보조의 대상), 제23조(보조의 방법) 그리고 제5장 보칙에서 제24조(보조금의 반환)은 모두 보조금에 관한 내용으로 보칙규정 사항이 아니라 실체규정 사항이다.
- 제4장은 장(章) 이름이 "보조"이고, 유사한 내용(제22조, 제23조, 제24조) 즉, 관련 있는 내용은 가까운 곳에 두는 것이 원칙이므로 같은 장(제4장)에 소속시켜 규정하는 것이 바람직하다.
- 본칙은 총칙규정 · 실체규정 · 보칙규정 · 벌칙규정의 4개 규정으로 분류되는데, 이 중 "실체규정"을 제외하고는 모두 장(章)의 명칭으로 쓸 수 있다. 즉, 제1장 총칙, 제O장 보칙, 제O장 벌칙으로 사용된다.
- 실체규정은 장의 이름으로 쓰지는 않지만, 내용에 따라 여러 개의 장으로 분류할 수 있다.

CASE Study 209 준용

[입법례]

OO시 귀농어업인 지원 조례

(일부개정) 2021.07.01 조례 제1611호

제11조(준용) 보조금의 지원과 절차 등에 관하여 이 조례에서 정하지 않은 사항은 「지방자치단체 보조금 관리에 관한 법률」에 따른다.

[검토사항: **준용**]

- "준용"은 특정 조문을 그와 성질이 유사한 규율 대상에 대해 그 성질에 따라 다소 수정하여 적용하도록 하는 것을 말한다.
- 그리고 준용은 원칙적으로 "같은 지위"에 있는 법규 간에만 할 수 있다.
- 위의 조례 내용(보조금의 지원과 절차 등)은 「지방자치단체 보조금 관리에 관한 법률」을 "적용하겠다"는 것이므로 "준용"이라는 표현은 적절하지 않은 것으로 보인다.
- 그러나 이러한 규정을 두고 있지 않다고 하여 상위법령이 적용되지 않는 것도 아니므로 삭제하는 것이 바람직하다고 본다.[20]

20) 법제처, 「2021년 알기쉬운 조례만들기 지원 사례집」, 2021, p.73.

CASE Study 210 장(章) 구분 ②

[입법례]

OO군 주차장 조례

(일부개정) 2022.12.23 조례 제2363호

제4장 보 칙

제21조(과징금 처분) ① 영 제17조에 따른 과징금 가감기준은 별표 7과 같다.

② 군수가 과징금을 부과하고자 할 때에는 과징금 징수결정과 동시에 납부 의무자에게 위반행위의 종별, 과징금의 금액, 납부기한 및 장소를 명시한 납부통지서를 발부하여야 하며, 이 경우 납부 기한은 납부통지서 발부일로부터 20일 이내로 한다.

③ 군수는 제1항에 따라 과징금을 부과하고자 할 경우에는 그 처분을 하기 전 당사자 등에게 「행정절차법」 제21조 및 제22조에 따라 처분의 사전통지와 의견 청취를 실시하여야 한다.

④ 제1항에 따라 부과된 과징금을 지정기일 내에 납부하지 않았을 때에는 지방세 징수의 예에 따라 징수한다.

제22조 삭제 <1999.07.02>

제23조(주차장 설치비용의 보조) 군수는 토지를 확보하고 입체식(건물식, 지하식 또는 기계식) 또는 평면식 주차전용 시설물을 설치하고자 하는 법인 또는 공공기관(이하 "단체"라 한다)에 예산의 범위에서 주차장 설치비용을 보조할 수 있다.

제24조(보조의 대상) 제23조에 따라 보조를 받을 수 있는 단체는 다음 각 호와 같다.

1. 기존 또는 신축 건축물 중 주차장을 확보하려는 단체로 군수가 정한 단체
2. 부설주차장을 해당 시설물의 이용자 외에 일반인에게 제공하기 위해 주차장을 설치하려고 하는 단체

제25조(보조의 방법) ① 제24조에 따라 보조금을 신청하고자 하는 단체는 별지 제2호 서식의 보조금 교부신청서를 군수에게 제출하여야 한다.

② 보조금의 산정기준, 지원절차 등 보조금의 지급에 필요한 사항은 군수가 정한다.

[검토사항: **장(章)의 구분, 보조금-실체규정**]

- 어떤 사항이 "보칙" 장(章)의 이름 아래 규정되려면 "실체규정"에 대한 절차적·보충적 사항의 성격을 띠어야 한다.
- 그 자체가 정책의 핵심수단 가운데 하나가 되는 경우는 보칙에 규정하는 것이 부적절하며 실체규정에 두어야 한다.
- 조례의 총칙규정과 실체규정에 규정하기에는 적합하지 않은 절차적 · 기술적 · 보충적 사항은 '보칙규정에 포함시켜야 한다.
- 과징금과 보조금, 출연금, 출자·융자 등은 실체규정에 해당되어, 위의 조례 제21조(과징금 처분)부터 제25조(보조의 방법)까지의 조문은 모두 제4장 "보칙" 아래에 둘 사항이 아니다.

7 출자 · 출연기관

1. 의의

(1) 출자

- 출자는 자본의 전부 또는 일부를 현금이나 현물의 형태로 제공하는 것을 말한다.
- 출자금은 국가 또는 지방자치단체가 공기업 등 공익사업을 수행하는 기관의 사업운영에 필요한 자본을 확충하기 위하여 해당 법인의 지분을 취득하면서 지급하는 금전적 급부를 말한다.
- 공기업 등에 대한 정부 출자금은 "자본금", "자본금 및 출자"라는 제목의 형식으로 규정되며, 출자 주체와 출자액 등 관련 내용을 하나의 조문으로 규정하는 것이 일반적이다.
- 공기업을 상법상의 주식회사 형태로 설립하려는 경우에는 "주식"에 관한 규정과 "상법의 준용"에 관한 규정을 함께 규정한다.
- 출자금은 정부투자 개념으로 지방정부 자산을 형성한다는 점에서 출연금과 차이를 보인다. 지방자치단체는 공공기관에 출자함으로써 공공기관의 주주가 되며 출자한 지분에 대하여 배당을 통해 투자 수익의 일부를 돌려받는다.

(2) 출연

- 출연은 자기의 의사에 따라 금전을 지급하는 등 자신은 재산상 손실을 입고 상대방은 재산을 증가시키는 일을 말한다. 행정법령에서는 행정주체가 법령 등에 따라 설치된 연구기관, 기금, 공단 등 출연대상에 대해 특정 목적을 위하여 포괄적으로 지원하는 금전 급부를 말한다.
- (규정 형식) 출연 근거의 규정 형식은 "○○○은 ……하기 위하여 ……에게 출연할 수 있다" 또는 "○○○은 ……하기 위하여 …… 에게 출연금을 지급할 수 있다" 등으로 표현한다.
- "출연하여야 한다"라는 의무 부과방식은 주로 정부의 일반회계 부분에서 각종 정부기금에 출연하는 경우와 기금에 대해 이해관계인의 출연을 강제하기 위한 특별한 목적을 가지는 경우에 사용된다.
- 출연은 출연금의 사용 용도를 지정하지 않은 채 포괄적으로 지원되고 제한이 없기 때문에 법인 · 단체의 경상경비를 지원하는 경우에는 출연금을 활용하는 경우가 많다.
- 보조금과 출연금 사이에는 이중적 지원이 문제 될 수 있다. 출연기관에 대해 출

연금 외에 별도의 보조금 교부를 제한하고 있다.

- (유의사항) 해당 기관에의 출연이 반드시 필요한 것인지를 검토한다.

2. 법적 근거

(1) 출자

- 「지방재정법」 제18조제1항에서 "지방자치단체는 법령에 근거가 있는 경우에만 출자를 할 수 있다"라고 규정하고 있으므로, 법령에 근거 없이 조례에 출자 근거를 규정할 수 없다.
- 「공유재산 및 물품관리법」 제19조제1항 및 제50조에서 행정재산을 출자할 수 없다거나, 법률이나 조례에 따르지 않고서는 물품을 현물 출자하는 것을 제한하고 있다. 출자의 형태는 현금출자가 원칙이므로 현물출자를 허용하려면 이에 관한 규정을 두어야 한다.
- 국공유재산 중 "행정재산"은 출자가 금지되므로 행정재산을 현물출자하려는 경우에는 「국유재산법」 또는 「공유재산 및 물품 관리법」에 대한 특례 규정을 두어야 한다.
- 지방자치단체가 출자할 수 있는 근거를 규정하고 있는 법률로는 「지방자치단체 출자·출연기관의 운영에 관한 법률」, 「지방공기업법」 등이 있다.

(2) 출연

- 지방자치단체의 출연에 관한 일반적인 근거 규정은 「지방재정법」, 「지방자치단체 출자·출연기관의 운영에 관한 법률」 및 「지방자치단체 출연 연구원의 설립 및 운영에 관한 법률」 등이 있다.
- 「지방재정법」 제18조제2항에서 "지방자치단체는 법령에 근거가 있는 경우와 제17조제2항의 공공기관에 대하여 조례에 근거가 있는 경우에만 출연을 할 수 있다"고 규정하고 있다. 따라서 법령에 근거가 없거나 "공공기관"이 아니면 조례에 출연 근거를 규정할 수 없다.
- 여기서 "공공기관"이란 해당 지방자치단체의 소관 사무와 관련하여 지방자치단체가 "권장"하는 사업을 하는 기관으로서 ① 그 목적과 설립이 법령에 따라 그 지방자치단체의 조례에 정하여진 기관이거나, ② 지방자치단체를 회원으로 하는 공익법인을 말한다.
- 지방자치단체 출연 연구원에 관하여는 「지방자치단체출연 연구원의 설립 및 운영에 관한 법률」에서 규정하고 있으므로, 지방자치단체 출연 연구원에 관한 사항을 조례로 규정하려는 경우에는 법령에서 규정하고 있는 내용에 위반되지 않도록 주의해야 한다.[21)]

3. 적용대상

- 지방자치단체가 출자·출연기관을 무분별하게 설립하는 것을 막고, 출자·출연기관의 운영과정에서 나타나는 비효율성과 중복성을 바로잡기 위하여 「지방자치단체 출자·출연기관의 운영에 관한 법률」이 제정되어 2014년부터 시행되고 있다.
- 「지방자치단체 출자·출연기관의 운영에 관한 법률」에 따르면, 지방자치단체는 ① 문화, 예술, 장학, 체육, 의료 등의 분야에서 주민의 복리 증진에 이바지할 수 있는 사업, ② 지역주민의 소득을 증대시키고 지역경제를 발전시키며 지역개발을 활성화하고 촉진하는 데에 이바지할 수 있다고 인정되는 사업을 효율적으로 수행하기 위하여 자본금 또는 재산의 전액을 출자 또는 출연하거나 지방자치단체 외의 자와 공동으로 출자하거나 출연하여 「상법」에 따른 주식회사나 「민법」 또는 「공익법인의 설립·운영에 관한 법률」에 따른 재단법인을 설립할 수 있고, 행정안전부장관은 매 회계연도 개시 후 1개월 이내에 중앙행정기관의 장 및 지방자치단체의 장과 협의하여 해당 법의 적용대상이 되는 출자·출연기관을 지정·고시할 수 있도록 하고 있다.
- 지방자치단체의 장 외에 교육감이 출연하여 설립한 재단법인이 「지방자치단체 출자·출연기관의 운영에 관한 법률」 제2조제1항에 따른 "지방자치단체가 설립한 재단법인"에 해당하는가에 대해서는 「지방교육자치에 관한 법률」 제3조에서 지방자치단체의 교육·학예에 관한 사무를 관장하는 기관의 설치와 그 조직 및 운영 등에 관하여 이 법에서 규정한 사항을 제외하고는 그 성질에 반하지 않는 한 「지방자치법」의 관련 규정을 준용하도록 하면서, 이 경우 "지방자치단체의 장" 또는 "시·도지사"는 "교육감"으로 보도록 하고 있는 점 등을 고려할 때, 교육감이 출연하여 설립한 재단법인도 「지방자치단체 출자·출연기관의 운영에 관한 법률」 제2조제1항에 따른 지방자치단체가 설립한 재단법인에 해당한다고 본다.
- 국가와 지방자치단체가 공동으로 출연하여 설립한 기관이 「지방자치단체 출자·출연기관의 운영에 관한 법률」 제2조제1항에 따른 "지방자치단체가 설립한 기관"에 해당하는지와 관련해서는 국가와 지방자치단체가 해당 기관의 기본재산을 공동으로 출연하고 정관 작성 등의 설립행위를 공동으로 한 경우에는 국가와 지방자치단체가 모두 해당 기관을 "설립"한 것으로 보아야 하고, 「지방자치단체 출자·출연기관의 운영에 관한 법률」 제4조제1항에서는 지방자치단체가 "지방자치단체 외의 자"와 공동으로 출자·출연하여 「상법」에 따른 주식회사나 「민법」에 따른 재단법인 등을 설립할 수 있도록 규정하고 있으므로 "지방자치단체 외의 자"의 범위에서

---

21) 법제처, 「2021 쉽게 찾아보는 자치법규 입안기준」, 2021, pp.44~45.

국가 또는 국가기관을 제외하고 있지 않을 뿐만 아니라 그 범위에서 국가 또는 국가기관이 제외된다고 볼 만한 사정도 없다.

- 이와 같은 점을 종합해 볼 때, 국가와 지방자치단체가 공동으로 출연하여 설립한 기관은 「지방자치단체 출자 · 출연기관의 운영에 관한 법률」 제2조제1항에 따른 지방자치단체가 설립한 기관에 해당한다고 본다.

4. 설립 및 운영

- 「지방자치단체 출자 · 출연기관의 운영에 관한 법률」에 따른 출자 · 출연기관을 설립하려는 지방자치단체는 출자 · 출연기관 운영심의위원회의 심의 · 의결을 거쳐 출자 · 출연기관의 설립 · 운영의 타당성 등에 대해 미리 검토해야 하고, 출자 · 출연기관의 설립 목적, 주요 업무와 사업, 출자 또는 출연의 근거와 방법 등에 관한 사항을 포함한 조례안을 입법예고하기 전에 시 · 도지사는 행정안전부장관과, 시장 · 군수 · 구청장은 관할 시 · 도지사와 협의해야 한다.
- 이 경우 시 · 도지사나 시장 · 군수 · 구청장은 행정안전부장관이나 관할 시 · 도지사와의 협의 결과를 존중해야 할 것이나 그 협의 결과에 법적으로 기속되지는 않는다.
- 지방의회나 그 위원회에 출석하여 답변할 수 있는 관계 공무원은 조례로 정하도록 규정하고 있는데, 여기서 관계 공무원의 범위에 출자 · 출연기관의 임원은 포함되지 않는 것으로 보아야 한다.
- 출자 · 출연기관은 매 회계연도의 사업계획 등을 작성하고 그에 따른 예산을 회계연도 개시 전까지 편성해야 하고, 예산이 성립되거나 변경되었을 때에는 지체 없이 지방자치단체의 장에게 보고해야 한다. 그리고 매 회계연도가 끝난 후 2개월 이내에 결산을 완료하고 지체 없이 결산서를 작성하여 지방자치단체의 장에게 제출해야 한다.
- 정관 변경 시 지방자치단체의 장과 협의 후 지방의회의 승인을 받도록 하는 경우가 있는데, 상위법령인 「지방자치단체 출자 · 출연기관의 운영에 관한 법률」 제8조제2항, 「민법」 제45조제3항 및 「공익법인의 설립 · 운영에 관한 법률 시행령」 제10조를 종합하여 보면, 출자 · 출연기관의 정관을 변경하려는 경우 미리 지방자치단체의 장과 협의하여 주무관청의 허가를 받도록 규정하고 있을 뿐, 지방의회가 직접 출자 · 출연기관에 대하여 견제할 수 있도록 법령에 근거를 두거나 조례로 정하도록 위임한 사항이 없으므로 정관 변경 시 지방자치단체의 장과 협의 후 "지방의회의 승인"을 받도록 하는 것은 상위법령에 위반될 소지가 있어 허용되지 않는다고 본다.

5. 출자 이후의 관리

출자에 따른 권리는 지방자치단체의 경우 지방자치단체의 재산인 공유재산이 되므로 공공기관, 지방공기업, 그 밖의 출자기관은 「공유재산 및 물품관리법」에 따라 관리해야 한다.

6. 조례 위임사항

- 「지방자치단체 출자·출연기관의 운영에 관한 법률」에서는 ① 출자·출연기관의 설립 목적, 주요 업무와 사업, 출자 또는 출연의 근거와 방법, 그 밖에 기관의 운영 등에 관한 기본적인 사항, ② 출자·출연기관의 장과 체결하는 성과계약과 성과계약서의 작성과 평가 등에 관한 구체적인 사항, ③ 국가 또는 지방자치단체의 사업을 대행하는 경우 비용의 부담 중 지방자치단체 사무에 관한 경비의 범위, 비용부담의 방법·절차, 그 밖에 필요한 사항, ④ 경영실적 평가와 경영진단 실시의 대상, 방법 및 절차 등에 관한 구체적인 사항에 대하여 "조례"로 정하도록 위임하고 있다.
- 따라서 「지방자치단체 출자·출연기관의 운영에 관한 법률」에 따른 출자·출연기관과 관련된 조례 입안 시 해당 법률에서 조례로 위임한 사항을 누락하지 않도록 주의한다.[22]

7. 유의사항

- 한번 출자회사가 설립된 이후 출자회사를 퇴출하는데 어려움이 따른다.
- 출자과정에서 공공기관의 낙관적인 사업 타당성 검토를 최소화하기 위해 공공기관의 책임성을 제고하는 방안이 마련되어 있는지 확인해 본다.
- 사업성에 대한 충분한 검토 없이 출자회사를 설립하여 모기업 등에 재정부담을 초래할 수 있는 경우 등을 점검해 본다.
- 출자의 목적 및 필요성, 출자대상 법인의 사업 범위 및 내용, 출자의 금액 및 시기, 출자의 타당성 등의 사항을 점검해 본다.
- 출자에 대해 사후관리 등에 대한 모니터링이 이루어지지 못하는 측면이 있는데, 일정 규모 이상의 출자회사에 대해 주기적으로 기능과 역할에 대한 점검을 할 필요가 있다.
- 공공기관 출자회사들이 본래의 설립 취지에 따라 운영되고 있지 않거나, 자체 재원 확보가 미흡한 경우 불요불급한 출자지분을 정리하는 방안을 검토해 본다.
- 유망 중소·벤처기업의 경우 굳이 정부자금을 투자하지 않아도 민간영역에서 충분히 자금을 조달할 수 있기 때문에 이들 기업에 중복 투자하는 것은 결국 우수 중소기업의 육성보다는 수익성에 치우친 투자일 수 있다는 점을 고려해 본다. [23]

---

22) 법제처, 「2022년 자치법규 입안 길라잡이」, 2022, pp.135~137.

23) 박기영, 「한국재정」, 법우사, 2018, pp.835~856.

【 보조, 출연, 출자, 융자의 비교 】24)

구분	보조	출연	출자	융자
법적 근거	「지방재정법」, 「지방자치단체 보조금 관리에 관한 법률」	「지방재정법」, 「지방자치단체 출자·출연 기관의 운영에 관한 법률」, 「지방자치단체 출연 연구원의 설립 및 운영에 관한 법률」	「지방재정법」, 「지방공기업법」, 「공유재산 및 물품관리법」	「지방자치법」, 「지방자치단체 기금관리기본법」
법적 성격	증여와 비슷	기부행위와 비슷	지방자치단체 등이 출자에 따른 권리 취득	정책금융
집행 잔액 처리 등	사후정산을 하여야 하며 집행잔액 및 이자 수입은 국고 반환이 원칙이나, 예외 규정도 있음	일반적으로 사후정산을 하지 않으며 집행잔액 및 이자수입은 출연기관 자체 수입으로 사용 가능		

24) 국회 법제실, 「법제 이론과 실제」, 2019, p.454; 법제처, 「법령 입안·심사기준」, 2017, p.248.

CASE Study 211 정의 규정

[입법례] **OO시 출자 · 출연 기관의 운영에 관한 조례**

(일부개정) 2020.06.01 조례 제2016호

제2조(정의) 이 조례에서 사용하는 용어의 뜻은 다음과 같다.

1. "총괄부서"란 출자 · 출연기관의 제도, 심의회 운영과 총괄 현황 관리 등을 담당하는 부서를 말한다.
2. "주무부서의 장"이란 출자 · 출연 기관을 직접 지도 · 감독하고 업무와 관련한 사무를 관장하는 부서의 장을 말한다.
3. "출자 · 출연 기관"이란 OO시(이하 "시"라 한다)가 출자하거나 출연하여 설립하고 「지방자치단체 출자 · 출연 기관의 운영에 관한 법률」(이하 "법"이라 한다) 제5조에 따라 지정 · 고시된 출자기관 또는 출연기관을 말한다.

OO시 출자 · 출연 기관의 운영에 관한 조례

(일부개정) 2021.07.09 조례 제2429호

제2조(정의) 이 조례에서 사용하는 용어의 뜻은 다음과 같다.

① "출자 · 출연 기관"이란 OO시(이하 "시"라 한다)가 출자하거나 출연하여 설립하고, 「지방자치단체 출자 · 출연 기관의 운영에 관한 법률」(이하 "법"이라 한다) 제5조에 따라 지정 · 고시된 출자기관 또는 출연기관을 말한다.

② "총괄부서의 장"이란 출자 · 출연 기관의 제도, 출자 · 출연 기관 운영심의위원회 운영, 경영실적 평가, 경영진단 등을 담당하는 부서의 장을 말한다.

③ "주무부서의 장"이란 소관 출자 · 출연 기관 설립, 성과평가, 출자 · 출연 기관 운영 전반에 대하여 직접 지도 · 감독하고 관련 사무를 담당하는 부서의 장을 말한다.

OO시 출자 · 출연 기관의 운영에 관한 조례

(일부개정) 2021.04.05 조례 제3588호

제2조(용어의 정의) ① "출자 · 출연 기관"이란 OO시(이하 "시"라 한다)가 출자하거나 출연하여 설립하고 「지방자치단체 출자 · 출연 기관의 운영에 관한 법률」(이하 "법"이라 한다) 제5조에 따라 지정 · 고시된 출자기관 또는 출연기관을 말한다.

② "총괄부서의 장"이란 출자 · 출연 기관의 제도, 출자 · 출연 기관 운영심의위원회(이하 "심의위원회"라 한다) 운영, 경영실적 평가, 경영진단 등을 담당하는 부서의 장을 말한다.

③ "주무부서의 장"이란 소관 출자 · 출연 기관 설립, 성과계약평가, 출자 · 출연 기관 운영 전반에 대하여 직접 지도 · 감독하고 관련 사무를 담당하는 부서의 장을 말한다.

[검토사항: **정의 규정 표현**]

- (정의) 규정 표현에 있어 위의 첫 번째 조례는 입법모델에 해당한다.
- 두 번째, 세 번째 조례에서 용어 정의는 "항"이 아닌 위의 첫 번째 조례와 같이 바로 "호"(1., 2., …)로 구분하여 규정해야 한다.
- 세 번째 조례 조 제목 (용어의 정의)는 "(정의)"로 수정한다.
- 세 번째 조례는 각 호 외의 부분이 누락되었다. 즉, "이 조례에서 사용하는 용어의 뜻은 다음과 같다"가 빠졌다.

CASE Study 212 임원 임명방식

OO도 출자·출연 기관의 운영에 관한 기본조례

(일부개정) 2023-04-11 조례 제7607호

제3조의5(임원의 임면) ① 출자·출연기관의 장·이사장·이사·감사(이하 "임원"이라 한다)는 제3조의6에 따른 **임원추천위원회**(이하 "추천위원회"라 한다)**의 추천**(법령, 조례 또는 정관이 정하는 바에 따라 당연히 임명되는 임원은 제외한다)을 받아 도지사가 임명한다.

④ 출자·출연 기관 설립의 근거가 되는 법령에서 임원의 임면에 관한 별도의 규정을 두고 있는 경우에는 그에 따른다.

제3조의6(임원추천위원회) ① 출자·출연기관은 임원 임명의 공정성·전문성·투명성을 높이기 위하여 추천위원회를 설치·운영한다.

OO시 출자·출연 기관의 운영에 관한 기본조례

(제정) 2018.12.26 조례 제1104호

제6조(임원의 임면) ① 출자·출연기관의 장·이사·감사(이하 "임원"이라 한다)는 제7조에 따른 **임원추천위원회의 추천**(법령, 조례 또는 정관이 정하는 바에 따라 당연히 임명되는 임원은 제외한다)을 받아 시장이 임명한다.

④ 출자·출연 기관 설립의 근거가 되는 법령에서 임원의 임면에 관한 별도의 규정을 두고 있는 경우에는 그에 따른다.

제7조(임원추천위원회) ① 출자·출연기관은 임원 임명의 공정성·전문성·투명성을 높이기 위하여 임원추천위원회(이하 "추천위원회"라 한다)를 설치·운영한다.

「지방자치단체 출자·출연 기관의 운영에 관한 법률」

제2절 임직원의 인사 등

제9조(임원) ① 출자·출연 기관에는 임원으로 기관장을 포함한 이사와 감사(감사위원회를 포함한다. 이하 이 조에서 같다)를 둔다. 다만, 이사와 감사를 제외한 임원은 출자·출연 기관별 형태, 특성과 업무 내용을 고려하여 정관으로 정한다.

② 출자·출연 기관의 임원(지방자치단체 소속 공무원이 당연직인 경우는 제외한다)은 **공개모집을 통한 경쟁의 방식**으로 임명한다.

[검토사항: 임원 임명방식]

- 「OO도 출자·출연 기관의 운영에 관한 기본조례」와 「OO시 출자·출연 기관의 운영에 관한 기본조례」는 출자·출연 기관의 임원에 대해 임원추천위원회의 추천을 받아 시장이 임명하도록 하고 있다. 그러면서 "출자·출연 기관 설립의 근거가 되는 법령에서 임원의

임면에 관한 별도의 규정을 두고 있는 경우에는 그에 따른다."고 규정하고 있다.

- 상위법령인 「지방자치단체 출자·출연 기관의 운영에 관한 법률」은 제9조제2항에서 "출자·출연 기관의 임원은 공개모집을 통한 경쟁의 방식으로 임명한다."고 규정하고 임원추천위원회의 추천 절차에 대해서는 명문 규정이 없다.
- 임원추천위원회의 추천이 공개모집 경쟁방식과 어떤 연관성을 갖고 있는지 확인해 본다.

CASE Study 213 상위법령 재인용

[입법례] **지방자치단체 출자 · 출연 기관의 운영에 관한 법률**

[법률 제17389호, 2020.6.9., 일부개정]

제6조(출자 · 출연 기관 운영심의위원회) ② 심의위원회는 위원장 1명을 포함한 15명 이내의 위원으로 구성하며, 출자 · 출연 기관 운영과 경영관리에 관하여 학식과 경험이 풍부한 사람 중에서 지방자치단체의 장이 임명 또는 위촉하되, 공무원인 위원이 전체 위원 수의 4분의 1을 초과하여서는 아니 된다.

③ 심의위원회의 위원장은 특별시 · 광역시 · 특별자치시 · 도 및 특별자치도의 부시장 · 부지사(행정업무를 총괄하는 부시장 · 부지사를 말한다), 시 · 군 · 구(자치구를 말한다)의 부시장 · 부군수 · 부구청장이 된다.

④ 공무원이 아닌 위원의 임기는 2년 이내로 하되, 한 차례만 연임할 수 있다.

⑤ 제1항부터 제4항까지에서 규정한 사항 외에 심의위원회의 구성과 운영에 필요한 사항은 대통령령으로 정한다.

지방자치단체 출자 · 출연 기관의 운영에 관한 법률 시행령

[대통령령 제31726호, 2021.6.8., 타법개정]

제4조(출자 · 출연 기관 운영심의위원회의 구성과 운영) ④ 심의위원회 위원은 다음 각 호에 해당하는 사람 중에서 지방자치단체의 장이 임명하거나 위촉한다.

1. 지방의회에서 추천하는 사람(지방의원은 제외한다) 3명 이내
2. 전체 위원 수의 4분의 1 범위에서 해당 지방자치단체의 장이 지명하는 공무원
3. 법조계 · 경제계 · 언론계 · 학계 및 노동계 등의 분야에서 출자 · 출연 기관의 운영에 관한 전문지식과 경험을 가진 사람 중 위원장이 추천하는 사람

OOOO시 OO구 출자 · 출연 기관의 운영에 관한 조례

(제정) 2021.10.01 조례 제1641호

제4조(출자 · 출연 기관 운영심의위원회 기능 · 구성) ② 심의위원회의 위원(이하 "위원"이라 한다)은 위원장 1명을 포함하여 15명 이내로 구성하며, 구청장은 다음 각 호에 해당하는 사람 중에서 임명 또는 위촉한다.

1. OOOO시 OO구의회(이하 "구의회"라 한다)에서 추천하는 사람(구의원은 제외한다) 3명 이내
2. 전체 위원 수의 4분의 1 범위에서 구청장이 지명하는 공무원
3. 법조계 · 경제계 · 언론계 · 학계 및 노동계 등의 분야에서 출자 · 출연 기관의 운영에 관한 전문지식과 경험을 가진 사람 중 위원장이 추천하는 사람

[검토사항: **상위법령 재인용**]

- 위의 조례는 상위법령인 「지방자치단체 출자·출연 기관의 운영에 관한 법률」과 같은 법 시행령의 규정 내용을 위의 조례에 그대로 규정한 것으로 보인다.
- 법령에 규정된 내용은 조례에 규정하지 않아도 당연히 적용된다.
- 조례에 법령 내용을 중복하여 규정하면, 법령이 개정될 때마다 불필요하게 조례도 개정해야 하고, 조례의 내용이 함께 정비되지 아니할 때는 조례의 효력에 대한 다툼이 있을 수 있으므로, 조례에 상위법령의 규정을 그대로 규정하지 않도록 한다.
- 주의적 규정 또는 안내적 차원에서 명시 필요성을 주장할 수는 있을 것이다.

8 공기업

1. 지방공기업의 의의

- 「지방공기업법」 제3조제1항에 의하면 지방공기업은 지방자치단체가 직접 설치 · 경영하는 사업으로서 지방직영기업, 지방공사 및 지방공단을 말한다.
- 지방자치단체는 수도사업(마을 상수도사업은 제외), 공업용수도사업, 궤도사업(도시철도사업 포함), 자동차운송사업, 지방도로사업(유료도로사업만 해당), 하수도사업, 주택사업, 토지개발사업에 따른 사업을 효율적으로 수행하기 위하여 지방직영기업, 지방공사나 지방공단을 설치할 수 있다. (「지방공기업법」 제2조)
- 지방공기업은 재화 또는 서비스의 제공을 받는 자로부터 요금을 징수하여 그 경비에 충당하는 것을 기본원칙으로 한다.
- 지방공기업은 지역성, 공익성, 기업성, 독점성 등의 요소를 그 특징으로 하고 있다.

2. 지방공기업의 필요성

- 지방자치단체가 지역주민의 복지증진을 위하여 효율적으로 서비스를 제공하는 사업을 수행하기 위해 지방공기업을 설치한다.
- 주민의 복지증진을 위하여 필요한 사업인데도 사업경영의 채산성이 전망되지 않아 민간자본의 투입이 기대하기 곤란한 경우에는 이를 공영으로 하여 스스로 처리하기 위하여 필요하다.
- 지역 독점적인 수익사업은 일반적으로 공영을 원칙으로 하는 것이 바람직하다.

3. 지방공기업의 설립과 운영형태

(1) 설립

- 지방자치단체는 공사나 공단을 설립하는 경우 그 설립, 업무 및 운영에 관한 기본적인 사항을 조례로 정해야 한다. (「지방공기업법」 제5조, 제49조 및 제76조)
- 지방공사나 지방공단은 법인으로 하고, 주된 사무소의 위치는 정관으로 정한다. (「지방공기업법」 제51조, 제52조 및 제76조)

(2) 운영형태

① 직접경영방식(행정기관형)

- 지방자치단체가 주체가 되어 직접 공기업을 경영하는 방식이다.
- 이 방식은 자치단체의 일반행정국·과 또는 그 산하 사업소 형태로 운영된다.

- 별도의 법인격이 부여되지 않아 당사자 능력이 없다.
- 일반행정기관에 적용되는 법령의 적용을 받으며, 그 직원은 지방공무원의 신분을 그대로 유지하고, 예산은 특별회계를 통해 별도의 재정운영이 이루어진다.(예: 상하수도사업, 공영개발사업 등)

② 간접경영방식

- 지방자치단체가 별도의 법인을 설립하여 간접적으로 운영하는 방식이다. 지방공사와 공단이 이에 해당한다.
- 지방공기업법에 의한 지방공사, 특별법에 의한 지방공사, 민관공동출자에 의한 민법법인 및 상법법인 등에 의한 경영방식이다.
- 공공성과 기업성을 동시에 살리기 위해서는 독자적인 기업활동을 보장할 필요가 있는데, 이를 위해 독립채산제도의 운영과 간접적인 통제방식의 활용 등이 운영상의 원칙으로 강조된다.
- 예는 병원사업, 지하철사업, 시설관리사업 등이 있다.[25)]

4. 지방공기업의 사업

- 지방공사·지방공단은 지방자치단체의 정책 수행 또는 공익을 목적으로 설립되는 특수법인이므로, 그 설립 조례에서 해당 지방공사 또는 지방공단이 수행하는 사업 또는 업무를 열거하고 있다.

[특수법인의 규정내용]

- 공사·공단의 설립 규정은 목적규정, 법인격, 사무소, 자본금(공사에 한함), 정관 및 설립등기, 유사 명칭 사용금지, 이사회, 임원의 수, 임원의 임면과 결격사유, 사장 또는 이사장의 대표권 제한과 대리인 선임, 비밀누설 금지, 사업 또는 업무의 범위, 사업계획, 손익금의 처리, 사채 발행과 자금 차입, 보조금 등 재정 지원, 지도·감독에 관한 규정 등이 포함된다.

[공사와 공단의 차이점]

- 법인격의 성격과 업무에서 차이가 나타난다. 공사는 통상 자본금이 있는 「상법」상의 주식회사 형태로 설립되며, 설립법에 특별한 규정이 없는 사항에 관해서는 「상법」 중 주식회사에 관한 규정을 준용하는 규정을 두고, 공사의 업무는 상품 생산과 용역 제공 등의 기업활동이 중심이다.

25) 김병준, 「한국지방자치론」, 법문사, 1995, .p.344.

- 공단은 자본금이 없고 재단법인의 성격을 띠기 때문에 「민법」상 재단법인에 관한 규정을 준용하는 경우가 많으며, 공단은 조례에 따라 직접 부여된 정부 업무를 수행하거나 조례에 따라 공적 업무를 위탁받아 수행한다.

[법인의 정관 기재사항]

- 법인에게는 정관의 내용은 법인의 권리능력의 범위를 획정하는 것이므로 매우 중요하다. 따라서 법인을 설립하거나 설립 근거가 되는 조례에서는 일반적으로 법인격을 규정한 부분 다음에 정관 기재사항을 규정하고 있다.
- 법인 사업에 관한 규정은 정관 기재사항 다음에 규정하는 경우가 많다.[26]

- 지방공사 · 지방공단은 지방자치단체가 수행하는 것이 적합한 사업 또는 업무 중에서 그 수행상의 경제성 또는 효율성이나 전문성 확보의 필요에 의해서 법인을 설립하여 특정 사업 또는 업무를 수행하게 하는 것이므로, 어느 정도의 독점적 지위를 인정하는 경우가 많다.

5. 대표자 등 임원 규정

- 지방공사 · 지방공단은 법인으로서 대외적으로 기관을 대표하는 대표기관을 정하게 된다. 지방공사나 지방공단의 임원은 사장이나 이사장을 포함한 이사(상임이사, 비상임이사로 구분) 및 감사로 하며, 그 수는 정관으로 정한다. (「지방공기업법」 제58조제1항 및 제76조제2항)
- 사장, 이사장, 감사는 지방자치단체의 장이 임면(任免)하고, 사장, 이사장, 이사 및 감사의 임기는 3년으로 하되, 1년 단위로 연임할 수 있다.(「지방공기업법」 제59조 및 제76조)
- 지방자치단체의 장은 사장, 이사장, 감사(조례 또는 정관으로 정하는 바에 따라 당연히 감사로 선임되는 사람은 제외)를 임명할 경우 임원추천위원회가 추천한 사람 중에서 임명한다. 이사(조례 또는 정관으로 정하는 바에 따라 당연히 이사로 선임되는 사람은 제외)는 임원추천위원회가 추천한 사람 중에서 임명하되, 상임이사는 사장이나 이사장이 임면하고 비상임이사는 지방자치단체의 장이 임명한다. (「지방공기업법」 제58조 및 제76조)

26) 국회 법제실, 「법제 이론과 실제」, 2018, pp.495~513; 법제처, 「법령 입안·심사 기준」, 2021, pp. 389~406.

6. 임원추천위원회

- 임원을 추천하기 위하여 지방공사 · 지방공단에는 임원추천위원회를 구성한다. 임원추천위원회는 ① 그 지방자치단체의 장이 추천하는 사람 2명, ② 그 지방의회가 추천하는 사람 3명, ③ 그 지방공사 · 지방공단의 이사회가 추천하는 사람 2명으로 구성되며, 다만, 지방공사 · 지방공단을 설립하는 때에는 그 지방자치단체의 장이 추천하는 사람 4명과 그 지방의회에서 추천하는 사람 3명으로 구성한다.
- 지방공사 · 지방공단의 "임직원"(비상임이사는 제외) 및 그 지방자치단체의 공무원(지방의회의원을 포함)은 임원추천위원회의 위원이 될 수 없고, 임원추천위원회는 재적위원 과반수의 찬성으로 의결하며, 임원추천위원회의 위원장은 위원 중에서 호선한다. (「지방공기업법 시행령」 제56조의3 및 제66조)

7. 조례로 정할 수 있는 지방공기업 사업

경상경비의 5할 이상을 경상수입으로 충당할 수 있는 사업으로서, 다음과 같은 사업이다.

① 민간인의 경영 참여가 어려운 사업으로 주민복리 증진, 지역경제 활성화 및 지역개발 촉진에 기여할 수 있는 사업
② 법정 지방공기업 사업 중 법정 기준에 미달하는 사업
③ 체육시설업 및 관광사업 (여행업 및 카지노업 제외) [27]

【 조례의 규정 내용 】

구 분	내 용
재단법인형 특수법인	규정은 제명(OO재단 조례), 목적, 법인격, 설립등기, 정관, 사업, 임원, 임직원의 결격사유 및 당연퇴직, 임원의 직무, 대표권의 제한, 대리인 선임, 이사회, 직원의 임용, 운영재원, 공유재산 무상 대부 등에 관한 특례, 사업연도, 사업계획서 등의 제출, 지도·감독, 비밀누설 금지, 유사명칭 사용금지, 민법의 준용(재단법인), 벌칙적용에서 공무원 의제, 과태료, 부칙(법인을 신설하는 경우 설립준비위원회를 두어 정관을 작성하게 하는 등 조례 시행을 위한 준비행위 등)을 둔다.
사단법인형 특수법인	규정은 제명(OO협회 조례), 목적, 법인격, 설립등기, 정관, 사업, 회원의 자격, 총회, 임원 및 직무, 대표권의 제한, 직원의 임용, 경비의 보조, 지도·감독, 정치활동 등의 금지, 유사명칭 사용금지, 민법의 준용(사단법인), 과태료, 부칙 등을 둔다.

27) 최창호·강형기, 「지방자치학」, 삼영사, 2016, p.753.

CASE Study 214 용어, 사업

[입법례]

OO개발공사의 설립 및 운영 조례

(일부개정) 2022-10-20 조례 제5604호

제20조(사업) ① 공사는 다음 각 호에 해당하는 사업을 한다.
1. 택지개발 및 기업 · 혁신도시개발사업
2. 주택 및 공용 · 공공용 건축물의 건설과 분양, 임대, 관리 및 농어촌개발사업
3.~18. (생략)

OO군 개발공사 설립 조례

(일부개정) 2022.10.14 조례 제2804호

제21조(사업) 공사는 제1조의 목적을 달성하기 위하여 다음 각호와 같은 사업을 행한다.
1. 관광 개발사업 및 그에 부대되는 사업
2.~6. (생략)

OO개발공사 설치 조례

(일부개정) 2022-11-03 조례 제5278호

제20조(사업) ① 공사는 제1조에 따른 목적을 달성하기 위하여 다음 각 호의 사업을 행한다.
1. 주택 및 일반건축물의 개발, 분양, 임대 및 관리사업
2.~25. (생략)

OO시설공단 설립 및 운영에 관한 조례

(일부개정) 2022.11.09 조례 제1644호

제25조(　　) ① 공단은 다음 각호의 (　　)을 행한다.
1. 공영 주차시설 건설 및 관리 · 운영
2. 불법 주 · 정차 차량의 견인 및 관리
3.~6. (생략)

[검토사항: **용어, 사업**]

- 조 제목으로 공사 · 공단의 (업무)라는 용어가 사용되기도 하나, 그 법인의 성격상 (사업)이라는 용어가 더 적절하다.

CASE Study 215 상위법령 재인용 ①

[입법례]

지방공기업법 시행령

[대통령령 제32792호, 2022.7.11., 일부개정]

제56조의3(임원추천위원회의 구성과 운영) ① 법 제58조제3항 및 제7항에 따른 임원추천위원회(이하 "추천위원회"라 한다)는 공사에 두며 다음 각 호의 사람으로 구성한다. 다만, 공사를 설립하는 때에는 그 지방자치단체의 장이 추천하는 사람 4명과 그 의회에서 추천하는 사람 3명으로 구성한다.

1. 그 지방자치단체의 장이 추천하는 사람 2명
2. 그 의회가 추천하는 사람 3명
3. 그 공사의 이사회가 추천하는 사람 2명

OOO도개발공사 설치조례

(일부개정) 2022-07-11 조례 제4707호

제18조의2(임원추천위원회) ① 사장 및 감사, 이사(당연직 제외)의 후보를 추천하기 위한 임원추천위원회(이하 "위원회"라 한다)는 공사에 두되, 비상설위원회로 한다.

② 위원회는 7인의 위원으로 구성하되, 다음 각호의 자로 구성한다.

1. 도지사가 추천하는 자 2인
2. 도의회가 추천하는 자 3인
3. 공사 이사회가 추천하는 자 2인

③ 위원회의 구성과 운영에 관하여 필요한 사항은 공사의 **규정**으로 정한다.

OOO도개발공사 설립 및 운영 조례

(전부개정) 2015-02-23 조례 제3957호

제17조(임원추천위원회의 설치) ① 공사는 공사의 임원 후보자를 추천하기 위하여 임원추천위원회(이하 "위원회"라 한다)를 두되 비상설위원회로 한다.

② 위원회의 구성 및 운영에 대해서는 **「지방공기업법 시행령」 제56조의3에 따른다.**

③ 위원회의 구성 및 운영 등에 필요한 세부 사항은 공사의 **내규**로 정한다.

[검토사항: **상위법령 재인용 방법**]

- 위의 첫 번째 조례는 임원추천위원회에 관한 「지방공기업법 시행령」의 규정 내용을 그대로 재기재하고 있는 규정이어서 입법경제적으로 바람직하지 않다.
- 위의 두 번째 조례는 상위법령(「지방공기업법 시행령」)의 내용을 그대로 규정하지 않고 동일한 의미는 가져오되 "시행령 제56조의3에 따른다."고 하고 있는데 적절한 규정방식이다.

CASE Study 216 상위법령 재인용 ②

OO관광개발공사 설립 및 운영에 관한 조례

(일부개정) 2020.07.10 조례 제1396호

제10조(임원추천위원회) ① (생략)

② 임원추천위원회의 구성과 운영에 대해서는 「지방공기업법 시행령」(이하 "영"이라 한다) 제56조의3에 따른다.

③ 그 밖에 임원추천위원회의 구성과 운영 등에 필요한 세부 사항은 공사의 정관으로 정한다.

[검토사항: 상위법령 재인용]

- "그 밖에 임원추천위원회의 구성과 운영 등에 필요한 세부 사항"에 대해 앞 장의 첫 번째 조례는 "공사의 규정", 두 번째 조례는 "공사의 내규로, 위의 조례는 "공사의 정관"으로 정한다고 하고 있다. 「지방공기업법 시행령」은 공사의 "정관"으로 정한다고 하는데, 이를 확인해 본다.

CASE Study 217 임원 추천

지방공기업법 시행령

[대통령령 제32792호, 2022.7.11., 일부개정]

제56조의3(임원추천위원회의 구성과 운영) ① 법 제58조제3항 및 제7항에 따른 임원추천위원회(이하 "추천위원회"라 한다)는 공사에 두며 다음 각 호의 사람으로 구성한다. 다만, 공사를 설립하는 때에는 그 지방자치단체의 장이 추천하는 사람 4명과 그 의회에서 추천하는 사람 3명으로 구성한다.

1. 그 지방자치단체의 장이 추천하는 사람 2명
2. 그 의회가 추천하는 사람 3명
3. 그 공사의 이사회가 추천하는 사람 2명

⑩ 이 영에서 규정한 사항 외에 추천위원회의 구성 및 운영 등에 필요한 사항은 공사의 정관으로 정한다.

OO시 출자·출연 기관의 운영에 관한 조례

(전부개정) 2023.01.06 조례 제1893호

제8조(임원추천위원회) ① 제7조제3항에 따라 임원추천위원회를 설치·운영하는 경우에 다음 각 호의 사람으로 구성한다.

1. 시장 및 출자·출연 기관의 이사회가 추천하는 사람 3명
2. 시의회가 추천하는 사람 3명

[검토사항: **공기업과 출자·출연기관의 임원추천**]

- 성격이 다르긴 하지만 공사의 임원추천위원회와 출자·출연 기관의 임원추천위원회의 구성이 다르다.
- 위의 「지방공기업법 시행령」과 비교하여 위의 조례 제8조제1항제1호는 "시장 및 출자·출연 기관의 이사회가 추천하는 사람 3명"으로 규정하고 있는데, 근거와 타당성을 점검해 본다.
- 집행기관과 의회의 견제와 균형의 원리를 고려한 것인지, 가부 동수를 방지하기 위해 위원 수를 홀수로 규정할 필요는 없는 것인지 등을 점검해 본다.

CASE Study 218 법인격과 사무소 규정 누락

[입법례]

OO개발공사 조례

(일부개정) 2019-09-23 조례 제4315호

제1조(목적) 이 조례는 「지방공기업법」 제49조에 따라 OO개발공사를 설립하고 그 운영에 관하여 필요한 사항을 규정함을 목적으로 한다.

제2조(자본금) ① OO개발공사(이하 "공사"라 한다)의 수권자본금은 2,000억원으로 하고, 설립자본금은 공사의 정관으로 정한다.

제3조(주식의 발행) ① 「지방공기업법」 (이하 "법"이라 한다) 제53조제2항에 따라 도 이외의 자가 출자하는 경우 공사의 자본금은 주식으로 분할 · 발행한다.

OOO도개발공사 설치조례

(일부개정) 2022-07-11 조례 제4707호

제1조(목적) 이 조례는 「지방공기업법」(이하 "법"이라 한다) 제49조의 규정에 의하여 OOO도개발공사(이하 "공사"라 한다)를 설치하여 택지개발, 주택건설 등 지역개발사업을 통하여 도민의 복지향상 및 지역사회발전에 이바지함을 목적으로 한다.

제2조(법인격) 공사는 법인으로 한다.

제3조(사무소) ① 공사의 주된 사무소의 소재지는 정관으로 정한다.

제4조(자본금) (생략)

제5조(주식의 발행 등) (생략)

OOO도개발공사 설립 및 운영 조례

(전부개정) 2015-02-23 조례 제3957호

제1조(목적) 이 조례는 「지방공기업법」 제49조에 따라 OOO도개발공사의 설립 및 운영에 필요한 사항을 규정하여 도민의 복리증진과 지역경제 활성화 촉진을 목적으로 한다.

제2조(법인격) OOO도개발공사(이하 "공사"라 한다)는 법인으로 한다.

제3조(사무소) ① 공사의 주된 사무소의 소재지는 정관으로 정한다.

제4조(자본금) (생략)

제5조(주식의 발행) (생략)

[검토사항: **기업법인형 특수법인, 법인격**]

- 위의 첫 번째 조례는 두 번째, 세 번째 조례와 달리 개발공사의 조문 구성체계에서 "법인격"과 "사무소" 규정이 누락된 것으로 보인다.
- 조문의 전체 체계를 점검해 본다.

CASE Study 219 약칭, 조문 순서

[입법례] **(사단법인) 세계 탈문화예술연맹 설립 · 운영 및 지원 조례**

(일부개정) 2020.07.03 조례 제1543호

제1조(목적) 이 조례는 OO시(**이하 "시"라 한다**)에 소재하고 있는 세계탈문화예술연맹(**이하 "연맹"이라 한다**)의 설립 · 운영 및 지원과 유네스코 국제 민간단체로 육성하기 위하여 필요한 사항을 규정함을 목적으로 한다.

제2조(설립 및 운영) ① 연맹은 「민법」 제32조에 따른 비영리 사단법인으로 설립한다.

② 연맹의 운영에 관한 사항은 법인의 정관으로 정한다.

제3조(사업) 연맹은 다음 각 호의 사업을 수행한다.

1. 탈과 상징에 관련된 자료의 수집 · 연구
2. 탈과 상징에 관련된 공연 퍼포먼스 연구, 기획 전시
3. 한국 및 국제적 탈 문화연구단체, 연구소, 개인 등 인적 네트워크 구축

4.~7. (생략)

제4조(정관) ① 연맹의 정관에는 다음 각 호의 사항을 기재하여야 한다.

1. 목적
2. 명칭
3. 사무소의 소재지
4. 사업에 관한 사항

5.~11. (생략)

[검토사항: **사단법인형 특수법인**]

- 위의 조례에서 제3조(사업)과 제4조(정관)의 조문 순서를 제4조(정관) 〉 제3조(사업)으로 바꾸는 것이 적절하다고 본다.
- 제1조(목적) 규정에서는 "약칭"을 사용하지 않는다. (이하 "시"라 한다)와 (이하 "연맹"이라 한다)는 삭제한다.

CASE Study 220 조문 순서

OO광역시 OO문화재단 설립 및 운영 조례

(일부개정) 2023-04-10 조례 제 6098호

제1조(목적) 이 조례는 시민의 창조적 문화활동과 문화예술 향유 기회를 확대하고, 문화예술진흥 정책을 개발함으로써 문화예술 창조도시 구현을 위한 OO문화재단의 설립 및 운영에 필요한 사항을 규정함을 목적으로 한다.

제2조(법인격) OO문화재단(이하 "재단"이라 한다)은 「민법」 및 「문화예술진흥법」에 따른 재단법인으로 한다.

제3조(사업) ① 재단은 다음 각 호의 사업을 수행한다.

1. 문화예술진흥과 OOO문화중심도시 조성을 위한 정책개발 및 홍보
2. 문화예술의 창작 · 보급 · 활동의 지원
3. 시민의 문화 향유 및 창의력 증진
4. 문화예술 교육 및 연구
5. 국내 · 외 문화예술 교류
6. ~ 11. (생략)

② 재단은 설립목적의 범위 안에서 OO광역시장(이하 "시장"이라 한다)의 사전 승인을 받아 수익사업을 할 수 있다.

제4조(정관) ① 재단의 정관에는 다음 각 호의 사항을 기재하여야 한다.

1. 목적
2. 명칭
3. 사무소의 소재지
4. 자산 및 회계
5. 이사 · 감사의 임면 및 이사회 운영
6. 사무처의 조직 및 운영
7. 정관의 변경
8. 해산
9. 그 밖에 재단의 운영에 필요한 사항

[검토사항: **조문 순서**]

- 앞의 입법례와 마찬가지로 위의 조례에서 제3조(사업)와 제4조(정관)의 조문 순서를 제4조(정관) 〉 제3조(사업)으로 바꾸는 것이 적절하다고 본다.
- 제2조에서 상위법령의 근거 조항을 인용할 때는 가능한 한 구체적으로 조 · 항 · 호를 명시한다.

9 공유재산

1. 의의

- 공유재산이란 지방자치단체의 부담, 기부채납(寄附採納)이나 법령에 따라 지방자치단체 소유로 된 「공유재산 및 물품관리법」 제4조(공유재산의 범위)제1항 각 호의 재산을 말한다.
- 「공유재산 및 물품 관리법」 제5조(공유재산의 구분과 종류)에 따르면 공유재산은 행정재산과 일반재산으로 구분되고, 행정재산은 다시 공용재산, 공공용재산, 기업용 재산 및 보존용 재산으로 구분되며, 일반재산은 행정재산 외의 모든 재산을 말한다.

공유재산의 종류		정 의
행정재산	공용재산	• 지방자치단체가 직접 사무용·사업용 또는 공무원의 거주용으로 사용하거나 사용하기로 결정한 재산과 사용을 목적으로 건설 중인 재산
	공공용 재산	• 지방자치단체가 직접 공공용으로 사용하거나 사용하기로 결정한 재산과 사용을 목적으로 건설 중인 재산
	기업용 재산	• 지방자치단체가 경영하는 기업용 또는 그 기업에 종사하는 직원의 거주용으로 사용하거나 사용하기로 결정한 재산과 사용을 목적으로 건설 중인 재산
	보존용 재산	• 법령 · 조례 · 규칙에 따라 또는 필요에 의하여 지방자치단체가 보존하고 있거나 보존하기로 결정한 재산
일반재산		• 행정재산 외의 모든 공유재산

2. 관계 법령

- 「공유재산 및 물품관리법」은 지방자치단체의 공유재산의 관리 및 처분에 관한 일반법으로서, 공유재산 및 물품 관리 · 처분의 기본원칙 등을 정하고 있다.
- 헌법 제117조제1항에서는 재산을 관리하는 사무를 자치단체의 사무로 규정하고 있다.
- 「지방자치법」 제13조는 공유재산의 관리사무를 자치사무의 하나로 규정하고 있다.
- 「지방자치단체를 당사자로 하는 계약에 관한 법률」은 「공유재산 및 물품관리법」에서 정하고 있는 사항 외에 공유재산 및 물품의 계약, 부정당업자의 입찰 참가자격

제한 등에 대하여 적용된다.

- 「지방공기업법」은 지방직영기업의 자산의 처분 방법 등에 관한 사항을 정하고 있다.

3. 일반적 유의사항

(1) 소관 사무의 원칙

- 지방자치단체에서 그 재산의 관리 및 처분 등에 관한 사항을 정할 때는 규율하려는 사항이 지방자치단체의 소관에 속하는 공유재산인지 등을 먼저 검토한다.
- 해당 재산의 관리사무가 "국가사무"인 경우는 조례로 정하도록 법령에서 위임하고 있지 않는 한 조례로 이를 정할 수 없다.

(2) 법령 우위의 원칙

① 공유재산의 적정한 관리를 도모하기 위해 법률에 자세한 규정을 두는 경우가 많다.

- 공유재산의 관리 및 처분에 관하여 개별 법령이 있는 경우에는 개별 법령이 적용되고, 개별 법령이 없는 경우에는 「공유재산 및 물품관리법」이 적용된다.
- 「공유재산 및 물품관리법」 제97조는 공유재산 및 물품의 계약을 위한 입찰공고 · 계약서 작성 등 계약절차에 관하여 이 법에서 정한 사항 외에는 「지방자치단체를 당사자로 하는 계약에 관한 법률」을 준용한다고 규정하여, 공유재산의 "계약 절차 사항"은 「지방자치단체를 당사자로 하는 계약에 관한 법률」이 준용된다.
- 「공유재산 및 물품관리법」 제20조제2항, 제27조제2항 및 제29조제1항에서 행정재산의 사용 · 수익허가, 관리위탁 및 일반재산 대부를 원칙적으로 "일반입찰"로 해야 한다고 규정하고 있고,
- 같은 법 시행령 제13조(사용허가의 방법)제3항 등에서 수의계약으로 할 수 있는 경우를 예외적으로 나열하고 있으므로, 법령의 근거나 위임 없이 조례로 수의계약으로 하도록 할 수 없다.[28)]

② 「공유재산 및 물품관리법」 및 같은 법 시행령은 공유재산의 취득 · 유지 · 보존 및 운용과 처분에 관한 자세한 규정을 두면서, 공유재산심의회의 구성과 운영에 관한 사항 등을 조례에 위임하는 규정이 다수 있다.

③ 공유재산 및 물품 운영기준, 공유재산관리계획의 작성기준, 행정재산 또는 일반재산의 교환, 행정재산 사용 허가의 방법, 물품관리기준의 설정 등에 관한 사항은 행정안전부장관이 정하도록 하고 있다.

---

28) 법제처, 「2021 쉽게 찾아보는 자치법규 입안기준」, 2021, p.46.

④ 따라서 공유재산의 관리 등에 관한 조례를 정할 때에는 개별 법령상의 공유재산에 관한 규정, 「공유재산 및 물품 관리법」 및 행정안전부장관이 법령의 위임에 따라 정하는 기준 등에 위반되지 않도록 한다.

4. 개별적 유의사항

(1) 일반론

- 각 지방자치단체는 「공유재산 및 물품관리법」에서 공유재산 및 물품 관리에 관하여 위임한 사항과 그 밖에 시행에 필요한 사항을 정하기 위해 「공유재산 및 물품관리 조례」를 두고 있다. 이 조례에서는 ① 공유재산의 사용허가, ② 공유재산의 불용처분, ③ 일반재산의 관리 등에 관한 사항과 그에 수반하는 사용료 또는 대부료율과 매각 비용 등에 관하여 규정하고 있다.
- 「지방자치법」 제161조는 지방자치단체는 주민의 복지를 증진하기 위하여 공공시설을 설치할 수 있고, 그 설치와 관리에 관하여 다른 법령에 규정이 없으면 조례로 정하도록 규정하고 있다.
- 이에 따라 지방자치단체는 주민복지 증진을 위한 자치사무의 일환으로서 「○○ 시설 설치 및 운영에 관한 조례」 등의 제정으로 공공시설의 이용목적과 한계를 규정할 수 있다.

(2) 행정재산의 사용 허가

- 행정재산은 지방자치단체의 행정업무 수행에 필요한 재산이므로 다른 용도나 목적으로 사용하는 것을 엄격히 제한하되, 그 목적 또는 용도에 장애가 되지 않는 범위에서만 사용허가를 할 수 있다.
- 개별법에서는 특정 산업, 공익사업이나 취약 분야의 진흥 · 지원 등을 위하여 「공유재산 및 물품 관리법」에 대한 예외를 인정하여 그 개별법이 정하는 바에 따라 사용을 허가할 수 있도록 규정하고 있는 경우가 있다.
- (사용허가의 범위) 사용허가를 받은 자는 원칙적으로 해당 재산을 타인으로 하여금 사용 · 수익하게 할 수 없도록 하고 있다.
- (행정재산의 사용료) 사용허가에 대해 사용료를 받도록 하고, 기부채납된 재산의 기부자 등 일정 요건에 해당하는 경우에만 예외적으로 사용료를 감면할 수 있도록 하고 있다.
- 연간 사용료는 시가(時價)를 반영한 해당 재산 평정가격의 연 1천분의 10 이상의 범위에서 지방자치단체의 조례로 정하도록 위임하고 있다.
- (사용료의 감면) 「공유재산 및 물품관리법」 및 같은 법 시행령에서 정한 감면사유 외에 조례로 새로운 감면사유를 추가하거나, 법령에서 정한 범위를 벗어나 사용

료를 감경할 수 없다.

- (사용허가 기간) 「공유재산 및 물품관리법」 제21조에 따르면 행정재산의 사용허가 기간은 5년 이내로 하되, 5년을 초과하지 않는 범위에서 종전의 사용허가를 갱신할 수 있다.

(3) 공공시설의 이용

- 일반주민의 공공시설 이용관계에 대해서는 「지방자치법」에 따라 공공시설 설치와 관리에 관하여 조례로 정하고, 그 이용에 대한 사용료를 정할 수 있다. 조례에서는 행정재산의 "사용료"와 구분하기 위해 가능하면 "이용료"로 규정한다.
- (행정재산의 사용허가와 공공시설 이용관계의 구분) 행정재산의 사용허가는 "일반입찰"로 해야 하고 매년 사용료를 징수해야 하며, 사용료의 감면과 사용허가의 취소 사유가 법령에 명시되어 있는 등 그 요건과 절차 등이 엄격하게 규정되어 있는 반면, 공공시설의 이용은 「지방자치법」에서 조례로 정하도록 포괄적으로 위임되어 있어 이러한 요건과 절차 등을 규정하는데 비교적 자유롭다.

(4) 행정재산의 관리위탁

- 지방자치단체의 장은 행정재산의 효율적 관리를 위해 필요하면 지방자치단체 외의 자에게 그 재산관리를 위탁할 수 있는데, 이러한 "관리위탁"의 실질은 행정사무의 "민간위탁"이다.
- 행정재산을 관리위탁하는 경우에는 조사 · 검사 · 검정 · 관리업무 등 주민의 권리 · 의무와 직접 관련되지 않는 사무를 위탁할 수 있고, 권력적 사무 또는 재량적인 가치 판단을 요하는 사무 등은 위탁대상으로 선정해서는 안 된다.
- 「공유재산 및 물품관리법」 제27조에 따르면, 행정재산의 관리를 위탁받은 자는 해당 행정재산의 사용허가를 받은 자로 간주되므로 관리위탁 행정재산의 수탁자는 수탁재산의 일부를 사용 · 수익할 수 있다.
- (관리위탁의 경비 및 이용료) 「공유재산 및 물품관리법」 제27조에 따르면, 행정재산의 관리에 드는 경비는 지방자치단체에서 지원할 수 있고, 행정재산의 관리위탁을 받은 자는 지방자치단체와 관리위탁계약을 체결하면서 그 이용료 징수에 관한 내용을 정할 수 있으므로, 관리위탁을 받은 자가 관리위탁을 받은 행정재산의 이용자로부터 직접 이용료를 징수하여 경비에 충당할 수 있다.
- (관리위탁 기간) 행정재산의 관리위탁기간은 원칙적으로 5년 이내로 하되, 5년 이내의 범위에서 한 번만 갱신할 수 있다. 행정재산의 관리위탁기간 및 갱신 횟수에 관한 사항은 상위법령에 이미 규정되어 있으므로 조례에 다시 규정할 필요가 없고, 관리위탁기간을 법령에서 정한 기간과 달리 조례로 정하는 것은 상위법령 위반의 소지가 있다.

- 행정재산의 관리위탁에 대해서는 「공유재산 및 물품관리법」의 관련 규정이 「지방자치법」 제117조(사무의 위임 등)제3항에 대한 일종의 "특례"라고 볼 수 있으므로 공유재산 및 물품 관리법령의 관리위탁 관련 규정과 배치되는 규정을 둘 수 없다.

(5) 행정재산의 처분

- 행정재산은 행정목적 수행에 직접 제공되는 재산이므로 「공유재산 및 물품관리법」 제19조는 행정재산은 대부, 매각, 교환, 양여, 신탁 또는 대물변제나 출자의 대상이 되지 않으며, 이에 사권을 설정하지 못하도록 규정하고 있다.
- 행정재산이 사실상 행정목적으로 사용되지 않게 된 경우에는 먼저 공유재산심의회의 심의를 거쳐 그 용도를 폐지한 후 처분해야 한다. (「공유재산 및 물품관리법」 제11조 및 제16조)

(6) 일반재산의 관리 · 처분

- 일반재산은 행정재산과 달리 대부 외에도 매각, 교환, 양여, 신탁, 현물출자 등의 방법으로 처분할 수 있고, 제한된 범위에서 사권(私權)도 설정할 수 있다.
- (대부) 일반재산의 대부란 지방자치단체가 일반재산을 「공유재산 및 물품관리법」에 따라 사용하게 하는 것을 말한다. 같은 법에서 유상대부를 원칙으로 하고 있으며, 그 대부료는 행정재산의 사용료와 마찬가지로 시가를 반영한 해당 재산 평정가격의 연 1천분의 10 이상의 범위에서 조례로 정하도록 규정한다. 따라서 지방자치단체의 공유재산 및 물품 관리 조례에서는 대부료율에 대해 정하고 있다.
- 행정재산의 사용료와 마찬가지로 대부료율의 감면대상을 명확히 규정하고 있기 때문에 조례로 위임된 사항을 정하거나 그 대상을 구체화하는 것 외에 새로운 감면 대상을 조례로 정할 수는 없다.
- (교환 · 양여) 양여는 지방자치단체가 대가를 받지 않고 일반재산의 소유권을 지방자치단체 외의 자에게 이전하는 것으로서 민법상의 증여에 해당한다. 법령상 표현은 "양여할 수 있다"로 하면 되고, "무상으로 양여할 수 있다"로 표현할 필요는 없다.[29)]

29) 법제처, 「2022년 자치법규 입안 길라잡이」, 2022, pp.139~164.

CASE Study 221 공유재산, 조문 위치, 소관사무

[입법례] **OOOO시 OO구 문화원 지원·육성에 관한 조례**

(일부개정) 2022.08.10 조례 제1245호

제1조(목적) (생략)
제2조(다른 법령과의 관계) (생략)
제3조(기금의 출연 및 조성) (생략)
제4조(국·공유재산의 사용) ① 구청장은 문화원 운영에 필요하다고 인정되는 경우 관계 법령이 정하는 범위 내에서 국·공유재산을 무상으로 대여할 수 있다.
② 문화원장은 대여받은 국·공유 재산에 대하여 선량한 관리자로서 주의 의무를 다하여야 한다.<개정 2022.08.10>
제5조(기금 및 보조금의 용도) (생략)
제6조(기금 및 보조금의 운용 및 관리) (생략)
제7조(기금의 운용계획) (생략)
제8조(보조금의 지원 등) (생략)
제9조(보조금의 청구 등) (생략)
제10조(보조금의 결정 등) (생략)
제11조(보조금의 교부) (생략)
제12조(보조금의 정산) (생략)
제13조(보조금의 교부중지 등) (생략)
제14조(회계관리 등) (생략)
제15조(사무의 검사·감독) (생략)
제16조(사업실적 및 계획 등의 제출) (생략)

[검토사항: **공유재신**]

- 실체규정인 공유재산(제4조)의 조문 순서에서 위의 조례는 적절하지 않은 것으로 보인다.
- 관련 있는 내용은 가까운 위치에 두는 것이 원칙이다.
- 조·항은 한 가지 주제로 구성되는 것이 원칙이다.
- 위의 조례 제4조에서 내용상 국유재산과 공유재산을 함께 병기해도 문제가 없는지 점검해 본다. 구청장이 소관 사무가 아닌 국유재산을 대여할 수 있는 권한이 있는지 확인해 본다.

CASE Study 222 공유재산, 대부료의 요율

[입법례] **OO광역시 기업 및 투자유치 촉진 조례**

(일부개정) 2022-12-12 조례 제5883호

제11조(공유재산의 임대료 감면 등) ① 외국인 투자기업, 국내 복귀기업 등에게 투자유치를 위해 공유재산을 사용허가 또는 대부(이하 "임대"라 한다)하는 경우 임대료는 그 토지 등의 가액에 **1천분의 10 이상**의 요율을 곱하여 산출한 금액으로 한다.

OO시 기업 및 투자유치 촉진 조례

(일부개정) 2021.08.03 조례 제1902호

제27조의2(공유재산의 임대특례) 제27조에 따른 대규모투자기업이 산업단지의 공유재산을 사용하는 경우 임대료의 요율은 「OO시 공유재산 관리 조례」 제28조의 규정에도 불구하고, 해당 재산평정가격의 **1천분의 10 이상**으로 할 수 있다.

OO광역시 솔라시티 조례

(일부개정) 2022-12-12 조례 제5883호

제29조2(공유재산 임대 등) 시장은 신·재생에너지의 보급을 촉진하기 위하여 공유재산을 사용 허가 또는 대부할 수 있다. 이 경우 「OO광역시 공유재산관리 조례」 제28조에도 불구하고 대부료의 요율은 재산평정가격의 **연 1천분의 20 이상**으로 한다.

[검토사항: **공유재산**]

- 위의 3건의 조례는 대부료의 요율은 연 1천분의 10과 연 1천분의 20 이상이다.
- 각각의 임대료 감면사유와 대부료의 요율 간에 연계가 적절한지 점검해 본다.

10 과징금

1. 의의

- 과징금은 금전적 제재 수단이라는 점에서 벌금이나 과태료와 유사하다.
- 과징금은 행정기관이 부과한다는 점에서 사법기관이 결정하는 벌금과 구별된다.
- 과태료가 행정청에 대한 협조의무 위반에 대해 부과하거나 경미한 형사사범에 대한 비범죄화 차원에서 부과되는 반면, 과징금은 법규 위반으로 얻어진 경제적 이익을 환수하거나 영업정지처분을 갈음하여 금전적 제재를 부과한다는 점에서 차이가 있다.

2. 과징금의 유형

(1) 경제적 이익 환수 과징금

- 경제적 이익 환수 과징금은 불법행위로 얻어진 경제적 이익을 환수하기 위해 도입되었다.
- 불법 이익의 환수 수단으로 인정되는 형법상의 몰수·추징 제도는 엄격한 형사절차에 의하여 운영됨으로써 경제사범의 제재에 요구되는 융통성이 제약을 받는다는 점에서 고안된 제도이다.

(2) 영업정지 대체 과징금

- 영업정지처분은 허가처분 등 수익적 행정행위에 대한 사후 관리수단으로서 영업자가 허가 등에 따른 행정상의 의무를 위반할 때 제재로서 가하는 강력한 수단이기는 하나, 이로 인해 그 영업자의 영업활동을 이용하는 일반국민에게 불편을 초래할 수 있다.
- 이러한 공익적 고려에 따라 행정처분을 대신하는 금전적 제재로서의 과징금이 등장하였다.

(3) 순수한 금전적 제재로서의 과징금

- 금전적 제재 과징금은 일정한 행정법상의 의무위반에 대한 단순한 금전적 제재에 불과하여 실질적으로는 과태료와 별로 다를 바가 없으나, 과태료의 경우 대개 부과금액이 상대적으로 적은 금액이므로, 현저히 큰 금액인 금전적 제재를 부과하는 것이 필요한 경우에 이러한 유형의 과징금이 도입된다.

3. 영업정지 대체 과징금

(1) 도입 기준

- 영업정지처분을 대신하는 과징금 제도의 취지는 그 상업을 이용하는 일반국민에게 불편을 끼치는 것을 막기 위한 것이고, 이를 공익성이 약한 사업 분야까지 확대하면 영업정지처분이 갖던 제재 효과를 충분히 달성하기 어려워지고 위법행위를 조장하는 측면도 있게 된다.
- 따라서 영업정지처분을 대신하는 과징금제도는 이용자의 편의나 국민경제에 악영향을 초래하는 등 공익을 해칠 우려가 있는 경우에만 한정하여 도입하는 것을 원칙으로 한다.

(2) 과징금 부과처분의 근거

- 근거 규정은 법률에 두되, 과징금 부과요건에 영업정지사유 외에 공익성에 관한 요건이 요구되므로 “영업정지가 이용자 등에게 심한 불편을 주거나 공익을 해칠 우려가 있는 경우에는”과 같은 공익성 요건 관련 표현을 두도록 한다.
- 과징금액의 상한을 정액으로 정하지 않고 위반행위와 관련이 있는 매출액 · 비용 등과 연계하려면 “OO원 이하”라는 표현 대신에 ”…… 금액의 O분의 O에 상당하는 금액 이하”와 같은 표현을 사용한다.

(3) 과징금의 부과기준

- 영업정지처분이 위반 횟수에 따라 가중되면 과징금의 부과금액도 가중하여 균형을 이루는 것이 바람직하다.
- 과징금의 가중 · 감경에 관한 규정을 두려는 경우에는 가중 · 감경을 함께 규정하며, 여러 건의 위반행위가 있어도 과징금액은 법률이 정한 금액을 초과할 수 없도록 규정한다.

(4) 영업정지 기간과 매출금액 등을 반영한 과징금 산정방식 규정

- 현행법의 과징금 부과기준을 보면, 영업정지 기간과 과징금 금액 사이에 연관성이 없어 영업정지를 대체한다는 의미를 살리지 못하거나 사업 규모나 업체별 매출금액의 차이를 고려하지 않거나 과징금 액수 자체가 너무 적은 금액이어서 과징금 부과의 제재효과가 없어지고 형평성에도 문제가 있는 경우가 종종 있다.
- 대통령령에서 과징금의 부과기준을 정할 때에는 영업정지 기간, 매출금액, 제재의 실효성 등을 고려해야 한다.

(5) 과징금의 부과 · 징수

- 과징금 부과 횟수를 제한하는 규정은 두지 않는다.

• 과징금 징수 업무를 위탁하는 규정도 두지 않는 것을 원칙으로 한다.

(6) 납부 기한의 연장과 과징금의 분할납부

납부 기한의 연장이나 분할납부를 인정하려는 경우에는 법령에 명시하도록 한다.

(7) 과징금 미납

• 과징금 미납에 대해서는 체납처분 등 일반적 강제징수에 의하도록 할 수밖에 없다.

• 과징금 미납 시에 과징금 부과처분을 취소하고 영업정지처분을 해야 한다는 규정은 두지 않도록 한다.

(8) 과징금의 귀속과 강제징수

• 과징금을 일반회계에 귀속시키지 않고 특별회계 또는 기금에 귀속시키는 경우 법률에 "제O항에 따라 부과 · 징수한 과징금은 OO특별회계 또는 OO기금에 귀속된다"와 같은 규정을 두도록 한다.

• 강제징수 규정은 법률에 두되, 징수 주체가 국가기관인지 지방자치단체의 장인지에 따라 국가기관인 경우에는 "국세 체납처분의 예에 따라 징수한다"로, 지방자치단체의 장인 경우에는 "「지방세외수입금의 징수 등에 관한 법률」에 따라 징수한다"라는 표현을 사용하도록 한다.

(9) 과징금의 용도

• 과징금 부과처분에 따라 징수한 과징금의 용도를 제한하는 규정은 원칙적으로 두지 않도록 한다.

• 부득이 과징금의 용도를 제한하려는 경우에는 그 용도를 법률에 규정한다.

4. 과징금 제도 도입 시 유의사항

• 과징금의 부과는 그 자체가 국민에게 금전적 부담을 지우는 침익적 행정행위이므로 법률유보의 원리상 반드시 법률에 근거를 두어야 한다.

• 과징금 부과 규정에는 부과권자, 부과사유, 상한액, 부과금액 산출기준, 체납 시의 강제징수 절차 등이 포함되어야 한다.

• 과징금 제도를 도입하는 경우 다른 유형의 금전 제재와 중복되지 않는지를 확인한다.

• 과징금 부과사유가 형벌의 구성요건이나 과태료 부과 사유와 중복되어 이중 처벌로 비춰질 소지를 없애는 데 유의하되, 특히 "이 법 또는 이 법에 따른 명령이나 처분을 위반하였을 때"라는 표현을 사용하는 대신 위반행위의 유형을 구체적으로 적시하도록 한다.

CASE Study 223 장(章) 구분

[입법례]

OO시 주차장 조례

(일부개정) 2022.12.30 조례 제1973호

제4장 보 칙

제18조(과징금 처분) ① 영 제17조의 규정에 따른 과징금을 부과하는 위반행위의 종류와 과징금의 금액은 별표 4와 같다.

② 시장이 과징금을 부과하고자 할 때에는 행정절차법 제21조 및 제22조의 규정에 따른 처분의 사전통지를 하여야 한다.

③ 제2항의 규정에 따른 사전통지는 납부통지서로 갈음하고 이 경우, 납부기한은 의견진술기간이 종료된 날부터 20일 이내로 한다.

④ 시장은 납부기한까지 과징금을 납부하지 아니한 자에게 납부기한이 경과한 날로부터 10일 이내의 기한을 붙인 독촉장을 발부하고 체납액의 100분의 5에 상당하는 가산금을 징수한다.

⑤ 제1항의 규정에 따라 부과된 과징금을 지정기일에 납부치 않았을 때에는 **지방세 징수의 예에 따라 징수한다.**

OO광역시 OO구 주차장 조례

(일부개정) 2022.08.10 조례 제1708호

제7장 보 칙

제30조(과징금처분) ① 법 제24조의2 규정 및 영 제17조에 따른 민영 노외주차장에 대한 과징금은 규칙이 정하는 바에 따라 가감할 수 있다.

OO군 주차장 설치 및 관리 조례

(일부개정) 2022.08.17 조례 제2905호

제4장 보칙

제25조(과징금 처분) ① 군수가 과징금을 부과하고자 할 때에는 과징금 징수 결정과 동시에 납부의무자에게 위반행위의 종별, 과징금의 금액, 납부기한 및 장소를 명시한 납부통지서를 발부하여야 하며, 이 경우 납부기한을 납부통지서 발부일부터 20일 이내로 한다.

②~④ (생략)

[검토사항: **장(章)의 구분, 과징금**]

- 과징금은 주차장 조례에서 많이 발견되는데, 조문을 장(章)으로 구분할 때 과징금은 "실체규정"에 포함되는 요소로서, 이를 보칙 장(위의 첫 번째 조례 제4장, 두 번째 조례 제7장, 세 번째 조례 제4장)에 분류한 규정은 적절하지 않은 것으로 보인다.
- 위의 첫 번째 조례 제18조제5항에서 제1항의 규정에 따라 부과된 과징금을 지정기일에 납부치 않았을 때 "지방세 징수의 예에 따라 징수한다"고 하였다.
- 이를 "「지방세외수입금의 징수 등에 관한 법률」에 따라 징수한다"라는 표현이 더 적합하지 않은지 점검해 본다.

지방세외수입금의 징수 등에 관한 법률

[법률 제16885호, 2020.1.29., 일부개정]

제2조(정의) 이 법에서 사용하는 용어의 뜻은 다음과 같다.

1. "**지방세외수입금**"이란 지방자치단체의 장 및 그 소속 행정기관의 장이 행정목적을 달성하기 위하여 법률에 따라 부과 · 징수(국가기관의 장으로부터 위임 · 위탁받아 부과 · 징수하는 경우를 포함한다)하여 지방자치단체의 수입으로 하는 조세 외의 금전으로서 다음 각 목의 어느 하나에 해당되는 것을 말한다.
   가. 다른 법률에서 이 법에 따라 징수하기로 한 **과징금**, 이행강제금 및 **부담금**
   나. 그 밖의 조세 외의 금전으로서 다른 법률에서 이 법에 따라 징수하기로 한 금전

제3조(적용범위) 이 법은 지방세외수입관계법에서 납부의무자가 지방세외수입금을 **납부기한까지 납부하지 아니한 경우**에 이 법에 따라 징수하도록 한 지방세외수입금에 대하여 적용한다.

11 부담금

1. 의의

- 종전에 부담금은 국가 또는 공공단체가 특정한 공익사업에 충당하기 위해 사업에 드는 경비의 전부 또는 일부를 그 공익사업과 특별한 관계에 있는 자에게 부담시키는 공법상의 금전급부의무로 이해하였다.
- 재정수요를 유발하는 원인 가운데 일반납세자의 책임을 초과하는 영역까지 조세를 통해 필요 재원을 조달하는 것은 일반국민과의 형평성에 배치되는 결과가 된다. 특정 국가(지방)사무에 대한 원인을 유발하거나, 그로 인해 수익을 얻는 자에 대해서는 별도의 재정책임을 부과할 필요가 있는데, 이때 부과되는 것이 준조세로서 조세제도의 미비점을 보완할 수 있는 재정운용수단이 될 수 있다.
- 부담금은 조세 이외에 국가(지방자치단체) 재정수입의 원천으로서 역할을 하고 있으며 일반회계에 편입하지 아니하고 특별회계나 기금의 주요 재원을 구성하게 된다. 부담금은 그 수입 대부분이 기금이나 특별회계로 관리되므로 해당 행정기관은 부담금을 통해 일반예산에 비해 안정적으로 사업비를 확보할 수 있다.
- (원래 의미의 부담금) 부담금은 인적 공용부담의 한 내용으로서 국가나 지방자치단체 등의 행정주체가 특정의 공익사업과 특별한 관계에 있는 당사자에게 그 사업에 필요한 경비의 전부 또는 일부를 부담하게 하는 공법상의 금전납부의무를 말한다.
- 특별부담금의 개념은 원래 의미의 부담금 개념과 비교하여 볼 때, 수익자부담금이나 원인자부담금으로서의 성격을 갖지 않으며, 특정 과제의 수행에 필요한 재정의 조달 또는 국가정책의 실현을 위한 수단으로서의 기능을 하는 금전급부의무에 해당된다.
- 「부담금관리기본법」은 부담금의 설치 · 관리 및 운영에 관한 기본적인 사항을 규정함으로써 개별 법률에 근거하여 설치 · 운영되던 각종 부담금의 신설을 억제하고 그 관리 · 운용의 공정성과 투명성을 높이도록 하였다.
- (용어 정비) 현행법상 그 법적 성질이 부담금이 아닌 데도 '부담금'이라는 용어를 사용한 예가 있는가 하면, 법적 성격이 부담금인데도 '부담금'이란 용어를 사용하지 않은 예가 많아 혼란을 초래하고 있다.
- (부담금제도 도입의 원칙) 헌법재판소는 조세 외의 공과금인 부담금을 징수하려는 경우에는 엄격한 요건 하에서만 허용된다고 보면서 부담금이 정당화될 수 있는 요건을 제시하였다.

• 2023.6. 현재 「부담금관리기본법」에 따라 설치한 부담금은 95개이다.

2. 부담금의 유형

(1) 원래 의미의 부담금 유형

• 부담금은 성격, 사용 용도 등 여러 가지 기준에 의해 분류되며, 대상 사업의 종류에 따라 도로부담금, 하천부담금, 도시계획부담금, 환경부담금 등으로 분류하기도 한다.

• 원래 의미의 부담금은 공익사업과 부담의무자의 성질에 따라,

① (수익자 부담금) 해당 공익사업의 시행으로 인하여 특별한 이익을 받은 자에 대해 그 수익의 한도 안에서 사업경비를 부담케 하는 부담금

② (원인자 부담금) 특정한 공익사업이 필요하게 된 원인을 조성한 자에 대해 그 공사비의 일부 또는 전부를 부담케 하는 부담금

③ (손상자 부담금) 당해 사업시설을 손상한 자에 대해 그 시설의 유지·수선비 등의 전부 또는 일부를 부담케 하는 부담금 등으로 분류한다.

• 부담금의 유형을 나타내는 용어 중에서 손상자부담금과 관련된 용어에서 다양한 이름이 제시된다.(예를 들어 손괴자부담금, 손궤자부담금 등)

(2) 특별부담금 유형

헌법재판소는 특별부담금의 유형을 그 부과목적과 기능에 따라

① (재정조달목적 부담금) 순수하게 재정조달 목적만 가지는 부담금

② (정책실현목적 부담금) 재정조달 목적뿐 아니라 부담금의 부과 자체로 추구되는 특정한 사회 · 경제정책 실현 목적을 가지는 부담금으로 구분하고 있다. 정책실현목적 부담금은 개별행위에 대한 명령·금지와 같은 직접적인 규제수단을 사용하는 대신 부담금이라는 금전적 부담의 부과를 통해 간접적으로 국민(주민)의 행위를 유도하고 조정함으로써 사회경제적 정책목적을 달성하고자 하는 것이다.[30)]

3. 부담금 부과원칙과 허용심사

(1) 부담금 부과의 원칙

「부담금관리기본법」은 제5조에서 "부담금은 설치목적을 달성하기 위하여 필요한 최소한의 범위에서 공정성 및 투명성이 확보되도록 부과되어야 하며, 특별한 사유가 없으면 동일한 부과대상에 이중으로 부과되어서는 아니 된다"라고 부담금 부과의 원칙을 규정하고 있다.

---

30) 정종섭, 「헌법학원론」, 박영사, 2011, pp.1040~1041.

(2) 부담금 허용심사

심사사항은 ① 부담금을 신설할 명확한 목적이 있을 것, ② 부담금의 부과요건 등이 구체적이고 명확하게 규정되어 있을 것, ③ 부담금의 재원 조성의 필요성과 사용목적의 공정성 및 투명성을 갖추었을 것, ④ 기존의 부담금과 중복되지 아니할 것, ⑤ 부담금의 부과가 조세보다 적절할 것 등이다.

4. 부담금에 대한 위헌 논쟁

- 부담금은 조세에 비해 손쉬운 재원 조달수단이라는 점 때문에 그 종류와 규모가 계속 증가하여 국민(주민) 부담을 가중시키고 재정운용의 효율성을 저해한다는 비판이 제기되어 왔다. 그리고 부담금의 여러 유형에 관해 위헌 논쟁에 휩싸여 왔다.
- 특별부담금의 경우는 위헌의 가능성이 상대적으로 높았다. 연혁적으로 특별부담금에 대한 위헌론의 쟁점은 헌법상의 재산권, 평등권, 과잉금지의 원칙 등과의 관계에서 특별부담금이 헌법적으로 정당화되는 금전납부의무인지 여부였다. 헌법재판소에 심판이 제기되었던 부담금 중 수질개선부담금, 과밀부담금, 카지노사업자 납부금, 그리고 출국납부금에 대하여는 합헌성이 확인된 반면, 문예진흥기금 납입금, 학교용지부담금은 위헌 결정을 받은 바 있다.

5. 부담금의 헌법적 정당화 요소

특별부담금의 부과가 헌법상 평등원칙이나 과잉금지원칙, 특히 피해의 최소성에 위반되느냐의 여부를 판단함에 있어 헌법재판소는 헌법적 정당화 요건으로 집단의 동질성, 객관적 근접성, 집단적 책임성, 집단적 효용성을 기준으로 제시하였다.

① (집단 동질성) 특별부담금 납부의무자들 상호간에는 동질성이 있어야 한다.

② (객관적 근접성) 부담금 부과와 수행하고자 하는 특정한 경제사회적 과제와 객관적으로 밀접한 관련성이 있어야 한다.

③ (집단적 책임성) 과제의 수행에 관해 조세 외적 부담을 져야 할 책임이 인정될만한 집단에 대해서만 부과되어야 한다.

④ (집단적 효용성) 특별부담금에 의해 형성된 자금은 납부자들의 이익을 위해 사용되어야 한다. 그러나 이 요건이 부담금의 정당성을 위한 필수적 요건인지에 대해서는 논란의 여지가 있다.[31]

---

31) 박기영, 「한국재정」, 법우사, 2018, pp.744~745.

6. 부담금의 규정방식

(1) 부과요건의 법정화

- 부담금 부과의 근거가 되는 개별 법률에는 부담금의 설치 목적, 부과 · 징수 주체, 부과요건, 산정기준, 산정방법, 부과 요율 등이 구체적이고 명확하게 규정되어야 한다.
- 「부담금관리기본법」 제3조는 「부담금관리기본법」 별표에 규정된 법률에 따르지 않고는 부담금을 설치할 수 없도록 하고 있으므로 부담금 규정을 신설하는 경우 개별 법률에 부담금 근거 규정을 두더라도 해당 규정 외에 별도로 「부담금관리기본법」 별표에 부담금 설치 근거 법률을 명시하는 것이 필요하다.

(2) 이중 부과의 금지

- 「부담금관리기본법」 제5조는 특별한 사유가 없으면 동일한 부과 대상에 대해 이중의 부담금이 적용되어서는 안 된다는 점을 명시하고 있다.
- 부담금을 신설하는 경우 중복되는 부담금이 없는지를 반드시 확인한다.

(3) 부담금 존속기한의 설정

부담금의 존속기한은 부담금의 목적을 달성하기 위해 필요한 최소한의 기간으로 설정해야 하며, 그 기간은 10년을 초과할 수 없다.

(4) 부과 절차

- 행정청의 편의에 따라 절차를 정하는 것을 방지하고 부담금 납부의무자에게 어느 정도의 예측 가능성을 보장한다는 면에서 조례에서 가능하면 상세하게 규정하도록 한다.
- 부담금을 부과하는 통지는 서면으로 하고, 그 통지 사항으로 부담금의 종류, 금액, 납부장소, 납부기한 등을 통지한다.

(5) 강제징수 절차와 가산금

- 부담금 납부의무자가 스스로 그 의무를 이행하지 않으면 「국세징수법」 또는 「지방세외수입금의 징수 등에 관한 법률」 상의 체납처분 절차에 따라 강제 징수하도록 한다.
- 「부담금관리기본법」 제5조의3에서는 부담금 납부의무자가 납부기한을 지키지 않는 경우에는 해당 법령에서 정하는 바에 따라 가산금 등을 부과 · 징수할 수 있도록 하고 있다.

(6) 구제수단

부담금 납부의무자가 위법하거나 부당한 부담금의 부과 · 징수로 인해 권리 또는 이익을 침해받았을 경우에 이의신청을 할 수 있도록 하는 등 적절한 권리구제 절차를 해당 법령에서 명확하게 규정해야 한다.

(7) 부담금의 용도

- 부담금의 용도는 부담금 대상사업의 경비충당에 국한하도록 규정하고 있다.
- 부담금의 용도에 관한 규정의 유형으로는 부담금을 기금에 의해 관리하도록 한 입법례와 특별회계로 편성하여 관리하도록 규정한 입법례가 있다.

7. 유의사항

- 지방자치단체들도 법률상의 근거 없이 조례를 제정하여 부담금을 징수하는 경우가 있었다.
- 부담금은 주민 · 기업에게 금전적 부담을 주는 중요사항이므로 부과대상, 부과요율, 산정기준 및 방법, 그리고 일몰 조치 등을 조례에 명확히 규정함으로써 신설 · 부과 · 집행과정의 투명성을 확보할 수 있도록 한다.
- 입법 취지 또는 존치의 필요성이 퇴색된 경우에도 정리하지 못하고 존치시키고 있는 경우가 있는지도 살펴본다.

CASE Study 224 부담금 용어, 훼손자부담금

[입법례] OO시 도시숲등의 조성 및 관리 조례

(일부개정) 2023.01.06 조례 제1897호

제22조(원인자부담금) ① 제21조에 따라 시행하는 사업에 소요되는 비용은 원인자가 그 비용을 부담하여야 하며 비용은 시장이 산출한다.

② 제1항에 따른 사업은 시장이 시행하는 것을 원칙으로 하며, 이 경우 원인자로부터 사업 시행에 소요되는 비용을 받아 시행한다.

③ ~ ⑤ (생략)

OO시 도시숲등의 조성 및 관리에 관한 조례

(일부개정) 2022.08.12 조례 제3433호

제21조(훼손자부담금) ① 시장은 도시숲등 조경수 · 가로수와 가로수 관리시설물이 사고 등으로 인위적인 피해를 입었을 경우에는 법 제22조제3항에 따라 훼손자에게 훼손자부담금을 징수하고 징수된 부담금으로 복구할 수 있다.

② ~ ④ (생략)

⑤ 부담금의 납기는 고지일로부터 30일로 하고, 부담금의 징수에 관하여 이 조례에 정하지 아니한 사항은 지방세징수의 예에 따른다.

[검토사항 : 훼손자부담금, 용어]

- 부담금의 유형에는 원인에 따라 수익자부담금, 원인자부담금, 손상자부담금이 있다. 용어 사용에서 수익자부담금과 원인자부담금은 보편적으로 사용되나, 손상자부담금은 손괴자부담금 등 다양하게 표현되고 있는 것으로 보인다.
- 위의 2건 조례는 조례 내용이 유사함에도 첫 번째 조례는 "원인자부담금", 두 번째 조례는 "훼손자부담금"이라는 용어를 사용하였다.
- 훼손자부담금이라는 용어는 「도시숲 등의 조성 및 관리에 관한 법률」 제22조제1항제1호 "도시숲 등과 그 부대시설을 훼손하거나 기능을 저해하는 행위"에서 유래된 것으로 추정된다.
- 법률적 용어로서 훼손자부담금이 보편적으로 통용되는 용어는 아닌 것으로 보이는데, 그 적합성을 확인해 본다.

CASE Study 225 부담금 용어, 손괴자부담금

OO군 상수도 원인자부담금 및 손괴자부담금의 산정 · 징수 등에 관한 조례
(일부개정) 2015.03.06 조례 제2411호
제1조(목적) 이 조례는 「수도법」 제71조 및 같은 법 시행령 제65조에 따라 OO군 수도시설에 대한 원인자부담금 및 손괴자부담금의 산정과 징수에 필요한 사항을 정함을 목적으로 한다.
OO시 도로복구 원인자부담금 및 도로손괴자부담금 징수 조례
(일부개정) 2018.03.09 조례 제1407호
제1조(목적) 이 조례는 「도로법」(이하 "법"이라 한다) 제64조 및 법 제67조와 「농어촌도로 정비법」 제21조, 동법 시행령 제12조 규정에 의한 도로복구 공사의 원인자와 손괴자로부터 부담금(이하 "부담금"이라 한다) 징수에 관하여 필요한 사항을 정함을 목적으로 한다.
OO군 수도 시설에 대한 원인자 부담금 및 손괴자 부담금의 산정 · 징수 등에 관한 조례
(일부개정) 2020.10.12 조례 제2559호
제1조(목적) 이 조례는 「수도법」(이하 "법"이라 한다) 제71조와 같은 법 시행령(이하 "영"이라 한다) 제65조의 규정에 의하여 OO군 수도시설에 대한 원인자부담금 및 손괴자부담금의 산정과 징수에 관하여 필요한 사항을 정함을 목적으로 한다.
OO시 상수도 원인자부담금 및 손괴자부담금 징수조례
(일부개정) 2023.02.27 조례 제3658호
제1조(목적) 이 조례는 「수도법」(이하 '법"이라 한다) 제71조와 동법 시행령(이하 "영"이라 한다) 제65조에 따라 OO시 수도시설에 대한 원인자부담금 및 손괴자부담금의 산정과 징수에 관한 사항을 정함을 목적으로 한다.

[검토사항: 정확한 표현, 손괴자부담금]

- 위의 4건 조례에서 "원인자부담금"과 "손괴자부담금"이라는 용어가 사용되고 있는데, 그 용어의 부합성을 점검해 본다.
- 제1조(목적)에서는 약칭을 해서는 안 된다. 두 번째 조례의 (이하 "법"이라 한다)와 (이하 "부담금"이라 한다), 세 번째 조례의 (이하 "법"이라 한다)와 (이하 "영"이라 한다), 네 번째 조례의 (이하 "법"이라 한다)와 (이하 "부담금"이라 한다)는 삭제한다.
- 위의 두 번째와 네 번째 조례 본문에서 "동법"이라는 말은 용어 순화에 따라 첫 번째와 세 번째 조례 본문처럼 "같은 법"으로 한다,

CASE Study 226 부담금 용어, 손궤자부담금

[입법례] **OO군 도로복구 원인부담금 도로손궤자 부담금 징수 조례** (일부개정) 2014.02.10 조례 제2138호 **제1조(목적)** 이 조례는 「도로법」 (이하 "법"이라 한다) 제64조 및 제67조의 규정에 의한 도로복구 공사의 원인자와 손궤자로부터의 부담금(이하 "부담금"이라 한다) 징수에 관하여 필요한 사항을 정함을 목적으로 한다.
OO시 도로 복구 원인자부담금 및 도로 손궤자부담금 징수 조례 (일부개정) 2012.06.11 조례 제2740호 **제1조(목적)** 이 조례는 「도로법」(이하 "법"이라 한다) 제64조 및 법 제67조에 따라 도로복구 공사의 원인자와 손궤자로부터의 부담금(이하 "부담금"이라 한다) 징수에 관하여 필요한 사항을 정함을 목적으로 한다.
OO시 도로 복구 원인자부담금 및 도로 손궤자부담금 징수 조례 (일부개정) 2012.06.11 조례 제2740호 **제1조(목적)** 이 조례는 「도로법」(이하 "법"이라 한다) 제64조 및 법 제67조에 따라 도로복구 공사의 원인자와 손궤자로부터의 부담금(이하 "부담금"이라 한다) 징수에 관하여 필요한 사항을 정함을 목적으로 한다.
OO군 도로복구 원인자부담금 및 도로 손궤자부담금 징수 조례 (일부개정) 2018.09.27 조례 제2363호 **제1조(목적)** 이 조례는 「도로법」 제91조의 규정에 의한 도로복구 공사의 원인자와 손궤자로부터의 부담금 징수에 관하여 필요한 사항을 정함을 목적으로 한다.
OO군 도로복구 원인부담금 도로손궤자 부담금 징수 조례 (일부개정) 2014.02.10 조례 제2138호 **제1조(목적)** 이 조례는 「도로법」 (이하 "법" 이라 한다) 제64조 및 제67조의 규정에 의한 도로복구 공사의 원인자와 손궤자로부터의 부담금(이하 "부담금" 이라 한다) 징수에 관하여 필요한 사항을 정함을 목적으로 한다.

[검토사항: **손궤자부담금, 정체불명의 용어?**]

- 위의 5건 조례에서 “손궤자부담금”이라는 용어가 사용되고 있다.
- “손궤자”라는 말은 사전에도 나오지 않는 용어로 보이는데, 이 정체불명의 용어에 대해 확인이 필요하다.
- 위의 첫 번째와 다섯 번째 조례 제명 「OO군 도로복구 원인부담금 도로손궤자 부담금 징수 조례」는 그 표현 문맥이 적절하지 않다. “도로복구 원인 or 원인자부담금”?
- 위의 5건 조례 중에서 네 번째 조례를 제외한 4건의 조례는 제1조(목적)에서 약칭을 했다. 목적 조항에서는 약칭을 해서는 안 되므로 약칭 부분은 모두 삭제한다.

12 연체금과 가산금

1. 의의

- 연체금과 가산금은 국가, 지방자치단체 또는 공공단체가 법령에 따라 확보한 금전 채권에 대해 채무자가 납입을 지연하는 경우에 부과·징수하는 금전을 말한다.
- 「지방행정제재·부과금의 징수 등에 관한 법률」 제2조제6호는 "가산금"이란 납부 의무자가 지방행정제재·부과금을 납부기한까지 납부하지 아니할 때에 지방행정 제재·부과금관계법에 따라 지방행정제재·부과금에 가산하여 징수하는 금액과 납부기한이 지난 후 일정기한까지 납부하지 아니할 때에 그 금액에 다시 가산하여 징수하는 금액을 말한다고 규정하고 있다.

2. 연체금과 가산금의 구분

- "가산금"은 채무 이행 지연에 대한 지연이자의 성격보다 금전납부 의무의 이행을 촉구하는 의미에서 징벌적 요소가 가미되어 있는 것으로, 통상 지연 일수와 관계없이 일정 비율의 금액을 부과하면서 그 금액도 채무 지연에 따른 손해배상액보다 다소 높게 정해지는 것이 보통이다.
- "연체금"은 주로 보험·연금과 같은 채무 이행 지연에 따른 손해배상의 성격을 지닌 것으로, 통상 지연 일수와 비례한 금액을 부과하며, 그 금액도 시중 금리 등을 고려하여 적정한 수준에서 결정되는 것이 보통이다.

【 유사 개념과의 비교 】

구분	정의
가산금	• 과징금·부담금 등을 납부 기한까지 납부하지 않을 경우 고지세액에 가산하여 징수하는 금액 • 금전납부 의무 등의 이행을 촉구하는 간접강제 (행정제재적 성격이 강함)
연체금	• 보험료 등 기타 납부의무금을 납부하지 않을 경우 부과하는 지연이자 • 채무 이행 지연에 따른 손해배상
과징금	• 행정상 의무위반으로 얻은 경제적 이익을 박탈하거나 영업정지처분을 갈음하여 행정청이 부과하는 금전적 제재
과태료	• 국가 또는 지방자치단체가 법령에 따른 일정한 위반행위에 대하여 제재로서 부과하는 금전벌

3. 연체금에 관한 일반규정

공법상 금전 납부의무의 이행을 지연하는 경우 그에 상응하는 불이익을 주는 것이 납부기한 내에 납부의무를 이행하는 사람과 비교하여 형평의 원칙에 부합하고, 민사관계에서 금전채무의 이행을 지체하는 경우에는 당연히 지연이자가 발생한다는 점을 고려해 볼 때, 입법론적으로 공법상 금전납부의무를 규정하는 경우에는 연체금이나 가산금 규정을 두는 것이 타당하다.

4. 연체금과 가산금의 규정 방식

(1) 용어의 통일

행정 제재적 성격이 강한 경우에는 '가산금'이라는 용어를 사용하고, 민사적 지연이자의 성격인 경우에는 '연체금'이란 용어를 통일하여 사용하도록 한다.

(2) 부과 근거의 법정화

- 금전 납부의무의 이행을 확보하기 위한 수단으로서 국민의 재산권을 침해할 수 있다는 점에서 개별 법률에 근거를 두어야 한다.
- 가산금이나 연체금은 민법상 지연이자에 대한 특례적 성격이 있기 때문에 법률에서 직접 규정하도록 한다.
- 연체 요율에 관한 사항도 법률에서 직접 규정한다.

(3) 연체금과 가산금의 산정기준

- 연체금은 민법상 지연이자 성격의 것으로서 손해배상액의 법정화라는 의미가 있다. 따라서 연체금의 연체 요율의 경우에는 시중의 통상적인 금리가 그 기준이 될 수 있다. 이 경우 채무자의 채무이행을 유도하기 위해서는 연체 요율을 시중 금리보다는 높게 정하는 것이 보통이며, 연체금은 지연이자의 성격상 지연기간에 비례하여 부과하도록 규정한다.
- 가산금은 채무 지연에 대한 징벌적 성격이 강한 것으로서, 가산금의 가산 요율은 연체금의 연체 요율보다는 다소 높게 정해지는 것이 보통이며, 지연 기간에 관계없이 채무지연 금액의 일정 비율을 부과하도록 규정한다.

(4) 중가산금

- 가산금의 납부고지를 받고도 금전채무를 이행하지 않는 자에 대해 그 이행을 강제하기 위해 필요한 경우에는 중가산금에 관한 규정을 두기도 한다.
- 중가산금은 당초의 가산금에 일정 비율에 의한 가산금을 더하는 방식이다.

(5) 규정방식

- 가산금 · 연체금은 채무자가 납부의무가 있는 금전의 납입을 지연하는 경우에 부과 · 징수되는 것이므로, 가산금 · 연체금의 부과 · 징수에 관한 근거 규정은 금전납부의무에 관한 규정 다음에 위치하여야 하며, 금전 납부의무와 하나의 조에서 함께 규정하거나 별도의 조로 규정할 수 있다.
- 가산금 · 연체금의 부과 · 징수에 관해 별도의 조로 규정하는 경우 그 용어를 조 제목으로 쓰는 것이 일반적이다. (예: 과징금의 부과 등 / 가산금과 연체금의 징수)
- (용어 표현) 행정상의 의무불이행에 대한 제재적 성격이 강한 경우에는 "가산금"으로, 행정주체가 제공하는 서비스에 대한 사용료 등의 체납 시 부과 · 징수하는 것으로서 민사적 지연이자의 성격인 경우에는 "연체금"으로 통일하여 사용한다.
- (가산금 · 연체금의 부과방식) 가산금 · 연체금의 부과방식으로는 ① 체납 기간의 일(日)을 기준으로 부과하는 방식, ② 정액(定額)인 금전채무에 일정 비율로 부과하는 방식, ③ 정액 기준과 체납 기간의 월(月)을 기준으로 함께 부과하는 방식이 있다.

CASE Study 227 가산금

[입법례]

OO시 하수도 사용 조례

(일부개정) 2023.05.23 조례 제2674호

제37조(강제징수 등) ① 시장은 공공하수도 사용료, 점용료, 그 밖의 부담금(이하 "사용료등"이라 한다)을 납부해야 할 자가 납부기한까지 완납하지 않은 때에는 기간을 정하여 납부를 독촉해야 한다. 이 경우 사용료등을 내야 하는 자가 납부기한까지 사용료등을 내지 않으면 그 납부기한의 다음날부터 납부일의 전날까지의 기간에 대한 사용료등의 **100분의 3**에 해당하는 **가산금**을 징수한다.
② 제1항에 따라 독촉을 받은 자가 그 기간까지 사용료등과 가산금을 내지 않으면 「**지방행정제재 · 부과금의 징수 등에 관한 법률**」에 따라 징수한다.

OOOO시 하천점용료 등 징수 조례

(일부개정) 2023.05.22 조례 제8694호

제8조(가산금 및 독촉) 관리청은 점용료등을 납부하여야 할 자가 납부기한 내에 점용료등을 납부하지 아니하는 경우에는 **가산금**을 징수할 수 있다. 이 경우, 가산금의 징수 및 독촉에 관하여는 「지방세징수법」 제30조 부터 제32조를 따른다.

[검토사항: **가산금**]

- "연체금"은 채무 지연에 따른 손해배상의 성격이 있고, "가산금"은 채무 지연에 대한 지연이자의 성격보다 금전 납부의무의 이행을 촉구하는 징벌적 요소를 내포하고 있다.
- 연체금은 지연이자의 성격상 통상 지연일수와 비례한 금액을 부과하며, 가산금은 지연기간에 관계없이 채무지연 금액의 일정 비율의 금액을 부과하도록 규정한다.
- 위의 첫 번째 조례는 "납부기한의 다음날부터 납부일의 전날까지의 기간에 대한 사용료등의 100분의 3에 해당하는 가산금을 징수한다"고 표현하였으나, 지연일수를 내포한 연체금적 성격도 있는 것으로 보여진다.
- 위의 첫 번째 조례 제37조(강제징수 등)의 조 제목은 본문 내용상 제37조(가산금)으로 수정하는 방안을 고려해 본다.

CASE Study 228 연체금, 가산금

[입법례]

OO군 수도급수 조례

(일부개정) 2022.08.10 조례 제2240호

제34조(연체금) 수도사용자 등이 수도 요금을 납부 기한까지 완납하지 않은 때에는 미납액의 100분의 3에 해당하는 연체금을 징수한다. 다만, 연체일이 1개월을 경과하지 아니한 경우 100분의 3을 넘지 않는 범위 내에서 연체금을 일할계산할 수 있다.

OO시 하수도 사용 조례

(일부개정) 2022.08.11 조례 제1721호

제30조(연체금 및 독촉) ① 시장은 공공하수도 사용료, 공공하수도 점용료, 원인자부담금을 납부해야 하는 자가 납부기한까지 완납하지 아니한 경우에는 미납액에 대한 연체금을 다음 요율에 따라 징수한다.

연체금= 미납요금 × 100분의 3 × 연체일수(1개월 이내)/30일

② 공공하수도 사용료 고지 및 독촉에 대해서는「OO시 수도급수 조례 시행규칙」 제13조에 따른다.

③ 공공하수도 점용료 및 원인자부담금이 연체된 경우에 시장은 납부 기한이 경과한 날부터 50일 이내에 10일 이내의 납부 기한을 정하여 독촉장을 발급해야 한다.

OO군 수도급수 조례

(일부개정) 2022.08.10 조례 제2555호

제35조(가산금) 수도사용자 등이 제28조에 따른 요금을 납기일까지 완납하지 아니할 때에는 납기를 경과한 날부터 체납액의 100분 3에 해당하는 가산금을 징수한다. 다만, 군수가 따로 정하는 기관은 예외로 한다.

(가산금=미납요금×3/100×12개월×연체일수/365)

[검토사항: **연체금, 가산금**]

- "연체금"은 채무 지연에 따른 손해배상의 성격이 있고, "가산금"은 채무 지연에 대한 지연이자의 성격보다 금전납부 의무의 이행을 촉구하는 징벌적 요소가 가미되어 있다.
- 연체금은 지연이자의 성격상 통상 지연일수와 비례한 금액을 부과하며, 가산금은 지연기간에 관계없이 채무지연금액의 일정 비율의 금액을 부과하도록 규정한다.
- 위의 세 번째 조례는 가산금보다는 연체금의 성격을 가지지 않는지 확인해 본다.

제 4 장

보칙규정 (본칙 ③)

1. 보칙규정 개관
2. 사용료 · 수수료
3. 청문
4. 권한의 위임 · 위탁

1 보칙규정 개관

1. 의의

- 법령의 총칙규정과 실체규정에 규정하기에는 적합하지 않은 절차적 · 기술적 · 보충적인 사항에 대한 규정을 '보칙 규정'이라 한다.
- 보칙 규정은 법령을 장(章)으로 구분하여 규정하는 경우에 실체규정과 벌칙규정 사이에 "보칙"의 장을 만들어 규정한다.

2. 규정 시 유의사항

- 어떤 사항이 보칙에 규정되려면 실체규정에 대한 "절차적 사항"이나 "보충적 사항"의 성격을 띠어야 한다.
- 그 자체가 정책의 핵심수단 가운데 하나가 되는 경우에는 보칙에 규정하는 것은 부적절하고 실체규정에 두어야 한다.
- 보칙의 순서는 내용의 중요도, 실체규정의 조문 순서 등을 고려하여 순서를 정하도록 한다.
- 다만, 청문, 권한의 위임 · 위탁, 벌칙 적용 시의 공무원 의제 규정은 보칙의 맨 끝에 두되 위의 순서대로 둔다.

3. 일반적인 규정 순서

① 사용료 · 수수료, ② 출입검사와 질문, 보고의무, ③ 청문, ④ 권한의 위임 · 위탁, ⑤ 직무대리, 행정업무의 대행, ⑥ 손실보상 및 손해배상, ⑦ 동일 또는 유사 명칭의 사용 금지, 벌칙 적용 시 공무원 의제 등이다.

※ 벌칙 적용 시의 공무원 의제 규정은 법률의 위임이 없는 한 조례로 신설할 수 없다.[1)]

---

1) 국회 법제실, 「법제 이론과 실제」, 2019, p.545; 법제처, 「법령 입안·심사 기준」, 2018, pp.428~429.

CASE Study 229 보칙 장(章)의 구분 ①

[입법례] **OO광역시 폐기물 관리 등에 관한 조례**

(일부개정) 2022－08－05 조례 제6733호

제9장 보칙

제44조(과태료의 징수) 법 제68조제4항, 「폐기물관리법 시행령」 제37조제1항제6호 및 「자원의 절약과 재활용촉진에 관한 법률 시행령」 제48조제1항에 따른 과태료의 부과ㆍ징수 등의 절차에 관해서는 질서위반행위 규제법령에 따른다.

제45조(권한의 위임ㆍ위탁) ① 시장이 구청장, OOㆍOO경제자유구역청장에게 권한을 위임하는 사무는 별표 6과 같다.

[검토사항: **보칙 장 구분**]

- 조례안은 제명, 총칙규정, 실체규정, 보칙규정, 벌칙규정, 부칙으로 구성된다.
- 위의 조례에서 제44조 "과태료의 징수"는 제9장의 보칙 규정에 포함되는 요소가 아니라 벌칙규정에 포함되는 대상이다.

【 참고: 보칙ㆍ벌칙 장(章)의 구분 】

본칙	포함 요소
보칙규정	① 수수료, ② 출입검사와 질문, ③ 보고의무, ④ 청문ㆍ공청회, ⑤ 권한의 위임ㆍ위탁, ⑥ 직무대리, ⑦ 행정업무 대행, ⑧ 공표, ⑨ 포상금 ⑩ 손실보상, ⑪ 손해배상, ⑫ 동일 또는 유사 명칭 사용금지, ⑬ 벌칙 적용시의 공무원 의제
벌칙규정	① 구성요건, ② 법정형, ③ 과실범, 미수범, 공범, 형의 감면, 친고죄 등, ④ 형법의 적용 제한, ⑤ 양벌규정, ⑥ 행정질서벌 (과태료)

CASE Study 230 보칙 장(章)의 구분 ②

[입법례]

OOOO시 OO구 폐기물관리 조례

(일부개정) 2022.09.07 조례 제1703호

제8조(포상금 등 지급) ① 법 제8조제1항을 위반한 자의 폐기물 무단투기를 신고하여 과태료를 부과한 경우에는 그 신고자에게 시행규칙이 정하는 바에 따라 포상금을 지급할 수 있다.

제36조(신고포상금) ① 제26조제2항을 위반한 자의 종량제 봉투 불법 제작 및 유통·판매 사실을 신고하여 과태료를 부과한 경우 그 신고자에게 시행규칙이 정하는 바에 따라 포상금을 지급할 수 있다.

제6장 보칙

제43조(준용) 이 조례에서 정한 수수료·처리비 등의 징수 및 체납처분에 관하여 규정한 이 외의 사항은 지방세 징수의 예에 따른다.

OO시 폐기물관리 조례

(일부개정) 2022.08.16 조례 제1369호

제19조의2(불법행위 신고 포상금 지급) 폐기물을 불법으로 투기·소각 또는 매립하는 등의 행위를 신고한 사람에 대하여 당해 불법행위의 과태료 부과 금액의 20 퍼센트를 포상금으로 지급할 수 있다. 다만, 포상금 지급방법은 다음 각 호에 의한다.

제19조의3(신고포상금 지급의 제외) 신고된 위반행위가 법령 위반이라고 입증이 되더라도 다음 각 호의 어느 하나에 해당할 경우에는 신고포상금을 지급하지 아니하며, 그 처리결과는 신고자에게 통지한다.

제6장 보칙

제20조(권한의 위임) 이 조례에 따른 시장의 사무 중 다음 각 호에 해당하는 사무는 읍·면·동장에게 위임한다.

[검토사항: **보칙 장 구분**]

- 포상금은 보칙 규정에 포함되는 요소이므로 첫 번째 조례에서 제8조와 제36조, 두 번째 조례에서 제19조의2와 제19조의3은 각각 제6장 보칙 아래 두는 것이 적합하다고 본다.
- 위의 첫 번째 조례 제8조와 제36조에서, 관련 있는 내용은 묶어서 가까운 위치에 두는 것이 원칙인 데, 가능한지 확인해 본다. 폐기물 무단투기 신고와 종량제 봉투 불법 제작 및 유통·판매사실의 신고는 그 성격이 이질적이기는 하다.

CASE Study 231 보칙 및 벌칙

[입법례]

OO시 소비자 보호 조례

(일부개정) 2023.01.02 조례 제1760호

제4장 보칙

제24조(보칙) ① 이 조례에 규정된 이외의 사항은 관련 법령에 따른다.
② 이 조례 시행에 관하여 필요한 사항은 규칙으로 정한다.

OOOO시 도시숲 등의 조성 및 관리에 관한 조례

(일부개정) 2022.12.30 조례 제8530호

제6장 보칙 및 벌칙

제32조(준용) 보칙 및 벌칙에 관하여 이 조례에서 정하지 않은 사항은 법 제20조에서 제28조까지의 규정을 따른다.

도시숲 등의 조성 및 관리에 관한 법률

[법률 제17420호, 2020.6.9., 제정]

제6장 벌칙

제26조(벌칙) ① 도시숲 등과 그 산물을 절취한 자는 5년 이하의 징역 또는 5천만원 이하의 벌금에 처한다.
② 다음 각 호의 어느 하나에 해당하는 자는 3년 이하의 징역 또는 3천만원 이하의 벌금에 처한다.
1. 제12조제2항에 따른 승인을 받지 아니하고 가로수의 심고 가꾸기 · 옮겨심기 · 제거 또는 가지치기 등을 한 자
2. 정당한 사유 없이 도시숲 등과 그 부대시설을 훼손한 자
3. 도시숲 등에 무단으로 장애물 또는 공작물(工作物)을 설치 · 방치하거나 점유한 자

③ 상습적으로 제1항 및 제2항 각 호의 죄를 범한 자는 각 죄에 정한 형의 2분의 1까지 가중한다.

[검토사항: **보칙**]

- 위의 첫 번째 조례는 장(제4장)과 조(제24조)의 제목이 모두 “보칙”이다. 그런데 제24조제1항의 본문 내용은 “준용”, 같은 조 제2항은 “시행규칙”에 관한 내용이다. 따라서 그 규율 내용이 서로 다르므로 별도의 두 개의 조 제목으로 분리하는 방안을 고려해 본다.
- 첫 번째 조례 제24조제1항에서 “관련 법령에 따른다”고 하는 포괄적 준용은 준용되는 규정이 명확하지 않아 적절하지 않다.

- 하나의 조문은 하나의 주제로 작성되는 것이 원칙이다. 조(條)보다 더 큰 단위인 장(章)을 병기하는 것은 바람직하지 않다. 두 번째 조례의 제6장 이름이 (보칙 및 벌칙)이다. 장(章)을 적절히 분리하는 방안을 고려해 본다
- 두 번째 조례는 벌칙에 관하여 「도시숲 등의 조성 및 관리에 관한 법률」 제26조의 규정을 따르도록 하였다. 그런데 조례 위반행위에 대해 현행법은 1,000만원 이하의 과태료를 정할 수 있을 뿐 형사처벌을 둘 수 없도록 하고 있다. 죄형법정주의 원칙상 법률의 위임이 필요하다고 본다.

2 사용료 · 수수료

1. 의의

- “수수료”란 주민이 행정기관의 서비스를 받거나 공공시설을 이용할 때에 부담하는 경비를 말한다. 이 중 행정의 서비스 제공에 대한 반대급부를 좁은 의미의 “수수료”(인감 증명서 등의 발급 수수료)라 하며, 시설의 이용에 대한 반대급부를 “사용료”(시민회관 사용료 등)라 한다. 넓은 의미의 수수료 개념에는 사용료가 포함된다.
- 수수료의 부과는 지방자치단체의 행위를 그 기준으로 하는데, 사용료의 부과는 공공시설의 상태를 그 기준으로 한다.

2. 「지방자치법」의 규정

「지방자치법」 제153조(사용료), 제154조(수수료) 및 제156조(사용료의 징수 조례 등)제1항에 따르면, 지방자치단체는 공공시설의 이용 또는 재산의 사용에 대하여 사용료를 징수할 수 있고, 지방자치단체의 사무가 특정인을 위한 것인 경우에는 수수료를 징수할 수 있으며, 사용료 · 수수료의 징수에 관한 사항은 조례로 정하도록 하고 있다.

3. 사용료 · 수수료의 부과 · 징수

(1) 법률 유보의 원칙

사용료와 수수료는 주민에게 금전납부 의무를 부과하는 것이므로 서비스 이용이 강제되는 경우 법률에 근거가 있어야 한다.

(2) 부과 · 징수의 범위

- 공공시설 이용에는 주민이 공공시설로부터 받는 서비스도 포함되므로 사용료에는 공원 입장료, 화장장 사용료, 공설운동장 사용료 등과 공립학교 수업료, 공공병원 진료비, 지하철도의 운임, 수도 요금도 사용료의 범주에 포함된다.
- 해당 지방자치단체가 위임받아서 수행하는 사무도 조례로 수수료를 정할 수 있다.

(3) 징수대상자

- 「지방자치법」 제153조 및 제154조는 사용료 및 수수료의 부과대상자를 ‘공공시설을 이용하거나 재산을 사용한 자’ 또는 ‘지방자치단체의 사무의 혜택을 받는 자’에게 사용료 및 수수료를 징수할 수 있다고 규정하고 있다.
- 조례 입안 시 징수대상자를 명확하게 규정한다.[2)]

(4) 사용료 · 수수료의 감면

- 사용료 · 수수료의 감액 또는 면제는 사용료 · 수수료의 납부에 대한 예외이므로 조례에서 직접 규정해야 하며, 감면요건도 해석상 논란이 없도록 명확하게 규정해야 하고, 이용자 간 형평에 반하지 않도록 해야 한다.
- 주민은 지방자치단체로부터 균등하게 행정 혜택을 받을 권리를 가지고, 「지방자치법」 제157조제1항에서도 사용료 · 수수료 또는 분담금은 공평한 방법으로 부과하거나 징수하도록 규정하고 있다.
- 전자민원 처리는 방문민원과 구별하여 수수료를 면제하거나, 무인 민원발급기를 이용하여 민원 처리가 가능한 경우 수수료를 감면하는 경우가 있다.

(5) 법령 우위의 원칙

- 「지방자치법」에서 사용료 · 수수료에 관한 일반적인 근거를 두더라도 「하천법」 등 개별 법령에서 사용료 · 수수료에 관한 기준 · 절차 등을 규정하고 있는 경우 해당 법령에 따라 조례를 제정하거나 사용료 · 수수료를 부과 · 징수해야 하며, 이에 위배되는 조례를 제정할 수 없으므로 조례 제정 때 신설하려는 사용료 · 수수료에 관한 개별 법령이 있는지를 먼저 확인해야 한다.
- 개별 법령에서 사용료 · 수수료의 부과대상자를 열거하고 있는 경우 개별 법령에서 규정된 자만을 부과대상자로 하겠다는 의도의 규정으로 해석될 여지가 크므로, 이에 대해 개별적으로 조례로 위임하는 조항이 없는 한 사용료 · 수수료에 관한 사항을 조례로 위임하는 일반적인 조항만으로는 부과대상자를 추가할 수 없고 그 기준 · 절차에 위배되는 조례를 제정할 수 없다.

(6) 입법방식

「지방자치법」 제156조는 사용료 · 수수료의 징수에 관한 사항은 지방자치단체의 조례로 정하도록 하고 있으므로 사용료 및 수수료를 신실하려는 때에는 "조례"에 근거를 두어야 하고, 규칙 · 훈령으로 사용료 · 수수료를 신설할 수 없다.

(7) 사용료 · 수수료의 금액 및 중복 부과

- 사용료 · 수수료의 금액은 제공되는 서비스나 공공시설의 사용 정도 등에 비춰 적정하게 규정해야 하고, 부과대상자나 금액 또는 그 감면에 관한 기준 등을 정할 때에는 형평에 반하거나 자의적인 차별이 되지 않도록 한다.
- 사용료 · 수수료의 금액이 반드시 사무 수행에 소요되는 경비의 전액이어야 하는 것은 아니다.
- 사용료 · 수수료의 부과대상자를 정할 때에는 다른 법령이나 다른 조례에서 사

2) 홍정선, 「행정법 원론(하)」, 박영사, 2022, p.120.; 법제처, 「2022년 자치법규 입안 길라잡이」, 2022, pp.186~180.

용료나 수수료를 부과하고 있는지를 살펴 사용료나 수수료가 중복 부과되거나 과도하게 부과되지 않도록 해야 한다.

(8) 부과 · 징수절차

- 사용료 · 수수료의 부과 · 징수에 대해 이의가 있는 자는 그 처분을 통지받은 날부터 90일 이내에 그 지방자치단체의 장에게 이의 신청할 수 있다.
- 사용료 · 수수료를 내야 할 자가 납부기한까지 내지 않으면 지방세 체납처분의 예에 따라 징수할 수 있다.
- 부득이한 경우를 제외하고는 주민 편의 제고를 위해 전자납부 등의 근거를 마련한다.

(9) 사용료 · 수수료의 변경에 따른 적용례 등

사용료 또는 수수료를 개정하려는 경우에는 개정되는 조례의 적용범위가 문제되므로 개정되는 조례에 따라 사용료 또는 수수료를 납부해야 하는 자의 범위를 명확히 하기 위해 “부칙”에 적용례 또는 경과조치를 두어야 한다.

(10) 과태료의 부과 · 징수

「지방자치법」 제156조제2항은 사기나 그 밖의 부정한 방법으로 사용료 · 수수료의 징수를 면한 자에 대하여는 그 징수를 면한 금액의 5배 이내의 과태료(공공시설을 부정 사용한 자에 대하여는 50만원 이하의 과태료)를 부과하는 규정을 조례로 정할 수 있고, 과태료의 부과 · 징수, 재판 및 집행 등의 절차에 관한 사항은 「질서위반행위규제법」에 따르도록 한다.

4. 규정 방식

(1) 입법방식의 선택: 개별 조례 또는 일반조례

- 지방자치단체는 「○○시 수수료 징수 조례」와 같은 일반조례를 제정하여 수수료의 징수근거, 금액, 그 밖에 공통적으로 적용할 수 있는 납부방법, 징수시기, 감면대상 등을 규정할 수 있다.
- 일반조례와 달리 정할 필요가 있거나 개별 법령에 근거를 둔 수수료는 개별 조례로 수수료 징수에 관한 사항을 규정한다.

(2) 조 제목 규정

- 개별 조례에서 사용료 · 수수료의 근거 규정을 두는 경우에 조문의 제목은 이용료, 시설사용료, 수수료, 등록수수료 등 다양하게 규정하고 있으나 ‘사용료’ 또는 ‘수수료’로 통일한다.
- 다만, 공공시설의 사용료를 정하는 경우에 「공유재산 및 물품관리법」에 따른 특

별사용에 대한 사용료 규정과 구분하기 위해 '이용료'로 규정하여 일반적인 이용에 대한 사용료임을 나타내는 것도 가능하다.

【 공공시설의 설치 · 관리 규정 방식 】

「ㅁㅁ시 ○○ 설치 및 운영 조례」

조문 구성은 목적, 설치, 이용대상, 이용시간, 이용 신청, 이용료, 이용료 감면 등으로 구성한다.

(3) 징수주체와 납부주체

- 공공시설을 운영 · 관리하거나 사무를 제공하는 행정기관이 사용료 · 수수료를 징수할 수 있다고 규정하는 조례가 많으나, 공공시설을 이용하거나 사무를 제공받는 주민 등을 "주어"로 하는 것이 적절하다.
- (예시) 제8조(사용료) ① 경기장을 사용하려는 자는 별표의 사용료를 납부하여야 한다.

(4) 수수료 금액의 입법방식

① 일반론

- 조례에서 사용료 · 수수료를 규정하는 방법은 ① 확정 금액으로 규정하는 방법, ② 최고액을 정하고 구체적인 금액은 규칙으로 위임하는 방법, ③ 최고액과 최저액을 정하고 구체적인 금액은 규칙으로 위임하는 방법, ④ 사용료 · 수수료의 징수에 관한 근거만을 두고 구체적인 금액은 규칙에 위임하는 방법이 있다.
- 「지방자치법」 제156조는 사용료 · 수수료의 징수에 대해 행정기관이 직접 조례로 정하도록 하고 있으므로, 부과금액 및 시기와 같이 그 징수와 관계된 사항은 조례에서 직접 규정한다.
- 조례에서 사용료 · 수수료 금액이나 징수에 대해 규칙에 백지 위임하는 것은 포괄위임금지원칙에 위배될 수 있으므로, 사용료 · 수수료의 상한과 하한 또는 부과기준 등과 같은 사용료 · 수수료 부과에 관한 기본적인 사항은 조례에 규정한 후에 세부사항은 지방자치단체의 규칙으로 정할 수 있도록 위임한다.

② 전국적 통일이 필요한 수수료의 입법방식

「지방자치법」 제156조제1항 단서는 지방자치단체가 징수하는 위임사무와 자치사무의 수수료 중 전국적으로 통일할 필요가 있는 수수료에 관한 사항은 다른 법령의 규정에도 불구하고 대통령령으로 정하는 표준금액으로 징수하되, 지방자치단체가 다른 금액으로 징수하려는 경우에는 표준금액의 50퍼센트 범위에서 조례로 가감 조정하여 징수할 수 있도록 규정하고 있다.

(5) 업무 위탁 입법방식

- 「공유재산 및 물품관리법」은 행정재산을 관리위탁한 경우에 수탁자가 지방자치단체의 장의 승인을 받아 이용료를 징수하여 이를 관리에 드는 경비에 충당할 수 있는 근거를 두고 있으므로, 공공시설 관련 조례에서 시설관리업무의 수탁자가 시설이용료를 직접 징수하도록 하는 규정을 둘 수 있다.
- 행정재산인 공공시설을 관리 위탁하는 경우 그 공공시설의 관리위탁을 받은 자가 공공시설을 이용하는 자로부터 받는 이용료는 조례로 정해야 한다. 법령에서 수탁기관에 수수료를 직접 내도록 하는 규정을 두는 경우도 있다.

(6) 사용료 · 수수료 감면에 관한 입법방식

- 수수료에 관한 사항은 「지방자치법」 제156조제1항 본문에서 조례에 위임하고 있는바 수수료 감면에 관한 사항도 조례로 규정할 수 있다.
- 지방자치단체의 수수료 징수 조례에서 해당 지방자치단체에서 부과하는 모든 수수료를 일률적으로 면제하도록 규정하는 경우가 있으나, 이런 규정을 두는 것은 유의해야 한다.
- 왜냐하면 해당 수수료가 「지방자치법」 제156조제1항 단서에 따른 전국적 통일이 필요한 수수료의 징수기준에 관한 규정」에서 그 금액을 정하고 있는 수수료라면 표준금액의 50퍼센트 범위에서 조례로 가감 조정하여 징수할 수 있으므로, 이를 조례로 면제시키는 것은 상위법령에 위배될 수 있다.
- 법령 등에서 정한 제증명 수수료를 조례에서 일괄적으로 감면할 수는 없고, 위임사무의 경우 상위법령에서 수수료에 관한 규정이 있는 경우에는 상위법령에 따르고, 「지방자치법 제156조제1항 단서에 따른 전국적 통일이 필요한 수수료의 징수기준에 관한 규정」에 해당하여 표준금액이 있는 경우에는 「지방자치법」 제156조제1항에 따라 감경, 면제 여부를 판단해야 한다.

(7) 사용료 · 수수료 반환에 관한 입법방식

- 공공시설을 예약하여 이용하는 경우나 시험 응시수수료 같은 경우 그 사용료 · 수수료를 납부한 후 상당한 시간이 경과한 후에 시설을 이용하거나 서비스를 제공받기 때문에 그동안 사정이 변경되는 경우가 있다.
- 이처럼 사용료 · 수수료 납부와 그 목적이 된 시설 이용, 서비스 시행 사이에 상당한 시간적 간격이 있는 경우, 사전에 그 이용을 포기하면 수수료의 전부 또는 일부를 반환받을 수 있는 규정을 두는 것이 바람직하다.

(8) 사용료 표현방식

- 제○조(사용료) ○○시설의 사용료 산정기준은 별표와 같다.
- 제○조(사용료) ○○시설의 사용료는 시간당 00원을 초과하지 않는 범위에서 규칙으로 정한다.

(9) 수수료의 귀속

국가 또는 다른 지방자치단체의 위임사무에 대한 수수료는 다른 법령에 특별한 규정이 없으면 해당 지방자치단체의 수입으로 하도록 규정하고 있으므로(「지방자치법」 제137조제3항), 지방자치단체에 위임되는 단체위임사무나 기관위임사무에 대한 수수료를 국가 등 원래의 권한자에게 귀속시키려면 명문의 규정을 두어야 한다.[3)]

3) 김철용, 「특별행정법」, 박영사, 2022, p.137.; 임승빈, 「지방자치론」, 법문사, 2021, pp.443~445; 법제처, 「2022년 자치법규 입안 길라잡이」, 2022, pp.186~202; 국회 법제실, 「법제 이론과 실제」, 2019, pp.595~602.

CASE Study 232 조례 제명, 사용료

[입법례] **OO시 소하천 점용료 및 사용료 징수 조례**

(일부개정) 2020.09.24 조례 제1328호

제1조(목적) 이 조례는 「소하천 정비법」(이하 "법"이라 한다) 제22조의 규정에 의하여 유수 및 토지의 **점용료**, 토석 · 모래 · 자갈 등 소하천 산물의 채취료등(이하 "점용료 등"이라 한다)의 부과 · 징수에 필요한 사항을 규정함을 목적으로 한다.

OO시 소하천 점용료 및 사용료 징수 조례

(일부개정) 2019.09.16 조례 제1897호

제1조(목적) 이 조례는 소하천정비법 제22조(이하 "법"이라 한다)의 규정에 의하여 유수 및 토지의 **사용료**, 토석, 모래, 자갈 등 산출물의 채취료(이하 "점용료"등 이라 한다), 변상금, 허가 수수료 등의 부과, 징수에 관하여 필요한 사항을 규정함을 목적으로 한다.

OO군 소하천 점용료 및 사용료 징수 조례

(일부개정) 2022.04.18 조례 제2711호

제1조(목적) 이 조례는 「소하천 정비법」(이하 "법"이라 한다) 제22조에 따라 유수 및 토지 **점용료**, 토석, 모래, 자갈 등 소하천 산출물의 채취료 그 밖의 소하천 **사용료**(이하 "점용료등" 이라 한다)의 부과 · 징수에 필요한 사항을 규정함을 목적으로 한다.

OO군 소하천 점용료 및 사용료 징수조례

(제정) 2008.12.31 조례 제1780호

제1조(목적) 이 조례는 「소하천 정비법」 제22조의 규정에 의하여 소하천의 유수 및 토지의 **점용료**, 토석 · 모래 · 자갈 등 소하천 산출물의 채취료 및 기타 소하천의 점용료 및 **사용료**(이하 "**점용료등**"이라 한다)의 부과 · 징수에 관하여 필요한 사항을 규정함을 목적으로 한다.

[검토사항: **조례 제명 "사용료"**]

- 사전적 의미로 "점용료"는 어떤 것을 차지하여 쓰는 대가로 내는 돈을 말하고, '사용료"는 사용한 값으로 내는 요금을 말한다.
- 점용료의 뜻에는 사용료가 포함되어 있다고 보고, 조례 제명 수정을 고려해 본다.
- 「○○군 소하천 점용료 및 사용료 징수 조례」는 「○○군 소하천 점용료등 징수 조례」로 수정하는 것이다. (법제처, 「알기 쉬운 법령 정비기준」, 2019, p.43.)
- 특히, 위의 첫 번째 조례는 조례 제명을 제외하고는 본문 어디에도 명시적인 "사용료"에 대한 언급이 없는데도 조례 제명에 "사용료"가 쓰였다.

CASE Study 233 점용료등 약칭

[입법례] **OOOO시 하천점용료 등 징수 조례**

(일부개정) 2023.05.22 조례 제8694호

제1조(목적) 이 조례는 「하천법」에 따라 OOOO시장이 관리하는 하천에 대한 점용료·하천수사용료·변상금의 부과·징수와 하천점용허가 신청에 대한 수수료의 징수방법 및 「하천법」 위반자에 대한 과태료의 부과·징수에 필요한 사항을 규정함을 목적으로 한다.

제2조(점용료등의 금액) ① 「하천법시행령」(이하 "영"이라 한다) 제42조제1항 및 제57조제1항에 따른 점용료 및 하천수사용료(이하 "사용료"라 한다)는 별표1에서 정하는 기준에 따라 산정된 금액으로 한다.

제3조(점용료등의 부과·징수) ① (생략)

② 제1항에도 불구하고 점용 또는 사용기간이 1년 이상인 경우라도 이를 회계연도별로 구분하여 징수함이 타당하지 않다고 하천관리청(OOOO시장 또는 「OOOO시 사무위임 조례」에 따라 OOOO시장으로부터 점용료 등의 징수권한을 위임받은 OOOO본부장 또는 구청장을 말한다. 이하 같다)이 판단하는 경우에는 해당 점용 또는 사용허가를 하는 때에 점용 또는 사용료의 전액을 부과·징수할 수 있다.

③ 변상금은 회계연도별로 부과·징수하되, 그 무단 점용 또는 사용을 안 날부터 1개월 이내에 부과한다.

④ 제1항부터 제3항까지의 규정에 따른 점용료·사용료·변상금(이하 "**점용료등**"이라 한다)은 하천관리청이 부과·징수하되, 하천관리청은 징수한 점용료등을 지체 없이 OOOO시금고에 납입하여야 한다.

제5조(점용료등의 분할납부) ①~② (생략)

제6조(점용료등의 조정) (생략)

제7조(점용료등의 감면) ①~② (생략)

제10조(점용료등의 반환) (생략)

[검토사항: **약칭**]

- 조례 제명은 적절한 것으로 본다. 점용료의 뜻에 사용료가 포함되어 있다고 본다.
- '약칭'은 조례에서 반복하여 사용되는 문구나 단어군을 맨 처음 나오는 조항에서 그 문구나 단어군을 대표하는 문구나 단어로 줄여 간단하게 표시하는 방법이다.
- 위의 조례에서는 "점용료등"의 약칭이 제3조제4항에서 처음 표시하였는데, 이미 그 이전에 제2조 조 제목(점용료등의 금액)에서 사용되고 있어 조문 체계가 자연스럽지 못하다.
- "A, B, C ~"를 약칭할 때 "A"로 약칭하는 것은 피하고, "A, B, C ~" 등의 공통요소를 모아 새로운 용어로 약칭한다. 부득이하면 "A등"으로 약칭하고 "등"은 붙여 쓴다.

CASE Study 234 목적조항 누락

> **OO군 시장사용료 징수 조례**
>
> (일부개정) 2015.12.09 조례 제1195호
>
> **제1조(사용료 구분)** ① 시장을 사용하고자 하는 자는 별표의 구분에 의하여 사용료를 납부하여야 한다.
> ② 전항의 규정에 의한 시장 사용 연면적에 대하여 1평방미터 미만은 이를 1평방미터로 계산한다.

[검토사항: **제1조 목적조항 누락**]

- 모든 조례는 그 제정 목적이 있다. 위의 조례는 제1조 목적조항이 없다. 목적 조항을 보완한다.

CASE Study 235 본문 내용에 부합되지 않는 조 제목

> **OO시 시장 사용료 징수 조례**
>
> (일부개정) 2015.06.26 조례 제992호
>
> **제2조(사용료 구분)** ① OO시 공설시장(이하 "시장"이라 한다)을 사용하고자 하는 자는 별표 1에 따라 시장사용료(이하 "사용료"라 한다)를 납부하여야 한다.
> ② 제1항의 따라 사용면적이 1제곱미터 미만의 면적이 있는 때에는 이를 1제곱미터로 계산한다.

[검토사항: **사용료 납부 주체**]

- 위의 조례 제2조제1항의 본문 내용은 사용료 납부 주체에 관한 내용으로 조 제목(사용료 구분)과 관련성이 적은 것으로 보인다. 조 제목과 본문 내용의 부합을 점검해 본다.

CASE Study 236 납부 · 징수 주체

OO광역시 OO도서관 조례

(일부개정) 2023-04-21 조례 제6003호

제8조(사용료) ① 도서관 시설을 사용하려는 자는 별표 1의 사용료를 납부하여야 한다.
② 사용료 반환기준은 별표 2와 같다.

제9조(사용료 감면) 관장은 다음 각 호의 어느 하나에 해당하는 경우에는 사용료를 감면할 수 있다. 이 경우 제1호는 면제하고 제2호 및 제3호는 100분의 50을 감경한다.
1. 국가 또는 지방자치단체가 직접 주관하는 공연 · 행사
2. 국가 또는 지방자치단체가 후원하는 문화예술단체의 비영리 목적의 공연 · 행사
3. 광역시 단위 이상의 문화예술단체가 주관하는 비영리 목적의 문화예술 공연 · 행사

OO광역시 인재개발원 시설사용료 징수 조례

(일부개정) 2023-04-21 조례 제6023호

제7조(사용료의 징수) ① 원장은 제4조에 따라 사용허가를 한 때에는 시설사용료를 사전에 징수하여야 한다.
② 시설사용료는 별표1과 같이 하고, 냉 · 난방사용료는 별표2와 같이 한다.

제8조(사용료의 감면) 원장은 다음 각 호의 어느 하나에 해당하는 때에는 사용료의 전부 또는 일부를 감면할 수 있다.<개정 2023.4.21.>
1.~4. (생략)

[검토사항: **납부 · 징수 주체**]

- 공공시설을 운영·관리하거나 사무를 제공하는 행정기관이 사용료를 징수할 수 있다고 규정하는 조례가 많다.
- 공공시설을 이용하는 주민 등을 "주어"로 규정하는 것이 적절하다.
- (예시) 제O조(사용료) ① 경기장을 사용하려는 자는 별표의 사용료를 납부하여야 한다.
- 위의 첫 번째 조례는 주어가 납부자이고, 두 번째 조례는 주어(원장)가 징수권자이다. 이를 납부자가 주어인 조문으로 수정하는 방안을 고려해 본다.

CASE Study 237 체납 징수의 준용 기준

OO시 상수도 급수 조례
(일부개정) 2023.04.10 조례 제1682호
제52조(국세 징수예의 준용) 이 조례에 따른 요금, 가산금, 수수료, 과태료 그 밖에 일체의 징수금의 징수 및 결손처분에 있어 이 조례에 정한 것 이외에는 **국세 징수의 예**에 따른다.
OO시 하수도 사용 조례
(일부개정) 2023.04.10 조례 제1684호
제29조(지방세징수법의 준용) 공공하수도 사용료, 공공하수도 점용료, 분뇨수집 · 운반 수수료, 원인자 부담금 징수는 **「지방세징수법」을 따른다.**

[검토사항: **징수**]

- 위의 2건 조례는 같은 지방자치단체 내의 조례이다. 그런데 각자 준용 기준이 다르다.
- 위의 첫 번째 조례는 "국세 징수의 예"에 따르고, 두 번째 조례는 "「지방세징수법」을 준용"한다.
- 위의 첫 번째 조례의 준용 기준인 "국세 징수의 예"에 대해 그 논거를 확인해 본다.
- 두 번째 조례에서 「지방세징수법」과 「지방세외수입금의 징수 등에 관한 법률」에 대해 그 적용범위를 점검해 본다.

지방세외수입금의 징수 등에 관한 법률

[법률 제16885호, 2020.1.29., 일부개정]

제2조(정의) 이 법에서 사용하는 용어의 뜻은 다음과 같다.

1. "**지방세외수입금**"이란 지방자치단체의 장 및 그 소속 행정기관의 장이 행정목적을 달성하기 위하여 법률에 따라 부과 · 징수(국가기관의 장으로부터 위임 · 위탁받아 부과 · 징수하는 경우를 포함한다)하여 지방자치단체의 수입으로 하는 조세 외의 금전으로서 다음 각 목의 어느 하나에 해당되는 것을 말한다.
   가. 다른 법률에서 이 법에 따라 징수하기로 한 **과징금**, 이행강제금 및 **부담금**
   나. 그 밖의 조세 외의 금전으로서 다른 법률에서 이 법에 따라 징수하기로 한 금전

제3조(적용범위) 이 법은 지방세외수입관계법에서 납부의무자가 지방세외수입금을 **납부기한까지 납부하지 아니한 경우**에 이 법에 따라 징수하도록 한 지방세외수입금에 대하여 적용한다.

3 청문

1. 의의

- "청문"이란 행정청이 어떠한 처분을 하기 전에 당사자 등의 의견을 직접 듣고 증거를 조사하는 절차를 말한다. (「행정절차법」 제2조제5호)
- 청문절차는 주민의 권익을 보장하기 위해 행정청이 처분하려 할 때에 처분의 원인이 되는 사실 등을 당사자에게 사전에 통지하여 청문 주재자의 주재 하에 당사자의 구술에 의한 주장을 청취하고, 행정청과 당사자 간 또는 당사자 상호 간에 반증을 허용하며 증거조사를 함으로써 사실 규명과 법령의 해석·적용을 명확히 하려는 절차이다.

2. 청문 규정을 두는 기준

- 「행정절차법」은 행정절차에 관한 일반법으로서 다른 법률에 행정절차에 관하여 특별한 규정이 없으면 「행정절차법」에 따르도록 하고 있다.(「행정절차법」 제3조제1항)
- 「행정절차법」 제22조제1항에서는 청문은 ① 개별 법령, 조례 또는 규칙에 근거가 있거나 ② 행정청이 필요하다고 인정하는 경우, ③ 인허가 등의 취소에 관한 처분, 신분·자격의 박탈에 관한 처분, 법인·조합 등의 설립 허가의 취소에 관한 처분을 하는 경우에 실시하도록 하고 있기 때문에 개별 법령, 조례에 청문을 거치도록 하는 규정이 없다면 행정청은 청문을 거치지 않고 행정처분을 할 수 있다.
- 따라서 행정처분을 하기 전에 청문의 기회를 보장하는 것이 필요한 경우 법령에 청문에 관한 규정이 없다면 조례 또는 규칙에 청문에 관한 규정을 두는 것이 바람직하다.
- 청문은 「행정절차법」 상의 청문의 실시방법·절차 등의 규정에 따라 실시하여야 하고, 법령의 위임이 없는 경우에는 조례·규칙으로 이와 다른 규정을 둘 수 없으므로 이에 관한 규정을 두지 아니한다.
- 한편, 행정청이 당사자에게 의무를 과하거나 권익을 제한하는 처분을 하는 경우에는 조례·규칙에 규정이 없더라도 「행정절차법」 제22조제3항에 따라 당사자 등에게 의견제출의 기회를 주어야 하므로, 의견 제출에 대해서는 조례·규칙에 별도의 규정을 둘 필요가 없다.

3. 규정방식

- 조례에서 규정하고 있는 특정 행정처분에 대해서만 청문 규정을 두려는 경우에는 해당 행정처분에 관한 절차를 규정하는 조문에서 한 항으로 청문을 규정하는 것이 이해의 편의를 위하여 더 나을 수 있다.
- 이런 특별한 경우가 아니라면 청문 규정을 "보칙" 장(章)에 규정하는 것이 통일성을 기하고 검색의 편의를 제고하기 위하여 바람직하다. 특히, 행정처분의 근거 규정이 둘 이상의 조문으로 되어 있으면 보칙의 장에서 "일괄"하여 청문 규정을 두는 것이 입법경제상으로도 바람직하다.

4. 청문 규정을 두어야 하는 경우

- 인가 · 허가 · 면허 · 등록 · 지정 등의 취소 및 철회, 해산 명령, 철거 · 폐쇄 명령, 제조 · 판매금지, 자격의 박탈 등과 같이 행정청이 부여한 권리 · 권한 자체를 박탈하는 경우에는 청문 규정을 두는 것을 원칙으로 한다.
- 최근에는 영업정지나 자격정지의 경우에도 그 기간이 장기간이어서 중대한 영업제한이 되는 경우에는 처분 상대방의 권익 보호를 위해서 청문절차를 거치도록 하는 입법례가 증가하고 있다.

5. 행정처분의 위임 시 청문 권한의 위임

인허가 취소, 철거 · 폐쇄 명령 등 행정처분 권한을 하급행정기관이나 지방자치단체의 장 등에게 위임하는 경우, 해당 행정처분을 하기에 앞서 하는 청문도 행정처분 권한을 위임 받은 기관이 하는 것이 타당하므로 "권한 위임" 관련 조항에 청문에 관한 권한 위임도 규정한다.[4)]

4) 국회 법제실, 「법제 이론과 실제」, 2019, pp.488~494; 법제처, 「법령 입안·심사 기준」, 2018, pp.281~303.

CASE Study 238 청문

[입법례]

OO광역시 O구 전통시장 및 상점가 육성 등에 관한 조례

(일부개정) 2022.08.12 조례 제1899호

제15조(청문) 구청장은 다음 각 호의 어느 하나에 해당하는 처분을 하려면 청문을 하여야 한다.
1. 제2조의2에 따른 시장의 인정 취소
2. 제3조의2에 따른 시장관리자의 지정 취소
3. 제9조의2에 따른 상인회의 등록 취소

OO시 문화예술회관 관리 및 운영 조례

(일부개정) 2022.08.19 조례 제1420호

제23조(청문) 시장은 제20조제1항에 따라 위탁계약을 취소하고자 하는 경우에는 청문을 실시하여야 한다.

OO군 공동브랜드 사용에 관한 조례

(일부개정) 2023.01.09 조례 제2492호

제21조(청문) 군수는 제17조에 따른 처분을 하고자 할 때에는 「행정절차법」 제22조에 따른 해당 처분의 당사자에게 의견을 진술할 기회를 주어야 한다.

OOO도 우수농산물 표시제의 운영에 관한 조례

(일부개정) 2022-12-26 조례 제4759호

제16조(청문) 도지사는 제14조제1항 및 제15조제1항에 의한 처분을 하고자 할 때에는 미리 당해 처분의 상대방에게 의견을 진술할 기회를 주어야 한다.

OOOOOO도 폐기물 관리 조례

(일부개정) 2022-11-23 조례 제3239호

제35조(청문) 도지사는 제28조제4항에 따라 지정판매인의 지정을 취소하려고 하는 경우에는 「행정절차법」에 따른 청문을 실시하여야 한다.

[검토사항: **청문**]

- 행정청은 인허가 등의 취소에 관한 처분, 신분·자격의 박탈에 관한 처분, 법인이나 조합 등의 설립 허가의 취소에 관한 처분 등을 할 때는 해당 처분의 당사자에게 청문의 기회를 주도록 해야 한다.
- 위의 5건의 조례들은 청문의 취지를 살린 적절한 입법례로 보인다.

CASE Study 239 청문 대상

[입법례]

OO시 청문실시에 관한 조례

(제정) 2013.10.08 조례 제1948호

제3조(청문대상) ① 「행정절차법」 제22조제1항제2호에 따른 "청문이 필요하다고 인정하는 경우"는 다음 각 호의 어느 하나에 해당하는 처분으로 한다.
1. 인·허가 등의 취소, 신분·자격의 박탈, 법인이나 조합 등의 설립 허가의 취소
2. 의견제출 사건 또는 거부처분 중 OO시장(이하 "시장"이라 한다)이 규칙으로 정한 처분
3. 그 밖에 청문대상자의 권익을 심히 침해하거나 이해관계에 중대한 영향을 미치는 처분

② 시장은 제1항에도 불구하고 행정처분을 받을 자가 청문실시를 요구하는 경우에는 특별한 사정이 없는 한 청문을 실시할 수 있다.

OO시 청문실시에 관한 조례

(일부개정) 2022.05.16 조례 제3775호

제3조(청문대상) ① 「행정절차법」 제22조제1항제2호에 따른 "청문이 필요하다고 인정하는 경우"는 다음 각 호의 어느 하나에 해당하는 처분으로 한다.
1. 인가·허가 등의 취소, 신분·자격의 박탈, 법인이나 조합 등의 설립 허가의 취소
2. 그 밖에 청문 대상자의 권익을 심히 침해하거나 이해관계에 중대한 영향을 미치는 처분

② 시장은 제1항에도 불구하고 행정처분을 받을 자가 청문 실시를 요구하는 경우에는 특별한 사정이 없는 한 청문을 실시할 수 있다.

OO시 청문실시에 관한 조례

(제정) 2016.05.10 조례 제1538호

제2조(청문대상) ① 「행정절차법」 제22조제1항제2호에 따른 "청문이 필요하다고 인정하는 경우"는 다음 각 호의 어느 하나에 해당하는 처분으로 한다.
1. 의견 제출의 대상이 되는 처분 중 처분대상자의 신청이 있는 경우
2. 그 밖에 청문 대상자의 권익을 심히 침해하거나 이해관계에 중대한 영향을 미치는 처분

[검토사항: **청문 대상**]

- 위의 첫 번째, 두 번째 조례에서 제3조제1항제1호(인가·허가 등의 취소, 신분·자격의 박탈, 법인이나 조합 등의 설립 허가의 취소)는 「행정절차법」 제22조제1항제3호에 규정되어 있다.
- 중복 규정은 조례에 규정하지 않고 삭제해도 무방하다고 본다.
- 위의 세 번째 조례 규정은 적절하다고 본다.

4 권한의 위임 · 위탁

1. 의의

- (권한의 위임) 법률에 규정된 행정기관의 장의 권한 중 일부를 그 보조기관 또는 하급행정기관의 장이나 지방자치단체의 장에게 맡겨 그의 권한과 책임 아래 행사하도록 하는 것이다.
- (권한의 위탁) 법률에 규정된 행정기관의 장의 권한 중 일부를 "다른 행정기관의 장"에게 맡겨 그의 권한과 책임 아래 행사하도록 하는 것이다.
- (민간 위탁) 법률에 규정된 행정기관의 사무 중 일부를 지방자치단체가 아닌 법인 · 단체 또는 그 기관이나 개인에게 맡겨 그의 명의로 그의 책임 아래 행사하도록 하는 것이다.
- 권한이 위임되거나 위탁 또는 민간 위탁된 경우에는 행정관청의 권한은 대외적으로 수임기관 또는 수탁기관에 이전되고, 위임 또는 위탁을 한 관청은 그 사무처리의 권한을 잃게 되며 수임관청이 그 명의와 책임으로 그 권한을 행사하며 행정상 소송의 경우에도 수임기관 또는 수탁기관이 피고가 된다.[5)]

2. 「지방자치법」의 규정

- 「지방자치법」 제117조(사무의 위임 등)에 따르면, 지방자치단체의 장은 조례나 규칙으로 정하는 바에 따라 그 권한에 속하는 사무의 일부를 보조기관, 소속 행정기관 또는 하부행정기관에 위임할 수 있고, 관할 지방자치단체나 공공단체 또는 그 기관에 위임하거나 위탁할 수 있으며, 그 권한에 속하는 사무 중 조사 · 검사 · 검정 · 관리 업무 등 주민의 권리 · 의무와 직접 관련되지 아니하는 사무를 법인 · 단체 또는 그 기관이나 개인에게 위탁할 수 있다.
- 「지방자치법」 제168조(사무의 위탁)는 지방자치단체나 그 장은 소관 사무의 일부를 다른 지방자치단체나 그 장에게 위탁하여 처리하게 할 수 있다고 규정하고 있다.

3. 권한 위임의 법적 근거

(1) 법적 근거

- 권한 위임은 행정청이 법률에 따라 특정 권한을 다른 행정관청에 이전하여 수임관청의 권한으로 행사하도록 하는 것이어서 권한의 법적 귀속을 변경하는 것이

---

5) 김남철, 「행정법 강론」, 박영사, 2022, p.1022.

므로, 법률의 위임을 허용하고 있는 경우에 한하여 인정된다. (대법원 91주5792 판결) 따라서 권한의 위임이나 재위임에는 반드시 법적 근거가 필요하다.

- 국가사무의 위임 및 위탁에 관해서는 「정부조직법」 제6조(권한의 위임 또는 위탁) 및 「행정권한의 위임 및 위탁에 관한 규정」 제3조부터 제16조에 이에 관한 규정을 두고 있다.

(2) 기관에 대한 위임

- 「지방자치법」 제115조(국가사무의 위임)는 "시 · 도와 시 · 군 및 자치구에서 시행하는 국가사무는 법령에 다른 규정이 없으면 시 · 도지사와 시장 · 군수 및 자치구의 구청장에게 위임하여 행한다."고 규정하여 기관위임은 별도의 규정이 없는 한 집행기관으로서 지방자치단체의 장에게 위임된다.
- 기관위임사무는 조례로 이를 구청장 등에게 재위임할 수 없고, 위임청의 승인을 얻은 후 지방자치단체의 장이 제정한 규칙으로 재위임하여야 한다.[6)]

4. 규정방식

(1) 개관

지방자치단체에서는 권한의 위임 등에 관한 일반조례에서 권한의 위임 · 위탁에 관한 규정을 두는 경우가 일반적이다. 이는 중앙행정기관의 경우 권한의 위임 · 위탁에 관한 위임근거가 개별 법률에 있는 반면, 지방자치단체는 「지방자치법」 제117조에 "일반적인 위임근거"가 있고 관리의 편의 등을 위해 단일의 일반조례를 운영하는 것으로 보인다.

(2) 위탁 관련 규정의 표현

"권한의 위탁", "업무의 위탁", "사무의 위탁" 등 다양하게 표현하고 있으나, 민간위탁 사항은 국민의 권리 · 의무와 직접 관련 없는 사무의 위탁과 관련되는 것이 보통이므로 권한의 위탁보다는 "업무 또는 사무의 위탁"으로 표현하도록 한다.

(3) 대상 업무와 수탁기관 규정 방법

민간 위탁의 경우 해당 업무가 민간 위탁 대상이 되는지, 수탁자가 해당 업무를 수행할 자격이 있는지 여부를 조례 입안단계에서 확인하여 수탁기관이 공단 등이면 위탁할 업무와 해당 기관을 조례에서 명시하도록 하되, 수탁기관을 명시할 수 없으면 수탁자가 갖추어야 할 인적 · 물적 기준을 지방자치단체의 규칙으로 위임할 수 있다.

(4) 민간 위탁에 관한 조례의 규정방식

---

6) 김남철, 「행정법 강론」, 박영사, 2022, p.1025.

- 민간위탁 조례는 민간 위탁의 목적 · 정의, 다른 조례와의 관계, 민간 위탁 대상 사무의 기준, 수탁기관의 선정기준, 수탁기관 선정심의위원회, 수탁사무의 처리, 책임 소재 및 명의 표시, 협약체결, 지휘 · 감독, 이의신청, 처리상황의 감사 등의 순서로 규정한다. 그 밖에 재계약, 사용료 징수, 경영평가 등을 추가로 규정할 수 있다.
- 권한의 위임 · 위탁과 달리 업무를 구체적으로 열거하는 것이 원칙이다.

5. 유의사항

(1) 위임 · 위탁의 자치법규 형식

자치사무, 단체위임사무의 경우는 조례의 형식으로 위임하고, 기관위임사무의 경우는 규칙의 형식으로 위임하므로, 조례 · 규칙을 입안할 때는 상위법령을 검토하여 조례로 권한을 위임하여야 하는지, 규칙으로 위임하여야 하는지를 판단하여 적법한 권한 위임이 되도록 한다.

(2) 위임 · 위탁의 근거와 법률 우위의 원칙

- 권한의 위임 · 위탁, 재위임 등은 권한의 법적 소재를 대외적으로 변경하는 것이므로 법률에서 위임 · 위탁을 허용하고 있는 경우에 한하여 인정된다.
- 「하수도법」, 「폐기물관리법」 등 개별 법률에서 지방자치단체의 권한의 위임 · 위탁에 관한 규정을 두고 있다. 이와 같은 규정은 「지방자치법」에 따른 권한의 위임 · 위탁에 관한 규정의 특별규정의 의미가 있으므로 민간위탁 조례 등을 입안할 때 상위법령에 위반되지 않도록 해야 한다.

(3) 위임 · 위탁의 형식

- 「지방자치법」 제117조는 지방자치단체의 장은 조례나 규칙으로 정하는 바에 따라 그 권한에 속하는 사항을 위임하거나 위탁할 수 있다고 규정하여, 위임 · 위탁의 형식을 조례나 규칙으로 한정하고 있다.
- (재위임 · 재위탁) 「지방자치법」 제117조제4항은 지방자치단체의 장이 위임 · 위탁받은 사무의 일부를 다시 위임하거나 위탁하려면 미리 그 사무를 위임 · 위탁한 기관의 장의 승인을 받아야 한다고 규정하고 있다. 따라서 승인을 받지 않고 재위임하거나 재위탁한 경우에는 하자 있는 재위임이나 재위탁이 된다.
- 판례는 재위임 또는 재위탁을 할 때 받아야 하는 승인을 재위임 · 재위탁의 유효요건으로 판시하고 있다.
- 「행정권한의 위임 및 위탁에 관한 규정」 제4조는 특별시장 · 광역시장 · 특별자치시장 · 도지사 또는 특별자치도지사(교육감 포함)나 시장 · 군수 또는 구청장은 행정의 능률향상과 주민의 편의를 위해 필요하다고 인정될 때에는 수임사무의

일부를 그 위임기관의 장의 승인을 받아 규칙으로 정하는 바에 따라 시장 · 군수 · 구청장(교육장 포함) 또는 읍 · 면 · 그밖의 소속기관의 장에게 다시 위임할 수 있다고 규정하고 있으므로, 국가위임사무를 재위임하려는 경우에는 위임기관의 장의 승인을 받아 재위임할 수 있다.[7)]

- (법령에 규정이 없는 재재위임) 시장 · 군수 · 구청장 등 재위임을 받은 행정기관이 재위임받은 행정권한을 면장 · 동장 등 하부행정기관에 재재위임하거나 지방자치단체의 장이 아닌 면장 · 동장 등이 재위임할 수 있는지에 대해서는 명문의 규정이 없으므로 허용 여부가 문제된다.
- 권한의 위임은 권한의 법적 소재를 대외적으로 변경하는 것이므로 법률에서 위임을 허용하고 있는 경우에 한하여 인정되고, 재위임에 관한 규정을 유추 적용하여 재재위임을 허용한다면 "무제한의 재위임"의 근거가 되며, 결과적으로 권한 위임이 끊임없이 행해지는 것을 막을 수 없게 되는 등의 문제가 있으므로 재재위임은 허용되지 않는다고 볼 것이고, 이를 조례나 규칙으로도 허용할 수 없다고 보아야 한다.

(4) 위임 · 위탁 사무의 대상 및 범위

① 법령의 규정 및 취지

- 지방자치단체가 그 권한에 속하는 사무를 위임 · 위탁하려는 경우에도 개별 법령에서 명문으로 또는 그 취지상 위임, 위탁 또는 민간위탁을 금지하고 그 권한이나 사무를 직접 행사 · 수행하도록 하고 있다면 그 권한 · 사무를 위임하거나 위탁할 수 없다.
- 법령에서 위임 · 위탁을 금지하는 명문의 규정이 없다고 하더라도 그 권한이나 사무를 규정하고 있는 법령의 취지나 성질에 비추어 권한의 위임 · 위탁 또는 민간위탁이 허용되지 않는 경우가 있다.
- 위임 · 위탁은 권한의 일부에 한정하여 위임 · 위탁해야 하고, 전부를 위임 · 위탁하는 것은 법률 위반 소지가 있다.

② 민간위탁의 대상

- 주민의 권리 · 의무에 관한 사무를 민간위탁의 대상에서 제외하고 있는 것은 주민의 권리 · 의무에 직접 영향을 미치는 사무는 책임성과 공정성을 띠므로 지방의회와 주민에 의하여 직접 통제될 수 있는 행정기관과 공무원에 의하여 행해져야 한다는 것으로 민간위탁의 입법적 한계를 정한 것이다.
- 따라서 민간위탁을 할 때 그 사무가 주민의 권리 · 의무에 관계되는 사무인지,

---

7) 김남철, 「행정법 강론」, 박영사, 2022, pp.1028~1029.; 국회 법제실, 「법제 이론과 실제」, 2019, pp.625~632; 법제처, 「2022년 자치법규 입안 길라잡이」, 2022, pp.254~274.

수탁기관의 설립 목적과 업무의 성질 등 공공성의 정도 등을 고려해야 한다.

③ 위임 · 위탁하려는 권한 · 사무의 명확화

- 권한을 위임하거나 사무를 위탁하는 경우에는 그 근거가 되는 규정을 구체적으로 적시하는 등 위임 · 위탁하려는 권한 · 사무를 명확하게 규정해야 한다.
- 위임하려는 권한 · 사무 중 특정한 권한 · 사무를 위임관청에 유보해야 할 특별한 이유가 없다면 관련 권한 · 사무는 함께 수탁기관에 위임 · 위탁한다.

④ 견제와 균형의 법리

- 행정권한의 위임 · 위탁에 관한 조례를 제정할 때 집행기관과 지방의회 간의 견제와 균형의 법리를 고려하여 법령에 위반되지 않도록 한다.
- 판례는 지방자치단체의 장이 동일 수탁자에게 위탁사무를 재위탁하거나 기간 연장 등 기존 위탁계약의 중요 사항을 변경하고자 할 때 지방의회의 동의를 받도록 한 목적은 민간위탁에 관한 지방의회의 적절한 견제기능이 최초의 민간위탁 시 뿐만 아니라 그 이후에도 지속적으로 이루어질 수 있도록 하는데 있으므로, 이는 지방자치단체의 장의 집행 권한을 본질적으로 침해하는 것으로 볼 수 없다고 판시하였다.
- 민간위탁을 해지하는 경우에도 민간위탁을 할 때와 동일하게 지방의회의 사전 동의를 요하게 하는 것은 지방자치단체의 장의 집행권을 지나치게 제한하는 것으로 본질적으로 침해하는 내용이라고 볼 수 있다는 것이다.

⑤ 민간위탁과 행정재산의 관리위탁과의 관계

민간위탁이 「공유재산 및 물품관리법」에 따른 행정재산의 관리위탁에 해당되거나 민간위탁과 행정재산의 관리위탁이 혼용되는 경우에는 「공유재산 및 물품관리법」 등이 우선 적용된다고 할 것이므로, 개별 조례에서 행정재산의 관리위탁에 대해 민간위탁 조례에 따르도록 하는 규정을 두지 않도록 한다.

⑥ 그 밖의 고려사항

- 행정업무를 민간에 위탁하는 경우 직무의 객관성 · 공정성을 담보하기 위해 그 업무를 수탁받아 수행하는 민간기관의 직원이나 개인에 대해 벌칙을 적용할 때 공무원으로 의제하여 처벌하도록 하는 규정을 두거나, 관리를 위한 자료 제출 의무를 둘 필요가 있는지 검토한다.
- 권한의 위임 · 위탁과 업무의 위탁을 구분하기 위해 행정기관 상호 간에는 '권한의 일부'를 위임 · 위탁하는 형식으로, 민간위탁의 경우에는 '업무의 일부'를 위탁하는 방식으로 규정한다.
- 행정기관에 대한 위임 · 위탁과 민간위탁을 각각 별개의 항으로 나누어 규정한다.

판례 43 **행정권한의 위임과 내부위임의 차이점**

- 행정권한의 위임은 행정관청이 법률에 따라 특정한 권한을 다른 행정관청에 이전하여 수임관청의 권한으로 행사하도록 하는 것이어서 권한의 법적인 귀속을 변경하는 것이므로, 법률의 위임을 허용하고 있는 경우에 한하여 인정된다 할 것이고,
- 이에 반하여 행정권한의 내부위임은 법률이 위임을 허용하고 있지 아니한 경우에도 행정관청의 내부적인 사무처리의 편의를 도모하기 위하여 그의 보조기관 또는 하급행정관청으로 하여금 그의 권한을 사실상 행사하게 하는 것이므로,
- 권한 위임의 경우에는 수임관청이 자기의 이름으로 그 권한행사를 할 수 있지만 내부위임의 경우에는 수임관청은 위임관청의 이름으로만 그 권한을 행사할 수 있을 뿐 자기의 이름으로는 그 권한을 행사할 수 없는 것이다. (대법원 91누5792 판결)

판례 44 **동장의 민간위탁에 대한 권한**

- 동장이 주민자치센터의 운영을 다시 민간에 위탁하는 것은 그 수임사무의 재위탁에 해당하는 것이므로 그에 관하여는 별도의 법령상 근거가 필요하다고 할 것인데, 「지방자치법」 제95조제3항(현행 제104조제3항)은 소정 사무의 민간위탁은 지방자치단체의 장이 할 수 있는 것으로 규정하고 있을 뿐 동장과 같은 하부행정기관이 할 수 있는 것으로는 규정하고 있지 아니하고, 「행정권한의 위임 및 위탁에 관한 규정」 제4조 역시 동장이 자치사무에 관한 수임권한을 재위임 또는 재위탁할 수 있는 근거가 될 수 없음은 그 규정 내용상 분명하며 달리 동장이 그 수임권한을 재위임 또는 재위탁할 수 있도록 규정할 수 있는 근거 법령이 없으므로,
- 지방의회가 재의결한 조례안에서 동장이 주민자치센터의 운영을 다시 민간에 위탁할 수 있는 것으로 규정하고 있는 것은 결국 법령상의 근거 없이 동장이 그 수임사무를 재위탁할 수 있는 것으로 규정하고 있는 것이어서 법령에 위반된 규정이다. (대법원 2000추36 판결)[8]

---

8) 김남철, 「행정법 강론」, 박영사, 2022, p.1024.; 정하중·김광수, 「행정법 개론」, 법문사, 2021, p.958.

판례 45 **지방자치단체 사무의 민간위탁에 관하여 지방의회의 사전 동의를 받도록 한 조례가 지방자치단체의 집행권한을 본질적으로 침해하는지 여부**

【 OOOO시 O구 사무의 민간위탁에 관한 조례안 】

- 「지방자치법」 제104조제3항은 지방자치단체의 장은 그 권한에 속하는 사무 중 주민의 권리 · 의무와 직접 관련이 없는 사무는 조례나 규칙으로 정하는 바에 따라 민간에게 위탁할 수 있다고 규정하고 있다.
- 지방자치단체가 그 권한에 속한 업무를 민간에 위탁하는 이유는, 그 업무를 민간으로 하여금 대신 수행하도록 함으로써 행정조직의 방대화를 억제하고, 위탁되는 사무와 동일한 업무를 수행하는 자에게 이를 담당하도록 하여 행정사무의 능률성을 높이고 비용도 절감하며, 민간의 특수한 전문기술을 활용함과 아울러 국민 생활과 직결되는 단순 행정업무를 신속하게 처리하기 위한 것이라 할 것이다.
- 그런데 민간위탁은 다른 한편으로는 보조금의 교부 등으로 비용이 더 드는 경우가 있고, 공평성의 저해 등에 의한 행정서비스의 질적 저하를 불러올 수 있으며, 위탁기관과 수탁자 간에 책임 한계가 불명확하게 될 우려가 있고, 행정의 민주화와 종합성이 손상될 가능성도 있다. 따라서 지방자치단체장이 일정한 사무에 관하여 민간위탁을 하는 경우에는 위와 같은 단점을 최대한 보완하여 민간위탁이 순기능적으로 작용하도록 할 필요가 있다.
- 이러한 제반 사정을 고려하여 보면, 이 사건 조례안이 지방자치단체 사무의 민간위탁에 관하여 지방의회의 사전 동의를 받도록 한 것은 지방자치단체장의 민간위탁에 대한 일방적인 독주를 제어하여 민간위탁의 남용을 방지하고 그 효율성과 공정성을 담보하기 위한 장치에 불과하고, 민간위탁의 권한을 지방자치단체장으로부터 박탈하려는 것이 아니므로 지방자치단체장의 집행 권한을 본질적으로 침해하는 것으로 볼 수 없다.
- 또한 지방자치단체장이 동일 수탁자에게 위탁사무를 재위탁하거나 기간 연장 등 기존 위탁계약의 중요한 사항을 변경하고자 할 때 지방의회의 동의를 받도록 한 목적은 민간위탁에 관한 지방의회의 적절한 견제기능이 최초의 민간위탁 시 뿐만 아니라 그 이후에도 지속적으로 이루어질 수 있도록 하는 데 있으므로, 이에 관한 이 사건 조례안 역시 지방자치단체장의 집행 권한을 본질적으로 침해하는 것으로 볼 수 없다. (대법원 2010추11 판결)[9]

9) 정하중·김광수, 「행정법 개론」, 법문사, 2021, p.950.

CASE Study 240 조 제목 표현, 권한의 위임

[입법례]

OO도 오색온천 관리조례

(일부개정) 2022-07-29 조례 제4930호

제5조(권한의 위임) ① **도지사**는 「지방자치법」 제117조에 따라 오색온천시설의 유지·관리 및 사용료의 부과·징수에 관한 사항을 OO**군수**에게 위임한다.

OOOO시 보행안전 및 편의증진에 관한 조례

(일부개정) 2022.12.30 조례 제8564호

제22조(권한의 위임) **시장**은 법 제28조에 따라 다음 각 호의 권한을 **자치구청장**에게 위임한다.
1. 법 제12조에 따른 보행환경개선지구의 관리
2. 법 제14조에 따른 불법 시설물의 우선 정비 등

OOOO시 도시개발 체비지 관리 조례

(일부개정) 2022.12.30 조례 제8530호

제25조(권한의 위임) ① **시장**은 체비지 관리에 관한 다음 각 호의 사무를 체비지의 소재지를 관할하는 **구청장**에게 위임한다.
② 제1항에 따라 구청장에게 위임한 체비지의 대부료 징수액의 50퍼센트, 변상금징수액의 50퍼센트, 매각대금 납부액의 30퍼센트에 해당하는 금액은 해당 자치구에 귀속된다.

OOOO시 교통유발부담금 경감 등에 관한 조례

(일부개정) 2022.12.30 조례 제8530호

제14조(권한의 위임) 영 제29조제1항에 따라 **시장**은 다음 각 호의 권한을 **구청장**에게 위임한다.
1. 법 제36조에 따른 부담금 부과·징수에 관한 사항
2. 제3조제2항에 따른 부담금 면제 결정에 관한 사항

[검토사항: **권한의 위임, 올바른 표현**]

- 권한의 위임·위탁과 업무 위탁의 구분은 행정기관 상호 간에는 '권한의 일부'를 위임·위탁하는 형식으로, 민간위탁은 '업무의 일부'를 위탁하는 방식으로 규정한다.
- 첫 번째 조례: 도지사 → 군수, 두 번째부터 네 번째 조례까지: 시장 → 구청장)

CASE Study 241 조 제목, 부적절

[입법례]

OO광역시 협동조합 지원 조례

(일부개정) 2022-08-05 조례 제6733호

제19조(업무의 위임) 시장은 필요한 경우 「OO광역시 사무위임 조례」에서 정하는 바에 따라 구청장·군수에게 업무의 일부를 위임할 수 있다.

OO군 공유재산 관리 조례

(일부개정) 2022.08.11 조례 제2628호

제3조(관리사무의 위임) 군수는 필요하다고 인정될 때에는 「공유재산 및 물품관리법」(이하 "법"이라 한다) 제14조에 따라 재산소재지 읍장·면장에게 공유재산관리에 관한 사무의 일부를 위임할 수 있다.

OO군 물품관리 조례

(일부개정) 2022.08.12 조례 제2620호

제4조(관리사무의 위임) 군수는 필요하다고 인정할 경우에는 「공유재산 및 물품관리법」 제77조에 따라 다음과 같이 효율적인 물품의 관리를 위하여 물품의 불용결정 및 처분 등의 권한을 다음 각 호의 자에게 위임한다.

1. 각 실·정책관·과·소, 직속기관 또는 읍·면 소관 물품: 실·정책관·과·소, 직속기관 또는 읍·면장

OO군 주차장 조례

(전부개정) 2022.08.16 조례 제3151호

제9조(사무의 위임) ① 군수는 필요하다고 인정될 경우에는 공영주차장 운영 및 관리에 관한 사무의 일부를 공영주차장 소재지 읍·면장에게 위임할 수 있다.

[검토사항: **조 제목, 부적절**]

- 행정기관 상호 간에는 '권한의 일부'를 위임·위탁하는 형식으로, 민간위탁은 '업무 또는 사무의 일부'를 위탁하는 방식으로 규정한다.
- 위의 4건 조례에서 조 제목 중 업무, 관리사무, 사무는 각각 "권한"으로 수정하는 방안을 고려해 본다.

CASE Study 242 조 제목, 적절한 표현

[입법례] OOOOOO시 지역경제협의회 조례 (일부개정) 2022.07.29 조례 제1968호 **제13조(업무의 위탁)** ① 시장은 제12조제2항에 따른 업무의 일부 또는 전부를 「OOOOOO시 사무의 민간위탁 조례」에 따라 경제관련 **전문기관·단체** 등에 위탁할 수 있다.
OO시 데이터기반행정 활성화에 관한 조례 (제정) 2022.07.22 조례 제1730호 **제20조(사무의 위탁)** ① 시장은 데이터기반행정 활성화에 관한 사무를 효율적으로 추진하기 위하여 이 조례에 따른 사무의 전부 또는 일부를 관련 기관, **법인 또는 단체** 등에 위탁할 수 있다. ② 제1항에 따라 사무를 위탁하려는 경우 이 조례에서 정하지 아니한 사항은 「OO시 사무의 민간위탁에 관한 조례」에 따른다.
OO광역시 O구 양성평등 기본조례 (일부개정) 2022.07.27 조례 제1549호 **제30조(사무의 위탁)** ① 이 조례에서 정하는 구청장의 권한에 속하는 사무의 일부를 **법인·단체** 또는 **개인**에게 위탁하여 처리하게 할 수 있다.
OOO도 이스포츠(전자스포츠) 진흥 및 지원에 관한 조례 (일부개정) 2022-07-14 조례 제5235호 **제8조(민간위탁)** 도지사는 제5조 및 제6조와 관련하여 효율적인 운영을 위하여 이스포츠관련 비영리 기관이나 **법인** 또는 **단체**에 관리·운영을 위탁할 수 있다.

[검토사항: **조 제목, 업무(사무)위탁**]

- 민간위탁 사항은 주민의 권리·의무와 직접 관련이 없는 사무의 위탁과 관련된다.
- 위의 첫 번째부터 세 번째까지의 조례처럼 조 제목을 권한의 위탁보다는 "업무의 위탁" 또는 "사무의 위탁"으로 표현하도록 한다.
- 네 번째 조례는 조 제목을 (민간위탁)으로 하고 있으나, (사무의 위탁)으로 수정하는 방안을 고려해 본다.

CASE Study 243 **조 제목, 부적절**

[입법례]

OO시 시설관리공단 설치 및 운영 조례

(일부개정) 2022.08.05 조례 제2274호

제25조(권한의 위탁) 시장은 공단의 설립목적을 위하여 필요하다고 인정할 경우에는 권한의 일부를 **이사장**에게 위탁할 수 있다.

OOO도 숙련기술 장려에 관한 조례

(일부개정) 2022-08-10 조례 제5256호

제20조(권한의 위탁) ① 도지사는 제4조제1항제3호 및 제4호의 **사무**를 **한국산업인력공단 OO지사장**에게 위탁할 수 있다.

OO시 청소년재단 설립 및 운영 조례

(일부개정) 2023.01.10 조례 제2631호

제18조(권한의 위탁) 시장은 재단의 관리운영에 필요하다고 인정되는 경우에는 관련 공공시설 및 시장의 권한에 속하는 사무의 일부를 관련 법령의 범위에서 **재단**에 위탁할 수 있다.

OO군 행복키움수당 지원에 관한 조례

(일부개정) 2022.07.08 조례 제2787호

제10조(권한의 위탁) ① 군수는 「사회보장급여의 이용 · 제공 및 수급권자 발굴에 관한 법률」 제29조의 **사회보장정보원**에 제8조 및 제9조의 사무 처리를 위탁할 수 있다.

OO군 다문화가족 지원 조례

(일부개정) 2022.08.10 조례 제2513호

제16조(권한의 위임과 위탁) 군수는 이 조례에서 정하는 군수의 권한에 속하는 사무의 일부를 **비영리법인**이나 **단체** 등에 위탁하여 처리하게 할 수 있다.

[검토사항: **업무(사무)의 위탁**]

- 민간위탁(이사장, 한국산업인력공단 OO지사장, 재단, 사회보장정보원, 비영리법인 · 단체)은 업무 또는 사무의 일부를 위탁하는 방식으로 규정한다.
- 위의 조례에서 본문 내용상 첫 번째부터 네 번째까지의 조례 조 제목 중 "권한"은 "사무"로, 다섯 번째 조례의 조 제목 "권한의 위임과 위탁"은 "사무의 위탁"으로 수정한다.

CASE Study 244 민간위탁 대상사무의 기준

[입법례]

OO시 사무의 민간위탁에 관한 조례

(전부개정) 2021.12.31 조례 제1433호

제4조(민간위탁 대상사무의 기준 등) ① 법령이나 조례에서 정하는 바에 따라 시장의 소관사무 중 조사·검사·검정·관리업무 등 시민의 권리·의무와 직접 관계되지 아니하는 다음의 사무를 민간위탁 할 수 있다.
1. 단순 사실행위인 행정작용
2. 공익성보다 능률성이 현저히 요청되는 사무
3. 특수한 전문지식 및 기술이 필요한 사무
4. 그 밖에 시설관리 등 단순 행정 관리사무

OO시 사무의 민간위탁에 관한 조례

(전부개정) 2022.08.11 조례 제1857호

제4조(민간위탁 사무의 기준 등) ① 시장은 「지방자치법」 제117조제3항에 따라 다음 각 호에 해당하는 사무로서 조사·검사·검정·관리업무 등 주민의 권리·의무와 직접 관련되지 않는 사무를 민간위탁할 수 있다.
1. 공익성보다 능률성이 현저히 요청되는 사무
2. 특수한 전문지식 및 기술이 필요한 사무
3. 그 밖에 시설관리 등 단순 행정관리 사무

OO시 행정사무의 민간위탁에 관한 조례

(일부개정) 2022.03.04 조례 제1362호

제5조(민간위탁의 적정성 검토) 시장은 제4조제1항 각 호의 사무에 대해 민간위탁을 하려는 경우에는 다음 각 호의 사항을 고려하여 민간위탁의 적정성을 사전에 검토하여야 한다.
1. 다른 사무방식으로의 수행 가능성
2. 서비스 공급의 공공성 및 안정성
3. 경제적 효율성
4. 민간의 전문지식 및 기술 활용 가능성
5. 성과 측정의 용이성
6. 관리 및 운영의 투명성
7. 민간의 서비스 공급 시장 여건 등

[검토사항: **민간위탁 대상사무**]

- 민간위탁에 관한 실제 조례를 보면, 위의 첫 번째, 두 번째 조례 제4조와 같이 민간위탁 대상사무의 기준을 규정하고 있다.
- 그리고 위의 세 번째 조례 제5조와 같이 민간위탁 대상사무를 선정하기 전에 민간위탁의 적정성을 사전에 점검하는데 필요한 기준을 마련해 놓고 있다.

제 5 장

벌칙규정 (본칙 ④)

1. 벌칙 규정 개관
2. 과태료

1 벌칙 규정 개관

1. 벌칙의 의의

- 벌칙은 행정법령 위반이 직접적으로 행정목적과 사회공익을 침해하는 경우에 대한 제재로서, 벌칙은 법령의 실효성을 담보하기 위한 목적으로 보충적이며 최종적으로 사용되어야 할 수단이다.
- 벌칙 중 형벌을 정하는 것은 국가사무이며, 또한 죄형법정주의에 비추어 개별적·구체적 법률의 위임이 없이는 형벌을 조례로 정할 수 없다.
- 벌칙에서 정하는 형벌 또는 과태료는 위반행위의 가벌성의 정도에 비추어 적절해야 한다.
- 벌칙은 처벌 내용을 기준으로 행정형벌과 행정질서벌(과태료)로 구별된다.
- 벌칙을 정할 때에 「형법」의 규정을 기준으로 하고 이를 최대한 존중해야 하며, 특별한 사유(형벌의 가중·경감 등)가 없으면 「형법」의 규정과 중복되는 내용은 규정하지 않도록 한다.

2. 벌칙의 규정방식

- 법령이 장으로 구분되어 있으면 특별한 사유가 없으면 법령의 끝에 벌칙 장(章)을 배치한다.
- 벌칙 규정은 죄형법정주의 원칙상 가능하면 하위법령에 위임하지 않는다.
- 처벌 대상이 되는 행위가 무엇인지 명확하게 규정하고, 비례원칙에 비추어 과도한 형량이 되지 않도록 한다.
- 벌칙 규정 상호 간에는 법정형이 무거운 순서로 배열하고, 같으면 조문 번호 순서로 규정한다.
- 행정벌 간의 규정 순서는 형벌 규정, 양벌규정, 과태료 규정의 순서로 배열한다.

3. 양벌규정

(1) 필요성

양벌규정은 벌칙규정에 행위자만을 처벌하는 것만으로는 형벌의 목적을 달성하기 어렵다는 전제에서 비롯되었다. 양벌규정은 어떤 범죄가 이루어진 경우에 행위자뿐만 아니라 그 행위자와 일정한 관계가 있는 타인(자연인 또는 법인)에 대하여도 형을 과하도록 정한 규정이다.

(2) 적용대상 형벌

양벌규정에 따른 법인 또는 개인(사용주 · 고용주 등)에 대한 벌칙은 "벌금형"에만 한정되고, 징역이나 금고를 과하지는 않는다.

(3) 양벌규정의 규정방식

- 양벌규정 단서에서 "주의 의무"를 다한 경우에는 처벌되지 않는다는 면책 규정을 두는 것을 원칙적 규정방식으로 한다.
- 양벌규정을 규정하면서 종전에는 법인에 대한 규정과 개인에 대한 규정을 항을 나누어 각각 규정했으나, 이 경우 각 항에 "선임과 감독에 대한 주의 의무"를 다한 경우에 처벌되지 않는 면책규정을 각각 두게 된다. 유사한 표현을 두 항으로 나누어 규정하는 것이 입법경제상 비효율적이므로 법인 · 개인을 묶어 양벌규정사항을 규정하도록 한다.

4. 중복제재 금지

- 헌법은 기본권 침해의 가능성이 큰 형벌 분야에 관해 "동일한 범죄에 대하여 거듭 처벌받지 아니한다(제13조제1항)"고 규정하고 있다.
- 헌법에 명문 규정은 없으나 "이중과세금지 원칙"도 조세분야에서 위헌성 판단의 기준으로 작용한다.
- 동일한 행위를 대상으로 하여 형벌을 부과하면서 아울러 과징금, 이행강제금 등을 부과하여 대상자에게 거듭 처벌받는 것과 같은 효과를 낳는다면, 이중처벌금지 정신에 배치되어 입법권 남용이 문제되므로 그러한 중복 제재는 지양한다.[1)]

---

1) 박윤흔, 「최신 행정법 강의(하)」, 박영사, 2004, p.132.; 국회 법제실, 「법제 이론과 실제」, 2019. pp.649~651, pp.686~692.

판례 46 법률의 위임 없이 벌칙을 정한 조례 [2]

□ OOO도 의회에서의 증언·감정 등에 관한 조례안

[조례안 내용]

제12조(불출석등의 죄) ① 정당한 이유 없이 출석하지 아니한 증인, 보고 또는 서류 제출의 요구를 거절한 자, 선서 또는 증언이나 감정을 거부한 증인이나 감정인은 3월 이하의 징역 또는 10만원 이하의 벌금에 처한다.

② 정당한 이유 없이 증인, 감정인, 참고인의 출석을 방해하거나 검증을 방해한 자에 대하여도 제1항의 형과 같다.

[판결 요지]

「지방자치법」제15조 단서는 지방자치단체가 법령의 범위 안에서 그 사무에 관하여 조례를 제정하는 경우에 벌칙을 정할 때에는 법률의 위임이 있어야 한다고 규정하고 있는데, 불출석 등의 죄, 의회모욕죄, 위증 등의 죄에 관하여 형벌을 규정한 조례안에 관하여 법률에 의한 위임이 없었을 뿐만 아니라, (구)「지방자치법」(1994.3.16. 법률 제4741호로 개정되기 전의 것) 제20조가 조례에 의하여 3월 이하의 징역 등 형벌을 가할 수 있도록 규정하였으나 개정된 「지방자치법」 제20조는 형벌권을 삭제하여 지방자치단체는 조례로써 조례 위반에 대하여 1,000만원 이하의 과태료만을 부과할 수 있도록 규정하고 있으므로, 조례 위반에 "형벌"을 가할 수 있도록 규정한 조례안 규정들은 현행 「지방자치법」 제20조에 위반되고, 적법한 법률의 위임 없이 제정된 것이 되어 「지방자치법」 제15조 단서에 위반되고, 나아가 죄형법정주의를 선언한 헌법 제12조제1항에도 "위반"된다. (대법원 93추83 판결)

---

2) 정하중·김광수, 「행정법 개론」, 법문사, 2021, p.916.

CASE Study 245 장(章)의 구분과 순서

[입법례]

OO시 폐기물관리에 관한 조례

(일부개정) 2022.09.20 조례 제1854호

제5장 벌 칙

제24조(과태료의 부과 · 징수) 시장은 법 제68조에 따라 과태료를 부과징수 할 수 있다.

제25조(의견진술 기회의 부여) 시장은 법 제68조에 따른 과태료를 부과하고자 할 때에는 「질서위반행위규제법」 제16조에 따라 처분의 사전통지와 의견 제출의 기회를 주어야 한다.

제26조(이의제기 및 법원에의 통보) ① 시장의 과태료 처분에 불복이 있는 사람은 그 처분이 고지된 날부터 60일 이내에 별지 제3호서식에 따라 이의를 제기할 수 있다.

제27조(강제징수) ① 시장은 과태료 처분을 받은 자가 납부기간 내 과태료를 납부하지 않을 경우에는 과태료 납부 독촉장을 발부하여야 한다.

② 시장은 과태료 처분을 받은 자가 정당한 이유 없이 독촉기간 내에 과태료를 납부하지 않을 때에는 지방세 체납처분의 예에 따라 징수한다.

제28조(과태료 수납의 관리) 시장은 과태료의 부과 · 징수 및 수납에 대한 사항 등을 별지 제4호서식의 과태료 수납부에 기록 관리하여야 한다.

제29조(다른 법률과의 관계) 과태료 부과 · 징수 · 재판 및 집행 등의 절차에 관한 사항은 「질서위반행위규제법」을 따른다.

제6장 보 칙

제30조(업무의 위탁 등) ① 시장은 법 제62조제3항에 따라 필요하다고 인정할 경우 그 관리 운영을 능력 있는 자에게 위탁할 수 있으며, 그에 따른 절차 등 기타 사항은 규칙으로 정할 수 있다.

제31조(행정위탁) 인접한 시 · 군의 구역 내에서 배출되는 생활폐기물에 대한 수집 · 운반 처리요청이 있을 때에는 당해 기관과의 행정협의에 따라 수수료 · 수집 · 운반 및 그 밖에 필요한 사항을 결정할 수 있다.

제32조(권한의 위임) 시장은 법, 영, 규칙 및 이 조례에 따른 권한 중 일부를 읍 · 면 · 동장에게 위임할 수 있다.

제33조(시행규칙) 이 조례 시행에 관하여 필요한 사항은 규칙으로 정할 수 있다.

[검토사항: **벌칙 장(章) 위치**]

- 법령이 장으로 구분되어 있으면 특별한 사유가 없으면 법령의 끝에 벌칙 장(章)을 배치한다. 따라서 위의 조례는 제5장(벌칙)과 제6장(보칙)의 순서가 바뀌어야 한다. 즉, 보칙 〉 벌칙 장의 순서로 되어야 한다.
- 위의 조례 제25조(의견진술 기회의 부여)에서 처분의 사전통지, 의견 제출의 기회는 내용상 청문과 관련 있다. 청문은 벌칙규정이 아니라 보칙규정에 포함되는 사항이다.
- 제25조 조 제목은 (의견진술 기회의 부여)보다 (청문)으로 하는 방안을 고려해 본다.
- 제29조는 과태료 규정으로서 별도의 규정으로 두지 않아도 되는 조항이다.

2 과태료

1. 의의

- 행정질서벌인 과태료는 행정상의 질서유지를 위해 과하는 벌과금으로서, 행정법규 위반 정도가 비교적 경미하여 간접적으로 행정목적 달성에 장애를 줄 위험성이 있는 정도의 단순한 의무 태만에 대해 부과하는 일종의 금전벌이다.
- "행정형벌"은 직접적으로 행정목적이나 사회법익을 침해하는 경우에 부과한다는 점에서 과태료와 차이가 있다. 과태료는 형벌이 아니므로 「형법」 총칙의 규정이 적용되지는 않는다. 과태료는 부과받더라도 전과로 되지 않으며 다른 형벌과 누범 관계가 생기지 않는다.

2. 관련 법령

- (질서위반행위규제법) 「질서위반행위규제법」은 과태료의 부과 · 징수, 재판 및 집행 등의 절차에 관한 다른 법률의 규정 중 이 법의 규정에 저촉되는 것은 이 법으로 정하는 바에 따르도록 하고 있다.
- (과태료 부과에 관한 개별법) 개별 질서위반행위에 대한 과태료 부과는 개별 법률에서 부과요건 · 부과권자 등을 규정하고 있다. 법률에서 과태료 부과기준 등을 대통령령 또는 조례에 위임하고 대통령령, 조례 등은 별표 등에서 과태료의 부과기준을 정하고 있다.

【 제재수단의 종류 】[3)]

구 분	정의	부과권자	법적 성격
벌금	"형사상"의 행위규범을 위반한 경우 법원에서 사법적 판단으로 부과하는 형벌	사법기관	형벌
과태료	"행정상"의 행위규범을 위반한 경우 행정적으로 부과하는 행정질서벌	행정기관	행정질서벌
과징금	행정상의 행위규범을 위반하여 경제상 이익을 얻게 되는 경우 그 경제적 이익을 박탈하거나 영업정지 처분을 갈음하여 부과하는 금전적 제재	행정기관	부당이득 환수, 의무이행 확보를 위한 제재수단

3) 국회 법제실, 「법제 이론과 실제」, 2019, p.422.

3. 과태료에 관한 조례 제정

- 「질서위반행위규제법」 제6조(질서위반행위 법정주의)는 법률에 따르지 아니하고는 어떤 행위도 질서 위반행위로 과태료를 부과하지 아니한다고 규정하고 있고, 「지방자치법」 제28조제1항 단서는 주민의 권리 제한 또는 의무 부과에 관한 사항이나 벌칙을 정할 때에는 법률의 위임이 있어야 한다고 규정하고 있으므로 법률의 위임이 없는 경우에는 원칙적으로 과태료를 부과하는 질서위반행위를 신설하는 조례를 제정할 수 없다.
- 과태료를 규정하기 전에 조례에서 어떤 위반행위의 요건을 정해야 하는데, 그러한 위반행위는 의무의 부과를 전제로 하고, 이는 법률의 위임이 있어야 한다.
- 상위법령에서 과태료를 지방자치단체의 장이 부과 · 징수하도록 규정하고 있다면, 이는 법에서 정한 부과권자인 지방자치단체의 장이 규칙으로 정해야 하며 상위법령의 위임 없이 조례로 과태료의 부과 · 징수에 관한 사항을 정할 수는 없다.
- 「지방자치법」 제34조(조례 위반에 대한 과태료)에서 "지방자치단체는 조례를 위반한 행위에 대하여 조례로써 1천만원 이하의 과태료를 정할 수 있다"라고 규정하고, 「질서위반행위규제법」 제2조제1호에서 "질서위반행위"란 법률(지방자치단체의 조례를 포함)상의 의무를 위반하여 과태료를 부과하는 행위를 말한다고 규정하고 있다.
- 따라서 법률에서 조례로 의무를 정할 수 있도록 위임하면서 과태료를 조례로 위임하고 있지 않은 경우에도 조례에 과태료 부과 대상 및 금액을 정할 수 있다.[4]

4. 입법방식

- (표현) "제○항에 따른 과태료는 조례로 정하는 바에 따라 지방자치단체의 장이 부과 · 징수한다" 또는 "제○항에 따른 과태료의 부과기준에 대해서는 조례로 정한다"와 같이 규정한다.
- 상위법령인 대통령령에서 과태료는 10만원의 범위에서 조례로 정하도록 규정하고 있는데, 해당 조례는 과태료 금액을 정액으로 명시하지 않고 그 상한 또는 범위만을 설정하고 있다면, 대통령령에서 위임한 것은 과태료의 구체적인 금액이지 "과태료 금액의 범위"가 아니므로 조례는 과태료 금액을 정액으로 명시하여 규정한다.
- 과태료에 숫자가 대응되면 돈의 액수를 의미하므로 "과태료 금액"이라고 표현하지 않는다.
- 과태료 금액은 실체적이고 본질적인 사항이므로 과태료 금액을 "조례 시행규칙"에 규정하는 것은 조례 제정의 중심내용을 조례 시행규칙으로 위임하는 방식이 되어

4) 법제처, 「2021 쉽게 찾아보는 자치법규 입안기준」, 2021, pp.64~65.

적절하지 않다.

5. 처분 대상 위반행위

다음과 같은 행위의 의무위반은 가능하면 과태료를 부과한다.

- 신고 의무 위반 (휴업·폐업·재개업, 신고·허가·등록 사항 변경, 사업 등의 양도·양수·승계, 그 밖의 신고 또는 신청)
- 장부의 작성 · 비치 · 보존 의무 위반
- 허가증 · 요금표 등의 게시 위반
- 허가증 · 등록증 등의 반납 불이행
- 보고 · 자료 제출 · 출석 답변 또는 통지 등 명령 위반, 정기 보고 등의 불이행
- 검사 · 조사 또는 출입 · 검사 등의 기피
- 유사 명칭 사용금지 위반
- 정부투자 · 출연기관이나 그 밖의 특수법인 등의 등기 · 공고의 해태, 시정 · 감독 등 명령 위반
- 겸직 금지 위반
- 조사 · 측량 등을 위한 토지에의 출입의 거부 · 방해 또는 기피
- 본 의무 이행 후 그 부수 의무의 불이행
- 사용료 · 수수료 등의 요금 면탈과 승인된 요금 외의 요금 수수
- 그 밖에 경미하거나 수시로 부과되는 행정질서 유지를 위한 명령의 위반

6. 과태료 부과기준의 규정

- 과태료 가중 · 감경과 관련된 내용을 별표 대신 본문에서 규정한 경우도 있으나, 과태료 관련 가중 · 감경기준이 복잡하면 과태료 가중 · 감경사유의 일반기준과 개별기준을 "별표"에서 규정하고, 「질서위반행위규제법 시행령」 제2조의2에 따른 감액사유는 개별 조례에서 중복하여 규정할 필요가 없다.
- 조례에서 과태료 부과금액을 정할 때는 법률에서 정한 과태료 상한액과 큰 편차가 발생하지 않도록 해야 한다. 법률에서 과태료 상한액을 복수로 설정한 경우에는 법률적 판단을 존중하여 조례에서도 과태료 부과금액도 위반행위 간 순서를 유지해야 한다.

7. 위반 회수별 과태료 가중처분

- 위반 회수별 과태료 가중처분 제도는 과태료를 받은 전력이 있음에도 또다시 같은 위반행위를 한 자에 대해 그 위반 횟수에 따라 보다 무거운 제재를 가하려는 것으로, 종전 처분의 경고적 기능을 무시하고 같은 위반행위를 반복한 경우 보다 비난

가능성이 크다는 점을 근거로 한다.

- 다만, 위반 회수별 과태료 가중처분 제도를 규정할 때에는 위반 횟수, 가중처분의 기준이 되는 기간과 가중처분이 적용되는 기간의 계산에 대해 명확히 규정하여 집행상 혼란이 없도록 해야 한다.
- 가중처분의 적용대상이 되는 위반행위는 과태료 부과처분 후에 행해진 위반행위만 해당한다는 것이 판례의 확립된 견해이므로, 가중처분의 적용대상과 관련해서는 "과태료 부과처분 후 다시 같은 위반행위를 한 것"에 한정함을 명확히 한다.

8. 1천만 원 이하의 과태료

- 「지방자치법」 제34조는 "지방자치단체는 조례를 위반한 행위에 관하여 조례로써 1천만 원 이하의 과태료를 정할 수 있다"라고 규정하여 조례의 실효성을 보장하고 있다.[5)]
- 조례로서 벌칙 제정권을 부여하는 것은 지방자치단체 행정의 실효성을 확보하려는 조치이다. 다만, 징역, 금고 등의 "행정형벌"을 규정할 수는 없고, 행정질서벌의 일종인 과태료만을 부과할 수 있도록 한 것은 자치행정의 실효성 확보 수단으로는 미약하다는 지적이 있다.
- 일본 「지방자치법」 제14조제3항은 "보통지방공공단체는 법령에 특별한 규정이 있는 경우를 제외하고는 그 조례로 조례위반자에 대하여 2년 이하의 징역 또는 금고, 100만엔 이하의 벌금, 구류, 과료 또는 몰수의 형 또는 5만엔 이하의 과태료를 부과하는 취지의 규정을 둘 수 있다"라고 하여 징역, 금고, 구류 등 다양하게 규정하고 있다.
- 조례 위반행위에 대하여 현행법은 과태료를 정할 수 있을 뿐 형사처벌을 둘 수 없도록 하고 있는데, 입법론의 근거로 죄형법정주의를 들고 있다. 그러나 이론상 죄형법정주의는 집행기관에 대한 의회의 견제장치로써 나온 것이지, 주민의 대표기관인 지방의회의 역할을 견제하려 한 것은 아니다.[6)]

9. 과태료의 부과·징수 절차규정

- 「질서위반행위규제법」 제5조에서 과태료의 부과 · 징수, 재판 및 집행 등의 절차에 관한 다른 법률의 규정 중 이 법의 규정에 저촉되는 것은 이 법으로 정하는 바에 따르도록 하고 있으므로 개별 법률, 조례에서 이러한 사항을 규정하는 것은 불필요하게 되었다.
- 따라서 과태료 부과 · 징수에 관한 사항은 "법률사항"이므로, 조례에 과태료 부과

5) 법제처, 「2018년 자치법규 입안 길라잡이」, 2018, pp.251～257.

6) 남재걸, 「지방자치론」, 박영사, 2022, pp.211～212; 임승빈, 「지방자치론」, 법문사, 2021, pp.110～112.

절차를 규정할 수 없고, 조례에서는 과태료의 부과 · 징수 등에 관한 규정은 생략하고 "부과요건과 부과권자" 등에 관한 규정만 둔다. 이 경우 부과 절차 등이 「질서위반행위규제법」에 따른다는 별도의 규정을 둘 필요도 없다.7)

7) 국회 법제실, 「법제 이론과 실제」, 2019, pp.693~697; 법제처, 「법령 입안·심사 기준」, 2018, pp.542~550.

CASE Study 246 **과태료 부과 · 징수 규정 ①**

[입법례] **OO 어린이 과학놀이 체험관 관리 및 운영 조례**

(제정) 2022.12.23 조례 제1477호

제14조(과태료) ① 사기 및 부정한 방법으로 제7조의 규정에 의한 입장료를 면제 받은 사람에 대하여는 그 징수를 면한 금액의 5배 이내의 과태료를 부과 · 징수할 수 있다.

② 제1항에 따른 **과태료 부과 · 징수 및 집행 등의 절차에 관한 사항은 「질서위반행위규제법」에 따른다.**

OOOO시 OO구 마장축산물시장 일대 환경개선에 관한 조례

(일부개정) 2022.12.29 조례 제1574호

제21조(행정처분 및 과태료) ① 구청장은 법 또는 법에 따른 명령을 위반한 행위에 대하여는 법 제60조에 따라 행정처분을 하여야 하며, 제68조에 따라 과태료를 부과 · 징수한다.

② 과태료의 부과 · 징수 절차는 「질서위반행위규제법」에 따른다.

OO시 해수욕장 이용 · 관리에 관한 조례

(일부개정) 2023.01.01 조례 제1497호

제14조(과태료의 부과 · 징수) ① 법 제22조제1항의 준수사항을 위반한 자에게는 법 제47조제1항 및 영 제24조에 따라 과태료를 부과 · 징수한다.

② 제1항에 따른 과태료 부과기준은 영 별표 4와 같다.

③ 제1항에 따른 **과태료 부과 · 징수에 관한 사항은 「질서위반행위규제법」에 따른다.**

[검토사항: **과태료**]

- 「질서위반행위규제법」 제5조에서 "과태료의 부과 · 징수, 재판 및 집행 등의 절차에 관한 다른 법률의 규정 중 이 법의 규정에 저촉되는 것은 이 법으로 정하는 바에 따른다"고 규정하고 있어 과태료 부과 · 징수에 관한 사항은 "법률사항"이므로, 조례에 과태료 부과 절차를 규정할 수 없고, 부과 절차 등을 「질서위반행위규제법」에 따른다는 별도의 규정을 둘 필요도 없다.
- 따라서 위의 3건의 조례에서 첫 번째 조례의 제14조제2항, 두 번째 조례의 제21조제2항, 세 번째 조례의 제14조제3항은 각각 삭제되어도 무방하다는 것이다.

CASE Study 247 과태료 부과 · 징수 규정 ②

OO광역시 OO구 금연구역 지정 등에 관한 조례

(일부개정) 2022.08.01 조례 제1147호

제8조(과태료) ① 구청장은 제3조에 따라 지정된 금연구역에서 흡연을 한 사람에게는 「국민건강증진법」 제34조제3항에 따라 과태료를 부과 · 징수하며, 과태료 부과금액은 「OO광역시 금연환경 조성에 관한 조례」 제8조제1항에 따른다.

② 제1항에 따른 **과태료의 부과 · 징수 등에 관한 사항은 「질서위반행위규제법」에 따른다.**

OOOO시 OO G밸리사랑상품권 발행 및 운영에 관한 조례

(일부개정) 2022.08.10 조례 제1247호

제10조(과태료 부과 · 징수) ① 구청장은 법 제20조제1항 및 제2항에 해당하는 자에게 과태료를 부과 · 징수할 수 있다.

② 과태료의 부과기준은 영 별표에, **과태료의 부과 · 징수 절차는 「질서위반행위규제법」에따른다.**

OO시 지하수 관리 조례

(일부개정) 2022.08.05 조례 제2278호

제17조(과태료의 부과 · 징수) ① 과태료의 부과는 법 제39조, 제40조 및 영 제44조에 따른다.

② **과태료를 부과 · 징수하는 때에는 「질서위반행위규제법」에서 정하는 바에 따른다.**

OO시 전통시장 및 상점가 육성에 관한 조례

(일부개정) 2022.08.05 조례 제2273호

제37조(과태료 부과 · 징수) ① 법 제74조 및 영 제35조에 따른 과태료는 OO시장이 부과 · 징수한다.

② **과태료 부과 및 징수 절차는 「질서위반행위규제법」을 따른다.**

제38조(과태료 부과기준) 과태료의 부과기준은 영 제35조제3항을 따른다.

OOOO시 하수도 사용 조례

(일부개정) 2022.12.30 조례 제8530호

제42조(과태료의 부과 · 징수 절차 등) ① 이 조례에 따른 **과태료의 부과 · 징수, 체납처분 및 이의제기 등의 절차에 관한 사항은 「질서위반행위규제법」에 따른다.**

[검토사항: **과태료 부과 · 징수**]

- 과태료 부과 · 징수에 관한 사항은 "법률사항"이므로, 조례에 과태료 부과 · 징수 규정을 두지 않는다.
- 앞의 입법례와 마찬가지로 과태료 부과 · 징수 관련 조항은 삭제해도 무방하다.
- 확인적 · 안내적 차원에서 명시해 줄 수도 있지 않냐는 의견이 있을 수 있다.

CASE Study 248 정확한 표현

OO군 지역보건법 위반에 대한 과태료 부과 · 징수 조례

(일부개정) 2023.04.18 조례 제2608호

제1조(목적) 이 조례는 「지역보건법」 제34조제2항에 따른 과태료의 부과 · 징수기준 및 사무처리 절차에 관하여 필요한 사항을 규정함을 목적으로 한다.

제2조(과태료의 부과 · 징수 대상) 과태료는 OO군수가 부과 · 징수한다.

제3조(과태료 부과기준) 「지역보건법」 제34조에 따른 과태료의 부과기준은 별표와 같다. <개정 2023. 4. 18.>

제4조(과태료의 부과 · 징수절차) 과태료의 부과 · 징수, 재판 및 집행 등의 절차에 관한 사항은 「질서위반행위규제법」을 따른다.

제5조~제11조 삭제 <2016. 12. 9.>

부칙 (2023.4.18. 조례 제2608호)

이 조례는 공포한 날부터 시행한다.

[검토사항: **조문, 정확한 표현**]

- 위의 조례 제2조는 조문 제목은 "과태료의 부과 · 징수 대상"인데, 본문 내용은 징수권자에 대한 내용이다.
- 조문 제목을 본문의 내용과 부합되도록 한다.

CASE Study 249 과태료 상한액 위반

[입법례]

OO도 소비자 기본조례

(일부개정) 2022-12-30 조례 제7495호

제45조(과태료) ① 다음 각 호의 어느 하나에 해당하는 경우 **3천만원** 이하의 과태료에 처한다.

1. 법 제20조를 위반한 사람
2. 법 제37조를 위반하여 동일 또는 유사명칭을 사용한 사람
3. 제38조제1항을 위반하여 물품 등의 중대한 결함의 내용을 보고하지 아니하거나 거짓으로 보고한 사람
4. 제42조제1항 또는 제2항에 따른 검사 · 출입을 거부 · 방해 · 기피한 사람, 업무에 관한 보고를 하지 아니하거나 거짓으로 보고한 사람 또는 관계 물품 · 서류 등을 제출하지 아니하거나 허위로 제출한 사람

OOO도 소비자 기본조례

(일부개정) 2023-03-30 조례 제5702호

제45조(과태료) ① 법 제86조에 따라 다음 각 호의 어느 하나에 해당하는 경우 **3천만원** 이하의 과태료를 부과한다.

1. 법 제20조를 위반한 사람
2. 법 제37조를 위반하여 동일 또는 유사명칭을 사용한 사람
3. 법 제47조제1항을 위반하여 물품 등의 중대한 결함의 내용을 보고하지 아니하거나 거짓으로 보고한 사람

OOO도 자연환경보전 조례

(일부개정) 2022-12-30 조례 제4861호

제32조(과태료) ① 다음 각 호의 어느 하나에 해당하는 사람에게 **1천만원** 이하의 과태료를 부과한다.

② 제14조제3항의 규정에 따른 출입제한을 위반한 사람은 200만원 이하의 과태료를 부과한다.

[검토사항: **과태료 상한액**]

- 현행 「지방자치법」 제34조(조례 위반에 대한 과태료)는 "지방자치단체는 조례를 위반한 행위에 관하여 조례로써 1천만 원 이하의 과태료를 정할 수 있다"라고 규정하여 과태료 상한액은 1천만원이다.
- 위의 첫 번째, 두 번째 조례의 과태료 상한액은 3천만원이다. 적법성에 대해 확인해 본다.

CASE Study 250 장(章) 구분 ①

[입법례] **OOOO시 OO구 전통시장 및 상점가 육성을 위한 조례**

(전부개정) 2022.07.14 조례 제1688호

제10장 보칙

제46조(과태료 부과 · 징수) 법 제74조 및 영 제35조에 따른 과태료는 구청장이 부과 · 징수하며 **과태료 부과 · 징수 절차 등에 관한 사항은 「질서위반행위규제법」을 따른다.**

OO군 군계획 조례

(일부개정) 2022.07.15 조례 제2436호

제7장 보칙

제74조(과태료의 부과) 영 제134조제4항의 규정에 의한 과태료의 징수절차는 지방세 징수의 예에 의한다. 이 경우 납입고지서에는 이의방법 및 이의기간 등을 기재하여야 한다.

OO시 폐기물 관리에 관한 조례

(일부개정) 2022.08.12 조례 제1049호

제4장 보칙

제31조(과태료) ① 시장은 법 제68조와 「자원의 절약과 재활용촉진에 관한 법률」 제41조에 따라 과태료를 부과 · 징수하며, 과태료의 위반행위의 종류와 위반 정도에 따른 부과기준은 「폐기물관리법 시행령」 제38조의4와 「자원의 절약과 재활용촉진에 관한 법률 시행령」 제50조에 따른다.

② 제1항에 따른 **과태료의 부과 · 징수, 재판 및 집행 등에 필요한 사항은 「질서위반행위규제법」에 따른다.**

[검토사항: **과태료, 장 구분**]

- 과태료는 벌칙규정에 포함되는 요소이다.
- 위의 3건 조례는 모두 장(章)의 이름이 벌칙이 아닌 "보칙"인데 적절하지 않다고 본다.
- 위의 조례에서 과태료의 부과 · 징수, 재판 및 집행 등에 필요한 사항은 「질서위반행위규제법」에 따르도록 하고 있다. 이는 조례에 규정하지 않아도 무방한 조항이다.

CASE Study 251 장(章) 구분 ②

[입법례]

OO도 환경영향평가 조례

(일부개정) 2022-10-14 조례 제4933호

제5장 벌칙

제24조의2(과태료) ① 다음에 해당하는 자에게는 1천만원 이하의 과태료를 부과한다.

② 다음에 해당하는 자에게는 500만원 이하의 과태료를 부과한다.

③ 다음 각 호의 어느 하나에 해당하는 자에게는 200만원 이하의 과태료를 부과한다.

④ 제1항부터 제3항까지의 과태료는 규칙에 따라 도지사 또는 시장 · 군수가 부과 · 징수한다.

OOOOOO도 감귤생산 및 유통에 관한 조례

(일부개정) 2022-11-23 조례 제3239호

제6장 벌칙

제31조(과태료 부과대상 및 기준) 다음 각 호의 어느 하나에 해당하는 자는 「OOOOOO도 설치 및 국제자유도시 조성을 위한 특별법」 제480조제2항에 따라 1천만원 이하의 과태료를 부과하며 그 기준은 별표 2와 같다.

OO광역시 도시공원 및 녹지 조례

(일부개정) 2022-12-30 조례 제6954호

제6장 벌칙

제20조(과태료) 거짓이나 그 밖에 부정한 수단으로 사용료 징수를 면한 자에 대하여는 그 징수를 면한 금액의 5배의 과태료를 부과한다.

OOOO시 환경영향평가 조례

(일부개정) 2022.04.28 조례 제08392호

제7장 벌칙

제34조(과태료부과 · 징수 절차 등) ① 다음 각 호의 어느 하나에 해당하는 자에게는 1천만원 이하의 과태료를 부과한다.

[검토사항: **과태료, 벌칙 장(章)**]

- 과태료는 벌칙규정에 포함되는 요소이다.
- 위의 4건 조례는 과태료를 벌칙 장(章)에 각각 규정하여 장 구분은 적절한 것으로 본다.

CASE Study 252 장(章) 구분 ③

[입법례]

OO광역시 대기환경보전 조례

(일부개정) 2022－12－14 조례 제6008호

제6장 보칙 및 과태료

제21조(소규모 배출원의 규제) ① 시장은 「대기관리권역의 대기환경개선에 관한 특별법」 제34조에 따라 생활주변 소규모 배출원에서 배출되는 오염물질로 인한 대기오염을 줄이기 위하여 필요하다고 인정되는 경우 다음 각 호의 조치를 명령할 수 있다.

제22조(권한의 위임) ① 시장은 다음 각 호의 권한을 자치구청장에게 위임한다.

제23조(과태료 부과 · 징수) ① 시장은 자동차 운전자가 제14조를 위반한 때에는 법 제94조제4항제5호에 따라 위반시 마다 5만원의 과태료를 부과 · 징수한다.

[검토사항: **보칙 장(章), 벌칙 장(章)**]

- "권한의 위임"은 보칙규정에 포함되는 사항이다.
- 과태료는 벌칙규정에 포함되는 요소이고, 벌칙은 장(章)의 이름으로도 쓰인다.
- 과태료는 장(章)의 이름으로 쓰지 않는다.
- 규율하는 내용이 서로 다르므로 보칙과 벌칙은 별도의 장(章)으로 구분하여 규정하는 게 바람직하다고 본다.

제 6 장

부 칙

1. 부칙 개관
2. 시행일
3. 유효기간
4. 다른 조례의 폐지
5. 준비행위
6. 적용례
7. 특례
8. 경과조치
9. 다른 조례의 개정
10. 다른 조례와의 관계

1 부칙 개관

1. 부칙의 의의

- 부칙은 본칙에서 규정하는 사항의 시행일과 본칙의 시행에 따른 과도적 조치인 시행을 위한 준비행위, 적용례, 특례, 경과조치, 기존 조례의 폐지, 그리고 본칙의 시행에 따라 필요한 다른 조례의 개정, 개정된 본칙과 다른 조례 등과의 관계 등을 규정한 부분이다.
- 이러한 규정들은 본칙과 달리 잠정적 성격을 띠거나 일시적 조치의 성격을 띤다.

2. 규정방법

- 부칙은 장(章)의 하나가 아니므로 장 번호를 붙이지 아니하고 "부칙"이란 표제 아래 모아서 규정한다.
- 부칙도 본칙과 같이 조(條)로 구분하고, 조에 제목을 붙이며, 조 번호는 제1조부터 새로 시작한다.
- 부칙에서 "시행일" 하나만을 규정하는 경우에는 "조 번호와 조 제목"을 표시하지 아니한다.

3. 개정된 본칙 조문의 인용

- 부칙에서 개정된 본칙의 조문을 인용하는 경우 개정되는 조례가 전부개정이든 일부개정이든 "제○조의 개정규정"으로 표현한다. 특히 본칙에서 신설되거나 삭제된 규정을 인용하는 경우에도 "제○조의 신설 규정"이나 "제○조의 삭제 규정" 등의 표현은 하지 않도록 한다.
- 다만, 본칙에서 삭제된 조문을 부칙에서 "제○조의 개정규정"으로 인용할 경우 경과조치 등을 이해하는 데에 어려움이 있을 수 있으므로, 내용을 풀어 쓸 수 있으면 "제○조의 개정규정"이라고 표현하지 않고 "삭제 전의 종전 규정"을 인용하여 알기 쉽도록 한다.

4. 규정순서

① 시행일, ② 유효기간, ③ 다른 조례의 폐지, ④ 준비행위, ⑤ 적용례, ⑥ 특례, ⑦ 경과조치, ⑧ 다른 조례의 개정, ⑨ 다른 조례와의 관계 순서이다.

※ 적용례 · 특례에 관한 규정이 둘 이상인 경우는 그 대상이 되는 본칙 규정의 순서에 따라 배열한다.[1)]

5. 조례 부칙의 개정

조례의 부칙 중 현재 효력이 있는 규정은 본칙을 개정하는 것과 동일한 방식으로 개정할 수 있다. 따라서 조례의 유효기간이나 경과조치 등의 적용시한을 연장해야 할 필요가 있는 등의 사유로 부칙을 개정할 필요가 있을 때에는 부칙이 아닌 "본칙에서 개정문을 붙여 개정" 하고, 개정문에서는 개정 대상이 되는 조항 앞에 "부칙" 이라는 자구를 붙이고, 일부개정 조례의 부칙을 개정할 때에는 "조례 공포번호" 와 해당 개정 조례의 제명을 병기해서 개정한다.

[예시]

○○시조례 제○호 ○○조례 일부개정조례 부칙 제○조 중 "…"을 "…"으로 한다.

6. 조례 부칙에서 규칙의 개정 가능 여부

- 둘 이상의 자치법규를 하나의 개정 자치법규 안에 포함하여 개정하는 것은 "같은 종류"의 자치법규끼리만 가능하고, "다른 종류의 자치법규를 개정할 수 없다."
- 따라서 조례 부칙에서는 같은 입법형식인 조례만을 개정할 수 있으며, 다른 입법형식인 규칙이나 고시 등은 개정할 수 없다.[2)]

1) 국회 법제실, 「법제 이론과 실제」, 2019, pp.701~704; 법제처, 「2022년 자치법규 입안 길라잡이」, 2022, pp.284~286.

2) 법제처, 「2021 쉽게 찾아보는 자치법규 입안기준」, 2021, p.67, p.337

[입법모델]

【 부칙 규정 순서 】3)

• 시행일	**제1조(시행일)** 이 조례는 공포한 날부터 시행한다. (공포 후 O개월이 경과한 날부터 시행한다. / OOOO년 OO월 OO일부터 시행한다.)
• 유효기간	**제2조(유효기간)** 이 조례는 OOOO년 OO월 OO일까지 효력을 가진다.
• 다른 조례의 폐지	**제○조(다른 조례의 폐지)** 「○○조례」는 폐지한다.
• 준비행위	※ 준비행위는 조례의 내용에 따라 다를 수 있으므로 사안에 따라 적절한 준비행위를 할 수 있도록 규정한다.
• 적용례	**제○조(□□에 관한 적용례)** 제○조제○항의 개정규정은 이 조례 시행 이후 ……하는 경우(자)부터 적용한다.
• 특례	**제○조(□□에 관한 특례)** ……은 제○조에도 불구하고 ……한다. (……하지 아니한다.)
• 경과조치	**제○조(일반적 경과조치)** 이 조례 시행 전에 종전의 「○○조례」의 규정에 따라 행한 처분·절차 그 밖의 행위는 그에 해당하는 이 조례의 규정에 따라 행한 것으로 본다.
	제○조(□□에 관한 경과조치) 이 조례 시행 전에 종전의 규정에 따라 …한 것은 이 조례에 따라 ……한 것으로 본다.
• 다른 조례의 개정	**제○조(다른 조례의 개정)** ① **▲▲조례 일부를 다음과 같이 개정한다.** 제○조제○항 중 "……"을 "……"로 한다. ② **■■조례 일부를 다음과 같이 개정한다.** 제○조제○항 중 "……"을 "……"로 한다. **※ 현재 많은 조례가 (다른 조례의 개정) 부분에서 개정방식이 잘못된 것으로 보인다.**
• 다른 조례와의 관계	**제○조(다른 조례와의 관계)** 이 조례 시행 당시 다른 조례에서 종전의 「□□조례」의 규정을 인용하고 있는 경우에는 이 조례 중 그에 해당하는 규정이 있을 때에는 종전의 규정을 갈음하여 이 조례의 해당 규정을 인용한 것으로 본다.

3) 국회 법제실, 「법제 이론과 실제」, 2019, pp.701－704; 법제처, 「2022년 자치법규 입안 길라잡이」, 2022, pp.284～286.

CASE Study 253 부칙 조(條) 번호 연혁

[입법례] **OO광역시 도시공원 및 녹지 조례**

(일부개정) 2023-02-03 조례 제6978호

부칙

1. (시행일) 이 조례는 공포한 날로부터 시행한다.
2. (폐지조례) 이 조례 시행과 동시에 OO직할시립공원설치조례(1980.7.4. 조례 제1285호)는 이를 폐지한다.
3. (경과조치) 이 조례 시행 당시 공원 및 공원시설의 사용허가 또는 관리위탁을 받은 경우에는 이 조례에 의하여 사용허가 또는 관리위탁을 받은 것으로 본다.

부칙 <제2560호 1991-12-16>

① (시행일) 이 조례는 공포한 날부터 시행한다.

② (경과조치) 이 조례는 시행 당시 공원 및 공원시설의 사용허가 또는 관리위탁, 공원·녹지의 점용허가를 받은 경우에는 이 조례에 의하여 사용허가, 관리위탁, 점용허가를 받은 것으로 본다.

부칙 <제4027호 2007-07-30>

제1조(시행일) 이 조례는 공포한 날부터 시행한다.

제2조(사용·점용·위탁에 관한 경과조치) 이 조례 시행 당시 「OO광역시 도시공원 조례」에 의하여 공원녹지 및 시설의 사용허가 또는 관리위탁·점용허가 등을 받은 경우에는 이 조례에 의하여 허가 또는 위탁을 받은 것으로 본다.

OOOO시 중소기업육성기금의 설치 및 운용에 관한 조례

(일부개정) 2023.03.27 조례 제8649호

부칙 <제3858호, 2001.4.16>

(시행일) 이 조례는 공포한 날부터 시행한다.

(경과조치) 이 조례 시행 당시 종전의 규정에 의하여 융자하였거나 융자하기로 확정된 자에 대하여는 종전의 규정을 적용한다.

OO광역시 환경정책위원회 조례

(일부개정) 2022-12-01 조례 제2646호

부 칙 (개정 2013·1·10 조례 제1334호)

(시행일) 이 조례는 공포한 날부터 시행한다.

[검토사항: **부칙, 조 번호 연혁**]

- 위의 첫 번째 조례는 부칙 규정의 조 번호의 연혁을 보여준다.
- 과거에 부칙 규정은 "항"(①, ② 등)으로 표현했다.
- 이제는 본칙과 같이 부칙도 새로이 제1조, 제2조 등으로 시작한다.
- 두 번째, 세 번째 조례는 (제목) 앞에 어떠한 번호도 붙이지 않았다.

CASE Study 254 부칙 조문 순서 ①

[입법례] **OO시 환경친화적 자동차의 보급 및 이용 활성화를 위한 조례**

(제정) 2023.03.15 조례 제1629호

부 칙 <조례 제1629호, 2023.3.15.>

제1조(시행일) 이 조례는 공포한 날부터 시행한다.

제2조(공유재산 대부 또는 사용허가에 관한 적용례) 제7조의 규정은 이 조례 시행 후 최초로 대부 또는 사용 허가한 경우부터 적용한다.

제3조(재정 지원 등에 관한 경과조치) 이 조례 시행 당시 종전에 지원 통보를 받은 자는 제5조 및 제6조에 따른 지원 통보를 받은 것으로 본다.

제4조(다른 조례의 폐지) 「OO시 전기자동차 충전시설의 설치 등에 관한 조례」는 폐지한다.

[검토사항: **부칙, 조문 순서**]

- 부칙 규정순서는 ① 시행일, ② 유효기간, ③ 다른 조례의 폐지, ④ 준비행위, ⑤ 적용례, ⑥ 특례, ⑦ 경과조치, ⑧ 다른 조례의 개정, ⑨ 다른 조례와의 관계 순서이다.
- 위의 조례에서는 제1조(시행일) 〉 제4조(다른 조례의 폐지) 〉 제2조(공유재산의 대부 또는 사용 허가에 관한 적용례) 〉 제3조(재정 지원 등에 관한 경과조치)의 순서로 하는 것이 적절하다고 본다.

CASE Study 255 부칙 조문 순서 ②

OOOO시 OO구립 문화예술단체 설치 및 운영 조례

(일부개정) 2022.12.23 조례 제1522호

부칙 (2020.06.05. 조례 제1359호)

제1조(시행일) 이 조례는 공포한 날부터 시행한다.

제2조(예술단체에 관한 경과조치) 이 조례 시행 당시 설치·운영 중인 예술단체는 이 조례에 따른 예술단체로 본다.

제3조(다른 조례의 개정) 「OOOO시 OO구 재단법인 OO문화재단 설립 및 운영 조례」 일부를 다음과 같이 개정한다.

제6조제3호 중 "합창단"을 "문화예술단체"로 한다.

제4조(다른 조례의 폐지) 「OOOO시 OO구립 합창단 구성 및 운영 조례」는 폐지한다.

[검토사항: **조문 순서**]

- 위의 조례는 제1조(시행일) > 제4조(다른 조례의 폐지) > 제2조(예술단체에 대한 경과조치) > 제3조(다른 조례의 개정)의 순서로 하는 것이 적절하다고 본다.

2 시행일

1. 의의

- 조례의 "시행일"이란 조례에서 규정한 법률효과가 발생하는 날을 말한다.
- 「지방자치법」 제32조제8항은 조례와 규칙은 특별한 규정이 없으면 공포한 날부터 20일이 지나면 효력을 발생한다고 규정하고 있다. 따라서 조례에 시행일에 관한 규정이 없는 경우에는 공포한 날부터 20일이 지난 날부터 시행된다.
- 조례는 하나로 일체를 이루는 것이므로 모든 조항을 같은 날에 시행하는 것이 일반적이나, 일부개정 조례안은 각 조항이 추구하는 정책의 시행 시기가 다른 경우 등 필요에 따라 각 부분이 달리 시행되어야 할 경우도 생기므로, 예외적으로 일부 조항의 일부 내용에 대해서 시행일을 달리하는 규정방식도 가능하다.[4)]

2. 시행일의 규정방식

(1) 공포일부터 시행

- 조례를 긴급히 시행할 필요가 있고, 하위법규를 마련하는 등 별도로 조례의 시행에 필요한 준비행위가 없는 경우에 사용된다.
- (표현) "이 조례는 공포한 날부터 시행한다."

(2) 공포일부터 일정 기간을 경과한 날부터 시행

- 조례 시행을 위해 하위법규를 마련해야 할 때 그 작업에 필요한 시간을 확보할 필요가 있는 경우 사용한다. 정책을 집행 · 시행할 때 주민이 준비할 수 있는 기간을 부여하기 위해 사용한다.
- (표현) "이 조례는 공포 후 ○개월이 경과한 날부터 시행한다."

(3) 특정한 날부터 시행

- 조례의 시행일을 "확정적"으로 정할 필요가 있을 경우 사용한다.
- (표현) "이 조례는 ○○○○년 ○월 ○일부터 시행한다."

(4) 특정한 사실의 발생과 연계하여 시행

- 조례가 특정한 날부터 시행되어야 하는 경우에, 그 날짜가 언제인지 미리 알 수 없는 경우에 사용한다. (조약의 발효)

4) 법제처, 「2021 쉽게 찾아보는 자치법규 입안기준」, 2021, p.73.

- (표현) "이 조례는 「대한민국과 미합중국 간의 자유무역협정 및 대한민국과 미합중국 간의 자유무역협정에 관한 서한 교환」이 발효되는 날부터 시행한다."
- 조례를 특정한 사실의 발생과 연계하여 시행할 필요가 있고 그 사실의 발생 일자가 불분명한 경우에는 조례의 시행일 자체를 특정 사실의 발생과 연계하여 규정할 수는 있다.
- 다만, 이 경우에도 조례의 시행일을 장래에 발생 여부가 불확실한 사실이나 장래 발생이 확실하더라도 그 발생일을 특정하기 어려운 경우를 시행일과 연계하는 것은 적절하지 않다.

(5) 일부 조항의 시행일을 달리하는 규정 (각 조항이 추구하는 정책의 시행 시기가 다른 경우)

- 일부 조항의 시행일을 다른 조항과 달리하는 경우에는 단서를 두는 방식에 따른다. 이 경우 원칙적으로 시행되는 조항의 수가 많은 부문은 본문에, 수가 적은 부문은 "단서"에서 규정하도록 한다. 비록 단서에 규정되는 조항의 시행일이 본문의 시행일보다 앞서더라도 같은 방식에 따른다.
- (표현) "제1조(시행일) 이 조례는 공포한 날부터 시행한다. 다만, 제20조의 개정규정은 공포 후 3개월이 경과한 날부터 시행하고, 제10조제1항의 개정규정은 2024년 1월 1일부터 시행한다."

(6) 시행일을 달리하는 조항을 각 호로 열거한 방식

- 다른 시행일을 문장 하나로 표현하면 알아보기 어려운 경우, 시행일을 각 호로 열거하는 방식을 사용한다.
- (표현)

제1조(시행일) 이 조례는 공포한 날부터 시행한다. 다만, 다음 각 호의 사항은 각 호의 구분에 따른 날부터 시행한다. 1. 제20조의 개정규정과 부칙 제4조의 규정은 이 조례 공포 후 3개월 이내에 제20조의 개정규정에 따른 ……에 관한 규칙이 시행되는 날 2. 제10조의 개정규정과 부칙 제2조의 규정은 이 조례 공포 후 3개월이 경과한 날

(7) 조항 중의 일부 내용에 대하여 시행일을 달리한 방식

- 어느 한 조항이 아니라 그 조항 중의 일부 내용에 대해서만 시행일을 달리 정해야 할 경우, "제○조제○항의 개정규정 중 "…… 부분은 …… 부터 시행한다."는 방식으로 그 부분을 최대한 구체적으로 명시한다.
- (표현) "제1조(시행일) 이 조례는 공포 후 6개월이 경과한 날부터 시행한다. 다만,

제10조제2항의 개정규정 중 시장 관련 부분은 2024년 1월 1일부터 시행하고, 부칙 제3조는 공포한 날부터 시행한다."

3. 유의사항

(1) 시행 유예기간의 적절한 설정

- 조례의 시행을 위한 시행일을 정할 때 그 시행을 위해 규칙 등 하위법규를 마련할 필요가 있는 경우에는 그에 소요되는 기간과 주민이 조례의 내용을 숙지하고 필요한 준비를 할 시간적 여유를 가질 수 있도록 적절한 시행 유예기간이 필요하다.
- 공포한 날부터 시행한다. (실제 가능한지 검토)
- 조례로 정하도록 위임하는 경우 제정 · 개정을 위해 지방의회의 심의 · 의결을 거쳐야 하므로 충분한 유예기간을 둔다.
- 요즘 조례 간에 연관성을 갖는 경우가 많아져서 시행일을 규정할 때, 관련 조례 간의 관계를 확인한다.

(2) 공포일 이후의 날로 설정

- 조례의 시행일을 특정일로 정해 입안한 경우 시행일 전이나 최소한 시행일에는 공포되어야 하나, 조례의 공포가 예상보다 늦어져서 공포일이 시행일보다 늦게 되는 경우에는 조례 전체가 무효가 되는 것은 아니고 해당 시행일만 무효가 되어 시행일이 없는 것이 되므로, 해당 조례는 「지방자치법」 제32조제8항에 따라 공포한 날부터 20일이 지난 날부터 시행하게 된다.
- 따라서 조례의 제 · 개정과정에서 조례규칙심의회의 상정, 공보발간 시기 등으로 공포일이 촉박하다면 해당 부서에서는 의회와 조율하여 조례의 시행일을 공포일 이후가 되도록 조정할 필요가 있다.

(3) 위임법령의 시행일, 관계 법령 등의 시행일 고려

- 법령의 위임에 따라 제정 · 개정되는 조례는 조례의 시행일을 위임법령에서 정한 시행일로 규정해야 한다.
- 다만, 위임법령의 시행일보다 조례가 늦게 공포된 경우에는 조례의 시행일을 조례의 공포일 이후의 날로 정해야 한다.
- 해당 조례가 법령이나 다른 조례의 시행을 전제로 하면 그 법령이나 다른 조례의 시행일을 파악하여 시행일을 일치시키거나 그보다 늦춰야 한다.[5]

---

5) 행정자치부, 「2016 자치법규 입법실무, 2016, p.86; 국회 법제실, 「법제 이론과 실제」, 2019, pp.705~710

CASE Study 256 부칙도 항이 아닌 조(條)로 시작

[입법례]

OO군 부동산가격공시위원회 조례

(일부개정) 2022.07.08 조례 제2787호

부 칙 <조례 제1792호, 2005.04.20.>

① **(시행일)** 이 조례는 공포한 날부터 시행한다.

② **(경과조치)** 이 조례 시행 당시 종전의 조례에 의하여 행정기관이 행한 결정 및 공시 등에 관한 사항은 이 조례에 의한 것으로 본다.

③ 「OO군 토지 평가 위원회 조례」는 이를 폐지한다.

OO군 발전소 주변지역 주민소득증대를 위한 농·축·어업자금 융자 관리 조례

(일부개정) 2022.07.08 조례 제2787호

부 칙 <조례 제1670호>

① **(시행일)** 2001년 1월 1일부터 시행한다.

② **(경과규정)** 이 조례 시행이전에 대출된 융자금에 대하여는 종전의 규정에 의한다.

③ **(폐지조례)** OO군OO화력발전처주민복지지원사업및기업유치지원사업운영관리조례는 이를 폐지한다.

OOOO시 OO구 출산지원금 지급에 관한 조례

(전부개정) 2022.11.10 조례 제1706호

부 칙 (2008.12.10)

① **(시행일)** 이 조례는 2009년 1월 1일부터 시행한다.

② **(적용례)** 출산지원금은 이 조례 시행 후 출생한 신생아부터 적용한다.

[검토사항: **부칙도 항이 아닌 조(條)로 시작**]

- 오래전의 규정이긴 하지만 위의 3건 조례의 부칙이 조(條)가 아니라 항(項) ①, ②으로 구성되었다.
- 부칙도 본칙과 같이 “항”이 아닌 조(條)로 구분하고, 조 제목을 붙이며, 조 번호는 제1조부터 새로 시작한다.
- 제목은 조에만 붙이고 항·호에는 붙이지 않는다.
- 위의 두 번째 조례 ③ (폐지조례) 본문의 조례명처럼 과거에는 법률 제명, 조례 제명을 모두 띄어쓰기 없이 붙여 썼다. 오늘날은 낫표(「 」)를 붙이면서 띄어쓰기를 한다.

CASE Study 257 시행일 제목

OO광역시 환경정책위원회 조례

(일부개정) 2022-12-01 조례 제2646호

부 칙 (개정 2013·1·10 조례 제1334호)

(시행일) 이 조례는 공포한 날부터 시행한다.

[검토사항: **시행일**]

- 부칙에서 시행일 하나만을 규정하는 경우에는 "조 번호(제1조)와 조 제목(시행일)"을 표시하지 아니한다.
- 위의 조례에서 "(시행일)"은 삭제해도 무방하다.

CASE Study 258 시행일 단서 조항

OO군 교복지원 조례

(전부개정) 2022.10.07 조례 제2757호

부 칙 (2018.12.21. 조례 제2449호)

제1조(시행일) 이 조례는 공포한 날부터 시행한다.

제2조(적용시기) 이 조례는 2019년 1월 1일부터 적용한다.

[검토사항: **시행일, 단서**]

- 위의 조례는 시행일과 적용시기를 규정하고 있는데, 조례 효력 발생시기가 애매하다.
- 추측되는 부칙의 내용은 일부 조항의 시행일을 다른 조항과 달리 정하려는 것으로 보인다. 그렇다면 제1조(시행일), 제2조(적용시기)로 하지 않고, "단서"를 두는 방식이다.
- 제1조(시행일) 이 조례는 공포한 날부터 시행한다. 다만, 제O조 및 제O조의 개정규정은 2024년 1월 1일부터 시행한다."

CASE Study 259 부칙, 시행일 규정 ①

[입법례] **OOO도 농촌전문인력육성기금 설치 및 운용관리 조례**

(일부개정) 2023-02-01 조례 제4868호

부 칙 (2020.12.31. 조례 제4480호)

제1조(시행일) 이 조례는 2021년 1월 1일부터 시행한다.

OOOO시 OO구 지방공무원 정원 조례

(일부개정) 2023.03.16 조례 제1574호

부 칙 <제1574호, 2023.3.16.>

제1조(시행일) 이 조례는 공포한 날부터 시행한다.

OO시 유니버설(범용) 디자인 조례

(제정) 2022.12.22 조례 제2192호

부칙

제1조(시행일) 이 조례는 공포한 날부터 시행한다.

[입법례: 같은 조례] **OO화력발전소 지역대책위원회 설치 및 운영에 관한 조례**

(일부개정) 2022.11.04 조례 제2760호

부칙 (2014.10.13. 조례 제2156호)

제1조(시행일) 이 조례는 공포한 날부터 시행한다.

부칙 (2016.7.4. 조례 제2266호)

제1조(시행일) 이 조례는 공포한 날부터 시행한다.

부 칙 (2019.1.1. 조례 제2455호)

제1조(시행일) 이 조례는 공포한 날부터 시행한다.

[검토사항: **부칙, 시행일**]

- 부칙에서 시행일 "하나만을 규정"하는 경우에는 "조 번호(제1조)와 조 제목(시행일)"을 표시하지 아니한다.
- 위의 4건의 조례는 "제1조(시행일)"을 규정하고 있는데, 이는 삭제해도 무방하다.
- 위의 4번째 조례는 같은 조례 내에서 "제1조(시행일)"이 삭제되지 않고, 2014년 부칙, 2016년 부칙, 2019년 부칙까지 계속 그대로 존속되어 오고 있다.

CASE Study 260 부칙, 시행일 규정 ②

<table>
<tr><td>

[입법례]

OOOO시 OO구 주민투표에 관한 조례

(일부개정) 2023.03.16 조례 제1575호

부 칙 <제1575호, 2023.3.16.>

이 조례는 공포한 날부터 시행한다. 제8조제1항 단서, 제10조제1항(각 전자청구인 서명부에 관한 부분으로 한정한다)의 개정규정은 2023년 4월 27일부터 시행한다.

</td></tr>
<tr><td>

OO시 민원실의 설치 및 운영에 관한 조례

(제정) 2023.03.16 조례 제2040호

부 칙 <제정 2023.3.16. 조례 제2040호>

이 조례는 공포한 날부터 시행한다. 다만, 제6조, 제7조는 2023년 4월 1일부터 시행한다.

</td></tr>
</table>

[검토사항: **시행일**]

- 위의 첫 번째 조례 내용에서 추측되는 것은 일부 조항의 시행일을 다른 조항과 달리 정하려는 것으로 보인다. 그렇다면 "다만"으로 시작되는 단서를 두는 방식을 고려해 본다.
- 이 조례는 공포한 날부터 시행한다. 다만, 제O조의 개정규정은 2023년 4월 27일부터 시행한다."
- 두 번째 조례는 단서에서 "제6조, 제7조" 표현보다는 "제6조, 제7조의 개정규정"으로 표현하는 것이 적절할 것으로 본다.

3 유효기간

1. 의의

- 지역경제 활성화 등을 위해 일정 기간 동안만 일정 범위의 주민에게 특별한 지원을 하는 등 조례를 일정한 기간만 시행하도록 미리 예정해서 "한시 조례"의 형태로 만드는 것이 필요한 경우가 있다. 한시 조례를 둘 때는 유효기간에 관한 규정을 둔다.
- 조례 전체 또는 일부 조문에 대해 유효기간을 규정한다.
- 부칙이 시행일과 유효기간 규정뿐이면 유효기간 규정 조항을 따로 두지 않고 시행일 규정에 붙여서 쓰거나, 시행일 규정의 단서로 처리하는 경우가 있는데, 유효기간의 존재를 분명히 하기 위해 유효기간 규정을 반드시 "별도"로 둔다.

2. 유효기간의 규정방식

(1) 조례 전체의 유효기간

- 조례 전체의 유효기간을 규정할 때는 부칙에 "유효기간"이라는 조 제목으로 규정한다.
- (조의 제목)으로 "적용기간"이 쓰여진 적이 있으나, 그 기간이 끝나면 실효된다는 것을 분명히 나타내기 위해 "유효기간"으로 통일한다.
- (표현) "제○조(유효기간) 이 조례는 ○○○○년 ○월 ○일까지 효력을 가진다."

(2) 특정 조항에 대한 유효기간

- 이 경우는 부칙에 둘 수도 있으나 한시규정을 둔 조문에서 유효기간을 함께 규정하는 것이 조례를 더 쉽게 이해할 수 있으면 "본칙"에 유효기간 규정을 두기도 한다.
- (표현 1) 특정 조항의 유효기간을 부칙에서 규정

제2조(유효기간) 제15조의 규정은 2023년 12월 31일까지 그 효력을 가지며, 제10조제1항 중 "고유업종 외의 사업"을 2024년 1월 1일부터 "사업"으로 한다.

- (표현 2) 특정 조항의 유효기간을 "본칙"에서 규정

제5조의2(OO지원사업에 대한 특례) 시장 · 군수 · 구청장은 다음 각 호의 어느 하나에 해당하는 경우에는 제○조에도 불구하고 …에 대하여 지원할 수 있다.

1. …………………………………….
2. ………………. (0000년 00월 00일까지 지원을 신청하는 경우만 해당한다)

(3) 유효기간 연장

유효기간 만료 전에 유효기간을 연장하려면 유효기간을 규정한 조항을 개정한다.

> [입법모델] **□□ 조례 일부개정조례**
>
> 조례 제○호 □□조례 일부개정조례 부칙 제○조 중 "0000년 00월 00일"을 "0000년 00월 00일"로 한다.
>
> **부 칙**
>
> 이 조례는 공포한 날부터 시행한다.

(4) 위임조례에 유효기간 규정 필요성

- 상위법령의 유효기간이 경과하면 그 법령은 효력이 상실되기 때문에 비록 하위법령에 유효기간 규정을 두지 않더라도 하위법령도 자연히 실효된다.
- 상위법령에 유효기간 규정을 두고 하위법령인 조례에는 상위법령에서 위임된 사항에 관한 규정을 두는 경우, 조례의 해당 규정도 유효기간에 관한 별도의 규정을 두지 않더라도 상위법령에 따라 유효기간이 있는 규정이 되나, 조례만으로 이를 확인하기 어려운 문제가 있다. 이 경우 확인적 · 안내적 차원에서 유효기간을 명시해 줄 수도 있을 것이다.

3. 유효기간 종료 후 남은 문제 처리를 위한 경과규정

(1) 한시조례 시행 중에 행한 처분에 대한 경과규정

- 유효기간이 경과하고 나면 실효되기 때문에 조례나 특정 조문을 폐지하는 경우에 경과규정을 두어야 할 필요가 생긴다.

〈예시〉 제2조(유효기간) 이 조례는 2023년 12월 31일까지 효력을 가진다.
제3조(자금지원에 관한 경과조치) 제4조부터 제7조까지의 규정에 따른 자금지원은 이 조례의 유효기간이 지난 후에도 …… 까지 그 효력을 가지며 그 효력을 가지는 동안에는 제9조부터 제15조까지를 적용한다.

(2) 한시조례 실효 후 남은 업무 처리를 위한 경과규정

- 조례의 유효기간이 끝나도 그 조례에 의해 진행되던 사무는 계속 처리하게 할 필요가 있는 경우, 잔무처리를 위해 제한적으로 종전 조례가 계속 적용되도록 하는 규정을 둔다.
- 잔무처리 규정은 유효기간에 대한 예외라는 성격이 있으므로, 유효기간 조항에서 "단서"의 형식으로 규정할 수도 있고, 내용이 길면 별도의 조항으로 할 수도

있다.

〈예시〉 제2조(유효기간) 이 조례는 OOOO년 OO월 OO일까지 효력을 가진다. 다만, 이 조례 시행 중에 제○조에 따른 지원을 받은 자에 대한 확인서의 발급에 대하여는 유효기간 경과 후 6개월까지는 이 조례에 따른 확인서의 발급을 신청할 수 있다.[6]

6) 국회 법제실, 「법제 이론과 실제」, 2019, pp.711~715; 법제처, 「2018년 자치법규 입안 길라잡이」, 2018, pp.267~271.

CASE Study 261 유효기간

[입법례] **OO광역시 OO국제공항권역 공공보건의료기관 설립 지원을 위한 조례**

(일부개정) 2023－02－03 조례 제6978호

부칙 <제6680호, 2021.9.30.>

제2조(유효기간) 이 조례는 공공의료기관의 설립등기일까지 효력을 가진다.

OO도 여객자동차 운수사업 관리 조례

(일부개정) 2022－12－30 조례 제7495호

부 칙 <2019.4.29.>

제1조(시행일) 이 조례는 공포한 날부터 시행한다.

제2조(적용례) 제15조의2의 개정규정은 2019년 1월 1일 이후 인력을 충원하는 경우부터 적용한다.

제3조(유효기간) 제15조의2의 개정규정은 다음 각 호의 구분에 따라 정해진 해당 일까지 효력을 가진다.

1. 2018년 12월 31일 기준 운수종사자 300인 이상인 여객자동차 운수사업자 : 2019년 6월 30일
2. 2018년 12월 31일 기준 운수종사자 50인 이상 299인 이하인 여객자동차 운수사업자 : 2019년 12월 31일

OO광역시 원도심 활성화 특별회계 설치 및 운용 조례

(일부개정) 2022－12－30 조례 제6913호

제8조(유효기간) 이 조례는 2027년 12월 31일까지 효력을 가진다.

부칙 <2017－12－4 조례 제5898호>

제1조(시행일) 이 조례는 2018년 1월 1일부터 시행한다.

[검토사항: **유효기간**]

- 위의 첫 번째 조례의 유효기간 표현은 적절하다고 본다.
- 두 번째 조례는 운수종사자의 규모에 따라 유효기간을 달리 규정하고 있다.
- 제2조(적용례)와 제3조(유효기간)의 조문 순서는 바뀌어야 적절한 것으로 본다.
- 세 번째 조례에서 조 제목만 보면, “제8조(유효기간)”은 부칙이 아니라 본칙에 규정되어 부적절하다.
- 제8조(유효기간)의 대상이 “조례”가 아니라 조례 제명에서 알 수 있듯이 “특별회계의 존속기한”을 말하는 것으로도 볼 수 있다면, 이는 본칙에 규정하는 것이 타당하다고 본다.

CASE Study 262 조 제목, 유효기간 ①

[입법례]

OO시 해양레저산업 육성조례

(일부개정) 2022.12.26 조례 제1757호

부칙 (2018.12.24, 조례 제1379호)

제2조(한시기구) 이 조례에 따라 설치되는 도시재생관광국의 존속기한은 2020년 12월 31일까지로 한다.

OOO도 소비자 기본조례

(일부개정) 2023-02-02 조례 제5336호

부칙 <조례 제4001호, 2015.7.2.>

제3조(한시기구) 서부권개발본부의 존속기한은 2016년 1월 31일까지로 한다.

OO시 시세 감면 조례

(일부개정) 2022.12.26 조례 제1263호

부칙 <조례 제1145호, 2021.5.31.>

제2조(적용시한) 이 조례는 2023년 12월 31일까지 적용한다.

[검토사항: **조 제목, 유효기간**]

- 조 제목으로 첫 번째, 두 번째 조례는 (한시기구), 세 번째 조례는 (적용시한)으로 표현하고 있다.
- 그 기간이 끝나면 실효된다는 것이 분명히 나타날 수 있도록 (유효기간)으로 통일한다.

CASE Study 263 조 제목, 유효기간 ②

[입법례] **OO시 공공기관 등의 유치 및 지원에 관한 조례**

(일부개정) 2023.01.02 조례 제1760호

부 칙 <조례 제1760호, 2023.1.2.>

제2조(한시기구의 존속기한) 제14조의2 규정에 따라 설치된 기후환경국의 존속기한은 2024년 12월 31일까지로 한다.

OOOO시 도로 등 주요시설물 관리에 관한 조례

(일부개정) 2022.12.30 조례 제8579호

부칙 <제4593호, 2007.12.26>

제2조(한시기구의 존속기한) 제19조의 개정규정에 의한 디자인OO총괄본부의 존속기한은 2009년 12월 31일까지로 한다.

OOO도 농어업 · 농어촌위원회 설치 및 운영 조례

(전부개정) 2023-03-31 조례 제5249호

부칙 <제4786호, 2020.7.1.>

제2조(특례기구 존속기한) 지방자치단체의 행정기구와 정원기준 등에 관한 규정 제9조의2에 따라 설치된 제17조 OOO해양수산국의 존속기한을 2021년 8월 31일까지로 한다.

OO광역시 지역보건의료심의위원회 설치 및 운영 조례

(일부개정) 2023-02-03 조례 제6978호

부칙 <제6978호, 2023.2.3.>

제2조(자율신설기구의 존속기한) 제5조제3항에 따른 재정기획관의 존속기한은 2023년 7월 14일까지로 하고, 미래산업국 및 글로벌도시국의 존속기한은 2025년 2월 5일까지로 한다.

OO광역시 재난관리기금 설치 및 운용 조례

(일부개정) 2022－12－30 조례 제6920호

부칙 <제6634호, 2021.6.24.>

제2조(존속기한) 제7조의2, 제10조의3에 따른 재정기획관, 건강체육국의 존속기한은 2023년 7월 14일까지로 한다.

[검토사항: **유효기간**]

- 위의 5건 조례의 부칙 제2조 조 제목은 (한시기구의 존속기한), (특례기구 존속기한), (자율신설기구의 존속기한), (존속기한)으로 다양하다.
- 이들 조 제목을 (유효기간)으로 통일하는 방안을 고려해 본다.

4 다른 조례의 폐지

1. 의의

- 시행하고 있던 조례를 더 이상 시행할 필요가 없어서 폐지하는 경우에는 그 조례의 폐지를 위한 조례를 따로 제정하여 폐지하는 것이 원칙이다. "부칙"에서 다른 조례를 폐지하는 방식은 조례를 제정 · 개정 · 폐지함에 따라 다른 조례를 폐지할 필요가 있는 경우에 인정된다.
- 다른 조례를 폐지하는 방식
  ① 새로 제정하거나 개정하는 조례의 부칙에 폐지규정을 두는 방법
  ② 폐지를 위한 조례를 따로 제정하는 방법

2. 규정방식

- 다른 조례를 폐지하는 조의 제목은 "폐지 조례"로 한 예도 있으나, "다른 조례의 폐지"로 통일한다.
- 혼동할 우려가 있어 공포번호를 인용하려면, 폐지되는 조례의 제정 당시의 공포번호(전부개정된 적이 있으면 전부개정 조례의 공포번호)를 인용한다.

(표현) 부칙에서 다른 조례를 폐지하는 방식

부 칙
제O조(다른 조례의 폐지) 다음 각 호의 조례는 각각 폐지한다. 1. ○○조례 2. ○○조례

3. 조례의 폐지에 따른 사전 준비행위와 경과조치

(1) 조례를 폐지하기 전에 사전 준비행위를 규정

관련 사무가 끝나고 조례를 폐지하는 경우에 폐지만으로 충분할 수 있으나, 폐지 전에 무엇인가 필요한 조치를 해야 하는 경우에는 사전 준비행위를 규정해 둔다.

○○조례 폐지조례

부 칙

제1조(시행일) 이 조례는 0000년 00월 00일부터 시행한다. 다만, 부칙 제2조는 공포한 날부터 시행한다.

제2조(법인의 설립) 시장은 이 조례에 따라 폐지되는 ㅁㅁ공단의 업무를 계속 수행하기 위하여 「지방공기업법」에 따른 법인(이하 "법인"이라 한다)을 0000년 00월 00일까지 설립해야 한다.

(2) 다른 조례의 폐지에 따른 경과조치를 규정

다른 조례의 폐지에 따라 경과조치가 필요하면 그 폐지에 관한 규정 바로 뒤에 경과조치를 둔다.

부 칙

제2조(다른 조례의 폐지) ○○조례는 폐지한다.

제3조(지원에 관한 경과조치) 이 조례 시행 전에 종전의 「○○조례」에 따라 지원을 신청한 자는 제○조에 따라 지원을 신청한 것으로 본다.[7)]

7) 국회 법제실, 「법제 이론과 실제」, 2019, pp.716－718; 법제처, 「2018년 자치법규 입안 길라잡이」, 2018, pp.272－273.

CASE Study 264 조 제목, 다른 조례의 폐지

[입법례] **OOO도 의료급여기금특별회계 설치 및 운용조례**

(일부개정) 2022.10.14 조례 제4791호

부 칙 (2003.12.31, 조례 제2788호)

제3조(다른 조례의 폐지) 이 조례 시행과 동시에 OOO도 의료보호심의위원회 조례는 이를 폐지한다.

OO시 정책연구용역 관리 조례

(일부개정) 2022.07.12 조례 제2599호

부칙 <2021.3.30. 조례 제2381호>

제2조(다른 조례의 폐지) 다음 각 호의 조례는 각각 폐지한다.

1. 「OO시 공공기관 정책연구용역 공개 조례」
2. 「OO시 용역과제 사전심의위원회 설치 및 운영 조례」

OO시 기후위기 대응을 위한 탄소중립 · 녹색성장 기본조례

(제정) 2022.07.12 조례 제2608호

부칙

제2조(다른 조례의 폐지) 다음 각 호의 조례는 각각 폐지한다.

1. OO시 기후변화대응 조례
2. OO시 저탄소 녹색성장 기본조례

OO시 농수산물 공동브랜드 관리 조례

(제정) 2022.07.14 조례 제1634호

부칙

제2조(다른 조례의 폐지) 다음 각 호의 조례는 각각 폐지한다.

1. OO시 농산물공동브랜드 관리 조례
2. OO시 수산물공동브랜드 사용에 관한 조례

[검토사항: **다른 조례의 폐지**]

- 위의 4건 조례의 조 제목은 적절한 것으로 본다.
- 부칙에서 다른 조례를 폐지하는 방식도 적절하다고 본다.

CASE Study 265 조 제목, 폐지조례

[입법례] **OO시 지방재정 계획 · 공시 심의위원회 운영 조례** (일부개정) 2023.01.06 조례 제1897호 **부칙** <조례 제1557호, 2019.11.11.> **제2조(폐지조례)** 이 조례 시행과 동시에 「OO시 지방재정계획심의위원회 설치 운영 조례」 및 「OO시 지방재정공시심의위원회 운영 조례」는 폐지한다.
제초제 없는 OO군 친환경농업 육성 조례 (일부개정) 2022.12.22 조례 제2956호 **부 칙** (2015.1.1 조례 제2332호) **제2조(폐지조례)** 이 조례의 시행과 동시에 OO군 사회단체보조금 지원에 관한 조례(OO군조례 제1879호, 2004.2.23.)는 이를 폐지한다.
OO군 인재육성기금 설치 및 운용 조례 (일부개정) 2022.12.22 조례 제2652호 **부 칙** <2018.9.1.> **제2조(폐지조례)** 「OO군 장학회 설치 및 특별회계 운용 조례」는 폐지한다.
OO군 지능정보화 조례 (전부개정) 2022.08.12 조례 제2597호 **부 칙** (조례 제2597호, 전부개정 2022.8.12.) **제4조(폐지조례)** 이 조례 시행과 동시에 「OO군 지역정보화 조례」는 폐지한다.
OO군 지방보조금 관리 조례 (일부개정) 2022.07.15 조례 제2423호 **제2조(폐지조례)** 이 조례의 시행과 동시에 「OO군 사회단체 보조금 지원조례」(OO군 조례 제1842호 2008.04.14.)와 「OO군 보조금관리 조례」(OO군 조례 제1890호 2009. 06.12.)는 이를 폐지한다.

[검토사항: 조 제목, 폐지조례]

- 과거에는 부칙에서 다른 조례를 폐지하는 조의 제목을 "폐지조례"로 한 예가 있다.
- 최근에는 "다른 조례의 폐지"로 통일하고 있다.

CASE Study 266 다른 조례의 폐지

[입법례] **OO군 부동산가격공시위원회 조례**

(일부개정) 2022.07.08 조례 제2787호

부 칙 <조례 제1792호, 2005.04.20.>

① **(시행일)** 이 조례는 공포한 날부터 시행한다.

② **(경과조치)** 이 조례 시행 당시 종전의 조례에 의하여 행정기관이 행한 결정 및 공시 등에 관한 사항은 이 조례에 의한 것으로 본다.

③ **「OO군 토지평가 위원회 조례」는 이를 폐지한다.**

[검토사항: **다른 조례의 폐지**]

- 엣날 규정이긴 하지만 부칙이 조(條)가 아니라 항(項) ①, ②, ③으로 구성되어 있다. 오늘날은 부칙도 조(條)로 시작한다.
- 제목은 조에만 붙이고 항·호에는 붙이지 않는다.
- 위의 조례 ③은 ①, ②와 다르게 제목이 없다.
- ③에 제목을 붙인다면 ③ (다른 조례의 폐지)로 하는 것이 적절할 것으로 본다.
- 입법자는 입법과정에서 법체계의 통일과 조화를 위해 체계정당성의 원칙을 준수해야 한다.

CASE Study 267 다른 조례의 폐지 및 개정

[입법례] **OO시 자활기금 설치 및 운영 조례**

(일부개정) 2022.07.29 조례 제2104호

부칙

제1조(시행일) 이 조례는 2008년 5월 1일부터 시행한다.

제2조(다른 조례의 폐지 및 개정) ① 이 조례 시행과 동시에 종전의 「OO시 저소득주민 생활안정기금 융자 조례」(조례 제45호, 1995.1.14)는 이를 폐지한다.

② OO시 시정조정위원회 조례 중 제3조제9호를 삭제한다.

[검토사항: **조 제목, 다른 조례의 폐지 및 개정**]

- 폐지와 개정은 규율하는 내용이 다르므로 원칙적으로 별도의 조문(다른 조례의 폐지와 다른 조례의 개정)으로 분리하여 규정하는 방안이 합리적이다.
- 위의 조례 제2조제2항은 (다른 조례의 개정)에 관한 내용으로 보인다.
- 부칙에 포함되는 요소 및 조문 순서는 ① 시행일, ② 유효기간, ③ 다른 조례의 폐지, ④ 준비행위, ⑤ 적용례, ⑥ 특례, ⑦ 경과조치, ⑧ 다른 조례의 개정, ⑨ 다른 조례와의 관계 순이다.
- 제2조제2항의 본문 중 "OO시 시정조정위원회 조례"는 제2조제1항처럼 낫표(「 」)를 사용하여 「OO시 시정조정위원회 조례」로 표현하는 것이 올바르다.

5 준비행위

1. 의의

- 조례를 시행하기 위한 준비행위란 조례 본칙의 내용이 시행되기 전에 그 시행을 위해 필요한 준비행위를 할 수 있도록 부칙에 두는 근거 규정을 말한다. 준비행위는 시행일 전의 행위에 대해 일정한 법적 효과를 부여하는 내용이다.
- 준비행위로 법적인 행위를 해야 한다면 그 행위를 유효하게 하는 조치가 필요하다. 이 경우에 준비행위 규정을 두지 않으면 조례의 시행일이 되어야 비로소 시행을 위한 준비행위를 할 수 있고, 사실상 조례의 시행이 늦춰지게 되는 문제가 발생한다.

2. 사전 준비행위 규정의 필요성

- 조례가 시행되기 전에 유효한 정관의 의결이나 인가 등 법률행위를 하려면 이들 행위를 유효하게 하는 법적 근거가 필요하다. 조례 시행 전에 법적 근거를 마련하기 위해 준비행위 규정을 둔다.
- 특수법인, 행정기관을 설립하는 경우에 많이 발생한다. 특수법인 설립을 위한 사전 준비행위로는 조례 시행을 위한 준비행위, 특수법인의 설립(정관 작성, 임원 선임, 설립 비용 처리 문제)을 위한 준비행위가 있다.

3. 조 제목

조 제목으로 "조례 시행을 위한 준비행위", "설립준비" 등의 표현이 사용되고 있으나, 이보다는 "OOO을 위한 준비행위", "OOO의 설립준비"로 표현하면 준비행위가 필요한 해당 조례의 규정을 명확하게 알 수 있으므로 구체적 표현을 사용하는 것이 바람직하다.

4. 규정방식

- 조례가 시행되기 전에 필요한 준비를 할 수 있도록 하는 근거 규정은 부칙에 둔다.
- 준비행위는 조례의 내용에 따라 다를 수 있으므로 사안에 따라 적절한 준비행위를 할 수 있도록 규정하되, 막연히 "이 조례의 시행을 위하여 필요한 준비행위를 할 수 있다"고 규정하지 말고 가능한 한 구체적으로 규정한다.
- (유의사항) 준비행위를 하는 근거를 시행일 조항에 "단서"로 규정하는 사례가 있으나, 별도의 조항으로 규정한다.

5. 사전 준비행위의 유형

(1) 조례 시행을 위한 준비행위

준비행위 규정은 예외적으로 권한을 부여하는 규정이므로 포괄적이 아닌 필요한 조치를 구체적으로 규정하는 것이 바람직하다.

(2) 특수법인의 설립을 위한 준비행위

- 행정목적을 달성하기 위한 방법의 하나로 특수법인을 설립한다.
- 특수법인은 조례에 의해 법인격을 부여받고 조례 폐지로 소멸하므로 여러 준비행위가 필요하다.
- 설립에 관한 사무를 담당하는 주체, 절차, 내용 등을 준비 규정에 둔다.
- 설립위원회를 설치하거나 설립위원을 위촉하여 사무를 담당하도록 규정한다. 그리고 위원회 구성 또는 위원 위촉과 관련된 절차, 정관 작성 및 주무관청의 인가, 설립등기 후 신설되는 조직에 사무 인계, 설립위원회 해산 또는 설립위원 해촉, 설립에 소요되는 비용부담 주체에 관한 내용을 규정한다.

6. 지금까지 없던 특수법인을 신설하는 경우에 기본적인 문제

(1) 정관의 작성

일정 수의 설립위원을 위촉해서 정관을 작성한 후 지방자치단체장의 인가를 받고 설립등기를 한다.

(2) 임원의 선임

임원의 임명 절차와 관련된 규정을 두어야 할 경우가 있다

(3) 설립비용의 처리

설립비용은 신설되는 특수법인이 부담하도록 규정하는 것이 일반적이다. [8)]

---

8) 국회 법제실, 「법제 이론과 실제」, 2019, pp.719~723; 법제처, 「법령 입안·심사 기준」, 2017, pp.575~580.

CASE Study 268 준비행위 ①

[입법례] **OO광역시 사회서비스원 설립 및 운영 지원에 관한 조례**

(제정) 2023-03-01 조례 제6853호

부칙

제3조(조례 시행을 위한 준비행위) 시는 조례 시행을 위하여 필요하다고 인정하는 경우 이 조례 시행 이전에 서비스원 설립을 위한 정관 작성, 공무원의 파견, 출연 등 준비행위를 할 수 있다.

OOOO시 고향사랑 기부금 모금 및 운용에 관한 조례

(제정) 2022.12.30 조례 제8531호

부칙 <제8531호, 2022.12.30>

제2조(조례 시행을 위한 준비행위) 시장은 이 조례 시행을 위하여 필요하다고 인정하는 경우에는 이 조례 시행 전에 다음 각 호의 행위를 할 수 있다.

1. 제4조에 따른 선정위원회의 구성 · 운영
2. 제5조에 따른 답례품 공급업체 선정을 위한 공고

OO시 고향사랑 기부금 모금 및 운용에 관한 조례

(일부개정) 2023.04.14 조례 제1523호

부 칙 (2022.11.18.)

제2조(조례 시행을 위한 준비행위) 시장은 이 조례 시행을 위하여 필요하다고 인정하는 경우에는 이 조례 시행 전에 다음 각 호의 행위를 할 수 있다.

1. 제2조에 따른 선정위원회의 구성 · 운영
2. 제5조에 따른 답례품 공급업체 선정을 위한 공고
3. 제11조에 따른 심의위원회의 구성 · 운영
4. 제22조에 따른 기금운용계획의 수립

[검토사항: **준비행위**]

- 조 제목으로 "조례 시행을 위한 준비행위", "설립준비" 등의 표현이 사용되고 있다.
- 이보다는 "OOO을 위한 준비행위", "OOO의 설립준비"로 표현하면 준비행위가 필요한 해당 조례의 규정을 명확하게 알 수 있으므로 구체적 표현을 사용하는 것이 바람직하다.
- 위의 첫 번째 조례 제3조 조 제목은 (조례 시행을 위한 준비행위) 보다 (사회서비스원의 설립준비)로 구체적으로 표현하는 방안을 고려해 본다.

CASE Study 269 준비행위 ②

[입법례]

OO시립박물관 조례

(일부개정) 2023-02-24 조례 제5969호

부칙 <조례 제4080호, 2012.8.17.>

제3조(준비행위) 이 조례 시행을 위한 준비행위는 이 조례 시행 전에 할 수 있다.

OOO도 문화관광공사 설립 및 운영에 관한 조례

(일부개정) 2023-02-23 조례 제4798호

부 칙 (개정 2011.11.07)

제2조(공사 설립경비) 이 조례에 의하여 공사가 설립될 때까지 설립에 필요한 경비는 도의 일반회계에서 지출한다.

[검토사항: **준비행위**]

- 위의 첫 번째 조례에서 조 제목을 막연히 (준비행위)로 할 것이 아니라 (시립박물관의 설립준비) 등 구체적으로 규정하도록 한다.
- 첫 번째 조례는 "이 조례 시행을 위한 준비행위는 이 조례 시행 전에 할 수 있다"고 규정하고 있는데, 막연히 "이 조례의 시행을 위하여 필요한 준비행위를 할 수 있다"고 규정하지 말고 가능한 한 구체적으로 규정한다.
- 공사 설립의 기본적 문제로 정관의 작성, 임원의 선임, 설립비용의 처리 등이 있는데, 두 번째 조례는 일부분(설립경비)만 규정하고 있다.

CASE Study 270 준비행위 ③

[입법례]

OO도 평생교육진흥 조례

(일부개정) 2023－01－02 조례 제7505호

부칙 <2011.10.20.>

제2조(법인설립위원회의 설치) ① 진흥원의 설립에 관한 사무 등을 처리하기 위하여 법인설립위원회를 설치한다.

② 법인설립위원회는 OO도의회 의원을 포함한 7명 이내의 위원으로 구성하되, 위원장은 행정(2)부지사가 되고, 위원은 도지사가 위촉하며, 교육분야의 학식과 경험이 풍부한 사람을 참여시켜야 한다.

③ 법인설립위원회는 법인의 정관을 작성하여 주무관청의 허가를 받은 후 법인의 설립등기를 하여야 한다.

제3조(설립비용) 진흥원의 설립비용은 OO도가 부담한다.

제4조(업무인계) ① 법인설립위원회는 진흥원의 설립등기 후 OO평생교육진흥원장에게 지체 없이 업무를 인계하여야 한다.

② 제1항에 따른 업무인계가 끝난 때에는 법인설립위원은 위촉 해제된 것으로 본다.

[입법례: 법률]

산림복지 진흥에 관한 법률

부칙 <제13255호, 2015.3.27.>

제2조(진흥원의 설립준비) ① 산림청장은 진흥원의 설립에 관한 사무를 처리하기 위하여 이 법 공포일부터 30일 이내에 7명 이내의 설립위원을 위촉하여 한국산림복지진흥원설립위원회(이하 "설립위원회"라 한다)를 설치한다.

② 설립위원회는 진흥원의 정관을 작성하여 기명 날인하거나 서명하여 산림청장의 인가를 받아야 한다.

③ 설립위원회는 제2항에 따른 인가를 받은 때에는 지체 없이 연명으로 진흥원의 설립등기를 하여야 한다.

④ 설립위원회는 진흥원의 이사장이 임명되면 지체 없이 그 사무를 이사장에게 인계하여야 한다.

⑤ 설립위원회 및 설립위원은 제4항에 따른 사무인계가 끝난 때에는 해산되거나 해촉된 것으로 본다.

[검토사항: **준비행위**]

- 위의 조례와 법률의 사례를 비교해 본다.
- 위의 조례에서 우선 제2조 조 제목 (법인설립위원회 설치)는 내용상 "(진흥원의 설립준비)"로 구체적으로 표현하는 것이 바람직하다.
- 위의 조례 제3조(설립비용), 제4조(업무인계)는 제2조(진흥원의 설립준비) 내에 통합하여 정리하는 것을 고려해 본다.
- 법제를 할 때는 규율 내용의 합리적 구조화도 고려하여야 한다.

6 적용례

1. 의의

- 제정 · 개정된 조례는 시행일부터 효력을 발휘하게 된다. 그런데 시행일을 정하는 것만으로는 사안에 따라서는 제정 · 개정된 조례의 적용대상 및 시기가 명확하지 않은 경우가 있다. 이 경우 부칙으로 제정·개정된 조례를 어떻게 적용할 것인지를 명확히 하기 위해 두는 규정을 "적용례"라고 한다.[9)]
- 적용례는 과거부터 신(新) 조례 시행 당시까지 계속 진행되고 있는 사안 중 어느 시점 · 단계부터 신 조례를 적용할 것인지 문제되는 경우에 그 문제를 해결하기 위해 시행일 규정 외에 두는 규정이다.
- 신 조례와 구(舊) 조례 중 어느 조례가 적용되는지에 대해 논란이 발생될 여지가 있으면 적용례나 경과조치를 두어서 적용되는 조례를 명확하게 해줄 필요가 있다.
- 신(新) 조례 시행 당시 진행 중인 사안에 대해 신 조례를 적용할 필요가 있는 경우에는 신 조례의 적용이 가능하도록 하는 적용례를 둔다. 이 경우 "제O조제O항의 개정규정은 이 조례 시행 당시 OO에도 적용한다"로 규정한다.
- 구 조례에는 없는 내용이 신설됨에 따라 예외적으로 인정될 수 있는 종전 규정이 없어 종전 규정을 적용하도록 하는 등의 경과조치를 규정하는 것이 적절하지 않은 경우에는 신 조례의 적용관계를 명확히 하는 적용례를 우선적으로 검토한다.

2. 적용례와 경과조치의 구별

- 적용례와 경과조치를 구별하여 사용하기가 쉽지 않다.
- "적용례"는 새로 제정 · 개정된 조례의 적용관계를 밝히기 위한 것이며, "경과조치"는 새로 제정 · 개정된 조례에 의한 기득권 침해 방지 등의 필요에 의해 특정 사안에 대해 일정한 기득권자에 대해서는 구 조례를 적용하도록 하는 것이다.
- 경과조치는 구(舊) 조례의 효력 일부를 신(新) 조례의 시행일 이후까지 미치도록 하는 경우에 사용한다. 신 조례 시행 이후에도 구(舊) 조례를 적용할 필요가 있는 사안에 대해서는 반드시 구(舊) 조례에 따르도록 하는 명문의 경과조치를 규정하도록 한다.
- 구 조례의 적용을 받던 경우를 신 조례의 적용에서 제외하려는 의도가 명백하다면 경과조치를 둔다. 경과조치를 두는 경우에 "…… 한 경우에는 종전의 규정에 따른다."라고 규정한다.

---

9) 법제처, 「2018년 자치법규 입안 길라잡이」, 2018, p.276.

3. 규정방식

(1) 일반적 규정방식

- 적용례의 조 제목은 일반적으로 “OO에 관한 적용례”로 한다.
- 기본형식은 “제○조제○항의 개정규정은 이 조례 시행 이후 …… 하는 경우부터 적용한다.”로 표현한다.
  ※ “이 조례 시행 후”라고 표현한 경우도 있으나 시행일이 포함됨을 명확히 하기 위해 “이 조례 시행 이후”라고 표현한다.

(2) 절차가 진행 중인 사항의 규정

이미 행정절차가 진행 중인 사안은 신 조례가 적용되는 것이 원칙이나, 적용관계를 명확히 하기 위해 적용례를 규정하기도 한다.

4. 유의사항

(1) 적용기준을 명확하게 규정

적용례는“신 조례”의 적용범위를 정하는 것으로, 신 조례가 적용되는 기준을 명확하게 규정해야 한다.

(2) 소급적용의 문제

- 신 조례를 소급 적용한다는 취지의 적용례를 두는 경우에는 소급입법의 문제를 미리 검토한다.
- 헌법상 소급입법이 명시적으로 금지된 참정권 제한과 재산권 박탈, 형벌이나 조세 부과를 비롯하여 국민에 대해 불리한 진정소급입법은 원칙적으로 허용되지 않는다.
- 부진정소급입법의 경우에도 신 조례로 인해 침해가 예상되는 신뢰이익의 보호가치, 침해의 중한 정도, 신뢰의 손상 정도 및 새로운 입법을 통해 실현하려는 공익 목적 등을 종합적으로 형량하여 판단해야 한다.

(3) 상위법령의 적용관계

- 상위법령에서 적용례나 경과조치를 규정하고 있는 경우에는 하위법령에서 상위법령과 다른 적용례나 경과조치를 규정할 수 없다.
- 상위법령에서 적용례나 경과조치를 규정하지 않더라도 상위법령의 해석상 그 적용관계가 정해진 경우에는 하위법령에서 이와 다른 적용례나 경과조치를 규정하는 것은 상위법령 위반으로 무효가 될 수 있으므로 주의한다.[10]

---

10) 국회 법제실, 「법제 이론과 실제」, 2019, pp.724~730; 법제처, 「법령 입안·심사 기준」, 2017, pp.581~589.

(4) 규정 순서

- 일반적 적용례는 앞에 두고, 개별 조문 적용례는 그 다음에 둔다.
- 개별 조문 적용례는 조문의 순서에 따라 배열한다.
- 다른 조례의 개정에 따라 적용례가 필요하면, 그 개정규정 바로 뒤에 그에 따른 적용례를 둔다.

CASE Study 271 **적용례**

[입법례]

OOOO시 도시 및 주거환경정비 조례

(일부개정) 2023.03.27 조례 제8675호

부칙 <제7372호, 2019.9.26>

제2조(적용례) 제22조제9호의 **개정규정**은 이 조례 시행 후 조합의 설립인가(변경인가를 포함한다)를 신청하는 경우부터 적용한다.

OOOO시 교통유발부담금 경감 등에 관한 조례

(일부개정) 2022.12.30 조례 제8530호

부칙 <제5713호, 2014.5.14>

제2조(단위부담금에 관한 적용례) 제4조 및 별표 3의 **개정규정**은 2014년 8월 1일 이후 부과 기간이 개시되는 부담금 분부터 적용한다.

제3조(부담금 경감에 관한 적용례) 제6조 및 별표 1의 **개정규정**은 2014년 8월 1일 이후 부과 기간이 개시되는 부담금 분부터 적용한다.

[검토사항: **적용례**]

- 부칙에 대해서 소홀히 다룰 수 있는데, 전문가들도 입법기술적인 측면에서 부칙은 가장 어려운 영역의 하나이다.
- 적용례의 기본형식은 "제○조의 개정규정은 이 조례 시행 이후 ……하는 경우부터 적용한다."로 표현한다.
- 신(新) 조례 시행 당시 진행 중인 사안에 대해 신 조례를 적용할 필요가 있는 경우에는 신 조례의 적용이 가능하도록 하는 적용례를 둔다.
- 이 경우 "제O조제O항의 개정규정은 이 조례 시행 당시 OO에도 적용한다"로 규정한다.
- 위의 2건의 조례에서 조 제목 중 "(적용례)"는 적절한 것으로 본다.

7 특 례

1. 의의

- 특례는 조례를 제 · 개정할 때 정책적인 관점이나 특수한 상황을 전제로 하여 한정된 기간 · 대상 등에 대해 구(舊) 조례에 의하기도 곤란하고 바로 신 조례를 적용하기도 곤란하여 잠정적으로 본칙의 내용과 다른 제도를 도입하여 운용할 필요가 있을 때에 두는 규정이다.
- 특례는 신 조례의 적용을 배제하는 것이 아니라 신 조례의 내용과 다른 내용을 잠정적으로 적용하기 위하여 사용된다.
- 특례는 구 조례 질서에서 신 조례 질서로 이행하는 과정에서 구 조례도 적용되지 않고, 신 조례를 적용하기도 곤란한 상황에서 잠정적으로 신 조례에 대한 예외를 인정하는 특수한 경우를 규정하는 것이다. 특례에 규정된 조치가 이행된 후에는 신 조례가 적용된다는 점을 고려하여 규정해야 한다.

2. 특례와 적용례 · 경과조치의 구별

- "특례"는 구 조례에 따르는 것도 아니면서 신 조례에 대한 예외를 잠정적으로 인정하는 경우를 말하고,
- "적용례"는 제 · 개정된 조례의 적용대상과 시기를 명확히 하는 경우에 사용되고,
- "경과조치"는 종전의 규정을 신 조례 시행 이후에도 계속 적용시키는 것을 명확히 하는 경우에 사용된다. 기존 법질서를 유지하기 위해 "이 법 시행 당시 종전의 규정에 따라 …… 한 것은 OO의 개정규정에도 불구하고 종전의 규정에 따른다"는 경과조치를 둔다.

【 특례 · 적용례 · 경과조치 비교 】 11)

구분	특례	적용례	경과조치
필요성	구 조례와 신 조례를 적용하기 어려운 경우	신 조례를 적용하는 대상과 시기가 불명확한 경우	구 조례를 적용하려는 경우
내용 및 효과	신 조례에 대한 예외 인정	신 조례 적용대상 및 시기 명시	구 조례 적용
규정방식 (예시)	제○조의 개정 규정에도 불구하고 …해야 한다. (할 수 있다).	제○조의 개정 규정은 …하는 경우부터 적용한다.	제○조의 개정 규정에도 불구하고 종전의 규정에 따른다.

3. 유의사항

(1) 특례규정의 제목

특례규정의 제목을 붙일 때에는 "특례"라는 표현을 사용한다. 가끔 내용상 특례인지 경과조치인지 불분명한 경우도 없지 않으나, 구 조례에 의하는 것도 아니면서 신 조례에 대한 내용상 예외를 인정하는 경우에는 특례로 규정하도록 한다.

(2) 부칙의 특례와 본칙의 특례

- 특정 사안에 대해 "잠정적 · 한시적"으로 개정된 내용과 다른 내용을 적용하는 경우는 부칙에 특례를 둔다.
- 특정한 경우에 지속적으로 적용되는 특례라면 "본칙"에서 이를 규정하여 일반규정과의 관계를 명확히 한다.

(3) 규정방식

- 특례는 잠정적 규율이 필요한 사항에 대해 모두 규정할 수 있으나, 특례 조치가 끝나면 조례관계가 신 조례로 규율된다는 점을 고려하여 특례의 정도를 적절히 해야 한다.
- 특례는 본칙의 규정에 대해 예외가 되는 것이므로 "제O조제O항 본문에 따른 OO에도 불구하고"라는 표현방식과 같이 구체적으로 특례 대상이 규정된 조문(항, 호, 본문, 단서, 전단, 후단까지 특정)과 함께 특례의 대상이 되는 내용까지도 특정하여 명시하는 것이 입법 명확성을 위해 바람직하다.[12]

11) 법제처, 「2022년 자치법규 입안 길라잡이」, 2022, p.310.

CASE Study 272 특례

[입법례]

OO광역시 지역개발기금 조례

(일부개정) 2023－03－01 조례 제6847호

부칙 <2005. 2. 16>

제4조(기금의 융자이율에 관한 특례) 조례 제3878호 OO광역시 지역개발기금 설치 조례 중 개정조례의 시행 전 종전의 규정에 의하여 융자된 기금의 융자이율은 제11조제2항의 규정에 불구하고 연 4퍼센트로 한다.

OO시 출산장려 등 지원에 관한 조례

(일부개정) 2023.03.17 조례 제1840호

부 칙 <2023.3.17., 조례 제1840호>

제2조(지원에 관한 특례) 제7조의2, 제8조, 제9조의3에 따른 지원은 2023년 1월 1일 기준으로 지원대상에 해당하는 경우에는 이 조례 시행일부터 3개월까지 신청할 수 있다.

OOOO시 시민참여예산제 운영 조례

(일부개정) 2022.12.30 조례 제8530호

부칙 <제5296호, 2012.5.22>

제2조(주민참여예산위원회 운영의 특례) ① 이 조례에 의해 주민참여예산위원회 위원으로 최초 위촉된 위원의 임기는 제16조제4항에도 불구하고 위촉 시부터 다음 해 2월말까지로한다.

② 제13조의 자치구 주민참여예산위원회가 설치되지 아니한 경우에는 2012년에 한하여 일반주민이 참여하는 회의를 거쳐 주민의견사업을 제출할 수 있다.

③ 제14조의 지역회의가 주민의견사업을 제출하는 시한은 2012년에 한해 7월 중순까지로 한다.

[검토사항: **특례**]

- 특례는 신 조례의 적용을 배제하는 것이 아니라 신 조례의 내용과 다른 내용을 잠정적으로 적용하기 위하여 사용된다.
- 구 조례에 의하는 것도 아니면서 신 조례에 대한 내용상 예외를 인정하는 경우는 특례로 규정하도록 한다.
- 위의 조례는 본문 내용이 특례에 부합하는 것으로 보인다.

12) 국회 법제실, 「법제 이론과 실제」, 2019, pp.731～732; 법제처, 「2018년 자치법규 입안 길라잡이」, 2018, pp.283～287.

CASE Study 273 적용특례

[입법례]

OOOO시 교통유발부담금 경감 등에 관한 조례

(일부개정) 2022.12.30 조례 제8530호

부칙 <제6728호, 2018.1.4>

제2조(적용특례) 별표1 개정규정 중 승용차 부제란을 제외한 규정은 2017년 1월 1일부터 소급하여 적용한다.

OOOO시 도시계획 조례

(일부개정) 2023.03.27 조례 제8671호

부칙 <제8671호, 2023.3.27>

제2조(적용특례) OOOO시 조례 제5981호 OOOO시 도시계획 조례 일부개정조례 부칙 제2조의 규정은 이 조례 시행일 이전에 정비구역 지정 및 정비구역 계획이 고시된 사업의 경우에도 적용한다.

[검토사항: **적용특례**]

- 위의 2건의 조례 부칙 제2조 조 제목인 (적용특례)라는 표현은 흔치 않다.
- 조례 부칙에서 사용되는 용어는 ① 시행일, ② 유효기간, ③ 다른 조례의 폐지, ④ 준비행위, ⑤ 적용례, ⑥ 특례, ⑦ 경과조치, ⑧ 다른 조례의 개정, ⑨ 다른 조례와의 관계 등이 있다.
- 여기서 적용특례= ⑤ 적용례+⑥ 특례 ?
- 하위법령은 상위법령에서의 사용 용어를 특별한 사정이 없으면 다른 용어로 바꾸어 사용하면 안 된다.

8 경과조치

1. 의의

- 조례를 제·개정하여 법질서를 변경하는 경우 어떤 시점부터 새로운 조례를 무조건 적용해서 기존의 조례 관계를 새로운 조례 관계로 전환시키는 것은 여러 문제를 야기한다. 그래서 새로운 법질서로 전환하는 과정이 순조롭게 진행될 수 있도록 과도적 조치가 필요한데, 이런 과도적 조치를 "경과조치"라 한다. 부칙의 대부분은 이 경과조치가 차지한다.
- 경과조치는 신구(新舊) 양 조례 사이에서 제도의 변화와 법적 안정성의 요구를 조화시키는 역할과 신구 조례 간의 적용관계를 명확히 하는 것으로 부칙 중에서 가장 중요한 부분이다.
- 경과조치는 새로 제·개정된 조례에 의한 기득권 침해 방지 등의 필요에 의해 특정 사안에 대해 "종전의 규정"을 신 조례 시행 이후에도 계속 적용하도록 하는 경우에 사용된다. 즉, 종전의 조례에 대한 정당한 신뢰를 보호하기 위해 구 조례의 효력을 유지하려는 경우 경과조치로 규정한다.

2. 일반적인 규정방식

- 조 제목은 일반적으로 "OO에 관한 경과조치"로 한다. 종전 조례에 따른 전반적인 행위를 신 조례에 따른 행위로 간주하는 "일반적 경과조치"를 두는 경우에는 조문 제목을 "일반적 경과조치"로 한다.
- (예시) 제O조(일반적 경과조치) 이 조례 시행 전에 종전의 「ㅇㅇ조례」의 규정에 따라 행한 처분·절차 그 밖의 행위는 그에 해당하는 이 조례의 규정에 따라 행한 것으로 본다.
- 내용은 "…… 에 관하여는 제O조의 개정 규정에도 불구하고 종전의 규정에 따른다." 또는 "이 조례 시행 당시 종전의 …… 은 제O조의 개정 규정에 따른 ……으로 본다." 등의 방식으로 규정한다.

3. 내용에 따른 규정방식

경과조치는 조례에서 규정하는 내용이 다양한 만큼 규정방식도 다양하게 나타난다.

(1) 기득의 권리나 법적 지위 보호

- 이미 어떤 권리나 법적인 지위를 확보한 사람·사항에 대해 일단 그 권리·지위를 인정하면서 새로운 법질서에 맞추어 나가도록 하기 위해서 두는 것이 경과

조치이다. 구 조례에 대한 "신뢰이익"을 보호할 가치가 있으면 구 조례에 대한 개인의 신뢰이익을 적절히 보호할 수 있도록 경과조치를 규정해야 한다.

- (지원 요건 등의 변경) 지원요건 등의 내용을 변경하는 경우는 구 조례에 따라 지원 자격을 받은 자에 대해 신 조례에서도 그 지위를 잠정적 또는 항구적으로 유효한 것으로 인정하거나 일정한 유예기간을 두어 신 조례에 따른 지원요건을 갖추도록 규정할 필요가 있다.
- (인허가 제도의 내용 변경) 종래부터 있던 인허가 제도의 내용을 변경하는 경우 구 조례에 따라 인허가를 받은 자에 대해 신 조례에서도 그 지위를 잠정적 또는 항구적으로 유효한 것으로 인정하거나 일정한 유예기간을 두어 신 조례에 따른 요건을 갖추도록 하는 규정을 둘 필요가 있다.

(2) 행정처분의 기준 변경

종전의 처분청이 행한 처분이나 종전의 행정청에 대한 신청 · 신고 등의 효력을 명확하게 규정할 필요가 있다.

(3) 위원회 명칭 변경

위원회의 명칭 변경 등에 따른 경과조치 규정을 둔다. 소관 사무 또는 기능이 추가되는 경우에는 개정되는 조례의 시행일부터 수행하면 되므로 별도의 부칙은 필요 없으나, 소관 사무 · 기능을 삭제 · 변경하는 경우 진행 중인 사무 · 기능이 완료될 때까지 계속 수행할 필요가 있다면 그에 관한 경과조치를 둔다.

(4) 행정기관 개편

- 사무 이관, 직원 승계, 예산 이체, 사무조정에 따른 경과조치를 둔다.
- 직원의 승계(예시) : "○○○ 소속 공무원은 ◇◇◇ 소속 공무원으로 본다"

(5) 서식 개정

서식의 재고량을 조사한 결과 무시할 정도면 경과조치를 두지 않고 새로운 서식을 사용한다. 재고량이 많아 이를 소모하는 데에 어느 정도 시간이 걸릴 것으로 판단되면 기존 재고가 소모될 수 있을 정도의 일정 기간을 정해 기존 서식을 계속 사용하도록 하는 경과조치를 둔다.

(6) 과태료에 관한 경과조치

과태료 금액이 삭제되거나 낮아진 경우 종전의 규정에 따라 처벌할 필요가 있는 경우라면 경과조치를 둔다.

(7) 유효기간 만료

조례의 유효기간이 만료되어 그 조례가 실효되는 경우 유효기간 동안에 행해진

행정관청의 행위 및 과태료 등 제재를 어떻게 처리할 것인가 하는 문제가 발생하는데, 만일 유효기간 만료 후에도 그 행위의 효력을 유지시킬 필요가 있으면 이에 관한 경과조치를 둔다.

(8) 폐지 · 제정 또는 전부개정

조례를 폐지 · 제정하거나 전부개정하는 경우에는 변경된 내용에 대해 개별적 경과조치를 둘 뿐만 아니라 종전 조례의 집행 전반과 관련되는 "일반적 경과조치"를 두어야 할 경우가 있다. 조례를 전부개정할 때에는 반드시 종전 부칙을 검토하여 현재까지 유효한 부칙을 모두 개정조례에 규정해야 한다.

(9) 벌칙에 관한 경과조치

형벌이 과태료로 전환되면 그 시점을 기준으로 그 전의 행위는 종전의 규정에 따라 형벌을 과하고, 그 이후의 행위는 신 조례에 따라 과태료를 부과하는 경과조치를 둔다.

3. 규정 순서

- 일반적 경과조치는 앞에 두고, 개별 조문 경과조치는 그 다음에 둔다.
- 개별 조문 경과조치는 조문의 순서에 따라 배치한다.
- 경과조치 위반에 대해 행정처분을 규정해야 하는 경우 그 경과조치의 실체규정 뒤에 둔다.
- 다른 조례의 개정에 따라 경과조치가 필요하면 그 개정 규정 바로 뒤에 경과조치를 둔다.

CASE Study 274 경과조치

[입법례]

OO도 체육시설 관리 및 운영 조례

(일부개정) 2022－12－30 조례 제7495호

부 칙 <2021.10.6.>

제3조(경과규정) ① 이 조례 시행 당시 종전의 「OO도 유도회관 관리 및 운영 조례(OO도조례 제6950호)」, 「OO도 검도회관 설치 및 운영 조례(OO도 조례 제6948호)」, 「OO도 사격테마파크 운영 조례(OO도 조례 제6949호)」에 따라 운영 위탁을 받은 운영자는 이 조례 제4조에 따라 위탁을 받은 운영자로 본다.

OOOO시 OO구 청사 건립 추진 및 기금 설치 · 운용에 관한 조례

(일부개정) 2022.11.04 조례 제1742호

부칙 <1998.7.10>

제3조(경과규정) 본 조례 시행 이전의 OOOO시OO구청사건립기금설치조례와 OOOO시OO구청사건립추진위원회설치및운영에관한조례에 의하여 행한 사항은 본 조례에 의하여 시행한 것으로 본다.

부칙 <2017.12.22>

제2조(경과조치) 청사건립추진위원회 위원으로 임명 또는 위촉된 사람은 청사건립기금 운용심의위원회 위원으로 본다.

OOOO시 에너지 조례

(일부개정) 2023.03.27 조례 제8661호

부칙 <제7992호, 2021.5.20>

제2조(영구시설물 축조 사전 승인에 관한 경과규정) 2019년 5월 16일 이전에 축조한 영구시설물은 이 조례 제22조의 규정에 따라 승인받은 것으로 본다.

[검토사항: **경과조치**]

- (경과조치) 새로운 법질서로 전환하는 과정이 부드럽고 순조롭게 진행될 수 있도록 과도적 조치를 강구할 필요가 생긴다. 이러한 과도적 조치를 법령에서는 “경과조치”라 부른다.
- (경과규정) 경과조치를 담은 규정을 ”경과규정“이라고 부른다. (법제처, 「법령 입안 · 심사 기준」, 2017, p.594.)
- 위의 3건 조례 조 제목 중 ”경과규정“은 ”경과조치“로 수정하는 방안을 고려해 본다.

CASE Study 275 경과조치, 조문 순서

OO시 도시재정비 촉진 조례

(일부개정) 2023.01.10 조례 제2631호

부칙

제3조(일반적 경과조치) 이 조례 시행 당시 「OO도 도시재정비 촉진 조례」에 따른 행정기관의 행위나 행정기관에 대한 행위는 이 조례에 따른 행정기관의 행위나 행정기관에 대한 행위로 본다.

제4조(사업협의회, 특별회계에 관한 경과조치) ① 이 조례 시행 전에 종전의 「OO시 도시재정비 촉진사업 사업협의회 구성 및 운영 조례」에 따른 사업협의회는 이 조례에 따른 OO시 도시재정비 촉진사업 사업협의회로 본다.

② 이 조례 시행 전에 종전의 「OO시 도시재정비 촉진 특별회계 설치 및 운용 조례」에 따른 기반시설 설치비용의 부과 · 처분 · 절차 및 그 밖의 행위는 이 조례를 따른 것으로 본다.

제5조(사업협의회의 구성 · 운영에 관한 경과조치) 제12조제1항의 단서 조항을 본 조례의 시행 이후 위촉된 위원부터 적용한다.

[검토사항 : **경과조치, 조문 순서**]

- 경과조치의 조문 순서에서 일반적 경과조치는 맨 앞에 두고, 개별 조문에 대한 경과조치는 그 다음에 둔다.
- 위의 조례는 적절한 조문 순서로 본다.
- 제4조제2항의 본문내용은 일반적 경과조치에 해당되지 않는지 검토해 본다.

CASE Study 276 조문 분리

OO군 영유아 지원 조례

(일부개정) 2022.07.08 조례 제2787호

부 칙 <조례 제2349호, 2015.11.20.>

제2조(다른 조례의 폐지) 「OO군 보육시설 위탁 운영에 관한 조례」는 이를 폐지한다.

제3조(경과조치 및 적용례) ① 이 조례 시행 이전에 위촉된 보육정책위원회는 그 임기가 만료하는 날까지 효력이 있다.

② 이 조례 시행 이전에 위탁 계약한 공립 어린이집은 이 조례에 따른 위탁으로 본다. 다만, 그 위탁기간 만료 시에는 공개경쟁 모집 방법으로 위탁자를 선정한다.

[검토사항: **조문 분리**]

- 법령은 조(條)를 기본단위로 하고, 조는 다시 항(項)이나 단서·후단 등으로 나뉜다.
- 개별 조와 항은 한 가지 주제로 구성되는 것이 원칙이다.
- 위의 조례에서 경과조치와 적용례는 규율하는 내용이 서로 다르므로 별도의 조문으로 분리해서 규정하는 방안을 고려해 본다.

CASE Study 277 본문과 부칙

[입법례] **OO군 지방산업단지 조성 및 분양에 관한 조례**

(일부개정) 2022.09.06 조례 제2530호

제5장 보칙

제26조(타 법령의 적용) 이 조례에서 규정하지 않은 사항은 「국토의 계획 및 이용에 관한 법률」, 「건축법」, 「조세특례제한법」, 「공익사업을 위한 토지 등의 취득 및 보상에 관한 법률」 등 산업단지조성 및 분양과 관련된 법령의 규정을 적용한다.

제27조(특별회계의 설치) 군수는 산업단지조성사업의 합리적인 추진을 위하여 사업의 수입과 지출은 일반회계와 구분 회계 처리하도록 산업단지특별회계를 설치할 수 있다.

제28조(규칙) 이 조례의 시행에 관하여 필요한 사항은 규칙으로 정한다.

제29조(경과조치) 이 조례 시행 이전에 조성하였거나 조성 중인 산업단지에 대해서는 이 조례를 적용하지 아니한다.

[검토사항: **종합**]

- 제26조의 본문 내용은 준용으로 보이고, "OO에 관하여는 OO를 준용한다'와 같이 포괄적으로 준용하는 것은 준용되는 규정이 명확하지 않아 적절하지 않고, 조례는 상위법령을 준용할 수 없다.
- 제27조의 특별회계는 실체규정이다. 따라서 제5장 보칙에 속할 사항이 아니다.
- 제28조의 규칙은 시행규칙으로 굳이 두지 않아도 무방한 조항이다.
- 제29조의 경과조치는 "부칙"에 규정될 사항인데, 위의 조례는 본칙 "보칙"에 규정되어 부적절하다.

9 다른 조례의 개정

1. 의의

- "다른 조례의 개정"은 제정 · 개정되거나 폐지되는 조례의 부칙에서 그 조례와 관련 있는 다른 조례를 개정하는 것이다.
- 부칙으로 다른 조례의 일부를 개정하는 것은 관련 조례를 동시에 정비함으로써 법체계의 통일을 기하고, 관련 조례를 별도로 입법 · 심의하는 비능률을 피할 수 있으며, 조례 개정의 시차(時差)에 따른 법 집행상의 혼란을 방지할 수 있으므로 많이 사용된다.
- 부칙으로 다른 조례를 개정하는 입법형식은 어느 조례의 제정 · 개정 · 폐지에 따라 부수적으로 다른 조례를 개정할 필요가 발생한 경우에 예외적으로 인정되는 것이므로, 자구 수정 또는 경미한 사항의 개정 등 정리 차원에서 최소한에 한정된다. 따라서 조례의 실질적인 내용을 부칙의 "다른 조례의 개정"에 의한 방식에 따라 규정하는 것은 바람직하지 않다.

2. 규정방식

둘 이상의 조례를 개정하는 경우에는 개정하려는 조례별로 각 항으로 구분하여 각 "항"마다 개정문을 둔다.

• 하나의 조례를 개정하는 방식	**제○조(다른 조례의 개정)** ○○조례 일부를 다음과 같이 개정한다. 제○조제○항 중 "……"을 "……"으로 한다.
• 두 개 이상의 조례를 개정하는 방식	**제○조(다른 조례의 개정)** ① ㅁㅁ조례 일부를 다음과 같이 개정한다. 제○조제○항 중 "……"을 "……"로 한다. ② △△조례 일부를 다음과 같이 개정한다. 제○조제○항중 "……"을 "……"로 한다.

3. 유의사항

- 다른 조례의 개정은 같은 입법형식인 조례만을 개정할 수 있고, 다른 입법형식인 "규칙 · 고시" 등은 개정할 수 없다.
- 다른 조례의 부칙을 개정하는 경우에 그 조례의 공포번호를 명기하여 개정되는 부칙을 특정한다.[13]

【 다른 조례의 부칙 개정례 】
제O조(다른 조례의 개정) 조례 제000호 ㅁㅁ조례 일부를 다음과 같이 개정한다. 부칙 제○조제○항을 다음과 같이 한다.

13) 국회 법제실, 「법제 이론과 실제」, 2019, pp.773~776; 법제처, 「법령 입안·심사 기준」, 2017, pp.646~650.

CASE Study 278 다른 조례의 개정 ①

[입법례]

OO시 환경 기본조례

(일부개정) 2022.11.10 조례 제1741호

부칙 <2019.12.18. 조례 제1401호>

제2조(다른 조례의 개정) ① ~ ⑭ 생략

⑮ **OO시 환경 기본조례** 일부를 다음과 같이 개정한다.

제24조제4항 중 "수도과장"을 "맑은물관리과장"으로 한다.

OOOOOO시 문화예술 진흥 조례

(일부개정) 2021.12.10 조례 제1836호

부 칙 <조례 제1836호, 2021.12.10.>

제2조(다른 조례의 개정) ①~⑬ (생략)

⑭ **OOOOOO시 문화예술 진흥 조례** 일부를 다음과 같이 개정한다.

제6조제1항 중 "경제부시장"을 "행정부시장"으로 한다.

OO시 건축 조례

(일부개정) 2023.01.30 조례 제1690호

부칙 <조례 제1562호, 2021.11.17.>

제4조(다른 조례의 개정) ④ **OO시 건축 조례** 일부를 다음과 같이 개정한다.

제12조 중 "OO시 각종위원회 실비변상 조례"를 "OO시 각종 위원회 구성 및 운영에 관한 조례"로 한다.

OO박물관 관리 · 운영 조례

(일부개정) 2022.12.26 조례 제2773호

부칙 <2022.12.26. 조례 제2773호>

제2조(다른 조례의 개정) ① ~ ⑤ 생략

⑥ **OO박물관 관리 · 운영 조례** 일부를 다음과 같이 개정한다.

제14조제2항 중 "가야사담당관"을 "문화유산관광담당관"으로 한다.

[검토사항: **다른 조례의 개정**]

- 조 제목처럼 다른 조례를 개정해야 하는데, 위의 4건 조례 모두 같은(同一) 조례를 개정하고 있어 개정 취지에 부합되지 않는다.
- 이는 잘못된 벤치마킹 사례로 보이는데, 많은 지방자치단체의 조례에서 발견되고 있다.

CASE Study 279 다른 조례의 개정 ②

[입법례: 같은 조례] **OO시 환경 기본조례**

(일부개정) 2022.11.10 조례 제1741호

부칙 <2007.12.10 조례 제640호>

제3조(다른 조례의 개정) ①부터 ⑱까지 생략

「OO시 환경기본조례」 일부를 다음과 같이 개정한다.

제24조제4항 중 "농림과장"을 "농정과장"으로 하고, "건설과장"을 "건설도로과장"으로 하며, "수도사업소장"을 "수도과장"으로 한다.

부칙 <2019.12.18. 조례 제1401호>

제2조(다른 조례의 개정) ① ~ ⑭ 생략

⑮ OO시 환경 기본조례 일부를 다음과 같이 개정한다.

제24조제4항 중 "수도과장"을 "맑은물관리과장"으로 한다.

⑯ ~ ㉚ 생략

[검토사항: **조 제목과 본문 내용**]

- 위의 조례는 2007년, 2019년 조례의 부칙 조 제목(다른 조례의 개정)이 그 본문과 부합되지 않는다.
- 말 그대로 다른 조례의 개정이 필요한데, 다른 조례가 아닌 같은 조례인 「OO시 환경 기본조례」 내에서 일부개정을 시행했다.
- 같은 지방자치단체 내의 같은 조례에서 잘못된 개정방식이 계속(2007년, 2019년)되고 있다.
- 조례 제명은 낫표(「 」)로 해야 하므로, 2019년 조례 부칙 제2조에서 OO시 환경기본 조례는 2007년 조례 부칙 제3조처럼 「OO시 환경기본 조례」로 수정하여 표현한다.

CASE Study 280 다른 법률의 개정

[입법례] 「정부조직법」

부 칙

제5조(다른 법률의 개정) ① 공공자금관리기금법 일부를 다음과 같이 개정한다.
제10조제3항제2호 및 제3호를 각각 다음과 같이 한다.
2. 과학기술정보통신부장관
3. 행정안전부장관
② 관세법 일부를 다음과 같이 개정한다.
제92조제4호 중 "미래창조과학부장관"을 "과학기술정보통신부장관"으로 한다.
제267조의2제1항제3호를 다음과 같이 한다.
3. 해양경찰관서의 장
③ 국가를 당사자로 하는 계약에 관한 법률 일부를 다음과 같이 개정한다.
제27조제1항제6호 중 "중소기업청장"을 "중소벤처기업부장관"으로 하고, 같은 조 제4항 본문 중 "공정거래위원회 또는 중소기업청장"을 "중소벤처기업부장관 또는 공정거래위원회"로 한다.

[검토사항: **올바른 (다른 법률의 개정)**]

- 여기서 법률의 "다른 법률의 개정" 사례를 소개한다.
- 위의 법률 「정부조직법」 부칙 (다른 법률의 개정)을 보면, 같은 법률인 「정부조직법」이 아니라 다른 법률인 「공공자금관리기금법」, 「관세법」, 「국가를 당사자로 하는 계약에 관한 법률」을 개정하고 있는 사례를 볼 수 있다.

CASE Study 281 다른 조례의 개정 ③

[입법례]

OOO도의회 기본조례

(일부개정) 2022.10.07. 조례 제4786호

부 칙 (2020.7.10., 조례 제4410호)

제3조(다른 조례의 개정) ① OOO도의회 행정사무감사 및 조사에 관한 조례를 다음과 같이 개정한다.

제20조 중 "「OOO도회 회의규칙」"을 "「OOO도의회 기본조례」"로 한다.

제21조 중 "「OOO도의회 교섭단체 및 위원회 구성과 운영에 관한 조례」"를 "「OOO도의회 기본조례」"로 한다.

② OOO도의회 의원윤리강령과 윤리실천규범 등에 관한 조례를 다음과 같이 개정한다.

제6조 중 "「OOO도의회 위원회 조례」 제3조"를 "「OOO도의회 기본조례」 제30조"로 한다.

OOOO시 여성가족재단 설립 및 운영에 관한 조례

(일부개정) 2022.10.17 조례 제8500호

부칙 <제4528호 2007.5.29.>

제3조(다른 조례의 개정) OOOO시 열린 시정을 위한 행정정보공개 조례 중 다음과 같이 개정한다.

제2조제4호 중 "재단법인 OO여성"을 "OOOO시 여성가족재단"으로 한다.

OO시 청소년 권리 증진을 위한 조례

(제정) 2023.01.31 조례 제2030호

부 칙 <제정 2023.1.31. 조례 제2030호>

제3조(다른 조례의 개정) 「OO시 청소년육성위원회 등의 설치 및 운영에 관한 조례」 일부를 다음과 같이 개정한다.

제3장(제9조부터 제13조까지)을 삭제한다.

제23조 중 "차세대위원회, 지도위원"을 "지도위원"으로 한다.

[검토사항: **올바른 (다른 조례의 개정)**]

- 위의 3건 조례의 부칙(다른 조례의 개정)은 같은 조례인 「OOO도의회 기본조례」, 「OOOO시 여성가족재단 설립 및 운영에 관한 조례」, 「OO시 청소년 권리 증진을 위한 조례」가 아니라 다른 조례인 「OOO도의회 행정사무감사 및 조사에 관한 조례」, 「OOO도의회 의원윤리강령과 윤리실천규범 등에 관한 조례」, 「OOOO시 열린 시정을 위한 행정정보공개 조례」, 「OO시 청소년육성위원회 등의 설치 및 운영에 관한 조례」를 각각 개정하였다.
- 위의 3건의 조례는 올바른 개정방식이다.

CASE Study 282 다른 조례의 개정 ④

[입법례] OOO도 환경 기본조례

(일부개정) 2023-03-30 조례 제5370호

부칙 <조례 제4728호, 2020.2.6.>

제2조(다른 조례의 개정) OOO도 환경 기본조례 일부를 다음과 같이 개정한다.

제28조제1호를 삭제한다.

제3조(다른 조례의 개정) OOO도 저탄소 녹색성장 기본조례 일부를 다음과 같이 개정한다.

제2조제6호를 삭제한다.

제10조제3항제2호 중 "녹색기술 · 녹색산업, 지속가능발전 분야 등"을 "녹색기술 · 녹색산업 분야 등"으로 한다.

OO도 에너지 기본조례

(일부개정) 2023-01-02 조례 제7526호

부칙 <제5528호, 2017.4.12.>

제2조(「OO도 에너지 기본조례」의 개정) 「OO도 에너지 기본조례」를 다음과 같이 개정한다. 제22조에 제6항을 다음과 같이 신설한다.

⑥ 도지사는 제4항 규정에 따라 징수된 수익금 등을 「OO도 에너지 기금 설치 및 운용 조례」 제4조제2호에 따라 OO도 에너지 기금에 전출하여야 한다.

[검토사항: 다른 조례의 개정]

- 위의 첫 번째 조례는 (다른 조례의 개정) 조 제목이 2개이다.
- 둘 이상의 조례를 개정하는 경우는 개정하려는 조례별로 각 항으로 구분하여 각 "항"마다 개정문을 둔다.
- 〈입법모델〉

  제○조(다른 조례의 개정) ① ㅁㅁ조례 일부를 다음과 같이 개정한다.

  제○조제○항 중 "……"을 "……"로 한다.

  ② △△조례 일부를 다음과 같이 개정한다.

  제○조제○항 중 "……"을 "……"로 한다.
- 위의 첫 번째 조례 제2조는 다른 조례가 아니라 조례 제명이 같은(同一) 「OOO도 환경 기본조례」를 개정하고 있어, 개정방식이 올바르지 못하다.
- 두 번째 조례는 본문 내용이 조례 제명과 "같은 조례"를 개정하는 내용이다. 이러한 내용은 부칙이 아닌 본칙에서 개정되어야 할 것이다.

10 다른 조례와의 관계

1. 의의

- 조례가 제정 · 개정 · 폐지되는 경우 다른 조례에서 해당 조례 또는 그 조항을 인용하고 있는 경우 다른 조례의 실체적 내용을 개정하는 것이 아니면 부칙에서 다른 조례의 개정을 통해 관련 조항을 정비할 수 있다.
- 조례가 제정 · 개정 · 폐지되는 경우에 그 조례를 인용하고 있는 다른 조례와의 관계 설정을 통해 다른 조례를 개정하는 효과를 포괄적으로 거두려고 하는 경우에 사용한다.

2. 규정방식

- "다른 조례와의 관계"는 부칙 중 마지막에 위치한다.
- 조문 제목은 "다른 조례와의 관계"로 한다.
- 조문 내용은 개정된 내용에 따라 다르게 규정한다.
  - 조례에서 사용되던 용어 · 명칭 등이 변경되었을 때에는 일반적으로 "이 조례 시행 당시 다른 조례에서 "OOO"을 인용한 경우에는 이 조례에 따른 "△△△"을 인용한 것으로 본다." 또는
  - "이 조례 시행 당시 다른 조례에서 "OOO"을 인용한 경우에는 종전의 규정을 갈음하여 이 법의 "△△△"을 인용한 것으로 본다."로 규정한다.

[예시]

제○조(다른 조례와의 관계) 이 조례 시행 당시 다른 조례에서 종전의 「ㅁㅁ조례」 또는 그 규정을 인용한 경우 이 조례 중 그에 해당하는 규정이 있는 때에는 종전의 「ㅁㅁ조례」 또는 그 규정을 갈음하여 이 조례 또는 이 조례의 해당 조항을 인용한 것으로 본다.

CASE Study 283 다른 조례와의 관계 ①

[입법례]

OOO도 사회서비스원 설립 및 운영 조례

(전부개정) 2022-10-21 조례 제5134호

부칙 〈전부개정 2022.10.21. 조례 5133〉

제2조(법률과의 관계) 서비스원의 설립 및 운영과 관련된 사항은 법 제7조에서 제30조까지의 규정에 따른다.

OO 테크노파크 설립 및 운영에 관한 조례

(일부개정) 2022-12-30 조례 제6921호

부칙

제4조(다른 자치법규와의 관계) 이 조례 시행 당시 다른 조례에서 「OO테크노파크 설립 및 지원에 관한 조례」, 「OO광역시 정보산업진흥원 설립 및 지원 등에 관한 조례」, 「OO광역시 경제통상진흥원 설립 및 운영 조례」 또는 그 규정을 인용하고 있는 경우 이 조례 중 그에 해당하는 규정이 있는 때에는 그에 갈음하여 이 조례와 해당 규정을 인용한 것으로 본다.

[검토사항: **다른 조례와의 관계**]

- 위의 첫 번째 조례의 제2조 본문 내용은 부칙이 아닌 본칙에 규정될 내용으로 준용 규정으로 보이는데 확인해 본다.
- 특정 사안에 대한 법령의 규정이 있다면 그 법령이 당연히 적용되는 것이므로 법령과의 관계를 다시 규정할 필요는 없다.
- 위의 두 번째 조례 제4조 조 제목(다른 자치법규와의 관계)를 "(다른 조례와의 관계)로 수정하는 방안을 고려해 본다. 본문에 규칙과 관련된 내용이 없다.
- 자치법규에는 조례와 규칙이 포함된다.
- 같은 종류의 조례끼리만 개정할 수 있고, 다른 종류의 자치법규를 개정할 수 없다.

CASE Study 284 다른 조례와의 관계 ②

[입법례]

OOOO시 도시계획 조례

(일부개정) 2023.03.27 조례 제8671호

제10조(다른 조례와의 관계) 이 조례 시행 당시 다른 조례에서 종전의 규정을 인용하고 있는 경우 이 조례 중 그에 해당하는 규정이 있는 때에는 종전의 규정에 갈음하여 이 조례 또는 이 조례의 해당 규정을 인용한 것으로 본다.

OOO도 평생교육인재육성진흥원 설립 및 운영지원 조례

(전부개정) 2023-03-10 조례 제5347호

부칙 (조례 제5347호, 2023.3.10.)

제5조(다른 조례와의 관계) 이 조례 시행 당시 해산등기 전 기관의 명칭이나 조례 또는 규정을 인용하고 있는 경우에 이 조례에 따라 개정되는 조례에 해당하는 규정이 있는 때에는 그에 갈음하여 해당 조례와 규정을 인용한 것으로 본다.

OO경제진흥원 설립 및 운영 지원 조례

(일부개정) 2023-03-01 조례 제6838호

부칙 <2022. 12. 28.>

제8조(다른 조례와의 관계) 이 조례 시행 당시 다른 조례에서 폐지 또는 기능 조정되는 기관의 명칭이나 그 조례 또는 그 규정을 인용하고 있는 경우에 이 조례에 따라 개정되는 조례에 해당하는 규정이 있는 때에는 그에 갈음하여 해당 조례와 규정을 인용한 것으로 본다.

OO도 탄소중립 · 녹색성장 기본조례

(일부개정) 2023-01-02 조례 제7527호

부 칙 <2022.7.19.>

제6조(다른 조례와의 관계) 이 조례 시행 당시 다른 조례에서 종전의 「OO도 저탄소 녹색성장 기본조례」 또는 그 조례의 규정을 인용한 경우 이 조례 가운데 그에 해당하는 규정이 있으면 종전의 규정을 갈음하여 이 조례 또는 이 조례의 해당 규정을 인용한 것으로 본다.

[검토사항: **다른 조례와의 관계**]

- 위의 4건 조례의 조 제목 (다른 조례와의 관계)는 본문 내용과 부합되는 것으로 본다.

CASE Study 285 다른 규칙과의 관계

[입법례]

OOOO시 OO구 도시재생 활성화 및 지원에 관한 조례

(일부개정) 2022.11.04 조례 제1593호

부 칙 <조례 제1362호 2019.4.5.>

제4조(다른 조례 또는 규칙과의 관계) 이 조례 시행 당시 다른 조례 또는 규칙에서 종전의 「OOOO시 OO구 사무의 민간위탁 촉진 및 관리 조례」 또는 그 규정을 인용한 경우 이 조례 중 그에 해당하는 규정이 있는 때에는 종전의 「OOOO시 OO구 사무의 민간위탁 촉진 및 관리 조례」 또는 그 규정을 갈음하여 이 조례 또는 이 조례의 해당 조항을 인용한 것으로 본다.

OO시 지방보조금 관리 조례

(일부개정) 2023.01.25 조례 제952호

부칙 <조례 제919호, 2022.8.22.>

제3조(다른 조례 또는 규칙과의 관계) 이 조례 시행 당시 다른 조례 또는 규칙에서 종전의 「OO시 지방보조금 관리 조례」 및 「OO시 지방보조 사업자의 법령 위반 등에 대한 신고포상금 지급에 관한 규칙」의 규정을 인용한 경우, 이 조례에 그에 해당하는 규정이 있을 때에는 종전의 규정을 갈음하여 이 조례의 해당 규정을 인용한 것으로 본다.

OOOO시 지방보조금 관리 조례

(일부개정) 2022.12.30 조례 제8530호

부칙 <제8468호, 2022.10.17>

제3조(다른 조례 또는 규칙과의 관계) 이 조례 시행 당시 다른 조례 또는 규칙에서 종전의 「OOOO시 지방보조금 관리조례」의 규정을 인용한 경우, 이 조례에 그에 해당하는 규정이 있을 때에는 종전의 규정을 갈음하여 이 조례의 해당 규정을 인용한 것으로 본다.

OO광역시 박물관 및 미술관 기금 조례

(일부개정) 2022-12-22 조례 제2651호

부칙

제3조(다른 조례 또는 규칙과의 관계) 이 조례 시행 당시 다른 조례 또는 규칙(이 조례 시행 전에 공포되었으나 시행일이 도래하지 아니한 조례 또는 규칙을 포함한다)에서 보조기관, 보좌기관, 소속기관, 합의제 행정기관 또는 그 소속 공무원을 인용한 경우에는 이 조례의 규정을 각각 인용한 것으로 본다.

[검토사항: **다른 규칙과의 관계**]

- 위의 4건 조례에서 조 제목(다른 조례 또는 규칙과의 관계)는 "(다른 조례와의 관계)"로 수정하는 방안을 고려해 본다.
- 둘 이상의 자치법규를 하나의 개정 자치법규 안에 포함하여 개정하는 것은 "같은 종류"의 자치법규끼리만 가능하고, "다른 종류의 자치법규를 개정할 수 없다."

참고 문헌

□ 참고 서적

강용기, 「현대 지방자치론」, 대영문화사, 2021.

국회의정연수원, 「2019 지방의회 전문위원과정(2차)」, 2019.

국회 의정연수원, 「2022년도 지방의회 초선의원 연수과정」, 2022.

김남진 · 김연태, 「행정법 Ⅱ」, 법문사, 2021.

김남철, 「행정법강론」, 박영사, 2022.

김병준, 「지방자치론」, 법문사, 2022.

김철용, 「특별행정법」, 박영사, 2022.

남재걸, 「지방자치론」, 박영사, 2022.

대한민국국회, 「2023년도 맞춤형 지방의회 직원연수」, 2023.

박기영, 「한국재정」, 법우사, 2018.

성낙인, 「헌법학」, 법문사, 2021.

이승종 · 김대욱 · 김윤지, 「지방자치론」, 박영사, 2021.

임승빈, 「지방자치론」, 법문사, 2021.

임재현, 「지방행정론」, 대영문화사, 2017.

국회 법제실, 「법제이론과 실제」, 2018.

박균성, 「행정법론(하), 박영사, 2022.

박윤흔, 「최신 행정법 강의(하)」, 박영사, 2004.

법령정보관리원, 「법률 제명 결정 기준 및 약칭에 관한 연구 최종보고서」, 2013.

법제처, 「법령 입안 · 심사 기준」, 2017.

법제처, 「법령 입안 · 심사 기준」, 2021.

법제처, 「2018년 자치법규 입안 길라잡이」, 2018.

법제처, 「2022년 자치법규 입안 길라잡이」, 2022.

법제처, 「법제교육 기본교재 개발」, 2018

법제처, 「알기 쉬운 법령 핵심 요약서」, 2019.

법제처, 「2021 쉽게 찾아보는 자치법규 입안기준」, 2021.

법제처, 「알기 쉬운 법령 정비기준」, 2019.

법제처, 「2021년 알기 쉬운 조례 만들기 지원사업」, 2021.

정종섭, 「헌법학원론」, 박영사, 2011.
정재황, 「헌법학」, 박영사, 2022.
정하중 · 김광수, 「행정법 개론」, 법문사, 2021.
최창호 · 강형기, 「지방자치학」, 삼영사, 2016.
홍정선, 「행정법원론(하)」, 박영사, 2022.
행정자치부, 「2016 자치법규 입법실무」, 2016.

□ 참고 논문

강주영, "조례입법의 재정법적 문제 : 재정수반조례를 중심으로", 「地方自治法研究」 제17권 제2호 통권 제54호, 韓國地方自治法學會, 2017.06. pp.3－26.

강현철, "입법평가 제도화에 대한 소고", 「법연」 제25호, 한국법제연구원, 2012, pp.20~21.

강현철, "입법평가 어떻게 할 것인가", 「법령정보 News Letter」, 2008.4, pp.56~59.

강현철, "한국적 입법평가 모델 정착에 관한 소고", 「일감법학」 제22호, 건국대학교 법학연구소, 2012, pp.71~105.

강현철, "지방의회 자치입법권 확립을 위한 조례 입법평가에 관한 연구", 「유럽헌법연구」 통권 36호, 유럽헌법학회, 2021. 8. pp.455－489.

고인석, "자치입법평가제도의 체계와 기준에 관한 연구", 「입법평가연구」 제15호, 한국법제연구원, 2019.06. pp.21~44.

박형규, "조례의 입법영향평가 시행 사례 분석", 「자치의정」 제22권 제1호 통권 제124호, 지방의회발전연구원, 2019.01.pp.29~38.

박형규, "자치입법 활동의 활성화와 입법평가", 「自治議政」 제25권 제6호 통권제147호, 지방의회발전연구원, 2022.11. pp.8－19.

방극봉, 「조례의 헌법 및 법령 적합성 평가기준에 관한 연구」, 법제처, 2019. [전자자료]

백옥선, "입법형식과 입법평가", 「公法研究」, 제45집 제2호, 韓國公法學會, 2016.12. pp.1~32.

장선희, "보조금의 법적 근거와 유형 및 반환에 관한 연구", 「공법학연구」 제11권, 한국비교공법학회, 2010, p.93.

조성규, "지방자치제도에 있어 사법권의 의의와 역할 : 대법원 판례의 평가를 중심으로", 「행정법연구」, 제34호, 한국행정법연구소, 2012.12. pp.287－315.

차현숙, "조례 입법평가 제도의 현황과 전망", 「입법 & 정책」, 서울특별시의회, 2015.09. pp.25~44.

차현숙, "입법평가의 논의의 현황과 전망", 「일감법학」 제22호, 2012.6, pp.45~69.

차현숙, "자치입법 영향 평가의 기준과 지표", 「자치의정」, 제22권 제1호 통권제124호, 지방의회발전연구원, 2019.01, pp.19~28.

신원득, "자치입법 영향 평가의 의의와 향후 과제", 「자치의정」 제22권 제1호 통권 제124호, 지방의회발전연구원, 2019.01. pp.39~50.

한상희, "자치입법 영향 평가의 당대적 의미와 지향점", 「자치의정」 제22권 제1호 통권 제124호, 지방의회발전연구원, 2019.01. pp.8~18.

□ 정보검색

- 국회, 의안정보시스템 https://likms.assembly.go.kr/
- 법제처, 국가법령정보센터 https://www.law.go.kr/
- 행정안전부, 자치법규정보시스템 https://www.elis.go.kr/

[저자 약력]

학 력
• 연세대학교 행정학과 졸
• 미국 미주리주립대학교 트루만 행정대학원 졸

경 력
• 제12회 입법고등고시 합격
• (행정사무관) 국회사무처 기획조정실 법무담당, 국회행정자치위원회 입법조사관
• (서기관) 국회산업자원위원회 입법조사관, 국회예산결산특별위원회 입법조사관
국회 법제실 의회법제과장, 법제조정과장
• (부이사관) 국회 법제실 산업법제과장
국회 법제실 행정법제심의관
• (이사관) 국회정무위원회 전문위원
중앙선거관리위원회 법제연구위원
과학기술정책연구원(STEPI) 연구위원
국회 의정연수원 교수
국회 감사관
국회교육문화체육관광위원회 전문위원
• (관리관) 국회 법제실장
• (차관보) 국회정보위원회 수석전문위원
(전) 경상국립대학교 초빙교수 (2019.3～2022.2)
(전) 한국저작권단체연합회 입법자문위원
(전) 제9기, 제10기 국회 입법지원위원
(전) 한국문화재재단 이사
(현) 국회의정연수원 겸임교수
(현) 제11기 국회 입법지원위원
(현) 국외소재문화재재단 이사
(현) 문화재청 책임운영기관 운영심의위원
(현) 문화재청 적극행정위원회 위원
(현) 세종특별자치시 의회 입법고문
(현) 전남 영광군 의회 입법 · 정책법률고문

상 훈
대통령 표창(2000), 국회의장 표창(2007), 홍조근정훈장(2017), 국회의장 공로패(2019)

저 서
『한국재정』, 법우사, 초판 2014, 개정판 2018.
『그대들의 삶은 아름다워야 한다』, 법우사, 2022.

E－mail : gntech055@naver.com

조례안 입안과 심사

1판 1쇄 인쇄 2023년 7월 21일
1판 1쇄 발행 2023년 7월 30일

지은이 박 기 영
펴낸이 노 은 이
펴낸곳 법 우 사
주 소 경기도 광명시 하안로284 1217동 401호
전 화 (02) 876-2261
팩 스 (02) 875-2263
e-mail lawbookok@naver.com
등 록 2023.1.10. 제390-2023-000002호
판매처 제윤의정
T. 1566-2886
010-9673-5811

ISBN 978-89-97060-74-0 93360 정가 70,000원